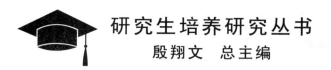

研究生培养研究丛书

殷翔文　总主编

研究生创新型人才培养研究

YANJIUSHENG CHUANGXINXING

RENCAI PEIYANG YANJIU

汪霞 等　著

南京大学出版社

图书在版编目(CIP)数据

研究生创新型人才培养研究 / 汪霞等著. — 南京：
南京大学出版社，2018.9
（研究生培养研究丛书）
ISBN 978 - 7 - 305 - 20854 - 6

Ⅰ. ①研… Ⅱ. ①汪… Ⅲ. ①研究生教育－人才
培养－研究－中国 Ⅳ. ①G643

中国版本图书馆 CIP 数据核字(2018)第 197700 号

出版发行　南京大学出版社
社　　址　南京市汉口路 22 号　　　　　邮　编　210093
出 版 人　金鑫荣
丛 书 名　研究生培养研究丛书
总 主 编　殷翔文
书　　名　研究生创新型人才培养研究
著　　者　汪　霞　等
责任编辑　谭　天　　　　　　　编辑热线　(025)83686308
照　　排　南京南琳图文制作有限公司
印　　刷　江苏凤凰通达印刷有限公司
开　　本　787×1092　1/16　印张 22.75　字数 520 千
版　　次　2018 年 9 月第 1 版　2018 年 9 月第 1 次印刷
ISBN 978 - 7 - 305 - 20854 - 6
定　　价　68.00 元
网　　址　http://www.njupco.com
官方微博　http://weibo.com/njupco
官方微信　njupress
销售热线　(025) 83594756

《研究生培养研究丛书》编撰委员会

《研究生培养研究丛书》内容简介

《研究生培养研究丛书》(以下简称《丛书》)是由江苏省学位与研究生教育学会组织编撰的一套以研究生教育"为谁培养人""培养什么人""怎样培养人"为主题的、系统性、系列化的学术研究专著。《丛书》包括《研究生培养立德树人研究》《研究生创新型人才培养研究》《研究生应用型人才培养研究》《研究生复合型人才培养研究》《交叉学科研究生培养研究》《研究生培养协同机制研究》六个分册。

《丛书》以直面研究生培养若干前沿、重点、热点、难点的理论和实践问题为出发点,以前瞻眼光、国际视野、创新思维、务实态度,系统深入研究问题为着力点,以拓展破解问题的思路、提出解决问题的方案为落脚点,以"理论探讨""国际比较""实践探索""对策建议"为篇章布局,以回答所论述主题"是什么""为什么""怎么样"为逻辑路线,以政府部门、培养单位、科研院所与企业相关人员、研究生导师、研究生,以及教育、科研、人才、经济工作者等为主要读者对象。《丛书》对于促进我国研究生培养制度变革创新,对于提升研究生培养能力与质量具有较好的学术引领作用和实践指导价值,是我国研究生培养领域不多见的一套新作、力作。

本书内容简介

作为对研究生创新型人才培养这一主题的专题研究,本书共分四篇。

第一篇:理论探讨篇,围绕什么是创新型人才,研究生创新型人才培养的内涵、特征和重要意义,研究生创新型人才培养的过程、环境及其影响因素等问题,进行了比较系统深入的理论阐述。

第二篇:国际比较篇,系统研究了美国、英国、德国、日本等国家研究生创新型人才培养的基本情况、教育政策、培养目标、机制特点,深入分析了有关学校研究生创新型人才培养的实践案例、个性特点与共性规律。

第三篇:实践探索篇,认真总结了江苏有关高校研究生创新型人才培养的基本情况、重要举措和培养成效,深刻分析了研究生创新型人才培养所面临的问题与挑战,概要介绍了相关高校研究生创新型人才培养的改革思路与策略。

第四篇:对策建议篇,围绕研究生创新型人才培养的主题,在理论与实践结合系统深入研究的基础上,分别对政府管理部门、研究生培养单位管理者、研究生导师和研究生提出了研究生创新型人才培养的具体对策建议。

总　序

　　这里奉献给各位读者的,是江苏省学位与研究生教育学会组织编撰的一套《研究生培养研究丛书》(以下简称《丛书》),包括《研究生培养立德树人研究》《研究生创新型人才培养研究》《研究生应用型人才培养研究》《研究生复合型人才培养研究》《交叉学科研究生培养研究》《研究生培养协同机制研究》等六个分册。

　　本《丛书》的出版,是参与回答教育"为谁培养人""培养什么人""怎样培养人"这一时代之问的一种尝试。

　　十年树木,百年树人。教育责任重大,使命光荣。为谁培养人? 培养什么人? 怎样培养人? 这是教育的根本性问题。

　　中国特色社会主义进入了新时代,中国踏上了决胜全面建成小康社会、开启全面建设社会主义现代化的新征程,这是我国发展新的历史方位。新的历史时期,新的社会形态,新的国家目标,都对人才培养提出了更新更高的要求。习近平总书记于2016年12月7日在全国高校思想政治工作会议上指出:"高等教育发展水平是一个国家发展水平和发展潜力的重要标志。实现中华民族伟大复兴,教育的地位和作用不可忽视。我们对高等教育的需要比以往任何时候都更加迫切,对科学知识和卓越人才的渴求比以往任何时候都更加强烈。""只有培养出一流人才的高校,才能成为世界一流大学。办好我国高校,办出世界一流大学,必须牢牢抓住全面提高人才培养能力这个核心点,并以此来带动高校其他工作。""两个更加",道出了党和国家、时代和人民对高等教育的殷切期望;"两个一流"与"一个核心点",指明了一流大学建设的根本方向;"卓越人才"与"一流人才",提出了大学特别是研究型大学培养人才的明确要求。

　　众所周知,94岁的中国航天科学奠基人钱学森在病床上,对前来看望的时任国家总理温家宝进言:中国在进行下一轮的科技发展规划时,不能忽略培养具有创新能力的人才问题。现在中国没有完全发展起来,一个重要原因是没有一所大学能够按照培养科学技术发明创造人才的模式去办学,没有自己独特的创新的东西,为什么我们的学校总是培养不出杰出人才? 这就是著名的"钱学森之问"。我以为,"钱学森之问"是一个关于教育为谁培养人、培养什么人、怎样培养人的时代和社会之问,国家和民族之问,人民和公众之问。我以为,对于"钱学森之问",包括研究生教育工作者在内的教育工作者自然应该回答,科学技术、文化艺术、医疗卫生、经济金融、社会管理等各个领域的工作者应该回答,国家与社会决策管理者、家长、教师等社会各有关方面人士都应该共同回答。编撰出版这套《丛书》,就是作为江苏的研究生教育工作者试图参与回答以"钱学森之问"为代表、以"为谁培养人、培养什么人、怎样培养人"为主要内涵的时代之问的一种尝试。

本《丛书》是完善我国研究生培养制度的一些思考。

我国的现代学位制度开端于1935年。中华人民共和国成立后,1950年招收研究生,1950年至1965年共招收研究生22 700多人。由于"文化大革命",研究生教育中断了12年,1978年恢复了招收培养研究生的制度。到2016年,全国有研究生培养机构793个,其中普通高校576个,科研机构217个。在学研究生198.11万人,其中,在学博士生34.2万人,在学硕士生163.90万人。毕业研究生56.39万人,其中,毕业博士生5.5万人,毕业硕士生50.89万人。[①] 可以看出,中华人民共和国成立以后的学位与研究生教育有几个特点:一是前面近30年发展很缓慢,甚至停止;二是后面近40年发展很迅猛;三是发展规模很大;四是贡献很大;五是时间短,很年轻。应该说,我国的研究生教育在如此短的时间内,以如此快的速度,形成如此大的规模,为国家和社会培养和输送了如此众多的高层次人才,努力之巨大,贡献之巨大,是全世界独一无二的,这是一方面。然而,也正是因为时间之短、速度之快、规模之大,出现了另一方面。这就是我们应该客观地看到的,我国的研究生教育还很年轻,还不够成熟,还难以避免地存在着与外部的社会人才需求脱节,内部的培养规格与培养方式较单一、培养体系不健全、培养制度有缺失、培养机制有失衡、培养质量不够高等问题。在新的历史时期,我国的创新驱动战略是个大战略、总战略、长远战略,既包括科技创新驱动,也包括制度机制创新驱动;既包括经济发展的创新驱动,也包括社会进步的创新驱动。我国要建设创新型国家,还能依靠人口红利吗? 不能,要靠人才红利。人才红利从哪里来? 从包括教育在内的人才培养、使用、管理体系、制度的创新中来,从包括研究生教育改革在内的教育改革中来。我国的研究生教育在面临着建设创新型国家、发展创新型经济、建设人才为核心尤其是高层次人才与杰出人才为引领的学习型社会、实现中华民族伟大复兴重大机遇的同时,也面临着跟上时代步伐、适应社会需要、引领国家发展和社会进步,进行调整、完善甚至建设性革新,实行制度机制创新驱动,实现由速度型、单一型、粗放型向创新型、品质型、引领型转变的巨大挑战。显然,这种转变的重大课题不是本《丛书》所能全面研究论述的。而本《丛书》是试图基于这个大理念,围绕这个大课题,选择和围绕研究生培养的几个重要方面,探讨性地提出一些完善我国研究生培养制度的想法。

我国的研究生教育需要加强精英培养。钱学森先生讲的"杰出人才",到底是什么样的人才? 他的秘书兼学术助手涂元季说,"他心目中的杰出人才要比一般的专家、院士高出一大截,用他的话说叫'科技帅才'","按钱老的标准,这样的杰出人才不仅要在国内某一领域位居前沿,而且要在全球科技领域让人一提到就竖起大拇指;不

---

① 教育部.2016年全国教育事业发展统计公报[J].中国地质教育,2017(4).

仅个人要具备拔尖的学术水平，还要有本事团结一大批人，统领一大批专家攻克重大的科技难关"。① 可以看出，钱老所说的杰出人才，是国家的栋梁之材，社会各领域的领袖之才、领军之才、大师之才，不仅在国内是出类拔萃的，在世界上也是著名的，是世界人才森林中的参天大树，是人才群星中的耀眼之星，是人才之精英，也许就是习近平总书记所要求的"卓越人才"与"一流人才"吧。

古今中外，很多培养和产生杰出人才的制度、做法和现象是值得我们深思和借鉴的。

在中国，作为"取士不问家世""为国选贤"的科举制度，"自隋至清在我国延续了1 300余年，考选出800多名状元，10万多名进士，上百万举人，这些人才为这一时期的政治、经济、军事、文化、社会发展作出了不可磨灭的贡献"②。通过科举选拔了一批经世致用的杰出人才，这在唐、宋时期表现得尤为突出。然而，中国的科举制度，后来正是因为考试内容陈腐，考试方式僵化，考试制度未能适应社会进步而实行与时俱进的改革，尤其是八股文使科举制度出现大倒退，禁锢思想，摧残人才，误国害民，终被历史抛弃。

在中国，除了科举制度外，作为初为官方修书、藏书、校书之所，后为学者隐居读书、聚徒讲学之所，再为准备科举应试之所，"清末新政"改为学堂的古代教育机构书院，尤其是稽山书院、白鹿洞书院、岳麓书院、嵩阳书院等著名书院，在培养人才、研究学术、传播文化方面发挥了重要作用。

作为中国高等教育奇迹、中国大学楷模的西南联大，为中华民族贡献了一大批顶天立地的栋梁之材，包括杨振宁、李政道这样的大批自然科学家和人文学家。

在国外，产生众多杰出人才的"犹太人"现象是值得我们深思的。"犹太民族造就了一大批空前绝后的伟人与名人，他们属于各领域最出类拔萃的人物"，"群星灿烂的犹太政坛巨子、艺术精英、科学巨匠、思想大师、巨富大亨，诸如：伟大的革命导师马克思、科学巨人爱因斯坦、精神分析学大师弗洛伊德、音乐巨匠门德尔松、艺术大师毕加索、'原子弹之父'奥本海默、传奇政商哈默、美国'奇缘博士'基辛格、'好莱坞叛逆之星'霍夫曼、以色列倔老头沙米尔、以色列总理沙龙等"。③

在国外，英国现象与德国现象也是值得我们深思的。"有许多批评家包括亚当·斯密和爱德华·吉本指出，牛津、剑桥食古不化，似乎大学教育就是培养绅士，片面注重道德、品格和行为举止的训练，课程太窄，跟不上现实和科学技术的发展。甚至有人进一步推演：牛津、剑桥孕育的这种'绅士帝国主义'，使英国的精英缺乏实际技能，结果到了20世纪，英国被德国全面赶超。这样的绅士教育，导致了大英帝国的衰

① 访钱老秘书兼学术助手涂元季：钱学森的人才忧思[N]. 新华网，2009-11-02.
② 周道祥. 江南贡院史话[M]. 南京：南京出版社，2016(前言)：2.
③ 德川盛乐. 犹太人影响世界的28个法则[M]. 北京：金城出版社，2007：1.

落。""捍卫牛津、剑桥所代表的盎格鲁-撒克逊传统的人指出,德国大学过分专业化,培养的是专门人才,却不是完整的人。德国人作为个体而言,才干出群,但是,德国作为一个整体而言,表现一再令人失望。频频走火入魔,把自己的才干变成破坏性力量,相对而言,牛津、剑桥的传统培养的优秀公民和领袖,在关键时刻都能挺身而出,挽狂澜于既倒,奠定了盎格鲁-撒克逊民族对世界的统治。"①

诚然,上述这些例子不一定是最具代表性的,但至少是成功的;是不可照搬和复制的,但可以有不少的启示;也不一定是最好的,但可以为做得更好提供借鉴。当代社会对人才的需求有其自身的、更突出的层次性要求和结构性要求,对高层次人才的需求有更强烈的精英化要求。实现经济发展的转型升级和中华民族的伟大复兴,需要荟萃的群英、辈出的英才支撑和引领。在现代中国,实现高等教育大众化乃至普及化以后,精英教育就随之消失了吗? 或者说,本、专科层次的高等教育实现大众化乃至普及化以后,研究生层次的高等教育也随之大众化乃至普及化了吗? 在高等教育大众化、普及化的背景下,精英教育是应该加强还是应该被有意无意地削弱呢? 显然,答案应该是否定的。那么,杰出人才、精英人才的培养任务主要应该由谁来承担、应该如何加强呢? 研究生教育作为国民教育体系的最高层次,不仅不应为高等教育大众化乃至普及化的大潮所淹没,而且更应该责无旁贷地适应当代经济社会发展,人的全面发展,国家强盛与民族复兴更高、更全面、更复杂的人才需求,立足于人才需求、人才培养与人才供给这个大体系,通过与社会体系科学合理的分工与密切协调的合作,研究探索出高层次人才尤其是精英人才培养、供给这个方面"自己独特的创新的东西",实施人才培养的精英战略、精品战略和特色战略,建立形成不断革新和完善的选拔培养杰出人才、精英人才的体系、制度、机制、模式和环境,切实担当起培养社会杰出人才、精英人才的重任,并进而引领包括基础教育、中等教育与高等教育在内的整个教育体系的制度创新和完善发展,形成符合时代要求和社会要求的、完善先进的各级各类人才培养大体系,形成中国特色的研究生教育体系及其杰出人才培养体系。

我国的研究生教育需要加强全面培养。上乘的象牙雕作品,正是以坚实细密、洁净如玉、温润柔和的质地,造型独特、玲珑剔透、雍容华贵的精美,一丝不苟、精镂细刻、巧夺天工的技艺,显示其高雅非凡、出类拔萃的气质,让人驻足不前、爱不释手、巨资珍藏。诚然,一般的材质,普通的工匠,粗糙的技法,是出不了这样的精品的。杰出人才的培养又何尝不是如此呢? 杰出人才作为人才森林中的参天大树,既有特别高大、粗壮的体态,又有特别优秀、独特的品质。作为未来的领袖人才、领军人才,必须有不同于一般人才所具有的心灵、道德、智慧、品格、能力和特质。诚然,在科技主义盛行、人文主义危机的年代,在物欲横流、功利盛行的年代,在平庸世俗、斯文扫地、价值底线一再被突破的年代,培养这样的杰出人才是很困难的。

---

① 薛涌.培养精英[M].南京:江苏文艺出版社,2010:42.

比如说人文精神与科学精神的教育。研究生是不缺知识的,但是,一定能说不缺文化吗?一定能说不缺人文精神与科学精神吗?如何通过道德的、人文的、科学的、心理的等方面的综合教育,使培养的研究生不仅有知识,还有理想,有思想,有道德,有责任;有人文情怀,有文化底蕴,有科学精神,有专业素养,有超越学科专业、国度、文化的视野和思维;有历史眼光,有世界眼光,有批判眼光;有创新精神,有拼搏精神,有务实精神,有团队精神,有献身精神;有凝聚力,有领导力,有定力,有毅力,有韧性,有弹性;有精英品格,有草根基础;等等?

比如说体育精神教育。体育是培养精英的重要手段。"用体育来培养精英,来源于古希腊的教育观念。古希腊人认为,刻苦的体育训练,可以培养公民坚忍不拔的品格和忍受巨大痛苦的能力,同时也锻炼了强健的身体。这样培养出来的公民,在战场上就是最好的战士。""橄榄球在美国的流行,最初还要归功于培养统治精英的需要。特别是哈佛、耶鲁、普林斯顿这三巨头的联赛,逐渐奠定了橄榄球在美国社会生活中的地位。这一粗野的比赛,其核心的教育目的就是把盎格鲁-撒克逊民族的精英培养成世界的征服者和统治者","美国精英教育的主课之一,就是体育"。①

我们的研究生教育固然需要适应科学技术迅猛发展的形势,立足科学前沿,加强专业教育,培养专业英才,不断提高各领域的专业发展水平,但是,不能只实施专业教育,不能只围绕专业的知识和能力转,不能为专业而专业,为学问而学问。研究生不是本科生的重复或简单延伸,不是传统的技术学徒,更不是导师这个所谓"老板"的"打工者",而是未来的社会精英。研究生教育需要以培养杰出人才为己任,静下心,沉住气,拒绝浮躁,拒绝功利,以审视批判社会和校正引导社会的勇气,以造就"象牙塔"品质的大气,以不断提升高层次人才培养能力的底气,围绕全面发展、出类拔萃、引领未来的精英人才培养目标,实施全面培养、系统培养、精心培养,让精英人才的各种素质和能力要求在研究生培养目标中体现,在培养方案中落实,在培养过程中实施,在培养质量上验证。

我国的研究生教育需要加强分类培养。国家治理、社会运行、领域发展,需要具有不同层次、不同功能的合理结构的人才体系来支撑。社会对各层次人才的需求是多类型、多规格、多样化的,对高层次人才的需求也是如此。研究生教育所培养的人才是直接走向社会、进入职业岗位的,处于社会人才体系的高端。研究生教育在现有按照不同学科专业、不同层次培养人才的基础上,还需要进一步面向细化的高层次人才市场,精细划分人才培养类型。比如说,按照人才的规格功能实行研究生分类培养,既培养创新型人才,也培养应用型人才;既培养专业型人才,也培养复合型人才。在人才培养制度的安排上,既有常态培养,又有特殊培养;既有适应性培养,又有超前性培养;既有"卖方推销"的培养,更有"买方订制"的培养。

---

① 薛涌.培养精英[M].南京:江苏文艺出版社,2010:174.

　　我国的研究生教育需要加强个性化培养。李政道曾经对《西南联大行思录》的作者张曼菱说过:西南联大的学生,不是一个模子里出来的,每个人都像一粒种子一样,而教育是配合这个学生的个性来实施的。这里,李政道一言道破了教育者与受教育者关系的本质。因材施教是我国传统教育思想的核心内涵,而我们在现实中往往看到的是,用相同的标准去衡量所有的学生,用批量化生产方式,用相同的模子去"制造"人才,这不能不说是我国现行教育制度令人悲哀的一大弊病。如果有理由说,在基础教育阶段,在本、专科教育阶段,尚不能够、无条件、难以真正实施因材施教的话,那么,在研究生教育阶段,却是必须实施因材施教的。在研究生培养中,因材施教、个性化培养,不仅应该是一种理念,而且应该是一种实践;不仅应该是一种方法,而且应该是一种模式;不仅应该是一种倡导,而且应该是一种制度化的育人方式。通过实施个性化培养,切实纠正"同一型号批量生产"的培养方式,使所培养的每一位研究生都是特别的,都具有自身独特的个性特质、学术特长和能力特点,都能很好地适应社会对高层次人才的个性化、多样化的需求。

　　我国的研究生教育需要加强"容偏"培养。说实在的,我对我国现行的研究生统考招生制度一直有一些看法,并曾经在一些学术性场合发表过自己的观点。为什么?因为多少年来,有不少具有明显特长的"偏才"就被这样的"一刀切"制度而拒于研究生教育大门之外了。最近看了一篇题为《数学0分去哪里? 清华北大欢迎你》的文章。文章介绍,当年,北大专门发出通知录取国文98分、数学0分的江苏扬州中学考生朱自华,后来他改名为朱自清。当年,在北大的招生会议上,胡适说:"我给了一个上海考生作文满分,你们一定要把他招进来。"招生委员会一看这名考生数学为0分,有人不同意录取。最后由校长蔡元培拍板同意,录取了这个叫罗家伦的小伙子进了北大外文系。两年后,他起草了"五四运动"的《北京学界全体宣言》,后来当了清华大学的校长。当年,江苏无锡的一个小伙子报考清华,语文和英语成绩都特别出色,英语还是满分,但数学仅15分。校长罗家伦想起自己数学0分进北大的经历,签名录取了这位叫钱锺书的考生。当年,一名数学考了4分叫季羡林的考生,被清华录取到外文系读德语,成了钱锺书的系友。当年,清华录取了在苏州大学时连数学四则运算都不会,理科四门成绩总分为25分,国文和历史考试成绩都是满分,后来与钱学森、钱三强并称为"三钱"的江苏无锡考生钱伟长。"九一八事变"后,清华物理系主任吴有训经不住决心学理科造飞机大炮救国的钱伟长的软磨硬泡,松口让这名入学物理成绩仅5分的学生试读物理专业。看完这篇文章后,真为朱自清、罗家伦、钱锺书、季羡林、钱伟长他们这些"偏科生"庆幸! 真对胡适、蔡元培、罗家伦、吴有训他们这些慧眼伯乐心生敬佩! 在庆幸、敬佩之余,想到的是:如果当年的招生制度如现在一样"一刀切",还能有当时这些"偏科生"们的幸运,还能有后来这些大师大家们吗? 如果当年吴有训拒绝了钱伟长的请求,还会产生爱因斯坦曾经感慨的"解决了困扰我多年的问题"的中国青年,乃至后来成为中国近代力学、应用数学最重要的奠基人的钱伟长吗？如果现在本科生的录取和培养需要体现通识教育要求，那么，研究生的录取和培养是否可以更加"容偏"些呢？

我国的研究生教育需要加强协同培养。近几年来，协同创新日益成为我国高校提升创新能力、提高教育质量的热门话题和具体行动。科技创新固然需要加强协同，作为集教学、科研、实践于一体的研究生培养更需要加强协同。在这里，我想重复一下本人的一段话："要防止在协同创新中产生一种认识误区和实践偏差，即高校协同创新主要或就是科研创新，科研创新主要或就是自然科学技术创新，而自然科学技术创新主要或就是技术创新和成果转化。""培养高层次创新创业人才，是大学的首要与根本任务，自然也就应该成为协同创新的首要与根本任务。""通过协同创新，实行理论与实践紧密结合，教学与科研、生产、管理实践紧密结合，大学教师与社会导师培养紧密结合，教育培养行为与社会培养行为紧密结合，实行教育思想、教育制度、人才培养体制、人才培养模式创新的大联动，形成创新人才与创业人才协调培养的六体系，实现大学与社会有关行业、用人单位和职业界人才培养大协同。"①

说到这里，大致表达了我关于完善我国研究生培养制度的几点想法，这就是我国研究生教育需要加强精英培养、全面培养、分类培养、个性化培养、"容偏"培养和协同培养。这几个方面的考虑，都是围绕"为谁培养人、培养什么人、怎么培养人"这个基本问题，有理念层面、理论层面的，有实践层面的。有的需要内涵于研究生培养目标中，有的需要体现在培养方案中，有的需要转化到课程体系中，有的需要落实到相关培养环节中，有的需要贯穿于培养全过程中。无论是哪个方面的，哪个环节的，都需要制度化。既要有慧眼识才的伯乐，更要有识才、容才、育才的制度。之所以强调制度问题，是因为好的培养制度才能导致好的培养行为和好的培养结果。而建立和完善好的培养制度的主要责任应该在于研究生教育政策制定者和研究生教育管理者。而好的培养制度也必须要由好的培养人通过好的培养行为才能得到落实。这里所说的培养人除了研究生培养管理工作者以外，更多的是指研究生导师，包括培养单位内外的研究生导师。名师可以出高徒，但如果只是顾及自己的名和利，把学生当作自己追名逐利工具的名人或者所谓的"名师"，也不一定能出高徒，名人不一定自然是名师。虽非名师，但倘若并不顾及自己名和利，能让学生踩着自己的肩膀，让自己的烛光照亮学生成长道路的导师，也有可能出高徒，自然也会成为受人尊敬的名师的。总之，一是要靠好的制度，二是好的制度的制定、建立、完善和执行都要靠人。

本《丛书》的出版，也是交上了却我多年心愿的一份作业。

我自2003年担任省教育厅分管学位与研究生教育工作的副厅长、江苏省学位委员会副主任到2015年2月退休，在这个岗位上一共工作了12个年头。这期间，有幸与全省学位与研究生教育的同仁一道，在学位与研究生教育的有关方面，比如，学位

---

① 殷翔文.高校协同创新的角色定位与价值追求[J].中国高校科技,2012(7):08.

授权单位和学位授权学科的发展提升方面,在优势学科、重点学科、协同创新中心、研究生工作站等平台的创立、建设与管理方面,在深化学位与研究生教育改革、加强学位与研究生教育管理、提高研究生培养质量方面,做了一些事情,取得了一些成绩,创造和积累了一些经验,为努力将江苏由研究生教育大省建设成为研究生教育强省而共同出力流汗,添砖加瓦,度过了难忘的岁月,留下了美好的回忆。在此过程中,我虽然也对相关问题形成了一些思考,在相关专业刊物上发表过一些文章,但总感到这些理论研究还不够系统,不够深入,用于转化为实践也不够。更重要的是个人的眼界有限,能力和作用微薄,只有集中大家的智慧和集体的力量,才能把事情做成做好。于是,在筹备成立江苏省学位与研究生教育学会的过程中,在 2013 年担任学会会长后,就立即着手开展组织编撰这套《丛书》的各项工作,包括确定选题、申报课题、筹措经费、搭建撰写班子、提出研究撰写要点、组织系列研讨、对《丛书》各分册逐一进行统稿修改等。现在,依靠大家的智慧和力量,出版了这套《丛书》,算是了却了我一个多年的心愿,向全省学位与研究生教育同仁和广大读者交上这份本该早就完成的作业。

这套《丛书》,在基于我国研究生教育需要实行由速度型、单一型、粗放型向创新型、品质型、引领型转变的大理念下,努力秉持这样一些理念:基于人才观—质量观—教育观的联系性、协调性、统一性和精英培养的理念,把握全书及其各分册的主线和脉搏。基于人为本、德为先和全面培养的理念,开展研究生培养立德树人的研究。基于人才需求多样性、多类型和分类培养的理念,开展研究生创新型人才、应用型人才、复合型人才培养的研究。基于高层次人才培养的复杂性、系统性和协同培养的理念,开展交叉学科培养研究生与研究生培养协同机制的研究。同时,表达了这样一些想法:我国的高层次人才市场需要进一步科学细分,高层次人才培养定位需要进一步精准确立,研究生教育需要进一步转型升级。研究生培养理念需要更具时代性,研究生培养目标需要更具精英性,研究生培养规格需要更具多样性,研究生培养制度需要更具灵活性,研究生培养机制需要更具协同性。

这套《丛书》力求体现这样一些特色。一是学术研究。《丛书》以设立重大课题研究项目为基础,以"为谁培养人、培养什么人、怎样培养人"为主线,从不同的方位,以不同的视觉直面研究生培养若干前沿、重点、热点、难点的理论和实践问题为出发点,以前瞻眼光、国际视野、创新思维、务实态度系统深入研究问题为着力点,以拓展破解问题的思路、提出解决问题的方案为落脚点,以"理论探讨""国际比较""实践探索""对策建议"为篇章布局,以回答所论述主题"是什么""为什么""怎么样"为逻辑路线,力求为我国研究生教育改革作出一点理论贡献。然而,《丛书》所论述和表达的,是作者个人作为学术研讨的观点和见解,并不代表他们所在的组织和单位。二是实践导向。《丛书》各分册均以源于实践、服务实践、引领实践为价值取向,以促进我国研究生培养制度革新创新、提升研究生培养能力和质量为目标追求,力求为研究生教育改革提供一些实践经验的启示和借鉴。三是统分结合。统,就是通过编撰委员会研究确定《丛书》的选题、定位、总体框架、风格特色、章节目录、任务分工、时序进度、体例规范等，协调解决编撰出版中的有关重要问题，统一组织专家审稿，并在综合专家评审意见的基础上进行统稿修改。分，就是按照编撰委员会的总体要求，由有关研究生培养单位及人员分工组织相关专题研讨会，承担各分册的编撰任务，鼓励各分册在总体框架与风格特色的设计安排下，形成各自的风格，彰显自己的特色。

这套《丛书》出自这样的作者群体。《丛书》由江苏省学位与研究生教育学会牵头组织编撰，各分册由省内数十家研究生培养单位数以百计的专家与相关人员精诚合作，通过数年潜心研究和不辍笔耕而完成。在他们中间，有的是研究生培养单位的领导和研究生教育工作者，有的是教育研究工作者，有的是党政管理工作者，有的是研究生导师和研究生。在这里，我要诚挚地感谢《丛书》编撰委员会的吕建、沈炯、熊思东、朱跃龙、潘百齐、刘祖汉、储宪国、汪霞、冯建明、董增川、魏少华、郎建平、俞洪亮等同志，要诚挚地感谢在《丛书》上署名和未署名的作者，还要诚挚地感谢其他相关单位和人员。感谢他们为《丛书》的编撰、出版所给予的大力支持、密切合作，所付出的辛勤劳动和宝贵智慧！我很幸运有他们这样的合作伙伴，没有他们，事业难成；没有他们，《丛书》难成。在这里，我还要特别感谢在《丛书》编撰、评审、修改、出版过程中提出多方面宝贵意见的有关领导、专家和人士，是他们的宝贵意见和慷慨奉献，使这套《丛书》更成熟、更完善。

这套《丛书》面向这样的读者群体。我们热切欢迎和期待所有关注、研究研究生教育和高层次人才培养的社会各界人士能成为这套《丛书》尊敬的读者。尤其热切欢迎和期待广大教育工作者，人才工作者，教育与人才研究工作者，大学生，研究生，有关科研机构、企业和政府管理部门的人员能成为这套《丛书》尊敬的读者。因为这套《丛书》就是为他们而出版的。他们的关注才是最可喜的，他们的认可才是最宝贵的，他们的评价才是最重要的。我们当然更热切而真诚地期待着他们的批评和指教！

诚然，由于多种主观和客观的原因，这套《丛书》还多有不尽如人意之处。比如，有些理论的阐述虽有新意，但可能不一定深刻；有些实践的案例虽有启发，但可能不一定典型；有些内容的安排虽有积极意义，但可能不一定精彩；各分册有关章节布局虽有统筹，但可能不一定严密；有些问题的探讨虽有针对性，但可能不一定深入；有些见解虽有独到之处，但可能不一定精辟；有些对策建议虽是有益的，但可能不一定是全面和最好的，等等，不一而足。然而，我们注重的是，虽未致远，但已迈步；虽未登高，但已跋涉。我们期望的是，为促进我国研究生培养制度的革新和完善，为建设中国特色、世界一流的研究生教育强国，为实现中华民族伟大复兴的中国梦，对《丛书》所涉命题能够给予更多的关注，能有更多理论的研究和实践的成功。

江苏省学位与研究生教育学会会长　殷翔文

2018 年 8 月于南京

序 言

"玉在山而草木润,渊生珠而崖不枯。"人才是世界上最宝贵的资源,而在一个国家的人才宝库中,创新人才则是更宝贵、更富活力和创造性的资源。

我们已经进入 21 世纪的知识经济时代,这是一个创新的时代,是中华民族将在世界舞台上再次扮演重要角色的时代,习近平总书记明确提出必须"创新为要"。中共中央、国务院印发《国家创新驱动发展战略纲要》,提出到 2020 年进入创新型国家行列。创新,作为始终推动一个国家、一个民族向前发展的不竭动力,终于被摆在了国家发展全局的核心位置。人才是创新发展的源泉和"供给侧",创新人才更是大国角逐的决定性力量,是增强我国国际竞争力的关键因素,是在经济、科技等领域缩小、追赶,甚至超越世界发达国家的"核动力"。

随着全球经济一体化的发展,各国之间政治、经济、军事和科学技术的竞争日益激烈,但世界范围内更白热化的竞争最终必然是人才的竞争,尤其是具有创新意识、创新精神和创新能力的创新型人才的竞争。当前中国在各领域、各层次都缺乏创新型人才,不仅是金字塔顶端的拔尖创新人才,在技术集成、一般应用创新能力方面,与国外的差距也很大,加快培养和壮大创新型人才队伍任重而道远。

研究生教育位于国民教育体系的顶端,是衡量教育发达程度和科技发展水平的重要标志,培养创新型人才是研究生教育的核心使命,对实现国家战略、增强国家的创新能力和竞争力具有重大意义。我国的研究生教育经过 30 多年的改革和发展,"走过了从小到大、快速发展的历史性跨越,实现了自主培养高层次人才的战略目标,成为具有全球影响的研究生教育大国"[①]。但是,与国家战略发展的需求、人民群众的期盼和所肩负的使命相比,与发达国家高水平的研究生教育相比,我国研究生教育质量,特别是创新型人才培养质量仍然存在明显差距。诺贝尔奖获得者杨振宁说过,"我一直坚信,中国高校对中国发展做出的贡献远远要比美国最好的高校对美国做出的贡献大","但是,在研究生教育方面,中国确实和国外不少国家存在着很大的差距"[②]。对研究生创新精神和能力培养的不足是这种差距的主要表现。中国的教育至今未能破解"钱学森之问",缘由恐怕亦在于此。长期固化的研究生人才培养模式和过于刚性的教育环境,成了创新型人才培养的瓶颈。培养拔尖创新人才,是中国建设创新型国家的需要,是中国顶尖研究型大学的责任和义务。研究型大学应该以突破这一瓶颈为己任,将为国家和民族培养各行各业拔尖创新人

---

① 刘延东. 在全国研究生教育质量工作会议暨国务院学位委员会第三十一次会议上的讲话[EB/OL]. http://old. moe. gov. cn//publicfiles/business/htmlfiles/moe/moe_176/201501/182734. html,2017 - 07 - 25.

② 杨振宁称中国高校对国家贡献比美国大[EB/OL]. http://edu. people. com. cn/GB/4977337. html,2017 - 07 - 25.

才作为人才培养的核心使命。

拔尖创新人才的培养是一项系统工程,研究生阶段是创新型人才形成的关键时期,也是产生创新成果的关键阶段。放眼世界,许多国家已经把发展研究生教育作为创新驱动和提高国际竞争力的战略选择,普遍加大投入和支持。美国是率先开始研究生创新型人才培养探索的国家,早在1995年美国国家科学、工程与公共政策委员会就发表了极具影响力的研究报告《重塑科学家与工程师的研究生教育》,指出科学与工程领域中对传统研究者的需求正在减少,提出研究生由传统的学术型人才培养模式向创新型人才培养模式转变。2007年,美国研究生院委员会发布了一份题为《研究生教育:美国竞争力与创新力的支柱》的重要报告,报告高度强调发展美国研究生教育对促进国家经济增长和提升综合国力的重要作用,呼吁政、产、学、研、用等多方通力合作,大力支持研究生教育发展,增强国家创新能力,提升国家竞争力。2010年,美国研究生教育未来委员会又发布了一份具有里程碑意义的报告《前方的路:美国研究生教育的未来》,提出随着“知识经济”时代的到来,社会的发展将会遇到前所未有的复杂问题,增强国家的竞争力,必须要有一支具有创造性的研究生人才队伍,国家必须将发展人的才能放在首位,研究生教育必须成为国家创新战略的重要组成部分。美国还通过竞争性科研资助项目助力研究生拔尖创新人才脱颖而出,美国国家科学基金会推出了“综合性研究生教育与研究训练”(IGERT)项目,在科学、技术、工程、数学领域(STEM)创造一种新的博士生培养“范式”。近年来,在IGERT项目推动下,许多大学创新研究生培养模式,探索了多种途径培养STEM领域博士生的跨学科能力。

21世纪以来,英国为加强研究生创新人才的培养,大力实施“知识转移合作伙伴计划”(KTP),以企业科研项目为载体,以培养研究生为核心,以提高企业竞争力为目的,构建起产学研协同创新模式,既培养研究生创新型人才,又推动科研成果向社会生产力转化。英国高等教育质量保证署2011年发布《博士学位的特征》,对博士生的培养目标和要求作出概括性的描述,强调了博士学位获得者创新意识、创新能力的要求,成为研究生创新型人才培养的推手和指南。2012年,英国政府发布《创新报告》,进一步强化了知识和科技在国家创新体系和研究生教育中的重要作用,支持和鼓励研究生创新型人才培养的新模式,为研究生教育的创新提供政策性支持。

当前,世界各国尤其是发达国家都不约而同地加强了对创新型人才的培养和竞争。尽管这些国家各有其独特的教育构想和科技发展战略,但有一点是共同的,即都强调以全球发展的眼光,争创一流的教育意识和站在国家发展前列的制高点上发展研究生教育,把培养创新型人才作为国家兴亡的关键所在。

国内外形势的深刻变化,日益凸显研究生教育的战略地位,迫切需要对研究生教育进行综合改革,加快提高创新型人才培养水平,充分发挥研究生教育在知识创新、技术创新和繁荣哲学社会科学中的重要作用,为提高国家创新力和国际竞争力提供有力支撑。我国并不缺少具有成为高层次杰出人才潜力的研究生,缺少的只是对这些研究生的培养。研究生教育必须以创新教育观念为先导,以创新型人才培养为己任,加快建立以提高创新能力为目标的培养模式。

作为对研究生创新型人才培养问题的一种探索和思考,我们的研究主要围绕四个方面：一是研究生创新型人才的基本特征以及如何培养研究生创新型人才；二是发达国家培养研究生创新型人才的举措与特点；三是江苏省研究生创新型人才培养的实践案列；四是研究生创新型人才培养的对策建议。所以，全书相应地分为四篇。

第一篇为理论探讨篇，提出创新型人才培养存在的几个基本问题，即什么是创新型人才？与普通人才相比，有何特点，有哪些类型？古今中外人才培养思想方面有何可借鉴之处？研究生创新型人才的成长过程又有什么特殊规律？对其进行开发和培养具有怎样划时代的意义？研究生创新型人才的培养有哪些影响因素？此外，该篇还从理论上阐明了关于研究生创新型人才培养应需要加强研究的一些问题，如研究生招生录取、课程设置、导师指导、科学研究、专业实践、论文写作、学业管理等以及相互的关系。

第二篇为国际比较篇。深入研究美、英、德、日四个发达国家研究生教育政策发展的脉络，研究生教育的培养目标、个案学校的创新型人才培养实践等，总结其研究生培养机制和特点，剖析具体案例和数据，并对国外（不限于四国）研究生创新型人才培养进行比较分析，把握异同。坚持"学术自由"的人才培养理念，实施"科教融合"的人才培养模式，强调"个别指导＋集体指导"的人才培养过程，践行"能力为本"的研究生课程教学改革，建立"多元分层"的研究生教育质量保障体系是国外研究生创新型人才培养的共性特点。当然，国外研究生创新型人才培养也各有特色，美国研究生创新型人才培养的原始创新模式，德国研究生创新型人才培养的工程取向模式都呈现了研究生人才培养不同发展阶段的培养特点。

第三篇为实践探索篇。从国外研究生创新型人才培养反观江苏省五所重点大学，深入研究五所高校研究生创新型人才培养的总体情况、重要举措、培养成效，分析五校所面临的问题与挑战，包括生源质量不高、研究生创新能力偏弱、导师管理制度等共性问题，以及国际化程度等时代挑战，在此基础上进一步提出了新形势下的改革策略。

第四篇为对策建议篇。国内外高校的相关实践，可以在不同方面为我们今后研究生教育的改革提供借鉴。但研究生创新型人才的培养是个系统工程，需要"全攻略"，即以系统的观点统筹政府管理部门、研究生培养单位管理者、研究生导师、研究生自身等各个方面，着眼于整个培养系统的建设和创新，通过各方共同努力，采取一系列的措施，形成培养创新型人才的有效机制。所以，该篇分别从政府管理部门、研究生培养单位管理者、研究生导师和研究生四个方面提出具体的对策建议。

时代呼唤拔尖创新人才，这对研究生教育提出了更高的要求和挑战。作为国家创新体系的人才孵化器和科技创新的生力军，研究生教育是造就国家高端人才的重要基地，必须肩负起培养拔尖创新人才的神圣使命。本课题从拔尖创新人才培养现状出发，概述了创新型人才培养和研究生创新型人才培养的理论，梳理了国内外高校实施创新型人才培养的有益探索，从个性化培养目标、优化课程体系、强化实践环节和创新培养机制等方面分析创新型人才培养模式的改革，把握创新型人才培养模式改革的核心与精髓。本研究因时间所限，对相关问题的探讨浅尝辄止，唯希望能为研究生创新型人才培养"破题"竭诚尽智、抛砖引玉。

目　录

国际比较篇

实践探索篇（以江苏部分高校为例）

对策建议篇

理论探讨篇

LI LUN TAN TAO PIAN

第一章　创新型人才

创新型人才是实现创新驱动发展战略最具能动性的因素,是一个国家的稀缺资源。目前,随着社会经济的转型发展,我国对创新型人才的需求日益迫切。建设创新型国家必须培养大批创新型人才,这也使得创新型人才培养成为高校适应经济社会发展必须肩负的重要使命。

第一节　创新型国家

人们对创新概念的理解最早主要是从技术与经济相结合的角度,探讨技术创新在经济发展过程中的作用。美国经济学家约瑟夫·熊彼特(Joseph Alois Schumpeter)认为,所谓创新,就是建立一种新的生产函数,即将一种从未有过的生产要素和生产条件"新组合"引入生产体系以获得"企业家利润"或"潜在的超额利润"。[①] 彼得·德鲁克(Peter F. Drucker)把创新引入管理领域,即赋予资源以新的创造财富能力的行为。

20世纪90年代,我国把"创新"一词引入了科技界,形成了"知识创新""科技创新"等提法,进而发展到社会生活的各个领域,比如我们讲的理论创新、制度创新、经营创新、技术创新、教育创新、分配创新,使创新的说法几乎无处不在。现在"创新"两个字扩展到了社会的方方面面。

创新是国家和民族进步的灵魂,当今世界,创新已经成为推动经济社会发展的核心驱动力。建设创新型国家,是党中央、国务院作出的重大战略抉择,事关社会主义现代化建设全局,是中国社会发展的迫切要求和必由之路。

一、创新型国家的内涵

创新型国家,是指把科技创新作为基本战略,大幅度提高科技创新能力,形成日益强大的竞争优势,从而在国际社会中保持强大竞争力的国家。

根据实现工业化和现代化的不同方式,国际学术界将世界上的国家分为三类[②]:资源型国家,依靠自身丰富自然资源增加国家财富;依附型国家,主要依附发达国家资本、市场和技术;创新型国家,创新型国家与前两者相区别,主要依靠科技创新形成日益强大的竞争优势。

目前世界上公认的创新型国家约30个,包括瑞典、丹麦、芬兰、德国、以色列、日本、瑞

---

① 约瑟夫·熊彼特.经济发展理论[M].北京:北京出版社,2008:9-12.
② 佚名.世界上公认的"创新型国家"只有20个左右[J].政工师指南,2006(2):38-39.

士、英国、美国、法国、韩国和新加坡等。① 这些创新型国家都是创新能力强的发达国家，也都是创新绩效较高的国家。但现有文献对创新型国家特征的研究还不深入，至今并没有统一的评定创新型国家的指标体系。

按照国际认可的权威表述，创新型国家至少应具备以下四个基本特征②：

一是创新投入高，国家的研发投入占 GDP 的比例一般在 2% 以上。

二是有很强的自我创新能力，对外技术依存度指标一般在 30% 以下（我国的对外技术依存度达 50% 以上）。

三是创新综合指数明显高于其他国家，科技进步贡献率在 70% 以上。

四是创新产出高。世界上公认的 20 多个创新型国家所拥有的发明专利数量占全世界总数的 99%。

2006 年 2 月，我国发布的《国家中长期科学技术发展规划纲要（2006—2020）》正式确定了在 2020 年建立创新型国家的战略目标，该《规划纲要》提出了创新型国家的三个主要指标：研究开发投入 2% 以上，技术依存度 30% 以下，科技进步贡献率达 70% 以上。

有学者归纳了 20 个创新型国家的主要指标特征，③认为有六个方面的特征，包括：① 国家创新体系完善；② 研发开发投入能力强；③ 创新产出能力强；④ 创新转化效率高；⑤ 具有支持创新的基础设施和社会文化；⑥ 贡献率较高。

有学者则比较了国家创新能力评价的主要指标体系，得出国家创新能力评价的发展趋势，由单一指标评价到多指标综合评价，由单纯客观指标到主客观指标相结合发展。"现行指标多考察如科技论文、专利数、技术贸易等指标，这些指标从数量上反映了创新成果的情况，但应该认识到，创新活动的产出不仅限于经济领域和产品领域，还包括社会影响等较难测量的方面。"④

从创新性国家的主要相关指标特征来看，既有量化指标，也有定性指标。不仅包括创新能力和创新产出评价的"硬"指标，也有科技、法律、制度、教育和社会文化等多方面的"软"指标。因此，有学者指出，创新型国家的内涵不能简单地按照数量指标来加以解释，因为创新只有靠国家制度、组织、文化的创新才能够实现。"从定性的角度来定义，创新型国家就是那些把科技创新作为发展的核心驱动力，通过制度和组织的创新不断地把国民经济推向从事高技术经济活动的国家。"⑤

人们往往用相关创新投入和产出的绩效指标从一个侧面来衡量国家的创新程度，一般来说，创新型国家的创新综合指数明显高于其他国家。但创新型国家的建设是一个动态的过程，是否拥有高效的国家创新体系是区分创新型国家与非创新型国家的主要标志。

创新型国家的内涵不同于科技大国。从研究人员的数量、科技成果的数量等方面来看，我国可以算是科技大国，但我国还不是科技强国。衡量一个国家是否属于创新型国家，不能单纯地以拥有多少科技人员、发表多少学术论文、取得多少科技成果等为依据，更

---

① 成思危. 论创新型国家的建设[J]. 中国软科学,2009(12):1-14.
② 成思危. 论创新型国家的建设[J]. 中国软科学,2009(12):1-14.
③ 宋河发,穆荣平,任中保. 创新型国家特征、指标体系与建设目标研究[J]. 科技促进发展,2010(1):14-18.
④ 王智慧,刘莉. 国家创新能力评价指标比较分析[J]. 科研管理,2015(S1):162-168.
⑤ 贾根良,王晓蓉. 建设创新型国家的成功经验及其借鉴[J]. 当代经济研究,2006(9):46-50.

重要的是要看创新在国家的发展中是否起到主导作用。①

换言之，仅有少数的大师，或者个别领域的领袖，不能说明其已经是创新型国家。在创新型国家中，一切创新源泉充分涌流，创新型人才和成果与国家人口数量相匹配，其中一些创新型人才和成果引领世界经济和社会发展的进步。

创新型国家的内涵也不同于创新能力强国。与创新能力强国概念相比，创新型国家概念的内涵更丰富，外延更宽。创新型国家不仅要求创新能力强，创新效率高，而且要求具有支持创新的良好经济社会环境和完善的国家创新体系。②纵观人类历史上，从英国到德国、美国，再到日本等创新型国家的发展过程，不仅是技术创新的结果，而且还有许多制度、组织的深层次创新，是整个国家创新系统演变的最终结果。

从上述的概括中，我们可以得出，创新型国家是把科技创新作为核心驱动，有完善的创新体系和体制机制，主要依靠创新活动驱动经济和社会发展，创新投入高、科技进步贡献率高、自主创新能力强和创新产出高的国家。

二、创新型国家的类型

罗吉、王代敬将创新型国家分为三类："一类是以美国为代表，通过在建立强大而坚实的基础研究基础上构建完善且和谐的国家创新系统，以支撑持续的技术创新与经济发展的创新型国家；一类是以欧盟国家为代表的通过成员国之间的科技合作、联合创新，从而跨入创新型国家行列的国家；一类是以日本为代表的强调引进、吸收、消化再创新，奉行'技术引进—技术改进—技术普及'路径的创新型国家三类。"③

"以美国为代表，通过在建立强大而坚实的基础研究基础上构建完善且和谐的国家创新系统，以支撑持续的技术创新与经济发展的创新型国家。"其国家创新体系十分完善，创新文化已经成为国家和社会的重要根基。自20世纪50年代开始，美国加大了向基础研究的研究开发（R&D）投资，在1988年联邦政府的研发支出中，用于基础研究的经费支出首次超过应用研究的支出。1996—2002年，整个联邦政府投入大学的基础研究开发资金从128亿美元增至214亿美元。④美国拥有世界上最发达的高等教育，这也是其科技领先的重要原因。

政府战略性的高投入促进了美国超群的基础研发能力的形成。据统计，美国研究开发支出总量占全球的30%（2011）；世界前1%引用论文中，美国占46.4%（2012），三方专利占全球的27.85%（2010）；知识产权贸易费用占全球的50%（2011），知识技术密集型产业增加值占全球的32%（2012）。全球诺贝尔奖得主近一半是美籍人，世界大学百强排名中美国大学占到一半以上。⑤

"以欧盟国家为代表的通过成员国之间的科技合作、联合创新，从而跨入创新型国家

① 成思危.论创新型国家的建设[J].中国软科学,2009(12):1-14.
② 宋河发,穆荣平,任中保.创新型国家特征、指标体系与建设目标研究[J].科技促进发展,2010,6(1):14-18.
③ 罗吉,王代敬.我国建设创新型国家的对策思考[J].经济纵横,2006(6):2-5.
④ 罗吉,王代敬.我国建设创新型国家的对策思考[J].经济纵横,2006(6):2-5.
⑤ 王昌林,姜江,盛朝讯,韩祺.大国崛起与科技创新——英国、德国、美国和日本的经验与启示[J].全球化,2015(9):39-49.

行列的国家。"欧盟国家的科技合作开始于 20 世纪 50 年代的欧洲原子能联营,后来有钢铁、航空航天方面的技术合作,"空中客车"飞机和阿丽亚娜火箭都是合作研究开发的结晶。20 世纪 70 年代以来,在发展高科技的过程中,欧洲各国遇到一个严峻的问题:尽管不少国家人均总产值、科研经费在国民生产总值中的比例及科研人员占总人口的比例等均高于美国和日本,然而这些指标的绝对值却大大低于美国和日本,国内科技、经济都不足以支持高技术的全面发展。为此,欧盟各国认识到在科技上走联合创新道路的重要性,特别强调加强成员国之间的协调与合作,以增强与美、日抗衡的实力。从 1984 年开始,欧盟先后实施了 5 个科研总体规划。同时,在 1985 年提出了"尤里卡计划",建立了一个跨国技术合作发展的协调机构,把分散在各国的高技术力量、资金和技术组织起来,集中攻关,推动与经济发展密切相关的诸如微电子与计算机技术、自动化技术、生物技术、激光和新材料等领域的高技术研究与开发。通过这些几乎包括了所有高技术领域的合作,逐步建立起欧洲独立的联合创新的科技体系,并以此作为欧洲经济复兴的基石。

"以日本为代表的强调引进、吸收、消化再创新,奉行'技术引进—技术改进—技术普及'路径的创新型国家。"这类国家,是在落后的背景下,积极引进国外先进技术和创新管理方法,在学习的基础上营造自己的创新文化,是一种从模仿创新、渐进创新、自主创新,最终走向重大突破性创新的创新型国家模式。比如二战后的日本,科技发展经历了四个阶段[①]:一是 20 世纪 50 年代前的经济恢复阶段。大力引进国外先进技术,而国内的科技资源大多被用于消化引进技术,并向民间大企业倾斜。二是 20 世纪 60 年代的经济高增长期。各大企业兴起了设立"中央研究所"的热潮,强调在引进技术基础上的再创新。政府同时制定了各种科技政策,支持企业的技术创新活动。三是 20 世纪 70 年代的低增长转型期。整个科技政策取向多样化、体系化,并在科技体制方面发展了"研究组合"等产学官合作的组织形式。四是 20 世纪 80 年代后,由于人口老龄化、产业空洞化、赶超战略效力的衰退及改善国家形象的需要等原因,日本通产省和科学技术厅提出了"科学技术立国"的口号,日本的高新技术进入世界的前列,日本开始进入创新型国家行列。

三、创新型国家的形成规律

现有的创新型国家由于历史文化、经济体制以及自然资源禀赋不同,而形成了不同的道路,但是在形成创新型国家的过程中实际上经历了长期的过程,是一个包括科技、体制、管理、文化等全方位的创新系统工程,在这个过程中存在不少共性,构成了创新型国家形成的历史规律。

第一,创新战略:世界创新型国家将自主创新作为促进国家发展的主导战略,从国家层面构建创新体系并发挥主导作用,把科技创新作为本国创新的突破口,抢占未来经济科技发展的先机。

美国一直把工业技术创新放在优先位置,依靠新技术革命发展成为全球超级大国。美国一直强调技术是经济增长的引擎,科学是引擎的燃料,美国政府的研发预算一直高居世界各国榜首,占国内生产总值的比重始终居于发达国家前列,尤其重视对创新基础要素

---

① 王金龙. 构建创新型国家的哲学思考[D]. 乌鲁木齐:新疆师范大学,2011.

的投资。据美国国家科学会的资料显示,1994—2000 年,美国公司、政府、学校和非营利性机构用于研发的费用增长了 56%,占美国 GDP 的 2.5%①,相当于其他几个大国研发投入的总和。2008 年金融危机过后,奥巴马政府在 2009 出台了《美国的创新战略:推动可持续增长和高质量就业》(*A Strategy for American Innovation:Driving Towards Sustainable Growth and Quality Jobs*)报告,肯定创新的关键作用,明确提出美国公共和私人的研发投资要达到 GDP 的 3%以上②,超过太空竞赛时曾创下的历史最高水平。

日本明治政府上台后,开始大力引进西方技术,走"技术立国"路线。1870 年,日本中央政府专门设立工部省,大力推行"殖产兴业"计划,有组织地执行产业技术政策。20 世纪 90 年代以后,则明确转向"科技创新立国"基本战略。1995 年,日本政府公布《科学技术基本法》,在技术立国的基础上进一步提出了"技术创新立国"的战略口号,以技术革新和发明创造为中心来推动科技革命和科技进步。进入 21 世纪后,日本政府高度重视新技术研究开发,先后制定了 IT 立国战略、知识产权立国战略、创新立国战略等一系列战略,形成了一个科技创新立国战略体系。

第二,创新观念:构建有利于创新的观念与文化环境,全民创新意识不断增强,形成全社会的创新网络。

观念创新是建设创新型国家的基础。美国自诞生起就崇尚创新,冒险和创新是其文化基因,创新精神融入美国社会经济生活的各个方面。美国文化推崇独立思考,提出不同见解,在美国的教育中,老师们会鼓励学生提出问题,甚至是质疑,认为有"批判性"思维才是好学生。美国移民众多,来自海外的高智商和高学历移民为美国创新系统补充了大量的人才,构成了美国社会多元互动的文化氛围,比如硅谷一半以上的企业是移民创立的,鼓励冒险、奖励成功、宽容失败是硅谷的文化精神核心。美国建立了创新创业的服务系统,积极培育创业生态系统。成立了联邦小企业管理局(Small Business Administration,SBA)、小企业发展中心(Small Business Development Center,SBDC)、妇女企业中心及其遍布全国的分支机构,提供包括创业培训和咨询、指导起草商业计划书、企业管理技术支持、与银行合作提供担保贷款、帮助企业申请政府采购合同等全流程服务。

德国历来就是大哲学家和大思想家的摇篮,擅长理性思维,德国社会一直坚信传统的创新文化就是德国摆脱自然资源贫乏劣势、持续富强的一种基本力量。德国将 2004 年和 2005 年定为"创新年"和"爱因斯坦年",以激发国民的创新热情,德国人一直以"思想家的国度"激励自己,国民富有科学传统和创新意识,这也是德国创新文化的核心。由此可见,文化因素对创新有重要影响,在创新文化影响下,一个国家、一个机构或每一个人都可能迸发出很强的创造能力。

第三,创新制度:创新型国家建立保护知识产权和激励创新的法规制度,保护创新的积极性,形成技术创新的强大推动力,是建设创新型国家的制度性保证。

美国是第一个将保护知识产权写进宪法的国家,在新中国成立之初就颁布了专利法,

① 张换兆,林娴岚. 美国创新战略的三个阶段及对我国的启示[J]. 创新科技,2011(9):14-15.
② Of President E O. A Strategy for American Innovation:Driving Towards Sustainable Growth and Quality Jobs[J]. Executive Office of the President,2009:26.

目前已基本建立起包括《购买美国产品法》《拜杜法案》《小企业创新法》在内的一套健全完整的知识产权法律体系,减免研发税收,对其知识产权在全球范围内实施保护,以确保创新成果得到有效保护,为新兴产业、先进制造业的发展营造有利的法规框架,建立和完善了军民融合、技术转移和支持中小企业发展等制度,极大地调动了发明创新的积极性。

英国是世界上最早颁布法律来保护知识产权的国家,其于 1623 年颁布的《垄断权条例》是世界上第一部正式而完整的专利法。作为最早保护知识产权的国家,保护知识产权意识已经深入人心。英国参加了众多的保护知识产权的国际公约,包括 1883 年保护工业产权的《巴黎公约》、1886 年保护文学艺术作品的《伯尔尼公约》、1961 年的《罗马公约》、1970 年的《专利合作条约》、1994 年与贸易有关的《知识产权协议(TRIPS 协议)》等。对于这些所参加的国际公约,英国先后通过相应的国内法予以实施。1852 年,英国就成立了知识产权局(Patent Office of the United Kingdom,UKPO),是一个综合性的管理机构,一直给知识产权的所有者提供方便、高效的服务。近几年,英国不断扩大知识产权的保护范围,在审批和保护程序方面也更加公开透明,有力打击了知识产权犯罪,保证了创新者利益,激发了全社会的创造积极性,促进了整个国家更有效地利用创新成果转化为生产力,推动社会经济文化发展。

第四,创新教育:高度重视教育创新,把教育创新作为提高经济实力和国际竞争力的支柱,将教育创新摆在国家发展全局的基础性、战略性位置。创新型国家注重通过教育制度的改进,培养全民创新文化,搭建全民创新系统。

美国约从 20 世纪 60 年代开始制定了专门的创新政策,以推动本国的科技教育创新。从 1957 年苏联人造卫星上天开始,美国国会在 1958 年颁布《国防教育法》,旨在振兴科学技术教育,培养能满足国家安全和国际竞争的人才。进入 21 世纪以后,美国更加重视创新思想和创新能力在国家经济增长中的重要作用。美国总统布什上台后于 2002 年和 2005 年先后颁布了《不让一个孩子掉队法》(No Child Left Behind)和《国家创新教育法》(National Innovation Education Act),号召进行全国性的教育改革和创新。《国家创新教育法》规定在全美 500 所高中和 500 所小学或初中实施基于创新能力和技术技能的体验式学习项目,培养学生的创新精神和能力。2007 年,美国国会通过《国家竞争力法》(National Competition Law),强调创新需要研发投入和对 STEM(科学、技术、工程和数学)教育计划的切实执行。2009 年,奥巴马发表了"教育促进创新"的演讲,宣布在全国范围内开启"教育促创新"计划。奥巴马政府提出,美国教育的成败不仅关系到美国的个人和家庭,更关系到美国是否能在 21 世纪保持世界领先地位。为此,美国先后出台了《每一个学生成功法案》(Every Student Succeeds Act)等一系列法规和政策,对教育的目标、内容、师资等提出了全面的改革计划,将教育和创新摆在了战略性的优先位置。

日本政府从国家战略的高度,推出了一系列新的重要的教育改革政策,大力推进教育创新。1955—1990 年,日本政府制定的 310 项国家经济计划中,科学技术和教育作为重要政策课题被置于重要地位。比如 1960 年,日本内阁制定《国民收入倍增计划》提出,智力开发和振兴科学技术是摆在日本面前的两项重要任务。1872 年日本颁布第一个教育改革法令《学制令》,实行强制性初等教育,仿照西式教育构建国民基础教育体系;创办帝国工程学院(亦称工部大学,后与东京大学合并),并在京都大学、东北大学和九州大学设立工程系,积极培养日本的工程师和技术人员,使其能够接管由西方专家管理的工厂、矿山和铁路,实现技师的"进口替代"。开办工、农、水产、商业等 10 种实业学校,用以进行职业技术教育,为技术创新准备专业人才。

德国的教育创新最成功的地方来自高等教育的创新,德国柏林的洪堡大学强调大学教师科研与教学相结合,开创了现代大学的新模式。教授可以自由研究自己感兴趣的问题,给学生传授自己的最新研究成果,而学生不再以知识拥有的多寡为最终学习目的,而是通过学术探讨来提高思考能力,为从事创新工作做准备,高等教育成为 19 世纪德国科技腾飞的引擎。除了高等教育,德国在基础教育和职业教育方面也锐意改革,如在中学教育阶段调整课程设置,增加了自然科学知识课程;在职业教育方面,兴办建筑、冶金、商业等中等专业学校,形成地方工业学校网,在普通劳动者当中普及了科学技术,促进了国民科学素质的提高,为德国科技发展提供了适宜的土壤。

我们从创新型国家的共同发展规律中可以总结得出,创新型国家的形成是一个系统性工程,不仅需要科技作为先导的创新驱动,更需要政治、经济、社会和文化等环境的系统性社会创新作为支撑。坚持科教兴国战略,大力培养创新型人才,完善人才发展机制,塑造人人讲创新的社会,是塑造创新型社会的根本;创新型国家的形成是一个过程,只有政治、经济、科技、制度、文化、教育的相互配合,共同驱动,整个国家层面的创新系统才可能有持续性和强劲动力。

四、我国创新型国家的建设

2006 年 1 月,胡锦涛总书记在召开的全国科学技术大会上首次提出了用 15 年时间把我国建设成为创新型国家的目标。2006 年 2 月,我国发布的《国家中长期科学技术发展规划纲要(2006—2020)》正式确定了在 2020 年建立创新型国家的战略目标。2007 年,党的十七大报告明确指出,提高自主创新能力,建设创新型国家,是国家发展战略的核心,是提高综合国力的关键。2016 年 5 月,中共中央、国务院印发了《国家创新驱动发展战略纲要》,明确了实施创新驱动发展战略的要求、部署、任务和保障措施等,提出了到 2020 年进入创新型国家行列、到 2030 年跻身创新型国家前列、到 2050 年建成世界科技创新强国的"三步走"战略目标。

建设创新型国家,是实现我国新阶段发展目标的需要,党的十八大正式提出"全面建成小康社会"这一奋斗目标,实现新阶段的发展目标,不能再继续依靠牺牲资源、环境、劳动这三个要素,依靠过去粗放的增长方式,而是要建设经济建设、政治建设、文化建设、社会建设、生态文明建设"五位一体"协调发展的社会,而当前我国经济社会发展中存在的几大矛盾,严重阻碍了这一宏伟目标的实现,表现在发展动力不足问题突出,产业发展的总体水平仍然处于较低水平,产业转型升级动力不足;发展不协调问题突出,贫富差距、城乡差距、东西部差距进一步拉大;资源环境约束问题突出,长期以来,我国经济的高速增长主要依赖资源的高投入和高消耗,而人均资源占有量严重不足;对外开放总体水平不高问题突出;共建共享不够问题突出。实现新阶段的发展目标,必须建设创新型国家,把我国建设成为一个创新能力强、创新效益高、创新环境好、创新创业人才辈出的国家,全面提升经济的科技含量,转变经济发展方式,创新发展模式,破解制约发展的难题,创造新的发展动力和增长点,依靠创新驱动实现经济社会又好又快发展,大幅提升科技进步对经济增长的贡献率。

建设创新型国家是应对世界科技革命和提高我国竞争力的需要,知识经济时代,创新已经取代资本和劳动力,成为经济社会发展的第一推动力,创新能力的高低直接关系到一个国家在国际竞争中的地位。从世界范围来看,经济竞争正逐步由资本竞争演变为专利和技术竞争。由于缺乏核心技术,我国企业每年都要向外国跨国公司支付巨额专利、标准使用费,核心技术的缺乏是造成中国企业进一步发展的瓶颈。我国人均能源、水资源、土地资源供应严重不足,面临越来越紧迫的资源问题和环境问题。随着劳动力成本的不断提高,我国劳动力的比较优势在不断弱化。国外的实践经验都表明,只有科技创新才是解决这些问题的根本出路。当今世界正在经历着新一轮的信息化科技革命,国家综合实力的竞争,越来越集中于自主创新能力的提升。在世界经济论坛发布的《2016—2017 年全球竞争力报告》中,中国排名第 28 位,跟前两年排名相同。瑞士连续 8 年排名榜首,新加坡和美国分别排第 2 位和第 3 位,其后依次为荷兰、德国、瑞典、英国、日本,均为创新型国家,我国在"法律和行政架构"(第 45 位)、"金融市场发展"(第 56 位)、"商品市场效率"(第 56 位)、"高等教育和培训"(第 54 位)和"技术"(第 74 位)等评价指标上都处于较弱势的地位[1],与发达国家相比还有很大差距。要掌握发展的主动权,就必须加快科技发展和创新,通过制度、市场、技术和教育的全面创新,创造新的经济增长点,实现跨越式发展。

建设创新型国家是加快我国科技发展的需要。我国是科技大国,但并非科技强国,我国在科技方面的实力与经济地位并不相符,科技在一定程度上已成为我国经济社会发展的软肋。近年来,我国在科学知识生产数量方面增长很快,科研水平和科研成果与日俱增,但中国的科研水平与庞大的论文生产数量脱节,并且由于重大科技突破偏少,科技对经济发展的作用也未充分发挥。与世界科技强国相比,在原创性科技成果的数量、质量、创新水平上还存在明显差距,要改变这种局面,也必须进行科技创新。习近平总书记 2014 年 5 月在上海考察时指出,"当今世界,谁牵住了科技创新这个'牛鼻子',谁走好了科技创新这步先手棋,谁就能占领先机、赢得优势",提高我国自主创新能力和关键技术研发能力,提高企业核心竞争力,摆脱产业技术的关键领域存在的对外依赖性,必须把建设创新型国家,作为亟待完成的一项重大历史使命。

创新型国家的建设不是一蹴而就的。尽管我们已经具备了自主创新的基础和条件,但我国与已经进入创新型国家行列的国家和地区相比,创新能力依然很弱,离创新型国家有较大的阶段性差距。科技投入总量仍然不足,创新资源分散重复、效率不高,企业核心竞争力弱、对外技术依存度居高不下,管理评价体系简单僵化、创新制度建设滞后,高层次人才严重不足,重大创新成果较少等比较严重的问题已经成为创新型国家建设进程中的制约瓶颈。

与创新型国家相比,我国对创新及创新型国家建设还存在模糊认识,创新的制度基础和社会文化基础还比较薄弱,以市场为导向的创新理念在实际操作过程中还没有得到很

---

① 中华人民共和国国家知识产权局.《2016—2017 年全球竞争力报告》述评[DB/OL]. http://www.sipo.gov.cn/zlssbgs/zlyj/201704/t20170406_1309284.html,2017 - 08 - 10.

好的体现；尚未形成高校、科研机构和企业相互交融、协同作用、螺旋推进的创新网络；还没有形成"注重创新能力建设"和"保障创新领先者权益"的政策环境；科技没有形成稳定的增长机制，以政府为主体的投入增长滞后于发展需要，同时投入不足与浪费低效并存。

科技创新能力不够。我国的科技有了很大的进步，但是从整体来看，在科技投入、科技基础设施、科技管理和评价、产学结合和科技成果转化方面与国际先进水平有很大差距。现代科技产业少，企业创新能力不足，目前我国大多数企业难以担当技术创新的责任，部分企业还依赖引进技术，丧失了大产业链中的许多关键环节，技术、设备、器材受制于人，尚未形成企业的核心竞争力。

创新文化尚未全面形成。创新文化是国家的软实力，是国家核心竞争力的重要体现。剖析当今世界创新成果倍出的国家、城市、地区和企业、机构组织，稳固的创新文化、活跃的创新生态，是其内在的奥秘。然而，这些因素在我国文化发展中尚未成为主导因素，同时，传统文化中也存在着一些不利于创新的因素，比如受"中庸之道""和为贵"等儒家文化思想传统的影响，一些人习惯于在工作学习中保持一种从众心态，不敢冒险，不求标新，这对形成独立自由、宽松活跃的创新氛围不利，也导致了整个社会对失败的创新过程不够宽容，对创新的支持力度不够。从整体上看，我国国民创新素质还偏低，创新意识薄弱，创新知识单薄，创新能力亟待提高。

创新体制机制不够健全。建立创新型国家离不开创新制度的支持，创新制度是创新的动力和保障。长期以来，我国在风险投资制度、知识产权法律保护制度、政府采购制度、科技管理体制、人才管理评价制度等方面不健全，市场机制作用发挥不充分，企业缺乏创新动力，人才对外开放度不高、缺乏竞争优势，创新活力不足，这在很大程度上制约了创新的进程。

创新型高层次人才严重不足。虽然我国人才总体规模居世界前列，但高层次创新型人才十分短缺，能跻身国际前沿、参与国际竞争的战略科学家更是凤毛麟角。随着我国整体教育水平的提高和社会的整体进步，我国的创新型人才无论在量上，还是质上都有了很大的提高，但是创新型人才还是处于匮乏状况，杰出的带头人才更是缺乏。此外，很多掌握着关键技术、核心技术的高端创新型人才存在大量流失现象。

从国际创新型国家的发展历程可以看出，增强自主创新能力、建设创新型国家，是一项具有长期性、复杂性和艰巨性的系统工程。创新型国家建设的过程是一个对国家科技、教育以及经济社会系统进行重构，整合创新资源，充分发挥国家创新体系整体效能，从根本上提升自主创新能力的过程。建设创新型国家不仅要求研究开发投入量大、强度高，而且还要求教育投入规模大、强度高；不仅要求国家创新体系完善，而且还要求具有支持创新的社会文化；不仅要求创新产出能力强，而且还要求创新效率要高；不仅要求提升和积累自主创新能力，而且还要求创新能够支撑经济和社会发展的需要，使创新成为经济社会发展的主要驱动力。

创新型国家建设的核心是自主创新能力建设，不只是追求拥有知识产权的数量，而是追求创造知识产权的能力。建设创新型国家，必须将自主创新放在突出位置，大幅度地提高国家竞争力。建设创新型国家，核心就是把增强自主创新能力作为调整产业结构、作为发展科学技术的战略基点。增强自主创新能力必须抓住研发具有自主知识产权的核心技术这一中心环节。完善鼓励自主创新的机制和政策,营造有利于自主创新的社会环境,走出一条中国特色的自主创新道路。

建设创新型国家,营造良好的创新环境是重点,建立创新保护和鼓励机制是关键,必须要针对我国现实当中的不足以及创新型国家建设的需要,改进和制定出一整套完善的创新成果保护和鼓励政策、制度,并形成一种强有力的促进机制,保证创新成果不受非法侵害。在我国的现实国情中,存在着诸多影响甚至是扼杀人们创新积极性的不良现象:学术界的剽窃成风、产业界的假冒伪劣、知识产权的法律执行力度低下;创新成果的奖励制度不完善、不规范;创新成果的申报程序复杂、手续烦琐;创新成果的转让和产业化的难度相当大;等等。这些现象的存在,从根本上阻碍了我国创新事业的发展。

创新型国家建设,需要建立一套适宜于创新的体制机制、一种激励创新的文化、一个完善的创新生态作为基础。似乎看不见、摸不着的创新文化,既是适宜于创新的体制机制得以有效运转的基础,也是涵养创新生态的核心要素。要想保证创新型国家的建设能够顺利完成,需要完善知识产权法律的建设;加大对侵犯知识产权案件的执行力度;大幅度提高假冒伪劣案件的违法成本;健全和完善国家、省、市、县四级创新成果奖励政策和标准;加大对创新成果交流和产业化工作的宣传、中介的投入等,必须要针对我国现实当中的不足以及创新型国家建设的需要,改进和制定出一整套完善的创新成果保护和鼓励政策、制度,并形成一种强有力的促进机制。

建设"创新型国家",全面提升国民的"创新素质"是基础。李克强总理指出,国家繁荣发展的新动能,就蕴含于万众创新的伟力之中。当前中国现代化建设正处于关键时期,将坚定不移地走创新驱动发展之路,使人人皆可创新、创新惠及人人。① 全面提升国民的创新素质,必须全面实施和推进素质教育,因材施教,为每位学生创造适合其个性和发展的教育条件,满足其兴趣和爱好,开发其特长和潜能。树立终身学习的理念,构建终身教育体系,加大社会培训的投入力度,举办各类创新实践类活动,学校、家庭、社区多方携手,资源共享,把学习新知识、新技术纳入每个国民的工作和生活过程中,激发创新意识,提升创新人格。

建设创新型国家,最关键的是提供创新型人才支撑,自主创新能力的提高,需要培养和造就富有创新精神的人才队伍,发展创新文化,培育全社会的创新精神,激发全民族创新意识,培养高水平创新型人才。目前,创新型人才的短缺,创新意识的匮乏,严重制约着我国科技创新能力的提升。虽然我国人才总体规模已近 6 000 万,但高层次人才仍十分短缺,能跻身国际前沿、参与国际竞争的战略科学家更是凤毛麟角。在 158 个国际一级科学组织及其包含的 1 566 个主要二级组织中,我国参与领导层的科学家仅占总数的 2.26%,其中在一级科学组织担任主席的仅 1 名,在二级组织担任主席的仅占 1%。②

建设创新型国家需要大幅度提高研究开发与教育投入。从国际上来看,创新型国家

---

① 李克强. 使人人皆可创新、创新惠及人人[DB/OL]. http://news. xinhuanet. com/mrdx/2015 - 01/10/c_133909496. htm,2017 - 06 - 10.

② 吴江. 尽快形成我国创新型科技人才优先发展的战略布局[DB/OL]. http://www. rky. org. cn/c/cn/news/2011 - 03/22/news_10348. html, 2017 - 06 - 10.

的研究开发投入和教育投入占国民生产总值的比例一般保持着较高的水平。自 20 世纪 80 年代以来,经济合作与发展组织(OECD)国家的研究与开发支出占 GDP 的比重一直稳定在 2.3% 左右,美国、日本的研发占 GDP 的比例是最高的,都曾达到 3%。美国 2012 年的国内研发投入总额占 OECD 国家的国内研发总支出(GERD)的 42%,日本占 14%,德国占 9%,韩国占 6.4%。2015 年中国研发支出占 GDP 之比为 2.047%,比 2000 年翻了近 3 倍,保持了一个长足的增长。近年来 OECD 国家用于教育领域的公共支出比例一直比较稳定,美国 2010 年为 7.3%,韩国为 7.6%,智利为 6.4%,OECD 组织国家平均为 6.3%,而我国在 2014 年教育总投入占 GDP 的 5.15%,离平均水平还有一段差距。其中,财政性教育投入占 GDP 比例,我国为 4.15%,低于美国的 5.3%、韩国的 4.8% 以及 OECD 组织国家的平均水平。社会和私人教育投入,我国在 2014 年为 1.0%,低于美国、韩国等国的投入水平。[1] 要建设创新型国家,必须真正把科技与教育放在优先发展的重要位置,大幅度提高科技与教育的投入。

加强教育和人才培养是增强我国综合国力的决定性因素。综合国力的竞争,科技是关键,教育是基础,人才是核心。创新型人才的数量和质量是创新型国家建设的关键要素。《国家中长期科学和技术发展规划纲要(2006—2020)》(以下简称《纲要》)指出:"大学是我国培养高层次创新人才的重要基地,是我国基础研究和高技术领域原始创新的主力军之一,是解决国民经济重大科技问题、实现技术转移、成果转化的生力军"。《纲要》明确指出了高等院校尤其是大学在创新型国家建设中的重要作用,高校只有大力构建有利于创新型人才成长的教育培养体系和知识创新体系,才能形成一种培养创新型人才并使之实现价值、发挥才能的长效机制。

第二节　创新型人才

创新型人才通常站在各个行业和领域的浪尖,引领国家未来发展,是创新型国家建设的核心力量和关键要素,是国家全球化竞争中的决定性因素。大力培养创新型人才,已成为世界各国实现经济发展、科技进步和国际竞争力提升的重要战略举措。

一、创新型人才的内涵

人才是创新的根基,也是创新的核心要素。但目前为止,创新型人才并没有统一的定义和内涵。国外对"创新型人才"的相关研究,主要起源和聚焦于创造性和创造性人才的研究,而在心理学界,创新(innovation)和创造性或创造力(creativity)同义。[2]

1959 年,美国心理学家吉尔福特(J. P. Guilford)提出"富有创造性的人才",并归纳其 8 个方面的人格特征:有高度的自觉性和独立性,不肯雷同;有旺盛的求知欲;有强烈的好奇心,对事物的运动机理有深究的动机;知识面广,善于观察;工作中讲求理性、准确性与严格性;有丰富的想象力、敏锐的直觉,喜欢抽象思维,对智力活动与游戏有广泛兴趣;

①　国家中长期科学和技术发展规划纲要(2006—2020)[J]. 中国安防,2006(1):27.
②　林崇德. 创造性人才特征与教育模式再构[J]. 中国教育学刊,2010(6):1-4.

富有幽默感,表现出卓越的文艺天赋;意志品质出众,能排除外界干扰,长时间地专注于某个感兴趣的问题之中。①

巴伦等(Barron & Harrington,1981)认为,创新型人才应具有稳定的情绪;强烈的独立自主性;需要高水平的自我控制能力;超于一般水平的智力;对抽象思维的热爱;更愿意独处;面对障碍同样表现出极大兴趣;等等。②

塔迪夫等(Tardif & Sternberg,1988)将不同心理学家关于创造性的人格特点概括为 19 个方面:甘愿理智冒险和面对反对意见;坚持不懈;好奇心;对新的经验保持开放;严格要求自己,热衷于所从事的工作;内部动机强;精力集中;精神自由,拒绝外部强加的限制;自我组织和管理能力强,从众心理低;愿意面对挑战;善于影响周围的人;忍耐模糊;兴趣广泛;善于产生奇特的想法;不因循守旧;情感体验深刻;寻找有趣的情形;乐观;在自我批评和自信之间有一定程度的冲突。创造性思维的发展是一个受各种因素制约的复杂的动态过程,儿童青少年时期是个体创造性思维发展的关键期,许多学者的研究表明:个体创造性思维呈持续发展趋势,但并非直线上升,而是波浪式前进的。③

20 世纪 80 年代后,人们又提出创造性的发展阶段和类型说。兰生等(Lesner & Hillman,1983)④提出个体的创造性发展经历了创造性的内部丰富阶段、创造性的外部丰富阶段和创造性的自我评估阶段。威雷姆等(Willem Verbeke & Philip Hans Franses,2008)将创新型人才特征描述为⑤:观察能力强,观察更为细致;更愿意尝试挑战性任务,工作中更易采用心理防御机制;等等。他们往往具有不同于其他人才的知识类型和结构。

从国内的文献来看,创新型人才的内涵被概括为具有创新意识、创新精神、创新思维、创新能力并能够取得创新成果的人。⑥

刘宝存⑦认为,创新型人才就是具有创新意识、创新精神、创新思维、创新能力和创新人格,并能够取得创新成果的人才。

王亚斌、罗瑾琏和李香梅⑧认为,所谓创新型人才,是指具有创新意识的人才,也就是指在特定领域内,在某一方面打破旧有的成规,作出突破性的创新,其自身具有创造性、创新积累、创新精神、创新能力,拥有大量理论或实践经验,并以自己的创新性思维和创新性劳动为社会做出正向价值贡献的人才。

张黎(2001)认为⑨,创新型人才具有独创能力,能提出问题、解决问题和创造事业新

① 吴德贵.开发创新型人才　建设创新型国家——关于高层次创新型人才开发的几点思考[J].人事天地,2015(1):14-18.
② 朱晓妹,林井萍,张金玲.创新型人才的内涵与界定[J].科技管理研究,2013,33(1):153-157.
③ 林崇德,胡卫平.创造性人才的成长规律和培养模式[J].北京师范大学学报(社会科学版),2012(1):36.
④ Lesner W. J. & Hill Man D. (1983). A Developmental Schema of Creativity[J]. The Journal of Creative Behavior, 17(2), 103-114.
⑤ WVerbeke, PH Franses, AL Blanc, N Van Ruiten. Finding the Keys to Creativity in Ad Agencies[J]. Journal of Advertising, 2008(37):121-130.
⑥ 钟秉林,董奇,葛岳静,方瑾,何丽平.创新型人才培养体系的构建与实践[J].中国大学教学,2009(11):22.
⑦ 刘宝存.创新人才理念的国际比较[J].比较教育研究,2003(5):6-11.
⑧ 王亚斌,罗瑾琏,李香梅.创新型人才特质与评价维度研究[J].科技管理研究,2009(11):318-320.
⑨ 张黎.创新人才素质浅谈[J].高等教育工程研究,2001(3):95.

局面,他们必须有超强的健康人格、很强的创造性思维以及良好的社会适应力和充沛的体力。

管清佩、施宙、张殿云认为[1],高层次的创新型人才,首先在素质方面表现得较为全面,学术造诣也较深;其次在价值方面,他们能发挥创造性,把创新精神、创新能力、创新成果相统一,最终发挥出特殊的价值作用和贡献。

杨茂森(2006)认为[2],创新型人才不仅有创新品质、创新意志、创新观察、创新思维、创新知识,还有科学的创新实践。

和学新、张利钧(2007)等人认为[3],创新型人才是与常规人才的比较中存在的,其内在特点包括:创新意识、创新精神和创新能力。外在的特点包括:创新行为、创新成果。

任飏、陈安(2017)[4]从创新的目标与人才标准两方面阐述创新型人才的内涵。创新型人才是指在具备一般人才基本素养的基础上,具有发现问题、发挥自身优势的能力,并能在实践中综合利用、不断超越,从而解决问题取得创新成果的人。

国内外关于创新型人才的内涵定义,有共通之处,也有一些差异。在共同方面,都强调创新型人才必须具有创造性,具备创新意识和思维,有创新能力和创新成果。但两者之间也存在一定差异,比如,我国对创新型人才的理解更注重于“创新”本身和结果上,而国外更倾向于从创新型人才所具备的人格和素质角度来开展研究,强调创新型人才的人格特征、知识结构、个性品质等。从国内外相关研究可以得出,创新型人才的内涵,包括内在和外在两个维度,内在维度包括人格特征、思维品质、知识结构、能力结构;外在维度包括行为表现、结果产出等。

二、创新型人才的特征

国内外学界对创新型人才的基本特征有较为一致的价值取向。

普林斯顿的12项标准是[5]:① 具有清楚的思维、谈吐、写作的能力;② 具有以批评的方式系统推理的能力;③ 具有形成概念和解决问题的能力;④ 具有独立思考的能力;⑤ 具有敢于创新及独立工作的能力;⑥ 具有与他人合作的能力;⑦ 具有判断什么意味着彻底理解某种东西的能力;⑧ 具有辨识重要的东西与琐碎的东西、持久的东西与短暂的东西的能力;⑨ 熟悉不同的思维方式;⑩ 具有某一领域知识的深度;⑪ 具有观察不同学科、文化、理念相关之处的能力;⑫ 具有一生求学不止的能力。

哈佛大学的5项标准是[6]:① 必须能够清晰而明白地写作;② 应该对认识和理解世界、社会和我们自身的方法具有一种判断鉴别的能力;③ 必须对自己的文化和其他文化有一个广阔的视野,并在这样的考虑之下安排自己的生活;④ 了解并思考过道德和伦理

① 管清佩,施宙,张殿云.如何激励创新型人才[J].中国人才,2010(3):23-24.
② 杨茂森.创新型人才的六大特征[J].中国人才,2006(13):8.
③ 和学新,张利钧.关于创新及创新人才标准的探讨[J].上海教育科研,2007(11):12-14.
④ 任飏,陈安.论创新型人才及其行为特征[J].教育研究,2017(1):149-153.
⑤ William G. Bowen, Harold T. Shapiro. Universities and Their Leadership[M]. New Jersey:Princeton University Press,2016(7):11.
⑥ 亨利·罗索夫斯基.美国校园文化[M].济南:山东人民出版社,1996:90-92.

问题,在做道德选择时具有正确判断的能力;⑤ 在某些知识领域应当具有较高的专业水平。

在国内,很多学者也对创新型人才的特征进行了归纳。

王广民等基于 84 名科技创新型人才的实证分析认为[①]:"强烈的创新意识和创新能力,深厚的专业积累与稳定的研究方向,敏锐的观察力、严谨的方法和系统思维能力是科技创新型人才的四种典型特质。"

余祥庭,李晓锋总结创新型人才的特征包括[②]:① 知识基础扎实,善于学习;② 人格独立,具有批判精神;③ 工作态度严谨,有精品意识;④ 志向远大,持之以恒;⑤ 善于沟通协调和团队协作;⑥ 具有国际视野和国际竞争的意识。

黄培青提出创新型人才一般具有如下特征[③]:① 是知识构成的立体化与开放性;② 是能力构成的综合性与创新性;③ 是思维构成的多维性与灵活性;④ 是具有良好的品格与情商。

李文博认为,创新型人才具有如下特征[④]:① 是对问题具有高度的敏感性。创新型人才能够很快注意到某一情境中存在的问题,能够在貌似平淡无奇的事物中觉察到一些奇特的、不同寻常的东西或因素。② 是思维具有高度的灵活性。创新型人才往往可以轻易地摆脱惯性和原有的思维定式,根据不同的信息阐明自己对问题的认识,并经常能够提出不同寻常且可以为人们所接受、认可的观点。③ 是智商在中等以上。高创造力必须具备中等以上的智力因素水平,但这仅仅是高创造力的一个必要条件而非充分条件。④ 是人格特征鲜明。创新型人才一般有着较强的个性和独立性;有较强的成就动机,期待取得成功;有较强的恒心,对所从事的事情非常专注;有豁达的态度,面对挫折毫不气馁。

钟秉林认为创新型人才应具备以下特征[⑤]:① 是博、专结合的扎实的知识基础,包括宽厚的文化积淀,高深的专业知识。② 是高度发展的智力和能力,对创新的敏锐预测,包括语言能力和获取知识的能力。③ 是以创新为核心的自由发展意识,包括开放的意识,好奇心,求知欲,强烈的探索精神,怀疑和批判的精神。④ 是积极的人生价值取向,崇高的献身精神,包括合作精神,正确的价值观、义利观和道德评价准则。⑤ 是宽广的国际视野和竞争意识,包括应对国际竞争的意识和能力。⑥ 是良好的身体和心理素质,包括强健的体魄、稳定的情绪、乐观的心情、坚强的意志。

曾庆玉、姚梅林认为[⑥],自适应性专长是拔尖创新型人才的核心特征,是事实性知识、概念性知识和迁移能力三个维度的整合,兼具知识和创新的双重成分。灵活扎实的知识基础,高层次的思维能力,学生的学习能力、创造性的生成能力以及前瞻性的适应能力都不可偏废。

① 王广民,林泽炎. 创新型科技人才的典型特质及其培育政策建议[J]. 科技进步与对策,2008(7):186-189.
② 余祥庭,李晓锋. 创新型人才的特征及其培养的实践探索[J]. 教育探索,2009(10):92-93.
③ 黄培清. 社会实践视野下的创新型人才培养探索[J]. 当代教育理论与实践,2011(2):6-7.
④ 李文博. 创新型人才的素质特征和培养环境创造[J]. 学理论,2011(11):109-112.
⑤ 钟秉林. 创新型人才应具备的特征[J]. 教育与职业,2012(13):61-62.
⑥ 曾庆玉,姚梅林. 建构适应性专长培养拔尖创新人才[J]. 中国特殊教育,2011(3):62-66.

刘琳琳认为,创新型人才应该具有以下特征[①]:① 创新的思维和精神;② 专业知识和探索精神;③ 良好的文化环境和学术交流,不沉浸在自己的世界,与外界保持良好的学术交流;④ 健康的身心。

林崇德对 34 位自然科学拔尖创新型人才和 36 位社会科学拔尖创新型人才的研究发现[②]:自然科学拔尖创新型人才的动机以内部驱动力为主要形式,知识体系都面向解决问题,性格上自主牵引,同时思维与研究风格都是开放而深刻的,并且拥有较强的智力。而社会科学领域的拔尖创新型人才在思维特点、形式、外围辅助因素、核心因素四个主要方面表现突出,思维方式具有连续性、批判性、兴趣取向、瞬间突破等鲜明特点。

根据上述创新型人才的共同特征进行归纳,我们认为,我国大学要培养的创新型人才,至少应该具备这样 5 项基本特征:① 有独立思考的能力,具备批判性思维,对问题有敏感性;② 广博的知识面,在某些领域有深入了解;③ 对所从事的工作足够专注和坚持;④ 好奇心,求知欲,具有良好的自我学习和探索能力;⑤ 具有良好的道德修养,能够与他人合作或共处。这几项特征是创新型人才的必要条件。前两项是创新的知识能力要素,一个缺乏自我思考的人,只能成为一味认同于世界,只有肯定性思维的"单向度"的人,而缺乏一定的知识面和相当的专业积淀,也不可能产生真正有价值的质疑。后三项是创新的人格特征要素,创新型人才在创新过程中必然拥有很强的主动性和强烈的激情,必须克服一系列障碍和困难,没有足够的热爱和坚持,没有协同合作的精神,在现代社会是很难开展和持续创新活动的。很多研究者都认为,非智力因素是创新活动中更为重要的内在要素。在一定的知识基础以及思维状态下,创新型人才素质的高低、创新能力的大小、创新活动的有效程度,都取决于非智力因素作用的程度,特别是创新个性品质的状态。

三、创新型人才的类型

在过去的心理学研究中,创新能力的研究对象仅仅局限于少数杰出的发明家和艺术家。近 30 年来,研究者发现:创新能力是一种连续的而不是全有全无的品质,人人(包括每个儿童)都有创造性思维或创新能力。[③] 很多研究者指出创造力的普遍存在,比如维果茨基(Lev Vygotsky)认定,创造力是日常生活中不可缺少的前提条件,并不是伟人才有创造力,也不是只有充分发明、创造才算创新。每个人,在很多方面都有创造的潜力。

汤姆·凯利(Tom Kelly)曾提出创新的 10 个角色及提高创造力的策略,这 10 个人物角色包括:人类学者、实验者、嫁接者、跨栏选手、合作者、领导者、阅历设计师、布景设计师、照料者、故事家。[④] 这十个侧面基本涵盖了个体的智力与非智力因素,这十种新角色不一定是你见过的能力最强的人,但每种角色都有他独到的方法、技巧以及观点,表明了创新型人才和素质构成的多样性。

巴格托(Ronald Beghetto)和考夫曼(James Kaufman)(2009)提出了创造性的 4C 模

① 刘琳琳. 创新型人才成长的规律与路径研究[J]. 科学管理研究,2014(1):82-85.
② 林崇德. 创造性心理学的几项研究[J]. 山东师范大学学报(人文社会科学版),2014(6):5-14.
③ 林崇德. 自编应用题在培养小学儿童思维能力中的作用[J]. 心理科学通讯,1984(1):16-24.
④ W. Geoghegan. The Ten Faces of Innovation: Strategies for Heightening Creativity[J]. Irish Journal of Management,2008(2):78.

型,认为创造性可以分为学习过程中的创造性(Mini-c)、日常生活中的创造性(Little-c)、职业领域中的创造性(Pro-c)和杰出人才的创造性(Big-C)。[①]

创新遍布于社会经济的各个领域,创新的形式和内容也非常丰富。它不但是发明、发现,也不仅仅是新思想、新行动,而是把新思想、新行动、新事物、新工艺在社会中推广开来,并得到足够数量的人群认可的活动。[②] 除了知识创新以外,包括制度创新、文化创新、管理创新、组织创新等,形式各有不同,而创新型人才也分领域、分类别、分层次各有不同。

随着人们对智力多元化取向的认识,人们对创新型人才素质的认识从一元向多元发生转化。创新型人才不再专指高智力的创造性人才,也不仅仅聚焦于科学领域,创新型人才存在于人类的一切活动领域,是各个领域的领军式人物。创新型人才同理论型、应用型、技艺型等人才类型的划分不是并列的,不论是哪种类型的人才皆须具有创造性。许为民(2007)根据创新的不同类型,将创新型人才分为原始创新型人才、集成创新型人才和引进消化吸收再创新型人才[③]。前者被归为学术型人才,后两者一般被归为应用型创新型人才,集成创新与引进消化吸收再创新需要一大批懂技术、有多学科知识背景的应用型创新型人才及其团队来实现。两者对推动社会经济的进步都有着重要的基础作用。

还有学者按照科学研究体系划分为人文社科型、自然科学型、技术科学型。按照学科专业性质分为科技型、管理型、教育型、艺术型。按照创新活动的性质分为研究型、综合型和应用型。[④]

从已有文献来看,创新型人才是分层次地呈现"金字塔"结构的,我们至少可以将其归为三个类别:拔尖创新型人才,进行高水平的科学研究和创新,特别是在基础理论研究领域能取得重大原始创新和重大突破。应用研究型创新型人才,具有应用知识进行创新的能力,解决社会不断变化转型中的新问题,引领所在的行业领域,应对国内国际的竞争和挑战。应用技术型创新型人才,处于各行业一线,有精湛的专业技术技能,能发现和解决工程、生产或服务操作中的难题。

不同层次的创新型人才既有共同特征,也有不同特点。共同特征在于两者都有创新精神、创新人格和创新思维。不同特点在于高层次创新型人才一般站在本研究领域的最前沿,具有精深的专业知识和宽厚的知识背景,具有为科学献身的精神;而普通应用型创新型人才,侧重于在实践中创新,具有很强的操作能力和应变能力,善于找出现有方案的不足,具有很强的敬业精神。不同类型的创新型人才,应该有不同的发展目标和培养模式,一般来说,普通院校的任务是培养应用型创新型人才,高水平研究型大学主要任务是培养拔尖创新型人才。

---

① 林崇德,胡卫平.创造性人才的成长规律和培养模式[J].北京师范大学学报,2012(1):36-42.

② 冯增俊.教育创新与民族精神创新[M].福州:福建教育出版社,2002:24-25.

③ 许为民.大规模培养应用型创新人才:建设创新型国家的必由之路[A].中国科学学与科技政策研究会,2007:8.

④ 刘建国.创新型人才类型与个性结构的分析[J].大学教育科学,2004(3):27-29.

四、创新型人才的生成条件

创新型人才不会自动生成,有其内在成长规律和关键发展阶段,其培养过程更是一个复杂的系统工程。

1. 创新型人才成长的阶段性

创新型人才有其成长的阶段,每个阶段都相互衔接,不可或缺。刘少雪以诺贝尔奖获得者、汤姆森路透数据库中的高引科学家(依据汤姆森科技集团的研究前沿的分析方法和标准评选出来的)以及中国两院院士为代表的国内外科技领军人才的成长过程进行了追溯研究后总结得出,[1]科技创新型人才的成长大致可分为基本素质养成、专业能力形成、创新能力激发、领军人才完型四个阶段。

林崇德、胡卫平认为创新型人才的成长有五个阶段:[2]自我探索期,集中训练期,才华显露与领域定向期,创造期和创造后期。早期促进经验、研究指引和支持、关键发展阶段是指引这五个阶段的三种主要影响因素。

徐小洲提出了创新型人才素质的三阶段、多维度生成机制模型,实现从潜在素质到现实的创新型人才的转化,需要经历四个阶段:习得、体验、反思和建构,这四者层层递进,构成了完整的创新型人才转化途径。[3]

很多学者总结了创新型人才的成长路径[4],发现有以下几种类型:① 经验积累型;② 外界历练型;③ 范式效应型;④ 教育培养型;⑤ 自我修炼型。其中,教育是培养创新型人才的主要渠道。

赵红洲把历代杰出科学家重大成果按其发现的年龄,指出人才最佳创造年龄区在25—45 岁,其最佳峰值年龄为 37 岁左右,这项研究成果对创新型人才成长阶段的划分具有重要参考作用。[5]

王星、杨乃定、郭晓[6]根据我国教育的阶段性以及人才的"最佳创造年龄规律",将创新型人才成长阶段分为孕育期(大、中、小学阶段),成长期(研究生阶段),前成熟期(30—37 岁),后成熟期(37—45 岁)。

从创新型人才的成长路径来看,创新型人才的成长不是一蹴而就的,即使非常有天赋的儿童,也需要各个阶段对自我的不断充实和发展。很多学者对拔尖创新型人才的成长过程进行了剖析和解读,发现他们的成就,并不仅仅是个人潜质和性格的因素,还与家庭早期教育、高水准的学术训练,以及自由、宽松的工作社会环境相关。

从创新型人才的发展阶段来看,创新型人才在创造期之前必须经历经验的累积,包括创新的基本素质和能力的养成,在此过程中,外部的教育和自我的探索是相互作用、不可或缺的。可以说,创新型人才与专业知识的学习和社会实践是密不可分的。创新型人才

① 刘少雪. 面向创新型国家建设的科技领军人才成长研究[M]. 北京:中国人民大学出版社,2009:5.
② 林崇德,胡卫平. 创造型人才的成长规律和培养模式[J]. 北京师范大学学报(社会科学版),2012(1):36-42.
③ 徐小洲,叶映华. 创新型人才的素质结构与生成转化机制[J]. 高等工程教育研究,2012(1):70-74,96.
④ 魏发辰,颜吾佴. 创新型人才的成长规律及其自我修炼[J]. 北京理工大学学报(社会科学版),2007(5):106-109.
⑤ 赵红州. 关于科学家社会年龄问题的研究[J]. 自然辩证法通讯,1979(4):29-44.
⑥ 王星,杨乃定,郭晓. 基于成长阶段的创新型人才素质及培养研究[J]. 人力资源管理,2015(3):27-29.

培养不仅要重视创造性思维,而且要关注创造型人格的训练,不仅局限于智力培育,更贯穿于整个教育的始终。在创新型人才的孕育期,就必须加强创新意识、批判精神和抗挫折能力等人格素质的培养,注意夯实创新的知识基础,引导其进入具体的研究领域。

研究生教育是创新型人才培养的重要阶段,这个阶段的创新型人才已经进入创新的成长期,进入研究领域,逐渐成为一名专业研究人员,是创新成果产生的准备期。把握该阶段创新型人才的核心素质,提升该阶段创新型人才能力,对国家创新体系的完善与高效运行之间不仅具有密切的关联效应,而且最终会对国家整体创新能力产生不可估量的作用。

2. 创新型人才成长的共同规律

尽管创新型人才是一种稀缺资源,但在培养理念上,我们应该秉持"人人可以创新,人人可以成才"的理念,营造适合大批创新型人才成长的环境和土壤。创新型人才的成长路径有所区别,但纵观国内外关于创新型人才培养生成的观点和案例,我们发现了一些共性的规律。

宗农在对 20 位改革开放后大学毕业的两院院士成长历程进行分析后认为,[1]多元复合的高等教育经历、优质的本科学习是个人发展的基础,而高水平的研究生学习经历是培养研究能力的关键时期,出国留学则是进入国际学术前沿的捷径。

白春礼通过对中科院优秀创新型人才的研究[2]认为,我国杰出科技创新型人才的成长表现出一些统计规律:在人才成长过程中,少年时代家庭经济条件和学习传统具有较大作用;经济发达程度与文化资本传承是科技人才成长重要的影响因素;杰出科技人才都接受过良好的高等教育,绝大多数在国内外知名大学有求学经历,留学对科技人才成长起着重要作用,同时科技人才更容易汇聚在传统优势学科。

谢维和认为,[3]兴趣对创新型人才的成长具有非常积极的内在推动作用,是创新型人才培养和存在的重要基础,缺乏这样的兴趣以及由此进行的培养,再多的"塑造"都是难以成功的。

李亚员以关于创新型人才研究的 1 000 余篇论著为考察对象,通过对众多学者们相关研究的"元分析",认为创新型人才成长体现出四个具体规律:[4]创新特质养成规律、师生互动成长规律、关键时期创新规律、社会文化驱动规律;以及一个基本规律:"修齐治平"的规律。

归纳国内外相关探索,我们可以看出创新型人才培养的共性特点。第一,自由宽松的学习氛围是创新型人才培养的基础条件,创新型人才培养特别注重学生的批判性思维。提倡学术自由、独立思考;鼓励不同意见,鼓励有创见的主张;发现、尊重和培养学生的个性行为。第二,各国在人才培养上都创新了人才教育理念,强调可迁移的知识、终身学习的能力,沟通合作的能力,解决问题的能力等,并开发了适应其现代教育理念的教育课程

---

① 宗农. 优秀拔尖人才成长规律探微——从改革开放后大学毕业的两院院士的高等教育经历说起[J]. 中国高等教育,2005(13-14):15-16.

② 白春礼. 按人才成长规律培养创新人才[N]. 文汇报,2007-12-09.

③ 谢维和. 把握人才培养规律 加快创新型人才培养[N]. 中国教育报,2012-08-07(002).

④ 李亚员. 创新人才成长规律:一个学术史的考察[J]. 国家教育行政学院学报,2016(7):33-38.

体系。第三,各国都开发了一套科研训练和实践学习的模式,以组会研讨、本科生科研等方式,让学生独立思考、发现问题、解决问题,促进创新型人才的成长。

在创新型人才培养实践过程中,我们要尊重创新型人才成长规律,积极创造有助于创新型人才成长的外部条件,提高创新型人才培养的科学性。我们认为,创新型人才生成的规律至少包括:自由、宽松、容忍的教育环境;发现内在兴趣,激发自身的学习兴趣与好奇心;长期的知识积累,思维锤炼,人格塑造;行之有效的科学培养过程,这四者是创新型人才成长规律的必然要求。

而我们目前的学习环境和教育体系,在某种程度上恰恰是违背这些规律的。我国的学校文化崇尚成功,规避风险,害怕失败,缺乏对"试错"的容忍度。学校和家庭都过于强调学习的外在动机,过分渲染"寒窗苦读"而忽略了求知的乐趣。在整个教育体系中,关于"创造""创新"的教育太少,过于注重结果的培养和评价,忽视了学习过程中对思维的锤炼,以及人际沟通、团队协作等软技能的培养,学生缺乏追求卓越、不甘现状的意志品质。

可以看出,创新型人才培养需走出传统人才培养模式的藩篱。创新型人才,需要我们更多地注重环境的营造与科学的教学,建立一个能够激发创造力的学习环境,鼓励勇于试错,多样化的成才路径,将结果教育转化为以问题驱动的过程教育,重视教师的引导作用,激发想象力,鼓励批判性思考,重视个体在学习基础之上的自主体验、反思与建构,最大限度地激发学生的内在潜力与学习动力。

第三节 创新型国家与创新型人才

创新型国家的建设,核心在于科技创新,关键在于创新型人才。我国是科技大国,但非科技强国;是教育大国,但非教育强国。其根本问题是现有教育的模式,无法造就大批创新型人才,而创新型人才正是创新型国家的主力军和中坚力量。高质量的教育,是创新型人才的源泉,伴随着知识经济的到来,创新型人才的作用愈发凸显,围绕创新型人才培养而进行的教育创新和实践,将成为创新型国家建设的重要推动力。

一、创新型人才是建设创新型国家的基石

经济增长主要取决于劳动力、资本和科技进步。当前国际竞争日益激烈,经济竞争正逐步由资本竞争演变为专利和技术竞争。由于缺乏核心技术,我国企业每年都要向外国跨国公司支付巨额专利、标准使用费。核心技术的缺乏是造成中国企业进一步发展的瓶颈。我国人均能源、水资源、土地资源供应严重不足,面临越来越紧迫的资源问题和环境问题。随着劳动力成本的不断提高,我国劳动力的比较优势在不断弱化。要解决国家发展的深层次矛盾和问题,科技创新是根本的出路。

与我国进入创新驱动经济发展的时代相应的,是我国整体创新能力的不足,这种创新匮乏,并不仅仅体现在科技领域,也包括政治、经济、金融、服务业等多方面领域。创新关键是人才,创新驱动实质上是人才驱动,一支规模宏大、富有创新精神、敢于承担风险的创新型人才队伍,才能够推动以科技创新为核心的全面创新。

人才是创新的第一资源,当前我国人才发展的总体水平同世界先进国家相比仍存在

较大差距,高层次创新型人才匮乏,人才创新能力不强,人才流动存在诸多体制机制障碍。最新的一项调查显示,创新人才短缺始终被企业家认为是妨碍企业创新工作的最重要因素,高达 60.7% 的企业家认为企业创新人才缺乏。[①] 我们必须清晰地认识到,我国经济增长方式并没有完全转移到依靠科技进步和劳动者素质提高上来,创新驱动型经济和知识经济在我国的经济中所占比例还很小。[②]

国家的强大和民族的振兴有很多方面的因素,但人的素质无疑是最重要和最具有潜力的因素。在知识经济时代,科学技术迅猛发展,科技创新转化和产业化速度不断加快,创新型人才是新知识的创造者、新技术的发明者、新学科的创建者、新产业的开拓者。

在《关于深化体制机制改革加快实施创新驱动发展战略的若干意见》[③]中,我国提出了"构建创新型人才培养模式"的目标,开出了"开展启发式、探究式、研究式教学方法改革试点""以人才培养为中心,着力提高本科教育质量""分类改革研究生培养模式""开展校企联合招生、联合培养试点"等全方位改革的顶层设计。

创新驱动实际上是人才驱动,国家竞争实际上是人才竞争,只有将我国的人力资源优势真正转化成为创新优势,培养造就一支规模宏大、结构合理,富有创新精神的创新型人才队伍,才能推动我国科技创新事业发展,引领创新型国家的建设。目前创新型国家建设,高度依赖于创新型人才的有效培养、引进和使用,建设创新型国家的关键是要培养造就大批的创新型人才。

二、创新型人才匮乏是建设创新型国家的制约瓶颈

创新型人才作为国家创新系统的重要组成部分,是建设创新型国家最重要的动力要素,一旦缺少这一部分,其他任何要素所表现出的创新行为和功能都会丧失。

当前,世界各国纷纷加快科技创新的步伐,大力培养和吸引科技创新型人才成为世界各国共同的战略性选择,围绕着创新型人才展开的全球争夺,已经成为国际竞争的焦点,发达国家纷纷加大了吸引国外人才的力度。我国在国际人才竞争中依然处于弱势地位,国际人才集聚能力依然落后,而发达国家人才政策不断开放,国际人才竞争愈加激烈,这些将进一步影响我国国际人才的集聚和发展。

创新型人才匮乏,首先严重制约着我国经济和科技的国际竞争力。目前我国的科技人才总量和大学毕业生总数都超过美国,但我们仍不属于人才和科技强国,原因就在于缺乏战略型顶端创新型人才,在世界重大科技成果和前沿领域的领军人物中,中国所占比例很低,与大国地位不相称。本土培养的人才在基础科学领域鲜有重大突破,与国际一流人才相比,仍然存在很大差距。创新型国家的标志是自主创新能力强,而自主创新能力强,关键在有金字塔尖的卓越创新型人才。一个国家如果缺乏拔尖创新型人才,缺乏领军人物和核心人物,难以形成强大的竞争能力和可持续发展能力,自然无法成为创新型国家。

---

① 经济日报评论员.把人才作为创新第一资源[DB/OL]. http://politics. people. com. cn/n/2015/0410/c70731-26822829. html,2017-08-01.

② 路甬祥.造就创新人才是建设创新型国家的关键[J].纺织教育,2006(6):1.

③ 中共中央国务院关于深化体制机制改革加快实施创新驱动发展战略的若干意见[J].中华人民共和国国务院公报,2015(10):7-14.

　　创新型人才匮乏,是制约广大企业创新的最主要原因,成为经济转型的瓶颈。高层次管理人员、一流工程师、优秀技术工人等各层次的创新型人才严重短缺,导致我国大部分企业创新能力的提升速度仍不够快,增长空间受限,这与推动实施创新型国家建设的紧迫性不相适应。

　　创新型人才匮乏,是推进全民创新所面临的一大重要阻碍。我国人口基数很大,但创新型人才比例并不高,素质参差不齐,高校招生规模很大,但培养出的拔尖创新型人才凤毛麟角,社会创新氛围不活跃。大众创业、万众创新,首先必须解决育人问题,没有创新的人才,不可能有创业的成功,没有创新的教育,不可能有创新的人才。大量青年如果缺少专业能力与基本素质,盲目创新,可能会出现"全民炼钢,尽是废铁"的不良局面。

　　创新型人才匮乏是导致我国整体创新能力不足的重要原因,已经成为创新型国家建设的主要瓶颈。究其原因,目前在我国的传统文化、工作理念及各种人才相关工作制度中,还存在很多不利于创新型人才成长的因素。

　　第一是高校对人才培养的重视程度和实际投入仍然不够,在课程、教学、考核当中,并没有贯穿创新能力和创新素质培养的教育理念。高校重视科研而忽视教学,教育管理决策者对创新型人才培养模式缺乏科学的论证和深层的思考,大量教师投身于科研工作,却并没有将科研成果体现在教学内容上。学生受传统文化价值观和急功近利的社会风气影响,过早进入社会竞争,压制了儿童成长中的兴趣和创新性;等级伦理观念,过于强调权威,学生缺乏真正的思考,不需要也不能发展批判性思维,限制了青年人的创新;而儒家文化所崇尚的"中庸"之道,形成了只能守成,不敢求异冒险的文化心理,在一定程度上阻碍了创新意愿的生成。

　　第二是现行的人才培养模式难以培养创新型人才,大学培养模式封闭趋同,缺乏个性化的培养方案,抹杀了人才的个性化差异;高校课程设置上重视专业知识的培养,内容过于狭窄,缺乏不同学科知识的交叉和融合;教师缺乏创新意识和创新能力,难以突破原有的思维方式,教学方案缺乏灵活性,大多采取灌输的方式而不是启发式教学,学生被动接受公式化的教学,没有独立思考的空间和自主性的发展;创新教育被理解成孤立的课程,而没有融入人才培养的体系当中,忽视创新意识和创新精神的培养;学生学习目的不明,学习动力不足,大多采取以记忆为主的机械学习,应试现象严重;教育评价方式和评价体系存在缺陷,标准化考试占主导地位,评价方式单一,分数仍然是衡量学生的学习效果的唯一尺度,缺乏全面考核学生综合素质、创新精神、实践能力的科学评价体系,而"唯论文"的单一评价指标束缚了高校学生和教研人员的冒险精神。

　　第三是人才相关制度还比较滞后,我国长期以来形成的重固定资产投资、轻人力资本投资的现象,没有得到根本改变,计划经济下的用人制度仍占主导,严重影响了创新型人才的成长。在评价政策方面,现行的科技成果评价机制和评价体系,重视数量、轻视质量的倾向比较严重,急功近利的浮躁心态十分普遍。

　　总之,在当前和今后一个时期,我们要从国家发展靠人才、民族振兴靠人才的战略高度,扎实做好人才培养、吸引、使用工作,加快形成激发人才创造活力、具有国际竞争力的人才制度优势,为创新型国家建设提供有力的人才保障。

三、创新型人才培养是建设创新型国家的关键

在知识经济时代,一切创新归根结底是人的创新,一流的尖子人才、国际级的科学大师、科技领军人物,可以培养出高水平的创新型人才和团队,可以解决关乎国计民生的难题,可以创造世界领先的重要科技成就,可以催生具有强大竞争力的企业和全新的产业。在创新型社会中,知识成为经济和社会发展的重要资源,创新型人才成为竞争的决定性因素,人们必然会像农业时代追求土地、工业经济时代追求资本那样去追求知识,追求拥有知识和创造知识的具有创新性的人才。

建设创新型国家的关键是要培养造就大批的创新型人才。高等教育作为知识创新的主要动力和源泉,大学作为科技进步和人才培养的结合点,尤其是高水平大学是我国培养高层次创新型人才的主要基地,在建设创新型国家中担负着重要的使命,肩负着不可替代的历史责任。能否培养出国家创新系统需要的创新型人才,是高校所面临的主要挑战。高校要顺应时代潮流,积极主动地进行自身的变革,高校必须从构建创新型人才的培养体系入手,创造良好的环境,培养高水平创新型人才,将创新型人才培养引入良性循环的轨道。从高校走出的创新型人才,走向各行各业,在自身岗位上锐意创新,有利于在全社会形成良好的创新氛围,而良好的创新氛围将更加有利于高校创新型人才的培养。我们必须按照人才成长规律改进人才培养机制,"顺木之天,以致其性",避免急功近利、揠苗助长。

第二章　研究生创新型人才

研究生教育是我国国民教育序列中的最高层次,它具有不同于本专科教育的培养目标和质量标准。在研究生教育阶段,学生不只要进行知识的学习,更重要的是还进行知识的探索和发现。创新无疑是研究生教育阶段最核心的构成要素,研究生只有具备了创新能力才有可能进行有价值的知识探索和发现。因此,研究生教育应当以培养创新型人才为目标,把培养创新人才作为最重要的教育任务和使命。那么,研究生创新型人才的具体内涵是什么? 他们又具有哪些特征? 研究生创新型人才的培养意义是什么? 影响研究生创新型人才培养的因素又有哪些? 本章将对这些问题进行深入的理论探讨。

第一节　研究生创新型人才的内涵

一、研究生创新型人才以"创新"为核心要素

在《新华字典》和《现代汉语词典》中,"创新"一词被解释为"抛开旧的,创造新的"。虽然这里给出的解释较为简洁,但实际上该词却具有非常丰富的概念内涵。例如,创新可以是指运用专业知识或相关信息引进或创造某种有价值的事物的过程,也可以是指对已有事物的突破性的改进和再创造,或者指以现有的思维模式提出的有别于常规思路的不同创见。对研究生创新型人才而言,其核心要素即在于"创新"一词上。北京大学曾于2007年开展博士生质量调查,在针对"最能体现博士培养质量的指标(请选择三项)"这一问题的回答上,博士生、博士生导师、研究生教育负责人和毕业博士生这四个群体普遍认为"创新能力"和"科研能力"最能反映博士培养质量的指标,这两项指标的选择比例都在60%甚至70%以上。[①] 因此我们可以认为,研究生创新型人才,即一种在研究生学习阶段以开发、引入、创造或整合新事物为导向的高层次人才。

1. 研究生创新型人才的"创新"内涵

研究生创新型人才具有丰富的"创新"内涵。首先,"创新"意味着研究生创新型人才要有强烈的知识创新意识和问题解决意识。知识创新意识是指,人的一种积极探求知识、追求真理的心理取向,它要求研究生创新型人才能够时常保持着探索求真的态度,做好为知识的更新和发展做出贡献的心理准备。问题解决意识是指,一种发现问题并努力解决问题的取向,只有具有这种取向,人才能保持发现问题的敏感性,从而提出真正的研究问题或者找到真正的实际问题,这是研究生创新型人才进行问题探索和解决活动的前提。美国著名学者布鲁贝克(John S. Brubacher)认为,高等教育存在的合法性具有两大哲学

---

① 陈洪捷,等.博士质量概念、评价与趋势[M].北京:北京大学出版社,2010:41-42.

基础,一种是认识论的,即研究高深学问、进行知识的探究;另一种是政治论的,即理解和解决我们所面临的复杂社会问题。① 作为高层次人才培养的研究生教育,无论从上述哪种哲学基础出发,都应该树立如下的教育目标,即培养具有知识创新意识和问题解决意识的研究生创新型人才。一方面,研究生创新型人才是研究高深学问的合适人选,他们不同寻常的创造力为探究高深学问提供了重要的保证;另一方面,理解和解决复杂的社会问题也需要我们培养更多的研究生创新型人才参与其中,具备了较高科研水平的研究生创新型人才往往能够真正地发现实践中的问题,并创造性地解决这些问题。另外,研究生教育的教育价值定位也决定了研究生创新型人才不仅需要学习基础理论和专业知识,还要在专业学习中激发有意义的学习动机,发挥潜在的高层次思维能力,全方位、辩证地分析和探索复杂的问题。② 显然,培养研究生的知识创新意识和问题解决意识是极其重要的,研究生只有具备了这样的意识,才有了进行知识创造以及发现问题、解决问题的可能,才能真正成长为研究生创新型人才。总之,培养致力于进行知识的创新和实际问题的解决的研究生创新型人才,既是理论发展的现实需要,也是实践层面的迫切需求。

其次,"创新"还意味着研究生创新型人才需要将创新训练和科研训练贯穿在整个研究生阶段的学习和研究之中。知识上的学习和积累是研究生入学之初发展成长的主要内容,他们需要占有深厚的学科专业知识、掌握系统科学的研究方法、把握所属领域的前沿研究问题,这是研究生创新型人才能够产出创造性成果的在知识上与方法上的基础。但知识创新意识或者说创新能力显然并非是先天生成的,而往往需要进行系统科学的训练以及学术研究文化的熏陶,尤其是对专业领域的知识贡献和问题解决能力的培养更是如此。从这一意义上来说,研究生创新型人才的"创新"提法是一个动态的概念,是需要通过持续不断的创新训练和科研训练才能日渐成熟的。另外,学术论文的发表与持续系统的科研训练也常常是同时进行的,这种科研训练和学术发表训练能够保证研究生将创新的想法转化成实际的学术成果,并通过与同行进行对话交流,进一步提升自己的创新能力。在研究生教育的尾声阶段,他们还需要进行学位论文的研究和创作,而评价研究生学位论文质量高低的标准之一,无疑就在于学位论文创新性的大小。学位论文的质量水平反映的正是研究生创新型人才在受教育阶段的创新训练和科研训练水平,是经过多年学习和研究的结晶。总而言之,创新需要经过不断地积累而后有所突破,这就要求研究生不能幻想一蹴而就地做出巨大的贡献和创新,或者一夜之间彻底解决某一重大问题,而是要能在受教育阶段怀有强烈的创新意识并进行不断地学习和探索,最终成长为一名名副其实的研究生创新型人才。

最后,对研究生创新型人才而言,"创新"还意味着不断开拓和进取,意味着发展和成长。创新是开拓的、批判的、反思性的和推陈出新的,它常常包含着对前人思想或研究发现的突破和超越。从发展的视角来看,没有一项创新性成果是永恒的,它总会被

① 约翰·S.布鲁贝克.高等教育哲学(第3版)[M].浙江教育出版社,2001:13-30.
② 葛治波.提高研究生科研、创新能力的切入点:抓好研究生课程教学[J].扬州大学学报(高教研究版),2005(4):66-68.

后来者继续革新。以牛顿经典力学到量子力学的发展为例。尽管牛顿经典力学在帮助我们认识和把握宏观世界的客观规律方面具有无可比拟的突出贡献,但在微观体系领域或物体运动接近光速时,牛顿经典力学体系便不能成立了,这时需用另外的理论——量子力学和相对论来对客观规律进行描述和解释。这种对以往理论形成重大突破的现象在托马斯·库恩(T. S. Kuhn)那里被称作"范式革命",即科学的进步经历了"前科学—常态科学—危机—革命—新的常态科学—新的危机"的发展过程。[①] 创新本身就预示着未来,预示着开拓一个又一个的未知领域,预示着发展和新生。当然,作为人类的一种创造性的精神活动,创新活动本身是具有一定发展规律的。有研究者指出,学术发展既遵循事物发展的一般规律,也遵循"继承与革新""借鉴与吸收""学术领域的宽广与学术研究的多样"以及"不同学术观点的争鸣是推动学术发展的主要动力"等自身的特点和规律。[②] 创新活动正符合学术发展的上述规律性。故而,对研究生创新型人才而言,他们也需要抱有不断开拓和进取的信念,不满足于某一学术成果的发表,也不止步于某项科研成就的取得,要能够在创新的道路上不断开拓进取,同时收获自身的发展和成长。

2. 知识生产模式与研究生创新型人才的"创新"类型

如果说研究生创新型人才的本质在于"创新",那么我们就需要对这一概念从更宽广的视角进行认识和理解,尤其是从知识生产模式的视角。英国社会学家吉本斯(Michael Gibbons)等人对知识生产模式的变化进行了深入的探讨,他们把传统上的以学科和大学为中心的知识生产模式称之为"知识生产模式Ⅰ",把具有社会弥散(socially distributed knowledge)特征的知识生产模式称之为"知识生产模式Ⅱ"。在这两种知识生产模式下,知识生产的各方面表现出了许多不同的特点。

(1) 知识生产模式Ⅰ和知识生产模式Ⅱ

吉本斯等人从五个方面对两种知识生产模式进行了比较,[③]两者的差别如表2-1所示。

表2-1　"知识生产模式Ⅰ"与"知识生产模式Ⅱ"的特征

	知识生产模式Ⅰ	知识生产模式Ⅱ
知识生产的情境	纯学术的情境	应用的情境
问题解决的情境	单一学科的背景下	跨学科的背景下
知识生产的主体与场所	主体与场所单一、稳定	异质性与组织多样性
知识生产问责与反思	封闭性的自我反思	社会问责与更多反思性
质量评价观	单一的质量评价方式	综合的、多维的质量评价方式

---

① 托马斯·库恩. 科学革命的结构[M]. 北京:北京大学出版社,2003.

② 杨思学. 尊重学术发展规律,正确贯彻"双百"方针——高校文科学报管理学研究之一[J]. 扬州大学学报(人文社会科学版),1990(3):127-134.

③ 迈克尔·吉本斯,等. 知识生产的新模式:当代社会科学与研究的动力学[M]. 北京:北京大学出版社,2011:4-9.

第一，从知识生产的情境上，"知识生产模式Ⅰ"是按照某个特定学科的操作规则进行问题的处理，"其情境是由统治着基础研究或学科的认知及社会规范所规定的"。而"知识生产模式Ⅱ"则是围绕一项特定的应用而进行问题的处理，其知识的生产是更大范围的多种因素（如工业、政府、社会等）作用的结果。也就是说，在"知识生产模式Ⅱ"下，知识的生产和应用往往是结合在一起的，在关注基础的纯理论研究之外，更加关注知识在技术、工商业、经济、社会政策等方面的直接应用。第二，从问题解决的情境上，"知识生产模式Ⅰ"下的问题解决往往是发生在单一的学科背景下，但在"知识生产模式Ⅱ"下，问题最终解决办法的形成通常会超过任何单一的学科而表现出跨学科性。由于问题发生情境的复杂性，仅靠单一学科的知识已经很难解决，交叉学科、跨学科合作的频繁出现，即表现了"知识生产模式Ⅱ"下问题解决情境的跨学科特点。第三，从知识生产的主体与场所上，"知识生产模式Ⅰ"进行知识创造的场所一般是大学和学院，创造的主体通常是单一、稳定的。但模式Ⅱ进行知识创造的场所从数量上来说大大增加，除了大学和学院之外，还有非大学的科研机构、研究中心、政府的专业部门、跨国公司、企业的实验室、咨询机构等。同时研究者也表现出了异质性的特征，如学者、企业研发人员、工程师、社会科学家等，这些具有不同背景的人员都可以参与到知识生产活动中来。这时的知识创造主体是异质性、多元化的。第四，从社会问责与反思性上来说，模式Ⅱ要比模式Ⅰ增强很多。这一方面因为知识的发展可能对公共利益造成各种各样的影响，从而导致社会问责渗透到知识生产的整个进程中；另一方面，由于在应用情境下会使相关人员对其工作产生的广泛影响更加敏感，所以大大增加了他们对自身行为的自我反思。第五，从质量控制上，模式Ⅰ的质量控制从根本上而言是依靠同行评议来对个人贡献进行的评价，"知识生产模式Ⅱ"则采用了综合的、多维的质量评价方式，这种方式不再局限在单纯的学科或学术范围内，而是吸收进了社会、经济或政治等领域的其他标准。

不过，虽然"知识生产模式Ⅱ"使得知识生产的情境、问题解决的情境、知识生产主体与场所、知识生产问责与反思，以及质量评价观方面出现了许多新变化，但"知识生产模式Ⅱ"并非"知识生产模式Ⅰ"的简单取代。正如吉本斯等人所说，"在传统学科结构中的知识生产仍然是有效的、能够引发兴趣的，也是非常重要的"[①]。也就是说，"知识生产模式Ⅱ"的出现并非是要取代"知识生产模式Ⅰ"，而是对"模式Ⅰ"的一种衍生和补充。或者说，两者在未来很长一段时间内是并存发展的。

（2）研究生创新型人才的"创新"类型

知识生产模式的新变化使我们需要对知识生产和组织的一系列过程进行重新认识和理解，这里将从该视角对研究生创新型人才的"创新"内涵进行考察。

首先，知识生产模式的新变化意味着研究生创新型人才具有不同的创新类型定位。我国研究生教育过去一直以培养学术型的研究生为主，但这显然已经不适应经济飞速发展、社会急剧变迁对各类人才多样化的需要。在实践的层面，不少学科领域开始进行专业型学位研究生人才的培养。诸如增加研究生学位类型、采用多样化的培养模式、跨学科培养，甚至与工业界合作培养等研究生培养措施，其实都反映了我国研究生培养上的对知识

---

① 迈克尔·吉本斯，等.知识生产的新模式：当代社会科学与研究的动力学[M].北京：北京大学出版社，2011：27.

生产模式新变化的应对。① 从上述关于知识生产模式的比较上,研究生的创新既可以包含知识发现的创新,也可以包含知识应用上的创新,既可以是单一学科内的创新,又可以是跨学科背景下的创新。因此,我们不能再从传统上以对研究生创新的认识来看待当下的研究生培养问题,而要从更广泛的视角来理解研究生创新型人才的"创新"。"知识生产模式Ⅱ"要求研究生创新型人才培养需要增强学生的跨学科研究的能力,同时还要将学科知识和解决复杂问题的能力联系起来,这样才能更加符合在应用情境下知识生产的相关能力要求。基于知识生产模式变化的视角,我国在研究生创新型人才培养上还应该区分并坚持学术型和专业型研究生的不同创新定位,不能在研究生创新型人才培养的本质要素上对不同培养类型研究生出现培养目标和要求上的含糊对待。

其次,知识生产模式的新变化意味着研究生创新型人才所产出的创新性成果有各种不同的类型。与"知识生产模式Ⅰ"相比,"知识生产模式Ⅱ"下的创新性成果增加了应用性成果和跨学科的成果类型。也就是说,我们对研究生创新型人才的创新性成果认识不应只停留在学生应做出的知识贡献上,还应从更广泛的视角来看待研究生创新型人才产出成果的创新性。由于学位论文是研究生在受教育阶段最重要的学术成果,故我们需要理解研究生学位论文的创新性有着丰富、多元化的不同表现。在对博士学位论文创新性的评价上,有研究者曾提出评价学位论文创新性的十个切入点,如观察问题的新视角、概念术语的新阐释、学科知识的新融合、理论观点的新突破、成果应用的新价值等。② 从知识生产模式的视角来看,这些不同的创新切入点显然并不仅仅局限在"知识生产模式Ⅰ"下的创新性成果类型中,还包括了诸如多学科知识的交叉融合、成果的应用创新等契合"知识生产模式Ⅱ"特点的成果类型。事实上,对硕士学位论文的评价也应考虑到"知识生产模式Ⅱ"下的知识生产特点,看到不同类型硕士生在学位论文创新上的差异。可以说,随着未来研究生创新型人才数量的不断增加,相应的创新成果也将会呈现出愈来愈多样化的特点。因此,我国研究生创新型人才培养不能在创新问题上进行趋同化发展,而是要结合研究生个人的兴趣和特定知识生产情境引导其做出不同类型的创新性成果。

最后,知识生产模式的新变化要求对研究生创新型人才创新能力的评价应采取不同的评价标准。既然研究生的创新具有不同的内涵和成果表现,那么我们理应对研究生创新型人才的创新能力采用更加灵活、合理的评价标准。有研究者曾尝试对人文社科类跨学科研究成果进行分类,将其分为"工具型跨学科研究成果""合成型跨学科研究成果"和"超学科研究成果",并设置了相应的评价标准。③ 这种分类评价从创新的难度和大小上进行差别化评价,应当说是一种较为合理的尝试,只不过对研究生学位论文的创新性评价还需要考虑不同研究者在研究旨趣上的差异性。从知识生产模式的视角上,博士学位论文也应引入分类评价理念和标准。根据知识生产情境和问题解决情境的不同,博士学位论文可被分为"单一学科的纯学术性研究""单一学科的学术应用性研究""跨学科的纯学

① 陈洪捷.知识生产模式的转变与博士质量的危机[J].高等教育研究,2010(1):27-28.
② 董泽芳.博士学位论文创新的十个切入点[J].学位与研究生教育,2008(7):12-17.
③ 郑瑞萍.中国人文社会科学跨学科研究成果评价探析[J].重庆大学学报(社会科学版),2013(6):78-82.

术性研究"和"跨学科的学术应用性研究"这四类不同旨趣的研究类型。具体到创新性评价上,可对这些不同类型的研究从理论创新和应用创新的权重上设置差异化的评价标准。① 尽管其具体的分类评价标准有待实践的进一步检验,但在对研究生创新型人才的"创新"评价上坚持分类评价理念是符合人才评价的未来发展方向的。总之,对研究生创新型人才的评价应当结合知识生产模式的新变化,充分考虑到各个研究生创新型人才的不同创新型特点,从而更大限度地激发研究生创新型人才的创造力。

3. 界定研究生创新型人才"创新"的三个视角

我们应如何具体界定研究生创新型人才的"创新"? 或者说,将研究生界定为创新型人才可以有哪些不同视角? 归纳起来,关于研究生创新型人才可以从三个视角加以界定:一是从个体素质上的,即将具有一定的创新素质的研究生视为研究生创新型人才。基于这一视角,研究者主要通过开发量表的方式进行创造性人格特征的测量。如托兰斯(E. P. Torrance)开发出了 Torrance 创造性思维测试,对人的创造力进行测量,被测者达到一定的标准后即可认为具有一定的创造力。② 另外,还有创造型人格量表(Creative Personality Scale,CPS)或大五人格量表中的某些维度③等,都是基于个体素质视角对创新型人才的创造性素质特征进行测量。同样的,在对研究生创新型人才的界定上也可以通过借助创新型人才量表的测量,来识别出研究生群体中的创新型人才。在具体做法上,可以通过开发创造力量表对研究生创新型人才进行测量,学生填答量表的得分越高,那么其创造力也就越高。二是从创新的成果上进行界定,也就是说将取得一定的创新性成果的人视为创新型人才。例如,将所发表论文的数量和质量、科研项目级别或经费等作为评价研究生创新型人才创新能力的指标。这是人们对研究生创造力大小进行评判的惯常方式,时至今日仍被用来作为评价研究生创造性的重要指标。三是从综合的视角,即认为创新型人才是具有一定的专业性知识并接受一定的专业教育,从事相关专业性劳动,为人类和社会带来价值和财富的人。④ 这种视角将取得创造性成果和个体的创造性特质一起视为创新型人才的一部分,对创新型人才的评价既注重已有的成果质量,也重视他们综合的创造性素质。显然,若从这一视角对研究生创新型人才进行界定,无疑对学生的创新能力提出了更高的要求。

上述三种对研究生创新型人才进行界定的视角各有优缺点。对研究生创新型人才个体素质视角的界定可以让我们详细考察研究生创新型人才的个体特质现状和发展变化情况,从而能够针对不同的研究生个体采取更有针对性的指导,以帮助他们实现创新能力的提升。但这一视角的缺点在于,个体创造性特质与实际创造性成果之间还存在一个实践转化的问题,创造性量表得分高的学生未必就一定能做出创新性的成果。从做出创新性成果的视角对研究生创新型人才进行界定,可以让我们直观地了解到研究生创新型人才

---

① 许丹东,吕林海. 知识生产模式视角下的博士学位论文评价理念及标准初探[J]. 学位与研究生教育,2017(2).

② Torrance E P. The Torrance Tests of Creative Thinking-Norms-Technical Manual Research Edition-Verbal Tests, Forms A and B-Figural Tests, Forms A and B. Princeton, NJ: Personnel Press, 1974.

③ George J M, Zhou J. When Openness to Experience and Conscientiousness are Related to Creative Behavior: Aninteraction Alapproach[J]. Journalof Applied Psychology, 2001(3):513 - 524.

④ 刘琳琳. 创新型人才成长的规律与路径研究[J]. 科学管理研究,2014(1):82 - 85.

的创新成果产出情况,这是判断研究生是否为创新型人才最容易让人信服的标志。但同时,由于不同研究生存在着不同的认知风格、不同的学习取向特点、不同的学科背景、不同的研究领域等,所以在创新性成果产出上也必然有着产出快慢、难易、大小上的差别。因此,该视角对研究生创新型人才的界定如若过于重视量化评价,则难免会使学生产生急功近利的心态,从而抑制了他们的学术成长。研究生创新型人才的综合视角界定是一种对该类人才综合创新素质的把握。对研究生创新型人才而言,由于他们仍是"研究生",仍是发展中的人,所以在界定该类人才上更适合采用综合的视角。一方面,综合的视角可以让我们把握研究生创新型人才创新性特质的发展变化,从而采取更加针对性的培养措施和指导方案;另一方面,该视角也可以照顾到研究生创新型人才之间的差异性,一些成才较快、具有一定的学术成果的研究生能够得到及时的认可和激励,另外一些尚未产出创造性成果但具有创造性潜力的研究生,也不会因为暂时没有创造性成果而得到忽视。当然,在研究生创新型人才的培养实践中我们更应加以重视的是如何致力于研究生创新能力的发展,而不是仅仅对研究生的创新能力大小进行鉴别。总之,对研究生创新型人才的"创新"界定还应当根据具体的培养目标定位和个体特质采用灵活的界定方式,并且要将相关评价用以指导促进研究生创新型人才创新能力的进一步发展。

二、研究生创新型人才不能脱离"研究生"这一范围

研究生创新型人才并不与创新型人才完全相同,我们对其考察研究不能脱离"研究生"这一范围。

一方面,"研究生"概念的范围意味着研究生创新型人才还是在学校接受教育的群体,他们是发展中的人。人才的成长具有自身的规律性。华东师范大学叶忠海教授曾指出,人才成长具有两条基本规律:一是综合效应论,即人才成长是以创造实践为中介的内外诸因素相互作用的综合效应;二是有效的创造实践成才规律,即在一定条件下的以成才为目标的创造实践中,其有效的劳动量达到必要的水平,则个体必然成才。[1] 可以说,研究生创新型人才未必在求学期间便能产出创造性的学术成果,但他们却是极富学术潜力的,很可能在未来恰当的条件下产出创造性的成果。只有看到研究生创新型人才可能的学术潜力,我们才能在培养环节上进行更加符合人才成长规律的改革和调整,即更加注重研究生创新型人才的受教育过程。若从世界的范围来看博士生的教育改革,我们不难感受到这种更加注重人才未来发展、重视研究生教育过程的价值理念正在推广。沈文钦、王东芳在对国外博士生培养模式的改革趋势研究后发现,欧洲各国及澳大利亚纷纷启动博士培养模式的改革,总体呈现出从"欧洲模式"向"美国模式"的转变,具体表现在新的博士项目和质量标准相继涌现、博士培养更加注重训练过程、逐渐融入通识因素等方面。[2] 总之,对研究生创新型人才来说,我们不应只看到他们理应展现出来的创造性能力,更应看到他们身上所具备的学术潜力,这样才能真正从一个发展的视角把握研究生创新型人才的成长

---

① 张明,邱永明. 人才成长规律探寻——全国第二届"中国人才学论坛"暨学术研讨会综述[J]. 中国人才,2006(1):36-37.

② 沈文钦,王东芳. 从欧洲模式到美国模式:欧洲博士生培养模式改革的趋势[J]. 外国教育研究,2010(8):69-74.

规律和特点,从而为他们提供更加有效的帮助和指导。

另一方面,研究生创新型人才的"研究生"身份还意味着对他们的培养需要加强研究生课程建设、研究生教学管理、研究生师资队伍建设、研究生培养模式等方面的改革和完善。从研究生课程体系上来说,研究生课程体系是研究生培养的主要载体,其构建必须以创新能力的培养为基础,着重培养学生的创新意识、创新思维、创新人格等。从研究生教学管理上来说,研究生教学应该从教学改革的理念做起,不能采用单纯的灌输式教学模式,而要采用包括专题教学、讨论式、小组合作、阅读汇报、实验探索等多种多样的教学模式。这一系列事件的目的在于通过多样化的教学来刺激研究生创新思维的发展。从研究生师资队伍上,应为研究生配备一支学识丰富、创造性强、道德品质完善、教育教学素养较高的研究生师资队伍。研究生培养普遍采取了导师制,高水平的研究生师资可以为每一位研究生创新能力的发展提供最大保障。从研究生培养模式上,应该采取多元化的培养模式,为不同研究旨趣的研究生提供最适合他们创新能力发展和创造性成果产出的培养模式。

总之,研究生创新型人才的"创新"内涵是丰富、多元的,我们需要对创新性作深刻的理解,并对不同类型的创新进行鉴别。同时,研究生创新型人才的"研究生"范围还意味着该类人才的"发展"内涵,他们是具有学术潜力、正在不断发展成长的人。

第二节　研究生创新型人才的特征

研究生创新型人才的特征指的是该群体所具有的较为一致的品质特点,是每一位研究生创新型人才都应具备的基本素质。从已有的相关研究来看,关于创新型人才的特征分析较多,对研究生创新型人才特征的分析相对较少。应当说,研究生创新型人才的特征既有与创新型人才特征一致的方面,也有一些特殊的方面。在创新型人才特征的已有研究上,美国心理学家吉尔福特(Guilford)把创新型人才的特征总结为有高度的自觉性和独立性、旺盛的求知欲、强烈的好奇心、丰富的知识占有、严肃理性的工作、充足的想象力、富有幽默感、出众的意志品质等方面。[①] 综合相关研究,在对研究生创新型人才的特征考察上,可以从"创新意识和创新能力""丰富的知识""系统科学的研究方法""内在的探究兴行趣和坚忍的意志品质""良好的德行和奉献精神""合作精神和国际化能力""逐渐展现的学术潜力"以及"健康的身心"这八个方面进行概括。

一、研究生创新型人才具有创新意识和创造性思维

创新型人才是具有创新精神的创造型人才,他们通常具有创新意识、创造性思维和创新能力。[②] 所谓创新意识,是指人们根据社会发展和个体成长的需要所引起的创造前所未有的事物或观念的动机,并在创造性的活动中表现出的创新意向、愿望和设想。创新意识是人们进行创造性活动的出发点和内部动机,是创造性思维和创造能力的前提。有研

① J. P. Guilford. Traits of Creativity[M]. New York: Harper & Publisher, 1959:142-161.

② 朱君强. 关于高校创新人才培养的思考[J]. 成才之路,2016(9):20-21.

究者运用层次分析法发现,在创新型人才成长的过程中,创新意识相较于其他要素具有更为重要的作用。① 研究生创新型人才同样也具有良好的创新意识特征,他们会在日常的学习和研究中留心不寻常的现象、充满好奇心,保持着突破常规的意识。具有创新意识的研究生创新型人才,会在学习已有理论和知识的时候体现出不迷信书本和权威的态度,并在知识运用的过程中尽量避免机械地照搬和模仿。对正处在受教育阶段的研究生而言,不被动接受知识和机械模仿无疑是非常重要的,只有这样他们才能有创新的可能,才能真正成长为国家和社会需要的研究生创新型人才。另外我们还需认识到,研究生创新型人才的创新意识不是先天生成的,而是可以通过后天的培养逐渐形成。著名科学家爱因斯坦(Albert Einstein)也说过:"人们把我的成功归因于天才,其实我的天才只是刻苦罢了。"从这些极富创造性的人才身上我们可以得到这样一条信息,即人的创新意识绝不是自然生成的,而是经过了后天的不断磨炼逐渐发展起来的。对研究生创新型人才我们更要树立人才发展的理念,在实际的研究生教育实践中加强对研究生创新意识的开发和引导,让他们在深入的学习和科研训练中使创新意识不断得以强化。

创造性思维是一种打破常规、推陈出新的思维活动,通过这种活动,创新人才就能突破常规思维的局限性,以不同于常规的方法和视角去思考问题,提出与众不同的解决方案,从而产生新颖独到的、具有极大社会意义和价值的思维成果。除了受先天遗传因素的影响外,创造性思维的形成和发展还主要受家庭、学校教育、社会文化以及个体品质的影响。② 也就是说,创造性思维具有极强的可塑性。这一特点在研究生创新型人才身上展现无遗。研究生创新型人才不仅具有一定创造性思维,也能够在不断地研究和学习中继续提升创造性思维能力。其创造性思维往往表现在思考问题和解决问题的路径上:他们善于全面深入地思考问题,也善于组织运用所占有的各种知识和已有经验,采用灵活的方法来解决问题。正是通过不断地发现问题、解决问题,研究生创新型人才的创造性思维水平得以继续提升。总之,研究生创新型人才是具有创新能力的人,他们拥有通过创造性的活动来改变现存事物、创造新事物的力量。

二、研究生创新型人才拥有丰富的知识

除了具有创新意识和创新思维之外,研究生创新型人才还具有丰富扎实的学科知识、广博的相关学科知识和宽广的多领域知识。首先,研究生创新型人才应具有深厚的本学科专业知识,这是他们解决专业领域问题的前提基础。当前对研究生创新型人才的培养都是要在一定的学科范围内进行的,这就要求研究生首先要有深厚扎实的学科专业知识,从而建立起学术探究、突破创新的根基。不过,研究生创新型人才的知识占有并不是简单的知识累积,而是具有一定的结构性,或者说这些知识是经过良好的组织的。对知识进行组织的好处就在于当需要用到这些知识时能够顺畅提取,这保证了他们在解决复杂问题时运用各种知识的灵活性和效率。其次,研究生创新型人才还要具备广博的相关学科或者说跨学科知识。知识生产模式转变为我们带来的重要变化之一就在于知识生产的情境

---

① 刘琳琳.创新型人才成长的规律与路径研究[J].科学管理研究,2014(1):82-85.
② 张丽华,白学军.创造性思维研究概述[J].教育科学,2006,22(5):86-89.

性和应用性要求的提升,因此,研究生在知识内容上也突破了以往单一学科的、纯理论性的知识需求,开始要求更多的跨学科知识和实践性知识。另外,随着学科知识地不断交叉融合,许多问题的解决仅靠单一的学科知识已经很难完成。尤其是要做出重大的创新和突破,往往更加需要不同学科领域的跨界合作。无论从知识发展的层面还是实践的需求上,对研究生创新型人才来说,在他们本学科的知识系统之外,他们还应当具备一定的跨学科知识水平。最后,研究生创新型人才还应具备宽广的多领域知识。研究生培养虽然重视专业知识的学习和积累,但越是要求培养出拔尖创新型人才,越应注重研究生的综合人文素养。换言之,对研究生创新型人才的培养,我们应当仍然重视全人的教育,重视通识精神的培育。对研究生进行通识教育可以避免研究生教育过分专业化、学术化而造成的新的片面发展,避免把研究生培养成知识专业化、能力片面化和情趣功利化的"单向度人才"。① 故而,对研究生创新型人才而言,他们还需要宽广的多领域知识,从而在创造性活动上做出更有利于人类未来发展的卓越贡献。

三、研究生创新型人才掌握了系统科学的研究方法

研究生创新型人才还是掌握了系统科学的研究方法的人才。研究生创新型人才离不开"研究"的任务,但开展任何研究工作都需要一套行之有效的研究方法,否则所有的研究工作都没有办法实施。系统、科学的研究方法是研究生开展学术研究的必要工具,只有这样才有可能将创新的想法落实到具体的研究工作上。具体来说,一方面,研究生创新型人才掌握了一定的研究方法,才有可能真正进入"研究",而不是仅仅停留在对问题进行推断和猜测的阶段。实际上,进行任何研究都需要一定的研究方法,它就像是一把打开未知世界的钥匙,能够帮助研究生创新型人才将创造性的想法转换成实际的研究行动。另一方面,具体的研究方法技术还能够帮助研究生创新型人才对数据资料进行科学的整理和分析,从而得到令人信服的研究发现和结论。在实际的研究活动中,研究者往往会收集到大量的数据资料,那么对这些资料的分析处理就成了一项极其重要的工作。时至今日,无论是文本资料还是定量数据资料,都已发展出一套严格规范的分析方法,这需要研究生创新型人才根据自己的实际研究问题系统地进行学习和掌握。此外,在分析定量数据时往往还依赖于各种统计软件的使用,这也是研究生创新型人才需要掌握的数据分析技术。所以,研究生创新型人才还要掌握一整套系统科学的研究方法,才能使无论问题解决还是创造发现都能够通过研究方法的运用得以实现。

四、研究生创新型人才具有内在的探究兴趣和坚忍的意志品质

正如许多专家学者的共识性判断,内在的探究兴趣是从事任何创造性活动的动力源泉,是创造性活动发生的内在动力。研究生创新型人才只有具备内在的探究兴趣,才能激发他们对知识发现或问题解决的热情,才能积极地付诸实际行动。目前,国内在研究生培养上也越来越重视兴趣的导向作用,而培养研究生创新型人才的专业兴趣和科研兴趣显然有利于研究生形成专业认同感,有利于研究生更加投入地开展研究工作。强调创新型

---

① 王欣瑜.研究生通识教育之理性思考[J].教育探索,2013(7):56-57.

人才的内在探究兴趣,背后还隐含着对人的自由发展的提倡。事实上,一个具有创造性的创新型人才,应当是一个真正自由自主的人、一个具有独立个性的人,而不是一个机械性的、被条条框框模式化了的人。虽然说自由探究和自主发展未必一定能成长为创新型的人,但若没有自由探究和自主发展,则根本没有产生创新的可能。不过从一些对人才的定义中,我们还可以发现人才不但需要有内在的探究兴趣,还要具有坚强的意志品质。[①] 在美国心理学家吉尔福特看来,能排除外界干扰、长时间地专注于某个感兴趣的问题的意志品质,是富有创造性的人才的人格特征之一。[②] 同样,美国心理学家推孟(Terman)对150名创造力较强的被试进行研究后发现,创造力较强者往往具有如下四种性格品质:一是为取得成就的坚忍性;二是善于为达到目标积累成果;三是自信心;四是敢于创新。[③] 为什么创造性人才的意志品质得到研究者的重视? 一个很重要的原因就在于产出创造性的成果往往需要一个长期艰苦的奋斗过程,如果没有意志力做支撑,研究者很可能无法长久地坚持下去。回想我国老一辈科学家的工作,如钱学森、邓稼先,他们无不是在国家最艰苦、最需要的时候,凭着一腔热血和立志振兴中华的远大理想做出了伟大的创造性贡献。陆一、史静寰通过对我国一些功勋卓著的科技人才的研究认为,结合了兴趣和志向的"志趣"概念能够统摄古典的志向与现代的兴趣之间教育思想的张力,是拔尖创新型人才培养的基础。[④] 之所以在提倡兴趣之余还要注重人的志向,很重要的一个原因就在于兴趣通常是短暂的、多变的并易受环境变化的影响,但志向往往是长期的、稳定的,即便在环境变化的时候也会坚定不移。可见,对提出了较高创新要求的研究生创新型人才而言,他们应当同时拥有内在的探究兴趣和坚忍的意志品质,或是学术志趣。只有具备强烈的学术志趣,研究生创新型人才才能获得学术发展和成长的动力和热情,才能够不论遇到怎样的困难都不会轻言放弃,才能最终取得创造性的成果,为知识创新或社会发展进步做出贡献。

五、研究生创新型人才具有良好的德行和奉献精神

在当下,人们对"人才"的要求和期待已不只是具有某项专业的技术和才能,还提出了"德"的要求。党的十八大报告明确指出:"把立德树人作为教育的根本任务,培养德智体美全面发展的社会主义建设者和接班人。"[⑤]立德树人强调人才培养首先在于"立德",只有有德性的人,才是符合社会发展需要的人,才是真正有可能为人类可持续发展做出贡献的人。在创新型人才的培养上,我们也应该以培养具有高度社会责任感的现代公民所必需的基本素质为前提。"如果把品德、知识、能力、素质作为衡量人才的标准,品德则是人才标准的统帅"。[⑥] 为什么我们要强调人才的德行? 对此可以从历史的角度和现实的角度两方面进行分析。首先从历史的角度,但凡为人类做出杰出贡献的人,几乎都具有较高的道德修养。中外学者,都不约而同地将德行作为人成长的根基。中国著名教育家陶行

① 黄津孚. 人才是高素质的人——关于人才的概念[J]. 中国人才,2001(11):31.
② 朱晓妹,林井萍,张金玲. 创新型人才的内涵与界定[J]. 科技管理研究,2013,33(1):153-157.
③ 高玉祥. 创造能力与性格品质[J]. 心理学探新,1985(1):67-71.
④ 陆一,史静寰. 志趣:大学拔尖创新人才培养的基础[J]. 教育研究,2014(3):48-54.
⑤ 胡锦涛. 在中国共产党第十八次全国代表大会上的报告[C]//十八大报告辅导读本. 北京:人民出版社,2012:35.
⑥ 郭广生,王秀彦,高春娣. 把立德树人作为根本任务 全面提高学校育人质量[J]. 中国大学教学,2014(11).

知曾说:"道德是做人的根本。根本一坏,纵然你有一些学问和本领,也无甚用处。"德国著名哲学家康德(Immanuel Kant)认为:"良心是一种根据道德准则来判断自己的本能,它不只是一种能力,它是一种本能。"雅斯贝尔斯(Karl Theodor Jaspers)也说过:"教育是人的灵魂的教育,而非理性知识和认识的堆积。"只有有德性的研究生,才具有为人类社会奉献自己全部的意愿,才能踏踏实实、百折不挠地进行研究,才能真正做出推动人类发展和进步的贡献,这是历史上为人类进步做出杰出贡献的创造性人才所带给我们的深刻启示。另一方面,从现实的角度,我国自改革开放以来经济取得了飞速的发展,但相应地也产生了一些让人忧虑的不良现象,如信仰的缺失、道德的滑坡,这些负面现象影响了人们社会生活的方方面面。即便在学术领域,令人担忧的研究生学术道德失范的事例也是频频出现,这势必会影响到人才培养质量和未来科学研究事业积极有序的发展。[①] 研究生创新型人才不但是学术上的佼佼者,亦应是道德上值得人们尊重和模仿的对象,他们是一群既具有某一专业领域的研究能力,又具有较高的道德品质的德才兼备的人。因此,在研究生培养上,我们不能只注重智力的发展,还要注重和加强人才的道德素质要求。

此外,"人才"既不是终身隐逸于山林而不谋一事的隐士,也不是被供养于高堂之上仅供赞美朝拜的稀世之才,他们应当是一群乐于奉献、为人类社会不遗余力地谋福祉的人。著名教育家陶行知先生曾有一句名言:"捧着一颗心来,不带半根草去。"这句强调人才奉献精神的名言是陶行知先生留给我们宝贵的精神财富,即使是在物质水平高度发达的今天,仍然熠熠生辉、催人奋进。人才如果没有乐于奉献的精神,那也不过是一块没有用处的顽石,有时还会对社会的发展进步造成阻碍。研究生创新型人才是国家非常看重的人才储备军,代表着国家未来发展强盛的希望。只有他们具有乐于奉献的精神,才能在社会舞台上做出大的贡献。否则,很可能像北京大学钱理群教授说的那样,成为高智商、世俗老到,善于利用体制达到自己目的的"精致的利己主义者"而已。[②]

六、研究生创新型人才具有合作精神和国际化能力

随着全球化进程的日益加深,世界各国在政治、文化、经济、教育等各个领域间的交流和合作越来越紧密。全球化时代的到来在给各个国家带来发展机遇的同时也带来了巨大的挑战,可以说,任何一个国家或地区很难仅凭一己之力来应对全球性的问题。这都要求国家之间、人与人之间加强交流与合作,从全球人类共同的利益角度考虑、解决问题。研究生创新型人才作为高层次的人才力量,应当具备合作精神和国际视野,这样才更能符合国家的未来发展需要。具体来说,一方面,学科的发展需要研究生创新型人才具备合作精神和国际视野。正如前文所述,学科的发展在向纵深发展的同时也在向横向上和其他学科产生更多紧密的关联,不同学科的人才之间需要交流、需要合作,共同致力于交叉学科领域的问题解决或者跨学科的发展。国际视野保证了我国研究生创新型人才在学科发展和贡献上不至于故步自封、关起门来自说自话,而是走向世界谋求国际的对话交流。另一

---

① 顾越桦. 研究生学术道德失范的道德心理成因分析和对策研究[J]. 中国高教研究,2013(6):59-63.

② 刘铁芳,刘艳侠. 精致的利己主义症候及其超越:当代教育向着公共生活的复归[J]. 高等教育研究,2012(12):1-8.

方面,问题的解决需要研究生创新型人才具备合作精神和国际视野。当前世界许多问题往往是复杂的、涉及人们生活的不同方面,尤其是全球性问题(如环境问题、粮食问题、战争危机、恐怖主义等),更加需要不同国家和地区、不同组织和部门、不同学科和学术共同体、不同专业人士等加强合作,共同进行研讨,提出较为可行的问题解决方案。研究生创新型人才作为未来许多部门和领域的精英分子储备力量,应当具备合作意识和国际视野。研究生创新型人才的国际视野至少应包含三个方面的含义:第一,国际化的技能。国际化技能要求研究生创新型人才不仅熟练地运用外语,还要具备广博的专业知识、熟练的专业技能,能够把自己的专业成长置于国际化的需求和背景之下。第二,国际化的思维。国际化的思维要求研究生创新型人才能够从中外联系的视角思考和理解当今人类社会所面临的共同问题,从国际化的视角来研究和分析当今世界发生的各种事件。他们的学术探究既要立足于国内的现实,也应建立在国际化理解的基础之上。第三,国际化的胸怀。国际化的胸怀意味着以包容的心态看待事物,拥有国际化胸怀的研究生创新型人才才能够与来自世界不同地域、拥有不同文化和历史背景的人们合作和交流。总之,研究生创新型人才还是具有国际化能力的人,他们能够立足于现有时空,从更广阔的全球背景中思考、分析和解决问题。

七、研究生创新型人才具有逐渐展现的学术潜力

正如前文所述,对研究生创新型人才的相关探讨还不能脱离"研究生"这一范围。这就意味着我们不能将研究生创新型人才视为一入学就能开展成熟研究的研究者,而是一类在研究生教育阶段学术潜力逐渐得以展现的人。研究生创新型人才的学术潜力展现主要表现在以下三个方面:第一,具有对某一兴趣领域初始而独特的洞见。研究生创新型人才起初可能并没有成熟的研究问题或可行的研究设计,但他们往往对某一感兴趣的领域具有独特的想法或洞见。这些最初的想法和见解正反映出他们大胆想象、初生牛犊不怕虎的精神和闯劲,反映了他们对该领域探究的兴趣和对问题的敏锐嗅觉。因此,哪怕有些想法听起来有些异想天开,我们也应该对此保持尊重并对他们进行恰当的引导,因为这些新鲜的想法正是创造力发展的源头。第二,在导师的引导下学术能力得以迅速成长。研究生创新型人才的学术成长离不开导师的指导。导师作为学科的成熟研究者,对学科的理论知识、学术前沿、未来方向有着清楚的认识,他们也能判断研究生的一些想法是否具有开展研究的价值,并对研究生学生能力的各方面发展提供指导和帮助。研究生创新型人才具有极强的可塑性,是一群在导师的指导下能够迅速成长的人。第三,虚心好学并具有长远的学术规划。研究生创新型人才能够保持虚心好学的态度,向导师和周围的其他人认真学习,努力提升自身的学术水平,只有这样,才能保证将学术潜力转化为实际的学术能力。另外,真正的研究生创新型人才还应摒弃功利的心态,不能抱着追求学术论文数量而不重视质量的心态,更不能为了发表论文不顾学术规范。形成长远的学术规划并按照这一规划踏踏实实地前进,才能真正做出有价值的创新性成果。从初窥学术门径的学习者成为一位成熟的研究者显然不是一朝一夕的功夫,其学术潜力是研究生创新型人才在受教育阶段通过不断的学习和探索中慢慢得以展现的。

八、研究生创新型人才具有健康的身心

健康的身心包括身体的健康和心理的健康两个方面。随着现代社会生活节奏的日益加快,人们普遍生存在一个高节奏、高压力的环境中,由此身体健康和心理健康往往会不知不觉地受到侵蚀。研究生创新型人才同样生活在这样的一个社会大环境下,他们面临着学习、科研、就业、感情等各方面的问题和压力。如果这些问题无法得到妥善的解决,势必会对他们的身心健康造成巨大的影响。有研究者对辽宁省 3 所学校的博士研究生进行抽样调查后发现,博士生的心理问题检出率为 39.3%。[①] 显然,这是一个不容乐观的结果,需要引起研究培养单位的高度重视。研究生创新型人才需要保持身心的健康,这是创新型人才保持创新的基础条件。从发展的视角,研究生创新型人才是处于研究生教育阶段的人,这也是他们人生中思维非常活跃的黄金时期。他们年轻、有朝气,可塑性强,因而也容易在研究生求学阶段产生许多新奇的想法,容易在导师的引导和帮助下获得学术上的长足发展和进步。不过,这都需要以他们具有健康的身心为前提。身体的健康是指身体上的良好表现和特征,例如,"精力充沛,能从容不迫地担负日常的繁重工作","身体应变能力强,能适应外界环境的变化","能抵抗一般性的感冒和传染病","善于休息,睡眠良好"等。心理健康指人的心理的良好表现和特征,例如,"处事乐观,满怀希望,始终保持一种积极向上的进取态度","有较强的情绪控制力,能保持情绪的稳定和心理的平衡,对外界的刺激反应适度","珍惜生命,热爱健康,有经久一致的人生哲学",等等。显然,健康的身心是创新行为的基础,研究生创新型人才只有拥有健康的身心,才能使创新的效率更高、创新的热情更饱满、创新的成果更有价值和有意义。研究生培养机构和单位应为研究生创建适合身心健康发展的支持环境,包括体育锻炼的基本设施建设、各种文体活动的组织、心理健康咨询等方面的保障等。另外,还应对研究生创新型人才的社会支持系统予以关注,鼓励他们加强与家人、朋友、同学、导师等的联系和沟通,及时解决研究和学习中产生的困惑和消极情绪,保持一个健康的心理。总之,具备健康的身心是研究生创新型人才发展和成长的前提基础,是他们的又一特征。

第三节　研究生创新型人才培养的意义

一、研究生创新型人才培养是科学技术和社会经济发展的需要

科学技术对人类的巨大影响已毋庸置疑。在当前社会,科学技术的发展与我们的日常生活联系得越来越紧密。现代飞机、轮船、地铁等交通运输工具大大缩短了人们的旅途,不同地点之间人的联系就如同近邻一般;电子技术和信息技术的发展也深刻地改变了人们的生活,互联网技术、智能手机及各种各样的数字化产品,已成为人们日常工作中必不可少的部分;教育和医疗同样因科学技术在向前发展,远程教育、开放大学的兴起和发

---

① 卢绍君,王井云,田明.博士研究生心理健康状况与社会支持、应对方式的关系研究[J].中国健康心理学杂志,2012,20(9):1397-1400.

展,更先进的诊疗设备和手段出现,都表现出了科学技术带给人们的巨大便利。科学技术的日益进步所依赖的实际上就是不断地创新,也就是依赖大量的创新型人才。从世界范围来看,人才资源已经成为最重要的战略资源。无论是美国、欧盟各国,还是加拿大、日本等国家,都在大力推行人才发展战略,力求为国家的科技进步储备充足的高层次人才。我国颁布的《国家中长期人才发展规划纲要(2010—2020年)》指出,"在继续发挥我国人力资源优势的同时,加快形成我国人才竞争比较优势,逐步实现由人力资源大国向人才强国的转变"。作为我国高层次人才的主力军,研究生创新型人才正是我国人才发展战略的重要一环。对许多研究生创新型人才而言,这也正是他们从事创造性活动的黄金时期。因此,加强研究生创新型人才的培养,对我国科学技术的发展具有重要的意义。

另外,我国目前正处于社会经济深刻转型的时期,社会经济的发展使各行业不断进行着结构调整,新的生产部门不断产生,新的专门化领域也在不断出现,而这都需要各行业的创新型人才担当起改革和发展的重任。应当说,经过改革开放以来的经济、社会、教育等方面地不断发展,我国目前也进入了知识经济的社会,也就是以人的创造性知识作为最重要的生产要素的社会。创新型人才是知识经济社会发展的根基,只有培养出大量的创新型人才,才能满足知识经济社会对"高智力""创造力""开拓精神"等方面的需求,才能推动社会的继续发展和进步。我国研究生教育显然也应以培养创新型人才为目标,致力于培养出适合社会各方面发展需要的不同类型的创新型人才,这样才能推动经济建设和社会建设的不断前进。

二、研究生创新型人才培养是"双一流"建设的需要

"双一流"建设是指,一流大学建设和一流学科建设。中央全面深化改革小组于2015年8月审议通过的《统筹推进世界一流大学和一流学科建设总体方案》,这可以说是我国高等教育从国家层面推动大学发展的"顶层设计"。[①]"双一流"建设的提出能够弥补以往"985"和"211"工程存在的身份固化、竞争缺失、缺乏活力等弊端,给我国的高校发展带来了新的机遇和挑战。这是我国高等教育内涵式发展的一项重大举措,是促进我国大学和学科走向世界一流的重要推手。研究生创新型人才的培养无论对一流大学建设,还是一流学科建设均具有非常重大的意义。

一般而言,世界一流大学具有一流的教育理念、独立的大学精神,拥有优秀的教师和学生,能够产生重大的科研发现和学术成果。不过无论国内外,许多知名学府也都把人才培养作为高校发展的根基。研究生创新型人才的培养更是有利于一流大学的建设。通过对研究生创新型人才的培养,高校为经济建设和社会的发展输送了大量的多元化、高素质人才。研究生创新型人才的创新能力、道德品质、合作精神等各方面的素质,都是他们未来进入具体的工作岗位后发挥重大作用的宝贵财富。他们在为经济建设和社会发展做出切实贡献的同时,也为毕业院校赢得了社会声誉。此外,也有相当多的研究生创新型人才最终留在了高校继续从事科学研究和教育教学工作,成了一流大学建设道路上重要的师资力量。

---

① 马廷奇."双一流"建设与大学发展[J].国家教育行政学院学报,2016(9):9-14.

学科是科学研究发展成熟的标志,它以知识系统为基础并由知识构成,其基本内涵在于一组相同或类似知识的集合体。① 学科建设是知识传承与创新的过程,也是学科优势积累的过程,它的发展水平体现了一所大学或者说一个学科的学术水平。一流学科的建设并不是仅仅靠一些高水平的专家、学者就能在大学里落地生根,而是要经过长期的学术积累才能真正成熟起来,靠源源不断的年轻人才输入才能获得持续发展。研究生创新型人才培养对一流学科建设的贡献就在于为学科建设提供了充足的后备力量。他们虽然在向教师学习,但也能在与教师的交流合作中为教师的学术发展提供新鲜思路,从而更加有利于一流学科的建设。实际上,培养出研究生创新型人才在某种程度上也是一流学科的标志之一,一流学科的建设和一流学科建设后备力量的培养应当是相得益彰的。

三、研究生创新型人才培养是研究生教育的历史使命

研究生教育自产生以来就定位于高层次人才的教育和培养。研究生教育产生于19世纪的德国,最初以学徒的形式出现,自产生之初即以培养"科学接班人"作为目标。那时的研究生教育只有博士生教育一级,博士生作为导师的助手,在导师的指导下从事科学研究工作,对他们而言最重要的就是科研能力的培养。美国的研究生教育在内涵上有所扩展,它一方面吸收了德国研究生教育注重科学研究的传统,另一方面也增加了社会服务的内容。但研究生的科研能力和创造性的要求并没有削弱,即便是服务于企业的应用型人才培养,也非常注重研究生的应用研究能力培养和技术能力的开发培养。我国研究生教育产生于近代,在《奏定学堂章程》里规定,通儒院招收分科大学毕业或相同学力者,以培养"能发明新理,著有成绩,能制造新器,足资利用"的人才为目标。学生在学习期间只独立进行研究,学习期限为五年。② 可见,研究生教育在诞生之处就是以培养具有创造能力、能够独立从事科学研究的高层次人才为目标,这种教育目标与本专科教育等其他层次的教育目标是不同的。虽然随着经济、社会不断发展,研究生教育从培养模式、培养人才类型、学位类型上也越来越丰富,但无论是学术型研究生还是专业型研究生,"创新"都是他们应当具备的素质。创新型人才的概念又是一个历史和文化的概念,不同的时代对创新型人才的理解不尽相同,因此,对创新型人才的培养,应当反映时代的特点和需求,这样才能培养出真正符合社会、经济、文化发展需要的人才。而创新型人才,则应是既立足于现实同时又能面向未来的人才。③ 研究生创新型人才的培养正反映了研究生教育以高素质、高层次、创造性人才为培养目标的历史使命。

四、研究生创新型人才的培养是文化传承和创新的需要

对我国的研究生创新型人才而言,本身还担负着文化传承和创新的历史使命。从历史上看,自新文化运动以来,中国逐渐融入了一个以西方为主导的世界历史进程之中。直到今天,我们仍在积极地学习欧美等西方发达国家的知识和理念,将之作为指导我们实践

---

① 钟秉林,李志河.试析本科院校学科建设与专业建设[J].中国高等教育,2015(22):19-23.
② 周泉兴,王琪.研究生教育的本质:历史、现实和哲学的考察[J].中国高教研究,2009(2):38-40.
③ 梁拴荣,贾宏燕.创新型人才概念内涵新探[J].生产力研究,2011(10):23-26.

活动的思想指南。但作为有五千年历史的中华文明，显然也有自己独特的思想体系和价值理念，遗憾的是现如今我们并没有很好地吸收自己文化的优秀成分来指导现代化的发展进程。我国社会主义实践过程中所遇到的各种问题也已表明，仅靠学习西方发达国家的文化理念已经难以让我国社会各方面的建设工作顺畅运转。我们还需要结合本国的实际，结合我国传统文化的特征进行社会实践。传统文化丧失带来的消极影响是巨大的，它会削弱民族的自信心和凝聚力，并直接导致信仰的缺失和价值体系的崩溃，更严重的是导致在世界上全方位地失去话语权，甚至生存的权利。在中国改革开放以来实现经济上腾飞的同时，提升文化软实力早已是一个急需解决的现实问题。党的十八大报告将"建设优秀传统文化传承体系，弘扬中华优秀文化传统"作为一项重大任务，这无形中也给高等教育提出了相应的要求，即培养能够在现代化社会传承和创新中国优秀文化的人才。研究生创新型人才自当担负起这一使命，他们需要对中国的优秀传统文化具有深刻的理解，同时又吸收了西方文化的优秀成分，通过热忱认真地投入学术探究工作，来实现对中华民族优秀文化的传承和现代化阐释。当然，研究生创新型人才对文化的传承和阐释并非仅仅指直接从事与文化相关的活动与工作，通过在自己学术领域里专心致志、百折不挠的创造性劳动，他们同样发挥了传承中国优秀文化的重要作用。此外，研究生创新型人才对文化的传承和创新还表现在他们取得的实际成果上，当越来越多的研究生创新型人才取得让国内或者让世界信服的成就，人们自然也会为是中国人而自豪，会对中国优秀的传统文化产生深刻的认同和自信。

五、研究生创新型人才的培养是提升我国高等教育质量的关键

高等教育为国家和社会的建设输送了大量的高素质人才，可以说，高等教育质量是一个国家人力资源水平的反映，体现了综合国力的强盛程度。高等教育质量的提升显然离不开研究生创新型人才的培养。一方面，研究生创新型人才的培养本身体现了高等教育的质量水平。高等教育质量高低的指标之一，即人才的培养质量。研究生创新型人才的培养是学校教育系列中的高层次人才的教育，当一个国家培养出越来越多的研究生创新型人才，本身也就意味着这个国家有越高的高等教育质量。另一方面，研究生创新型人才为高等教育发展注入了新鲜的血液。研究生创新型人才是跟随导师进行学习和研究的学生，在学术发展上受到教师帮助和指导的同时，他们的一些"奇思妙想"也能给导师带来启发和思考，从而营造出"教学相长"的教育局面。另外，许多研究生创新型人才在毕业后也留在了高校继续从事教学或研究工作，他们要么通过科研工作促进学科的建设和发展，要么通过本科教学帮助本科生获得学术上的成长。可以说，当高校吸纳进来越来越多的创新型人才时，相应的教育质量也就会随着师资力量的增强而提升。但同时我们也应该认识到，高等教育质量的提升不是一朝一夕就能实现的事情，这需要我国高等教育在发展上要能够遵守教育发展的内部规律，踏踏实实地做好研究生创新型人才的培养工作，循序渐进地实现高等教育质量的提升。总之，在我国高等教育提出争创世界一流大学和世界一流学科的大背景下，研究生创新型人才培养对我国高等教育质量的提升作用是极其关键的，对我国实现从人力资源大国向人力资源强国的转变具有重要的意义。

第四节　研究生创新型人才培养的影响因素

探讨研究生创新型人才培养的影响因素,能够为研究生创新型人才培养工作的质量提升带来帮助。本节将研究生创新型人才培养的影响因素分为输入性因素、过程性因素和主体性因素三类进行探讨。所谓输入性因素是指影响研究生创新型人才培养的生源、师资、制度、资金的输入性因素;过程性因素指的是在研究生创新型人才培养过程中对人才培养产生影响的因素;主体性因素是指学生个体自身所具备的一些对研究生创新型人才培养产生作用的因素。

一、影响研究生创新型人才培养的输入性因素

1. 研究生生源

随着我国研究生招生规模的扩张,研究生的生源也越来越广泛,专业能力和学术水平参差不齐。保证生源质量是人才培养质量的基础和前提条件,只有研究生生源质量的起点高,才能使得以后的一系列培养方案和措施得以顺利实施。由于控制研究生的生源质量发生在招生阶段,所以若要提高研究生创新型人才的培养质量,就要在研究生生源的遴选上加强选才工作,严把生源质量关。我国研究生的招生工作主要包括初试和复试两个环节,在研究生招生工作中应该采取有效措施防范初试和复试的各种弊端,争取为考试营造公平、公正的竞争环境,从而保证能选拔出真正优秀、具有研究潜力的学生。不过,目前我国在研究生招生方面还存在一些不容忽视的问题。一方面,某些研究生专业尤其是博士生专业没有足够的吸引力吸引到优秀的学生或实践人才就读。特别是理工科专业,未来从事科研工作的待遇偏低和家庭负担常常让一些优秀的实践工作人员望而却步。另一方面,研究生的求学动机异常复杂。许多学生可能抱着取得更高学历方便就业的心态来读研究生。汪雅霜、熊静漪通过调查发现,虽然学术驱动型和理想驱动型是当前博士生主导的求学动机,但也有42.7%的被调查者认可"我攻读博士学位是因为国家和社会越来越重视高学历",28.2%的被调查者认可"我攻读博士学位是因为工作到一定程度后晋升或职称评聘的需要"。[①] 董志霞、郑晓齐通过质性研究的方法也发现,功利性的求学动机与原发性的求学动机是推动博士生求学行为同等重要的动力因素。[②] 硕士研究生的求学动机更加复杂多样,根据相关调查结果,学位与工作驱动对学术型研究生的求学动机影响大,尤其是学位因素,在所有因素中得分最高。[③] 如果研究生的求学动机不能保持强烈的学术理想追求和知识探究信念,那么他们也就难以真正投入研究生的学术探究活动中去。因此,研究生的招生工作应该加强对生源质量的考察,不但要对学生的已有知识和能力进行鉴别,也要加强面试环节对学生求学动机和其他非智力因素的考察,从而为研究生创新型人才的培养打下坚实的基础。

① 汪雅霜,熊静漪.博士生求学动机类型的实证研究[J].中国高教研究,2013(6):55-58.
② 董志霞,郑晓齐.对非定向博士生求学动机的质性研究[J].学位与研究生教育,2015(1):48-51.
③ 万子君.学术型硕士研究生求学动机研究[D].重庆:西南大学,2016.

2. 师资队伍

我国研究生培养普遍采取了导师制,师资队伍可以说是影响研究生创新型人才培养非常关键的因素。首先,导师对研究生创新型人才的知识结构形成具有重要作用。如果说研究生是学科领域的"新手",那么导师就是学科领域的"专家"。研究生从导师那里可以学会对学科知识的组织和加工,也能习得把握学科特点和前沿的能力,从而获得专业知识上的快速积累和成长。其次,导师对研究生创新型人才的创新意识和创新思维具有重要影响。导师的重要作用并不体现在"教"上,而是体现在"导"上,也就是对研究生进行研究上的引导和指导。导师具有丰富的研究经验和大量的研究心得,他们能够为研究生提供研究方向和思维方式方面的指导和帮助,影响研究生创新思维和创新意识的发展。最后,导师对研究生创新型人才的学术规范和学术道德养成影响巨大。任何学术研究都离不开一定的学术规范,任何研究者也都必须严格遵守学术道德。导师正是通过对研究生的言传身教,将学术规范和学术道德传递到学生身上,帮助研究生创新型人才走上正确的学术道路。不过,随着我国研究生教育规模不断扩张,在研究生导师方面也出现了一些亟待解决的问题。一是研究生导师数量相对不足的问题。研究生导师所带的学生数量越来越多,这很可能会造成导师指导频率的下降,从而影响了研究生创新型人才的培养效果。二是研究生导师单一化的问题。研究生群体的需求越来越多元化,这给导师队伍提出了更高的要求。比如,由于对研究生实践能力要求的提高,就使得导师队伍中不能仅仅只有传统上从事知识发现的纯学术研究型导师。当然,诸如兼职博士生导师和兼职硕士生导师的出现,已经反映了我国研究生教育在师资队伍建设上对研究生多样化趋势的改革应对,但还有许多问题有待解决。三是研究生导师质量下降的问题。研究生师资队伍在规模扩大的同时还应更加注重质量的提高,对一些自身并无扎实的学术实力和过硬的科研素质的人,应该避免将之引进研究生创新型人才培养的师资队伍中来。另外,为了应对研究生创新型人才的国际化需求,研究生导师队伍也应保持一定的国际化水平。在解决教师国际化的途径上,高校一方面可以通过"请进来"的方式引进具有国际化水平的教师,另一方面也可采取"走出去"的方式,鼓励支持本校教师参加国际性的科研项目交流、到国外学习进修、参加国际性的学术会议等。① 总之,培养研究生创新型人才的教师也应当具有追求真理的品质、善于发现和思考问题、健全的人格、广博的知识等创新型人才所应具备的素质。我国的研究生创新型人才培养有必要从师资队伍规模、师资来源多样性、导师质量等方面加强研究生师资队伍的建设工作。

3. 制度保障

研究生创新型人才培养工作的有效开展离不开制度的保障。规范、完善的制度安排起着规范标准、保障质量、维护公平、激发创新活力等重要作用。在招生制度上,研究生招生制度保证了招生渠道的多元化、研究生来源的多样性、招生过程的公平性,从而为研究生生源的质量提供保证。从培养制度上,许多研究生培养单位和机构也在根据社会发展、学科建设或人才培养的需要纷纷创新研究生培养制度改革。灵活多样的研究生培养制度能够最大限度地满足不同研究生群体的需要,也服务于社会对研究生所提出的不同方面

---

① 崔军,汪霞. 从创新人才培养的角度谈大学国际化的应对之策[J]. 全球教育展望,2009(10):45-49.

的需求。从评价制度上,课程评价、教学评价、培养质量评价、创新能力评价等制度可以为研究生创新型人才的培养工作进行全面的诊断和监管。不过,在对创新型人才的评价上还要采用一种多元的评价观,不能仅从单一的创新性标准来衡量所有类型的创新型人才。一方面,因为创新型活动绝不仅仅只是理论的创新,包括知识的传承、知识的应用等都有可能包含着创造性劳动,所以对创新型活动的评价应该在创新活动的类型上有所区分。另一方面,由于评价人的创新能力也不能仅仅只关注智力的因素,诸如意志力、道德水平等非智力因素也是创新型人才非常重要的素质,故在认识创新型人才的素质结构时,我们需要转变单一、片面的评价方式,树立既强调智力因素,也强调非智力因素的多元评价观。另外,激励和保障制度对研究生创新型人才的培养也有着重要影响。根据人力资本理论,人力资本生产的过程仅仅是人力资本的形成过程,而人力资本中所蕴含的知识和技能得以有效使用则必须在人力资本与客观环境的作用中实现。也就是说,人力资本发挥作用的大小还离不开对其能构成激励的外部机制。① 因此,研究生创新型人才创造力的发挥还离不开相关的激励和保障制度,如奖助学金制度,它既可以为研究生减轻学业上的经济负担,也能通过对学术研究优异学生的表彰,形成激励其他学生更加努力投入的效应。因此,研究生创新型人才培养的相关制度建设是研究生创新型人才培养工作得以有效实施的保证,人才培养的任何具体实践活动的展开都离不开科学、合理、完善的制度来保驾护航。

4. 资金投入

研究生创新型人才的培养需要大量的资金投入。首先,硬件设施和条件的建设需要大量的资金,特别是一些重要的实验设施设备。这些基础的设施条件是研究生创新型人才进行创新活动的基地,他们只有通过具体的操作和实践才能真正锻炼科研能力、提高解决实际问题的能力,从而成长为人们所期望的创新型人才。其次,高水平导师队伍的组建也需要大量的资金投入。在当代社会,人才早已成为一种可以流动的重要资源。高校间的人才竞争既包括国内高校间的人才竞争,也包括国际高校间的人才竞争。我国从人才发展战略角度考虑,出台了一系列的人才计划汇集人才,如"千人计划""长江学者计划"等,并为他们提供了丰厚的薪资待遇和项目启动经费。这些高素质的人才都是高校进行研究生创新型人才培养的重要师资力量。第三,课程建设和科研项目研究需要大量的资金支持。高质量的研究生课程离不开资金的投入,只有建设了高质量的研究生课程,才能提高研究生创新型人才培养质量。同时,任何科研项目的开展都离不开一定的资金投入,特别是重大的创新项目,更需要投入相当数量的项目经费,这保证了研究生的科研训练水平和质量,最终有助于实现研究生创新型人才的培养目标。最后,研究生创新型人才需要获得一定的资助。对处于求学阶段的研究生尤其是博士生而言,他们往往还有来自家庭经济的压力,国家应该为他们提供一定的资助,让有志于科学研究的研究生能够全身心地投入学习和研究中去,这是国家在研究生创新型人才培养上义不容辞的责任。但是,我国长期以来在研究生教育的培养经费上主要依赖于国家单一的财政拨款,尚未建立多渠道、多方位的资金筹措机制,科研经费的缺乏势必造成研究生不能充分地受到科研的训练,从

① 吴松强. 创新人才培养的文献综述及理论阐释[J]. 现代教育管理,2010(4):68-70.

而影响了研究生创新能力的发展。[①]　总之,资金投入对研究生创新型人才培养具有重要的影响,如若解决不好,将对研究生创新型人才的培养产生制约。

二、影响研究生创新型人才培养的过程性因素

1. 研究生课程建设

传统的观点认为,研究生培养主要在科研训练中完成对他们科研素质的培养,研究生的课程教学通常不被重视。但随着研究生规模的不断扩张、研究生多元化需求的增加,课程教学对研究生基本科研素质培养所起的作用也越来越大。以香港大学为例,该校通过研究生课程改革,改变了原来导师制比较松散、研究生通常被放到实验室、不需要上太多课的情形,开始强调研究生授课。[②]　研究生课程建设对研究生创新型人才培养具有重要的作用。第一,研究生课程为研究生创新型人才提供了学科领域所必需的知识素养。基本的理论知识是研究生创新型人才进行高水平研究的基础,这需要系统化的专业基础课程进行提供。前沿性课程则能够帮助研究生了解学科领域的前沿性成果、把握前沿问题,研究生创新型人才只有站在前人最新研究成果和研究发现的基础上,才能进一步做出有价值的创新和贡献。第二,研究生课程还为研究生创新型人才提供了科学研究所必需的方法素养。目前,国内研究生培养单位和机构对研究生的方法类课程也越来越重视,各种方法类课程能够帮助研究生了解和掌握不同的研究方法,从而帮助其研究工作能够得以顺利开展。不过,我国研究课程还存在着研究生课程目标与研究生科研能力脱节、研究生课程内容缺乏层级性和前沿性、研究生课程建设不系统等问题。例如,南京大学课题组在2013年承担的"学术学位研究生课程体系建设支持计划"研究中发现,研究生对课程的前沿性评价得分也只有 3.43 分(满分 5 分)。[③]　罗尧成曾在对研究生和导师的问卷调查和已有相关研究成果分析的基础上指出,硕士研究生课程的"本科化"倾向、博士生课程的"硕士化"倾向,是我国研究生教育课程体系中存在的一个突出问题。[④]　可以说,在创新型国家建设的新形势下,研究生课程体系已经不能完全适应培养高水平拔尖人才的需要。[⑤]显然,上述这些问题的存在将难以发挥研究生课程对研究生创新型人才科研能力和学术水平提升的作用。国外在研究生培养的课程建设上有许多值得借鉴之处,如斯坦福大学为了鼓励跨学科研究与合作,开展了包括专业基础课程、专业核心课程、专业选修课程以及跨专业辅修课程在内的多种类型的课程,为研究生的创新能力培养产生了极大的促进作用。[⑥]　在研究生课程设置上,美国研究生教育课程的设置既提倡知识广博的教育,也非常重视课程的国际化,从而打造了创新知识的新格局,成为提高研究生的创新能力和学术水准的重要源泉。[⑦]　同时,研究生的方法类课程也得到各高校的分外重视,以斯坦福大学

①　刘晔. 高校研究生创新能力培养机制改革研究[J]. 东北师大学报(哲学),2014(1):163－166.
②　徐立之. 创新型人才培养:研究生培养问题[J]. 国家教育行政学院学报,2006(9):82－84.
③　南京大学课题组. 在校学术学位研究生课程学习调查报告[R]. 学术学位研究生课程体系建设支持计划,2013.
④　罗尧成. 我国研究生教育课程体系存在的主要问题分析[J]. 学位与研究生教育,2006(6):43－46.
⑤　汪霞,卞清,孙俊华. 论学术学位研究生课程体系建设[J]. 学位与研究生教育,2015(10):30－34.
⑥　魏玉梅. 斯坦福大学高等教育学博士研究生课程体系特点及其启示[J]. 比较教育研究,2015,37(6):51－56.
⑦　魏航. 美国研究生课程设置的特点及对我国的启示[J]. 教育探索,2012(2):158－159.

教育管理专业为例,该专业为研究生所开设的研究方法类课程学分占到了总学分的 1/3 左右。① 哈佛大学在博士生培养上也非常重视研究方法的训练,可以说,学生经过长期的方法训练后普遍具备了较强的实践操作能力和解决问题的能力。② 可见,在对研究生创新型人才的培养上,研究生培养单位还应重视研究生课程的建设工作,从而为研究生创新型人才发展和成长提供重要支持。因此,我国研究生课程在课程内容、课程实施等环节还需要进一步改进,否则将会对研究生创新型人才的培养产生阻碍。

2. 研究生教学

研究生教学工作是研究生创新型人才培养的又一重要环节。通过研究生教学工作的开展,研究生和教师紧密地联系在一起。在这一过程中,教师不仅把专业知识和科研方法、最新的学科前沿动态传递给研究生,同时也把如何思考问题、如何寻找解决问题的方案教给学生。在研究生教育水平非常高的美国,其研究生培养单位和机构非常重视研究生教学工作,从事研究生教育的教授非常重视教学工作,重视并上好研究生的每一堂课。③ 我国研究生教学工作,尤其是在研究生创新能力的培养上还有一些不足之处。如高芳祎对我国研究生课程与教学改革效果的调查显示,硕士生和博士生在对目前教学方式的选择上,选择"以讲授为主"的比例分别高达 46.9% 和 61.0%,而选择"喜欢讲授式"的比例分别只有 6.4% 和 8.4%。④ 这种仍以讲授为主的教学方式很可能让研究生课堂了无生趣,对研究生的创新思维培养产生抑制。对研究生创新型人才培养而言,教学工作应该注重创新能力的培养,更多地借鉴启发式、研讨式的教学方式,形成有利于深层思考的课堂环境。研究生教学工作对研究生创新型人才的作用,具体来说包括以下三个方面:第一,通过研究生教学活动帮助研究生形成系统的知识结构、把握学术前沿动态。教师是学科领域内的专家,在他们的帮助下,研究生能够更加有效地形成对知识的理解和组织。同时,授课教师还能够为学生指出学术研究的最新前沿,帮助一些研究生创新型人才少走一些不必要的弯路。第二,研究生教学工作可以为研究生提供一个学习和交流的平台。研究生教学是发生在教师和学生之间的活动,甚至也可以说是发生在学生和学生之间的活动。在研究生课堂上,无论是教师和学生间,还是不同研究生之间都能够在讨论互动之中进行学术上的分享交流,从而使大家获得知识上的发展或者能力上的提高。第三,研究生教学工作还为研究生提供了更多与高水平学者接触的机会。高水平的学者不仅具有高的研究水平,还具有高尚的人格修养,研究生创新型人才从他们身上所收获的除知识之外,还有对真理追求的执着信念和奋发向上的精神品质,这些都是研究生创新型人才在今后创造性活动中必不可少的非智力要素。可见,研究生教学是影响研究生创新型人才培养的一个重要因素,可以说对研究生创新型人才具有全方位的影响。

3. 科研训练

科研训练是研究生创新型人才创新能力培养的重要途径,研究生越多地参与科研项

---

① 邝继霞,罗尧成,孟媛. 美国著名大学研究生课程设置的特点及启示——基于三所高校教育管理学专业课程设置的比较分析[J]. 当代教育论坛(综合版),2010(7):114-116.

② 李新翔. 哈佛大学博士研究生科研训练方式研究[D]. 济南:山东师范大学,2011.

③ 张丽娟. 美国研究生教学的借鉴与思考[J]. 中国高等教育,2007(20):60-62.

④ 高芳祎. 我国研究生课程与教学改革效果的调查研究[J]. 学位与研究生教育,2012(10):27-31.

目、进行科研训练，其创新能力就越容易获得提高，也就越有可能做出创造性的成果。具体而言，科研训练对研究生创新型人才的培养带来以下具体影响。第一，通过科研训练，研究生的创新思维得以极大激发。科研训练不同于课堂学习和讨论，是实际的研究工作。这种工作往往更具挑战性，能够引起研究生的研究欲望，使研究生的思维始终处于活跃的状态，从而培养了研究生的创新意识、锻炼了研究生的创新能力。第二，科研训练帮助研究生形成解决实际问题的策略和方法。实际的科研训练让研究生有机会接触到各种各样的问题，有些问题是复杂的，没有明确的解决路径可供选择。研究生正是在对这些问题的具体解决过程中，习得了丰富的问题解决路径，发展了解决问题的能力。第三，科研训练增加了研究生从事创造性活动的自信心。随着研究生科研训练的深入，他们对科研的驾驭能力也逐渐增强，其从事创造性活动的自信心无疑会相应增加。尤其当研究生做出了一定的科研成果并得到同行的认可时，他们会更加坚定学术研究的自信心。研究生进行科研训练主要是通过参与项目来实现的，这些项目可能是自己申请的课题，也可能是参与导师的课题。不过，不同的参与课题方式对提高研究生培养质量的效果是不同的。有调查发现，整体而言在导师的指导下承担部分的科研工作对研究生培养质量的效果更为明显，而主要承担诸如数据录入工作、资料查询、开展实验等辅助性工作的研究生对培养质量的满意度较低。① 显然，对这一结果的产生原因我们并不难理解，正是由于数据录入、资料查询等辅助性的科研工作往往是缺少深层思维的投入，所以才难以对研究生创新型人才创新性产生积极影响。总之，科研训练的质和量对研究生创新型人才培养具有非常重要的影响，是需要认真对待的一个关键因素。

4. 学术交流

创造性活动的开展离不开学术交流，这既是由创造性活动本身的性质决定的，也是研究生教育工作的内在要求。从创造性活动本身来说，创造即意味着产生不同于以往的新事物。不过，创造出的新事物需要进行公开交流、通过同行的评价，这样才能明确所创造的新事物的价值和意义。任何单一的个人仅仅在自己私人领域自说自话，都不能给学科发展和社会问题的解决带来任何助益。从研究生教育工作的内在要求上，研究生教育是培养具有创新能力和问题解决能力的高层次人才的教育，在课程学习、科研训练、问题研究、论文写作和发表等许多环节都离不开学术上的交流。不同研究生具有不同的专长、不同的阅历、不同的理解能力、不同的研究旨趣、不同的创造性想法等，进行学术交流才能起到集思广益、采众人之长，共同解决科研活动中所遇到的问题。具体而言，学术交流对研究生创新型人才的影响主要表现在帮助研究生了解最新的研究动态和研究前沿问题、解决学习和研究中所遇到的困惑、学习他人的优点和长处、诊断自身的学习和科研训练情况。这一过程也是研究生获得快速成长和发展的一种简便、高效的途径。

5. 文化因素

在中国社会的现代化道路上，各方面都体现出现代与传统的冲突与调和问题，对引自于西方的现代大学而言，亦面对着现代教育价值观念与中国传统教育思想的冲突问题。

① 赵世奎，张帅，沈文钦.研究生参与科研现状及其对培养质量的影响——基于部分高校和科研单位的调查分析[J].学位与研究生教育，2014(4):49-53.

我们需要对中国传统文化与现代人才培养理念之间的关系具有清醒的认识,理解中国传统文化中哪些因素对研究生创新型人才培养具有妨碍,哪些因素又具有积极的作用,从而能够对具体的实践工作形成指导。文化因素对研究生创新型人才培养的妨碍主要表现在两个方面:第一,中国传统文化对待客观世界整体上是一种保守的文化、缺少积极探索的精神。"天人合一"的和谐观念在中国古代深入人心,人们更多的是欣赏自然、顺应自然,而不是通过探索客观世界来改造自然。现代科学的发展显然是基于对自然不断探究的欲望,其背后反映的是追求客观真理、不畏权威的精神。因此,传统文化中的保守态度可能对研究生创新型人才的科学精神养成有所妨碍。第二,中国传统文化中的"官本位"思想对研究生创新型人才的培养也具有妨碍。官本位是一种以官为本、以官为尊的价值观念。在中国古代,大行其道的"学而优则仕"思想让许多学有所成的人走向了仕途,从而在复杂多变的官场再也无法潜心探究学问。在当前中国的学术界,我们也不难发现官本位思想的遗毒。例如,对有学术成就的研究者授予官职、对大学校长授予行政级别等。这种官员式学者现象带来的后果就是,学者在有了官位之后往往会被行政事务占去大量的时间和精力,有些甚至会失去独立的学术人格,难以踏踏实实进行科学研究。显然,官本位思想的存在为研究生创新型人才的培养蒙上了阴影,带来了巨大的妨碍。当然,除了妨碍之外,中国传统文化中的一些优秀成分对研究生创新型人才培养工作也有积极作用。一方面,中国传统文化中的"立志"传统对人才的养成具有重要影响。正所谓"人无志不立",远大的志向给了人不断奋进的强大动力,也让人有了不怕挫折、克服各种困难的勇气。研究生创新型人才需要志向的支撑,才有可能真正做出创新性成果。这是中国传统文化中的优秀成分,能够对创造性活动带来积极影响,我们应在研究生创新型人才的培养中予以弘扬。另一方面,与人为善有利于增进人与人之间的合作交流。中国传统文化中强调与人为善、同他人和谐相处,在当前处于社会急剧变迁的时代中具有重要的价值。研究生创新型人才常常需要与来自不同地域、不同文化背景、不同学科的人合作交流,与人为善的态度促进了他们之间的交流、增进了相互理解。总的来说,中国传统教育观念重视人的道德完善,致力于培养具有完善人格的人,现代大学教育虽然也重视个体的道德品质,但对人的批判性思维能力、交流表达能力等智力方面素质的看重是今非昔比的。因此,在研究生创新型人才的培养工作中,我们应当意识到文化因素的影响作用。同时,深刻理解研究生创新型人才在学术研究道路上表现出的态度、行为特点,从而为他们提供切实有效的帮助和指导。

三、影响研究生创新型人才培养的主体性因素

1. 求学动机

研究生的求学动机决定了研究生如何投入研究生阶段的学习中,是学生求学活动的内在动力因素,它往往会内化为学生个体求学的意向、愿望、兴趣、旨趣等形式。具体而言,研究生求学动机的作用表现在:第一,指引研究生朝着既定的目标前进。研究生的求学动机能够指引研究生朝向一定的目标前进而不轻易改变,这显然有利于他们取得预期的结果。第二,保证研究生求学中的学习效果和质量。求学动机明确的研究生在投入研究生阶段的学习和研究工作中时,不会轻易受到外界环境变化的干扰。他们往往能够尽最大努力克服所遇到的困难,把注意力集中到自己应做的事情上。第三,为研究生的学习

和研究活动提供强烈的动力。研究生的求学动机是研究生学习的动力来源,越是有强烈学术追求的研究生,在研究生阶段的学习中也就越能够主动地投入学术探究活动中去,从而提高研究生创新性活动的质量。总之,研究生的求学动机是影响研究生创新型人才培养的重要主体性因素。不过研究生的求学动机具有相当的复杂性,对研究生创新型人才的培养而言,应该注重对其学术型动机的培养和引导,使其能够更加积极地投身创造性的研究工作中去。

2. 学术信念

目前国内对研究生学术信念的关注尚显不够。何为学术信念?从组织文化的视角,王利娟和徐慧莉认为,学术信念是属于精神层面的文化,是组织文化的核心,主要指组织所奉行的生存原则、目标追求、价值观念、基本信念和处事原则等。[①] 张瑾在分别对"学术"和"信念"进行综述后将学术信念界定为,"指研究者在对学术目的和学术价值有一定认知的基础上,对学术事业坚信不疑并不断追求的态度倾向,体现了对学术研究的执着和热忱",并指出了学术信念具有稳定性与外显性、稳定性与可变性等特征。[②] 可见,研究生的学术信念可以指研究生个体对学术活动意义和价值的看法。研究生树立了坚定的学术信念,就会在学术探究的道路上表现出刻苦钻研、坚忍不拔的品质,并形成端正的学术态度和良好的学术品格。研究生创新型人才尤其需要坚定的学术信念,因为创新活动往往需要长期的时间投入,需要克服各种不可预知的困难和障碍,所以他们更要具备坚定的学术信念作为支撑。

3. 学术投入

研究生的学术投入是影响研究生创新型人才取得创造性成果的最直接因素。研究生创新型人才的主体是学生,他们主动热情地参与是培养创新能力的关键。[③] 无论具备怎样的求学动机和学术信念,其创造性成果的产出都需要通过学术投入来实现。研究生的学术投入既需要他们为学习和研究工作投入大量的时间,也需要投入大量的精力,他们只有投入学习和研究中,才能获得真切的进步和成长。尽管客观的环境条件对研究生的学术投入具有重要的影响,但对已处于研究生教育阶段的学生而言,其学术投入还非常依赖个体主动性的充分发挥。当然,研究生的学术投入未必一定能带来所期待的创造性成果,但在学术投入过程中他们能够收获丰富的知识经验,提高科研能力,而这都是研究生创新型人才未来做出创造性贡献的基础。

通过上述分析,我们能够明晰影响研究生创新型人才培养的输入性因素、过程性因素和主体性因素的具体内容和方面,这能为研究生创新型人才培养工作的进一步改进和完善提供帮助。但显而易见的是,影响研究生创新型人才培养的因素并非是单一的、孤立的,而是相互联系、交织在一起的。我们很难单纯地指出哪一个因素最重要,或者下结论说某因素是首先应予以重视的;最恰当的做法,是从研究生创新型人才培养的各个环节中来把握应该如何提高研究生创新型人才的培养质量。唯有如此,才能把我国研究生创新型人才的培养工作落到实处。

---

① 王利娟,徐慧莉. 学术信念与学术规范的比较研究[J]. 北京教育(高教版),2006(4):62-64.
② 张瑾. 研究生学术信念培养研究[D]. 西安:陕西师范大学,2014.
③ 李建章. 浅谈创新型研究生的培养[J]. 中国科教创新导刊,2008(2):128.

第三章　研究生创新型人才培养过程与环境

社会、科技、经济发展对创新型人才需求的紧迫性，也日益成为高等教育研究的重要方向①。培养研究生创新型人才，已日渐成为高等教育的热点，也是难点之一。研究生创新型人才的培养工作是研究生教育的中心环节和主要任务②。提高研究生教育质量，培养创新型人才，大量的工作要在培养过程中进行，其中包括研究生招生录取、课程学习、导师指导、科学研究、专业实践、论文写作、学业管理和培养环境等。

第一节　研究生招生录取与创新型人才培养

《国家中长期教育改革和发展规划纲要（2010—2020 年）》（以下简称《规划纲要》）指出："我国正处在改革发展的关键阶段，经济建设、政治建设、文化建设、社会建设以及生态文明建设全面推进，工业化、信息化、城镇化、市场化、国际化深入发展，人口、资源、环境压力日益加大，经济发展方式加快转变，都凸显了提高国民素质、培养创新型人才的重要性和紧迫性。中国未来发展、中华民族伟大复兴，关键靠人才，基础在教育。"③依靠教育培养创新型人才，已经作为一项国家战略被纳入《规划纲要》中。创新型人才的培养，从幼儿园到大学，是一个持续的过程，但在这个过程中，研究生阶段起着至关重要的作用。创新型人才培养的前提和基础是筛选出有创新潜质的学生，那么研究生的招生录取就显得尤为重要。

一、研究生招生制度的内涵

研究生招生制度的内涵非常丰富且复杂，需要从制度、招生制度等定义着手，分析其概念。

（一）制度的内涵

"制度是一个社会的游戏规则，更规范地说，它们是为决定人们的相互关系而人为设定的一些制约。"④"制度的实质就是'集体行动控制个体行动'。"⑤"马尔科姆·卢瑟福在综合新、老制度主义的观点后认为，制度是行为的规律性或规则，一般为社会群体的成员

---

① 许克毅，叶城. 当代研究生透视[M]. 西安:陕西人民出版社,2002:84-85.

② 李煌果，王秀卿. 研究生教育概论[M]. 北京:科学技术文献出版社,1991:383.

③ 国务院. 国家中长期教育改革和发展规划纲要（2010—2020）[EB/OL]. (2010-7-29)[2017-10-8]. http://www.gov.cn/jrzg/2010-07/29/content_1667143.htm.

④ 道格拉斯·C.诺斯. 制度、制度变迁与经济绩效[M]. 上海:上海三联书店,1994:3.

⑤ 汪洪涛. 制度经济学:制度及制度变迁性质解释[M]. 上海:复旦大学出版社,2009:3.

所接受,它详细规定具体环境中的行为,要么自我实施,要么由外部权威来实施。"①从前面对制度的定义可以发现,制度在本质上是一种规约,是对个体行为的控制,便于组织有序地运行。

"新制度经济学将制度划分为三种类型。第一种是宪法秩序;第二种是制度安排(Institutional Arrangement),是指约束特定行为模式和关系的一套行为规则,制度安排可能是正规的,也可能是非正规的,它可能是暂时的,也可能是长久的;第三种是规范性行为准则,它主要是来源于人们对现实的理解(意识形态)。"②

(二) 招生制度的内涵

"招生考试制度包括招生考试制度的历史、招生政策、选拔形式、招生考试、录取方式、招生机构及实践等。"③"招生制度作为现代大学制度体系中的具体制度安排,是高等学校招生的目的、方针和实施办法的总称,是各个国家具体教育制度的重要组成部分。它包括招生政策、选拔方式、入学考试、录取方式等方面。"④"招生制度包括两个段制,即初试和复试结合。初试的方式为笔试,一般要求测试外语、专业基础课和专业课三门科目,主要考查考生是否具备广博的基础知识和精深的专业知识;复试的方式为面试,主要是对考生学术水平、思想品德素质,尤其是对学术研究态度、学术研究兴趣、研究创新能力与发展潜能等综合素质进行全面考核。"⑤

不同学者对招生制度的内涵有不同的诠释,虽然他们的观点存在差异,但是他们均认为招生制度涵盖招生政策、选拔方式、招生考试及录取方式等。本研究认为,招生制度作为一种重要的制度形式,在不同的国家有不同的体现,在我国主要包括初试和复试两个段制,注重对学生知识基础和创新能力的考查。

(三) 研究生招生制度的内涵

"我国研究生招生制度产生于近代,它是在被动回应西方文明冲击的过程中,通过模仿、借鉴及其后多次的理念演化、体制转换而形成的。"⑥"研究生招生制度就是在招生管理系统中形成的关于研究生招生工作的各项规则的总称,包括报名、考试、录取各个环节中国家制定的各项政策、规定、细则、指导意见和学校颁布实施的招生办法和各类要求。"⑦"研究生招生制度可以从环节、层次两个角度来看其具体构成:从研究生招生制度流程分类,主要包括招生计划管理制度、报名注册制度、考试制度、录取制度等;从层次结构来看,包括政府制定的招生政策和考试法规及管理办法,也包括学校制定的相关招生章程、要求和办法。"⑧

研究生招生制度是招生工作中的各项规则,从流程和层次结构两方面可以作不同的

---

① 汪洪涛. 制度经济学:制度及制度变迁性质解释[M]. 上海:复旦大学出版社,2009:4.
② 汪洪涛. 制度经济学:制度及制度变迁性质解释[M]. 上海:复旦大学出版社,2009:4.
③ 唐滢. 美国高校招生考试制度研究[J]. 武汉:华中师范大学出版社,2007:3.
④ 陈敏. 中外高校招生制度比较研究[J]. 教育发展研究,2004(12):60.
⑤ 董泽芳. 关于博士生招生制度改革之我见[J]. 华中师范大学学报(人文社会科学版),2014,53(6):157.
⑥ 李红. 晚清高等教育考试制度近代化:演进、特点和启示[J]. 现代教育论丛,2008(3):57-61.
⑦ 孟洁. 中国研究生招生制度变革研究[D]. 上海:华东师范大学,2009:6.
⑧ 孟洁,史健勇. 中国研究生招生制度变革研究[M]. 北京:中国政法大学出版社,2012:8.

划分。从纵向来看,区别于本科招生制度和高中招生制度,它具有高层次、学术性、精深度和应用性等特征,是国家培养创新型人才的重要环节。

二、研究生招生录取方式对创新型人才培养的影响

许多人误以为研究生的招生录取方式会阻碍创新型人才的培养,不利于锻造研究生的创新型思维和创新型人格,扼杀其自由思考的心灵。实际上,良好的研究生招生录取方式不但不会妨碍研究生创新型人才的培养,反而会促进研究生的发展和为创新型国家储备大量卓越的人才。

考试对创新型人才的培养有至关重要的作用。首先,通过考试,教师能够明晰学生的知识盲点和不足,从而调整教学方法和改变教学模式,提升教学质量,促进学生的进步。学生则能够通过考试知道自己的优势和劣势,进而采取相应的策略,提高学习的效率和效果。其次,考试必定会有等级,这能够使学生有适度的压力和学习目标,激发其成就动机,给他们"提供一种熟悉而又相当稳定的形式,使人能将生活目的寓于其中"[①]。最后,考试是筛选创新型人才的重要手段,通过考试能够将不同能力和水平的学生进行合理的分层,使他们得到不同的教育,满足国家对不同层次和类型的人才需求。

科学的录取方式有利于创新型人才的选拔。就目前来看,研究生的录取主要通过初试和复试,然后确定其权重,按照成绩高低择优录取。在此过程中,初试过多偏重于死记硬背,面试走"形式"的情况屡见不鲜,导致很难选拔出优秀的和具有较大潜力的学生。这种录取方式完全违背科学的精神,也不利于创新型人才的选拔。改变研究生的录取方式,应该在初试之时,侧重于批判性思维的考察,对于那些具有真知灼见的考生,即使他们的某些科目成绩不甚理想,也可以放宽录取条件。在面试阶段,科学和合理地设计面试的题目及形成创新型人才评价的指标体系,注重对学生科研经历、反思和对某些学术观点的意见等进行考查。总之,目前研究生的录取方式存在诸多问题,只有真正的以创新型人才的选拔为指针,才能够将有学术潜力的学生筛选出来并实施个性化培养,从而促进学生创新能力的提高和整个民族创造能力的发展。

三、全面改革研究生招生录取方式,为培养创新型人才输送优质生源

当前,我国研究生招生制度存在诸多弊端,例如:过分强调分数,评价技术落后,监督机制缺乏。针对这些问题,应采取相应的措施,全面改革研究生招生录取方式,使研究生招生在科学、公正、合理和阳光下进行,从而为创新型人才培养输送优质生源。

(一) 研究生招生制度的弊端分析

以往我国研究生招生制度存在诸多弊端,影响创新型人才培养,具体表现在以下几个方面。

1. 过分强调分数

研究生招生制度在对人才的选拔上主要还是针对考试成绩划取分数线,分数作为评

---

① 程志伟.创新型人才培养与高校考试改革[J].现代教育管理,2005(5):25-26.

价考生能否接受研究生教育的主要手段。

研究生招生制度过分看重考试成绩,虽然有利于对学生进行评定,但是这种简单的操作技术不利于拔尖创新人才的甄别与选拔,具体问题主要有两个方面:第一,研究生的录取以分数为核心,这种选拔人才的方式有一定的合理性,但是却剥夺了导师的自主权,"导师只能按照计划依据考分择人,无法根据导师的意愿和考生素质择优,想招的学生招不进,不想招的却必须招,招生的自主性大大降低"①。第二,按照考试成绩的高低择优录取,这种唯分数的理念易于操作,不过对拔尖创新人才的选拔是失效的,因为创新人才强调创造性思维和创造性人格,这些很难由分数的高低来体现。学生在考试中获得高分,只能说明他具有极强的应试能力,却并不代表他的创新能力很强。

2. 评价技术落后

研究生招生制度中评价技术落后主要体现在以下几个方面:① 招生单位将选出合格的研究生设定为它们的目标,而忽视创新型人才的选拔;② 学者、高校、政府部门和企业等对"研究生创新型人才是什么"有不同的看法,彼此之间争论不休,难以达成一致;③ 随着大国之间角逐的日趋激烈,我国政府逐渐意识到培养创新型人才的重要性,但是研究生创新型人才的概念模糊不清,限制了评价技术的发展;④ 由于不同学科的知识属性不同,所以应开发出适应不同学科的评价技术,然而不少学科共同体内部缺少统一的规范,导致科学合理的评价技术很难产生。

3. 监督机制缺乏

招生过程中监督机制缺乏,意指在赋予导师权利的同时没有对责任进行限定并建立完善的监控机制,"没有形成导师组集体把关、集体讨论、集体负责的良性制度安排"②。这样的后果就是在研究生招生过程中极易形成暗箱操作,使有学术潜质的学生无法依靠合理的机制被筛选出来,而那些资质平庸但背景强大的学生则进入研究生的培养环节,给学校、国家及社会的健康发展都带来不利的影响。

另外,值得注意的是,选拔研究生创新型人才,对研究生导师的能力有较高的要求,目前的危机不在于创新型人才的缺失,而在于研究生导师创新能力不足,难以识别真正卓越的学生。

(二)破解招生制度的藩篱,培养创新型人才

破解招生制度的藩篱,培养创新型人才,需要做到以下三点:第一,摒弃"唯分数论"的价值观,采取多元评价的形式;第二,改进评价技术,提高评价的绩效;第三,完善监督机制,提高研究生导师的素质。

1. 摒弃"唯分数论"的价值观,采取多元评价的形式

现阶段,研究生招生制度过于看重学生的成绩,忽视其创新潜质和学术热情。为此,应摒弃"唯分数论"的价值观,采取多元评价的形式:① 多元评价的前提是公正,对所有考生,不论其家庭背景、生源状况和性别等,一视同仁,使他们在初试、复试及录取的过程中都受到公正和平等的对待,保障他们的合法权益。② 多元评价的核心是科学,创新型人

---

① 董泽芳. 关于博士生招生制度改革之我见[J]. 华中师范大学学报(人文社会科学版),2014,53(6):158.
② 董泽芳. 关于博士生招生制度改革之我见[J]. 华中师范大学学报(人文社会科学版),2014,53(6):158.

才的主要特质是创造性思维与创造性人格,这两项特质就决定了仅仅依靠考试成绩是无法选拔出创造型人才的,坚持科学性的原则,就应该在筛选创新型人才的时候,既关注考生的考试成绩,又强调他们的创造性思维和创造性人格的彰显,在选拔标准的确定时,遵循科学合理的逻辑,即使有的学生某些科目的成绩低一些,也可以适当放宽,录取具有创造性人格和创造性思维的人才,提高研究生教育的质量,为建设创新型国家做出贡献。

2. 改进评价技术,提高评价的绩效

"招生制度改革和完善的要义就是建立对研究生知识结构、基本能力和创新潜质的综合评价方法和手段,科学选材,做到真正有利于创新人才脱颖而出。"①评价技术的开发是当前选拔创新型人才面临的难点,为了解决评价技术开发的问题,应坚持的原则是:① 借鉴西方发达国家有关评价技术的理念、方法等,在此基础上,根据我国的文化特性和学校自身的传统及惯例,形成独具中国特色的评价指标;② 尊重学者的主体地位和学术委员会行使学术权力的准则,召集相关领域的专家,全策全力,开发及完善不同学科的评价技术,而不是行政权力挤压学术权力,完全"拍脑袋"决策;③ 在评价技术开发及实施的过程中,要有经费及政策支持,应加大资金投入,完善相关政策,促进评价技术的落地,真正选拔出创新型人才。

3. 完善监督机制,提高研究生导师的素质

扩大导师在招生选拔过程中的自主权,但是权利与责任的不对等,也极容易造成导师因人情与录取权力过大而滋生腐败,降低学术声誉。因此,应该完善监督机制,在扩大导师权利的同时,也让他们承担更多的责任,加强监管,在初试和复试等环节发挥导师组的重要作用,学校层面派出监管小组,确保研究生招生的整个流程都在阳光下进行,防止学术腐败和损害考生的合法权益,阻碍创新型人才的选拔。另外,研究生创新型人才选拔的关键在于研究生导师,他们能力的高低直接决定了能否甄别和筛选创新型人才。因此,应提高研究生导师的素质,完善有关研究生导师的考核机制,淘汰不合格的导师,整顿研究生导师队伍,为创新型人才的选拔打下坚实的基础。

第二节　研究生课程学习与创新型人才培养

美国科学史学家库恩(Kunn)认为,知识的发展并不仅仅是一个简单、自然、直线的累积过程,而是存在一种整个知识"范式"经由危机阶段而彻底革新的转变,这一转变使旧的知识"范式"全部或部分为新的知识"范式"所取代。库恩还进一步指出:"很难想象如果对自然界的信念没有破坏性的转变,新理论怎么能崛起并为大家所接受。"②从旧的知识"范式"全部或者部分转变为新的知识"范式",需要依赖于创新型人才的培养,而人才培养的关键在于研究生课程的学习。从目前来看,知识生产已经从模式Ⅰ进入模式Ⅱ,研究生课程的学习正在逐渐从学术的逻辑转向应用情境,从封闭走向开放,从单一走向多元,利益相关者逐渐增多,他们加快了对研究生课程设置的争夺。在此背景下,研究生课程的变革

① 孟洁,史健勇.中国研究生招生制度变革研究[M].北京:中国政法大学出版社,2012:207.
② 托马斯·库恩.科学革命的结构[M].北京:北京大学出版社,2003:90.

既面临挑战又面临机遇,有必要从知识生产模式Ⅱ出发,提高研究生创新型人才培养的实效。

一、研究生课程的内涵

从词源的角度来看,研究生课程的起点是"课程",终点是"研究生",有必要对"课程"一词的内涵进行梳理,从而明确研究生课程的含义。

(一) 课程的内涵

"课程"一词在我国最早产生于唐宋时期,唐朝孔颖达为《诗经·小雅·小弁》中"奕奕寝庙,君子作之"一句注疏:"维护课程,必君子监之,乃依法制。"[1]在《朱子全书·论学》中曾多次提到这一词语,其含义是指功课及其进程[2]。在中国,有学者认为课程是"一种预期教育结果的重新结构化序列"[3];课程是"人的学习生命存在及其优化活动"[4];课程是"一种发展资源"[5];课程是"育人的媒体";"课程即过程"[6];等等。潘懋元认为,"课程是指学校按照一定的教育目的所建构的各种教育教学活动的系统"[7]。

在西方,"课程"一词最早出现于英国教育家斯宾塞(H. Spencer)《什么知识最有价值》(*What Knowledge is of Most Worth*)一文中。课程是"学习者在学校指导下所学得的全部经验"[8];课程是"一种预期学习结果的结构化序列"[9];课程是一种文化发展与创造的过程,是师生共同参与的探究活动中意义、精神、经验、观念、能力的生成过程[10]。麦克尼尔(McNeil)建议四种不同的课程概念,包括人文主义的、科技的、学科的和社会重建取向的。一般说来,支持人文主义课程的人员,倾向于接受课程作为经验的定义;赞同科技取向的人员,则会认同课程作为计划及目标的定义;拥护学科课程取向的人员,会较为接纳课程作为学科的定义;至于赞同社会重建取向的人,他们强调课程是"社会重建的议程",认为课程设计不应是规限性(prescriptive)的,而是具有使命感(missionary)的,即课程能促进及导致社会变革[11]。

总之,"课程"的内涵非常丰富,不同的学者有不同的观点,有的学者将课程视为一种经验,有的学者将课程看作一种文本,有的学者则将课程定义为一种计划。"这些定义又可归为不同类型,其中集中了较多的课程,具体定义的类型就至少有如下六种:一是科目说,即把课程的基本内涵界定为教学科目;二是计划说,即课程是一种系统的学习计划;三是活动或经验说,即把课程的基本内涵界定为学习活动或学习经验;四是教学内容说,即

① 袁长蓉. 中美护理专业研究生课程设置的比较研究[D]. 上海:第二军医大学,2006:32.
② 陈侠. 课程论[M]. 北京:人民教育出版社,1989:12-13.
③ 黄甫全. 课程本质新探[J]. 教育理论与实践,1996(1):21-25.
④ 黄甫全. 学习化课程刍论:文化哲学的观点[J]. 北京大学教育评论,2003(4):90-95.
⑤ 陈佑清. 课程即发展资源——对课程本质理解的一个新视角[J]. 课程·教材·教法,2003(11):10-14.
⑥ 许锋华,岳伟. 课程即过程——关于过程课程观内涵的诠释[J]. 教育理论与实践,2008(1):53-56.
⑦ 潘懋元,王伟廉. 高等教育学[M]. 福州:福建教育出版社,2001:134.
⑧ 江山野. 简明国际教育百科全书·课程[M]. 北京:教育科学出版社,1991:65.
⑨ M. Johnson. Definitions and Models in Curriculum Theory[J]. Educational Theory, 1967, 17(2): 130.
⑩ 小威廉姆·E. 多尔. 后现代课程观[M]. 北京:教育科学出版社,2000:229-261.
⑪ 李子建,黄显华. 课程:范式、取向和设计(第2版)[M]. 香港:香港中文大学出版社,1996:8.

把课程的基本内涵界定为教学内容;五是预期结果说,即把课程的基本内涵界定为学习的预期结果;六是文化再生产说,即把课程的基本内涵界定为文化的再生产。"①

虽然课程的内涵十分丰富,要界定出一个让所有人满意的含义是相当困难的;但是综合已有的研究,本研究认为课程是研究生教育的基础,为学生提供一种文化体验,使他们在此过程中培养批判性思维、参与社会实践活动,为他们一生的持续发展奠定良好的基础。

(二) 研究生课程的内涵

关于"研究生课程"内涵的研究并不多见,有少数研究者对它的含义进行了探索。比如范诗武认为,"研究生课程即研究生教育课程,是指本科后为受教育者提供的一系列的培养研究能力为主旨的专业学习机会"②。

研究生课程的类型可以划分为:① 理论课程与实践课程,或称学科课程与活动课程;② 分科科学与综合课程;③ 基础课程,专业课程和跨专业(或学科)课程;④ 必修课程与选修课程;⑤ 学位课程与非学位课程,主修课程与副修课程;⑥ 显性课程与隐性课程;⑦ 人文课程与科学课程;⑧ 适应性课程与创新性课程;⑨ 系统课程与权变课程③。

从前面对"研究生课程"内涵的界定可以看出,研究生课程的核心在于:第一,本科后为受教育者提供的专业学习机会,突出了研究生课程区别于其他层次课程的独特性④;第二,创新能力的提升是研究生课程努力的方向和长远的目标。

二、研究生课程学习的理论基础

本文以迈克尔·吉本斯(Michael Gibbons)等人的知识生产模式理论为指导,研究研究生课程学习与创新型人才培养。

迈克尔·吉本斯等人在 1994 年《知识生产的新模式:当代社会科学与研究的动力学》(*The New Production of Knowledge：The Dynamics of Science and Research in Contemporary Societies*)中提出了"模式Ⅱ"概念⑤,他们认为传统的以理论独尊、试验性科学、学科内部驱动、以大学为核心的知识生产模式(即模式Ⅰ),正在被新知识生产范式(即模式Ⅱ)所取代⑥。

模式Ⅱ使用的术语主要是知识(knowledge)和从业者(practitioners)。模式Ⅱ中,"知识处理则是在一种应用的情境中进行的"⑦。其属性主要有:跨学科(transdisciplinarity),或译为超学科的,非等级化的、异质性的(heterarchical)和多变的,承担更多的社会责任,更加具有反思性(reflexive)。"模式Ⅱ涵盖了范围更广的、临时性的、混杂的从业者,他们

---

① 丁念金.课程内涵之探讨[J].全球教育展望,2012(5):8.
② 范诗武.研究生课程建设——基于概念比较的思考[D].金华:浙江师范大学,2003:13-14.
③ 范诗武.研究生课程建设——基于概念比较的思考[D].金华:浙江师范大学,2003:14-17.
④ 罗尧成.研究生教育课程体系研究[M].广州:广东高等教育出版社,2010:20.
⑤ Michael Gibbons, et al. The New Production of Knowledge：The Dynamics of Science and Research in Contemporary Societies[M]. London：Sage Publications,1994:179.
⑥ 王志玲.知识生产模式Ⅱ对我国研究型大学优势学科培育的启示[J].中国高教研究,2013(3):47.
⑦ 迈克尔·吉本斯,等.知识生产的新模式:当代社会科学与研究的动力学[M].北京:北京大学出版社,2011:3.

在一些由特定的、本土的语境所定义的问题上进行合作。"①

就应用情境中的知识生产而言，"模式Ⅱ是围绕一项特定的应用而组织的问题处理"②。这种知识更加强调在应用的情境中生产，存在许多利益相关者，如工业界、政府和个人等，并且利益相关者之间不断协商和谈判，相互妥协，最后满足他们的利益。

就跨学科而言，在模式Ⅱ中，"知识探究由具有相关恰当的认知实践和社会实践的、可以指明的共识所引导"③。跨学科性有四个明显的特点：① 跨学科性建立起一个独特但又不断发展的框架来引导问题的解决；② 因为问题的解决同时包含实践和理论两方面的要素，因而不可否认它对知识的贡献，尽管不一定是对学科知识的贡献；③ 与模式Ⅰ中知识生产的成果通过体制上的渠道进行传播所不同的是，在模式Ⅱ中，成果传播给那些参与到生产过程中的人，从某种意义上来说，成果的传播起初在其生产过程中就已经实现了；④ 跨学科性是动态的，它是在过程中解决问题的能力④。

从异质性与组织多样性来看，模式Ⅱ有如下特点⑤。

（1）可能进行知识创造的场所（sites）的数量大大增加；不再仅仅只有大学和学院，还有非大学的机构、研究中心、政府的专业部门、企业的实验室、智囊团、咨询机构共同参与其中。

（2）经由功能性的沟通网络，不同的场所之间的联系方式是多样的，有电子的、组织的、社会的和非正式的。

（3）在这些场所，研究领域同时向越来越细分的专业变异。模式Ⅱ中研究团队的组织更少以稳固制度化的方式呈现；参与者加入暂时性的工作团队和网络中，而这种团队和网络在问题得到解决或重新定义之后即解散。

从社会问责与反思性来看，"不断增多的利益集团或者叫作关系集团，要求在政策议程设置以及随后的决策程序中有他们的代表"⑥。"在模式Ⅱ中工作使得所有的参与者变得更加会自我反思，这是因为引发研究的问题难以仅仅用科学和技术术语来回答，而为解决这些问题所进行的研究必须包括不同的可供选择的解决方案，而这与不同的个人及团体的价值观及喜好相关，这些个人和团体从传统上看是处在科学和技术体系之外的"⑦。

三、知识生产模式Ⅱ下研究生课程的挑战

知识生产模式Ⅱ下研究生课程面临的挑战主要有：学术的逻辑与应用的逻辑的冲突，封闭性与跨学科性的矛盾，学术共同体与更多利益集团的冲突。下面将分别对它们进行阐释。

① 迈克尔·吉本斯,等.知识生产的新模式 当代社会科学与研究的动力学[M].北京:北京大学出版社,2011:3.
② 迈克尔·吉本斯,等.知识生产的新模式 当代社会科学与研究的动力学[M].北京:北京大学出版社,2011:3.
③ 迈克尔·吉本斯,等.知识生产的新模式 当代社会科学与研究的动力学[M].北京:北京大学出版社,2011:4.
④ 迈克尔·吉本斯,等.知识生产的新模式 当代社会科学与研究的动力学[M].北京:北京大学出版社,2011:5.
⑤ 迈克尔·吉本斯,等.知识生产的新模式 当代社会科学与研究的动力学[M].北京:北京大学出版社,2011:6.
⑥ 迈克尔·吉本斯,等.知识生产的新模式 当代社会科学与研究的动力学[M].北京:北京大学出版社,2011:7.
⑦ 迈克尔·吉本斯,等.知识生产的新模式 当代社会科学与研究的动力学[M].北京:北京大学出版社,2011:7.

（一）学术的逻辑与应用的逻辑的冲突

当前的研究生课程，无论是专业学位研究生课程还是学术学位研究生课程，均强调提升研究生的创新能力，遵循学术的逻辑。在知识生产模式Ⅱ下，知识的生产是更大范围的多种因素作用的结果，这种知识希望对工业、政府，或更广泛地对社会中的某些人有用，而这种需求从知识生产的开始就一直存在。知识生产模式Ⅱ要回应来自工业、政府和个人的诉求，知识生产的目的不再只是发展学科和增进知识，而是服务社会，促进社会的发展。

研究生课程学术的逻辑与应用情境存在冲突，学术的逻辑更多地停留在模式Ⅰ阶段，关注知识的创新和学术共同体对学科的发展等，较少关心社会的压力与承担更多的责任。应对研究生课程的目标、组织、实施及评价等进行变革，既遵循学术的逻辑，又在应用的情境中生产知识，加强与工业界和政府的联系。

（二）封闭性与跨学科性的矛盾

模式Ⅱ并不只是集合各个领域的专家组成团队，在一个基于应用的复杂环境中工作。模式Ⅱ具有跨学科性，跨学科性是动态的，它是在过程中解决问题的能力。发现存在于任何特定学科的限制之外，而参与者不需要回归到学科之中寻求确认。封闭性指的是，知识的生产与应用是在学科内部进行的，学科之间的互动与交叉很少产生，学科之间的壁垒森严，不同学科的研究者之间几乎很少交流与合作。

研究生课程的封闭性体现在课程内容按照学科内部成熟的知识体系进行组织，而且在学科内部形成比较固定的教学模式。这样一种现状无法满足跨学科的要求，应对研究生课程进行改革，从封闭性走向开放性与包容性，加强不同学科之间的交叉与融合，形成以研究问题为主题的知识串，将不同学科的知识纳入课程体系中，不同学科的研究者加强合作与沟通，促进知识在跨学科范围内流动，提高学生的批判能力、反思能力、应用能力和创造能力等。

（三）学术共同体与更多利益集团的冲突

按照传统模式的逻辑，研究生课程的质量控制牢牢掌控在学术共同体的手中，然而随着高校日益成为社会的中心，这种传统的模式已经无法满足社会的需求。越来越多的利益集团加入对研究生课程的质量控制的行列中，他们要求对其质量进行评价和问责。

学术共同体与更多利益集团产生严重的冲突，在此过程中，应采取的策略是：学术共同体加强反思，回应利益相关者要求对研究生课程质量进行控制的诉求，同市场、政府和捐赠者等进行协商，坚守自己立场的同时，满足他们的利益需求，采取多元的评价手段，这样才有可能赢得更多资源的支持，促进研究生课程的改革和学生的全面发展。

四、知识生产模式Ⅱ下研究生课程的变革与创新型人才的培养

加州大学伯克利分校教授保罗·罗默提出了"新知识是经济增长动力、科技优先的新增长理论"，即在知识社会，新思想、新知识、新技术不但是组成生产力的因素之一，而且是促进生产力发展的最重要因素[①]。德国人类学家 M. 兰德曼（Michael Landmann）曾说过，

---

① 卢继传.知识是经济增长的动力[C]//知识经济文献及案例选编.北京:中国科学与科技政策研究会,1999.

如果人有某种不可改变的东西的话,那么这个东西就是人的创新本性①。德国哲学家卡西尔(Ernst Cassirer)也指出,自发性和创造性是"一切人类活动的核心所在。它是人的最高力量,是我们人类世界与自然界的天然分界线"②。依据人本主义心理学观点,人的最高层次的需求是"自我实现",而由"创新"给人带来的高峰体验正是人的"自我实现的短暂时刻"③。此外,研究生教育学理论体系中最常见、最普遍、最基本的④概念就是"学习和创造知识"。

随着知识生产模式的转换,创新已经不只是局限于发展学科知识,更多体现在运用知识和促进成果转化等方面,由此带来了理念的发展与课程的革新。

(一)学术与应用的整合

研究生课程的改革应坚持学术与应用的统一。就研究生课程的学术性而言,应做到以下几点:

1."一个学科点的课程设置应形成一定的体系,这个体系主要由基本理论、基础知识、工具性课程和学术史课程等几个课程板块构成,应通过课程的板块结构反映出人才培养中的学科体系和学科特色"⑤,由基本理论、基础知识、工具性课程和学术史课程等几个课程板块构成体系,既体现了"全面、系统"的专业知识要求,更要反映"专深、前沿"的整体功能特性,实现培养创新型人才的宏伟目标。

2.以培养学生的研究能力为指导思想,重新选择和组织课程内容,优化课程结构,"坚守学术探究性的课程体系开发本质论、建构主义的课程体系架构知识论以及课程审议的课程体系开发方法论将有助于形成符合学科专业特点以及切合研究生个体需要的研究生教育课程体系,进而为研究生创新知识结构的形成提供有效保障"⑥。

3.研讨课在培养学术性人才中一直发挥着重要的作用,在研究生课程中,应该提高研讨课的比重,促进师生互动,使学生在自主探索的过程中,不断发展他们的审辩式思维。

4.发挥"第二课堂"的重要作用,研究生的学习更多是在课外完成的,应引导学生提高自学能力,浙江大学原校长杨卫院士曾指出,在美国的博士生培养过程中,学生会感到很强的外界压力,压力的一个重要来源就是课程学习,美国的课程学习要求非常严,一个学期尽全力也只能上4门课,压力却非常大,完成作业非常费时。⑦

5.根据不同学科特点,实施以研究为主导的教学方式改革,如文科教学中可通过论文写作以科研带动教学,在两者的互动中提高研究生的综合能力⑧。"在工科教学中通过项目设计来加强对课程的科研训练。教学过程中适度引入项目教学,发挥真实问题在培养科研创新能力中的综合作用,其工作量比通常的'做习题'要大得多;且以创造性的智力

---

①　米夏埃尔·兰德曼.哲学人类学[M].上海:上海译文出版社,1988:288.
②　恩斯特·卡西尔.人论[M].上海:上海译文出版社,1985:279.
③　彭运石.走向生命的巅峰——马斯洛的人本主义心理学[M].武汉:湖北教育出版社,1999:187.
④　薛天祥.科学方法论与《研究生教育学》理论体系研究[J].江苏高教,2004(6):20-24.
⑤　林文勋.科研创新两题[J].学位与研究生教育,2009(12):1-4.
⑥　罗尧成.论研究生课程学习与科研训练整合的三个维度[J].学位与研究生教育,2010(11):60.
⑦　杨卫.营造研究生教育的创新环境[J].学位与研究生教育,2005(1):3-6.
⑧　吴秀明,戴燕.文科人才培养规格与本、硕、博关系的处理[J].学位与研究生教育,2005(9):27-31.

活动为核心和依靠,这已被实践证明是行之有效的创新型人才培养之路"①。

就研究生课程的应用性而言,应注意的是:① 以提升学生的应用能力为核心,加大案例教学在课堂教学中的比重;② 从利益相关者的视阈出发,大学与政府、研究所和企业等展开广泛的合作,聘任校外导师,大学教师和政府人员及企业主管等共同为学生上课,提高他们应用知识的能力;③ 扩展课程结构,增加实习类课程,让学生有机会到企业、非营利机构和政府部门实习,拓展学生的视野,使其理论与实践相结合,优化其知识结构,增加其实践知识。

在知识生产模式转变的背景下,单方面强调学术与应用都不合时宜,应尝试将二者整合,不是简单拼凑,而是高度融合,发挥合力作用,共同促进研究生的成长和进步。

(二) 从封闭走向开放

研究生课程应从封闭走向开放,具体应做到:① 课程体系的设置应注重突出专业前沿课程、研究方法课程以及跨学科课程等课程类型,与此同时,在所有课程内容中渗透前沿的要求、方法的意识,以及跨学科的视角,有时比单纯设置专门性课程的效果会更好;② 对研究生课程进行重新整合,形成以问题为主题的知识串;③ 每一类研究生课程都应具有跨学科性,形成以跨学科为主导的课程体系,正如哈佛大学的学术院长吉川裕和对"课程"的解释:"我们将提供一个基于社会学、艺术学、人类学、数据分析、教育实践和政策等领域的丰富的课程体系,新项目每个研究方向都将设置基础的核心课程和必修的方法论课程,课程体系是跨学科的。"②这样做有利于"既加深了学生对本学科领域问题的认识,又掌握了其他学科的研究方法与专业知识,极大地促进了多学科研究"③,这是提高研究生培养质量的有力手段。

(三) 坚持利益相关者视角下的质量控制

研究生课程的改革应遵循利益相关者视角下的质量控制,具体应做到:① 研究生课程的目标指向是创新,旨在提高学生的研究能力,包括基础研究、应用研究和开发研究等,研究生课程应致力于提高学生的研究能力,大学应开发不同的课程评价体系,使学生多元发展;② 政府机构一般很难直接对研究生课程的质量进行控制,但是在知识生产模式Ⅱ下,政府部门要求大学迅速地将知识与工业界相结合,提高成果的转化率,促进生产力的发展,在这样的背景下,政府部门有必要为研究生课程的目标提出新的要求并反映到课程评价中;③ 企业作为市场的主体,在面对日益激烈的国际竞争时向大学提出越来越多的要求,企业提高核心竞争力的关键是自主创新,引领市场,从而位居市场的顶端,企业和大学应联合开发课程并对课程质量进行控制,提高研究生的创新能力。

---

① 罗尧成. 论研究生课程学习与科研训练整合的三个维度[J]. 学位与研究生教育,2010(11):60-61.

② Hiro Yoshikawa. Ph. D. in Education Approved[EB/OL]. http://www.gse.har-vard.edu/news/12/03/phd-education-approved,2017-07-15.

③ 魏玉梅. 美国教育学博士研究生培养的"跨学科"特色及其启示[J]. 外国教育研究,2016,43(3):48.

第三节　研究生导师指导与创新型人才培养

袁本涛等人通过调查样本学校后指出："由于近年来研究生教育规模扩张速度大大超过研究生导师队伍扩张速度,研究生生师比逐级攀高,研究生导师负担不断加重,从而严重制约了导师指导质量,影响研究生创新能力的培养。"①研究生导师指导对培养创新型人才有重要的影响,有必要提高导师的指导质量,提升研究生的创新能力,从而为建设创新型强国奠定坚实的基础。

一、研究生导师指导的职责及类型

本研究从导师指导的职责及类型入手,阐述研究生导师的职责。

(一)导师指导的职责及类型

对导师指导的职责及类型进行分析,有利于深入理解研究生导师的职责。

1. 导师指导的职责

对于现阶段研究生导师的指导职责,教育部出台了相应的文件。2013 年,教育部颁布《关于深化研究生教育改革的意见》,提出研究生导师的三大指导职责:对研究生进行学科前沿引导、对研究生进行科研方法的指导、对研究生进行学术规范的教导②。

研究生与本科生的一个主要区别是导师与研究生之间基本上是通过小组例会或"单线联系",类似于师傅带徒弟的模式③。

2. 导师指导的类型

2007 年开展的全国规模的培养质量调查工作使用了"导师指导"一词,它是指博士生在学期间,导师与学生之间教学、科研以及道德修养培养等方面影响过程的总称④。

吴价宝(2002)和伯恩(Burn)等(1999)将导师的指导分为严格控制型、目标管理型和放任自流型⑤。加菲尔德(Gatfield)(2005)按照导师的人际支持和结构化指导的高低将导师指导风格分为放任型、指令型、精神型和契约型四类⑥。伯恩等(1999)提出了导师的三种指导倾向:专业导向、人际导向、论文导向。专业导向的导师将指导看成是一种进入学术生涯的学徒生活,论文导向的导师专注于帮助学生更高效地产出学术论文,而个人导

---

①　袁本涛,延建林. 我国研究生创新能力现状及其影响因素分析——基于三次研究生教育质量调查的结果[J]. 北京大学教育评论,2009,7(2):12-20.

②　教育部国家发展改革委财政部关于深化研究生教育改革的意见[EB/OL]. http://www. moe. edu. cn/publicfiles/business/htmlfiles/moe/A22_zcwj/201307/154118. html, 2017-07-15.

③　袁驷. 从学生到导师[J]. 学位与研究生教育,2001(10):5-7.

④　宋晓平,梅红. 博士生培养过程中师生互动关系研究[J]. 中国高教研究,2012(8):50.

⑤　Burns, R. , R. Lamm, et al. Orientations to Higher Degree Supervision: A Study of Supervisors and Students in Education[J]. Supervision of Postgraduate Research in Education, 1999:55-74.

⑥　Gatfield, T.. An Investigation into PhD Supervisory Management Styles: Development of a Dynamic Conceptual Model and Its Managerial Implications[J]. Journal of Higher Education Policy and Management, 2005, 27(3): 311-325.

向的导师则把注意力放在关注学生整个人上面①。

刘云枫和姚振瑀将导师的支持行为分为提出清晰目标、想法上支持和工作上支持三类②。克里斯普与克鲁斯(Crisp & Cruz)以理论综述为基础提出了针对大学生的四种导师支持行为,分别是心理和情绪支持、目标和职业道路支持、学术知识支持、角色榜样③。帕格里斯(Paglis)等分析了导师对学生的职业和心理支持对学生毕业后职业发展的影响④,奥弗罗尔(Overall)等将导师行为分为学术、个人和自主三类支持⑤。

总之,学者们提出了许多的导师指导行为的分类,但"基本可以总结为导师对学生精神、知识、资源和自主方面的支持和导师对学生的监督控制与管理"⑥。而且这些研究存在的问题是:"这些指导行为的研究大多停留在理论模型,或者没有将导师的支持与监管两种行为连接在一起,此外,导师指导风格研究中,学者们将导师的支持行为予以细化,解构了导师的支持行为。"⑦

(二) 研究生导师的职责

朱九思、姚启和在《高等教育辞典》中这样定义"研究生导师":"研究生导师,全称研究生指导教师。负责指导研究生进行课程学习、科学研究与学位论文撰写的教师或科研人员。通常由教授、副教授或具有其他高级学术(技术)职称的人员担任。"⑧孙义隧在《研究生教育辞典》中提道:"根据研究生培养工作的需要,高校除已有的研究生导师外,还可以聘用兼职导师。研究生导师的职责包括引导研究生了解和掌握本学科的最新研究成果和最新学术发展动态,指导研究生学位论文的选题与撰写,不断探索和掌握研究生培养工作的规律等。"⑨

2013 年,教育部、国家发展改革委员会、财政部下发的《关于深化研究生教育改革的意见》也提出:"导师是研究生培养的第一责任人,负有对研究生进行学科前沿引导、科研方法指导和学术规范教导的责任。"⑩由于研究生教育的特殊性,研究生导师岗位也有其特点,主要包括:① 研究生导师职责的特殊性。研究生导师的指导对于培养创新型人才有重要的作用,这就要求研究生导师自身不仅要具备广博的专业知识、精湛的业务能力,更要有强烈的创新意识与责任感,同时要善于指导研究生改变过于常规老套的思维方式

① Burns, R., R. Lamm, et al. Orientations to Higher Degree Supervision: A Study of Supervisors and Students in Education[J]. Supervision of Postgraduate Research in Education, 1999: 55 - 74.
② 刘云枫,姚振瑀. 导师支持行为对研究生创造力的影响[J]. 情报杂志,2010,29(S1):6 - 9.
③ Crisp, G,I. Cruz. Mentoring College Students: A Critical Review of the Literature between 1990 and 2007[J]. Research in Higher Education, 2009, 50(6): 525 - 545.
④ Paglis, L. L., S. G. Green, et al. Does Adviser Mentoring Add Value? A Longitudinal Study of Mentoring and Doctoral Student Outcomes[J]. Research in Higher Education, 2006, 47(4): 451 - 476.
⑤ Overall, N. C.,K. L. Deane, et al. Promoting Doctoral Students' Research Self-Efficacy: Combining Academic Guidance with Autonomy Support[J]. Higher Education Research & Development, 2011, 30(6): 791 - 805.
⑥ 王茜. 导师指导风格对研究生创造力的影响研究[D]. 合肥:中国科学技术大学,2013:25.
⑦ 王茜. 导师指导风格对研究生创造力的影响研究[D]. 合肥:中国科学技术大学,2013:26.
⑧ 朱九思,姚启和. 高等教育辞典[Z]. 武汉:湖北教育出版社,1993:68.
⑨ 孙义隧. 研究生教育辞典[M]. 南京:南京大学出版社,1995:94 - 95.
⑩ 教育部国家发展改革委财政部关于深化研究生教育改革的意见[EB/OL]. http://www. moe. edu. cn/publicfiles/business/htmlfiles/moe/A22_zcwj/201307/154118. html,2017 - 07 - 15.

和习惯①。② 师生关系的特殊性。研究生导师与学生之间基本上是小组例会或"单线联系",类似于师傅带徒弟的模式②。

二、研究生导师指导对创新型人才培养的影响的实证研究

王建康和曹健认为,导师指导行为比导师的人格特征和学术造诣对研究生的学术努力行为影响更强③。奥弗罗尔等研究发现导师支持正向影响博士生的学术自我效能④,刘云枫和姚振瑀发现导师提出清晰目标和想法上的支持正向影响学生的创造力,研究生对导师的信任在导师支付行为与研究生创造力的关系中具有部分正向调节作用⑤。

王茜认为:"导师支持型指导风格正向影响研究生创造力,导师支持型指导风格的子维度学术支持、人际支持和自主支持均正向影响研究生创造力。从导师的学术支持看,支持型导师为研究生提供必要的科研资源支持,并且积极与学生反馈沟通,在学生遇到困惑时,给予学生必要的指导。这些为研究生创新提供了坚持的基础;从导师的人际支持看,导师学生的关心和鼓励可以有效抑制个体的负面情绪和行为,使得学生以良好的心态投入科研活动中,即使遇到困难,也能够勇于克服;从导师的自主支持看,当导师采取自主性支持,鼓励学生自主探索科研方向,尊重学生自身的意见时,学生将在科研创新中产生较高的自信,并且能够提升个体独立和批判性思考的能力,进而获得高创造性。"⑥

宋晓平和梅红认为,"在师生互动影响过程中,有利于博士生科研能力、创新能力的培养,有利于博士生科研和学位论文进展的两种互动关系是:导师与博士生合作程度高,且导师在科学研究方面有一定程度的强势指导;或导师与博士生合作程度高,且在一定程度上尊重学生的观点和想法"⑦。

蒙艺通过研究认为,"学术导师领导力与研究生创造力统计相关,是正 U 型曲线关系;授权维度与创造力曲线相关,是正 U 型曲线关系;关怀维度与创造力曲线相关,是正U 型曲线关系;发展维度与创造力曲线相关,是正 U 型曲线关系;激励维度与创造力曲线相关,是正 U 型曲线关系"⑧。

通过前面许多研究者对导师指导和对研究生创造力影响的实证研究,可以发现,导师指导可以分为支持型指导和控制型指导,它们均会对研究生的创造力产生正向影响。

① 伍一军. 研究生创新思维和创新能力的培养[J]. 学位与研究生教育,2003(7):4-6.
② 袁驷. 从学生到导师[J]. 学位与研究生教育,2001(10):5-7.
③ 王建康,曹健. 导师对研究生学术努力行为影响的实证分析——以某"211 工程"高校文科硕士研究生为例[J]. 学位与研究生教育,2009(6):59-64.
④ Overall, N. C., K. L. Deane, et al. Promoting Doctoral Students' Research Self-Efficacy: Combining Academic Guidance with Autonomy Support[J]. Higher Education Research & Development, 2011, 30(6): 791-805.
⑤ 刘云枫,姚振瑀. 导师支持行为对研究生创造力的影响[J]. 情报杂志,2010,29(S1):6-9.
⑥ 王茜. 导师指导风格对研究生创造力的影响研究[D]. 合肥:中国科学技术大学,2013:73-74.
⑦ 宋晓平,梅红. 博士生培养过程中师生互动关系研究[J]. 中国高教研究,2012(8):53-54.
⑧ 蒙艺. 学术导师领导力的结构、测量及其对研究生创造力的作用机制研究[D]. 重庆:第三军医大学,2015:122-124.

三、加强研究生导师指导,培养创新型人才

加强研究生导师指导,培养创新型人才,应做到:① 引导研究生发现问题,提出问题;② 鼓励学生自由探索,加强系统学习;③ 加强对研究方法的训练;④ 严格监督,因材施教。

1. 引导研究生发现问题,提出问题

"科学研究的本质是求知创新、探索真理、发现规律,……创新是一切科学研究工作的灵魂"①。"研究生学习的核心是研究,而研究的关键是创造"②。培养研究生创新型人才的前提是导师引导研究生发现问题和提出问题,爱因斯坦曾经说过"提出问题往往比解决问题更重要"。研究生导师应加强与学生的交流及沟通,及时为他们提供学术建议,引导他们发现问题和提出问题,与此同时,应该为他们的科研创新活动提供各种资源,为他们后续的研究提供支持。

2. 鼓励学生自由探索,加强系统学习

研究从根本上说是一种活动或一个过程。"并且应当是一个系统化研究的过程,是为某一目的而收集、分析信息(资料)的系统过程"③。研究是一个系统化的过程,"为培养创新型人才,导师要善于营造质疑、问询、争辩和推动学生自由探索、独立思考、个性化判断的学习和研究氛围。要将学术争论和探讨变成教师、学生之间自觉的行为,通过探究式、讨论式、参与式等启发教学,激发学生的好奇心,帮助学生学会学习,推动学生学思结合,成为创新型人才"④。在学生遇到困难时,研究生导师应给予他们必要的关怀,鼓励他们面对挫折和克服困难,取得科研成功。

此外,研究生导师应要求学生加强系统学习,尤其注意对科研方法的掌握,为他们从事研究奠定良好的基础。

3. 加强对研究方法的训练

研究生导师"必须熟悉他们专业领域中的研究结果以及这些研究结果的得出所用到的基本方法,这是对研究生进行研究方法训练的前提。一般而言,研究生阶段通常是第一次接受正式研究方法训练的时期"⑤。

研究方法的训练和掌握是研究生从事科学研究的必经途径,作为研究生导师,自身应非常熟悉本学科所用的研究方法,在研究的过程中,运用严格和规范的研究方法来解决问题,实现理论突破或推动应用研究的前沿进展,这样能够为学生树立良好的榜样,鼓励他们用科学的方法来实现学术的目标。与此同时,研究生导师应尽早将研究生带入课题组或实验室,在研究方法上多加指导,使他们尽快熟悉和掌握研究方法,以便更好地开展研究工作。

① 曾天山.教育科研的视野与方向[M].北京:教育科学出版社,2009:2.
② 朱红胜.研究生是干什么的[J].学位与研究生教育,2008(6):4-7.
③ 威廉·维尔斯马,斯蒂芬·G.,于尔斯.教育研究方法导论[M].北京:教育科学出版社,2010:5.
④ 李丽丽,王凌皓.论先秦儒家的师生友朋思想[J].教育研究,2011(8):98-102.
⑤ 威廉·维尔斯马,斯蒂芬·G.,于尔斯.教育研究方法导论[M].北京:教育科学出版社,2010:1.

4. 严格监督，因材施教

作为研究导师，应对研究生的学业严格监督。从进校开始，研究生导师就要求研究生提交学习和研究计划，并且按照计划执行。此外，因材施教也非常有必要。研究生的背景、兴趣和志向各异，研究生导师应针对不同的学生开展不同的教育，对学术潜质巨大的学生，应提高任务的难度，使工作更具有挑战性，同时在此过程中不断地给予鼓励和支持，使他们克服困难，实现自我的突破和学业的进步；对那些学术潜力一般的学生，研究生导师应提供难度较低的研究项目，培养他们的信心，使他们在研究中获得成就感和荣誉感。

第四节　研究生科学研究、专业实践与创新型人才培养

毛泽东在 1963 年指出：“一个正确的认识，往往需要经过由物质到精神，由精神到物质，即由实践到认识，由认识到实践这样多次的反复，才能够完成。”[①]专业实践作为一种重要的实践形式，对培养创新型人才的作用不言而喻。

研究生的规模不断扩大，但是研究生的培养质量在不断下滑，令人担忧。为了推动研究生教育高质量发展，提升科学研究在研究生教育中的比重。有必要重新审视评学研究的重要性。

一、研究生科学研究、专业实践的功能与类型

在分析研究生科学研究和专业实践的时候，应对其功能和类型进行梳理和阐述，从而更好地研究它们两者与创新型人才培养的关系。

（一）研究生科学研究的功能与类型

科学研究，英文对照为“Science Research”。科学研究的本质在于对真理和知识的探究与发现，是在人文、社会和自然科学等领域进行的旨在探索真理的普遍理智创造活动[②]。美国资源委员会将“科学研究”定义为：“科学研究工作是科学领域中的检索和应用，包含对已有知识的整理、统计，对数据的搜集、整理和分析。”[③]冯坚等人认为科学研究是人类发现科学、掌握科学和应用科学唯一正确的途径，科学研究也是人类社会实践的组成部分[④]。高琴将“科学研究”定义为：在学术活动中为了增进对本专业研究领域的了解，对相关知识进行探索、整理、分析、创造和应用，分析以及解决专业领域中发现的问题，使之得到发展[⑤]。

根据研究的目的、任务和方法的不同，一般将科学研究划分为基础研究、应用研究和开发研究。按照研究目的划分，可分为探索性研究、描述性研究和解释性研究。

研究生科学研究具有发展学科知识和推进真理的重要特质，但是它与一般的科学研

---

① 毛泽东. 人的正确思想是从哪里来的[C]//毛泽东著作选读(乙种本). 北京：中国青年出版社，1965.
② 熊志翔. 欧洲高等教育质量保障模式的形成及启示[J]. 高等教育研究，2001(5)：99-103.
③ 李立莉. 科研视角下高校图书信息资料工作的发展[J]. 内蒙古财经大学学报，2014，12(6)：142-144.
④ 冯坚，王英萍，韩正之. 科学研究的道德与规范[M]. 上海：上海交通大学出版社，2007：13.
⑤ 高琴. 基础医学硕士研究生科学研究和学位论文完成过程评估指标体系构建[D]. 重庆：重庆医科大学，2016：9.

究所不同的是,研究生科学研究的主体是研究生,他们是正在不断成长的科研群体,是国家创新能力提升的后备力量,具有学术的热情和克服困难的意志,但是也存在批判不够深入等问题。结合研究生自身的特点,研究生科学研究更重要的是强调研究的训练和在研究生的内心深处烙下科学精神的烙印,以便他们从学校毕业进入社会后能够将繁荣学科作为自己的事业与前进的动力。

(二) 研究生专业实践的功能与类型

研究生专业实践的功能与类型的分析将按照以下的思路展开,即从专业、实践的内涵梳理到研究生专业实践的含义阐释。

1. 专业

弗兰克·罗德斯(Frank. H. T. Rhodes)认为,专业是"具备高水平技术能力并能服务于公众重要需求的职业"[①]。姜大源认为,职业教育的专业不等同于学科门类,不侧重于学科分类的学术性;职业教育的专业也不等同于社会职业。尽管职业教育的专业强调其职业性,但它与社会职业之间并非一一对应关系[②]。专业与社会职业具有紧密联系,这种联系主要体现在以下 4 个方面:① 专业划分的基础为具有一致性的相关职业的职业能力,包括基础理论知识和技术应用能力等;② 专业人才培养的目标依据是达到具有一致性的相关职业的职业能力与工作资格;③ 专业教学过程的实施与相关的职业工作过程、职业工作环境和职业活动空间具有一致性;④ 学生对专业的选择与他们对未来所要从事职业的社会地位和社会价值的判断相一致[③]。

《教育管理辞典》中将"专业"定义为:高等学校或中等专业学校根据社会专业分工的需要所分成的学业门类[④]。《高等教育研究》中《"专业"散论》一文里,从广义角度看,"专业"即某种职业不同于其他职业的一些特定的劳动特点。而狭义的专业,是指某些特定的社会职业。特指的专业即高等学校中的专业,它是依据确定的培养目标设置于高等学校(及其相应的教育机构)的教育基本单位或基本组织形式[⑤]。

"专业"一词的内涵非常丰富,但其共同点是:专业的形成主要是学校为社会分工培养人才的结果,为满足社会专业分工的需要,是按照社会对不同领域和岗位的专门人才的需要来设置的。所以专业处在"学科体系与社会职业需求的交叉点上"[⑥]。

2. 实践

对实践的认识和研究始于古希腊、古罗马时期,之后对实践的认识不断深化。代表人物有:古希腊哲学家亚里士多德(Aristotle),近代经验论始祖培根(Francis Bacon),法国哲学家拉美特利(La Mettrie),德国哲学家康德(Immanuel Kant)、黑格尔(Georg Wihelm Friedrich Hegel)以及费尔巴哈(Ludwig Andreas Feuerbach)、马克思(Karl Heinrich

① 弗兰克·H. T. 罗德斯. 创造未来:美国大学的作用[M]. 北京:清华大学出版社,2007:39.
② 姜大源. 职业教育学研究新论[M]. 北京:教育科学出版社,2007:56.
③ 马建富. 职业教育学[M]. 上海:华东师范大学出版社,2008:61.
④ 李冀. 教育管理辞典(第 2 版)[Z]. 海口:海南人民出版社,1997.
⑤ 周川. "专业"散论[J]. 高等教育研究(武昌),1992(1).
⑥ 叶志明,邓斐今,周锋,等. 对学科、专业和课程及其在高校发展中作用的再认识[J]. 中国大学教学,2010(1):37.

Marx)①。实践具有超功利性,具有意义向度,将使主体生活有意义存在着超出功利价值之上的"崇高"价值,超越动物性存在和物质性存在②。

从亚里士多德到马克思,"实践"的内涵不断发生变化,本研究认为,在实践过程中,人们不仅获得知识,习得技能,更重要的是在此过程中会伴随着世界观的形成和改造、社会生活基本素质的养成,最终实现个人能力和个人价值的充分统一③。

3. 研究生专业实践

课程研习、学位论文和专业实践是提高研究生培养绩效的三个最核心的环节,专业实践对于研究生由感性认识上升到理性认识有十分重要的意义,也有利于他们提高实践操作的能力,将理论与实践密切联系,产生实践性知识,在适应市场需求和提升他们的就业质量的同时,促进我国高层次应用型人才的发展。此外,专业实践直接关系到研究生课程学习的成效和学位论文质量的高低④。

王应密认为研究生专业实践应该包括三层含义,"它是从事未来职业实践的能力,它是从事专业实践所需的能力,它是通过专业实践活动培养的能力"⑤。刘国瑜则认为"全日制专业学位研究生专业实践,是指高等院校根据专业学位研究生的培养目标,按照产学合作教育的人才培养模式,以特定的项目训练为主要形式,鼓励全日制专业学位研究生主动参与、主动探究、主动思考,促进全日制专业学位研究生掌握专业知识、提高实践研究和创新能力并养成一定专业伦理的实践活动"⑥。他还强调了全日制专业学位研究生专业实践具有"专业性、研究性、反思性"等特征。

对"专业""实践"和"研究生专业实践"的内涵分别进行了分析,本研究认为研究生专业实践的内涵是:将外在于学生自身的公共知识与技能内化为学生的个人知识与技能,进而改变学生思维方式、价值观念以及行为方式,提高学生的创新能力、应用能力、就业能力和追求幸福生活的能力。

二、研究生科学研究、专业实践对创新型人才培养的影响

研究生科学研究、专业实践对培养研究生创新精神和创新能力具有十分重要的作用,是培养创新型人才的有效途径与手段。让学生尽早参与导师的课题并鼓励他们自主申请创新项目,使学生在参与科研过程中训练科学思维,掌握科研方法,提高科研素质和水平。帮助学生扩展知识视野,增强团队协作精神,培养科学思维方法,提高实践动手能力,激励学生的创造性冲动⑦。

"首先,要培养学生的学习能力、沟通能力和解决实际问题的能力。其次,要实现从

① 马良军. 高等职业教育专业实践课程评价研究[D]. 天津:天津大学,2014:14-16.
② 关锋. 实践的理性和理性的实践——马克思实践理性思想探析[M]. 北京:人民出版社,2009:143-149.
③ 张晋,马庆发. 高职实践教学的理论基础研究[J]. 河北师范大学学报(教育科学版),2008(1):127-131.
④ 文冠华,姜文忠,陈宏量. 抓好专业实践环节 确保全日制专业学位研究生培养质量[J]. 学位与研究生教育,2010(8):1-4.
⑤ 王应密,张乐平,朱敏. 试论研究型大学全日制专业学位研究生专业实践能力的培养[J]. 学位与研究生教育,2012(12):6-10.
⑥ 刘国瑜,李昌新. 全日制专业学位研究生专业实践的探讨[J]. 教育理论与实践,2014,34(12):3-5.
⑦ 张兄武. 科学研究、社会服务与教学协同培养应用型创新人才[J]. 中国高等教育,2013(2):43.

'知识的接受者'向'知识的使用者'的转变,不再将知识传授作为创新型人才培养的唯一理念,而是将知识的有效使用及其能力的培养作为重点。第三,应打破学科模式的藩篱,培养跨学科创新型人才,利用新知识生产的灵活性和异质性,将理论和实践紧密连接起来,培养出具有解决实际问题能力和开拓意识的反思型创新型人才。"①

就专业实践而言,不仅是将外在的知识内化为学生的个人知识和能力,提升其就业的技能,为实现高质量就业服务,还是促进学生创新能力提高的重要路径。为了更好地服务于专业实践,应建立校内研究生创新实践基地,它"作为连接课内知识和企业实践的探究场所,是对校外实习基地的重要补充,是对学生进入企业前的技能培训,也是学科专业实践的实验室,还是研究生自主创新进而创业的试验场"②。校内实践基地作为研究生自主创新的重要阵地,有助于加强与企业的联系,推进成果转化,同时培养学生的创造能力。

三、加强研究生科学研究、专业实践,推动研究生创新型人才培养

教育部要求专业学位研究生在学期间,必须保证不少于半年的实践教学,并要求学校要提供和保障开展实践的条件,建立多种形式的实践基地③。加强研究生的专业实践,有利于"促进知识的学习与掌握,提升专业实践能力,培养创新能力,形成专业伦理"④。本研究认为,不同的学校和不同的学科,可以采取形式各异的专业实践模式。例如,北京林业大学研究生专业实践的主要内容包括"某一项目的前期调研,资料收集与项目的可行性分析,应用相关软件对数据进行分析处理,提出并参与完成项目设计方案,参与项目的立项与实施,参与设计或开发产品,参加与专业相关的行业培训"⑤。此外,学校要加强与专业实践单位和政府部门的沟通,校内导师和校外导师协同,提高研究生的培养质量。

就研究生的科学研究而言,它与创新型人才培养密切相关,通过科学研究,有利于增强学生的审辩式思维,培养他们的科学精神和让他们掌握科学研究方法。即使他们毕业步入社会,也能够在工作岗位中秉持批判精神,为产品的创新和知识的增长做出重要贡献。具体而言,在研究生的培养环节中,导师的课题和学位论文最能体现科学研究的特质。导师应该根据自己的实际情况,积极争取省部级基础研究或者应用研究类课题,让研究生尽早参与到课题项目中,导师不断加强引导,提高他们文献搜索、问题提出、问题发现、数据分析、理论演绎和归纳的能力。在学位论文的撰写中,导师的指导和研究生主观能动性的发挥相互配合,指引学生思考自己感兴趣的现象和领域,尝试让他们提出研究问题和形成研究假设,在这个过程中,即使学生无法很好地完成,教师也应该多些耐心,给予鼓励和支持,使他们不断超越自己,为学生将来继续从事创新工作奠定坚实的基础。

---

　① 万森. 知识生产模式转型与我国专业学位教育人才培养模式创新研究[J]. 学术论坛,2016(6):174.
　② 李娟、陈美娟. 提升研究生创新能力的助推器[J]. 中国大学教学,2013(10):76-78.
　③ 中华人民共和国教育部. 教育部关于做好全日制硕士专业学位研究生培养工作的若干意见[EB/OL]. http://old. moe. gov. cn//publicfiles/business/htmlfiles/moe/s3493/201002/xxgk_82629. html,2009-3-19/2017-9-1.
　④ 刘国瑜、李昌新. 全日制专业学位研究生专业实践的探讨[J]. 教育理论与实践,2014,34(12):3-5.
　⑤ 王兰珍、赛江涛、张志强. 林业院校全日制专业学位研究生专业实践特征与实施[J]. 高等农业教育,2013(12):101-105.

第五节　研究生论文写作与创新型人才培养

"论文应表明作者具有独立从事科学研究工作的能力,在科学或专门技术上做出创造性的成果;并反映作者在本门学科上掌握了坚实宽广的基础理论和系统深入的专门知识。"①"科研创新能力是博士生教育的薄弱环节。"②研究生论文写作并不是一件容易的事情,需要在科学或专门技术上做出创造性的成果。因此,加强研究生论文写作训练,对培养创新型人才有极其重要的意义。

一、研究生的学位论文究竟意味着什么

学术论文是对某科学领域中的问题进行研究、表述科学成果的文章。理解这个概念要把握两点:学术论文是探讨问题、进行科学研究的一种手段;学术论文还是描述科学研究成果、进行学术交流的一种工具。探讨学术论文的写作不仅要涉及文章的写作方法,而且必须从整个科学研究的过程来研究它的写作特点③。

(一) 科学性

从方法论上讲,科学研究的目的就是要揭示事物发展的客观规律,探求客观真理,使人们能够客观地认识世界。因此,无论是自然科学还是社会科学的研究论文,都必须根据科学研究的这一总任务对本学科中的研究对象进行深入探讨,揭示其内在的规律④。

(二) 创新性

英国《自然科学史》的作者斯蒂芬·梅森(Stephen Mason)说:"科学总是要发展,并有新的发现……科学方法主要是发现新现象、制定新理论的一种手段……旧的科学理论就必然会不断地为新理论推翻。"⑤严济慈曾说:"怎样才能称得上第一流的科学研究工作呢? 首先,题目必须是在茫茫未知的科学领域中独树一帜;其次,解决这个问题没有现成的方法,必须是别出心裁设想出来的;最后,体现这个方法,用来解决问题的工具即仪器设备必须是自己创造,而不是用钱可以从什么地方买来的。"⑥研究生学术论文的核心是创新,论文的学术观点应独树一帜,而非人云亦云,欠缺独立思考。

(三) 逻辑性

研究生学术论文的一个显著特征是逻辑性。撰写论文的目的是对社会科学或自然科学规律进行研究探讨,所以每一篇论文都应当相对地自成一个逻辑体系。无论是社会科学论文还是自然科学论文都是一种逻辑构成,观点、材料以及把二者统一起来的逻辑框架

① 丛杭青,沈琪,陈大柔.博士论文协同创新机制与理念研究[J].中国高教研究,2014(9):59-65.
② 李艳,赵世奎,马陆亭.关于博士学位论文质量评价的实证分析[J].学位与研究生教育,2014(10):50-54.
③ 陈燕,陈冠华.研究生学术论文写作方法与规范[M].北京:社会科学文献出版社,2004:4-5.
④ 陈燕,陈冠华.研究生学术论文写作方法与规范[M].北京:社会科学文献出版社,2004:5.
⑤ 吉彦波.马克思的世界观不是教义[J].运城高专学报(哲学社会科学版),1997,15(1):33-35.
⑥ 陈燕,陈冠华.研究生学术论文写作方法与规范[M].北京:社会科学文献出版社,2004:5-6.

缺一不可①。

二、研究生论文写作中存在的问题

研究生的论文应当与本科生的论文有所区别,蒲瑶在《浅谈学术论文的选题原则》一文中提出研究生在学术论文写作中应遵循六个原则,即创新性、科学性、理论性、时代性、开阔性、应用性②。王玉德认为研究生论文选题的原则应是专业性、深度性、规范性、成果性、持续性、道德性③。李润洲认为研究生的论文写作蕴涵着依次递进的三重意涵:独立思考,对某(些)问题的创见,对某(些)问题创见的系统论证④。陈思和则认为学位论文的理论创新应是"既有严格的学术规范,又有充分的独立见解;既有丰厚的前人成果的依据,又能在科学研究的崎岖小道上努力奋进;既不动辄以原创自居,又能够打开新的研究空间"。⑤

无论哪一种原则,均需遵循创新的核心法则。然而,目前我国研究生的小论文和大论文写作都存在创新不足的问题。比如叶继红于 2014 年对江苏省某大学的三年级硕士研究生进行了实证研究,发现"研究生发表的论文总体质量不高"⑥。此外,研究生发表论文存在一定的功利目的,存在一定的学术失范现象,存在一定的论文发表压力,导师在论文的审查上存在一定的责任缺失。对此,作者提出以下措施:"正确认识和评价研究生培养过程中的论文发表要求;对研究生论文发表制度进行修正,力求科学化和多样化;高校要积极创造有利于研究生发表论文的条件;广大研究生要调整心态,树立学术自信,保持适度的张力。"⑦

就博士学位论文而言,原创性不足,二次创新或者三次创新较多,抄袭成风。俞兆平在《博士论文的抄袭现象应该引起重视》一文中说:"在中国现代文学研究界,我并不是个'大腕',居然就撞上了三个博士来抄袭、剽窃我的东西。这一现象应该引起足够的重视,若任凭此种恶习蔓延开来,再过十年八年,学界可能连一块净土都找不到了。"⑧值得注意的是,除了创新和抄袭的问题,童星运用内容分析方法对 2005—2014 年近 10 年 379 篇高等教育学博士学位论文研究发现:"思辨类研究仍占大多数,实证类研究偏少;质性研究逐渐受到研究者的重视;研究方法总体还较单一,定量研究数据有待深入挖掘。"⑨在此基础上,他提出:"提倡实证类研究,提高定量研究数据分析水平;改变研究方法较为单一的现状,提倡混合研究的使用;加强高等教育研究方法的理论研究,提高研究者的方法运用能力。"⑩

---

① 陈燕,陈冠华.研究生学术论文写作方法与规范[M].北京:社会科学文献出版社,2004:6.
② 蒲瑶.浅谈学术论文的选题原则[J].学位与研究生教育,2006(1):40.
③ 王玉德.也谈研究生论文的选题原则[J].学位与研究生教育,2006(10):36-38.
④ 李润洲.研究生论文写作的思想创生[J].学位与研究生教育,2017(2):3-7.
⑤ 陈思和.研究生论文是否需要有"原创性"[J].中国比较文学,2005(2):26-31.
⑥ 叶继红.高校研究生论文发表状况、存在问题与应对策略[J].研究生教育研究,2015(3):44-49.
⑦ 叶继红.高校研究生论文发表状况、存在问题与应对策略[J].研究生教育研究,2015(3):44-49.
⑧ 俞兆平.博士论文的抄袭现象应该引起重视[J].学术界,2008(4):88-93.
⑨ 童星.我国高等教育学博士学位论文研究方法的特点及变化趋势[J].中国高教研究,2015(9):53-57.
⑩ 童星.我国高等教育学博士学位论文研究方法的特点及变化趋势[J].中国高教研究,2015(9):53-57.

三、创新型人才培养视阈下研究生的论文写作

加强研究生论文写作对于培养创新型人才是至关重要的,应确立创新意识,训练创新思维,做好论文选题,强调论文的逻辑性,并且加强与学界同行的交流,产生智慧的火花,只有这样才能写出一篇较好的学术论文。在训练的过程中也让学生受到思维方式的训练,善于发现问题、提出问题,快速检索文献,选取较合适的研究方法,通过严密的逻辑推演,得出科学的和可靠的研究结论。

(一) 确立创新意识,训练创新思维

创新意识是创新的根本前提,没有创新的意识和欲望就不能做出创新成果[①]。在从事论文写作的时候,研究生应具有创新意识,在心中不断鼓励自己发现问题和提出问题,然后依靠科学的研究方法和丰富的研究资料,对问题进行解答。与此同时,研究生导师也发挥着重要的作用,导师应支持研究生大胆的突破,而不是继续重复别人的研究,得出相同的观点并提出类似的政策建议。虽然学术创新是一项冒险的事业,但这种尝试是值得的。

在研究生论文写作中,仅仅有创新意识是不够的,还必须训练创新思维。训练创新思维的核心是养成批判精神和提高批判思维的能力。对于前人的研究,抱着一种质疑的心态,并且提出一种新的假设,然后搜集数据进行检验。在不断地批判、反思和实践的过程中,研究生的创新思维就会得到很好的训练。

(二) 做好论文选题,强调论文的逻辑性

"论文工作是培养研究生创新能力的核心环节,其中选题是关键。研究生学位论文的选题同其他科研项目的选题一样,有一个创造性问题。"[②]

"对预期成果创新的分析是选题可行性分析中的重要部分,要求研究生花一定的时间进行预研,这样才能提出一份合理的选题分析论证报告,研究生的创新能力才能得到培养和提高。"[③]

在论文的写作中,应注意逻辑性,"学术思想的这种逻辑性建构不仅可以使原先处于潜在状态的思想通过结构性的文字形式而表现出来,即思想完成了其自身的实现,而且还可以通过这种逻辑性结构来发现原先的思想编排中存在的逻辑漏洞或观点缺失,并通过填补这些漏洞来实现学术思想的再创造"[④]。

还值得注意的是,"不管是对这一学科中的哪个二级学科来说,博士论文的写作一定是一个通过与学界同行的交流与沟通而不断激发自己的学术思想的过程,而不仅仅是一个自我突显的过程"[⑤]。其实,不仅仅是博士论文,硕士论文的写作也是通过与学界同行的交流而不断激发自己的学术思想的过程。

---

① 林功实,等. 评估博士生创新能力初探[J]. 学位与研究生教育,1996(6):51-63.
② 崔丽娟. 从名言俗语看年轻干部培养规律[J]. 职业时空,2010,6(2):73-75.
③ 唐卫东,阚茹. 博士论文创新的两个根源及博士生创新能力的培养[J]. 学位与研究生教育,1999(6):5-6.
④ 唐正东. 博士论文写作的再创造[J]. 中国高校社会科学,2017(1):94-98.
⑤ 唐正东. 博士论文写作的再创造[J]. 中国高校社会科学,2017(1):94-98.

第六节　研究生学业管理与创新型人才培养

树立科学的研究生学业管理的理念，提高研究生学业管理的水平，有助于提高研究生的培养质量和培养创新型人才，其重要性理应引起高校的重视和关注。

一、研究生学业管理的地位和作用

研究生学业管理制度包括：课程修习制度、科研参与制度、学术活动参与制度、中期考核制度、教育实践制度、学位论文评审制度。

研究生学业管理的每一种制度都有不同的地位和作用。课程修习制度是研究生学院管理制度的核心，决定学生课程修习的自由度、灵活性、深度、宽度和绩效等。一项好的课程修习制度需要有一定的弹性，在让学生完成一般性要求的同时，给予他们自由选择的空间，以利于他们的个性化培养。另外，课程的形成性评价和终结性评价也至关重要，如何评价，谁来评价等这些问题都应有科学和理性的制度来规约，否则可能产生许多问题。

科研参与制度作为研究生学业管理制度的关节点，具有与课程修习制度同样重要的作用。研究生通过科研参与，能够形成良好的学术规范和找到自己感兴趣的研究问题，为他们将来继续从事科研事业打下坚实的基础。退一步言之，即使他们将来不再从事科研事业，远离学术部门，在研究生阶段的科研参与也足以对他们的人生产生持久的影响，使他们学会思考并运用恰当的、科学的和严谨的方法和工具去探索问题，这对他们人生的完满与幸福具有举足轻重的作用。

学术活动参与制度作为研究生学业管理制度的必要环节，需要引起大学和导师的足够重视。在攻读硕士或者博士学位期间，重要的学术活动有：学术沙龙、学术讲座、国内外学术交流。研究生积极参与学术活动，能够开阔学术视野，对自己目前从事的研究有更加深入的理解并成为"反思的实践者"，这对于学生的学术成长有极其重要的作用。

中期考核制度作为研究生学业管理制度的着力点，具有如下作用：① 评价学生的学业、研究状况；② 激励学生刻苦学习，调动其内部动机和外部动机；③ 对学生进行合理的分流，针对不同的学生，导师或者导师组便于因材施教，促进每一位学生的发展；④ 严格把控培养质量，有利于观照学科点的培养成效，形成良好的反馈机制，推动学科点强化质量和促进改革；⑤ 对不合格的研究生进行惩罚和教育，为整个国家研究生教育质量的提高贡献力量。

教育实践制度是提高学生实践能力的重中之重。概而言之，教育实践制度的作用是：① 使研究生理论与实践相联系；② 满足市场的诉求，加强市场与培养单位、导师和政府的联系，有利于提高培养的效率；③ 更加注重客户的需求，对大学的课程和培养模式产生冲击，促进其不断变革，能够更好地适应社会的发展。

学位论文评审制度作为学生培养绩效的重要反映，在学业管理制度中具有决定性作用。严格、科学的学位论文评审制度有利于甄别研究生的学位论文质量的优劣，同时对整个学术共同体起规训作用，形成"良币驱逐劣币"的效应，这对大学的发展和学科的繁荣也有积极的意义。

二、研究生学业管理的基本制度

概而言之,本研究认为研究生学业管理制度主要涵盖课程修习制度、科研参与制度、学术活动参与制度、中期考核制度、教育实践制度和学位论文评审制度等。下面主要对学术活动参与、中期考核和教育实践制度等进行阐释。学术活动含义较广,包括"学术沙龙、学术报告、学术论坛、学术会议、课题研究、学术论文撰写"①等。那么学术活动参与制度就是与学术沙龙、学术报告、学术论坛、学术会议、课题研究和学术论文撰写等相关的规范。

中期考核是研究生培养单位对学生德、智、体、美等方面进行综合评估的一种重要的形式。关于研究生中期考核,国家颁布了一系列的政策文件予以落实。比如 1986 年 12 月,国家教育委员会颁布《国家教育委员会关于改进和加强研究生工作的通知》,这份文件提出:"在博士生进入论文写作之前,也要进行一次考核,对不能达到基本条件者,停止论文写作,其中已取得硕士学位的,仍按硕士毕业生分配工作,未取得硕士学位的,改写硕士学位论文。"②2013 年,教育部发布《关于深化研究生教育改革的意见》,提出"加大考核与淘汰力度。加强培养过程管理和学业考核,实行严格的中期考核和论文审核制度,畅通分流渠道,加大淘汰力度……完善研究生利益诉求表达机制,加强研究生权益保护"③。2017 年,教育部印发《学位与研究生教育发展"十三五"规划》,在这份文件中明确指出:"完善研究生培养分流退出制度。进一步完善研究生学籍管理办法,加强研究生课程学习、中期考核、资格考试、论文开题、答辩等环节的过程管理和考核,畅通博士研究生向硕士层次的分流渠道,加大分流退出力度。建立健全博士研究生分流退出激励机制。"④

教育实践具体指什么,众说纷纭,余清臣的观点有一定的代表性。他认为:"教育实践在广义上应该是教育之名下的一切行为,各种教育研究在这个意义上都没有完全脱离教育实践,它们都试图去描述或规范自己的教育实践。"⑤李太平则认为"教育研究需要从理论理性上升到实践理性,从对'是'的认识延伸至对'应该'与'做'的全面把握,实现与教育实践和谐、理性地统一起来,构建出真、善、美的理想的教育客体,从而提高教育研究质量,提升教育实践品质"⑥。教育实践制度作为研究生学业管理中的重要方面,具有二象性,即实践指向和创新指向。实践指向在于适应知识生产模式的转型和契合社会的需求,创新指向则涉及研究生教育活动的本质,要求研究生在理论与实践联系的环节中,在基础研究、应用研究和开发研究等方面有所贡献。概而言之,实践指向是手段,创新指向是目的,二者不可偏废,共同促进创新型人才的培养。

---

① 张意忠,李旆. 学术活动视角下文科研究生科研能力培养的调查与思考[J]. 研究生教育研究,2014(6):42-46.
② 国家教育委员会. 国家教育委员会关于改进和加强研究生工作的通知[Z]. 北京:国家教育委员会,1986.
③ 中华人民共和国教育部. 关于深化研究生教育改革的意见[EB/OL]. (2013-3-29)[2018-8-16]. http://old. moe. gov. cn//publicfiles/business/htmlfiles/moe/Azczcwj/201307/1514118html. 关于印发《关于深化研究生教育改革的意见》的通知[Z]. 北京:教育部,国务院学位委员会,财政部,2013.
④ 教育部,国务院学位委员会. 关于印发《学位与研究生教育发展"十三五"规划》的通知[Z]. 北京:教育部·国务院学位委员会,2017.
⑤ 余清臣. 何谓教育实践[J]. 教育研究,2014(3):11-18.
⑥ 李太平,刘燕楠. 教育研究的转向:从理论理性到实践理性[J]. 教育研究,2014(3):4-10.

三、研究生学业管理对创新型人才培养的影响

研究生学业管理制度主要涵盖课程修习制度、科研参与制度、学术活动参与制度、中期考核制度、教育实践制度和学位论文评审制度等。

课程修习制度能够为学生的理论创新奠定知识基础,然而目前课程修习存在的问题主要是:"课程内容陈旧,与本科内容重复,研究性和前沿性不够,教师授课的方式仍然以灌输式为主。"①这样一些问题严重地阻碍了研究生创新型人才的培养。课程内容与本科内容重复,很难为学生提供前沿性的课程内容,无法将学生引入未知领域和亟待解决的重大课题。与中国相反,英国的经验是"学生不得不阅读多本教材并同时跟踪与课程相关的比较新的理论发展和实践应用情况,在这个过程中学生的科研创新能力无形中得到了培养"②。教师授课仍然习惯填鸭式教学,将学生视为容器,不断地将知识装入他们的头脑中。这种教学方法或许有利于学生记住大量已成定论的知识,但是却损害了学生的想象力、创造力,让他们很难在既有理论的基础上,寻求突破,推进人类的发展。

科研参与一个重要的经验是,研究生在科研活动中投入越多的时间和精力,他们就能在学术训练中得到更多收获。通过深度参与科研,研究生以下的一些能力能够得到提升:① 与课题组成员、研究对象和导师等频繁互动,提高他们的口头表达能力、沟通能力及交流能力;② 对整个科研过程有更加深入和透彻的理解;③ 更好地发现问题及提出问题;④ 提高资料检索和文献述评的能力,也有利于加强研究方法的训练;⑤ 锻炼他们克服困难的意志,学会独立思考和合作研究。

学术活动参与越多,越有利于学生创新能力的提升。张意忠以某大学文科硕士研究生为调查对象,通过实证检验后发现"文科硕士研究生参加学术活动后科研能力整体得到了提升,按得分高低排序依次为:资料搜集与处理能力、语言表达能力、发现问题与解决问题能力、直觉感悟能力、逻辑推理能力、言语理解能力、创新能力"③。另外还得出"文科硕士研究生认为在提升科研能力方面,学术活动发挥的作用按百分比从高到低排列依次为:课题研究、学术论文撰写、学术报告、学术沙龙、学术论坛、学术会议及其他"④。

中期考核制度是对学生的全面发展状况进行客观评估的重要保障,通过这项制度,有利于将优秀者和不合格者进行分层,实现"优胜劣汰",提高研究生的学术水平。从这个意义上来讲,研究生的中期考核制度最有利于培养创新型人才。教育实践的意义在于,学生能够将理论知识运用到实践中,然后再反思理论知识,相互作用,促进知识的生成和实践能力的提升。至于学位论文评审是检验学位论文质量高低的重要环节,能够将高水平的学术论文筛选出来;但是在实际操作中,学位论文评审不严,低质量论文充塞于中国知网上,严重影响了我国研究生的整体质量。

---

① 杨春梅,陶红. 论研究生课程学习与科研训练的整合[J]. 学位与研究生教育,2008(3):9-12.
② 王衡生. 论创新教育与高校研究生创新能力培养[J]. 高教探索,2003(1):35.
③ 张意忠,李旖. 学术活动视角下文科研究生科研能力培养的调查与思考[J]. 研究生教育研究,2014(6):42-46.
④ 张意忠,李旖. 学术活动视角下文科研究生科研能力培养的调查与思考[J]. 研究生教育研究,2014(6):42-46.

四、基于创新型人才培养的研究生学业管理制度建设

在创新型人才培养的背景下,研究生学业管理制度建设是一项系统工程,需要整体推进课程修习制度、科研参与制度、学术活动参与制度、中期考核制度、教育实践制度和学位论文评审制度等的改革。

课程修习制度变革的核心是注重研究方法的磨砺和让学生成为"反思的实践者"。研究方法的学习是从事科学研究的必经环节,其训练质量的高低将直接决定创新型人才培养的效果。质性研究、量化研究和思辨研究具有不同的研究方法,学生在认真领悟的过程中,还需要将研究方法运用到课题研究和论文写作中,"通过这一部分内容的写作,必须将自己的研究方法的使用全面地展示在读者面前,让读者能够清楚地知道研究者是采用什么样的方法获得数据的"①。学生成为"反思的实践者",主要指发挥学生的主动性,自由探索,对学科的知识基础及重难点进行有见地的批判,即使学生无法提出新的见解,也应表明他们深思熟虑后认同前人的研究成果。让学生在批判的世界里生存,对导师的知识结构、指导能力和批判能力等提出了挑战。导师应将教学与科研相融合,提倡教学学术,不断钻研,与学生密切合作,对课程进行批判性建设,共同致力于学术创新。

就科研参与和学术活动参与而言,前面的实证研究已充分地证明了研究生在科研和学术活动方面投入越多的时间和精力,越有利于成果的产出和创新能力的提升。为此,研究生首先应该意识到参与科学研究和学术活动的重要性,加强与导师的联系,不断地给予自己挑战性的任务,同时专心致志,认真查阅文献,对前人的观点进行深入思考,扎实地掌握科学研究方法,并且将所学的方法运用到数据收集、问卷设计和数据分析中。导师需要将学生的培养视为学术生涯中一项非常重要的任务,积极担起责任,允许学生犯错,持有一颗宽容之心,"离开了宽容,唯我独尊,就会失去导师团队的优势,阻碍其作用的发挥"②。高校的组织建设也刻不容缓,"目前在一些高校,研究生学术活动没有相应的组织管理机构,管理比较混乱,因而在活动的选题、参与、运作程序和方式上具有较大的自主性与松散性,导致活动的效率低下,影响活动效果"③。高校应该整顿和建设组织管理机构,在活动的选题、参与、运作程序和方式上加强统领,提高研究生学术活动的效率。

反观我国大学正在开展的研究生中期考核,发现形式化比较严重,不通过考核只是个别的现象。这样一种考核制度,很难为研究生的全面发展负责,也不利于甄别创新型人才。改革研究生中期考核制度,应该坚持认真落实考核标准,对不合格的研究生,坚决淘汰,剩下的学生无疑是比较优秀的,然后再对这群学生实施培养,提高研究生教育的整体质量。此外,不同专业方向的研究生可以采取不同的中期考核模式。比如吴炅以复旦大学附属肿瘤医院博士研究生中期考核为例,探索临床医学研究生"累积式"中期考核模式。该模式对博士生中期考核的结果(成绩)做出"A 等(优秀)、B 等(合格,继续攻读学位)、C 等(警告,限期改正)、D 等(不合格,取消学籍,作退学处理)共 4 个等级的评定,且优秀率

①　陈晓端. 英国大学文科研究生学位论文的结构要求及其启示[J]. 高等教育研究,2003(3):103.
②　张意忠. 论导师团队建设对研究生培养质量的提高[J]. 江西师范大学学报(哲学社会科学版),2009(1):134.
③　王惠. 学术活动对硕士生科研能力的影响研究[D]. 上海:华东师范大学,2009:51.

不超过 30%"①。

学位论文评审制度的创新主要包括选人和标准制定两个方面。就选人而言,应选择学术水平高、责任心强的学者,对那些在学位论文评审中草率应付的专家、学者,应坚决拉入黑名单。就标准制定而言,这是关键点,也是难点。学位论文评审的标准是什么? 怎样的标准有利于筛选出优秀的学位论文? 不同的学者和不同的学科有不同的标准,中西方也有较大的差异,建议分学科、类型制定不同的标准,在严格遵循标准的前提下,允许论文评审者自由裁定,这样才有利于"不拘一格选论文"。

第七节　研究生培养环境与创新型人才培养

毋庸置疑,研究生培养环境极大地影响着创新型人才培养,好的培养环境将对创新型人才的培养起正向促进作用;但是影响研究生科学研究态度的外力因素是非常复杂的,按照美国马里兰大学杰尔索(Gelso)的观点,培养环境理论至少可以细分为 10 个维度,本研究将结合这 10 个维度,具体分析如何提高创新型人才培养的实效。

一、研究生培养环境的要素分析

培养环境理论(Research Training Environment,RTE)由美国马里兰大学的 Gelso 提出,旨在分析影响研究生研究兴趣及科研产出的环境因素。该理论将培养环境界定为"培养项目中,所有影响研究生科学研究态度的外力因素",并将其分为 10 个维度②:

(1) 教师的榜样作用,即教师的科研态度与科研投入。

(2) 正向学术激励,包括物质激励(如提供电脑等设备)与人际导向激励(如导师对学生研究兴趣的关注和支持)。相比而言,人际导向激励往往比物质激励对研究生更加有效。

(3) 早期参与科研,指研究生应在培养初期就参与适合其学术水平的研究活动。

(4) 容忍研究瑕疵,指导师和培养单位应适当容忍学生的研究瑕疵,引导学生不必苛求研究完美无缺。这样会缓解学生必须做出完美研究的心理压力,促进学生从事科研活动。

(5) 向内探寻设想,即鼓励学生根据对事物的观察及好奇心,思考自己想要研究的问题。这种"向内"寻找,会使学生的研究热情与投入程度大大提高。

(6) 教授统计工具,指统计工具的讲授应与学生的研究实践紧密联系,帮助学生学会灵活使用统计工具进行研究设计。

(7) 人际互动体验,指研究团队内部或师生间思维碰撞与相互激励的互动关系。

(8) 多种研究方法,指传授多种不同类别的研究方法,以帮助学生选取最适合研究问题的研究方法。

---

① 吴炅,单珠凤,杜祥. 临床医学研究生中期考核模式的探索[J]. 学位与研究生教育,2009(6):19-21.

② Gelso. C J. On the Making of a Scientist-practioner: A Theory of Research Training in Professional Psychology[J]. Professional Psychology: Research and Practice,1993,24(4):468-476.

（9）科研结合实践，即向学生展示科研与实践的相互促进效果。这样做可大大提升研究生的研究兴趣。

（10）实践应用研究，即学生应在实习阶段学会如何使用所学理论及研究方法帮助所在组织提高工作绩效。虽然这些内容不一定能促进研究生的研究兴趣和研究能力，但是却有可能促进他们在工作后的科研产出。

二、培养环境如何影响创新型人才的教育

培养环境的内容十分复杂，本研究对培养环境如何影响创新型人才的教育作一浅析。

培养环境中离不开教师的榜样作用，即教师的科研态度与科研投入。教师如果具有严谨的科研态度、求实的科学作风、不骄不躁的研究精神和大量的科研投入，无疑就会对学生形成潜移默化的影响，鞭策他们持续的努力，从而在科学求真的道路上踏实前行，为知识的增长和社会难点问题的解决贡献力量。导师的人际导向激励是研究生不断发展的动力和支柱。导师应鼓励学生自由求索，形成自己感兴趣的研究问题，即使初期的研究问题不甚完美，作为导师也需要多些期待，相信他们在沉思之后能够得到学术生命的升华。当他们找到自己感兴趣的研究领域和研究问题之后，导师需要继续支持他们克服困难，以坚强的意志完成学术攀登。相信他们在导师正向的学术激励之下，即使毕业也能坚守心中的信念，持之以恒地探索学术问题，最终达到"高峰"体验。

早期参与科研，指研究生应在培养初期就参与适合其学术水平的研究活动。早期参与科研对学生了解研究过程和形成审辩式思维有重要的意义。导师应该积极争取高质量的课题项目，将研究生纳入课题组中，指引他们搜索文献、设计研究、提出假设、分析数据、检验假设、得出结论并进行深度讨论等，担负起培养创新型人才的重任。

人际互动体验，指研究团队内部或师生间思维碰撞与相互激励的互动关系。大学、学院和导师应在组织架构上进行精心的设计，在学院内部让学生之间、老师和学生之间，甚至跨学院之间，频繁地开展学术交流和辩论，在互切互磋的过程中，擦出思维的火花。

在研究生期间，为学生提供具有挑战性和高难度的研究方法类课程，让他们位于"生存的边缘"，有利于激发他们的成就动机，刻苦学习，掌握并熟练地运用多种研究方法。这样做的目的，不仅仅是研究方法的训练，更重要的是，在他们的灵魂深处烙上方法意识和工具意识，无论遇到何种研究问题，都有良好的策略应对，将问题进行深入剖析，实现理论创新和应用创新。

三、研究生创新能力培养的环境建设策略

研究生创新能力培养的环境建设策略，主要包括增强教师的示范效应、向内探求设想、人际导向激励和统计工具的学习与掌握。

（一）增强教师的示范效应

增强教师的示范效应的前提是选拔优秀的教师，同时大学为研究者的合作提供现实的可能，为学生之间的合作提供榜样，并且通过加强研讨课，促进师生之间平等对话，共同进步。

1. 改进聘任方法,考察教师的科研动机

教师科研的内在动机在很大程度上影响着研究生感受到的"教师榜样作用"。教师如果具有非常强的科研动机,探求学术,学生就有可能受到教师的感召,发挥最大潜能,激发内部动机,在学术的高峰上不断攀登;反之,如果教师只求"混日子"或者以科研为手段,以名利为最终目的,就可能会让学生不思进取,沽名钓誉,形成不正之风,不利于他们的创造性品格的养成。

大学在聘任新教师时,应从科研能力与科研动机两个方面进行考察。就科研能力而言,高校均有一套成熟的评价体系,这里主要借用人力资源管理领域的行为面试法来对教师的科研动机进行甄别。"实施行为面试法时,面试者通过应聘者在回答问题时的关于过去工作经历的具体描述,评价应聘者的工作素质和能力从而预测其在今后工作中的表现及与招聘职位的匹配程度。"[①]行为面试法的优点包括:准确性、客观性、针对性、真实性。

在招聘教师的时候,应改革传统的聘任方法,采取行为面试法,即面试官应设计相关问题,让应聘者回答过去科研工作经历的情况,了解他们是如何提出问题、发现问题并在遇到科研阻力时采取了哪些措施,从而间接了解应聘者的科研动机。在综合考察之后,预测应聘者在今后工作中的表现及与招聘职位的匹配程度,从而择优录取,为研究生创新型人才的培养提供合格的、优秀的师资。

2. 改革考评方式,增强研究者之间的合作

大学为了提升自己的声誉和获得更多的外部资源,注重科研绩效,鼓励教师之间开展竞争。这种鼓励竞争的方式虽然有利于调动教师的积极性,增加科研产出,但是也极容易造成恶性竞争,减弱教师之间的合作。为了激励研究者开展合作,应该改革考评方式,建立良性的合作机制,对科研课题和学术论文中排名靠后的作者的科研工作给予认可并在制度上予以保障。

3. 开设研讨类课程,使师生成为课程的合作者和变革者

在我国许多高校,研究生课程继续沿用本科阶段的课程,教材偏旧,缺少前沿进展的相关知识,难以激发学生的学习热情,教学方法主要采取讲授法,教师一步步地讲,学生一步步地学,从一开始就扼杀了学生的创造力和思考力,造成课堂沉闷和死寂的现象。为此,应对现状进行变革,开设研讨型课程,让学生了解本学科的前沿研究进展,拓展学生的知识面,更重要的是,师生开展合作,共同研讨,激活课堂,使学生成为课程的合作者、变革者而非课程的被动接受者。只有这样才能够将学生引入学科知识的前沿,激励他们在前人的基础上增进学科知识,繁荣学术。要警惕的是,一些高校虽然开设研讨课,但是研讨课的知识不够前沿,教学方法仍然采用教师讲和学生听的模式,不利于学生自主学习、自主研究和自我进步。

(二)向内探求设想

改善"向内探求设想",即研究生导师应为研究生的发展创造良好的条件,使他们在较好的学术环境中根据自己的研究兴趣提出研究问题,并支持他们对研究问题进行深入思

---

① 田昀澈. 行为面试法被广泛应用的原因[J]. 人口与经济,2011(S1):20 - 21.

考和提出解决的办法。只有这样,才能够调动学生的研究热情,使他们爱上学习和研究,从而促使他们自我管理和自我发展。

1. 采取"强迫入门法"

不少研究生在读研初期,对所研究领域没有明确的研究兴趣。一份研究生学习情况的研究显示,不经常去实验室的原因中,45.5%的学生认为"不知去实验室做什么"[①]。因此,如何引发学生的研究兴趣已经成为研究生导师亟待解决的重要问题。

针对这个棘手的问题,本研究采取王明星老师提出的"强迫入门法":在学生入学伊始,给学生一或两个具体的研究实例,或是指导他们完成一个完整的观测实验,或是运行一个具体的模型,进行一个实例模拟。让学生在实践中体会他们需要什么,学会提问题,并在请教老师和阅读资料中寻找答案,以此帮助学生产生一个明确的科学研究目标[②]。

2. 带着欣赏的眼光看每一位学生

研究生导师应带着欣赏的眼光看每一位学生,而不是不断挑刺,对学生充满怀疑、担忧和愤怒等情绪。学会欣赏,是研究生导师指导学生的重要原则,当学生怀着满腔的热情投身到学业和研究中的时候,研究生导师应欣赏他们的行动并给予肯定,同时鼓励他们不断超越自己;当学生在研究规范、研究方法或文献检索等方面犯错时,应持一种包容并耐心教导的心态,相信这是学术生涯中必经的阶段,能够助推他们的发展。

(三)人际导向激励

RTE 理论认为,人际导向激励比物质激励更有效。依据这一思想,可以从支持与督促两方面采取措施[③],对研究生的学术行为进行激励。从支持的角度而言,研究生导师应该在学生提出研究问题或者尝试一种新的研究方法时给予正面的激励并提供其所需要的仪器设备及资金等;从督促的角度而言,许多研究生虽然具有学术开拓的热情,但是意志力薄弱,遇到困难时容易迟滞不前或者选择放弃,这时候导师需要督促他们按照计划开展研究工作,为他们的发展提供一种外在的压力和动力。

吴价宝认为,大部分研究生具有较大的潜力,但同时也具有惰性[④]。因此,导师应加强对学生的监督,激励他们克服惰性,朝着既定的目标努力。导师还应高度关注学生的研究兴趣,了解每一个学生,为他们的学术兴趣提供支持,在他们遇到困难时尽可能地提供相应的帮助。

此外,导师应告诫学生不可求全责备,研究从来都没有十全十美的,研究是一个持续推进和不断努力探寻的过程,在这个过程中会有很多瑕疵,只需在下一阶段的研究中争取改善即可。

---

① 马强,蔡茂华,刘运春.当前硕士研究生学习情况调查及分析——广东省13所高校硕士研究生学习情况调查报告[J].高教探索,2013(2):95-98.

② 蔡婷婷,周宁宁,舒文.严谨治学海人不倦——全国优秀博士学位论文导师谈博士生培养(上)[J].学位与研究生教育,2003(8):4-7.

③ 蔡婷婷,周宁宁,舒文.严谨治学海人不倦——全国优秀博士学位论文导师谈博士生培养(上)[J].学位与研究生教育,2003(8):4-7.

④ 吴价宝.导师的学术心态、指导行为与绩效透视[J].学位与研究生教育,2002(4):34-35.

（四）统计工具的学习与掌握

完成一项研究，需要熟练地掌握统计工具，统计工具的讲授应与学生的研究实践紧密联系，帮助学生学会灵活使用统计工具进行研究设计。"院系可以鼓励使用同种研究工具的学生和教师建立网上论坛或研究工作坊，为学生学习研究方法与工具创设有益的讨论环境，让学生感到自己不是孤军奋战。"[1]

此外，院系有必要多增加学习统计工具和研究方法类课程。在课程教学中，教师应对学生严格要求，并且将学生分组，每组提出研究问题，选取适合的研究方法和研究工具，提高文献检索和资料分析的能力。实际演练，有助于学生更好地掌握研究方法和研究工具。导师也需要尽早地让学生加入课题组，指导学生熟练使用统计工具，为将来继续从事科研奠定基础。

---

① 巩亮，张万红，李卿.学术型研究生培养环境调查与分析[J].学位与研究生教育,2015(11):15-17.

国际比较篇

GUO JI BI JIAO PIAN

第四章　美国研究生创新型人才培养

经过长期卓有成效的发展,美国已经形成了规模庞大、类型多样、制度完善的研究生教育体系。更为重要的是,其研究生教育以高层次的科研、管理和人才培养质量而享誉世界。正如由 62 所顶尖研究型大学组成的美国大学联合会(The Association of American Universities,AAU)所形容的那样,"美国的研究生项目是吸引国际上优秀学生的磁场",[①]以至于各地学子纷纷赴美求学;同时,其他国家也纷纷以美国为借鉴,加紧推进本国的研究生教育改革,促进创新型人才的培养。

第一节　美国研究生创新型人才培养的基本情况

作为创新型人才资源培养和供给的有效途径,研究生教育在美国知识经济发展过程中发挥着非常重要的作用。那么,美国研究生教育关于创新型人才的内涵是如何界定的?其创新型人才培养的目标又是如何在教育实践中得到实现的?以及怎样的制度环境更有利于这些创新性人才培养的实践?对这些问题的思考和探索将有助于我们寻找到美国研究生教育在世界范围独占鳌头的奥秘。

一、美国研究生创新型人才培养模式的历史发展与政策演变

美国的研究生教育始于 19 世纪中后期,至今已有 150 多年的发展历史,其培养理念先后经历了理性主义、实用主义、国家主义和国际主义等发展阶段。[②] 最初美国研究生教育学习德国的学徒式培养模式,目的在于培养高级学者,关注"纯科学"研究,具有一定的理性主义色彩。19 世纪 70 年代至 19 世纪末,实用主义盛行,美国研究生教育将基础研究和应用性研究相结合,开始强调为社会发展提供服务。20 世纪经历了两次世界大战,在理性主义与实用主义并存的情况下,国家主义开始占据主导,此时的美国研究生教育已经在世界上处于领先地位。进入 21 世纪后,美国研究生教育由国家主义转向国际主义,有明显的国际化和跨学科的特点,研究生的培养目标也从单一的为学生提供高等知识和技能,转向更加关注发展学生的批判性思维能力,培养创新型人才。[③] 以下将分别探讨美国研究生教育在其不同发展阶段中对创新型人才的理解和基本培养模式。

---

① Association of American Universities. Graduate Education[EB/OL]. https://www.aau.edu/education-service/ graduate-education? id=4668, 2017 - 05 - 18.
② 陈学飞,等.西方怎样培养博士:法、英、德、美的模式与经验[M].北京:教育科学出版社,2002:258.
③ 汪霞,等.世界一流大学研究生培养模式和课程体系研究[M].南京:南京大学出版社,2015:6.

(一) 理性主义视角下的"学徒式"人才培养(19世纪70年代以前)

美国的研究生教育较德国起步晚,曾以德国为师。18世纪末,越来越多的美国学者前往德国考察和学习,将包括大学教育、研究生教育、科学研究方法、新的教学技术以及研究所、职称等级和学术自由等高等教育理念和制度带回美国。从此,美国研究生教育开始形成固定的模式,进入了重视科研和论文的发展阶段,[①]而创新型人才培养当为其题中应有之意。客观而言,全世界研究生教育的真正繁盛,是从19世纪后半叶的美国开始的。

1825年,弗吉尼亚大学作为美国第一所真正的州立大学正式开学,开启美国大学课程选修的先河;对于完成额定选修课程的学士,又开设了一些高级课程,1831年正式为这些学士授予文科硕士学位。同年,哈佛大学也设立选修课程,并为学科师生建立了共同的研究、学习场所,即系一级教学组织,此为美国专业学位研究生教育模式的雏形。

1853年,密歇根大学正式开设了学士后教育,制定了攻读文科硕士学位计划,对学习时间、课程、考试、论文等作了明确规定,开启了美国正规研究生教育的大幕。1860年,耶鲁大学开设博士学位,制定了美国第一个博士学位课程,并于1861年颁发了第一个哲学博士学位。1872年,哈佛大学正式建立研究部和文理研究生院,全面开展研究生教育。

在此期间,美国的技术移民政策也开始制定实施,1862年《宅地法》和1864年《鼓励外来移民法》,确立了美国鼓励外国劳动力(既包括技术型也包括劳力型)入境的移民政策。受惠于这些法律,诸多受过高等教育的技术人才来到美国,其中部分技术移民进入高校,为美国大学引进了国外高水平教授。相应地,美国研究生的人才培养工作也开始有了新的变化。

就培养目标而言,本阶段的美国研究生教育具有强烈的理想主义,以人文学科知识为主,希望培养具有理性精神的高级研究员,实现人的自我完善,忽视教育的实用性与职业性。

就培养过程而言,这一时期的研究生教育规模和水平都比较有限,在整个大学教育活动中属于陪衬地位。不过,其在课程设置、教学科研、人才培养方面的探索也是显而易见的。具体来说,首先,明确了研究生培养的主要任务是在导师的引导下进行科学研究和论文写作。换言之,研究生的培养过程就是论文的写作过程。其次,明确了师徒关系在研究生学业生涯发展中的重要地位。明确了研究生录取、培养、管理、科研、论文等所有工作都是在导师和研究生的讨论中进行的,大学的行政机构对研究生的管理工作必须在尊重导师和学生的学术指导关系下进行。再次,明确了研究生考核考试的方式,即研究生只需要通过知识性考试即可,考试与论文写作几乎同时进行。

(二) 实用主义视角下的"专业式"人才培养(19世纪70年代至20世纪40年代)

实用主义是在美国土壤上生长的一个哲学流派,1871—1874年在哈佛大学进行活动的"形而上学俱乐部"开启了美国实用主义的风潮,它强调"生活""行动"和"效果",把"知识"归结为"行动的工具",把"真理"归结为"行动的成功",从而对源于德国的、基于理性主义的学徒式培养模式形成了巨大冲击。

---

① 汪霞,等.世界一流大学研究生培养模式和课程体系研究[M].南京:南京大学出版社,2015:6.

　　根据实用主义的理念,大学要与工业、农业、商业等紧密相连,培养各种类型的、学以致用的、实用型人才。这种人才介乎理论研究者与技术开发人才之间,既具有较宽厚的基础理论知识,又具有较强的科学研究能力与技术开发能力。而且,社会对这种高级专业人才的需求非常大。1922年,哈佛大学率先开设一种与学术学位并列的专业学位——教育博士,随后逐渐拓展到农业、管理、艺术、工程等领域。在这种背景下,传统的学徒式培养模式已经无法满足巨大的人才需求缺口,体现出美国式研究生培养模式之本质特征的专业式模式应运而生。这种专业式人才培养模式有两大目标,具有理论性和应用性的双重色彩:一是崇尚科学探索,希望培养大学和研究机构的专职科研、教学人才;二是社会服务,用智力解决生活和社会的问题。博士学位的授予集中在社会科学、人文科学领域和理科三个领域。科研在很长一段时间里是教学的附属品,规模较小,如在二战前,1 400多所高校中只有180余所开展研究工作,全部研究经费尚不足5 000万美元。①

　　虽然由于实用主义思潮的影响,美国此期的研究生教育注重专业式人才的培养,但不能忽视的是学术型人才的培养模式也在此期间基本成型。1876年,约翰·霍普金斯大学正式成立,这是美国历史上第一所以科研和培养研究生为重要任务的研究型大学。该校致力于科学研究和研究生教育,以科研为主,注重理论研究和学术自由,创建并实行研究生院教育制度,当时美国很多学校的教师都毕业于约翰·霍普金斯大学。随后几年里,其他高校也纷纷模仿该校建立研究生院。研究型大学的建立标志着美国开始摒弃德国纯理性主义的办学理念,把德国学徒式的个人培养方式转变为集体培养与个别指导相结合、学术与人才培养相结合、教学与科研相结合,使人才培养上升到一个新的层次。

　　1900年,密歇根、宾夕法尼亚、普林斯顿、斯坦福、威斯康辛等14所大学参加成立了美国大学联合会(AAU),标志着美国研究型大学群体开始形成,当时这14所大学授予的博士学位占全美博士学位授予的90%。此后的近20年时间里,美国大学主要围绕研究生教育理念和评价进行了如火如荼的讨论,在规模上并没有表现出显著的变化,但为此后研究生教育的快速发展积蓄了力量。②

　　1918年到二战初期,是美国研究生教育第一个快速发展的时期,其最主要的原因是希望攻读研究生的人数急剧增长。美国教育委员会的一份报告指出,1918—1940年,文科和科学领域在读研究生人数从14 406人增长到105 748人,博士学位授予数从1 064人增长到3 526人(1941)。③该阶段美国研究生的培养过程不再仅仅是论文的写作过程,而是强调教学与科研的结合,听课、讲座、研讨会等成为必不可少的培养环节。为了加强研究生培养的过程管理,考试在其中扮演着重要的角色。一般来说,研究生考试主要分为两大类,一类是专业知识的考试,包括课程考试和综合性考试,其中综合性考试是对研究生所学知识的全面考察,是一种资格考试,只有通过综合性考试才能进行研究生论文的写作;另一类是工具性考试,是研究生需要掌握的辅助科研的工具性学科,如外语、计算机等。

---

①　马陆亭.高等教育支撑国家技术创新需有整体架构[J].高等工程教育研究,2016(1):5-11.
②　赵世奎,等.美国博士教育的规模扩张[M].北京:北京大学出版社,2016:2.
③　Berelson Bernard. Graduate Education in the United States[R]. New York:McGraw-Hill, 1960:14.

　　为了培养研究生的创新能力,美国高校特别重视研究方法的教学。同时,针对此阶段学科划分过细所带来的视野局限问题,一些学者反对"工艺排他性",呼吁要利用跨学科研究来解决自己生活和研究中的问题。经过两次跨学科运动,"跨学科"研究的呼声越来越高。在此背景下,一些高校也开始采纳跨学科的学习,希望通过拓宽学生视野,加强不同学科之间的对话,来激发研究生的内在创新动机。跨学科人才培养首先出现在社会科学领域,成为通识教育的一部分,但并没有涉及自然科学领域。

　　另外,在美国大学联合会的影响下,一些民间评估机构开始对研究生教育质量进行鉴定,推动美国研究生教育走上标准化进程,从而在整体上保障和提升美国研究生的学术水准,为美国研究生教育在国际上占据长期领先地位奠定了良好基础。

(三)国家主义视野下"协作式"人才培养(20世纪40年代至20世纪90年代)

　　经过两次世界大战和第三次产业革命,美国不断产生新的生产领域,涌现出诸多技术和智力密集型企业,社会对高水平人才的需求增大;但由于一段时间以来美国注重引进海外高精尖人才,而忽略了本土高水平人才的培养,寄希望于从欧洲引进先进技术,而没有为本地大学与研究机构提供足够的经费开展自主研究,从而产生了国家发展需要与人才供给之间的矛盾。在此背景下,美国联邦政府在继续实行移民政策,加大吸引他国优秀留学生力度的同时,开始加大本国科研的经费投入,资助了更多的科研项目,更加重视创新型人才的开发。从这一时期开始,半数的诺贝尔奖得主都曾接受过美国的教育,创新型人才开发取得了显著成效。

　　1945年,时任美国科学研究发展局主任的万尼瓦尔·布什(Vannevar Bush)总结战时国防研究的经验教训,向总统提交了一份报告《科学:没有止境的前沿》,论证了政府支持基础研究的正当性,将科学政策的任务定义为国家安全、卫生和经济增长的贡献。杜鲁门总统向国会递交的特别咨文中指出:"除非一个国家能够充分发展它的科学技术资源,否则便无法保持它今天在世界上的领先地位","一个政府,如果不能慷慨而又明智地支持并鼓励大学、工业和政府实验室中的科研工作,就没有履行自己的职责"。[①] 之后联邦政府加大了对大学研究的经费支持,开创了美国高校科研工作的繁盛局面。

　　1950年,斯坦福大学开创了大学与企业协作培养研究生的新模式,这一阶段,企业成了创新型人才开发的主体。1954年,美国广告商亚历克斯·奥斯本(Alex Osborn)作为布法罗州立大学的校董之一,推动了该校创新教育基金会成立。60年代,创新作为一门学科在美国得到重视和研究,关于创新的理论开始获得发展。在石油危机爆发之前,冷战及美苏竞赛是美国科技政策的推动力量,美国政府投入了大量的研究经费和军费预算。同样,美国联邦政府也把研究生教育和科学发展提高到了国家安全的战略地位,在资金上持续加大投入,将研究生教育放在人才培养的中心位置,在重视基础研究的同时,加强跨学科科研和教学,并将应用型科研放在重要位置。

　　1957年,苏联第一颗人造地球卫星成功发射,美国的教育家认为苏联的技术优势得益于苏联的教育制度,美国应该改变本国的教育制度,培养更多的高科技人才。1957—

---

　　① 韩元建,陈强.美国政府支持共性技术研发的政策演进及启示——理论、制度和实践的不同视角[J].中国软科学,2015(5):160-172.

1958 年,国会接到 1 500 份关于发展教育的提案。1958 年《国防教育法》发布,将教育与国防建设相联系,试图纠正过去过于自由民主而带来的散漫学风,促进学生打好基础,以便在技术上进一步发展。这一思想在接下来的十余年成为美国的国家战略。《国防教育法》规定,1959 年为外语、国防安全等方面的 1 000 名研究生提供奖学金。1958—1968 年,联邦政府赞助科研经费每年都在增加,从 10 亿增加到 50 亿,增加了 4 倍多。1961 年,美国研究生院协会成立,美国研究生教育走向成熟。

20 世纪 60 年代末至 70 年代初,经济危机迫使美国减少国防与空间研究的经费,对科研的投入降低,美国研究生的培养失去了经费支持,一度陷入低迷,造成了大量人才缺口。来自日本和欧洲的挑战使得美国技术产品在国内外市场的份额降低,美国对政策战略进行反思,产生了一系列关于创新与发展的理论与政策。80 年代,经济学家罗默(Paul M. Romer)和卢卡斯(Robert Lucas)提出了新增长理论,用内生的技术来解释经济的增长,影响了美国科技发展的重点从基础研究转向社会服务和促进技术进步。

美国国会也于 1976 年通过了《国家科学和技术政策、组织和优先领域法案》,白宫科技政策办公室(Office of Science and Technology Policy, OSTP)重新建立。20 世纪 80 年代,美国陆续出台了多项法案,将企业引入大学科研中,重新定义了大学、企业、政府在人才培养中的角色与定位。1980 年《史蒂文森—威德勒技术创新法》鼓励大学、工业和联邦实验室科技人员的流动,提出建立合作研究中心促进技术发展。1980 年,《拜杜法案》从法律上保障了大学科研成果的转换和知识产权,要求大学积极向小企业进行技术转让,并约定一定的转让费,该法案通过专利转让链接了大学和工业;也改变了政府、大学、企业的关系结构,企业开始主动承担资助大学研究的经费。其后又相继颁布《中小企业技术创新促进法》(1982)、《国家合作研究法》(1984)和《联邦技术转移法》(1986)等,同意政府所有实验室都能够参与高校、企业的合作。在这种"扩散导向型"的科技政策下,军用部门和民用部门间人才流动加剧,促进了技术创新。

冷战结束,各种强大的对手消失或者受挫,日本的经济与苏联的政治不再是美国的威胁,美国成为世界上唯一的超级大国,人们对于政府主导的知识生产模式有了更深的认同,更加重视人才培养。在 1994 年总统经济报告中,克林顿政府首次界定了政府在科学技术发展中所起的作用,即政府的功能是"矫正市场失灵"。在联邦政府分别于 1994 年和 1996 年发布的《科学与国家利益》《技术与国家利益》的两份报告中,知识成为关键性投资,"以知识为基础的经济"成为美国发展的新逻辑。"提高全体美国人的科学技术素养"是《科学与国家利益》报告中五大目标之一,[1]但是此时的人才培养更多的是知识资本的附属品。经济、政治、战争危机不断推进美国对知识和人才的开发,至 21 世纪前,美国一直尊崇着知识创造优先的逻辑,人才培养始终在知识创造之后。

1995 年,美国国家科学院的科学、工程与公共政策委员会公布了《重塑科学家与工程师的研究生教育》报告,指出学术领域对传统型研究者的需求降低,并建议博士研究生教育要大力进行课程创新,重视基础知识教育,从过于专业化向知识拓展方向发展,增强与

---

① 威廉・J. 克林顿,小阿伯特・戈尔. 科学与国家利益[M]. 北京:科学技术文献出版社,1999.

非专业人士交流的能力培养等。① 从而使研究生教育项目不断扩大,不仅包括多学科的课程学习,还能够满足学生的就业需求,切实培养创新型研究生人才。

从这段时期美国颁布的一些重要政策和实施的一些重大计划来看,强调知识的生产与应用相结合,关注教育和科技发展,以维持美国强大的国际竞争力,是制定和实施这些政策与计划的出发点。相应的,在应用型或开发型的研究人才培养上,美国研究生教育始终把创新性作为培养目标必备的基本素质。

在培养过程中,协作式人才培养成为基本的培养模式,该模式专注于教学、科研和生产的统一,教学和科研都是围绕着后期的生产进行,是产学研相结合的培养方式。前几个阶段研究生的培养计划一般来自导师、学校、学生的协商,而此时的研究生培养计划引入了企业,由企业和学校共同制定,关注应用性和实践性。企业先提出自己的用人标准和培养要求,大学导师和企业导师则共同讨论研究生的专业设置和教学科研安排。

另外,这一阶段的美国研究型大学在重视应用型研究的同时,也重新加强了基础理论的教学,在研究生计划中增加了许多基础理论课程。至 20 世纪 90 年代中期,美国研究生教育已经将基础学科的教学放在教学计划的重点位置,硕士阶段基础学科的授课课时已达到总课时的 50％,而专业课程则占 20％—30％,博士阶段也设置了相关的基础课程。同时,面对环境污染、国际关系变化等国际性问题,在研究生课程设置中出现了大量新兴学科,跨专业成为一种新的培养方式,跨国培养也开始在实践中萌生。

(四) 国际主义视野下的"协作式"人才培养(2000 年以来)

在 21 世纪以前,美国普遍认为知识创造是经济发展的动力,移民政策带来的人才流入和人才培养都可以促进知识创造,而人才培养费时费力,不如人才引进效率高,在当时,关于人才培养的资金投入只占 6％。"9·11"恐怖袭击事件使得美国重新反思知识与人才的关系。国防相关的知识创造重新成为"公共福利"的核心,美国的移民政策也开始向着保守谨慎的方向发展,"人才危机"逐渐显露。

2005 年 10 月,美国科学院发表《迎击风暴:为了更辉煌的经济未来而激活并调动美国》(*Rising Above the Gathering Storm: Energizing and Employing America for a Brighter Economic Future*)报告,着重揭露了"人才危机"。对此,支持人才引进观点的人认为,移民政策紧缩使得全球人才供给出现了问题,很大程度上影响了美国的知识创造,故应该放松对人才引进的控制;而支持人才培养观点的人认为,长期的人才引进将美国国民推到低级劳动市场中,致使国防等重要部门中本土人才严重匮乏,人才危机归根结底是本土人才的危机,故应该重视本土人才的培养。在本土人才培养中,K12 阶段学生科学素质低,高等教育阶段科学和工程毕业生少,美国教师专业背景和素质低下,美国本土国民被挤入低收入行业;而海外人才正在抢夺美国人的饭碗,海外大学生科学和工程专业的比例远高于美国,而在美国接受研究生教育的毕业生中,有 38％为国外留学生,其中工程学博士外国留学生高达 59％。综合以上分析,美国科学院认为,美国本土产生了严重的

---

① 美国国家科学、工程与公共政策委员会. 重塑科学家与工程师的研究生教育[M]. 北京:科学技术文献出版社,1996.

人才危机。① 随后由总统签署了《美国竞争力计划——在创新中领导世界》(*American Competitiveness Initiative：Leading the World in Innovation*)，强调教育是知识的基础，要重视人才培养，保持人才的持续供应。

2006 年 9 月 19 日，美国高等教育未来委员会(Commission on the Future of Higher Education)提交了一份旨在规划未来 10—20 年美国高等教育走向的报告，即《领导力的检验：美国高等教育未来指向》。该报告着重探讨了美国高等教育未来值得关注的四个方面的话题，即入学(access)、负担得起(affordability)、质量(quality)和问责(accountability)，并为美国高等教育的未来发展提出了六项改革建议。具体包括：① 做好学生的入学准备工作，向更多学生提供经济援助，使更多学生能够接受并且负担得起有质量的高等教育；② 整个学生资助体制应该简化、重组，建立激励机制，更好地管理资助经费和对工作进行评估；③ 高等教育系统应大力提倡"透明度"，辅以大学各项信息数据的更新和公开，并开发一套以教育结果为重心的大学评估认证机制；④ 大学应保持持久的创新能力，不断进步；⑤ 联邦投资应集中用于事关美国全球竞争力的领域，如数学、科学和外语；⑥ 发展终身教育策略，充分认识和理解高等教育对每一个美国人未来的重要性。

2007 年 4 月，美国研究生院委员会(Council of Graduate Schools，CGS)发布《研究生教育：美国竞争力与创新力的支柱》(*Graduate Education：The Backbone of American Competitiveness and Innovation*)的报告，对研究生教育人才培养模式改革提出建议，呼吁政府、企业、大学通力合作，支持研究生教育的发展，培养创新型人才，增强国家创新力。报告建议第一要加强公民教育，将研究生教育与社会服务相结合；第二是加强创业教育；第三是扩大创新性较强的硕士课程，如自然科学、社会科学、工程等领域的招生规模；第四是重视跨学科研究；第五是加强政府、企业、大学间的合作，创新课程。

总体来说，美国研究生教育以培养具有创新精神和能力的研究生为基本目标，这种人才应该掌握先进的技术水平，能有效利用各种信息化手段，同时有解决社会问题的能力，能够跨学科跨国际交流，活跃在领域前沿且有较强的成果转化的能力。

在具体培养过程中，美国大学，特别是研究型大学已经对创新型人才的开发形成了较为固定的机制，即形成了以政府为主导、企业积极参与、大学实施培养的"官、产、学"三位一体的创新型人才开发模式。在此过程中，跨学科培养成为主流；各类高层次人才也从单纯的引进、派遣留学生转变为跨国联合培养。

不过，特朗普(Donald Trump)总统给美国研究生教育的国际化政策带来了变数。2016 年，一项有关国际学生的调查显示，如果特朗普担任总统，近 2/3 的国际学生将重新考虑到美国留学的决定。事实证明，特朗普当选总统之后的确将"全球化"看作是一个贬义词，他上任不久便签署了"穆斯林禁令"，禁止半数伊斯兰国家的学生和旅客进入美国。在其发布的上任后的第一个预算案计划中，拟将国际交流资助基金减半，并取消联邦对外

① 王程韡，曾国屏.知识创造和人才培养：从《没有止境的前沿》到《美国竞争法》[J].清华大学教育研究，2008(3)：78-84.

语研究的支持,"国际教育工作似乎成为当前政治环境中的危机行业"。①

二、美国研究生创新型人才培养的现状

美国研究生教育的基本模式为世界各国所借鉴。传统上,美国中学后教育包括三个层次:四年制的学士学位教育、为期一至两年的硕士学位教育和博士学位教育。美国政府对少数研究型大学给予了大力支持,使得美国能够以提升自主创新能力为目的,培养出创新型人才。

(一) 研究生招生

美国高等教育以其多样性著称,学院之间、学术单位之间和专业教育计划之间存在着许多差异和竞争。美国研究生招生采用申请制,各学院或专业会就申请者的资质进行相应的评估,评估的内容主要包括申请者的 GRE 成绩、GPA(大学必修课平均绩点)、该生在大学期间三位教授签名的推荐信,以及学生的个人简历和读书计划,以考察申请者的学历水平、学习能力、语言能力等,评估的方式通常是资料审核、专业性准入考试、专家面试等。

美国研究型大学在招收研究生时均采用通用考试,目的在于考察学生的基础知识和培养潜力。对于专业知识,美国大学认为,知识是普遍联系的,不同学科之间可以互相启发,跨学科的研究训练有助于培养学生的创新思维。美国大学招收学生时关注学生专业背景的多样化,从本科到博士都攻读同一学科的人并不多,能显示出创新能力的学生会被优先录取。

在招生过程中,各个专业首先会组织成立招生委员会,并制定出相应的研究生录取标准,接着招生委员会根据标准并结合申请者提供的材料,对申请者的情况进行全面分析、比较和判断,过程中可能会根据情况进行面试或电话询问;最后综合考虑申请者的学术背景与生源状况,决定是否录取以及享受哪一种资助形式。

正是这一系列严格的准入资质评估,保证了创新型人才培养的优质生源。在有些学科或高校,学生可以在完成学士学位之后直接进入博士教育阶段,而有的高校或学科则要求学生在攻读博士学位之前必须获得硕士学位。无论哪一种方式,博士生录取的淘汰率都很高,即使不那么著名的大学也是如此。在美国高等教育的顶尖大学中,博士生的甄选非常严格,只有最优秀的学生才可能被录取。

(二) 研究生培养

1. 制定明确的培养目标

美国研究生教育分两种:一种是学术性教育,毕业生拿到学术性学位后,在大学或科研机构工作;另一种是职业性教育,毕业生拿到本行业认可的职业学位后,在本行业工作。基于这种分开招生、分类培养的模式,美国研究生教育旨在拓宽各专业研究生的知识视野,提高他们的实践操作能力或研究能力,为其就业或从事科研工作奠定基础,这是美国

---

① Karin Fischer. International Educators Confront a New Political Reality — and Find a New Resolve[N]. The Chronicle of Higher Education,2017 - 05 - 31.

研究生培养目标的共同点。例如,华盛顿大学研究生培养目标侧重于两个方面:一是为学生提供高质量的教育服务,使之拥有更多的选择机会;二是为学生就业求职提供具体、特殊的课程与能力培养,使之拥有某种特长或技能,成为择业的制胜法宝。

2001年,美国卡内基基金会开展了一项"卡内基博士生教育创新计划",旨在通过不断地修正,使数学、化学、神经系统科学、教育学、英语学和历史学六大学科领域内博士生教育的目的和实践操作各自达到相互匹配的状态。在整个调查研究中,美国卡内基基金会和84所参与调查的院系共同提取了讨论与研究的精华,最终提出了学术型博士应以"学科管家"为培养目标,这种人"首先是学者,在最全面的意义上,他们将创造性地生产新知识,批判性地保存有价值和有用的观点,负责任地通过写作、教学和运用的方式转换所理解到的知识"。[①]

2. 建立合理的专业与课程体系

美国研究型大学在专业设置上强调文理互补,重视交叉学科和新兴学科,注重学科结构的综合性和平衡性,希望学生能够全面了解相关的各专业领域,通过不同学科间的对话和思考来激发学生的创造力培养。1997年,美国国家科学基金会启动了"研究生教育与科研训练一体化项目"(Integrative Graduate Education and Research Traineeship Program,"IGERT项目")。项目目的包括:① 改变博士生知识结构过度专业化的倾向,注重跨学科背景,掌握多领域精深知识,并具有人际交往方面的技能;② 以跨学科为背景,创新研究生培养模式,在复杂的环境中展开合作;③ 推动学术成员多样化。截至2014年,IGERT项目已经资助了132所高校,298个项目,6 500余位研究生,对创新型人才的培养起到了促进作用。据统计,1970—2011年,美国多学科/学科交叉硕士学位授予比例为0.75%、博士学位为0.41%;多学科/学科交叉硕士学位授予数从1970年的924人增加到2011年的6 748人,数量增加了7.3倍;多学科/学科交叉博士学位从1970年的101人增加到2011年的660人,数量增加了近6.5倍。[②] IGERT项目在改革研究生培养模式、转变研究生教育实践、支持教师参与学科交叉科研与教学,以及推进在传统院系开展学科交叉研究生培养等方面,产生了重要影响。

哈佛、斯坦福、麻省理工等大学先后建立了"科学、技术与社会"等学科交叉研究中心来设立与发展学科交叉课程,支持学生跨专业、跨院系学习,并为学生提供了大量高水平的跨学科讲座等。宾夕法尼亚州立大学对于交叉学科的研究生培养十分重视,设置了包括跨学科的研讨班、多院系联合举办的报告及学术会议,选修课,学分认可制度,辅修专业,选修专业,学院间合作学位项目,双学位项目,交叉学科学位项目八项培养方式。普渡大学学科交叉研究生培养模式包括学分认可制度、辅修专业、联合学位项目、交叉学科学位项目等。

无论是硕士生还是博士生,美国的研究生教育都有严格、系统的课程教学。学生在进

① 克里斯·戈尔德,乔治·沃克.重塑博士生教育的未来:培养学科管家[M].上海:上海交通大学出版社,2015:3.

② 高磊,赵文华.美国学科交叉研究生培养的现状及启示——以美国研究生教育与科研训练一体化项目为例[J].学位与研究生教育,2014(8):54-60.

入研究生院时,入学手册上有一系列可供选修的课程,各专业研究生的课程一般分为必修和选修两种,研究生入学后要在导师指导下,制订学习计划。硕士培养计划为1—3年,硕士学位要求学生完成6—8门课程,除几门必修课外,还可以有2—3门的选修课,另外还要完成毕业论文。博士学位是最高的学位,课程要求一般为20门课,具体课程不仅包括学科基础课程,也包括方法论和理论课程,取得学士学位后通常需要再学习5—7年才能获得博士学位。最初一两年需要学习专业课程和参加"专业考试"或"资格考试"。通过之后才能获准进行独立研究,花费一年多时间撰写博士论文。

不同的大学采取不同的措施强化研究生的课程学习。在哈佛大学,博士生一般应在前两年的4个学期内修完至少9门课,包括必修课和选修课,其中有2门课要在本专业之外去选修,以拓宽知识面。研究生很少有官方统一教材,教授们一般是给每门课开列一大堆文献目录,引导学生自己去寻找和阅读原著。综合考试是研究生教育中课程学习部分的结尾,一般由导师或任课教师负责组织书面考试,有时既有书面考试也有口试。另外,美国研究生教育以研究探索为基础,在大学内普遍实行助教和助研机制,即教授选取优秀的研究生协助自己开展教学,被选中的学生主要负责批改作业和为课堂上的学生答疑解难等。

3. 建立高水平的研究生导师队伍

美国实行以导师为主、导师和指导委员会相结合的研究生培养制度,由指导小组共同负责研究生的学习和科研方面的指导。指导范围涉及课程、论文、科研和社会实践等方面。

在导师的遴选上,更注重学历和学位,可以指导研究生的导师资源非常丰富,保证了导师指导的专业性和研究生参与科研能力训练的可能性。一般来说,美国高校对教师的选拔十分严格,这从根本上可以保证研究生导师的教学水平。美国研究型大学招聘教师时,大学必须在两家以上公开发行的英文报刊上刊登招聘广告,并由学校资深教授组成招聘委员会,审查应聘者的学历、科研和教学能力。应聘者要到学校进行学术演讲,逐级评审。大学通常为避免学术的"近亲繁殖",并不留本校毕业生任教。马萨诸塞州的波士顿大学招聘新教员,必须是外校毕业的,具有博士学位的人员,需要在5—6年后有望处于国内本领域研究的前沿,10年后有望成为本领域世界级领袖。

美国研究型大学的教授在拿到终身教授职位前,要经历5—7年的考察期,几乎每个教授在他前十年的科研生活中都需要自己做实验;教授既要做科研,又要懂教学。美国科学界竞争十分激烈,教授在一两年内要保证在高水平期刊发表相当数量的学术论文,否则可能从此失去话语权。这样激烈的竞争环境,也使得美国教授维持了学术上的高水平,并带动创新型人才的培养。

研究生选择导师是在其入学后经过较长时间和较多门数的基础课程学习之后进行的,这就为学生和导师的相互了解提供了便利,使双方的互相选择有了较好的基础,能尽量避免失误和盲目,对日后的培养工作极有好处。在导师的指导上,美国实行的以导师为主,指导小组培养研究生是对德国学徒式导学方式的继承和改进,很好地补充了单个导师知识的局限性和由此可能导致的片面与狭隘。在集体指导中,教授的科研活动成为一种教学的模式,而学生的科研活动则成为一种学习的模式。

4. 保持内容前沿性和方式灵活性

美国大学中研究生课程很少使用固定教材,因为知识的更新速度过快,书本的知识会过时,教授们经常把自己最新的研究成果和领域内的新成果和新动态放在课堂上与研究生们探讨。在教学过程中,注重以问题为导向,鼓励学生发表不同的观点,以鼓励知识创新。在威斯康辛大学中,教授们的课程以问题的提出为课程教学的出发点,以应用为导向,提供给研究生当下能够立即使用的知识与技能;马里兰大学史密斯商学院紧紧围绕国际经济形势和经济热点,关注发展中国家的变化并提出相应的解决项目。这些最新的知识通过课堂传递给研究生,促进研究生成为未来创新的主体。

在教学方式上,教授关注怎样才能最大限度地激发学生的批判思维和发散思维,经常使用诊所式教育法、研讨会教学法和案例教学法来组织教学。法学院的教授喜欢用"疑难杂症"的真实案例来进行授课和讨论,促进学生对司法程序和道德的思考;文科研究生的教授则青睐于研讨会教学,一般在 10 人以内,汇报者需要进行大量的文献阅读,参与者则可以各抒己见,有时甚至会陷入激烈的争辩中;案例教学法则是哈佛的一项特色,其商学院 MBA 通过 800 个案例来组织教学,教授充当激励者引导研究生进行案例讨论,在没有标准答案的情况下对案例进行分析。

5. 体现"宽进严出"原则的考核制度

美国大学研究生的教育遵循"宽进严出"的原则,研究生的课程考核难度大、涵盖面广、形式灵活,如果不能通过考试或修满学分,研究生将不能获得学位,美国每年都有一部分研究生因考试不过关、学分不够或因不能通过论文答辩而无法获得学位。据统计,一般研究生院淘汰率在 10%—15%,名牌大学甚至达到 30%—40%,学生不得不全身心投入学习和科研当中,这也就保证了研究生教育的质量。[①] 培养过程中又有灵活性,比如博士生可以转换专业,可以跨系甚至跨校选课,中途可更换导师,重组指导委员会等。

作为课程考核,教授们选择小论文或者报告的方式对研究生进行考核,或采用考试与作业相结合的方式,或采用综合考核的方式。硕士生的毕业考核一般要求提交小论文或者毕业设计,博士生的考核则相对难得多。博士生的毕业考核更重视创新性学术成果,博士论文应体现申请博士者具有取得学业成就的训练与经验,在该研究领域具有独立解决重大问题的能力,并对知识有创造性的贡献。

6. 注重学术论文的过程指导

以博士生培养为例,在取得博士候选人资格后,博士生开始专注于博士论文的研究工作。多数美国高校规定:博士生要作开题报告,开题报告得到批准后才能着手开展研究工作。博士论文应具有原创性,并对所在学科有一定贡献。不过,不同学科对博士论文的要求和评价标准有所不同,自然科学领域的博士论文选题通常与导师的研究项目相关,可能是团队课题的一部分。社会科学领域的博士论文通常是个体性的选题,反映研究者的兴趣。[②]

---

① 张继平,余丹丹.美国研究生教育的发展及特色探析[J].大学:研究与评价,2009(Z1):101-105.
② 王东芳.美国博士生培养的理念与制度[J].高等教育研究,2013(9):54-60.

在博士论文研究过程中,导师在论文选题与具体研究过程中提供主要支持,论文指导委员会的规定性职责是阅读博士论文,同时在博士生需要时提供指导。博士论文完成后,博士生要提交给委员会老师们一份未定型的全稿,作为计划答辩时间的第一步。委员会教师应在参加答辩前阅读博士论文,学生的责任是给教师预留足够的时间看论文。等教师阅过论文后,委员会主席和成员间应有直接的交流(口头或者书面的),以决定博士生是否具备答辩的资格。

7. 加强大学与企业、政府等多方的合作

经过高级训练的劳动力在知识创造和专业实践方面是领先的,这是美国未来经济竞争力和国家安全的关键因素。研究生教育作为美国高等教育系统的重要组成部分,必须将创新力与竞争力作为国家战略的一部分。为了进一步加强研究生教育的竞争力和创新力,美国采取了相应的改革策略,即加强大学与企业、政府等多方的合作,共同致力于研究生创新力的提升。

在美国,研究型大学承担着全美 80% 博士生和 50% 硕士生的培养任务,将研究生培养与重大科研活动相结合,是美国创新型人才培养的重要途径,也能够保证重大项目的顺利进行。最直观的证据就是美国获得诺贝尔奖的 300 名科学家中,获奖的项目几乎都是在美国的研究型大学中完成的。美国政府将许多国家重点实验室设在研究型大学内,以加州大学伯克利劳伦斯国家实验室为例,实验室内有 11 位诺贝尔奖得主和 80 多位院士进行研究工作,并在大学兼职任教。该实验室的研究成果对旧金山湾区 9 个县的经济影响达到 70 亿美元,对全球经济影响达到 140 亿美元。[①]

研究生是未来知识的创造者和革新者,它对经济的发展与繁荣以及国家的安全等具有直接的影响。大学、企业和政府在提供完成这些目标所需的专门知识和相关资源方面具有重要作用。因此,美国研究生教育在发展过程中也采取了相应的改革措施。许多研究生院提供了一些革新的项目,在项目运行中注重加强同企业与政府方面的有效合作。例如,一些研究型大学与汽车、石油、天然气和电力公司合作,共同寻求新的技术来缓解温室气体的排放,从而有效解决全球变暖所产生的后果等。同时,企业与大学之间的合作,也为了确保美国从生产制造到服务经济这一变革中做好准备,而在这一过程中,研究生的重要性也进一步得到突显,因为他们在解决一些技术或商业问题时可以提供相关的知识和技能。[②] 如坐落在斯坦福大学边的硅谷就是产学研结合的典型,霍普金斯大学工程学院大量从企业聘请兼职导师来指导研究生的学习,研究生的培养直接与企业的需求相结合。此外,不断加强研究生的专业实践,使其可以直接应对来自商业、政府以及非营利部门劳动力的变革,而联邦政府则是学术研究与发展的主要资助者,如社会科学和人文学科领域、STEM 领域(即科学、技术、工程和数学)等。

---

① 王盛水. 从美国高等教育的特点看创新型人才培养[J]. 高校教育管理,2012(2):65-71.
② 翟月,陈玥. 美国博士生教育质量改进策略探析[J]. 研究生教育研究,2017(3):91-95.

第二节　美国研究生创新型人才培养案例分析

培养创造型人才而不单纯是知识型人才,是美国研究生培养工作的核心,美国各大学,特别是研究型大学在制订研究生培养计划时,都特别重视和力图体现这一点,充分考虑到将研究生的智力和所学知识紧密结合起来,同时还要使研究生能够接触到必须回答的科学、文化、艺术等问题。

一、哈佛大学

(一)哈佛大学概况

哈佛大学创办于 1636 年,位于美国马萨诸塞州剑桥市,是美国本土历史最悠久的高等学府之一,起初校名为坎布里奇学院,是北美历史上第一所具有高等教育性质的学校。1639 年,为了纪念在成立初期给予学院慷慨支持的约翰·哈佛(John Harvard)牧师,马萨诸塞议会于该年 3 月将学校更名为哈佛学院。1780 年,哈佛学院正式改称为哈佛大学。

自 1642 年起,哈佛学院就独立地颁授学位。学生经过四年学院教育,通过考试,可获得学士学位。1869 年哈佛大学正式授予硕士学位,学生获取学士学位后经过三年的文科深造,并完成对高于学士学位问题的公开辩论,合格即可授予文科硕士学位。1872 年,哈佛大学还率先成立了研究生部,1873 年开始授予博士学位。哈佛大学为美国的学位建设奠定了基础。

作为著名的常春藤联盟三巨头之一,哈佛大学先后诞生了 7 位美国总统,40 位诺贝尔奖得主和 30 位普利策奖得主。哈佛大学是以培养研究生和从事科学研究为主的综合性大学,规模庞大,资产众多,拥有世界一流的教学设施、师资和学生,被称为哈佛帝国。

目前,哈佛大学下设 13 个学院,分别为哈佛大学文理学院、哈佛商学院、哈佛大学设计学院、牙科医学院、哈佛大学神学院、教育学院、哈佛法学院、哈佛医学院、哈佛大学公共卫生学院、哈佛大学肯尼迪政治学院、工程与应用科学院、哈佛大学研究生院、哈佛学院。另设有拉德克利夫高等研究学院,总共在 46 个本科专业、134 个研究生专业招生;其中本科生教育主体由哈佛学院承担。哈佛大学的在校学生已经超过 20 000 人,更有360 000 余校友分散在世界各地。①

(二)哈佛大学培养研究生创新型人才的实践

高等教育是一个循序渐进的培养过程。然而,传统的高等教育体系中,本科、研究生和博士生的培养是相对割裂和独立的,在这样的培养方式下,知识的断层和重复严重影响了研究生的培养质量,不利于创新型人才的培养。在此背景下,哈佛开始倡导贯通式的研究生培养模式。

所谓贯通式博士生培养,是从培养模式的角度出发,相对于传统的分段式博士生培养

---

① Harvard University. About Harvard[EB/OL]. http://www.harvard.edu/about-harvard. [2017-04-23].

而言的。分段式博士生培养模式是将硕士生教育、博士生教育分阶段进行,硕士学位作为独立学位而存在的培养模式。在此,将博士生培养分为分段式、提前攻博、硕博连读、直接攻博几类,这个顺序既是博士生培养模式的产生顺序,又是博士生培养模式贯通程度从低到高递进的顺序。换言之,直接攻博是博士生培养模式全部贯通的极限状态,是完整意义上的贯通式博士生培养模式。^① 贯通式博士生培养模式,可以认为是分段式博士生培养模式的一种简化和强化。

在哈佛大学的博士生招生专业中,除了“德国语言文学”“近东语言与文明”两个专业外,其余 71 个专业全部为只要是学士学位获得者就可以报考的专业。由此可见,哈佛大学哲学博士(Doctor of Philosophy, PH. D)的培养是以贯通式为主的。

1. 入学标准

哈佛大学作为美国大学的“领军人物”,每年申请入学的人数不断增加,但其招生人数却基本保持不变,录取率一般都不高于 10%。究其根本,哈佛大学不仅看重学生的专业素养,也特别重视综合素质,考生不但各门专业课成绩要出类拔萃,而且在体育、文艺、社会活动等课外活动方面也要表现出色。此外,哈佛还看重学生个性和发展潜力,考生若有特殊才能,将在招生时被考虑进去。具体来说,哈佛大学的博士学位在接受学生申请时,一般会要求学生提交以下材料:

(1) 个人陈述。个人陈述一般包括:教育经历和职业经历;已经取得的成就;兴趣和爱好以及想要继续从事高一层次学习的具体原因与计划;专业目标以及如何达至。个人自述在申请博士生入学资格中很重要,良好的学术背景、一篇高质量的个人自述有时能够弥补其他方面(如 GRE 或 TOEFL 成绩不理想)的不足,从而申请成功。

(2) 成绩单。这里的成绩单是指申请者在之前教育阶段中所取得的平均成绩,一般以 GPA 换算表示,哈佛大学的博士生招生通常要求学生的 GPA 要达到 3.5 以上。这就要求申请者在之前的学习中有较好的学习习惯和各科教师的认可,对学生的学习能力和综合能力都是一种考量。

(3) 入学考试成绩。哈佛大学的入学考试成绩一般选用全美通行的标准考试——GRE(Graduate Record Examination)的分数。GRE 考试是一项综合性考试,主要考察内容为词汇、数理推理、分析推理三个部分,是对学生思维能力和学习潜力的客观考量。以哈佛大学的高等教育学博士为例,其入学的 GRE 分数要求分别为词汇 590 分以上,数理推理 653 分以上。

(4) 推荐信。申请者申请哈佛大学一般需要提交两至三封推荐信,推荐人要对申请者过去的学术水平、工作成绩、科研能力、未来学习潜力以及个人品行等作出详细客观的介绍,供哈佛大学招生委员会在录取时参考。这里的推荐人可以是申请领域的专业学者,也可以是申请者周围的教师。

(5) 申请者的代表作。这里的代表作可以是申请者在申请领域已经发表过的学术论文,也可以是自己平时撰写的能代表自己学术水平的文章。一篇优秀的代表作可以为申请者的资料锦上添花。

① 张国栋. 贯通式博士生培养模式的研究[M]. 上海:上海交通大学出版社,2016:4.

　　在收集了以上申请材料后,哈佛大学会组织申请者统一面试。不同于国内高校把入学考试成绩摆在首位的习惯,哈佛大学的入学选拔普遍把面试放在首位,其次是推荐信、代表作,再次是平时学习成绩,对入学标准考试,如 GRE 之类的考试成绩一般只作参考。同时,教授在录取中享有较大的自主权,更强调申请者的创造精神和实际能力。这样严格的筛选制度,为今后哈佛的创新型人才培养奠定了良好的基础。

　　2. 课程学习

　　哈佛大学会根据各院系和学科的情况,规定贯通式博士生入学后需要修习的课程数量,课程数相对同校分段式博士生一般多 6—10 门,有的院系还会规定贯通式博士生在修完本专业硕士生课程的基础上,多修习若干课程。

　　哈佛大学博士生的课程体系,大致分为大课和研讨班(习明纳)两类。

　　大课主要形式除了类似于国内的大课教学,由一名教授每周两次进行讲授之外,还会安排助教组织学生进行课堂讨论课,讨论的材料一般基于教授的讲座、阅读材料等,这就要求学生不仅要上课认真听讲,更要阅读大量资料才能保证课程质量。学生每选一门课,就意味着每星期要读上百页文献,不断跟踪前沿,还要找出问题拿到课上讨论。大部分哈佛博士还会兼任助教职位,其要求比听课更高,不仅要大量阅读掌握前沿信息,还要组织引导学生们的讨论,在这样不同角色的转换之间,极大地锻炼了学生的创新型思维。[①]

　　习明纳在人文社科领域应用较多,先由上课教师指定阅读文献目录,或者提出研究问题,参与的学生必须在课前阅读完指定的文献资料,并在课下对文献的阅读分析,或者调查研究,得出自己对研究主题的理解和认识,同时提出自己的问题。课堂上主要是由学生们进行集体讨论,教师往往只作引导性发言和提出问题,并在学生讨论中对不同观点发表意见,最后进行总结性发言。授课教师在一学期内一般要求学生针对研究的主题写 3—5篇研究报告或短论文。习明纳类课程注重于锻炼学生独立思考的能力,对学生创新能力的培养十分有益。[②]

　　3. 资格考试

　　哈佛大学的博士生在每个阶段的学习中都会面临着严格的内部控制,各院系会根据学生的课程学习情况予以考核。以哈佛大学法学专业博士为例,其按规定须完成至少 83个学分的课程,其中选修课应大于 52 个学分,同时,学校鼓励博士研究生在课程远修阶段进行跨学科学习。另外,法学博士应至少提供 50 个小时具有法律性质的无偿公共服务,相关工作应在持牌律师的监督下进行,这进一步加强了哈佛大学创新型法学博士对社会的贡献性和对法学实践领域深层次的了解。哈佛还给予了贯通型博士严格的淘汰机制,在任何学年,只要学生有两个或以上的"不通过",都会被移交行政委员会,行政委员会将直接决定该生下学年能否继续学习,该规定不仅加强了创新型法学博士的自律意识和竞

---

　　① A Student's Guide to Writing in the Life Sciences [EB/OL]. http://101.96.10.€3/hwpi.harvard.edu/files/hwp/files/life_sciences.pdf/2017-09-09.

　　② Workshops and Discussions [EB/OL]. https://bsc.harvard.edu/pages/workshops-and-discussion-groups/2017-09-09.

争意识,同时还对法学博士的相关考核进行了个性化设置。[①]

在第三年,研究生必须通过综合考试大关。综合考试的主要目的是考核学生博士阶段的学习和科研能力,特别是创新能力,筛选一些不具备博士培养基础的学生,保证博士生教育的高层次和高质量。综合考试要求学生有很宽的本专业知识面,主要检查学生是否掌握所学专业的全面性知识,对所学的博士课程的理解力,其内容不只是以博士生课程为基础,其涵盖面非常广泛。形式上,综合考试主要构成包括平时成绩、口试、笔试三种。综合考试中,学生要累积成绩、笔试成绩两类均达到 B,或具备相当 B 及 B 以上水平。并在口试中回答 2—3 个相当于我国二级学科专业领域的各类问题以及 1 个跨一级学科问题。综合考试失败意味着继续读博士资格终止。但如果考试委员会考虑再给一次机会,学生可以再考一次,但若再次失败就予以淘汰。

只有在通过了综合、专业考试之后,学生才能正式获得博士生资格并选择导师,师生商讨论文选题事宜,并进行下一阶段的研究工作。

4. 导师选择

哈佛大学的很多系(特别是自然科学和生命科学领域)会要求哲学博士生在选择论文指导老师前进入不同的实验室轮转。实验室轮转是哈佛大学训练博士研究生科研能力的一种方式,是其博士生培养的一个重要环节。

实验室轮转要求学生在 2—3 个实验室轮流做实验,在每个实验室停留约 3 个月,同时熟悉 3—4 个分支领域,跟随不同的教授工作。以哈佛大学文理研究生院的公共健康生物科学系为例,该系要求学生在 3 个不同的实验室轮转,每个实验室停留 10 周。

在轮转任何一个实验室前,实验室的教师要和学生就参与项目、停留时间等问题进行商榷并达成协议。在实验室停留期间,领导实验室的教师和学生共同探究这个实验室是否可以成为一个潜在的论文实验室。在每个实验室轮转结束时,学生要撰写标准的科研报告。另外,学校还会在轮转结束时选择一天将所有的学生聚集到一起,要求每人做一个15 分钟的口头报告,另加 5 分钟的问答环节。在这一活动中,学生将有关轮转工作的情况报告给同龄人、同事和感兴趣的教师,指导轮转的教师及与会者根据学生的报告内容、努力程度、口头与书面表达能力和学习态度进行评分。[②]

实验室轮转一方面可以使学生全面了解学科、培养学生的创新能力,同时也是一种师生互选的过程。学生通过跟随不同的导师工作,可以初步了解各导师的研究专长和研究方向,以及实验室环境等。轮转结束时,学生可以根据轮转经验,经过自我评价,选择一个完成学位论文的实验室和自己喜爱的导师;而导师也在学生轮转过程中了解和观察学生,并从中选择满意的学生。最后,学生进入一个相对稳定的实验室从事独立研究,为完成学位论文做好准备,这个实验室的领导者通常是学生的主要论文指导教师。

在实验室轮转是哈佛大学博士生教育一个非常重要的组成部分,对以后从事学位论文的研究非常重要。一方面,学生通过轮转可以熟悉不同的实验室,跟随不同的导师,接

---

① Karen B. Brown, David V. Snyder. General Reports of the XVIII the Congress of the International Academy of Comparative Law[M]. New York:Springer Science, Business Media B. V, 2012:57-83.

② 李新翔. 哈佛大学博士研究生科研训练方式研究[D]. 济南:山东师范大学,2011:25.

受不同的观点和不同水平的训练,从而培养多元的科研观念和技能;另一方面,也能开拓学生的视野,培养学生的创新思维和能力。

(三) 哈佛大学培养研究生创新型人才的经验

1. 提高博士研究生的社会奉献意识与适应能力

首先,在社会奉献意识方面,鼓励研究生发挥个人所学知识,深入社会基层,进行相关的专业服务,为社会的进步和发展做出自己的贡献;其次,在社会适应能力方面,鉴于博士教育的最终目标和根本目的是为社会贡献出更多的服务价值,所以也应当鼓励博士研究生在校期间深入社会,将自己所学知识与社会实际相结合,使自己的专业知识适合社会的需要,能为社会所用,改变原有脱离社会、脱离实际的传统教育模式,进一步发挥创新型研究生教育的优势和特色。

2. 树立多元化的考核机制,培养学生的自律意识和竞争意识

首先,学生的能力考核要以知识的掌握程度为基础,学生要明确评价考核体系,并能根据评价指标调整自己的学习,从而树立以获取专业知识为中心的自律意识。其次,在课程的学习过程中要加大学生之间的交流合作以及相互学习的程度。同时还要树立学生的竞争意识,通过相互学习与比较,努力完善自身,从而实现对既有知识的进一步夯实。再次,在最后的考核过程中,除了专业课的考核外,还要将综合能力纳入评价体系,通过多元化的考核机制,使相关专业博士实现更加全面的发展。

3. 贯通式培养方式避免了知识上的重复或脱节

以哈佛大学生命科学专业为例,其相关课程都是本科生和研究生互选的,本硕博课程交叉比较深入,不仅纵向交叉,而且横向交叉,每位本科生必须修读四门其他相关领域的课程。学生本科阶段会学习该领域的基础知识,在研究生阶段更注重科研能力的培养,两个阶段的课程内容相互衔接、逐层递进,避免了知识的重复讲授或者课程内容的脱节。

二、麻省理工学院

(一) 麻省理工学院概况

麻省理工学院,简称麻省理工(MIT),创办于 1861 年,位于美国马萨诸塞州剑桥市,是世界著名私立研究型大学。麻省理工学院于 1861 年由一位毕业于老牌南方名校威廉玛丽学院的著名自然科学家威廉·罗杰斯创立,他希望能够创建一个自由的学院来满足快速发展时期美国的需要。由于南北战争等因素,直到 1865 年 MIT 才迎来第一批学生,随后其在自然及工程领域迅速发展,至 20 世纪 30 年代,MIT 已经成为全美知名的工科院校。

(二) 麻省理工学院培养研究生创新型人才的实践

美国研究型大学是美国创新体系的核心,是培养研究生的主要阵地。美国研究型大学的演进与美国航空工程等应用科学领域是相伴而生的,MIT 作为应用领域的一流大学,随着美国的工业化发展而发展,在研究型大学的发展中具有代表性;MIT 的精神是"开创未来",可见,追求创新是 MIT 人才培养的基本特色,其中又以"跨学科培养"最为成功。

1. 麻省理工学院的创新型人才培养目标

培养目标是人才培养的标准,是人才观在高校的集中反映和培养人的价值主张和具体要求。MIT 致力于为学生打造一个社区,包括严谨的学习科研、支持新的发现、多样化的智力刺激,希望能培养学生的能力、热情和创造性,并有效地为人类服务。MIT 的教育理念是:大学应该致力于使学生在科学、技术和人文基础方面得到强有力的训练和熏陶,尤其鼓励学生在提出问题、寻找答案的自由探索过程中发挥个人的独创性。①

(1) 综合素养

以工程教育为例,MIT 工学院院长在其 2011 年年度报告中指出:"MIT 工学院的使命是培养出下一代的工程技术领导者,创造新的工程和科学知识,并且最终能够通过提供创新的理念、实用的技术来推动创造 21 世纪最伟大的技术问题和社会问题的解决方案,进而服务社会。"②

(2) 创新能力

在麻省理工,创意无处不在。如在怀特兄弟发明飞机 100 周年之际,MIT 学生在其主楼楼顶放置了一架飞机模型以表示对怀特的敬意。而在 MIT 的 16 号楼 1 层有一个投影,每天白天都在播放学生利用各种废旧材料制成的运动循环系统。这种看似无意义的行为潜移默化地向学生传递着创新的思维和创新的意识。

(3) 伦理规范

麻省理工希望学生能有严谨的科研态度,在生活中能够以高度的诚实、公正、尊重、诚信和责任心要求自己。MIT 的跨学科学生都要参加研究伦理行为的培训课,了解掌握研究资料和成果发布与共享的注意事项和科研诚信等。

2. 麻省理工学院培养研究生创新型人才的实践

人才的培养是一个系统工程,同样,MIT 的研究生创新型人才培养模式也包括招生、培养等一系列活动,而跨学科培养则贯彻始终,体现出 MIT 在研究生培养上的特点。

(1) 招生

麻省理工的跨学科计划会面向校内外招生,不过由于复杂、难度大等原因,每年只能招收很少的学生。在招生过程中,注重对入学者跨学科领域的相关知识和素质的考察;在招生的过程中,明确列出跨系研究生招生计划,吸引对跨学科感兴趣的学生。学生须在规定日期前完成报名申请工作,需要准备并提交的申请资料包括课程学习成绩单、研究生入学考试成绩单(GRE)、雅思或托福考试成绩单和 3 封专家推荐信等,同时需缴纳一定的申请费用。对申请者的考察注重申请者的跨学科领域知识积累、创新思维、团队协作、语言表达和动手能力等方面。跨系研究生计划包含三个方面,分别是跨系硕士学位计划、跨系工程师学位计划、跨系博士学位计划,涉及 15 个跨学科项目。③ 当学生在校内其中一个系注册后,该系研究生委员会同意并向院长提交跨学科学习计划,院长会设立一个跨学

① 周慧颖,郗海霞. 世界一流大学工程教育跨学科课程建设的经验与启示——以麻省理工学院为例[J]. 黑龙江高教研究,2014(2):50-53.
② Dean, School of Engineering, Annual Reports[EB/OL]. http://web. MIT. edu/annualreports/pres11/2011. 04. 00. pdf /2017-09-09.
③ Interdisciplinary Programs [EB/OL]. http://catalog. MIT. edu/interdisciplinary/2017-09-09.

科委员会来管理研究生的整个学位计划。

（2）课程方面

在"系"成为基础学术体制后，由于过分强调学科权利和学科边界，交叉学科一度受到打击。MIT 一直强调科学技术的相关性，即跨学科的方法对于解决社会复杂问题的重要性。MIT 根据专业发展需要设置跨学科课程建设，跨学科课程不局限在跨系研究生计划中，而是涉及整个学校。在培养工程人才的课程中，也增设了人文社会科学，基础学科、应用学科、人文社科紧密结合。在能源、创业、环境、生命科学、运输等方面进行大量拓展研究，以核心课程和辅修课程相结合的方式展开跨学科研究，如环境类中涉及空气、生物、健康营养、土壤、市场等 13 类、150 门跨学科课程。MIT 跨学科课程约 580 门，达到全校课程总量的 32%；[1]很多跨院系课程综合了跨学科合作研究的最新成果，大都以教师小组的方式进行讲授，以研讨式教学为主，一门课程一般由 2—3 位教师负责设计和讲授。[2]

MIT 的跨学科课程也关注学生的问题解决能力、工程设计能力、创新精神、伦理道德素质等。

（3）教师指导方面

麻省理工从事实践教学的教师达到教师总数的 60% 以上，是全校教职工的 30% 左右，体现了 MIT"实践与科研"并重的理念。MIT 有一批享誉国内外的学者和学科带头人，他们分散在各个院系，在多个跨学科平台上自由流动，组成跨学科研究生指导委员会，为选择跨学科项目的研究生进行指导。导师的职责主要是根据研究生的知识结构和兴趣确定培养计划和研究主题，引导研究生掌握跨学科的研究方法并进行规范的科研训练。

实行导师组制和博士生指导委员会相结合的指导方式，跨学科博士至少有三位不同专业的导师指导，对于一些高级的跨学科选课，需要学生、导师和博士研究生委员会共同决定，并对博士生进行监督和指导。MIT 建立实验研究小组（Experimental Study Group，ESG），小组中教师与学生一同进行跨学科研究，实验研究小组每年会接受 50 名 MIT 新生，他们可以参与实验研究小组的教学计划，通过担任教学助理来协助教师的工作，同时这些新生也可以参与到长期的教学研讨计划中，以培养他们良好的教学能力和领导能力。实验研究小组的教师来自各个领域，包括生物学、化学、心理学、数学、机械工程、物理、视觉艺术等各个方面。

（4）科研训练方面

MIT 的跨学科研究中心、实验室和项目计划共 58 个，主要包括计算机工程中心、环境健康科学中心、交通与物流中心、林肯实验室、麻省理工学院能源倡议、能源与环境研究中心等。[3]基于学校的跨学科平台，定期或不定期地进行主题研究、实验室轮转、学术活动、社会实践等。其中社会实践一般是担任助教、助研等工作。

---

① 周慧颖,郑海霞.世界一流大学工程教育跨学科课程建设的经验与启示——以麻省理工学院为例[J].黑龙江高教研究,2014(2):50-53.

② Interdisciplinary Graduate Programs ［EB/OL］. http://catalog. mit. edu/interdisciplinary/graduate-programs/2017-09-09.

③ Interdisciplinary Centers，Labs，&Programs[EB/OL]. http://web. MIT. edu/facts/research-centers. html/2017-09-09.

MIT 被称作"创业型大学",从最初的为了解决学校财源问题建立的"工业联系计划"开始,MIT 最早开始在学校周围建立公司,一直由创业教育带动研究生校企合作,让研究生在实际环境中运用并发展他们的学术知识。MIT 一直致力于将工程与科学相结合,"从雷达实验室到林肯实验室,再到今天的'能源倡议'和与无数企业的伙伴关系,MIT 已经证明了:杰出的跨学科团队能够解决异常难题"。①

（5）制度保障方面

MIT 将企业、研究所、高校、学科、教师等纳入研究生的培养中,跨界整理各领域资源,构建基于项目的多样化协同培养平台,协同培养创新型人才,如跨学科博士研究生项目(计算和系统生物学计划,CSBi)、校企协同项目(全球运营领袖项目,LGO)、校所联合项目(麻省理工—雾兹侯海洋学院,MIT-WHOI)以及校校联盟项目(新加坡—麻省理工学院 学术联盟,SMA)等。在跨学科项目中,研究生的招生、课程体系的安排、导师团队的构成都是基于项目需要而形成,研究生学习科研的各类资源都能在平台上自由流动,研究生的培养目标也更明确。

MIT 成立"科学、技术与社会规划学院",负责校内跨学科活动的沟通和组织,规定研究生 2 个月或 3 个月轮换一次实验室,定期进行资格考试,进行跨院系研究,并提供多种评价方式和资金支持为跨学科研究生培养提供支持。②

MIT 的跨学科项目中有完善的资金资助制度,包括奖学金、培训补助、助教等,资金来源包括联邦政府拨款、基金会赞助、个人或公司捐助、企业界合作等。

3. 全球运营领袖项目介绍

MIT 的"全球运营领袖项目"(Leaders for Global Operations，LGO)是麻省理工学院工程学院和麻省理工斯隆管理学院之间的合作培养平台,其本质是一项基于校企协同的研究生培养项目。

（1）招生

LGO 的使命是为下一代产品开发、运营和制造专业人士吸引最有才华的候选人。每年 MIT 的斯隆学院 MBA 课程会招 400 名学生,其中有 50 名是属于 LGO 项目的。LGO 项目的学生在社区中属于斯隆学院。每个接受 LGO 课程的学生都会获得一笔丰厚的财政援助,因此 LGO 的申请人不需要考虑自己的财务状况。

对于潜在申请人,MIT 会组织其进行半天的 LGO 体验,参加一个课程,与项目成员一起午餐,并与招生人员进行个人申请会议,以一对一的方式收到相关课程的信息。

LGO 的申请要求是:具有在 STEM 领域强大的学术背景,在所申请的领域有研究和学术兴趣,有两年或以上的能显示职业发展和成长的工作经验尤佳,拥有领导力和启发他人的能力,对运营、制造、产品开发、技术或类似工程管理的兴趣。一些工程部门还有更加具体的入学要求(例如,机械工程热力学本科课程)。③

---

① L. Rafael Reif Inaugural Address[EB/OL]. http://president. MIT. edu/speeches-writing/inaugural-address/2017 - 09 - 10.

② 王建美. 跨学科团队科研中研究生科研能力培养探究[D]. 上海:复旦大学,2012:59 - 60.

③ Leaders for Global Operations[EB/OL]. https://LGO. MIT. edu/apply/application-directions/2017 - 09 - 10.

（2）课程

LGO 项目结合了两个不同学位的要求：斯隆管理学院的工商管理硕士（MBA）和工程学院的理学硕士（SM）的六个学科。LGO 项目的学生需要完成 3 部分的课程学习——核心课程、LGO 课程和领导力课程。LGO 学生在第一个秋季学期加入 MBA 核心团队并与他们一起学习两年的核心课程。LGO 课程和领导力课程属于选修课，有 6—10 个课程。LGO 课程是为来自航空航天、生物工程、化学工程、土木与环境工程、电气工程和计算机科学、系统工程以及机械工程七个领域的合作伙伴所定制的专门课程，主要帮助学生解决各领域的实际问题，修习的研究生根据专业背景可选择任何一个领域；领导力课程是以与企业高管的讨论课的形式为主。

在第二年的六月，LGO 学生需要在 LGO 项目的合作公司完成为期六个月的实习，同时进行研究，形成双学位论文的基础。合作公司会为 LGO 学生提供工业实验室，LGO 学生也有可能参与到企业开发运营的相关活动中。

（3）教师指导

在论文写作期间，学校会有两名指导教师进行指导，合作企业也会派出一名相关主管进行指导。

（4）毕业去向

自从 1989 年开始该项目以来，超过 500 名 LGO 校友（共约 1 300 名）在全球公司取得了高级领导职位，创立了自己的公司或从事复杂战略支持。LGO 计划通过合作伙伴公司网络进行招聘，但 LGO 仍然使用斯隆管理学院的职业发展办公室。学生完成讲习班，并获得职业辅导，帮助他们决定生活的下一步目标。

（三）MIT 培养研究生创新型人才的经验

提倡跨学科教育，并不是代表单一学科的终结或完全摒弃学科界线，而是为提供一种全新的人才培养理念，营造一种跨学科组织文化氛围，并为研究和解决问题提供一种多学科方法和思路。

1. 加大跨学科培养政策支持力度

MIT 成功的跨学科培养模式绝非偶然，而是国家政策支持、校方管理体制以及学院组织环境三方共同运作的结果。美国政府高度重视跨学科研究，从国家战略高度对其进行顶层设计，直接影响了美国各大高校对人才培养模式的重新定位和思考，将"跨学科教育与研究"列入学校发展战略规划，继而引发高校人才培养模式和学位制度的一系列变革。

2. 整合教师资源，构建跨学科课程体系

没有哪一个教师个人的禀赋是至上的，唯有建立在多学科基础之上的多位教师群体性的禀赋才是值得推崇的。[①] 师资力量和课程体系是跨学科培养的两个重要方面。跨学科的师资制度为学生提供了广阔的跨学科交流机会与科研平台，使学生拥有足够的空间和条件进行多元和跨学科的研究，不仅有效培养了学生多学科的理论视角和问题分析能

---

① 魏玉梅.美国教育学博士研究生培养的"跨学科"特色及其启示——以哈佛大学教育哲学博士（Ph. D.）培养项目为例［J］.外国教育研究,2016(3):43－57.

力,还培养了学生广博的学术胸襟、相互包容的心态和社会责任感。课程修习是博士生培养的主要途径,博士研究生培养质量在很大程度上取决于课程体系的建设,任何创新性的人才培养理念和思路,最终都要落实到课程上。

3. 立足国情,正确对待跨学科培养过程中的困难

MIT 博士生培养制度凸显了跨学科特色,为世界各国博士生教育提供了有益的发展思路。但其实施的复杂性和艰巨性也不容忽视。

首先,跨学科博士生培养是一个系统而又复杂的工程,因国别、教育及文化传统的不同而有显著差异,因此,对他国经验的借鉴应基于各国现实情况之上。其次,跨学科培养的实践并不是一帆风顺的。因此,对尚处于跨学科教育探索期的我国而言,跨学科组织机构及管理体制的构建绝不是一朝一夕之事,理想的跨学科教育模式的探索也没有康庄大道可走,无论是理论研究还是实践求证都将任重而道远。但毋庸置疑的是,学科间的渗透与汇聚已是大势所趋,我国博士生教育应该顺应国际改革潮流,而不能只作壁上观。

第三节　美国研究生创新型人才培养机制与特点

前文梳理了美国研究生教育发展的历史和政策流变,介绍了其基本的人才培养机制,接着以三所研究型大学的研究生培养实践为例,探讨了贯通式研究生培养模式、跨学科研究生培养模式和研究生档案袋评价法,基于此,本节进一步分析了美国研究生创新型人才培养机制的特点。

一、美国研究生创新型人才培养机制

研究生创新型人才培养机制是以提高研究生的教育质量为目标,促进研究生培养过程的管理制度建设,加强研究生质量保障机制建设,合理配置研究生教育资源,激发研究生导师和学生的主观能动性,更加有效地培养研究生的创新能力。

(一) 创新型人才培养的理念目标

人才培养的理念原则是指人才培养的一种价值追求,即培养什么样的人。美国大学对创新型人才的培养强调集体利益与个人利益的统一。尽管各个大学在具体的目标设置上有所不同,但是都强调社会服务、个人全面发展和方式多样化。[①]

(1) 社会服务。创新型人才的发展直接支持知识创造,而知识创造是国家经济发展的重要支柱。大学在培养人才的同时要辐射周边甚至国家的经济,如哈佛大学的创新型人才的培养通过发展高新技术影响着波士顿地区的经济发展。

(2) 个人全面发展。创新型人才不仅应在专业、技术领域有所发展,也应该在社会人属性方面有所发展。斯坦福大学人才培养的目标是培养工程师和领袖,不仅要求学生有工程专业基础,也要求有人文社科素养。哈佛大学的培养目标是具有出众的学术才能,非凡的个性魅力,卓越的领导才能、创造才能和体育特长。耶鲁大学的人才培养目标始终强

---

① 李祖超,王甲旬.美国研究型大学培养科技创新人才的经验与特色[J].清华大学教育研究,2016(2):35-43.

调要培养领导力,培养领袖和有影响力的公民。美国大学提倡"创新文化",鼓励自主创业,培养创业精神,并提供创业课程等支持。

（3）方式多样化发展。美国大学对创新型人才的培养都有自己的特色,且大学内对人才培养的机制也不断创新和尝试。多样化还体现在课程设置多样化、学生来源多样化、思想文化多样化等。

（二）多元的创新型人才培养模式

美国是一个典型的高等教育分权国家,没有统一的人才培养模式,是市场经济竞争下形成的具有时代特色和地方特色的模式。因此,美国在研究生创新型人才的培养方面存在多种模式。美国研究生教育的学位结构,纵向上分为硕士和博士两级,横向上分为学术性和专业性两类。在美国,专业性学位的比重大大超过学术性,从学位分类体系上分析,美国的研究生教育更注重应用的专业性学位。其中,学术性教育主要针对博士生教育,而专业性教育主要面向硕士生教育。

1. 硕士研究生创新型人才培养模式

美国研究生院理事会(Council of Graduate Schools, CGS)于1989年任命了一个硕士研究生教育研究小组,对美国的硕士研究生培养情况进行了一次为期两年的大规模调查研究。根据此项调查研究的结果,把美国硕士研究生培养模式分为四类:附属型硕士研究生培养模式(Ancillary Programs)、职业提升型硕士研究生培养模式(Career Advancement Programs)、学徒型硕士研究生培养模式(Apprenticeship Programs)以及社区中心型硕士研究生培养模式(Community-centered Programs)。

（1）附属型

主要出现在全国性大学和致力于赢得全国声誉的地方大学,硕士教育被视为博士教育的垫脚石,为学生提供学术基础和学术训练,为教师提供观察和选拔博士生的机会,硕士教育处于博士教育之附属的次要地位。其特点是通过教师主导的学术训练强调学生对基本理论和技能的掌握;将大学外的专业工作场所所需的知识和经验"边缘化",实践效果差;对硕士生培养的行政支持和教师投入不足。

（2）职业提升型

主要在商业、工程和教育领域。这些硕士点是以学生—客户为中心的、职业导向的,以培养专家为目标的,教师赋予学生的是在学术界以外促进专业生涯发展所必需的知识、技能和准入资格,对学费高度依赖。职业提升型硕士研究生对固定课程的高度依赖,遵从从理论到实践的教学模式,大量邀请行业专家担任客座教师或兼职教师,是一种"顾客友好的"服务模式。

（3）学徒型

作为"师傅"的教师协助作为"学徒"的学生成长,传授给学生特定技艺领域中的高级知识与技术,帮助学生探索个人兴趣、培养专业归属感,努力将学生培育成为行会中的有用之才。学徒型硕士研究生教师高度重视"以实践为中心"的教学模式,学位点参与者之间的友好共事关系,教师对硕士教育和硕士生十分重视,而这种重视源于为其所在领域培养"未来专业人才"的责任感。

（4）社区中心型

这类学位点主要出现在教育、环境、社会相关的专业。师生作为一个学习社区中平等的参与者，对本领域相关问题形成批判性的理解和实践方法，从而为本专业以及更广阔的社会服务。此类学位点的培养目标主要是高素质、高技能，富有社会责任感的专业人员，典型学校是朗蒙特学院英语专业硕士研究生。这种类型硕士研究生培养模式的特点，即在一个学习者社区中师生会积极参与，通过跨学科和体验式学习活动，将理论和应用相结合的课程模式，教师对硕士教育尤其是硕士生提供有力的支持。

2. 博士研究生创新型人才培养模式

（1）专业式研究生培养

霍普金斯大学将大学定义为"研究高深知识的场所"，建立研究生院，开展研究生教育，首次提出"专业式"研究生教育模式，开启了"教学与科研相结合"的研究生教育，对创新型人才的培养起到重要作用。

"专业式"研究生教育注重基础知识的教学，将其看作是进行科研与论文写作的基础，要求研究生对基础知识有很强的掌握。它的核心特点是教育过程分段化，研究生培养严格分成课程学习、实践教育、论文撰写三个阶段，每个阶段都有明确的组织负责管理，科研贯穿整个教学过程中。专业式研究生培养能够培养出科研能力扎实的研究生，但是在创新型人才培养上不具有优势。

（2）协作式研究生培养

协作式研究生培养开启了"产学研"一体化的研究生教育，其目标是培养应用型或开发型的研究人才，需要研究生拥有较广阔、深厚的基础科学理论知识，又要有相当的科学研究能力，尤其是科技开发、科技改造和转化的能力，能够将最新的理论应用于实际生产，促进技术更新。协作式研究生由企业和学校联合培养，共同进行招生、培养、学位授予等事宜，双方需明确责任、义务与权利，联合设计教学计划。

在协作式研究生培养中，师生关系比较复杂，导师来自学校和企业，学生也有可能来自不同的企业和行业，这使得师生关系超越了传统的指导与被指导的关系。这种培养模式最大的特色在于它实现了"教学—科研—生产"的统一，使得研究生的培养与企业经营同步发展。导师需要重点促进研究生基础学科、基础应用学科的学习，科研一般围绕着生产中的实际问题而进行。

（3）跨学科研究生培养

由于社会问题的复杂性，单一学科越来越难以解决现实问题，社会对高层次复合型人才需求增加，跨学科培养模式日益兴起。跨学科教育集中在研究生，尤其是博士研究生的培养阶段。跨学科教育需要选拔最优秀的人才来攻读：一方面是因为跨学科项目的选题一般高深复杂，能反应学生的研究志趣和创新潜能；另一方面，跨学科研究生必须经历广宽与精深的科研训练，需要具备多种能力和素质。

课程设置方面，跨学科研究生培养以"博专兼备"作为课程设置准则："博"指知识视域的宽广，多视角看待问题；"专"指专业知识的精通性。师资队伍方面，"联合聘任制"和"专职聘任制"都能够保证优秀师资力量的加入。科研训练方面，不仅局限于学位论文写作，还延伸至课程方面，跨学科研究生学位项目注重设置专题领域的系列研讨课及方法论课程,研讨课由研究生轮流主持。

目前,美国研究型大学跨学科研究生培养主要有四种路径,分别是"创建独立建制的跨学科研究机构路径""研究生院统筹组织路径""学院内部整合路径"以及"跨学院协同路径"。[①]

美国研究生创新型人才培养模式的一个共同特点,即"一个中心、三个结合"。"一个中心"主要是指以学生为中心,一切为了学生的发展,让学生自主选择、自我负责;"三个结合"则是指课内与课外结合、自然科学与人文科学结合、教学与研究结合。

(三) 系统的培养环节

1. 选择培养对象

美国研究型大学选拔人才有一套细致的标准,在本科生阶段,一般涉及 GPA、课程成绩、标准测试成绩等,但是对于创新型人才的选拔则有更多的标准,大致指标有 SAT 成绩(学术型测试)、GPA、ACT(高中课程成绩)、个人陈述和论文、班级排名、推荐信。在录取方式上除了一般录取(面向所有高中生),还有提前录取。

而美国大学的研究生院对专业知识并不是十分看重,他们认为,知识是普遍联系的,扎实的知识基础和跨学科的训练是创新型人才持续发展的动力。美国在招收硕士研究生和博士研究生时均采取通用考试,考察学生的基础知识和潜力,强调专业背景的多元化,本硕博都读同一专业的人并不多。

2. 制订培养计划

研究生阶段学生拥有个性化的培养计划,由导师和学生共同商议制订。美国一般实行导师与指导委员会共同指导制度,导师本身就是优秀的学者,而指导委员会由学生导师和 3—4 个不同学科背景的教授组成,使研究生有较为便捷和宽广的知识来源渠道,并且能够接受不同学科背景的学术训练。

3. 课程教学环节

基础理论课。二战前美国研究生教育重视实用性课程,二战后开始重新强调基础理论课程。基础理论课程起点低,但是教学进度快,授课教师安排的作业和阅读任务多,一方面保证了学生对新知识的接受能力,另一方面为培养学生的创新能力打下了基础。

前沿课程。美国一直保持大学与行业的接轨,在课程中单独设置了"前沿课程"(Special Topics),避免课程的僵化和陈旧。这类课程主题不定,主要是讨论在该领域最新的进展和知识,保证学生所学与社会需求接轨。在伊利诺伊大学这类课程的时长最大限度可以达到一般专业课程的 3—6 倍。

跨学科课程。研究生跨学科计划是美国大学培养创新型人才的关键。文理融合、多专业融合能够帮助学生开阔视野,形成新的研究思路,培养创新思维。美国大学纷纷建立跨学科的课程拓展平台,是美国研究生教育史上的一个创新。

互动的课堂。美国课堂的形式主要是在教师与学生的互动中进行的,在课堂中的"互动"具有相当程度的学术性,学生需要花费大量的精力进行准备,一方面有利于学生开拓

---

① 焦磊. 美国研究型大学培养跨学科研究生的动因、路径及模式研究[J]. 外国教育研究,2017,44(03):16 - 26.

视野,增强知识储备,另一方面要求教师不断提高自身素养和学术水平,实现教学相长。

小组学习。将学生分为各个小组,按照不同的主题进行独立的学习和研究设计,并安排专门的教师进行指导。

实践性教学。在学生掌握了一定的专业知识后,通常由自己或学校联系相关企业或单位进行半年到一年的实习,这样学生能够增强自己的动手能力,积累相关经验,并发现存在的问题。工程博士有"工业实习期",医学博士有"住院见习期",哲学博士有"研究见习期",MBA 则要求企业实习。当学生经历过实践重新返回学校学习时,往往会形成新的思维,有新的发现,创造新的知识。

教学实习。美国高校中的教学助手和研究助手往往由研究生担任,将研究生的专业知识和实际工作相联系,培养其独立工作、解决问题、科研创新的能力。教学实习的目的不在于提供金钱补助或分散教授压力,而是以强化研究生的创新能力为目标。

4. 科学研究环节

实验室轮转制度。这种制度是指研究生入学的第一年中,研究生选择 2—3 个实验室,跟实验室名师进行实际操作。

实验站和实训基地制度。导师带领研究生进入实验站或实训基地进行考察、分析,最后得出相关结论。

跨学科研究室。目前的科研项目越来越集中在跨学科领域,组建跨学科中心能够集中各个领域的专家完成项目。跨学科研究中心是"培养研究生从事本学科尤其是跨学科研究的科学研究基地,也是发展边缘学科、建立新生长点和完成科学研究任务的重要研究中心"。在项目中,教师和学生都能够通过跨学科的学术交流,开阔视野和思维,提升创新能力。跨学科中心自身也招收研究生,招收的研究生应已具备一定的跨学科知识,入学学习一定的核心课程后开展进一步的跨学科研究。

5. 质量保障环节

图书馆和实验室等硬件保障。课堂学习只是美国学生学习的一小部分,学生的大量时间放在图书馆和实验室中,让学生在阅读和操作中提高研究能力。如威斯康辛大学麦迪逊分校由一个本科生图书馆、一个人文社会科学图书馆和 30 多个专业图书馆构成。专业图书馆一般与专业学院相邻或在同一栋办公楼,专业图书馆与学院师生之间的交流十分方便。① 图书馆不但数量多,且大部分是 24 小时开放的,为学生提供了持续、方便的学习环境。有些图书馆还提供免费复印等功能。在实验室方面,加州大学的劳伦斯国家实验室、麻省理工学院的德雷伯实验室等都为美国培养了大量创新型人才,这些实验室设备精密,及时引进最新仪器,使得学生能及时地进行高水平的实验研究,巩固知识、创造知识。

教学评价机制。美国对教师的评价并不是对教师进行"结果鉴定",而是为了促进教师发展。美国很多大学设立了教学支持中心,发布有明确的教师评价指南,包括学生成绩、学习环境、师生互动、学生满意度、对学生的公正评价等。在评价资料获取途径上,包

---

① 陈定权,欧志英.图书馆资源嵌入课程管理系统的实践探索——以威斯康辛大学麦迪逊分校图书馆为例[J].新世纪图书馆,2012(9):53-57.

括教学档案、学生评教、师生座谈、学生学习调查、课堂调查等多途径结合。

科研管理机制。美国大学科研管理部门形成了一整套流程的管理服务,包括项目申请、项目签订、经费使用、专利申请、成果发表、项目结题、成果转换等各个环节,使得师生不必在行政性事务上耗费过多精力,能够专注学术研究。

二、美国研究生创新型人才培养的特点

美国研究生创新型人才培养,主要有以下特点:

(一)注重经费投入与激励

较为完善的资助制度是美国研究生教育持续发展的重要保障。在过去的 20 年里,美国政治、经济和社会形势发生了重大变化,教育费用快速增长,资助随之发生变化,表现出研究生资助的多元化供给、覆盖面扩大,资助力度提高,资助结构更加立体化以贴合不同类别研究生的需求,资助与人才培养结合度更高等特点。[①] 同时,美国大学的奖学金也来源众多,来自研究所、联邦政府、州政府、企业、私人等。奖学金的评定大多要求研究生出色地完成学业任务,并展现出自己的研究能力和创新能力。研究生的生活、差旅、住宿、医疗等皆在奖励和资助范围之列。

美国联邦政府和州政府设立各种基金或研究项目,通过市场竞争的形式选择大学和教授来导控教育事业的发展和人才的培养,并在满足科研后额外资助总经费的 50% 左右来保障设备更新和研究基地的发展。在这样的制度下,美国的教授可以招收培养更多的研究生,一方面保证知识创造,另一方面也促进了人才培养。联邦政府是主要资助方,联邦政府负担了美国大学和学院研发活动支出(共计 458 亿美元)的 64%。

企业和社会团体也会采取这种形式来与大学和教授合作,对自己所在行业进行研究,以取得最新的技术创新,并提高社会声誉。据统计,每年美国企业界向大学赞助都在 15 亿美元以上。

(二)重视基础课程教学

从研究生培养实践来看,"合理的教学安排是创新型人才培养的重要环节"。[②] 美国的研究生教育初期功利和实用的色彩较浓,各类专业应用性的课程开设得比较多。二战后,这一情况得到改善,研究型大学的研究生院加强了基础理论的教学,甚至有些大学明文规定第一年不许上专业课。由于入学时许多学生专业不同,即使是博士生的培养也很重视基础课程,并且许多课程都是零起点的。但这并不意味着学生可以轻松过关,因为研究生的教学进度很快,教师还会给学生布置大量的阅读任务和论文作业,如果不能跟上课程的进度,就可能延迟毕业或无法毕业。因为只有在完成课程学习并通过相应考试后,研究生才被允许进行独立研究、做论文。这种基础知识的学习无疑为培养学生的创新能力打下了坚实的根基。此外,科研也是美国研究生培养计划的一项重要内容。由于美国绝大部分的基础研究任务由大学承担,美国研究生能够大量参与科研工作。

① 刘继安,杨楚翘,叶慧. 美国研究生资助的变化趋势、新特征及其启示[J]. 中国高教研究,2016(2):74-79.
② 张喜梅,薛焱华,冯丽娜. 美国研究型大学研究生创新人才的培养经验探索[J]. 辽宁教育研究,2006(4):78-80.

近年来,体验式学习、服务性学习等理念也渗透进研究生课程教学领域,这类学习不仅为学生提供了一个绝佳的成长机会,也帮助课程设计者取得既定的学习效果。与更为传统的团队构建不同,体验式学习采用混合式学习模式,融合户外学习元素、项目后期的追踪指导,以创造多方位学习项目,培养学生的领导力、策略规划能力、交流能力、反馈与观察能力以及提升学生的学习行为。

(三)产学研协同培养研究生

产学研协同培养创新型人才是实现人才学有所用的重要途径。美国研究型大学在培养研究生时,与科研机构、企业不断加强合作,将学术和行业专家汇集,一方面教授和专家进行创造性的研究,另一方面协同培养具有创新精神和创新能力的学生。具体来说,其协同路径主要包括:合力构建科技园区及研究中心以搭建实训平台、协同承担科研项目以提供项目支撑、联手开展研究计划以建设培养载体、企业及基金会提供专项资金以扶持拔尖创新型人才成长等。[①] 在产学研协同培养研究生模式中,各方共同制订研究生培养计划,将企业研究需求与大学基础研究优势相联系,实现了教学、科研与生产开发的紧密结合。美国的一些企业如 IBM 公司、英特尔公司、施乐公司等均与大学联合培养研究生。

相对来说,产学研协同培养的载体往往是各个大学的跨学科研究中心,其中的课程由学校教授、产业界或社区领袖组成的导师团队进行授课,强调对实际问题的观察与解决。如麻省理工学院能源实验室发起的"碳截存倡议"工业联盟和斯坦福大学的"全球契合和能源项目",就是产学研联合下对温室气体减排和商业化减排生产做出重要贡献的例子;得克萨斯州立大学发起的"知识企业家(IE)"项目专注于社区服务,也是一个产学研协同的例子。

(四)文理渗透,跨学科发展

在当今社会从学科范式向学科交叉范式转型的大背景下,以应对社会复杂问题带来的挑战。美国《自然》(Nature)杂志发布了跨学科研究成果与引用数据报告,发现自 20 世纪 80 年代中期以来,跨学科引用的数量不断增长,在科学数据库(Web of Science)中超过 3 500 万篇论文进行了跨学科引用,覆盖了物理、生物等 14 个主要学科,涉及自然科学与社会科学的 143 个专业。跨学科研究在学术界的资助优先性逐步上升,在 21 世纪达到了历史顶峰。[②]

随着跨学科研究的出现与兴起,研究生培养模式也从学科模式向学科交叉模式转变。构建多学科集成与交叉的培养环境与机制,培养未来能够解决综合性重大科技和社会问题的复合型创新型人才已经成为各国研究生教育发展的共识和趋势,也是研究生培养模式改革的重要课题。如普渡大学在《研究生教育战略规划(2010—2015)》(*The Graduate School Strategic Plan:2010—2015*)中明确指出,将"进一步加强学科交叉研究生培养项目建设,包括新的交叉学科、毕业证明、新的研究领域以及授予学位等",并列入研究生教育发展的重要内容。此外,该规划还明确提出学科交叉研究生培养的目标,即"到 2015

---

① 李祖超,张利勤. 美日产学研协同培养拔尖创新人才路径比较分析[J]. 现代大学教育,2013(3):41-47.

② Richard Van Noorden. Interdisciplinary Research by the Numbers:An Analysis Reveals the Extent and Impact of Research that Bridges Disciplines[J]. Nature,2015-09-16.

年,参与学科交叉研究生培养学生的比例达到总数的 30%,同时,相应地增加学科交叉培养项目与学科交叉领域"。①

在培养创新型人才的实践中,包括普渡大学和前文提及的麻省理工在内的美国大学都非常注重科学与人文的结合。根据课程性质,美国大学研究生的课程分为知识型课程和技能型课程。知识型课程主要是人文社会科学、自然科学的基础课程,技能型课程是外语等技能型的课程。如麻省理工就非常典型地进行了跨学科融合,已经形成了包括写作、交流、体育和自然科学,人文、艺术与社会科学,以及实验等在内的科学与人文融合课程。大学中设立跨学科研究中心,中心开设的课程往往由多领域导师共同指导。

(五) 高度自治与分权

在美国,联邦政府有意识地削弱对研究生教育的影响,不直接干预研究生教育的日常事务,而是通过立法、制定政策、审核认证机构及经费资助等方式,来加强高等教育质量保障体系的建构,提高研究生教育的质量和效益,满足国家和社会发展的需要。

大学终身教授制度是大学学术自由的一大保证。很多大学在招聘教员时,将应聘者具有博士学位作为硬性标准,在科研领域有一定的研究经历,且未来有希望成为领域内的世界级领袖。教授、副教授、助理教授在学术方面没有行政、领导关系。在美国,教授的成长路径是博士学位—博士后流动站—大学助理教授—终身副教授—终身教授。终身教授使得有志于从事科学研究的学者确立了一个明确的、持续 15 年的目标,为美国培养了无数的优秀人才,产出了大量的优秀科研成果。成为教授的过程即一个创新的过程,一个培养创新能力的过程,一个成为创新型人才的过程。

(六) 质量保障体系不断完善

美国研究生教育质量的评估以高等学校自我管理和评估为基础,以社会评估为主体,联邦政府和州政府积极支持和间接参与。其中政府机构通过立法、财政资助等间接参与评估,非政府机构则由认证组织、学术团体、专业协会、民间媒体、私人团体等组成,它们直接对本地高校的教学、管理及财政等各方面进行管理。② 政府层面的活动为研究生教育质量评估提供了积极的支持和保障,使评估体系中各评估主体分工负责,协调配合,建立起良好的运行机制。

各社会评估机构直接参与对研究生教育质量的认证和评估,从外部对其进行保障,其中认证机构主要负责各类院校和学科点的合格评估,是基准评估。认证组织需要通美国高等教育认证委员会(Council for Higher Education Accreditation,CHEA)和美国联邦教育部(U. S. Department of Education, USDE)认可。学术团体、新闻媒体、私人团体等主要负责研究生院分学科排名和水平评估,通常按学科门类设定评估指标,不同类型及不同层次的研究生教育也有不同的评估指标。评估结果直接影响政府拨款及企业投资,同时也影响师资及生源流向,对研究生教育质量提高起着激励和导向的作用。

评估活动是按照一定的周期开展的,评估机构对专业的合格评估有严格的时间间隔:

---

① 王彦彦,高磊. 美国普渡大学学科交叉研究生培养模式及其特征[J]. 世界教育信息,2015(4):36-40.
② 研究生教育评估制度研究及体系构建课题组. 国外研究生教育评估制度研究[M]. 上海:华东师范大学出版社,2015:44.

一般为三年或六年要重新评估;对培养研究生学科点的质量检查一般为每五到十年一次;对学校的评估则是以十年作为合格有效期,十年后要重新进行评估。但是水平评估则无固定的时间间隔,像美国教育理事会(The American Councilon Education,ACE)和国家研究理事会(The National Research Council,NRC)组织的博士学科点评估并没有周期性。[①]

(七) 国内外的交流成长平台

1. 海外平台

在全球化的浪潮中,海外学习经历被证明对创新型人才的培养十分重要,或者说,国际化素养是创新型人才的重要特征之一。为此,美国的大学对国内学生的海外交流平台建设非常重视,一方面,美国大学通过大量招收留学生搭建跨国平台,另一方面,借助国际间的跨学科项目建设、派遣留学生、联合办学等形式增加国内外交流。如今,经过多年的探索和努力,美国高校在研究生教育中形成了海外设立分校、联合培养研究生、网络远程教育、国际科研合作等国际合作模式,合作模式灵活多样;合作范围广、程度深,以教育服务出口为主;培养目标明确;师资和生源多元化;课程内容国际化;质量保障体系完备等特点,[②]不仅为高校教学、科研发展和人才培养提供了良好的平台,还有力地推动了人才培养的国际化合作,提高了研究生的国际化素养。

2. 国内平台

在美国的研究型大学中,校际和校内的联合培养是发展创新型人才的重要路径。美国国内互认学分的制度使得国内的学术交流更加方便。例如,芝加哥大学的 STEM 教育平台就是培养未来顶级的创新型科技人才的一个典范。

---

① 周玉清,沈红,毕世栋. 美国的研究生教育评估及带给我们的启示[J]. 学位与研究生教育,2002(4):83-89.
② 穆伟山,乔静雅. 美国研究生教育国际合作的特点及启示[J]. 学位与研究生教育,2013(4):73-77.

第五章　英国研究生创新型人才培养

　　蒸汽机、电磁感应、DNA 双螺旋结构、克隆羊多莉,每每提及英国,这些改变人类命运的科技创新都是人们津津乐道的话题。牛顿、培根、达尔文、法拉第、霍金等科技巨擘成为世人的偶像,改变着人类对世界的理解。科学技术的发展奠定了英国的发展,大学是英国科学技术发展的重要引擎。三百多年的现代科技进步,造就了英国成熟的创新型人才培养体系和这一体系的自我更新。2000 年,英国以世界 1% 的人口,支持了全球 4.5% 的科学研究,产出了 8% 的高质量科学论文,并获得 9% 的引用率。[①] 同时,英国是全世界最受瞩目的留学目的地国。英国的大学也被视为经典样板,被全世界的大学竞相模仿。

　　为了吸引更多的高等教育消费者,英国近年来不断调整高等教育的培养模式,课程研究生培养模式使得培养年限大大缩短,同时英国与其他国家的大学建立联合培养等国际合作项目,吸引了世界各国的优秀学生赴英留学。以 2015 年的研究生人数统计为例,留学生占总人数的 37.5%,其中,分布最广的来源地是亚洲,几乎达到了留学生的一半比例(45.9%)。他们中的绝大多数学生都是以第三方资助或自己支付学费的形式到英国留学。

表 5-1　2015 年研究生国籍分布情况[②]

地　区	英　国	其他欧盟国家	非　洲	亚　洲	澳　洲	中　东	北　美	南　美
人　数	332 755	45 340	18 485	91 630	1 765	14 995	15 820	4 210
比　例	62.5%	8.5%	3.5%	17.2%	0.3%	2.8%	3.0%	0.8%

　　生源地的多样性保障了英国大学能够从全世界挑选最优秀的人才。在科研领域,他们为英国及英国大学贡献了大量的基础研究,使得许多英国大学常年领先于世界其他地区。其中的佼佼者留在英国,成为英国创新领域的中坚力量;而其他的学习者也成为英国创新的忠实消费者。英国的研究生创新人才培养进入了良性循环的理想状态,承载起为全世界培养创新型人才的责任。

　　是什么原因使得英国具备了强大的创新型人才培养能力? 面对这一问题,我们借助比较教育的研究方法,"多少年来,教育工作者一直有一种'比较'的冲动:通过观察别人而理解和改善自己的教育体系"。[③] 作为现代高等教育制度的最早创立者,在高等教育的发

---

　　① OECD., Publishing. Benchmarking Industry-Science Relationships[EB/OL]. https://doi. org/10. 1787/9789264175105 - en,2002:110.

　　② Higher Education Student Enrolments and Qualifications Obtained at Higher Education Providersin the United Kingdom 2015/16[EB/OL]. https://www.hesa. ac. uk/news/12 - 01 - 2017/sfr242 - student-enrolments-and-qualifications,2017 - 05 - 07.

　　③ 芒迪. 比较与国际教育导论[M]. 北京:教育科学出版社,2009:1.

展过程中,英国具有"先发优势",其走向一直领先于世界高等教育的发展。如果我们对当下英国的高等教育体系加以概括,那么最显著的特点就是英国高等教育自身所具有的"营利性"。除了传统意义上为经济发展提供高素质劳动力和科学技术供给,高等教育更以其成熟的经营模式而卓然于世界高等教育体系。在最近的五十年中,英国的高等教育开始成为英国经济发展的重要支柱。不同于人们对教育"公益性"的理解,英国极其注重创新型人才培养对学生个人的"私益性"。凸显高等教育对个人的价值,非但没有降低科学技术对社会和经济的贡献,反而使得创新拥有了持久的动力。

出于满足人才"私益性"的需求,英国研究生培养过程特别注重学生的需求,无论是具有悠久历史传统的名校还是建立的"新大学",都注重学校自身的声望建设,以吸引学生。在制度上,英国大学缩短研究生学制,满足学生的就业需求。在培养过程中,学校特别注重满足学生的需求,从而最大限度地激发学生的学习动机。

同时,以《泰晤士报》和QS排名为代表的英国大学排名体系成了英国大学最佳的广告商。它们一方面提升英国大学对全世界学生的吸引力,另一方面又使其毕业生具有更好的雇主声誉。在这样的良性循环下,创新型人才获得了个人利益的最大化,并完成了学术研究"松散的集体努力",[①]从而帮助英国获得了举世瞩目的创新成就。

本研究是以社会科学的视角审视创新型人才的培养,恰如科学社会学的鼻祖默顿所言:"一旦科学成为牢固的社会体制之后,除了它可以带来经济利益之外,它还具有一切经过精心阐发、公认确立的社会活动所具有的吸引力……社会体制化的价值被当作不证自明的、无须证明的东西。但是所有这些在激烈的过渡时期都被改变了。新的行为形式,如果想要站住脚……就必须有正当理由加以证明。一种新的社会秩序预设了新的价值组合。对新科学来说也是如此。"[②]尽管科学研究尤其是自然科学研究具有其内部的规律和体系,但科学研究和创新型人才培养本身是一项极富规律性的社会活动。因此,我们不妨以制度的视角审视创新型人才的培养,重新审视我们熟悉,但时而又感到陌生的英国大学。

第一节　英国研究生创新型人才培养基本情况

在研究生培养领域,英国并非一直处于领先地位。英国现代意义上的研究生教育最早是受到了德国大学的影响。19世纪初,柏林大学提出的"教学与科研相结合"和"学术自由"的办学原则,开设了最早的哲学博士学位。这一教育改革不仅吸引了大批来自英、美、加拿大等国学生就读,还对英国的研究生教育的改革提供了参考借鉴。第一次世界大战爆发后,很多外国留学生不能再到德国学习,加之英国庞大的殖民地基础,使得许多学生将目标锁定于英国,从而促进了英国研究生教育的进一步发展。1919年,英国大学协议会通过了现行的英国研究生院制度,决定在大学开设研究生院。[③]同时,深受保守主义

① W. 菲利普斯·夏夫利. 政治科学研究方法[M]. 上海:上海人民出版社,2012:33.
② 默顿. 十七世纪英格兰的科学技术与社会[M]. 北京:商务印书馆,2000:5.
③ 王璞. 国外学位制度的发展历史、现状及启示[J]. 煤炭高等教育,2002(3):25-27.

思想影响的英国大学逐渐摆脱了过去的精英教育理念,注重让更多的学生进入大学,促进社会流动。于是设立了奖学金制度,以最大效率提升教育资源的使用。自此,英国的研究生培养体系大体形成。

二战以后,不仅大学可以招收研究生,许多科学技术学院也开始培养研究生。培养模式也日益丰富。① 为了满足战后社会和经济建设的需求,英国在传统的学术型研究生学位之外,设立了所谓的"课程研究生",他们只需要完成课程要求,不再以独立完成学位论文作为评价标准。20 世纪七八十年代,新公共管理主义盛行,英国政府开始以企业管理的方式对公共事务进行管理。由于担心过多学生"留在大学从事研究生学习,而不愿意去搞教学工作或从事社会工作",英国政府削减了研究生教育经费,② 从而影响了研究生教育的发展。"直到 20 世纪 90 年代,'罗素集团'(Russell Group)③成立和'迪尔英报告'(Dearing Report)④出台,再次掀起研究生教育深化改革浪潮,政府开始实施研究生教育监督制度和简化签证手续,积极开办国际化课程,加强国际交流,并联合企业单位以推进研究生的科研创新和实践能力。"⑤

从产生时间来看,英国大学一般被分为三种类型,这三种类型代表了英国大学建设的三次高潮。一类是有悠久历史的,形成于 12—13 世纪的中世纪大学,例如剑桥和牛津大学,一直以来保持着精英主义的教育模式,长久以来都是世界大学发展的风向标。第二类是 19 世纪末至 20 世纪初建立的综合大学,因其建设期正处于第二次工业革命时期,所使用的建筑材料多为红砖,且建筑风格以维多利亚式为主,故称为红砖大学,如伯明翰大学、诺丁汉大学、利兹大学,其受教育群众主要是中产阶级,是英国大学的中坚力量。第三类大学诞生于 20 世纪末,英国政府为推进高教改革,应对教育全球化的发展趋势,于 1992 年将 38 所科学技术学院升格为大学,并同时将一些社区学院组合到这些大学中。从而形成了一些新的多学科综合类大学,吸引了当地中低收入家庭和国际生,这类大学统称为"新大学"(New University),如威斯敏斯特大学、伯明翰城市大学、西英格兰大学、牛津布鲁克斯大学等。每一轮大学的建立,都可以视为是英国高等教育的一次扩张,更多的社会群体被纳入高等教育体系之中。

这三类大学一般都拥有从学士到博士学位的授予权。除此之外,在英国还有相当数量的专科学院和社区学院,其中,"有些院校拥有硕士研究生的授予权,它们通常与邻近的综合性大学形成合作伙伴关系,利用相关资源来发展研究生层次的教育"。⑥ 英国的研究生教育发展到今天,已不再是观念中的精英教育模式,而成为一个各种力量作用之下与社

---

① 庞青山,李利平.英日两国研究生教育发展道路比较研究[J].西南交通大学学报(社会科学版),2005,6(04):58-63.

② 易红郡.英国现代研究生教育的发展及特点[J].比较教育研究,2002,(10):23-26.

③ 1994 年,由 19 所研究型大学自发成立罗素集团,只有一所大学(沃里克大学)是 20 世纪 60 年代成立的,其他成员皆为更早时期成立的大学,如剑桥大学、牛津大学、谢菲尔德大学等。

④ 1996 年,商人迪尔英组织了商业界与高等教育界的领导者为调查委员会,论证英国未来 20 年的高等教育发展,并用大量篇幅论证了精简高等教育管理机构的新机制。

⑤ 裴辉儒.英国研究生创新与实践能力培养对我国的启示[J].教育教学论坛,2015(37):190-191.

⑥ 王衡生.论创新教育与高校研究生创新能力培养——英国大学研究生培养模式的启示[J].高教探索,2003(01):34-37.

会需求紧密联系的开放系统。他们承担着向全社会输送创新型人才的任务。

为了更好地理解英国大学创新型研究生的培养情况,我们将研究生培养分为招生、培养和质量保障三个部分。用以更加清晰地解析英国研究生创新人才的培养情况。通过对英国研究生创新型人才培养的模式可以发现,英国的大学培养体制有机地将学校的发展与学生的个人发展相结合,最大限度地发挥了市场在人才培养过程中的作用。因而,这一机制显现出极强的自发性和可延续性。

一、生源:研究生创新型人才培养的基础

(一) 宽进严出

讨论英国大学的招生模式,不能离开英国大学的营利模式。对大多数学校而言,其学校的财政来源主要来自学生学费。吸引更多的生源,是学校良好运营的重要标准。很多大学对本地学生和外国学生的要求相对宽松,一般只要具备正规的本科学历,并拥有学士学位,就可以申请进入大学。外国申请者还需通过相应的英语能力考试,经大学有关部门审查,即获得进入大学学习的机会。当然,伴随着申请人数的增加,学校的录取也日益严苛。那些具有极高知名度的学校,依然是全世界学生争相进入的对象。

尽管英国大学将学生,尤其是外国学生视为"顾客"。但是为了吸引更多的"顾客"进入英国大学,大学还必须保障自己的培养质量,以令"顾客"能够在学校中获得满意的服务。课程成了保证培养的最重要环节。与入学申请要求的相对宽松比较,英国大学在学生培养过程中采用的是一种极为严格而又比较公平和开放的考核方法。大学中的课程一般由平时成绩和期末成绩两个部分组成,与国内的课程相比,平时作业在成绩中的比重相对较高,一般能够占到总成绩的一半甚至更多。注重平时作业成绩能够有效减少学生的旷课情况。同时,对那些学习基础相对较差的学生,也可以避免期末考试定优劣的情况。虽然大学将学生视为教育服务的对象,但是对质量的控制更加关系到学校的声誉,对未来的招生起着重要的影响,因而被英国大学格外重视。

英国研究生的培养模式被视为"宽进严出"的代表。其选拔门槛相对较低,让大量学生进入高校,但是最后能够毕业并拿到学位的研究生则要大大少于入学人数。[①] 根据英国高校统计办公室(HESA)公布的数据,整理出 2006—2015 年研究生新生注册人数与获取研究生学位证书的人数。[②] 如表 5-2 所示,在研究生教育层次中,获取证书的人数始终远少于注册人数。一个值得关注的问题是,其新生人数与获取证书人数之比在过去的十年中逐渐下降,这就说明,整体的毕业率呈现逐年上升的趋势。这一趋势在 2008 年经济危机之后尤为凸显,在 2013 年又有所提升。这就说明,经济形势对高校的招生和毕业存在着影响。

---

① 董俊虹,程智勇,王润孝. 国外研究生教育模式对我国西部创新型人才培养的启示[J]. 西北大学学报(哲学社会科学版),2006,36(01):79-82.

② Higher Education Student Enrolments and Qualifications Obtained at Higher Education Providers in the United Kingdom2015/16[EB/OL]. https://www.hesa.ac.uk/news/12-01-2017/sfr242-student-enrolments-and-qualifications,2017-05-07.

表 5 - 2　2000—2015 年研究生注册人数与获取证书人数①

年　份	新生人数	获取证书人数	新生与获取证书人数之比
2006	278 800	167 150	1. 67
2007	277 580	202 045	1. 37
2008	306 655	204 720	1. 50
2009	333 665	226 400	1. 47
2010	335 345	252 255	1. 33
2011	317 200	264 090	1. 20
2012	306 045	262 205	1. 17
2013	318 135	257 905	1. 23
2014	317 760	261 600	1. 21
2015	318 065	262 150	1. 21

（二）培养方式

为了适应不同人群对学位的需要,英国大学设置了多样化的学位供给。在研究生领域,在原有硕士和博士两种学位的基础上,将硕士分为哲学硕士和课程硕士,将博士分为哲学博士和专业博士。

哲学硕士和哲学博士是传统类型的学位,著名的高等教育研究专家伯顿·克拉克这样概括英国的研究生的传统培养模式:"(在英国)未来的科研工作者并不需要更多美国有关课程的意义上的课程学习,相反,他们需要'一个学士学位加一些科研时间'。"②通常,哲学硕士需要 2 年时间毕业,哲学博士则需要 3—6 年才能毕业。

但是这一传统在过去 30 年中也在发生变化,为了满足更多学生的就业需求,英国大学也在进行学制的改革,尤其是引入专业博士和课程硕士,他们通常能够在比哲学硕士和哲学博士更短的时间内毕业。

表 5 - 3　英国研究生教育的年限

类　别	哲学硕士		哲学博士	课程硕士		专业博士	
	全日制	非全日制		全日制	非全日制	全日制	非全日制
年　限	2	3	3—6	1	2	3	5

---

①　Higher Education Student Enrolments and Qualifications Obtained at Higher Education Providers in the United Kingdom2015/16[EB/OL]. https://www. hesa. ac. uk/news/12 - 01 - 2017/sfr242 - student-enrolments-and-qualifications,2017 - 05 - 07.

②　伯顿·克拉克. 探究的场所[M]. 杭州:浙江教育出版社,2001:90.

对学位教育的实用主义认识,决定了学位开设的策略。效率和质量成为学位教育开办的重要目标。除了设立研究生院、增设博士课程外,英国从 20 世纪 90 年代开始对硕士和博士生的培养年限也进行了重新规定:对本科直接攻读博士学位的学生,最少在校注册时间须为 3 年的连贯制("+3 计划");或者 1 年的硕士学位注册时间加上 3 年的博士学位注册时间的分段式("1+3 计划")。英国希望通过这两种培养计划保证硕士研究生的培养效率和质量,为了保证博士生的论文质量,允许博士研究生在校注册年限继续延长 3 年。[①]

学位培养的多样化供给,体现了英国大学培养目标的转向。在过去,研究生特别是博士研究生的培养目标是培养学术工作的"继承者"。为了延续业已形成的学术传统,培养单位对学生进行着全方位的自由教育,以使他们能够成为学术领域的精英。但是伴随着学术市场的饱和,想要在英国本土寻求学术工作已经变得格外困难。学术工作的海外市场也呈现出从发达国家向发展中国家逐渐饱和的趋势。

因此,大学的培养目标逐渐转向,由学术精英培养向社会精英培养转变。学校的培养不再是最大限度地保障学生的学术能力,而是能够在提升学生能力的同时,考虑学生的就业需求。课程硕士和专业博士的设置,正是这一转向的反映。

(三) 弹性化学习

对英国大学而言,保证生源质量关系到整个研究生培养体系的运作。英国大学顺应终身学习的要求,吸引更多正在工作中的生源回到学校之中。如果将生源视作一个水池,向全世界招收学生扩大了池子的宽度,招收在职工作人员就增加了池子的长度。在学生来源广泛的基础上,学生的质量才能得到保障。

为了满足在职工作人员的学习需求,英国的研究生教育不再局限于全日制(fulltime),在时间上,弹性学制课程被引入研究生培养。1994 年,英国首次开设了非全日制博士学位课程。在非全日制博士学位创立伊始,英国经济和社会研究委员会为攻读该学位的博士生提供资助,该委员会主席霍华德·纽比说:"我们一直渴望提供一种渠道,能使更多的人攻读博士学位课程。如果我们把这些名额都规定为全日制学习,我们拥有的财力将无法满足应发放的奖学金。90 年代末及以后的年代里,现有的学术界都需要更新了。"[②]

英国高校的全日制和非全日制在学制期限上有所不同,除此之外,对全日制与非全日制学生实行统一的标准要求,如授课时间、教学内容、考核方式等都是一致的。这就为学生在两者间进行转化提供了可能性。2015 年数据(见表 5-4)显示,总体上来说,选择非全日制的方式完成研究生学业的英国当地学生更多,而且集中于课程研究生培养模式。

① 胡玲琳. 我国高校研究生培养模式研究——从单一走向双元模式[D]. 上海:华东师范大学,2004:71.
② 许迈进,叶林. 迈向 21 世纪的研究生教育——当前世界研究生教育的若干动向和趋势[J]. 浙江大学学报(人文社会科学版),2001(03):152-157.

表 5 - 4 2015 年英国硕士研究生学习方式的分布情况①

研究生类型	英格兰地区		其他地区	
	全日制	非全日制	全日制	非全日制
研究式研究生	40 270	22 365	41 825	5 300
授课式研究生	54 995	99 990	127 355	14 530
其他研究生	35 680	79 450	4 990	5 730
总 计	130 945	201 805	174 170	25 560

二、课程与导师:研究生创新型人才培养

(一) 课程培养

研究生,顾名思义,是以研究作为重要的使命。但是伴随着研究生学位制度的发展,研究生培养变得更加多元化。在英国,研究生学位逐渐分化为"研究学位"(research degree 或 postgraduate research)和"课程学位"(postgraduate taught)两种培养方式。

研究导向的培养旨在为学术共同体培养具有学术能力的创新型人才,他们需要有较为扎实的学术功底,对学科的理论、研究的方法和前沿的学术研究能够扎实掌握。为了鼓励那些具有天赋的学生从事学术研究,英国还为研究导向的学生提供了较为丰厚的奖学金。与之相比,修课导向的培养模式则将目标定位于培养走上非学术工作岗位的学生。该培养模式并不要求学生掌握过多的理论和方法,而更加看重于他们将所学到的知识应用到实践中的能力。

根据英国高校统计办公室(HESA)的公布数据,②可以看到两种模式在 2006—2015 年这 10 年来的注册人数,"课程"培养的研究生招生数量极为庞大。与研究式学位相比,课程学位便于招收更多的学生,在教师付出相同精力的情况下,让更多的学生能够从课程中受益。因此,有研究者认为:"从 20 世纪 70 年代开始,英国政府更强调研究生教育要为经济的发展服务。80 年代,英国政府进一步明确了研究生教育对经济发展的意义,这一工具主义的政策一直持续到今天,研究生教育与经济的联系越来越紧密。因此,与时代发展的契合是课程研究生培养模式形成、发展的重要原因。"③

---

① Higher Education Student Enrolments and Qualifications Obtained at Higher Education Providers in the United Kingdom2015/16[EB/OL]. https://www. hesa. ac. uk/news/12 - 01 - 2017/sfr242 - student-enrolments-and-qualifications,2017 - 05 - 07.

② Higher Education Student Enrolments and Qualifications Obtained at Higher Education Providers in the United Kingdom2015/16[EB/OL]. https://www. hesa. ac. uk/news/12 - 01 - 2017/sfr242 - student-enrolments-and-qualifications,2017 - 10 - 08.

③ 谢佳丽. 寻找一种可能:英国修课式研究生培养模式[J]. 教育与职业,2010(04):94 - 96.

表 5-5　2006—2015 年两种培养方式的研究生新生注册人数[1]

年　份	研究式学位	课程学位
2006	29 800	249 000
2007	28 905	248 675
2008	30 320	276 335
2009	32 985	300 680
2010	34 400	300 945
2011	34 775	282 425
2012	34 570	271 475
2013	36 240	281 895
2014	36 320	281 440
2015	35 975	282 090

从教育投资角度而言,课程培养的产生确实符合高校的利益。"从 20 世纪 80 年代初开始,英国高等教育迅速扩张使政府的生均教育经费资助实际下降了 40%,高校普遍缺乏资金而政府拨款占高校收入的比例不足 60%。对许多英国高校来说,国际学生的学费已经成为重要的财政来源。"[2]许多大学 5%—16% 的收入要依赖留学生收入。名校林立、专业类别多、学制短、社会安定、福利好,英国各大学纷纷采取措施吸引世界各国的优秀学生赴英留学,这也是课程研究生培养模式在英国形成、发展的原因之一。

课程培养的一个突出案例是专业博士学位的设置,1996 年,英国伦敦卫生与热带医学院(LSHTM)颁发了英国第一个公共健康(Public Health)方面的专业博士(DrPH)。与美国的专业博士相比,英国的专业博士培养特别关注课程。"英国专业博士学位的特点集中表现在了教学、研究、学分、导师指导和学位评估等方面。"[3]其中,包含教学成分是英国所有专业博士学位的特色。

英国专业博士的发展满足了英国部分专业发展的需求。英国的经济与社会研究学会(Economic and Social Research Council)曾经就专业博士教育从研究会的角度作出了肯定:"学会欢迎专业博士的发展,其中一些作为'课程'博士,已经为人们所熟知,这些项目能够促使学生更加直接地运用学术知识和学术训练。比'传统'哲学博士更具有实用性,对于实践者而言更加相关和具有吸引力,特别是在诸如管理、商学和教育学等学科上。"[4]

根据英国研究生教育理事会 2005 年的调查,英国共有攻读专业博士学位的在读博士生 6 676 名,其中教育学 1 864 名,临床心理学 1 775 名,医学 1 395 名,工商管理 434 名,工

①　Higher Education Student Enrolments and Qualifications Obtained at Higher Education Providers in the United Kingdom2015/16[EB/OL]. https://www. hesa. ac. uk/news/12 - 01 - 2017/sfr242 - student-enrolments-and-qualifications,2017 - 05 - 07.

②　谢佳丽. 寻找一种可能:英国修课式研究生培养模式[J]. 教育与职业,2010(04):94 - 96.

③　黎学平. 英国专业博士学位的形成、初步发展及主要特点[J]. 比较教育研究,2004(10):32 - 37.

④　Economic and Social Research Council. Postgraduate Training Guidelines[R]. 2001:79.

程学 301 名。仅伦敦大学教育学院就有 150 名攻读教育博士的在读学生。[①]

（二）以学院制为基础的导师制

导师制（Tutorial System）是英国研究型大学的重要特征，传统上，与导师建立密切的合作关系是英国大学学习的重要组成部分。时至今日，一些具有悠久传统的名校仍然践行导师制。导师会根据每个学生的特点对其课程、研究计划提出合理的建议，并解决学习和生活中的具体问题。"导师制是一种古老的师徒制方式，导师就是学生的家长，管理学生的各种各样的事情。导师制最大的优点即在于，导师对学生进行一对一的辅导，与其说教师教导学生，不如说教师和学生对某一问题进行交流，相互学习，教学相长。"[②]

导师制的弊端也显而易见，教授科研与教学工作繁重，对学生的培养却几乎成了"义务"。对那些愿意为学生提供指导的教师来说，他们可以为学生提供大量的一对一指导。但是对那些疲于应对科研和教学的教师而言，能够分配给学生的时间便少之又少，于是传统意义中的"导师制"便名存实亡。

针对这一问题，英国一些大学提出了所谓的"以学院制为基础的导师制度"。其举措是将学生培养过程的任务细化，将培养学生过程中的环节分配到具体的工作人员之上。使得学生在培养环节中遭遇到的问题都能够有专人进行负责。因而，通常学校为学生设置三位导师，即总导师、学术导师（supervisor）和辅导员（tutor）。一般情况下，总导师是学院某一学科领域的专家，具有较高的学术威望和管理权限，负责管理学生、学校任务分配和选课等全面事务。学术导师（supervisor）一般是专职科研工作的研究人员，他们的工作是指导学生学习和科研，为学生的科研工作提供合理的指导和帮助。第三类导师是辅导员（tutor），他们关心学生的思想动态、日常生活以及各种技巧的培养等。三位导师在日常的学生管理过程中具有明确的分工，以保障学生在生活和学习中能够获得足够的指导。同时，庞大的学生群体也要求英国的学校能够最大化学生的管理效率。[③]

"尽管随着时代的发展，导师制也紧随时代的步伐发生变化，但是导师制的优势却在历史的浪潮中洗涤得更加明显，成为高校纷纷效仿的对象。"[④]由于导师在整个研究生培养环节中的巨大作用，使得英国高校的导师聘任格外严格。对学术导师而言，他们需要经过严苛的学术训练和学术选拔。可以这样说，创新型的导师决定了学生是否具有创新型的特点。许多学生在谈到自己的大学生活之后，往往对课堂上所学到的知识没有印象，反而对导师的言传身教印象颇深。"学术导师通过定期与学生见面，给予学生课题研究上的宏观导向，介绍最新科学进展，提高学生对学科领域的求知欲与兴趣，并对学生的学习状况、学习内容与学习方法进行动态跟踪，根据学生的具体情况因材施教，给予指导与修正。学生在导师的指导下，查找资料、独立思考、科学研究与实验，灵活运用学过的知识解决工

---

① Stuart Powell and Elizabeth Long. Professional Doctorate Awards in the UK[R]. UK Council for Graduate Education，2005：63 - 66.

② 王雪萍，李莹莹.高等学校学院制：历史与比较视野[J].牡丹江师范学院学报（哲学社会科学版），2016(03)：131 - 134.

③ 刘曼玲，蔡释宇.英国硕士研究生培养模式研究[J].科技视界，2014(33)：175 - 176.

④ 王雪萍，李莹莹.高等学校学院制：历史与比较视野[J].牡丹江师范学院学报（哲学社会科学版），2016(03)：131 - 134.

程实际问题。"①

(三) 配套设施

英国的许多大学对研究生教学与科研的软硬件设施建设非常重视。对于高校而言，凡是可以直接提升教师和学生舒适度的要求，都应该给予满足。这样可以最大限度地提升教师和学生的满意度。因此，英国高校的硬件设施配备堪称世界一流。例如："萨塞克斯大学花费大量的投入用于优化教学与研究设施，其中，学校能基本保证每位博士生有公用办公桌、电脑，并在办公室配有电话、打印机等设备；硕士生也有专门的公共自习室，教学楼每一层都有资料复印与扫描室；学校所有电脑都由 IT 部门通过网络统一负责管理全校网络资源，负责安装和维修电脑软件；校内正式员工和学生只需到 IT 部门申请一个账号，就可以凭用户名和密码登录学校的任何一台电脑，打开自己的私人资源；每个教师都有独立设施一致的办公间，办公间都配备电脑、电话、一体机和少量的桌椅。学校的教学科研设施突出了节能、环保、实用、便捷和舒适等理念，并不以奢华为标准。图书馆拥有大量的网络文献数据库，除了最小开放日，一般 24 小时开放，各系的科研秘书服务也十分到位，每天都会将科研信息通过电子邮件发给师生。"②

另外，英国高校的教学管理等信息化程度也非常高。"学生从注册、学习、交作业和课程成绩的获得都可以通过学校信息系统来完成或获得支持。学生的作业都必须在学校注册处注册登记，同时学生可获得交纳作业的相关收据。如果学生迟交作业，将被记录在案，并因此会受到惩罚（罚分）。即使是学生的考试答卷在综合性大学也基本实现了条形码管理。先进的教学管理信息系统确保了严格的教学管理制度的实施。"③

对大学而言，优美的学校环境也是学校体现自身实力的重要组成部分。这一特征在英国的高校中体现得最为明显。著名的剑桥、牛津成了英国重要的旅游名胜地。校园的优美景色来源于学校的文化气质，同时，学校所积累的底蕴又能激发研究者和学生的创造力。因而，营造优美的校园环境，成为许多学校吸引生源的重要法宝。

学校优美的自然环境和人文环境也吸引了大量的科研人员愿意在毕业之后继续在学校周边生活和工作。为了激发创新人才的潜力，许多英国大学还就势创建了产业孵化园，用以转化学校中的最新科技。其中最负盛名的莫过于剑桥科学园，剑桥科学园是由剑桥大学三一学院(Trinity College)于 20 世纪 70 年代创办的。在创办的最初阶段，地方政府为避免工业化对生活环境和自然环境产生影响，对剑桥地区的工业扩展进行了严格的管控。一些依赖于剑桥大学的科技公司在剑桥地区零星出现，但是没有形成规模。80 年代初，部分技术人员开始在园区聚集，逐渐形成研究中心，并吸引众多公司聚集在剑桥科学园。90 年代，在剑桥科学园办公的公司达到 1 200 家，雇佣人员达到 35 000 人。伴随着入住公司和人员的增加，科学园的空间需求也继续增加。同时，企业发展所必需的风险投资和孵化器产业也随之壮大。2000 年，包括会议中心、餐厅和酒吧以及健身中心在内的

① 刘曼玲,蔡释宇.英国硕士研究生培养模式研究[J].科技视界,2014(33):175-176.
② 裴辉儒.英国研究生创新与实践能力培养对我国的启示[J].教育教学论坛,2015(37):190-191.
③ 王衡生.论创新教育与高校研究生创新能力培养——英国大学研究生培养模式的启示[J].高教探索,2003(1):34-37.

三一中心(Trinity Centre)开始运营。自 2002 年起,以光学、纳米技术和材料科学为主的新工业产业开始大量进入科学园。2005 年,剑桥科学园创新中心开始启用。①

三、质量:研究生创新型人才培养的核心

新自由主义的盛行,使得英国大学在办学过程中体现出了极强的企业化倾向,即学校的管理者以企业的逻辑举办教育。对企业而言,营利是最为重要的运营目标。在此逻辑下,大学通过增加收入和降低成本的方式提高自己的运营利润。成本的压缩有可能影响教育质量。提高学费是一把双刃剑,其弊端在于会减少生源。因而,降低学校的运营成本成为提高营利的重要方式。于是,高等教育质量就成为英国高等教育发展中最令人关注的问题。

1998 年发表的《世界高等教育宣言》中指出:"高等教育质量是一个多角度的概念,它应包含其所有的功能和活动:教学和学术活动,研究、奖学金、队伍建设、学生、基础设施、社区服务和学术环境。透明的内部自我评价和外部评价对保证质量十分重要。"②为了应对市场化带来的弊端,英国采取多种措施,有力地保障了英国高等教育的发展。从政策主体而言,包括具有官方性质的监督机构和非官方机构的大学排名机构。他们对英国高等教育的质量起着重要的保障作用。

(一)监督机构

为了防止高校出现"售卖学位"的现象,在英国高等教育扩张之初,就建立了相应的监督机制。20 世纪 60 年代,英国建立了全国学位授予委员会(Council for National Academic Awards),以区别于大学或教育部,成为独立于政府和高校的"第三部门"。其后全国学位授予委员会与大学校长委员会(Committee of Vice Chancellors and Principals)又于 1990 年共同建立了学术审计处(Academic Audit Unit),以实现对整个高等教育体系进行外部监督和检查。

在近三十年中,英国高等教育改革最具里程碑意义的事件是 1992 年颁布的《继续和高等教育法》(Further and Higher Education Act)。在这一法律颁布之前,虽然大学与多科技术学院等同为高等教育机构,但大学享有自治权和授予学位的权利,其经费多数来自大学补助金委员会(University Grants Committee);多科技术学院等是隶属于地方教育行政部门的公立机构,不具有独立授予学位的权利,学院的经费来自地方教育行政部门。《继续与高等教育法》的颁布,终结了高等教育的"二元制",也废除了原有的全国学位授予委员会和学术审计处。

伴随着《继续和高等教育法》的实施,英格兰、苏格兰和威尔士高等教育基金委员会(Higher Education Funding Council)中的教学质量评估委员会(Quality Assurance Committee)被赋予了学科层面教学质量评估的使命,同时大学校长委员会组建的高等教育质量委员会(Higher Education Quality Committee)则负责开展院校层面上的学术质量审查。为解决上述两个机构在质量监控上造成的混乱,高等教育基金委员会和大学校长

---

① Cambridge Science Park[EB/OL]. http://www.cambridgesciencepark.co.uk/about/history/,2017-02-05.

② 蒋馨岚. 英国高等教育外部质量保障体系与牛津大学研究生教育[J].研究生教育研究,2011(2):80-86.

委员会于 1997 年组建了高等教育质量保证署(Quality Assurance Agencyfor Higher Education,QAA),一个囊括所有高校和高等教育层次的单一外部质量保证机构由此形成。①

(二)质量评估

在成立专门的质量保障机构的同时,英国政府每隔 4—5 年要对高校进行一次教育和科研质量的评估。这种评估被称作学术研究评估,简称为 RAE(Research Assessment Exercise),用以评估英国大学的研究水准及经费运用是否合宜。审查结果都以报告的形式公开,并以此作为分配经费的根据。英国每年约有 50 亿英镑的高教基金是根据这个评审结果来分配的。

表格 5-6   2008 年 RAE 指标标准

等 级	质量标准
4	创造性、重要性和精确性达到世界领先水平
3	创造性、重要性和精确性达到世界较高水平
2	创造性、重要性和精确性达到世界水平
1	创造性、重要性和精确性达到国内水平
无等级	研究质量达不到国内水平

资料来源:RAE Results[EB/0L]. http://www. rae. ac. uk/Results/intro. aspx,2017-09-09.

2014 年,RAE 正式更名为 REF(Research Excellent Framework)排名。② 这一评价最为显著的特点是由学科专家组成委员会,"由专业人员组成的委员会最终要忠实于专业标准,而由各方达标组成的委员会则必须寻求他们所代表的各种既得利益或各方人员之间的某种妥协。英国和其他几个国家的研究委员会负责为特殊研究项目分配经费,他们的责任是向'科学'(常常是具体的'学科')负责。这是以专家组成委员会的例子"。③ 由于这一排名直接与拨款相联系,因此成了英国高校最受重视的排名方式。

值得注意的是,尽管英国高等教育拨款委员会的资助对大学至关重要,但是外部质量评价与大学之间保持着一种平衡关系。"人们一向认为英国的高等教育系统受到中央政府的影响是有限的。基于根深蒂固的学术自由的观点,对这种教育系统的驾驭和控制很大程度上有赖于大批院校和它们的缓冲机构。在过去的十年中,这一原则发生了明显转变,政府正愈来愈多地试图影响本国的高等教育,这种转变产生的结果质疑,就是英国的高等教育系统正处于一个变革时期,改革的后果目前还不得而知。"④

(三)大学排名

除了官方举办的大学及学科排名,非官方排名对英国大学而言也有着特别的意义。

---

① 许迈进,阚阅. 建立研究生教育质量的外部保证机制:英国的经验与启示[J]. 浙江大学学报(人文社会科学版),2008(03):173-179.

② Research Excellence Framework[EB/OL]. http://www. ref. ac. uk[2017-9-9].

③ 克拉克. 高等教育新论:多学科的研究[M]. 杭州:浙江教育出版社,2001:84.

④ 范富格特. 国际高等教育政策比较研究[M]. 杭州:浙江教育出版社,2001:364.

由于大学的宣传通常耗资巨大,且见效极慢。对大学而言,参与大学排行榜,尤其是在大学排行榜上获得优异的名次,成为大学招徕生源的法宝。为了满足学校的这一需求,发达的英国媒体顺势而上,制造了大量具有世界影响力的排名。

在这些排名中,英国大学一直具有不凡的业绩。这一结果不难理解,通常情况下,大学排行榜的创制都是根据大学所体现的特质加权估计而得。大学之间的特质各不相同,具有先发优势的英国大学便成了大学评价的模板。用英国大学的标准衡量英国大学,获得优异的排名自然就在情理之中。这些排名也鞭策着英国大学注重各项产出,以吸引更多的生源。

与官方的评价相比,大学排行榜的特征在于其巨大的社会影响力。这一影响力来源于媒体的专业运营。著名的 QS 排名在全世界具有巨大的影响,实际上,其专业排名人员只占全体运行人员极小的比例,绝大多数的工作人员的任务都是推广这一排名,并与被排名者进行沟通。

在讨论英国大学的独特之处时,我们一直无法回避英国大学最为显著的市场化特征。因此,其创新型人才培养也是紧紧围绕着市场化的导向而展开的。从学制安排、课程设置到学校的软硬件配备,英国的研究生学位教育都最大限度地满足学生的需求。同时,为了最大限度地提升学生的创新能力和在就业市场中的竞争能力,英国高校对学校的任课教师和课程质量提出了极高的要求。这就使得英国的研究生培养体系成了一个既具有学术吸引力,又具有自我造血功能的教育体系。

第二节　英国研究生创新型人才培养案例分析

"现代西方科学定向于建构出超过先前理解力的、更好的智力产品,而并非仅仅重新或详细地解释过去的学术。因此,知识逐渐过时是知识生产系统的内在部分,新的发展使旧知识贬值。这意味着,研究成果具有本质的差异和不确定性,总体而言,该生产系统中的任务不确定性程度比其他大多数工作组织中的要高。"[①]创新型人才培养体系自身就是一个不断变化的系统。本研究选取了牛津大学(University of Oxford)和华威大学(The University of Warwick)作为案例,他们的建校时间不同,在英国高等教育中的地位也各不相同。但是二所学校依据自身的特征,制定相应的培养方式,体现出了创新型人才培养在不同条件下的内涵。

一、牛津大学

牛津大学位于英国牛津市,学校始建于 12 世纪中叶,迄今为止已有 800 多年的历史。作为最古老的大学之一的牛津大学在第二次世界大战后开始发展研究生教育,尤其是近三十年来,牛津大学又成立了一些研究生院。牛津大学当前在读研究式研究生占 54%,

---

① 惠特利.科学的智力组织和社会组织[M].北京:北京大学出版社,2011:33.

授课式研究生占 46%。[①] 其研究生培养的机制与特点表现为如下几个方面：

表 5-7　2016 年牛津大学研究生人数分布[②]（单位：人）

领 域	研究式学位	授课式学位	总 数
人文学科（Humanities）	827	1 013	1 840
数学物理生物科学（Mathematical Physicaland Life Sciences）	550	2 237	2 787
医学（Medical Sciences）	214	1 390	1 604
社会科学（Social Sciences）	2 756	1 172	3 928
继续教育（Continuing Education）	694	88	782
总 数	5 041	5 900	10 941

（一）导师制

早在 1922 年，导师制就被视为牛津大学的核心特征，被称为"牛津皇冠上的宝石"。[③]在牛津大学，学生与老师每周的面对面交谈是必须的。这种个人辅导是为了确定学生的主攻方向、必读书目和对学生进行问题解答。在问题的解答过程中，更加注重认识的过程、所研究领域的最新动态前沿、研究问题对策等。[④]

正是导师在学生培养过程中所扮演的重要角色，使得"大学自治，学者治校"不再成为高等教育的理想，而真正在大学中得以实现。在牛津大学，导师具有三种角色，即师长、合作者和知识的传授者。[⑤] 第一，导师是以师长的角色关心学生的成长，让学生在大学期间能够充分得到发展。第二，导师又具有与学生平等的合作关系，他们鼓励学生能够运用自己的理性，可以独立地对事物进行判断。第三，导师又是知识的传授者，他们教授学生学习的方法，使得学生能够成为拥有独立思考能力的人。

牛津大学导师制的一个重要特征是其导师制与学院制的有机结合，"牛津大学现有的学部中，文科学部下一般不再分系，理科学部下又分成多个系，有的学部还设一些中心和研究所。大学要负责统一颁发毕业文凭、授予学位等工作，要提供图书馆、实验室、博物馆、计算机设备等教学资源。这种学院制与导师制的结合使得大学的导师资源不受学科的限制，得以充分的利用，使得学生根据自己的专业兴趣具备更加广泛的选择导师的空间，更利于人才的培养"。[⑥]

对于导师在学生指导过程中所扮演的作用，福莱克斯纳在《现代大学论》中说："没有

①　Facts and Figures[EB/OL]. https://www. ox. ac. uk/about/facts-and-figures/student-numbers? wssl=1 [2017-05-07].

②　Facts and Figures[EB/OL]. https://www. ox. ac. uk/about/facts-and-figures/student-numbers? wssl=1 [2017-05-07].

③　杜智萍. 牛津大学本科生导师制教学模式探析[J]. 大学教育科学,2006,6(6):50-53.

④　周洪林. 牛津大学与它的导师制[J]. 复旦教育论坛,2005(4):2.

⑤　Moore W G. The Tutorial System and Its Future[J]. Higher Education Quarterly, 1968,2(1): 26-30.

⑥　任春娇. 英国导师制的经验对我国硕士导师的启示[D]. 沈阳:东北大学,2010:21.

人知道导师们使用的是相同的还是不同的方法，或是否坚持同样的标准。没有办法比较、转移或分享教学经验。如果一位导师是优秀的，学生就是优秀的；如果导师很差，学生也是差的。"①因而，最大限度地激发教师的动力，成为优秀的教育制度所应具备的要素。为了让教师能够专注于教学，牛津大学设置了学监制度，定期对教师的工作进行考核。同时，牛津大学专门设置奖教金，用于激发教师专注于教学。②

在英国的大学中，教授一般都是学术领域的权威，但是与德国相比，英国大学的教授一般不具备资源分配的巨大权力。"总体而言，二次世界大战以来的大多数盎格鲁—撒克逊国家的学术体制，其权威结构较之那些受德国单一教授领导的研究院所模式影响的学术体制更加灵活多变。在前一种学术体制中，权威系统相对分散，正教授轮流担任院系负责人；每个院系有若干教授，每个教授建有教研组，有一个博士生、博士后研究人员组成的团队开展他或她自己的研究项目。他们通常在全国范围内竞争研究资助，并在院系的部分协作下开展不同课题的研究工作。这种工作系统促进了研究人员之间在研究主题、模式和技术方面进行多种多样的组合，使得智力变迁随工作单位内部研究兴趣及其优先次序的变化而变化成为可能。"③

由于导师的重要性，使得牛津大学在导师选拔的过程中格外慎重。牛津大学从科研成果、教学能力与经验、工作内容要求、人际协调组织管理能力等各个方面对导师的任职资格作出规定，体现出完备且严格的特点。由于英国悠久的学术培养传统和丰富的学术供给，使得牛津大学能够选拔出极为出色的学术人才，保持学校在世界学术体系中的领先地位。2016 年，牛津大学有 41% 的工作人员来自除英国以外的一百多个国家和地区。④

（二）文化氛围

牛津大学有着源远流长的历史，随着时代的发展，它已将优良的传统铸就了一种校园文化传承下来。这种文化是一种充满深厚人文底蕴的校园文化。在修道院式的小礼堂召开重要会议，师生们会着黑色大袍。在学院古老餐厅就餐时，拉丁文祈祷的开场等传统的保持，使得学生们受到一种潜移默化的文化熏陶。

牛津大学的研究生教育课程每年的假期长达 4—5 个月。在每周上课的五天中一般只安排半天课程。尤其是工程系学生在一天中，安排半天的时间听课，半天的时间做实验，学生有相对自由的时间可以自己安排。在大量的课余时间下，学生可以参与各种社会活动，十分充实。在有限的讲课时间内，牛津大学非常重视讲授课程的质量，这表现在教学内容更新快，参考书更新快等方面。比起教材的内容，牛津大学的研究生教育更加重视学术的发展前沿，比如接触新思想、新成果、新动态，让自然学科的学生看顶尖杂志。尽管有些内容学生并不一定完全理解，但这样做的目的是为了培养学生的学术视野，使其能够尽快进入学术前沿领域，提高对知识创新的敏感性。

① 亚伯拉罕·弗莱克斯纳. 现代大学论[M]. 杭州：浙江教育出版社，2001：241.
② 张维，傅奇丹. 英美大学生学习指导系统比较分析及启示[J]. 河南科技学院学报，2007(6)：62－65.
③ 惠特利. 科学的智力组织和社会组织[M]. 北京：北京大学出版社，2011：10.
④ Oxford International [EB/OL]. https://www. ox. ac. uk/about/facts-and-figures/full-version-facts-and-figures? wssl＝1，2017－09－09.

对于学生而言,在牛津大学的学习不仅是知识的学习,更是文化的熏陶。学生每天徜徉在牛津大学优美的校园里,听取牛津大学悠久历史中的著名人物事迹,对学生而言就是学术意义的构建。对他们来说,学术具有至高无上的地位,那么他们自己也将投身学术研究作为自己的梦想。即使不能从事学术工作,在学术研究中培养出来的理性精神和创新意识,也被应用到了工作之中。

(三)外部条件

为了最大限度地利用英国的高等教育支持政策,牛津大学设立专门的教育委员会应对研究生教育质量保障工作。[①] 针对高等教育质量标准的要求,牛津大学在招生、科研、教学、评价等方面作了详细的规定,以保障学校的发展迎合公共政策的要求,使得学校尽可能多地获得来自英国内部的资金支持。这一举措也使得牛津大学在英国大学的排名中一直名列前茅。

除了获得来自英国内部的资源,挖掘全球市场是牛津大学,以及以牛津大学为代表的英国知名高校得以长远发展的保障。近年来,牛津大学逐步扩大了研究生招生规模,特别是海外学生的研究生比例,以巩固其在研究生培养质量方面的世界一流地位。2016年,牛津大学有23 000名学生,其中有11 728名本科生和10 941名研究生。当年,牛津大学的2万余名学生中,有近1万人来自英国以外的国家和地区,占本科生的20%,更占研究生的64%。这些学生来自全球140个国家和地区,中国是牛津大学的第二大生源国,也是第一大外语生源国。其他重要的生源国家包括美国、德国、印度、意大利、加拿大、澳大利亚、法国、新加坡和爱尔兰。[②]

来自不同国家的学生在为牛津大学带来丰厚学费的同时,也使得牛津大学的校园文化变得包容和多元。41%的外国员工比例正体现了国际化为牛津大学带来的巨大生源优势,来自全世界最优秀的学生为牛津大学贡献了创新能力。其中最优秀的学生留在英国,为英国的经济发展提供了源源不断的创造力。

牛津大学的国际化程度,也得益于牛津大学所秉持的国际化战略。在办学过程中,牛津大学注重与各个国家的大学一起组成大学联盟,设立学生互相交流项目,并针对共同关注的研究议题进行合作研究。其中较有影响力的是IARU联盟,IARU由国际上11个顶尖大学组成,包括耶鲁大学、北京大学、东京大学等。11所院校的学生通过紧密联系,如暑期寄宿等课程进行交流。此外,还有Europaeum,LERU(欧洲研究型大学联盟),牛津—普林斯顿联盟等。[③]

"不同的国家有不同的大学……正如霍尔丹勋爵所说的'大学是民族灵魂的反映'。"[④]牛津大学的发展正是英国作为世界老牌工业强国所体现的先发优势。高等教育领域巨大的影响力、诱人的科研环境、世界范围内的学术号召力,都使得牛津大学显现出

---

① University of Oxford. White Paper on University Govemence[R]. 2006(33):5.

② Oxfords-International[EB/OL]. https://www. ox. ac. uk/about/international-oxford/oxfords-international-profile/international-alliances? wssl=1[2017 - 09 - 09].

③ Oxfords-International-Profile [EB/OL]. https://www. ox. ac. uk/about/international-oxford/oxfords-international-profile/international-alliances? wssl=1[2017 - 05 - 10].

④ 亚伯拉罕·弗莱克斯纳. 现代大学论[M]. 杭州:浙江教育出版社,2001:2.

了其他学校不可比拟的优势。对牛津大学的研究,使得我们可以更加清晰地认识到,这一学校在世界高等教育发展史上的特殊地位。

二、华威大学

不同于牛津大学这类具有悠久历史的老大学,英国华威大学成立于 1961 年,是一所在较短时间内发展起来的著名大学,其全日制教育主要在本科生和研究生层次,教学方面的目标可概括如下:"通过招募最优秀的师生,提供合理的教学安排和卓越的教学活动,辅以精良的设备,培养能为经济和整个社会发展做出重大贡献的毕业生,以此使大学获得地区、国家和国际上的广泛认可。"[①]正由于其卓越的教学质量,在短短半个世纪,华威大学赢得了社会的广泛认可。华威大学立足于学校的实际发展需求,注重改革创新,使得其在短短的五十年中,就成了具有世界影响力的大学。

(一) 培养模式

1. 学科的交叉与融合

就学院的内部设置而言,华威大学遵循了英国传统的学院制,华威大学的不同学科被分为四个学院:自然科学院、社会科学院、医学院和艺术学院。不同的学院下设多个学科,如社会科学院下设著名的华威商学院,以及在英国具有巨大影响力的经济与教育、法律、哲学等学系。

表 5-8　华威大学 2017 年各学科学生所占比例[②]

学　科	本科生	研究生	总人数
人文类(Arts)	85%	15%	12.14%
科学类(Science)	67%	33%	36.48%
社会科学(Socialsciences)	52%	48%	44.44%
医学院(Medicine)	49%	51%	6.44%

为了培养具有创新精神的学生,获得更多的研究成果,在办学过程中,华威大学寻找自身的特长与突破点,鼓励学校的各个学科打破学科的界限,建立跨学科的联系。例如,教育学、经济学,哲学和政治学均为合授学位项目。为了更好地实现学科的交叉与融合,大学还设立了许多便于交叉学科研究实现的研究所,与大学系所相平行。这样的培养模式在大学设立之初就已经确立,是一个科学研究中心。为此学校设立了工业经济与商务专业研究中心,学校因其卓越的教学、科研与学校建设而赢得了广泛赞誉。随着大学学科的不断完善,跨学科研究也得到不断发展。

2. 课程特色

在华威大学,商学院是最著名的学院。商学院的课程最能体现华威大学课程设置的

---

① 罗丹.教学质量内部保证体系述评——以英国华威大学为例[J].宁波大学学报(教育科学版),2005,27(2):18-21.

② University Warwick[EB/OL].http://www2.warwick.ac.uk/about/profile/people/[2017-05-10].

特点。商学院不分专业,学生根据选择的课程来确定专业方向。在为期一年的课程学习中,前三个学期为必修课和选修课,每个学期十周左右的时间。最后一个学期为实践课程,为期十二周左右。有时根据不同需要会进行临时的调整。在以案例为主的教学中,学生和老师通过成立假想公司,进行角色扮演,设置假想情境问题,使学生熟悉、掌握、分析问题,以及解决问题的技巧。最后一个学期的实践课是整个课程体系中的重点。学生有机会接触到真实的高水平的管理咨询项目,这些项目可能来自外部公司委托,或政府部门委托,其中也不乏国际知名的四大咨询公司(美国麦肯锡顾问公司、波士顿顾问公司、埃森哲顾问公司和德国罗兰贝格顾问公司)的子项目。

表 5-9 华威大学商学院研究生课程

第一学期	基本理论课	组织行为学　数量化方法与计算机　财务会计　市场分析 等
第二学期	专业理论课	财务管理　市场管理　人力资源管理 等
第三学期	自选专业理论课	生产管理　高级财务管理　国际市场　国际商务 等
第四学期	实践课程	高水平管理咨询课题

在华威大学之前,英国高等教育界坚持以师徒的方式进行研究生教育,整个英国没有一个能够授予研究生获得博士学位的研究生院。"然而华威敢为人先,第一个打破僵局,模仿美国的威斯康辛大学建立了英国第一个研究生院,可以说华威大学是第一所采用美国模式在全校范围内开展研究生教育的英国大学。同时在英国其他大学还将学生培养方案定位于本科生教育为主,研究生教育为辅的时候,华威就已经开始大力发展研究生教育,事实证明这也是英国高等教育发展的一个趋势。"[1]

华威大学是一所具有国际视野的大学,目前为止有超过 6 000 名来自世界多个不同国家的国际学生在华威进行研究生学习,不可否认这些学生成为华威资金来源的一股重要力量。[2] 为了配合国际学生的学习特征,满足市场对更高级人才的迫切需求,华威大学不断调整学校研究生的学位计划,以面向市场与社会需求为出发点,开辟出多个硕士培养计划。其中包括一年制与两年制的硕士计划、跨学科的学位计划、全日制与业余制计划、研究学位与听课学位计划、不同形式的 MBA 计划,以及研究生文凭与研究生资格证书(无学位)进修计划等多种类别。[3]

选择一年制学位计划的学生只需在较短的时间内听课并完成学位论文就可以得到学位证书,所以这种计划特别适合海外留学生;跨学科学位计划是基于新学科发展的需要,该计划不仅以市场为导向,同时促进了学校不同学科之间的合作和新学科的发展;研究学位计划与听课计划是华威大学为促进学校科研发展而对研究生计划进行的两种划分。

研究学位计划要求较高,要求学生对某一领域进行深入研究,考试形式是撰写毕业论文,而听课计划主要是通过上课来获取学位。华威大学也有学习研究生课程,修习此种课程的研究生不用撰写学位论文,只获得研究生资格证书或文凭的培养计划,该计划学制为

①　University Warwick[EB/OL]. http://www2.warwick.ac.uk/about/profile/people/,2017-05-10.
②　University Warwick[EB/OL]. http://www2.warwick.ac.uk/about/profile/people/,2017-05-10.
③　林玨.从华威看英国公立大学研究生培养的基本思路[J].学位与研究生教育,2000(4):57-60.

半年至一年；访问研究生计划是为了加强学校与国内外教育机构之间的关系而设立的，那些希望提高知识水平或发展专业技能的外校年轻的在职人员和国家公务员等可以在华威进行一段时间的学习，参加研讨会，学修几门课程或完成一篇研究报告等，但是学校不授予其学位；计划是专门为成年学生设立的，学生在当地专科学习两年后转而在华威学习两年，在完成规定课程后获得学士学位。一些优秀的大龄学生甚至可以凭借奖学金直接进入博士生研究阶段。华威大学的学位计划还有很多，这里不再一一赘述，但是有一点非常明确：华威大学主动缩短学制，提供学位计划的多种选择，不仅适应了劳动市场的需要，同时也使毕业学生在就业竞争力上保有优势。[①]

3. 教师配备

2017 年，华威大学约有 9 398 名研究生和 1 800 名学术研究人员。[②] 在教师配备方面，华威大学在保证以公开的程序招募世界范围内的优秀教师之外，还十分重视营造适合和鼓励人才发展的环境，以促进教师始终处于所在领域的前沿，不断发展和提升自己的教学和学术水平。为此，大学对教员发展进行了制度化建设，提出了教员发展政策、结构和方法，通过一系列活动促进学术人员提高其工作实践能力，借此改进大学教学、研究以及管理的工作质量。

在提供资助方面，主要是供教师参加有关学术会议或相关培训。和许多西方大学一样，华威也提供学术假，每七学期一次，教员可以利用学术假集中进行自己喜爱的研究。大学为教师提供的这些发展项目同样也要接受有关部门的评估和监督，以不断改进和提高发展项目本身。总之，华威大学通过一系列制度，尽力营造宽松灵活的环境，鼓励教员不断发展与提高自身能力。[③]

（二）外部支持

对于像华威大学这样的新建学校而言，追赶老牌名校是其矢志不渝的目标。因此，"企业家精神"成了华威大学一以贯之的学校精神。为了践行企业家精神，华威大学首任副校长杰克·巴特沃斯任职期间积极主张发展学术，加强与工业界和当地社区的联系，致力于建立具有企业精神的研究型大学。学校先后建立起为企业和社区有偿服务的商学院、艺术中心、华威制造业集团、华威大学科学园有限公司等实体结构，密切了与商业界的合作关系，不断拓展服务范围，使办学经费来源多元化。[④] 华威大学在发展过程中不断总结和商业界联合的经验，逐渐形成了自身特色的华威产学研合作模式。华威大学在《罗宾斯报告》的影响下，在建立之初即以建立一所以科研为中心的大学为导向。"在系统内外的压力日益增长的状况下产生了罗宾斯委员会，负责研究未来英国高等教育。于 1963 年发表的《罗宾斯报告》明确阐述了这一原则，即'所有在能力和造诣方面有资格学习全日制课程的青年应该有机会接受高等教育'（Robins Report 1963：49）。"[⑤]

---

① 黄海楠. 英国华威大学内部管理模式研究[D]. 兰州：兰州大学，2012：22.

② University Warwick[EB/OL]. http://www2.warwick.ac.uk/about/profile/people/，2017－05－10.

③ 罗丹. 教学质量内部保证体系述评——以英国华威大学为例[J]. 宁波大学学报（教育科学版），2005，27(2)：18－21.

④ 范晓荣. 发达国家高等教育产学研合作教育分析与借鉴[J]. 继续教育研究，2008(11)：95－96.

⑤ 范富格特. 国际高等教育政策比较研究[M]. 杭州：浙江教育出版社，2001：367.

在经历了 20 世纪 80 年代的财政危机后,华威大学创新性地把企业发展模式融入大学发展中。华威大学在建立之初还引进了美国先进的董事会制度,这种制度是建立在英国的法律框架内的。当大学和政府产生交集的时候,需要通过董事会对学校进行干预,这种制度在一定程度上既避免了像其他传统大学一样将自己保护到象牙塔内,又成为可以避免外界干扰的减震器。大学的特许状规定了大学发展的方式和章程,例如,由学校和系组成的扁平化的治理结构来管理大学,基层治理则主要依靠各个系,然后由副校长及其带领的管理团队为核心进行管理。

华威大学的发展与创新型人才培养,体现了一所学校脚踏实地的务实精神和勇于开拓的前进热情。尽管身处于强手林立的英国高等教育系统,但是华威大学仍然凭借自身的特色,成为具有世界知名度的创业型大学。这一精神也为其学生所传承。

第三节　英国研究生创新型人才培养机制与特点

就培养特点而言,当前英国的研究生创新人才培养呈现多样化的特点。从培养目标而言,可以分为理论研究人才和应用实践人才。其中,硕士研究生的培养分为哲学硕士和课程硕士,哲学硕士要求学生主要从事学术课程,需要完成学位论文;而课程硕士只对学生的课程学习有要求,而对学位论文没有要求。博士研究生学位也分为以学术研究和理论研究为取向的哲学博士,和具有职业导向的专业博士,如工程博士和教育博士。

英国是世界上最早开设哲学博士和哲学硕士的国家之一。之所以英国打破了原有的传统,从实用性的角度出发,设立课程硕士和专业博士,其目标是为了满足教育市场的多元需求。在创新型人才培养的过程中,市场、政府、高校扮演着不可替代的角色。

一、市场:创新的主体

在研究者讨论人才培养与创新之间的关系时,通常出于直觉发现了两者之间的相关性。即那些具有创新特质的国家或学校,其人才培养也具有与众不同之处。出于对教育的"希望",人们往往将社会的创新性寄托在大学培养制度的改革之上。但是如果我们将市场理解为人的自发行为,那么创新型人才培养本身就是市场的结果。英国创新型人才培养的多元化,正体现了市场对多元化人才培养的需求。

关于应用型研究生学位产生的原因,较为公认的理论解释不外乎三种:知识生产模式转型理论、人力资本理论和文凭主义理论。三种理论的共同点在于,它们都认为传统的研究生培养模式存在某种不足,应用型研究生的产生正是为了弥补这些不足之处。知识生产模式转型理论认为传统的研究生培养模式无法满足实践知识的需要,人力资本理论认为传统的研究生培养模式没有为专业领域提供足够的服务,文凭主义则认为传统的研究生培养模式没有提供足够的博士学位供给,传统博士教育的不足促成了研究生学位的产生。

(一) 知识生产的新模式

"不首先了解现代高等教育如何参与知识的生产,然后决定如何把这个任务与教学和公共服务的任务联系起来,就不可能理解现代高等教育。"①知识生产转型理论的观点认为,应用型研究生学位的扩散是对新的知识和知识生产模式的回应。传统的研究生培养被认为是远离工作,只能生产非常有限的实用知识,其生产的知识更是难以被应用到实践中。应用型的产生满足了市场对"新知识"的需求。模式Ⅱ知识、"基于工作的知识"(Work-based knowledge)、实践性知识……无论人们怎样命名"新知识",都是描述一些为传统博士培养模式所忽视的知识。"在许多学科中,当一些专业性特征胜过学术性特征的领域而出现传统哲学博士学位不足以满足外部社会对博士水平资格的需求时,特殊的专业博士学位即应运而生。"②以专业博士为代表的应用型研究生的产生,正弥补了传统研究生培养的不足之处。

知识生产模式的转变带来了研究生培养模式的转变,"由于专业博士学位的研究成分以专业实践为中心,在研究活动中可能会出现理论应用的方式或某种专业的实践性质方面的独创性贡献,所以学术独创性的传统检验标准可能不再适合。专业博士学位候选人将来应能做出这类专业成就正是该学位的目的,显然,这种专业独创性是一种有待于进一步探讨的独创性类型"。③ 对培养单位来说,应用型研究生大多数没有进入学术领域从事学术类工作,即没有成为学术研究的长期生产者,但是他们却成了学术研究的消费者。对于研究机构而言,在增加学术消费的同时,没有增加新的学术供给,应用型研究生的设置能够促进学科的发展。

(二) 人力资本理论

人力资本理论认为,研究生教育有利于提高从业者的专业知识水平和相关技能,继而提高从业者在劳动力市场中获得更高劳动收益的可能性。④ 日益专业化的工作也要求从业者具有更高的知识积累和技术储备。

人力资本理论较好地解释了为何应用型研究生大量出现在教育、医药、法学、工程等应用领域,这些领域的工作者往往需要处理大量的实践性事务,因此希望能够学习更多的理论知识,来解决实际工作中遇到的问题。凭借着在研究生培养阶段积累的知识,专业工作者能够完成更加复杂和高难度的工作。

(三) 文凭主义

传统观念认为,学位证明获得者具有某种特殊的技能或资格,如学士学位意味着申请者在大学阶段接受了通识教育;硕士学位意味着申请者已经具有在特殊领域实践的资格;博士学位意味着学位拥有者具备在大学中教授课程的资格。⑤ 正是由于文凭所具有的符号效应,使得高等教育学位和文凭的增长并不源于人们对高等知识和技能的需求,而是地位竞争和社会排斥的结果。拥有研究生学位,成了拥有者工作能力和社会地位的象征。

---

① 伯顿·克拉克. 探究的场所[M]. 杭州:浙江教育出版社,2001:17.

② 黎学平. 英国专业博士学位的形成、初步发展及主要特点[J]. 比较教育研究,2004,25(10):32-37.

③ 黎学平. 英国专业博士学位的形成、初步发展及主要特点[J]. 比较教育研究,2004,25(10):32-37.

④ Mincer, J. Investment in Human Capital and Personal Income Distribution[J]. The Journal of Political Economy, 1958, 66(4): 281-302.

⑤ Green H, Powell S. Doctoral Study in Contemporary Higher Education[M]. McGraw-Hill Education (UK), 2005: 48.

因此,专业型研究生之所以大规模扩张,不是因为工作对知识和技能的要求提高了,而是专业职业的从业者希望提高职业准入的门槛,从而整体上提高这一职业的社会地位和声望。

二、政府:创新的保障

市场是创新的主体,而政府的作用则是在市场运营的过程中,通过政策方式弥补市场存在的不足。在英国大学的市场化过程中,防止质量问题就成为英国政府所担负的责任。英国政府每隔一年要对高校进行一次教育和科研质量的评估。这种评估被称作学术研究评估,用以评估英国大学的研究水准及经费运用是否合宜。英国研究生教育的质量保障形成了自己独有的特点。[①]

英国的研究生教育是在 20 世纪初从德国引进哲学博士后开始建立的。研究生培养层次的发展是为了建立培养科学研究人员对知识的发现做贡献。由于英国大学的自治传统使得外界无法介入研究生教育质量的监督,研究生教育质量的保证也只在校内。然而随着英国经济的发展,研究生规模的扩大,各利益群体对研究生培养的需求也各有不同。学术界对学术研究生的需求基本饱和,在此背景下研究生教育除了要满足学生学术能力,同时还需发展有利于就业能力和自身发展的其他能力。

英国研究生教育外部质量保障目的主要是为了帮助高等教育机构提高研究生教育质量,向各相关利益群体说明绩效,告知未来学生和雇主高等教育机构所提供的研究生学位的标准,帮助政府做出拨款决定。自 1997 年英国高等教育质量保障署建立后,即在一定程度上取代了前高等教育质量委员会和高等教育基金委员会质量保障的职能,负责对全英高等学校提供统一的综合质量保证服务。这一委员会是一个相对独立的自治机构,经费来自高等学校的会费以及委托评审的签约组织,如英格兰高等教育基金委员会、苏格兰高等教育基金委员会等。高等教育质量保障署的使命是确保高校的教学质量和所授予学位的标准能得到保证和提高。委员会通过制定一系列规章制度,如《实施准则》《资格框架》等,然后根据这些规章制度实施各种保障活动。

高等教育基金委员会在让给了一些高等教育质量保障职能的同时,还是保留了一些质量保障方面的职能,特别是对研究型研究生学位的质量保障。例如,英格兰高等教育基金委员会的目标是确保学生能从高质量的教学中获得经济和社会发展所需的能力,并保持动态而又有竞争性的研究氛围,以提高科研水平、提高高校对经济的贡献力、提高高等教育质量,从而满足各利益群体的需求。[②]

对于国家而言,创新型人才是经济发展和科技进步的重要支撑点。在培养创新型人才的过程中,英国政府一直保持着一定的责任担当。与其说他们是创新型人才培养的主导者,不如将他们视为创新型人才的消费者。在避免政府对高校过多干预的同时,政府以财政激励的方式,引导高校采取相应的人才战略。"从政府的观点来看,学校向不同的买方出售服务的制度就是学校自治增强的表现。按照这个观点,只要存在一个单个或占主

---

① 毛慧芳. 中美英研究型大学研究生培养的比较研究[D]. 武汉:华中农业大学,2008.
② 丁云华. 美英研究生教育外部质量保障的分析与借鉴[J]. 高校教育管理,2012,06(1):58-61.

导地位的买主,即国家,那么学校自治及学术自由就会受到威胁,但像已经指出的很多'买主',实际上都是乔装的国家。实际上发生的事情是政府用财政上的激励,作为影响高校活动模式的比行政干预更为有效的手段。市场的'自治'已经取代了大学中渐进的年度拨款的学院式管理制度及多科技术学院和其他学院的一条线预算的官僚制的管理制度。此外,许多大学正采取内部市场机制,各系之间相互买卖服务或各系和学校中心管理机构进行服务交易。"①

三、高校:创新与培养

比较教育研究一个重要意义,在于能够通过不同教育制度或文化比较,发现在教育发展过程中最为重要的因素。与德国相比,英国人才培养最为显著的特征在于学校所掌握的权力。"在英国政府'紧缩'方针的刺激下,副校长的权力不是缩小了,而是扩大了……在英国,在校外资助者的权力以及校内管理专家权威的增强中,相应受到削弱的是各院校教授的权力,学校权力转移到行政管理人员、院长和系主任的手中。"②

随着英国研究生教育的应用价值开始受到重视,培养单位也由大学转变为大学与工业部门、政府、企业联合培养。尤其是从 20 世纪 70 年代开始,英国政府更强调研究生教育要为经济的发展服务。80 年代,英国政府进一步明确了研究生教育对经济发展的意义,这一工具主义的政策(美国杜威实用主义哲学的别称)一直持续到今天,研究生教育与经济的联系越来越紧密。因此,与时代发展的契合是课程研究生培养模式形成、发展的重要原因。

从 20 世纪 80 年代初开始,"英国高等教育迅速扩张使政府的生均教育经费资助实际下降了 40%,高校普遍缺乏资金而政府拨款占高校收入的比例不足 60%。对许多英国高校来说,国际学生的学费已经成为重要的财政来源,许多大学 5%—16%的收入要依赖于留学生收入"。③ 名校林立、专业类别多、学制短、社会安定、福利好,英国各大学纷纷采取措施吸引世界各国的优秀学生赴英留学,这也是课程研究生培养模式在英国形成、发展的原因之一。课程研究生培养模式的特征是学制短,费用低。其原因在于,社会所急需的应用型人才是在社会应用性强、知识更新速度快的专业领域中进行培养的,故采用学制较短的研究生培养模式更能符合社会的人才需求。

在多元化培养的过程中,英国大学也面临着近期利益和长远利益的双重约束。对于大学而言,营利目的要求大学以更高的学费和更低的运营成本维持学校的运营,如果学校无法营利,那么学校的运行就受到威胁。从长远利益而言,学校要保障自己的培养质量,赢取更多的社会声誉,招收更高质量的学生,这又要求大学注重科研和教学投入。这一两难的处境决定了英国大学拥有创新精神,走向多元发展之路。一方面,大力扶持学校的科研和教学事业,招聘最具创新能力的教师,培养具有未来精神的学生;另一方面,大力拓展专业硕士,在为社会做好服务的同时,保障学校的经费收入。

---

① 范富格特. 国际高等教育政策比较研究[M]. 杭州:浙江教育出版社,2001:389.
② 克拉克. 高等教育新论:多学科的研究[M]. 杭州:浙江教育出版社,2001:57.
③ 王璐,王向旭. 当今英国研究生教育规模和结构的变化与走向[J]. 比较教育研究,2007,28(12):61-65.

从培养具有学术精英,到培养课程硕士和专业博士;从全日制培养,到弹性学制,英国大学的一步步改革都将新的高等教育理念带向了全世界。因此,也就无怪乎英国长久以来能够成为高等教育领域的领跑者。

四、导师:创新与生产

"在英国,导师在研究生培养过程中发挥着重要作用。研究生从选定论文题目,到制定科研计划、阅读书刊等,都是在导师的指导下进行的。要使研究生能创造性地开展研究工作,必须由富有创造精神的导师来指导。因此,英国在选择导师时特别注重导师的科研创造能力,以能否培养出具有高科技能力的研究生作为评判导师教育工作的重要指标。导师的指导方式和时间是各不相同的。"①从导师视角来看,英国研究生导师机制的特点主要体现在导师认定资格、导师培训制度及导师团队形式上。

对于不同领域的研究者而言,他们能够获得在高校中担任教职的机会,来源于他们在科学研究过程中的创新能力。因此,这一制度也激发了研究者在教学过程中向学生分享他们在科研过程中的经验。"把科学研究视为一种工作方式,这意味着可以把科学研究作为一种特殊的、在不同环境中采用不同方式组织知识生产和评价的工作组织与控制类型,来展开比较分析。从而,科学知识中的差异与变化,可以按照生产和评价它们的系统的差别与变化,即按照被叫作治理领域的工作组织的类型而得到理解。通过不同方式组织起来并加以控制的领域,生产者以不同方式组织起来的知识,并在不同情境条件下逐步确立起来。"②

尽管大学自治在英国有着悠久的传统,但是这一传统仍然处于变革之中。由于教师的收入来源越来越依赖于学生,而招徕学生的工作很难依靠教授个人的工作完成,所以教授越来越依靠学校。为了学校赢得更多的资源,作为导师的教授不得不让渡更多的自主权,如招生、评价、研究等,以迎合高等教育的发展变化。

五、学生:创新者与消费者

(一) 入学方式

学生是科学和技术创新的主体,他们也是创新成果的消费者。扩大学生来源,能够最大限度地提升创新的可能性,使得更多的人参与到创新过程中来;也能够使更多的人分享创新成果,成为创新工作的不竭动力。英国宽进严出的入学方式,使得学校能够在最大范围内招收学生,这一学生来源在空间上是全世界的,在时间上是所有成年人的。尽管在程序上极为简单,但是那些具有吸引力的学校往往能够吸引大量的学生前往,从而可以在这些学生里优中选优。

(二) 培养过程

尽管导师制被视为英国大学之中最负盛名的特点,但是高等教育的扩张使得过去亲

---

① 易红郡.英国现代研究生教育的发展及特点[J].比较教育研究,2002,23(10):23-26.
② 惠特利.科学的智力组织和社会组织[M].北京:北京大学出版社,2011:49.

密的师生关系不再。代之以程式化的课程和论文,授课式的研究生培养满足了学生缩短学制的需求,也符合学校降低教学成本的需求。因而,培养制度的改革满足了创新型人才培养的内在需求。再者,学校通过这一方式提高学校的经费收入,为学校积累了更多的科研经费,用于支持教师和研究者的科研工作,提高学校的知名度和吸引力。

在这一变化过程中,最为人们质疑的是大学的培养质量能够符合大学应该具有的标准。"现代科学中所能创造的新颖程度就严格限制于一种必要性——要遵循集体标准并与同僚的工作相关联。这里关键的一点在于,研究是根据其对他人工作能成功达成所产生的影响、决定作用以及必要性程度来估价的。能力上合格但并不重要的研究可能会得以发表,却不会因此而得到积极、重大的声誉,因此,科学中新知识的创新是定向于对同事工作的影响和指导上的。"①英国高校对学生的培养仍然遵从于科学的必要范式,以使得创新的成果能够为他人所认可。

（三）培养结果

从创新型人员培养的角度而言,英国大学构建了一个完整的人才录取、培养和消费体系。良好的国际声誉使得英国大学能够招收最为优质的生源。一方面,生源是培养的对象,有了良好的生源,就有更大的可能性培养出拔尖创新型人才;另一方面,市场化的培养方式也让学校拥有了更为广阔的收入来源。在毕业之后,这些学生或是进入创新领域,成为创新工作的中坚力量;或是成为英国创新的消费者,这一消费不仅体现为物质商品,更体现为文化商品。

英国研究生的培养模式受德国教育的影响开始改变并且得到了一定程度发展。20世纪中叶之后,英国在汲取德国教育的经验后,要求从不进行创新和学术研究的教授必须开展科研活动。英国的研究生培养已有很长的历史,而且其特有的高等教育培养模式在西方国家以至全世界都有极高的声望。但是在发展过程中,英国大学体现了鲜明的"先发优势",如大学的声誉、英语国家的语言便利、悠久的大学史等,都使得英国在举办大学过程中所具备的优势往往是其他国家难以复制的。

小　结

通过对英国高校创新型人才培养模式的探索,一幅以市场驱动的创新型人才培养构架逐渐清晰。我们不妨以入学为起点,考察整个人才培养体系与学校市场化之间的关系:① 凭借优质的教育声誉,招揽全世界范围内的优质生源。"对个人、群体、事业单位,甚至整个国家高教系统来说,声誉是高等教育的特殊的交换硬币"②,不同层级学校采取不同的招生策略,名校注重科研成果,以学术声誉提升整个英国的学术地位。新建大学注重学生的体验和学制的改革,使得研究生培养符合学生的需求。② 在培养过程中注重教学质量,大学内部和大学外部建立周详的质量考评体系。对学生采取不同的培养模式,学术型硕士和博士注重其学术创新能力的培养,专业型硕士和博士则专注于其成果转化的能力,着重培养学生在实践中的创新能力。③ 注重学生的就业情况和雇主的评价,以迎合大学

---

① 惠特利.科学的智力组织和社会组织[M].北京:北京大学出版社,2011:34.
② 克拉克.高等教育新论:多学科的研究[M].杭州:浙江教育出版社,2001:285.

排行榜的需求,通过商业性的大学排名,提高大学对学生的吸引力。以招收更多的具有支付能力的学生来到英国获得学位。

　　英国的研究者也不讳言功利主义对英国科学技术发展产生的巨大影响。"在 17 世纪初,培根已经在他的'知识就是力量'和知识的基本目的是'增进人类财富'这些格言中唱出了功利主义的调子。"①正是对效益的追求,为科学技术的发展提供了长久的动力。同样创新型人才培养也被赋予了市场的动力。正是市场对创新型人才的需求,使得英国高校在培养过程中注重了对这一素质的培养。

　　因此,我们将英国研究生创新型人才培养概括为"市场驱动下"创新型人才培养。出于招收更多优质生源,提高学校收入的需要,学校注重自身的声誉建设。通过高质量的教育教学,提升学生的创新能力,无论是在学术领域内外,他们都可以获得成功,继而提高学校的声誉。尽管没有过多的政府干涉,但是市场的力量推动高校不断提高自身的培养质量。对英国高校而言,创新型人才的培养与高校的生存相联系,因而是学校最为重要的办学目标。

---

① 默顿.十七世纪英格兰的科学技术与社会[M].北京:商务印书馆,2000:294.

第六章　德国研究生创新型人才培养

在 2015 年德国科技学会(Deutsche Akademie der Technikwissenschaft)发布的《2015 全球创新指数》上,德国位于瑞士、新加坡、芬兰和比利时之后,名列第五,高于紧随其后的爱尔兰、荷兰、美国、奥地利和瑞典。中国在这一榜单中名列第 26 位。[①] 这是该协会第十年的发布,该指数将经济作为创新的核心要素,教育、国家、社会和科学作为创新的影响因素,并对各个国家的年度表现加以评估。

该指数认为:"教育是经济和科学的基础,教育传播基础知识,组织职业教育。"[②]因而,教育在国家创新体系的建设中具有不可替代的作用。在教育领域,德国"特别着重双元制建设,并保持科技—自然学科的数量"。[③] 教育,成为德国这一老牌工业强国得以保持创新能力的重要法宝。

尽管受到新兴工业国家强劲发展势头的冲击,"德国制造"依然是工业生产中最具认知度的品牌。其工业生产过程中蕴含的"创意"元素,使得"德国"工业产品一直是市场中的强劲竞争者。在国家宣传过程中,德国也将自己称为"创意的国度"。"创新"已经成为工业 4.0 时代中发展的重要引擎。[④] "经济和公共研究依靠高素质人才,这样才能在国际竞争中保持竞争力。"[⑤]高质量的高等教育和博士培养造就了大量的创新型人才。这些人才也成了"创意国度"的不竭动力。

培养具有创新能力的高素质人才,已经成为德国科学技术保持长久领先的重要因素。长期以来,德国的科研水平及其博士学位都有很高的国际认可度。在 1820 至 1920 年的一百年间,美国有近万名学生学者在德国留学,其中很多人获得了博士学位,并将高等教育的研究使命带至美国,对美国现代研究型大学的建立影响深远。[⑥] 二战后,联邦德国的科研体系得以迅速复建,成为欧洲和世界重要的科研中心。德国有 100 余所研究型大学和 300 多所参与应用性研究的高等专科学校,另外还有一个科研人员数量与高校相当的庞大的科研机构体系,其中拥有 80 个研究所的马克斯—普朗克学会是世界上最知名的非

---

① R Frietsch, C Rammer, T Schubert. Innovation Indicator 2015[EB/OL]. www. innovationsindikator. de, 2017 - 04 - 11.

② R Frietsch, C Rammer, T Schubert. Innovation Indicator 2015[EB /OL]. www. innovationsindikator. de, 2017 - 04 - 11.

③ R Frietsch, C Rammer, T Schubert. Innovation Indicator 2015[EB /OL]. www. innovationsindikator. de, 2017 - 04 - 11.

④ Fesel B, Söndermann M. Culture and Creative Industries in Germany[M]. German Commission for UNESCO, 2007:3.

⑤ R Frietsch, C Rammer, T Schubert. Innovation Indicator 2015[EB/OL]. www. innovationsindikator. de, 2017 - 04 - 11.

⑥ Hermann Roehrs. The Classical Germanconcept of the United States[M]. Frankfurt/M: peter Lang, 1995:36 - 37.

大学研究机构。在 1999 至 2009 的十年间,德国学术机构发表的科研论文总数居世界第三,仅次于美国和日本。从论文被引次数来看,德国则排在美国之后位居世界第二。[①]

长久以来,德国大学以其鲜明的多元性闻名于世。2016 年,德国共有大学 106 座,另外还有师范大学 6 所,神学院 16 所,艺术学院 52 所,职业技术学校 216 所。[②] 德国的综合性大学与职业技术学校之间最为显著的差别就在于博士研究生的培养权。[③] 尽管近年来德国职业技术学校也在争取博士培养权,但是许多学者仍然将博士培养视为大学的重要职能。[④]

近年来,德国博士研究生培养的数量一直保持着缓慢上升的势头。1995 年,德国约有 2.1 万人获得博士学位,[⑤]此后的 20 年中,德国每年获得博士学位的人数一直保持在 2 万至 3 万人之间。2015 年,德国新招录博士研究生近 3 万人,[⑥]在读博士约 20 万人,其中,数学和自然科学所占比例最大,达到近 6 万人。工程科学、语言科学和文化科学、社会科学次之,分别超过 3 万人。医药、卫生领域有约 2 万人,艺术、艺术科学和农林牧超过 4 000 人,兽医为 2 800 人。[⑦]

数量的增加符合高等教育扩张的趋势,满足了劳动力市场对高端人才的需求。但是,对于高等教育扩张,尤其是高端研究型人才数量的扩张,德国国内依然争论不息。在一些具有较强传统主义思想的学者看来,学术研究本身就具有很强的"精英"性质。因此普及性的研究可能会对研究自身产生影响。"研究,特别是基础研究,传统上是德国大学的核心任务。希望将德国大学这种传统角色保持下去的人有一些担心,担心学生数量太多会对大学传统的研究职能产生某种损害。德国似乎存在一种共同的看法,认为大学应该固守基础研究,虽然大学到目前为止,仍然担负着大多数大学生的教育任务。"[⑧]

尽管高等教育扩张,尤其是博士培养的扩张仍然饱受质疑。但是不可否认,德国高等教育的精英时代已经过去,博士研究生也不再是象牙塔中"寂寞"和"自由"的研究者。德国高等教育面临着创新型人才培养的转型,在过去的二十年中,德国博士培养最为显著的特点就是从传统的师徒制向结构化的博士培养转变。创新型人才的培养要求博士研究生培养体系不断进行变革,以适应市场和社会的需求。在社会变革的背景下,德国博士培养逐渐摒弃了以往相对松散的博士培养模式,开始将博士培养的步骤逐步明晰化和结构化。在培养过程中,跨学科、跨学校培养的比例不断上升。同时,博士培养质量控制贯穿整个

① Wissenschaftsrat. Empfehlung zu Empfehlungen zur deutschen Wissenschaftspolitik im Europäischen Forschungsraum. Drs. 9866 - 10. Berlin: Wissenschaftsrat, 2010:14.

② DESTASTIS. Hochschulen insgesamt [DB/OL]. https://www. destatis. de/DE/ZahlenFakten/GesellschaftStaat/BildungForschungKultur/Hochschulen/Tabellen/HochschulenHochschularten. html,2017 - 05 - 02.

③ 周海霞. 德国应用科技大学(FH)获博士学位授予权之争议[J]. 外国教育研究,2014(10):98.

④ Czornohus S, Dobersalske K, Heuel F, etal. Auf dem Weg zur Promotion: Zur Benachteiligung von Fachhochschul-Absolventinnen und-Absolventen[J]. Das Hochschulwesen, 2012(5): 112.

⑤ 刘献君. 发达国家博士生教育中的创新人才培养[M]. 武汉:华中科技大学出版社,2010:21.

⑥ DESTASTIS. Bestandene Promotionen [DB/OL]. https://www. destatis. de/DE/ZahlenFakten/GesellschaftStaat/BildungForschungKultur/Hochschulen/Tabellen/PromotionenBundeslaender. html,2017 - 05 - 02.

⑦ Statistisches Bundesamt. Promovierende in Deutschland 2016[R]. Wiesbaden, Wintersemester2014/2015, 2016: 24.

⑧ 范富格特. 国际高等教育政策比较研究[M]. 杭州:浙江教育出版社,2001:178.

培养过程,以期将博士研究生打造成具有创新精神的顶尖人才。

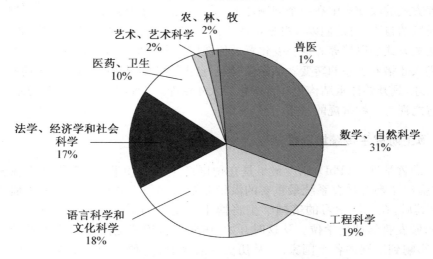

图 6-1　德国高校中不同学科研究生占总体比例[①]

第一节　德国研究生创新型人才培养基本情况

在前工业化时代,创新依靠具有天赋的个人和集体,在 17 世纪以前,中国的科学技术一直处于世界前列。但是自 17 世纪之后,现代科学的研究范式开始成为人类寻求知识扩展和科技创新的主要途径,以科学实验为代表的现代科学体系极大地提升了创新的步伐。[②] 以德国为代表的西欧国家在第二次工业革命期间在物理学、化学等学科获得了突飞猛进的发展,这一飞跃与 19 世纪初德国现代大学的产生具有密切的联系。而这一时期,也正是现代博士培养制度形成和发展之时。

19 世纪初,担任柏林大学校长的威廉·洪堡提出了"科研与教学的统一"的古典大学观。洪堡揭示了现代大学科研与教学的重要使命。从人才培养的角度而言,他实际上也提出了"古典"创新型人才培养观,即创新型人才的培养是在参与科研的过程中完成的。

博士培养的目标,是为了培养顶尖的创新型人才。这一人才的培养,需要博士的培养过程保持活力和前沿性。这就使得博士培养的改革长期处于改革之中。伴随着社会背景的变革,德国博士培养更遭遇到近年内少有的巨大改变。威廉·洪堡的传统思想在近代受到了挑战,田园牧歌似的研究已经不能满足人才培养的需求。因而,德国的研究生创新型人才培养开始发生转变。从培养方式的角度而言,这一转变体现为由"师徒制"向"结构式"培养的转变。人才培养开始超越大学的边界,大学不再是人才培养的唯一场所。同

---

① Statistisches Bundesamt. Promovierende in Deutschland 2016［R］. Wiesbaden，Wintersemester2014/2015，21-9-2016：24.

② 林毅夫,蔡昉,李周.中国的奇迹［M］.上海:上海人民出版社,2014:16.

时，作为人才培养的重要主体，教授的聘用也开始出现了巨大的转变。

培养方式的改变集中在一个问题之上，学生的创新能力究竟如何获得，是赋予学生以学习和研究的自由，对他们以一种松散的方式加以培养；还是制定明确的培养过程，通过一种密集的方式加以培养。这一变化背后仍然体现出了德国这一教育强国对具有创新特质的拔尖人才培养思想的转变。从崇尚"教学自由"和"学习自由"以培养出超越于当下的创新型人才，到开始注重结构化和普遍化的人才培养。人们不再将创新视为偶然的天赋，而开始将之视为一种常规的素质。

一、博士研究生传统培养模式

现代的哲学博士（PhD）制度最早是在德国产生的。19 世纪，哲学博士在柏林大学出现，并提出了高等教育系统最重要的洪堡命题，"如何把知识的生产和传播相互联系起来？"①其后，在德国学习的美国学生将博士制度带回了美国。1861 年，美国的耶鲁大学开始颁发哲学博士学位。从这时开始，仿照德国模式建立的研究生院开始在美国盛行，并影响到欧洲的各个国家。"从历史发展来看，这种博士生培养模式的形成与德国现代大学的发展密切相关。1810 年柏林大学建立之后，科研成为德国大学的首要任务，博士学位曾长期是德国大学颁发的唯一学术性学位，在追求纯科学的理念导向下，所有学生都被认为应当接受科研训练，进入实验室、研究所，在教授的指导下直接从事科研实践。'研究至上''教学与科研相统一''自由研究'的洪堡原则深刻地体现在博士研究生的科研训练中。因此，德国的这种博士生培养模式也被称为'洪堡模式'（Humboldtian Model）。"②

个人培养是德国博士培养的经典模式。③ 所谓个人培养，就是由希望获得博士学位的学生寻找一位教授提出申请，只要获得导师的同意，就可以开始博士阶段的培养。④ 这一导师被称为"博士之父"（Doktorvater）或"博士之母"（Doktormutter）。在博士培养阶段，进修者与指导者之间会建立紧密的合作关系。同时，博士培养完成的年限通常依据进修者个人情况决定。

在德国大学的制度设计中，博士培养最初并不是一个高级的学业层次，而是贯穿大学学习的全部阶段。学生进入大学后，都被认为应当进行本学科或者多个学科的自由学习，并以助手的身份在教授指导下进行若干年的科研并撰写论文，最终参与博士考试获得博士学位。大学的学习定位于纯粹的研究训练，不管学生未来的职业取向是教师、公务员、律师还是医生，大学对他们来说，都是研究的场所，是接受科研训练的阶段。为科学而科学、不以实用性目的追求纯粹科学的大学观也深刻地植根于德国大学的人才培养理念之中。

① 伯顿·克拉克. 探究的场所[M]. 杭州：浙江教育出版社，2001：17.
② 秦琳. 从师徒制到研究生院——德国博士研究生培养的结构化改革[J]. 学位与研究生教育，2012(1)：59-64.
③ Information fuer Bewerberinnen [EB/OL]. http://www.gs.tum.de/information-fuer-bewerberinnen/promotion-an-der-tum/individualpromotion，2015-05-06.
④ 秦琳. 从师徒制到研究生院——德国博士研究生培养的结构化改革[J]. 学位与研究生教育，2002(1)：59.

作为未来从事研究工作的准备，古典大学观核心理念在博士培养过程中得到充分体现。[①]"自由"(die Freiheit)与"寂寞"(die Einsamkeit)在博士个人培养模式中体现得最为明显。个人培养保证了个体在博士进修(Promotion)期间的独特性，博士生导师可以依据博士研究生的个人情况和论文选题建立独一无二的培养模式。从19世纪开始，这一模式就使得博士论文成为科学进步和学术质量的保障。[②] 时至今日，完成博士论文仍然是个人培养过程中最为重要的环节。

德国的博士培养之所以没有明显的培养环节，与德国大学的培养模式具有紧密的联系。"通常德国大学的博士研究生导师并不开设很多的博士研究生课程，也不经常有培养环节。对于这一问题可能有四种解释：第一，与盎格鲁—撒克逊国家相比，德国的哲学博士相对较多。除了那些专职担任研究助理(assistant)的学生之外，大部分的学生都是在职学习。大多数的博士研究生，甚至是担任研究助理的学生，都不打算未来从事学术工作。第二，不同于英国，并不是所有获得哲学博士的讲师都可以指导博士研究生，通常情况下，只有教席教授能够培养博士研究生。如果考虑到较多的学生数量和较少的导师数量，显然导师通常没有办法安排更多的时间给他的学生。第三，至少在社会科学领域，德语国家通常会认为学术成就是个人的任务。为了解决这一问题带来的弊端，很多德国大学已经要求教授开设关于研究方法和研究策略的课程。第四，传统的德国学士学位(Diplom)，较盎格鲁—撒克逊体系下的本科学位(Bachelor)具有更强的学术性。因此，德国的学校毕业生能够更好地适应学术工作。"[③]

自由的个人培养模式，也决定了这一培养模式的弊端所在。[④]"在德国，博士生教育在传统上并没有严格规定的培养程序：博士生入学无须参加考试，其基本要求是已取得大学的毕业文凭，并向一位教授提出论文研究计划，获得导师同意后即可在其指导下开始研究。"[⑤]给予博士和博士生导师自由，使得博士培养阶段缺乏明确的培养结构。在缺乏具体培养框架的情况下，个人的主观性变得格外重要。学生需要不断地加强完成学业的自我激励，通常还需要与导师建立更为密切的联系。如果导师和学生没有有意识地建立较为紧密的联系，导师就无法给学生提供足够的学业指导。德国的博士培养制度的特性，使得培养过程中充满了偶然性。[⑥]

此外，全球化背景下的高等教育发展也对德国传统的博士培养模式提出了挑战。由于培养过程缺乏固定的模式，使得德国培养模式难以获得国际交流的"话语权"。"德国一直缺乏在读博士生总数的统计数据，博士生的专业分布、修业年限、流失率等国际比较中

①　陈洪捷. 德国古典大学观及其对中国的影响[M]. 北京：北京大学出版社，2006：58-65.

②　Berning，Ewald. Promovieren an den Universitäten in Bayern. Praxis, Modelle, Perspektiven[R]. 2006：1.

③　Mullercamen M，Salzgeber S. Changes in Academic Work and the Chair Regime：The Case of German Business Administration Academics[J]. Organization Studies，2005，26(2)：278，279.

④　Universitaet Hannover. Graduiertenakademie[EB/OL]. http://www. graduiertenakademie. uni-hannover. de/individualpromotion. html，2015-05-06.

⑤　秦琳. 从师徒制到研究生院——德国博士研究生培养的结构化改革[J]. 学位与研究生教育，2012(1)：59-64.

⑥　Enders，Jürgen，and Lutz Bornmann. Internationale Mobilität bundesdeutscher Promovierter-Eine Sekundäranalyse der Kasseler Promoviertenstudie[J]. Mitteilungen aus der Arbeitsmarkt-und Berufsforschung，2002 (35)：60-73.

的重要指标都无从得知,因而在跨国的比较研究与统计中,德国在博士生培养这一环节上往往面临因数据缺失引发的'失语',这使德国这一传统的科学王国在国际语境中作为'参考国家'的意义打了折扣。再以博士生招生为例,德国在大学或国家的层面没有统一的、开放的信息平台和制度安排,没有可预见的学习规划,在全球化深入影响高等教育和科研的今天,这种制度安排显然不利于吸引国际优秀人才。"①

二、传统培养模式的挑战

著名高等教育研究者伯顿·克拉克曾经这样评价德国大学的博士培养机制:"德国大学的博士课程并没有很好的结构。博士生必须被一位个人导师接受,这位导师应该是一位教授。他们从事研究工作,大多数由大学雇用。他们持有大学职位(助教或科研助手,常常是兼职),或者由他们导师的科研合同提供资金。此外,还有一个助学金制度……博士学位要求进行 3—5 年的研究工作……为通过博士考试所必需的课程学习是微不足道的。"②从 20 世纪 80 年代开始,德国便开始了对这一缺乏"结构"的传统博士研究生培养改革的探索。尽管师徒制的培养模式继承了德国的传统精神,但是其内部制度并不完美,同时,德国面临着欧洲一体化和高等教育国际化的双重挑战。改革成了德国高等教育,尤其是博士培养过程中的重要命题。

(一) 高度依靠导师

由于传统的博士培养过程通常发生在教授和博士研究生之间,具有很强的个人属性,因此就具有了极强的随意性。如果导师由于个人原因而无法对学生进行有效的指导,那么学生的学习就变得极为被动。尽管在培养章程中,各个学校也提出要为学生提供申诉机制,以保障学生的权益。但是由于导师的权力过大,使得这一申诉权利难以实现。

高等教育的扩张使得德国博士研究生的规模持续增长,博士生导师所要指导的学生数量也不断增加。由于学生数量过多,耳濡目染的师徒关系难以实现。尽管导师会召开博士生研讨课、课题组会等活动,但是对于学生而言,这样的辅导仍然具有很强的随意性。

在德国的传统培养模式下,博士生导师起着决定性的作用。虽然没有学校的明文限定,但博士生导师往往具有博士生录取的最终决定权,不过在实际的录取过程中,博士生导师,一般情况下是拥有教席(Lehrstuhl)的教授,"原则上说博士生的录取并不以实现确定导师为前提条件,但是事实上博士生通常都事先获得了导师的同意才进入具体的申请程序。导师对于攻读博士是至关重要的。博士学位条例虽然就博士生录取作出了详细的规定,但也都规定了例外,在很多情况下教授可以决定录取,尤其是可以决定有条件录取。因此,事实上教授是最重要的"。③

由于导师与博士间紧密的联系,使得教授与学生之间的关系对培养质量起着决定性的作用。依据德国联邦统计局的统计,2014—2015 年,德国拥有博士培养权的 33 154 位

① 秦琳. 从师徒制到研究生院——德国博士研究生培养的结构化改革[J]. 学位与研究生教育,2012(1):59-64.
② 伯顿·克拉克. 探究的场所[M]. 杭州:浙江教育出版社,2001:48.
③ 袁治杰. 德国博士学位法律制度研究及其对我国的启示[J]. 比较法研究,2009,23(6):149-158.

教授中,约3 500名教授没有辅导博士研究生(占总数的11%),约一半的教授(16 700)指导1—5位博士。约1/4的教授(8 000)同时指导了6—10位博士研究生。有约2 800位教授(9%)指导了11—15位博士生,有约900位(3%)教授指导了16—20位博士研究生。约1 100位教授(3%)指导了21位以上的博士。①

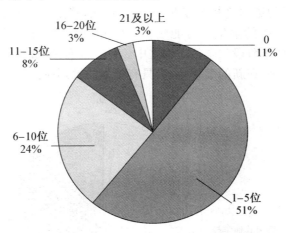

图6-2　2014—2015德国博士生导师指导学生数量分布②

　　值得注意的是,不同学科之间也存在着学科差异。依照学科进行区分,工程类学生师比最高,说明工程科学的一致性较强,导师可以同时指导多名学生。而师生比最低的学科集中在医药、卫生和语言科学及文化科学,这些学科一般需要较为紧密的师生指导关系。

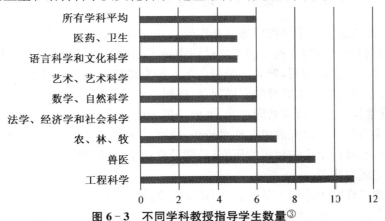

图6-3　不同学科教授指导学生数量③

---

①　Statistisches Bundesamt. Promovierende in Deutschland 2016[R]. Wiesbaden,Wintersemester2014/2015,21-9-2016:22.

②　Statistisches Bundesamt. Promovierende in Deutschland 2016[R]. Wiesbaden,Wintersemester2014/2015,21-9-2016:23.

③　Statistisches Bundesamt. Promovierende in Deutschland 2016[R]. Wiesbaden,Wintersemester 2014/2015,21-9-2016:23.

由于博士生论文的选题经常过于偏僻和艰深,往往缺乏跨学科的联系。博士生通常在研究上专注于一个具体的领域或问题,而在日常的科研工作上也通常只与一位教授或同属一个教席之下的研究人员有关联,这些都限制了学术上的交流。这一问题直接表现在学生来源之上,在 2015 年在读的近 20 万博士研究生中,毕业于就读本校的学生有 112 600 人,毕业于其他德国高校的学生为 56 500 人,毕业于非德国其他学校的学生为 22 600 人。[①] 毕业于本校的学生通常能较快和较好地适应学校和所在地区的学习和生活,可以更好地投入博士阶段的学习过程之中。另一方面,来自其他学校的学生在不同的教育系统中接受过训练,在新的学校中,会具有更强的批判性。

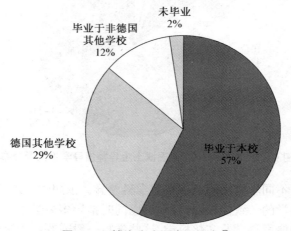

图 6 - 4 博士生生源来源分布[②]

在德国,博士论文通常也可以通过合作的方式完成,但是在考评过程中,博士论文的写作者需要证明自己在博士论文的完成过程中做了哪些贡献。"很多州也都规定了博士学位可以由多个人共同撰写,但共同撰写者个人的贡献应该能够分开且可以单独予以评价。此外,关于指导博士生的导师资格问题,各州一般都规定专科高校的教授也可以指导博士生,但通常需和大学教授共同指导,类似于国内的挂靠。"[③]以个别指导为主的培养方式使得博士生参与合作研究的机会相对较少,特别是在那些缺乏第三方研究资金的领域,博士生通常只能进行个人的封闭的研究,长期处在孤立的状态之中,缺乏学术上的交流,博士论文的完成率较低。

是否参加工作对于德国大学而言,不是学生攻读博士的必要条件。这就意味着,学生可以边从事自己的工作,边攻读博士。但是其劣势显而易见,博士论文的写作本身就是一项长期而艰巨的工作。如果学生能够全身心投入科研之中,对于完成博士论文而言是极为有益的。除了传统意义上的奖学金生,德国的学生还有多种方式可以将学习与科研相

---

① Statistisches Bundesamt. Promovierende in Deutschland 2016[R]. Wiesbaden, Wintersemester 2014/2015, 21 - 9 - 2016:31.

② Statistisches Bundesamt. Promovierende in Deutschland 2016[R]. Wiesbaden, Wintersemester 2014/2015, 21 - 9 - 2016:31.

③ 袁治杰.德国博士学位法律制度研究及其对我国的启示[J].比较法研究,2009,23(6):149 - 158.

结合,例如成为大学之中的研究人员,或在企业之中进行科研。"德国博士研究生的身份有很多种。他们中的大部分人是大学的'研究员'(Wissenschaftliche Mitarbeiter),其职位隶属于教授的教席或者特定的研究项目,工资由大学或者项目经费支付,他们通常要承担论文之外的教学科研工作,因而被视作大学在职的教研人员,纳入高校人事范畴;另外有一部分博士生通过各种公共及私人基金会的奖学金资助完成论文研究,被称为奖学金生(Stipendiaten),他们一般无须承担论文以外的研究或教学任务;另有少部分博士生在企业中进行科研(通常是在导师的指导下参加企业与大学的科研合作项目);还有一部分博士生没有职位,也没有奖学金资助。由于博士研究生身份多样,他们在德国并不被视为一个独立的学生群体,也无须以学生身份在大学注册。"①

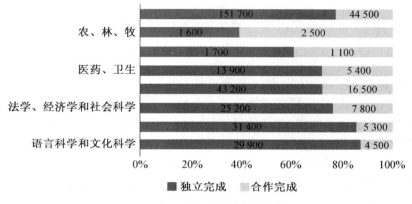

图 6-5　博士论文完成方式②

　　当然,其中最为幸运的学生是获得全额奖学金的学生,他们可以全身心地投入学习中。然而,这一群体在德国的博士研究生群体中并不占主要部分,只有不到 20% 的学生能获得奖学金的资助。在语言科学和文化科学以及数学和自然科学领域,这一比例相对较高。在工程领域,这一比例相对较低。

　　从知识生产模式转型的视角来看,结合德国传统博士培养模式的形成基础以及德国高等教育系统在过去 30 年中发生的系列变迁,能够对博士教育面临的上述批评进行更深刻的解读。师徒制博士培养模式是随着现代研究型大学的出现,在现代学科的知识结构和教席制的组织结构中建立起来的。博士培养的目标服务于"为科学而科学"的大学理念和"知识以自身为目的"的科研导向,是一种基于科学立场和学科立场的培养理念。而教席教授被视为本专业的"守门人"拥有绝对的学术权威,自主负责本领域的科研训练,没有外部的干预和制度性的约束。"在对科学卓越的追求中,博士培养也并不强调博士学业本身的效率。而这样一种培养模式在人才的选拔上也具有相对的系统封闭性,并没有通畅

　　①　秦琳. 从师徒制到研究生院——德国博士研究生培养的结构化改革[J]. 学位与研究生教育,2012(1):59-64.
　　②　Statistisches Bundesamt. Promovierende in Deutschland 2016[R]. Wiesbaden,Wintersemester 2014/2015,21-9-2016:35.

和广泛的人员流动。"①

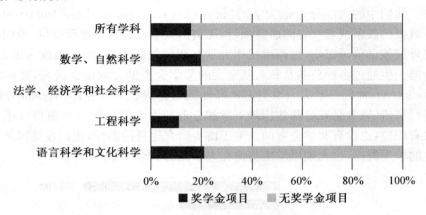

图 6 - 6 获得奖学金项目的比例②

然而,20 世纪 70 年代以来,德国高等教育系统经历了一系列的重大变迁,科学研究的人员结构、组织模式、资助模式和管理模式都发生了根本性的改变,博士培养原有组织基础逐渐瓦解,越来越多的博士生以担任项目学术助理的方式参与到研究团队中,博士生对于单一教席的依附性降低。而更大的转变发生在科研的内容上,跨学科合作科研的需求不断增长,不仅改变了博士生参与科研的方式,也对博士培养的形式和内容提出了新的要求。在整个高等教育系统不断扩张和分化,科研和高等教育的国际竞争日益激烈以及科研管理模式转型的背景下,博士教育的目标发生了根本性的变化,博士培养的效率、质量和责任问题凸显,而博士就业方向的转变也对博士培养提出了新的要求。传统的博士培养模式已经无法应对科研模式的转变以及科研训练的多重目标,因而受到批评和挑战。③

(二) 培养年限过长

由于培养年限没有明确的限定,博士论文撰写,这一极具挑战性的工作使得许多学生不得不将延长学习年限作为应对的方式。同时,德国还施行博士生入学的申请审核制,这就使得博士研究生入学时的年龄相对较大。依据 2016 年的统计,德国在读博士生中有超过一半的学生年龄超过了 30 岁。对于博士研究生而言,获得博士学位的时间较晚,不利于学生获得较好的工作,同时还会带来较重的社会负担。对于学生而言,更为遗憾的则是在培养过程中放弃学业。

① 秦琳. 德国博士教育的结构化改革研究——知识转型的视角[D]. 北京:北京大学,2012:70.

② Statistisches Bundesamt. Promovierende in Deutschland 2016[R]. Wiesbaden, Wintersemester 2014/2015, 21 - 9 - 2016:38.

③ 秦琳. 德国博士教育的结构化改革研究——知识生产转型的视角[D]. 北京:北京大学,2012:70,71.

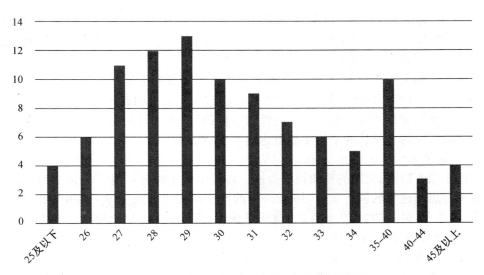

图 6 - 7　德国博士研究生年龄分布(百分比)①

1. 入学年龄

由于申请—审核制度的实施,应届毕业不再是学生攻读博士的必要条件。在招收学生的过程中,博士生导师需要有所取舍。应届毕业生在学校中保持着较好的学习状态,对于知识和理论有较好的掌握,但是学生缺乏工作经验,因此往往缺少对实际问题的感知。与之相反,那些具有工作经验的学生通常能够更好地掌握实际中的需要,但是由于长时间远离学校,在知识和理论的掌握上存在着不足。

表 6 - 1　前段学校毕业到博士阶段学习开始所用时间及人数②

毕业年限	人　数	比　例
应届毕业	91 200	40.43%
1 年	47 600	21.10%
2 年	38 200	16.94%
3 年	14 800	6.56%
4 年	6 750	2.99%
5 年	4 500	2.00%
超过 5 年	18 000	7.98%
尚未毕业	4 500	2.00%

①　Statistisches Bundesamt. Promovierende in Deutschland 2016[R]. Wiesbaden, Wintersemester 2014/2015, 21 - 9 - 2016:25.

②　Statistisches Bundesamt. Promovierende in Deutschland 2016[R]. Wiesbaden, Wintersemester 2014/2015, 21 - 9 - 2016:25.

2016 年，德国大学中有一半以上的学生不是应届毕业生，有约 38% 的学生距离毕业 1—2 年的时间。更有约一成的学生已经毕业 5 年以上。这就使得德国博士研究生的年龄相对较大。2015 年，德国高校博士研究生的平均年龄为 31 岁。① 由于德国政府和大学不直接向博士研究生提供奖学金，因此绝大多数的博士研究生是在工作后开始选择博士进修之路，且攻读博士的过程是以在职的形式完成的，所以德国高校博士研究生的平均年龄一般比其他国家都较大。在一些应用性的学科领域，博士研究生的年龄更大，例如，在德国获得教育学博士学位的平均年龄更达到了 41 岁。②

2. 延期毕业

在博士培养阶段，延期的现象极为普遍。传统的博士培养年限一般为 6—8 年。③ 一项在德国拜恩州进行的调查显示，约 52.8% 的博士研究生延长了学习期限，平均延长时间为 10.8 个月，最长的为 72 个月。④ 这就意味着，传统的德国培养模式所需要的时间要远远长于结构式的博士培养模式。

为了减轻博士研究生的负担，德国也出台了相应的福利政策，在许多日常生活细节上，例如，交通、食宿等，对博士研究生给予支持和帮助。另一方面，德国的培养模式也使得德国攻读博士的中断率提升。有学者将博士终止学业称为一个"看不见的问题"，⑤ 由于博士招生缺乏固定模式，且培养的时间通常没有限定。对于博士是否在完成学业的状态，很难进行界定。⑥ 在德国，这一特征显示得更加明显。在传统的培养模式之中，没有限定博士毕业的年限。因此，对于德国的博士终止问题而言，延期（Verzögerung）与终止学业（Unterbrechung）难以界定。

表 6-2 不同学科一般年限下博士学业完成情况（百分比）⑦

	人文学科	社会学科	数学和自然学科	医 学	工学和农学	共 计
博士完成	69.5	74.4	84	91.4	87	76
博士在读	16.5	7	4.7	2.9	4.3	11.1
终 止	14	18.6	11.3	5.7	8.7	12.9
共 计	100	100	100	100	100	100

① Statistisches Bundesamt. Promovierende in Deutschland 2016[R]. Wiesbaden，Wintersemester 2014/2015，21-9-2016：27.

② Powell S，Green H. The Doctorate Worldwide[M]. Society for Research into Higher Education& Open University Press，2007：54.

③ Röbbecke M，Simon D. Promovieren mit Stipendium：zweite Evaluation der Förderung des wissenschaftlichen Nachwuchses nach dem Nachwuchsförderungsgesetz（NaFöG）[R]. WZB Discussion Paper，2001：20.

④ Berning，Ewald. Promovieren an den Universität in Bayern. Praxis，Modelle，Perspektiven[R]. 2006：63.

⑤ Lovitts，Barbara E. Leaving the Ivory Tower：The Causes and Consequences of Departure from Doctoral Study[M]. Rowman& Littlefield，2001：1.

⑥ Ali，Azad，and Fred Kohun. Dealing with Isolation Feeling sin IS Doctoral Programs[J]. International Journal of Doctoral Studies. 2006(1)：22.

⑦ Röbbecke M，Simon D. Promovieren mit Stipendium：zweite Evaluation der Förderung des wissenschaftlichen Nachwuchses nach Nachwuchsförderungsgesetz（NaFöG）[R]. WZB Discussion Paper，2001：22.

3. 学习中断

由于缺乏官方的统计数据,博士的中断率大多是通过估计得到的。[1] 有研究认为,德国博士培养的中断率可能高达 50%。[2] 在一项对拜恩州博士培养的研究中,有 23.4% 的受访者终止了博士的学业。[3] 由于学科的不同,完成率也存在差别。一项对柏林地区博士培养的研究将样本抽查限定在一定的年限之内。德国博士的完成率为 70%—90%。[4]

依据德国高等教育研究所(Institut für Hochschulforschung)的统计,25% 的学习中断者是在博士培养的第一年终止学习的。[5] 即博士培养的初始阶段,是德国博士终止显现的阶段。终止学习的另一波浪潮出现在博士培养的第 49 个月,即 4 年之后。这一时间与通常学生获得奖学金的年限相重叠。由此可见,博士终止发生的时间出现在博士培养的刚开始,以及博士资助终止的时间段。这就意味着,对于博士培养是否适应和能否获得经济资助,可能会对博士培养能否继续产生影响。一些机构通过问卷调查和访谈等方式,印证了个人动机和经济支持在博士培养中断中所发挥的作用。

对于传统的个人培养而言,从事博士培养的动机、经济支持、培养环境和能否融入环境是影响培养过程的重要因素。[6] 从选题到最终的答辩,接受博士培养的个人需要克服许多困难。由于个人培养对个人自主选择的重视,是否具有较强的动机,是能否克服这些困难最为主要的原因。同时,在培养过程中能否获得足够的经济支持,导师能否给予学生更多的指导,个人能否适应培养环境都会对能否顺利完成博士培养产生影响。

依据德国高等教育研究所的统计,排名第一位的原因是学习中的压力,占总人数的 61%;排名第二的原因是缺乏指导,占总人数的 40%;排名第三的原因是重新选择职业方向,占总人数的 28%。其他原因有,缺乏足够的经济支持(17%),照顾孩子或怀孕(17%),与导师的个人问题(12%),缺乏对选题的兴趣(9%),对个人能力的怀疑(6%),身体健康问题(2%)等。[7] 另据一项对拜恩州的调查,最常见的原因是他们培养中的负担(72%)和缺乏培养(51%)。[8] 从中我们不难发现,个人主观的选择占据了绝大多数原因。在博士学习期间,个人决定发挥的重要作用,与德国的博士学习制度息息相关。这一制度赋予了个人更多的自主权。但同时,也使得博士教育的推出制度隐藏了许多危险。

具有鲜明德国特征的博士培养模式,给予了参与博士培养的个人极大的"自由"选择权。学生被赋予了更大的空间,规划个人的培养过程。同时,对个人动机的过分依赖,也导致了德国的个人培养模式缺乏固定的过程。因而,也赋予了德国博士培养过程更多的

---

① Anja Franz. Es Wurde immer unschaffbarer[J]. die Hochschule, 2012(1): 102.

② Burkhardt, Anke. Wagnis Wissenschaft. Akademische Karrierewege und das Fördersystem in Deutschland[M]. Leipzig: Akademische Verlagsanstalt, 2008: 176.

③ Berning, Ewald. Promovierenanden Universitäten in Bayern. Praxis, Modelle, Perspektiven[R]. 2006: 65.

④ Röbbecke M, Simon D. Promovierenmit Stipendium: zweite Evaluation der Förderung des wissenschaftlichen Nachwuchses nach dem Nachwuchsförderungsgesetz (NaFöG)[R]. WZB Discussion Paper, 2001: 21.

⑤ Gesche Brandt. Ursachen und Folgen des Promotionsabbruchs[R]. HIS-HF Absolven-panel, 2012: 11.

⑥ Gesche Brandt. Ursachen und Folgen des Promotionsabbruchs[R]. HIS-HF Absolven-panel, 2012: 12.

⑦ Gesche Brandt. Ursachen und Folgen des Promotionsabbruchs[R]. HIS-HF Absolven-panel, 2012: 10.

⑧ Abbruchquote [N/OL]. http://www. sueddeutsche. de/bildung/abbruchquote-bei-promotionen-karriere-schlaegt-doktorhut - 1. 1732141 - 2, 2017 - 05 - 09.

不确定性。无论是受培养者,还是作为导师的培养者,以及培养过程中的资助与科研环境,都可能成为培养过程终止的原因。

(三)博洛尼亚进程与世界一流大学

德国国内长久以来对学制改革的诉求在世纪之交与欧洲各国改革学业结构、提高高等教育质量以及实现欧洲高等教育一体化的愿景汇合。1999 年,德国签署《索邦宣言》,加入博洛尼亚进程,开始全面改革高等教育学制。博洛尼亚进程涵盖包括德国在内的 46 个欧洲国家,其核心目标是建立一个统一的欧洲高等教育区,具体措施包括在各国建立统一且可比较的"学士—硕士—博士"三级学位制度,引入"欧洲学分互认体系"(ECTS)及模块化教学,强化质量控制,提高就业能力,促进教师和学生的国际交流等。

博洛尼亚进程的执行,实际上扩大了欧洲高等教育的市场。一方面,高校可以在欧洲范围内招收学生,学生也可以在博洛尼亚进程的范围内选择学校进行学习;另一方面,学生毕业之后,可以在欧洲范围内进行就业。对德国大学而言,博洛尼亚进程一方面增加了学生的来源,另一方面又使得德国本土学生在就业过程中遇到了更多的挑战。

2004 年,时任德国联邦教育科研部部长的布尔曼(Bulmann)提出了在德国打造若干所"哈佛大学式的精英大学"倡议,希望以此重塑德国大学的辉煌,提升德国大学在世界高等教育和科研中的地位,在世界范围内吸引优秀人才。经过一年多的争论和博弈,2005 年 6 月,这一宏伟计划改头换面以"卓越计划"之名正式启动。

卓越计划的全称是"联邦与州促进德国高校科学研究的卓越计划"。与布尔曼最初打造若干所精英大学的计划不同,卓越计划是一项三个层次的大范围资助计划,其核心目标被归纳为持续加强德国的科研实力,提高国际竞争力以及突出大学和科研领域的顶尖部分。这一倡议资助的三个层次分别是以支持学术后备力量为目标的研究生院、以支持顶尖科研领域和科研团队为目标的"卓越集群"和以扩展大学整体科研优势为目标的"未来构想"。2006—2007 年,共有 39 个研究生院、37 个科研团队和 9 所大学入选此计划,至 2012 年为止,他们已获得共 19 亿欧元的资助,其中 75% 的资金来自联邦政府,25% 的来自州政府。2012 至 2017 年期间,有 27 亿欧元投入此计划。①

总之,进入 21 世纪,秉承洪堡传统的德国大学在争议和艰难的尝试中逐渐融入高等教育和科研竞争的全球化潮流。博洛尼亚进程将德国的高等教育改革纳入欧洲高等教育和科研一体化的进程当中,并与美英代表的盎格鲁—萨克森体系接轨。而卓越倡议昭示着德国正在主动打破高校均衡发展的历史传统,进入"创建世界一流大学"赛道。追求卓越、鼓励竞争国际化成为当今德国大学发展的核心目标。

三、博士研究生结构化培养模式

20 世纪 80 年代,在德国国内,传统的博士培养模式开始受到关注和批评。培养年限过长、过度专业化、导师对博士生指导不足等成为传统博士培养模式受到质疑的主要问题。20 世纪 90 年代,德国也开始逐渐推广"结构化培养"模式,即所谓的"盎格鲁美国"

---

① Deutschforschungsgemeinschaft[EB/OL]. http://www.dfg.de/Förderung/exzellenzinitiative/index.html, 2010-12-06.

(Angloamerikanisch)式的博士培养模式。① 这一改革进程以"研究训练小组"
(Graduiertenkollegs)作为专门的博士培养项目为开端,逐渐发展到建立不同类型的研究
生院(Graduiertenschulen),以系统的组织化、制度化和跨学科的形式进行博士培养,逐渐
形成了一种培养理念、培养程序、培养内容、评价标准等与传统模式不同的新的培养模
式——结构化模式(Strukturierte Promotion),整个发展过程则被称为"博士培养的结构
化"(Strukturierung der Doktorandenausbildung)。不同于传统的博士培养模式,结构化
的博士培养模式通常由导师组对学生进行指导,学生培养过程中包含相应的课程和培养
环节,系统化的培养通常会被限定在一定的时间之内。② 与德国传统的培养模式相比,结
构化的博士培养(Doctoral Studies)更加接近于"研究训练"(Research Training)。③

　　20 世纪八九十年代,德国的各个大学就开始了对博士研究生培养的改革。改革的动
力来自多方面,一个重要的动力来源于高等教育大众化的需求。高校开始招收越来越多
的学生,更多的毕业生也有了攻读博士的需求。因此,在学生人数上升,教授人数保持恒
定的情况下。各个学校发现无法依照传统的方式给予学生照顾,因此各个学校开始成立
各种形式的研究生院(Graduiertenkolleg Graduiertenschulen Graduate School)、研究院
(Researchschool)、博士院(Promotionskolleg)等以博士研究生培养为核心任务的机构,
进行区别于传统师徒制模式的结构化的博士研究生培养。④ 在其后的二十多年中,这一
方式不断被加以改进。迄今为止,已经与"师徒制"一起成了德国高校中博士培养的重要
方式。

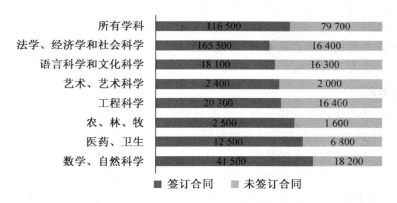

图 6-8　博士研究生是否与博士生导师签订培养合同⑤

　　为了体现结构化培养的特点,通常在博士培养开始之前,导师会和学生签订一份培养
合同,以明确学生在培养过程中的具体细节。依据 2015 年的统计,有 59％的学生和他们

---

　　① Sadlak, Jan, ed. Doctoral Studies and Qualifications in Europe and the United States: Status and Prospects
[R]. UNESCO, 2004:15.
　　② Berning, Ewald. Promovieren an den Universitäten in Bayern. Praxis, Modelle, Perspektiven[R]. 2006: 15.
　　③ Berning, Ewald. Promovieren an den Universitäten in Bayern. Praxis, Modelle, Perspektiven[R]. 2006: 1.
　　④ 秦琳. 从师徒制到研究生院——德国博士研究生培养的结构化改革[J]. 学位与研究生教育,2012(1):61.
　　⑤ Statistisches Bundesamt. Promovierende in Deutschland 2016[R]. Wiesbaden, Wintersemester 2014/2015,
21-9-2016:34.

的导师签订了合同。这一比例在理科和工科比例相对较高,在人文—社会科学领域保持在50％左右。"与师徒制博士生培养模式相比,结构化的博士生培养模式减少了对单一的'学生—导师'二元关系的依赖,用一整套组织框架和制度安排将博士生培养作为一个完整程序从大学的学术活动中独立出来,使之成为一个可以观察、控制、比较和监督的清晰的过程,通过竞争性申请、外部监督、过程控制以及联合指导等措施强化博士培养的绩效,更加规范化、制度化和标准化地控制培养质量。"①

(一) 博士培养重新定位

传统的博士研究生培养遵循"教学与科研相统一"的原则。在传统的博士培养过程中,博士研究生的定位介于研究者和学生之间。将博士研究生视为科学工作的伙伴,提高了研究生在博士学习过程中的自主性。但是导师教学的责任被弱化,这就带来了培养过程中导师关注不够的问题。在学生自主研究的背景下,如何提高学生的学习效率,成了博士培养过程中需要解决的问题。更大程度上,博士研究生是"未来的研究者",而非学生。因而,导师与学生之间的关系更类似于伙伴。一方面,这样的平等关系激励着学生以一种研究者的态度参与到科研互动之中;另一方面,导师对学生的指导往往是以交流,而非教学的方式。

与之相比,结构化的培养方式使得博士培养过程中的教学比重增加,博士研究生开始由过去的通过研究达至学习,而变成通过课程达至学习。

课程开始成为博士培养的重要过程。这就意味着,博士研究生的定位从过去的研究者向学习者身份转变。其中也表现出德国高等教育对创新能力培养观的转变。在传统的师徒制中,研究者的创新能力是通过"研究"获得的,而在新的培养体制之下,学习者的创新能力是通过"学习"获得的。

(二) 培养程序

在制度上,结构化培养表现为整个培养过程都有明确的规划。这与传统师徒制下,导师可以决定学生的培养过程有着显著的差异。从博士研究生招生、学习,到完成论文和就业,学院和学校开始发挥更大的作用。

从入学而言,结构化博士培养模式对入学方式有程序性的规定,通常都是以招生委员会的形式进行学生选拔,贯彻竞争择优的核心原则并且面向国际。通过制度性规定,比如博士生注册的强制要求,使博士学业有明确的开始并且赋予博士生清晰的身份。

从培养而言,结构化博士培养模式通常包含一个阶段的核心课程学习和一系列的学术活动,并对博士生参与课程和学术活动作出具体的规定,比如课时和学分的规定。在培养过程中,有的结构化项目或研究生院还有中期考核和控制的制度安排。对博士生导师的指导,大多数结构化项目也作出了规定,比如签订培养协议等。结构化培养模式还对博士学业的总时间作出了规定,在政策建议中,合理的博士学业时间为三年。

在培养的过程中,跨学科进行研究的能力被视作研究者最重要的一种研究能力。②

---

① 秦琳. 从师徒制到研究生院——德国博士研究生培养的结构化改革[J]. 学位与研究生教育,2012(1):59-64.
② Jungert M, Romfeld E, Sukopp T, etal. Interdisziplinarität. Theorie. Praxis, Probleme[C], 2010:Ⅶ-Ⅸ.

因此,在博士培养过程中,德国出现了许多的研究项目、特别研究领域、研究集、研究院等培养单位。越来越多的学生采取外部培养的方式,即在大学中注册,但是在大学之外学习。

表 6-3　博士研究生的培养方式①

专业类型	培养方式			
	共　计	内　部	外　部	陪　同
语言科学和文化科学	34 400	16 000	18 400	—
工程科学	36 700	27 300	9 400	
法学、经济学和社会科学	33 000	19 400	13 600	
数学、自然科学	59 700	40 800	18 800	
艺术、艺术科学	4 400	—	3 600	
所有学科	196 200	114 400	77 000	4 800

从论文的指导而言,博士研究生的论文通常会以导师组的形式加以指导。学生在论文的完成过程中,会与导师约定会见的次数或时间,以保证导师能够给予学生博士论文写作足够的指导。

(三) 资助方式

在由第三方资金支持下建立的结构化博士培养项目和研究生院中,奖学金是博士生资助的一种主要方式。在奖学金资助下,博士生可以更加专注地参与培养项目安排的学术活动,进行博士论文的研究和撰写,也能够保障在较短时间内完成博士学业。但是,结构化培养模式并不排斥传统资助模式,即担任学术助理的方式。作为一种改革模式,结构化培养针对所有群体的博士生,担任学术助理的博士生也应当从中受益。在 2014/2015 冬季学期,有 162 900 位博士研究生拥有工作的雇佣关系(Beschäftigungsverhältnis),占总人数的86%。其中有 124 900 人供职于高校(大学或职业学校)。此外有 10 600 人供职于研究所,占总人数的 5%。在经济领域有 10 200 人(5%)。其他约 9%的博士供职于其他部门。②

现实的问题是,对结构化培养项目的学业安排,学术助理可能因为承担了教学科研工作而难以保证时间。在这种情况下,研究生院的组织框架就起到了约束的作用,加入研究生院的教师有义务保障其博士生能够按照研究生院的要求完成学业项目的各个环节。在实践中,两种资助模式被结合起来。比如在经济学领域的研究生院中,奖学金通常用于支持博士生集中完成课程学习的阶段,而在论文阶段则回归教席担任学术助理。而在自然

---

① Statistisches Bundesamt. Promovierende in Deutschland 2016[R]. Wiesbaden,Wintersemester 2014/2015,2016:36.

② Statistisches Bundesamt. Promovierende in Deutschland 2016[R]. Wiesbaden,Wintersemester2014/2015,21-9-2016:39.

科学领域,研究生院的博士生也主要以学术助理的方式攻读学位,这与自然科学领域自身的科研资助文化密切相关。

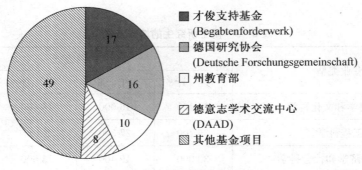

才俊支持基金
(Begabtenforderwerk)

德国研究协会
(Deutsche Forschungsgemeinschaft)

州教育部

德意志学术交流中心
(DAAD)

其他基金项目

图 6 - 9 奖学金来源①

拥有明确培养框架的博士培养方式更加有利于德语非母语的学生在德国的学习。学生可以更好地了解自己在博士学习期间需要做的事情,而不再需要将过多的精力投入了解博士培养过程中的"默会知识"。在过去十年中,德国每年授予大约 25 000 个博士学位,其中大约 15%的学位获得者是外国人,而在蜚声国际的马克斯普朗克研究所中从事科研的外国博士研究生则占到 50%之多。② 德意志学术交流中心(DAAD)为这些学生提供了在德国学习的资助。

(四) 质量保证

在博士培养的过程中,有的结构化项目和研究生院有中期考核的程序安排,但博士论文的评价通常不在研究生院或项目的框架内进行。目前,德国绝大多数大学都是在院系的层面制定博士考试章程,对博士论文评定和学位授予作出规定,博士考试的具体安排由学院的博士考试委员会负责,博士生导师在论文的评审和答辩中发挥主导作用。但是,一些大学和院系已经开始通过修订博士考试章程,将结构化培养的目标和理念加入博士考核和学位授予的制度安排之中。比如,在申请博士学位的基本条件中加入诸如必须在大学注册两年以上的要求,以及将一个课程学习阶段作为博士学业的必修内容写入考试章程,等等。③

于是,质量成了创新型人才培养的重要保障。尽管德国大学博士招收过程中保持着开放性,鼓励更多的学生参与到博士培养过程之中。然而,在博士的毕业过程中,这一质量并不因为学生数量的增加而有所增加。在出口不变的情况下,学生数量的增加会提高学生的产出质量。

关于两种培养模式的区别,通过以下的表格,我们加以简单地比较。

---

① Statistisches Bundesamt. Promovierende in Deutschland 2016[R]. Wiesbaden,Wintersemester2014/2015, 21 - 9 - 2016:38.

② 秦琳. 德国博士教育的结构化改革研究——知识生产转型的视角[D]. 北京:北京大学,2012:3.

③ 秦琳. 德国博士教育的结构化改革研究——知识生产转型的视角[D]. 北京:北京大学,2012:97 - 98.

表 6-4　两种模式下的博士培养特征①

	传统德国培养模式	博士学习（Doctoral Studies）
负责人	教授个人	教授、学科
地　位	研究员，教授的合作者，奖学金生	博士研究生
选拔制度	多数为非正式选拔	正式
培养内容	有限形式化：博士论文、答辩	高度形式化：除博士论文外，固定的培养模式
培　养	博士之父，博士之母	多位培养人，培养小组
培养目标	为大学或大学之外的工作做准备	为科学生涯做准备
招　生	依赖于学生与教授的联络	招生委员会统一选拔
培养年限	无固定年限，通常为 3—4 年	有固定年限
课　程	无必修课程	必须参与一定量的课程学习
第三方评估	没有明确的第三方评估	有第三方评估
联合指导	部分培养有	鼓励联合指导

尽管结构化的培养模式被视为德国博士培养的重要转型之路，但是从签订培养合同的情况而言，传统的培养方式依然为众多的社会和人文学科所重视。"在根本上，传统的师徒制模式虽然被认为存在问题，但却有其深厚的组织和文化基础。在以教席制为基本单位的大学组织结构中，由教授领导、组织隶属于教席的研究员进行教学和科研工作是德国大学学术活动的基本模式，那些'在职读博'的研究员对教授个人的高度依赖是制度性的；在人员比例上，研究员大约占德国大学全部教研工作人员的 70%，他们对大学的科研和教学工作而言至关重要，在现有体制中其岗位难以减少或取消。另一方面，在以科学研究为核心任务的德国大学学术文化影响下，博士生培养过程中的'教育'或'训练'的因素被忽略，而独立和'寂寞'也被认为是博士研究生科研的'应然'状态。可以说，师徒制的培养模式内嵌于德国大学的组织结构和学术文化之中，代表了德国大学基本的学术生态。而新的结构化改革目前还只是在这样一种基本模式之外进行的有限尝试，并未涉及大学组织制度的根本改变。"②

第二节　德国研究生创新型人才培养案例分析

对于德国高等教育发展的考察，离不开德国教育的管理体制。在德国，高等教育的管理权一般由联邦州掌握。国家通过教育整体规划和设立发展项目的方式对全国的高等教育发展进行调控。因此，"德国的高等教育政策由 16 种潜在不同的政策组成，这 16 种政

---

①　Röbbecke M, Simon D. Promovieren mit Stipendium: zweite Evaluation der Förderung des wissenschaftlichen Nachwuchses nach dem Nachwuchsförderungsgesetz (NaFöG)[R]. WZB Discussion Paper, 2001: 21.

②　秦琳. 从师徒制到研究生院——德国博士研究生培养的结构化改革[J]. 学位与研究生教育, 2012(1): 59-64.

策是根据对高等教育有责任的 16 个州制定的"。① 这一趋势直接体现在各个联邦州的博士培养数量上,居于首位的北莱茵—威斯特法伦、巴登—符腾堡和巴伐利亚是德国科学技术和经济水平最为领先的联邦州。而居于末尾的联邦州中,除了不莱梅为类似于我国直辖市的州级市外,萨尔、勃兰登堡和梅克伦堡—上波莫瑞外均为前民主德国的联邦州。尽管在两德统一之后,德国联邦政府出台了大量政策支持被称为"新联邦州"的前民主德国联邦州,但是其发展仍然滞后于原联邦德国联邦州。

表 6-5 德国在读博士研究生数量②

年份 联邦州	2013	2014	2015
北莱茵—威斯特法伦	5 380	5 284	5 636
巴登—符腾堡	4 633	4 286	4 900
巴伐利亚	4 328	4 598	4 589
柏 林	2 167	2 301	2 457
黑 森	2 179	2 255	2 351
下萨克森	2 159	2 289	2 236
萨克森	1 422	1 456	1 528
莱茵兰—普法尔茨	1 024	1 118	1 059
汉 堡	951	1 024	948
图林根	750	713	795
萨克森—安哈尔特	580	549	595
石勒施威格—荷尔施坦茵	663	636	536
梅克伦堡—上波莫瑞	499	528	525
勃兰登堡	357	435	422
萨 尔	251	283	414
不莱梅	364	392	227
共 计	27 707	28 147	29 218
其中包括			
女 性	12 256	12 798	13 052
外国人	4 347	4 620	5 013
平均年龄	30.3	30.4	30.5

---

① 范富格特. 国际高等教育政策比较研究[M]. 杭州:浙江教育出版社,2001:168.
② DESTASTIS. Bestandene Promotionen [DB/OL]. https://www. destatis. de/DE/ZahlenFakten/ GesellschaftStaat/BildungForschungKultur/Hochschulen/Tabellen/PromotionenBundeslaender. html,2017-04-11.

秉持着"大学自治"原则的德国高校在有关"教"与"学"的事务上具有很强的自主权，避免了外界对之产生的影响。① 因而，各个学校在创新型人才培养的问题上各具特点。但是近年来，由于高等教育全球化的巨大影响，使得德国高校也不得不面对包括世界大学排名的绩效考评的影响。德国联邦政府也开始采取相应政策，以"精英化"的大学资助手段，提升顶尖大学在全世界范围内的竞争力。

由于篇幅有限，本研究选取了三组案例进行分析，其一是具有两百多年传统的柏林洪堡大学；其二是德国最有名的工业大学，慕尼黑工业大学；第三个案例关注于博士项目制，柏林若干所大学联合成立了"柏林地区经济与管理学博士生项目"，成为超越大学的博士研究生培养尝试。

一、洪堡大学

2009 年，柏林洪堡大学在全世界的瞩目下庆祝了自己的 200 周年校庆。1809 年，威廉·洪堡担任了柏林大学校长，尽管他在这一职位上只工作了 15 个月，却创造了所谓的"洪堡神话"。直到两百年后，人们仍然津津乐道于一所大学的建立与一个现代国家兴起间的相互关系。洪堡大学在两百年的发展过程中，先后经历了普鲁士王国、魏玛共和国、纳粹德国、民主德国和联邦德国等政体，并经历了两次世界大战和冷战。尽管外部环境不断改变，洪堡大学仍然是德国高校中最受世人瞩目的高校。2012 年，柏林洪堡大学入选"卓越计划"，成为德国再造高校神话的重要组成部分。当我们讨论德国大学时，柏林洪堡大学是我们不得不关注的一所大学。

2012 年 6 月 26 日，柏林洪堡大学在各院系、研究生院的研究生培养的基础上，出台了《柏林洪堡大学博士培养文化指导思想》(*Leitlinien der Promotionskultur an der Humboldt-Universität zu Berlin*)，以提升洪堡大学博士培养的国际竞争力。《指导思想》共分十五条：②

2012 年 6 月 26 日，学术委员会制定指导思想，以保证博士培养的透明性，增强科学质量评价的能力。指导思想作为柏林洪堡大学各院系制定博士培养章程的基础。

(1) 柏林洪堡大学认为博士培养过程是独立从事科学活动的阶段。

(2) 柏林洪堡大学各个院系具有颁发博士学位的大学权利(Promotionsrecht)。每个院系依照博士培养规则规范博士培养过程，博士培养章程依照主导思想。

(3) 研究领域内的高校教师和资深教授确定博士学位颁发院系的专业领域。院系在培养章程中确定博士培养专业，并尽可能确定方向。这些培养过程由院系负责，而不是由院系成员完成。

(4) 在国立高校或国家承认的高校中完成硕士学习是博士招生的前提。除了硕士之外，通过(本硕七年制)硕士考试，第一次科学国家考试和第一次神学考

① 王世岳. 德国大学"自治"的"法治"实质[J]. 教育学术月刊,2014(12):16-19.
② A kademischen Senat der Humboldt-Universität zu Berlin. Leitlinien der Promotionskultur an der Humboldt-Universität zu Berlin[Z]. Berlin, 2012-6-26.

试的学生也被承认。在成功完成本科学习之后接受博士培养(快轨)或在硕士学习期间,没有完成必要的学业,都需要单独评估他们的成绩,细节由博士培养规章进行规范。

(5)院系委员会确定博士录取,博士培养开始和总成绩确定。院系委员会可以授权给院长或博士培养委员。

(6)为了保障博士培养过程的质量,柏林洪堡大学的博士培养由两名导师共同承担。

(7)博士培养的核心是用适宜的方法独立解决科学问题完成的论文。博士生和导师都有义务遵循科学实践的规则。

(8)导师定期对博士生提出建议。培养的内容和形式在相关的培养计划中确定,计划中确定每一年培养过程的结果。博士生科学活动的独立性不能受到培养计划的影响。

(9)成功的科学工作需要专业和有方法的培训,这些培训可能超过了硕士阶段学习的内容,在博士培养过程中有必要进行。培训的机构、内容、范围和时间可以在培养计划中确定。培养可以通过国内或国际研究组织机构的联系完成。

(10)参加会议或其他活动可以依照博士生的意愿作为补充。如果成功地参加活动是博士录取的一个重要条件,参加活动就是博士培养的组成部分。

(11)如果论文成果发表或近似于公开发表,博士培养章程需要确定博士论文的独立完成成果超出了已经发表的成果。特别是对多个作者的成果,要证明哪些是博士申请人的成果。

(12)除了文字版本之外,还需要上交电子版论文,以确保对论文原创性的检测、方式错误的引用等工作。

(13)为了保证博士培养的质量,应依照不同科学社团的质量标准对博士培养过程进行评价。因此,论文评价至少应由两位评审来评价。两位评审之间相互独立。特别要强调的是,至少一位评审是非洪堡大学的大学教师。在确定评论者之前,需要询问和评估是否可能对博士申请者存在偏见,以确定是否要求其他人参加评估。参与辅导论文的导师不能参与评审。

(14)公开答辩是博士培养的一部分。答辩给了博士申请者机会,能够用演讲和科学讨论的方式证明自己的学术能力;在公开答辩前至少14天,申请者获得评审意见。讨论应在博士论文和演讲的范围内进行,相关的知识需要博士申请者提前做好准备。

(15)柏林洪堡大学在博士培养过程中给出的成绩包括"特别优秀"(summa cum laude)、"很优秀"(magna cum laude)、"优秀"(cum laude)、"及格"(rite)和"不及格"(nonsufficit)。匿名评审的成绩也作为总成绩的一部分,答辩时的演讲和讨论成绩也纳入其中。"特别优秀"只有在所有部分的考试中都获得"特别优秀",且至少有三位匿名评审时才能给出。当大多数成绩低于"及格"成绩时,总成绩为"不及格"。评价的标准应该由所有的培养过程参与者,特别是评审者以公开的方式正式知晓。

从这一规章中,我们可以提取若干项德国高校特有的博士培养制度。它们成了德国高等教育体系区别于英美高等教育模式的特征。具体可以分为博士招考、培养方式(结构制与师徒制)和培养质量保障。

(一) 博士招考

如果说哪些博士教育制度打上了"德国制造"的烙印,那么申请审核制一定是其中不能遗漏的一项。长久以来,博士申请审核制度成为德国高校选拔具有学术潜力人才的第一步。通常情况下,完成洪堡大学承认的硕士学习(其中含本硕 Magister 学历)并获得相应学位,或通过德国国家考试(Staatsexamen)的学生就可以申请博士阶段学习。

申请柏林洪堡大学需要申请者提交一份动机信、一份 10 页左右的学术报告(Exposé),一份学术简历、学历证明以及至少一份来自专家的推荐信,评价他们是否符合奖学金的标准。

在申请过程中,申请者要最大限度地向教授展现自身的学术能力,而教授也需要通过申请对申请者的学术潜力进行考察。为了使申请者能够最大限度地获得正面评价,洪堡大学的"科学成长团队研究服务中心"(Servicezentrum Forschung Team Wissenschaftlicher Nachwuchs)对申请者提出建议:

(1)在学术报告中最大限度地体现科学水平(展现新的观点,确定可以实现的学术目标,能够使用适当的科学方法,能够使用数据资料,正确引用文献);

(2)专家推荐信充分展现申请者与项目之间的匹配;

(3)已经获得的学历证明;

(4)能够充分展现申请者的社会参与程度。[1]

为了保障博士申请工作的展开,每个院系(Fakultät)都会成立专门委员会。专门委员会确定录取标准,并依照这一标准确定是否录取。洪堡大学每个院系都拟定了自己的博士录取标准和录取环节,[2]例如包含各类语言学学院的哲学第二院(Philosophische Fakultät Ⅱ)就特别要求对被拒绝的博士学习申请,要给出合理的解释。[3]

申请审核制实质上赋予了导师极大的招生决定权,由于结构式培养的逐渐盛行,德国高校开始将管理权上移。院系的专门委员会可以设立自己的博士录取标准和录取环节。这就避免了招生权力过分集中在拥有教职的导师手中。

(二) 培养方式(结构制与师徒制)

最著名的研究生德国培养模式即"一对一"的师徒制,师徒制非常强调师生间的私人关系,博士生将导师称为"父亲"和"母亲"。由于博士人数的增加,导师科研压力的增加和

① Servicezentrum Forschung Team Wissenschaftlicher Nachwuchs. Allgemeine Checkliste für Promotionsstipendienanträge [EB/OL]. https://www. hu-berlin. de/de/promovierende/promotion/allgemeine-checkliste-fuer-promotionsstipendienantraege, 2016-10-02.

② Humboldt-Universität zu Berlin. Promotionsordnungen [EB/OL]. https://www. hu-berlin. de/de/promovierende/promotion/wn_proord_html, 2016-10-02.

③ Philosophische Fakultät II. Amtliches Mitteilungsblatt: Promotionsordnung der Philosophischen Fakultät II [Z]. Berlin: Der Präsident der Humboldt-Universität zu Berlin, 2016-4-27.

英美博士培养体制的影响,即使是最传统的德国导师也难以付出这么多的精力。① 因此,德国博士的培养也逐渐开始博士研究生的"框架式"培养,尤其是在"博洛尼亚进程"实施之后。这一培养过程,要求各个环节都有较为明确的环节考核。

通常情况下,博士培养的时间计划为三年。博士培养的质量标准、"专业传统"和资助情况决定了博士培养的计划时间。"对于博士培养而言,导师最重要的工作即鼓励学生具有热情和能量从事博士论文的写作。在博士录取后的第一次谈话中,谈论的话题应该是关于论文的。"②

在《指导思想》中,特别强调"导师定期对博士生提出建议。培养的内容和形式在相关的培养计划中确定,计划中确定每一年培养过程的结果"。这一规章的制定,实际上开始要求导师以框架培养的方式要求学生。学生也有章可循,能够定期和导师会见。

(三) 培养质量保障

由于师徒制带来的弊端,在章程中,特别规定"柏林洪堡大学的博士培养由两名导师共同承担",这就避免了一位导师在指导学生过程中,可能出现的随意性。同时,两位导师的指导也可以避免在博士指导过程中出现盲区。

为了保障研究生培养的质量,章程提出"通过国内或国际研究组织机构"完成,并鼓励学生参加各类学术会议。由于德国博士研究生通常都是在职完成学业的,缺乏在不同机构、不同国家间进行交流的机会。

对于博士培养工作而言,防范学术不端行为是一项核心工作。尤其是在德国前国防部长古登博格和前教育部长莎万由于博士论文抄袭行为而先后辞职之后,德国博士的培养质量开始受到质疑。针对博士培养过程中出现的问题,洪堡大学特别制定了《柏林洪堡大学保障良好科学实践和对学术不端行为的惩罚章程》。③

二、慕尼黑工业大学

慕尼黑工业大学(Technische Universität München)坐落于德国南部巴伐利亚州首府慕尼黑,是德国最古老的工业大学之一。慕尼黑工业大学是国际享有盛誉的世界顶尖工科类大学。在世界著名机构以及杂志的各类排名中,慕尼黑工业大学一直表现不俗。迄今为止,慕尼黑工业大学已培养出 20 位诺贝尔奖得主。"2006 年,慕尼黑工业大学以德国大学卓越计划(Exzellenzinitiative)为契机,凭借名为'慕尼黑工业大学·创业型大学'(TUM. The Entrepreneurial University)的未来构想(Zukunftskonzept),成为首批入选德国精英大学的三所大学之一。该构想聚焦于尖端科研,培养青年科学家,建立性别等

① European University Association. Doctoralprogrammes for the European Knowledge Society:Report on the EUA Doctoral Programmes Project,2004—2005[M]. European University Association (EUA),2005.
② Humboldt-Universität zu Berlin Servicezentrum Forschung. Betreuungshinweise für Promotionen[EB/OL]. https://www.hu-berlin.de/de/postdoktoranden/forsch/betr_hinw,2016-10-06.
③ Der Vizepräsident für Forschung. Satzung der Humboldt-Universität zu Berlin zur Sicherung guter wissenschaftlicher Praxis und zum Umgang mit Vorwürfen wissenschaftlichen Fehlverhaltens[Z]. Berlin:Humboldt-Universität zu Berlin:2014-2-17.

多样性策略,推动创业型大学的文化建设"。[①] 在德国教育部的大学科研排行榜(CHE)上,慕尼黑工业大学已经连续多年排名第一。慕尼黑工业大学更是将自己称为"德国最具创新性的大学"(Deutschlands innotiativste Universitaet)。

作为一所将创新视为头等大事的大学,慕尼黑工业大学将创新与德国国家的发展和整个社会的发展相连接,并将自己视为国家和社会进步的一部分。"慕尼黑工业大学将自己理解为创业型大学。要和工业与社会进行紧密的合作。在国家高等教育体系中,慕尼黑工业大学不仅寻求最优解,也在尝试积极参与到整体建构中,运用自己的创新拓宽道路。通过创新,慕尼黑工业大学积极投身于国际的科学竞争。慕尼黑工业大学致力于质量的改善。因为慕尼黑大学认为,学校管理就是具有主动性的控制。"[②]

这一主动性的控制,在具体的实施中,就成了慕尼黑大学特别推崇的质量管理。质量管理本身是一个工学概念,在质量管理的过程中,慕尼黑工业大学也采取了工科式的线性思维。其质量管理的理念体现在整个大学的培养过程中。就质量管理而言,慕尼黑大学将质量分为几个维度,即理念质量(Konzeptqualität)、结构质量(Strukturqualität)、过程质量(Prozessqualität)、结果质量(Ergebnisqualität)四个方面。[③] 理念质量,就是以政策的方式,体现出社会、政府对教育的期待。同时,这一理念还必须具有可操作性,能够更好地体现出学校的发展特色。结构质量是从组织的角度保障教与学的质量,包括教育资源的质量、参与者的数量以及学校组织的结构等。过程质量则是考察资源的分配是否依照目标导向最优分配。效率是过程质量的重要评价标准。结果质量则评价目标在多大程度上被实现。在推行质量管理的过程中,慕尼黑工业大学提出了"计划—行动—检查—施行"(plan-do-check-act)的行动纲领。

慕尼黑工业大学成立于1868年,在建校之初,其教育理念就是"……在通识性教育基础上,为技术工作作全方位的理论教育。这些学科是依据科学和艺术。"[④]当下,慕尼黑工业大学有13个院系。生命科学、工学、自然科学和医学是慕尼黑工业大学的支柱学科。

在全球化的挑战下,慕尼黑工业大学开始重新定义工业大学的角色。因此,慕尼黑工业大学也开始建立"慕尼黑工业大学教育学院"(TUM School of Education)。在学院中,学生们打好自然科学和技术学习的基础。此外,慕尼黑工业大学还建立了"慕尼黑社会科技中心"(Munich Center for Technology in Society),专门讨论科学技术在社会中的应用。

2011年,慕尼黑工业大学的经费中有56%来自国家财政资金,有34%来自第三方。

① 王梅,赵亚平,安蓉. 德国大学教师绩效管理体系及其特点——以慕尼黑工业大学为例[J]. 外国教育研究,2016(2):46-58.

② TUM. Qualitätsmanagementan der TUM Studium und Lehre[EB/OL]. http://www.lehren.tum.de/fileadmin/w00bmo/www/Downloads/Themen/Qualitaetsmanagement/Dokumente/Selbstbericht_Systemakkreditierung_Stand_Januar_2014b.pdf,2017-05-08.

③ TUM. Qualitätsmanagement an der TUM Studium und Lehre[EB/OL]. http://www.lehren.tum.de/fileadmin/w00bmo/www/Downloads/Themen/Qualitaetsmanagement/Dokumente/Selbstbericht_Systemakkreditierung_Stand_Januar_2014b.pdf,2017-05-08.

④ TUM. Qualitätsmanagement an der TUM Studium und Lehre[EB/OL]. http://www.lehren.tum.de/fileadmin/w00bmo/www/Downloads/Themen/Qualitaetsmanagement/Dokumente/Selbstbericht_Systemakkreditierung_Stand_Januar_2014b.pdf,2017-05-08.

另有 7% 来自科研、考试中心等机构，学费则占总收入的不足 3%。[①] 在发展过程中，慕尼黑工业大学将自身的发展与德国的发展紧紧相连，确定了自身的发展目标。在制定学校的发展目标的过程中，慕尼黑大学紧跟德国的发展战略，并在自己的发展战略中对德国的发展战略加以回应，这就使得慕尼黑大学一直是德国发展的重要智力支柱。

表 6-6　慕尼黑工业大学重点支持项目[②]

政策背景	结果	慕尼黑工业大学的回应
德国人口结构处于转型之中	德国将成为移民国家，必须补充专业力量	慕尼黑工业大学是一所国际性的大学，寻找不同领域的天才
德国社会老龄化不断加剧	老年病不断增加（神经、心血管等疾病）	与医学中心等成为国家健康中心的合作伙伴
德国和欧洲的燃料危机	教育、训练和研究。未来的"燃料精神"和未来使用的燃料	建立中学—大学—经济的价值链和创新体系：德国工业大学教育学院、研究生院系统、创业型大学
世界人口指数级上升	关于住房、食物、营养、健康的问题被特别关注	研究重点在可持续发展的计划和建筑，植物和生物科技、水、食品和营养、疾病预防
可持续的生活条件已经变成了人类的最重要事务	气候、能源、环境问题	专注于地区内和不同国家间的合作：慕尼黑工业学院专注于新的交通系统的研究
全球化的交流是知识和信息的交流	更快、更可靠的信息技术系统	"超级计算机"研究

此外，慕尼黑工业大学还特别注重自身的国际化。慕尼黑工业大学计划到 2025 年，其英文开设的研究生课程占总课程比例由现在的 29% 提高到 80%。在硕士研究生中，外国学生的比例由 25% 提升到 40%。[③]

"慕尼黑工业大学的质量管理主要关注于教与学……慕尼黑工业大学的最高目标是设计出具有吸引力、高要求和国际化的学习产品。其中，学生和教育的质量始终位于中心。"[④]为了更好地培养博士研究生，慕尼黑工业大学从 2009 年 5 月开始建立慕尼黑工业大学研究生院。其服务面向所有慕尼黑工业大学学生，研究生院通过多学科或跨学科的

①　TUM. Qualitätsmanagement an der TUM Studium und Lehre[EB/OL]. http://www. lehren. tum. de/fileadmin/w00bmo/www/Downloads/Themen/Qualitaetsmanagement/Dokumente/Selbstbericht_Systemakkreditierung_Stand_Januar_2014b. pdf, 2017-05-08.

②　TUM. Qualitätsmanagement an der TUM Studium und Lehre[EB/OL]. http://www. lehren. tum. de/fileadmin/w00bmo/www/Downloads/Themen/Qualitaetsmanagement/Dokumente/Selbstbericht_Systemakkreditierung_Stand_Januar_2014b. pdf, 2017-05-08.

③　TUM. Qualitätsmanagement an der TUM Studium und Lehre[EB/OL]. http://www. lehren. tum. de/fileadmin/w00bmo/www/Downloads/Themen/Qualitaetsmanagement/Dokumente/Selbstbericht_Systemakkreditierung _Stand_Januar_2014b. pdf, 2017-05-08.

④　TUM. Qualitätsmanagement an der TUM Studium und Lehre[EB/OL]. http://www. lehren. tum. de/fileadmin/w00bmo/www/Downloads/Themen/Qualitaetsmanagement/Dokumente/Selbstbericht_Systemakkreditierung_Stand_Januar_2014b. pdf, 2017-05-08.

课程,为所有的博士研究生在他们的学科学习之外提供跨学科的国际性课程,使他们能够更好地承担研究任务。[①]

（一）招生工作

高校教育的质量在很大程度上是由学生的质量确定的。如果是拥有极强动机和求知欲望的学生,能够追求学业,无论是出于工作时间的目的,还是以学术生涯为目的,都可以获得很高的学术能力水平。慕尼黑工业大学从中学招生开始,就设计了大量的学生指导项目,使学生能够最大限度地激发自己的创新能力。

1. 中学项目

为了加强和中学的联系,慕尼黑工业大学从 2004 年开始施行了一系列活动,例如邀请中学生参观慕尼黑工业大学。2009 年成立的慕尼黑工业大学成功地举行了多场活动,例如中学讲座、教授指导项目和中学科研中心。增加与中学、中学班级和中学生的接触,意在提升学生的学习能力,并降低学生学习的中断率。[②]

2. 资格确认

为了保障学生的质量,慕尼黑工业大学在学生录取过程中要求有资格确认(Eignungsfeststellungsverfahren)。通常情况下,慕尼黑工业大学的课程必须要提前注册才能参与,但是慕尼黑工业大学还设立了三门课程,Numerus Clausus(名额限制课程),想要报考该校的学生,必须先修这些课程。只有在课程中表现出具有继续学习的潜质,才能进入硕士学习的阶段。"经验显示,资格确认提高了慕尼黑工业大学课程的吸引力。"[③]

3. 全球招生

为了提升学校的生源质量,慕尼黑大学特别注重招收来自全世界的优秀生源。一方面,慕尼黑大学为外国学生提供丰厚的奖学金,使得来自全球的学生能够专心于学习和研究;另一方面,慕尼黑大学以及慕尼黑城市也极力塑造对外国留学生的亲善形象,竭力为外国学生提供便利的服务。学生招收范围的扩大,有力地提高了学校的生源质量。

（二）课程开设

对于创新型人才的培养而言,课程是最直接的影响因素。学生的知识来源于课堂,其创新思维来源于课堂,慕尼黑工业大学特别注重课程的设置。在整个课程的设置过程中,教师、院系、学校三个层面都参与其中。以下是一门新开发课程从最初的缘起到最终设立的过程:

---

① TUM. Qualitätsmanagement an der TUM Studium und Lehre[EB/OL]. http://www. lehren. tum. de/fileadmin/w00bmo/www/Downloads/Themen/Qualitaetsmanagement/Dokumente/Selbstbericht_Systemakkreditierung_Stand_Januar_2014b. pdf,2017－05－08.

② TUM. Qualitätsmanagement an der TUM Studium und Lehre[EB/OL]. http://www. lehren. tum. de/fileadmin/w00bmo/www/Downloads/Themen/Qualitaetsmanagement/Dokumente/Selbstbericht_Systemakkreditierung_Stand_Januar_2014b. pdf,2017－05－08.

③ TUM. Qualitätsmanagement an der TUM Studium und Lehre[EB/OL]. http://www. lehren. tum. de/fileadmin/w00bmo/www/Downloads/Themen/Qualitaetsmanagement/Dokumente/Selbstbericht_Systemakkreditierung_Stand_Januar_2014b. pdf,2017－05－08.

表 6-7 慕尼黑工业大学课程开设过程①

步　骤	参考者	决策程序
想　法	个　人	学术委员会教学小组（Hochschulreferat Studium und Lehre，HRSL）：建议 校务委员会（Hochschulpräsidium，HSP）：决定
	系主任	
	系务委员会	
发　展	系主任	教学学术评论小组（Hochschulreferat Studium und Lehre，HRSL）：建议，考核 校务委员会（Hochschulpräsidium，HSP）：决定 评议会（Senat）：出台章程 HR（学术委员会）：设立 教育部（Minsterium）：同意
	系务委员会	
实　施	模块负责人	
	课程负责人	
	系主任	
评　估	系主任	教学学术评论小组（Hochschulreferat Studium und Lehre，HRSL）：建议，考核 校务委员会（Hochschulpräsidium，HSP）：决定 评议会（Senat）：出台章程 教育部（Minsterium）：同意
	课程负责人	
	质量控制体系	
深化发展	教　师	
	模块负责人	
	课程负责人	
	系主任	
	质量控制体系	
实　施	教　师	
	模块负责人	
	课程负责人	
	系主任	

从中我们可以看到，课程的设立不是教师的个体行为，更成了学校最重要的工作。突出课程的重要性，保证了学校的教育质量，也从实际措施上提升了学校的整体质量。

（三）教育服务

为了充分发挥学校在博士研究生培养过程中的作用，慕尼黑工业大学设立了多个机构，以达到为在校研究生服务的目标。例如在日常课程之外，慕尼黑工业大学还设立语言中心，为学生提供外语或德语学习服务。此外，慕尼黑工业大学还设立国际中心，并承担全校的国际化事务。

---

① TUM. Qualitätsmanagement an der TUM Studium und Lehre[EB/OL]. http://www.lehren.tum.de/fileadmin/w00bmo/www/Downloads/Themen/Qualitaetsmanagement/Dokumente/Selbstbericht_Systemakkreditierung_Stand_Januar_2014b.pdf,2017-05-08.

为了促进不同学科学生之间的交流,慕尼黑工业大学还建立了颇具特色的青年学院(Junge Akademie),用来支持那些特别出色,或特别希望参与活动的青年。青年学院的主要任务是让来自不同学科的青年学习者共同交流,探讨与社会、科学、文化和政治生活相关的重要问题。这一活动已经举办了五年,通常情况下,硕士研究生会参加青年学院举办的活动。

为了帮助有创业意愿的学生开办企业,慕尼黑工业大学还专门设立部门,为有创业意愿的学生提供从简单合同到综合项目的服务。学校支持学生创业,并帮助他们实现自己的创业理想。[①]

三、超越学校的边界:博士项目制

创新是对已有认识的超越,为了超越制度局限,德国开始尝试由不同的学校合作进行博士培养。其中规模和影响较大的莫过于"柏林地区经济与管理学博士生项目"[The Berlin Doctoral Program in Economics and Management Science(BDPEMS)],这一项目开始于2003年,由柏林洪堡大学(Humboldt Universität zu Berlin,HU)、柏林工业大学(Technische Universität zu Berlin,TU)、柏林自由大学(Freie Universitätzu Berlin,FU)、欧洲管理技术学院(European School of Management and Technology,ESMT)、柏林社会研究科学中心(Social Science Research Center Berlin)等机构组成,其目标是"向年轻学者提供研究导向的课程,亲密的学生—院系互动以及优异的研究机会。由几所学校共同合作,博士项目能够为学生提供不同领域广泛的经济、金融和管理学课程"。[②]

2017年,项目共有参与学生120人,约40%为女性。绝大多数学生都获得了经济学和商学学位。同时,学校还鼓励来自数学、物理学、工程、法学和心理学基础的学生参与到课程之中,以增加学生来源的多样性,提高跨学科研究的可能。

(一) 课程开设

由于该项目采用不同学校合作的模式,博士研究生的培养具有明确的阶段性。第一学年是"核心课程学习",主要有微观经济学、宏观经济学等经济学、管理学基础课程。第二学年为选修课程,还包括短课程、暑期课程,学生还需要作报告,完成研究项目。第三学年专注于研究和论文撰写,同时鼓励学生参加会议,并为就业做好准备。第四年发表个人的专著。[③]

在选择课程的过程中,博士项目制充分体现了多所学校共同合作的优势所在,学生可以选择各个学校开设的相关课程。"选课方式开放自由,重视合作和资源互补除此项目规定的课程之外,该项目也会经常邀请一些来自世界不同地区、不同领域,比如来自公司、政

---

① TUM. Qualitätsmanagement an der TUM Studium und Lehre[EB/OL]. http://www.lehren.tum.de/fileadmin/w00bmo/www/Downloads/Themen/Qualitaetsmanagement/Dokumente/Selbstbericht_Systemakkreditierung_Stand_Januar_2014b.pdf,2017-05-08.

② The Berlin Doctoral Program in Economics and Management Science[EB/OL]. https://www.bdpems.de/portal/,2017-05-09.

③ Berlin Doctoral Program in Economics and Management Science[EB/OL]. https://www.bdpems.de/portal/sites/default/files/downloads/XI%20Broschuere.pdf,2017-05-09.

府和一些研究机构的专家学者进行讲学,以拓宽学生的国际视野。并且提供给博士生单独交流的机会,以便对一些具体问题进行多视角的深入探讨。BDPEMS 也与柏林其他的博士生项目保持合作关系,进行师资与学术资源的共享,该合作框架下的博士生可以任意参加各个项目下的课程与讨论,一般只需要提前预约和注册。这些讨论课是常年开设的,作为学术交流的平台对研究机构的学者、研究人员和项目博士生开放。这种开放、自由的管理模式为学生的学习创造了良好的环境。"①

使学生拥有课程选择的机会,能够有效提升各个学校开设课程的质量。由于学生有自由选择课程的权利,选择课程的情况直接反映了课程的吸引力。尽管博士项目制是以合作的形式运营,但对各个学校而言,也蕴含着竞争的关系。

(二) 结构制与师徒制

由于博士项目是由多所学校联合举办的,对学生的自觉性有更高的要求。在培养过程中,项目对学生的学习也有较为严格的限定,"近年来在经济学博士项目的发展中,更多地吸取了美国博士生培养的结构化管理模式。BDPEMS 属于半结构化的模式,项目结构较研究生院制相对宽松,但又比传统的'师徒制'模式管理得要紧"②。

传统的师徒制培养体系中,导师具有至高无上的权利,往往会出现导师与学生交流不足的情况,学生与其他学者之间也缺乏交流。但是绝对的权利也伴随着绝对的义务,师徒制往往会建立学生与导师间密切的往来。"所以 BDPEMS 采取研究生院制学习和师徒制学习相结合的策略。博士生在入学后除了要参加研究生院的课题研究外,还要修读专业课程。与传统的博士生培养模式相比,研究生院对博士生的培养更强调实用性和相互协作,似乎更符合'快速、有效'的时代精神。而师徒制更强调言传身教,所以该项目保留了师徒制优越的部分,导师也会带博士生参加一些科研项目,为他们的发展提供机会。"③

项目也采取阶段评价的方式,使得整个学习过程的质量能够得到保证,而不会因为学校间的相互合作,使得"责任方"缺失。"目前,该项目受爱因斯坦基金会(Einstein Stiftung)的支持,所以,项目也会接受基金会的独立评价。这种分阶段、多方共同参与的评价方式,不仅保证了老师和学生教与学的双向互动,也保证了项目的顺利实施。有利于教学质量的改进与提高。"④

(三) 国际化

国际化是博士项目的重要目标,2015 年,项目有一半学生来自 24 个不同的国家。因此,课程通常是以英语组织的。在招生过程中,也特别注重学生的国际化水平,"该项目博士研究生录取的基本申请材料为:① 提供个人简历和动机信。德国大学在招收博士研究生时十分重视学习动机和研究计划,一般会重点选取和本项目研究方向相关的学生,当然学习动机也很重要,有志于投身学术事业的往往会优先被考虑。② 提供大学本科和硕士期间所修的各门课程的学分及成绩单。一般会要求平均成绩在 2.0 分以上。德国高校 5

① 陈正.德国博士生创新能力培养模式探析[J].高校教育管理,2012,06(1):54-57.
② 陈正.德国博士生创新能力培养模式探析[J].高校教育管理,2012,06(1):54-57.
③ 陈正.德国博士生创新能力培养模式探析[J].高校教育管理,2012,06(1):54-57.
④ 陈正.德国博士生创新能力培养模式探析[J].高校教育管理,2012,06(1):54-57.

分为最低分,1分为最高分,2.0分以上相当于国内的'优良'评价。③ 提供两位教授的推荐信,推荐信需要客观评价申请人的学术水平、工作能力和从事科研的能力。④ 外语成绩。由于该项目教学语言为英语,招收对象为优秀的本科生或硕士毕业生,所以,需要提供英语语言考试的合格证书,如GRE成绩和TOEFL成绩,当然,如具申请者的母语是英语或者已完成全英语的硕士项目并获得相应的语言资格认证,可以不用必须提供TOEFL成绩。最后,评审委员会根据以上申请者的背景、学习成绩、发展潜力及科研素质进行综合评估,决定是否给予录取资格。当然,一些其他的社会能力也会在评审过程中被考虑"。①

对留学生的高质量要求,带来了高质量的国际化。明确、清晰的博士培养环节,丰厚的奖学金项目,吸引了优秀的学生前来学习。在德国的学习使他们熟悉了目的地国的社会环境和文化氛围,一些学生加入了德国的劳动力市场,另一些学生回到国内之后也成了德国学术体系的"消费者"。

第三节 德国研究生创新型人才培养机制与特点

讨论研究生创新型人才培养机制,可以将之归结为三个问题,即培养什么人,谁来培养,怎样培养。如果我们再次对德国研究生创新型人才培养制度进行审视,就可以发现,大学教授在这一机制中扮演着举足轻重的角色。与英美大学不同,德国的大学教授直接决定学生的录取和培养。这就让大学中的教授成了研究生创新人才培养的关键。可以说,什么样的教授培养出什么样的研究生。

"在过去的十年中,在德国的经济领域开始了关于德国经济疲软的激烈讨论。去私人化和公共领域改革被认为是适应全球经济竞争的必要措施。作为德国社会功能组织的工业相关体系和大学受到很多的讨论。逐渐受到质疑的一个重要问题是德国大学的产出是否与他们获得的资助相一致。一个重要的讨论是关于'懒惰'的教授,他们不重视教学,也不关注学生。"②尽管拥有辉煌的传统,但是近年来,德国大学的发展依然饱受国内的批评,这一批评点主要集中在"效率"二字上,如何运用有限的资源更大限度地满足社会的需求,培养出更多的拔尖创新型人才,成为各个学校的重要改革目标。

通过对洪堡大学、慕尼黑工业大学和柏林地区经济与管理学博士生项目的分析,我们可以发现,由结构式培养替代传统的师徒制培养已经成为德国研究生创新型人才培养的重要趋势。在改革过程中,最核心的改革点在于教师聘任制度的改革。在德国,大学中最基础的学术单位不是院系,而是教授席位(Lehrstuhl)。德国的科研和学生培养往往是围绕教席展开的,由具有教授席位的教授确定他们认为有研究价值的题目,并在此基础上申请科研经费,聘请相关的研究人员。可以认为,传统的师徒制培养就是建立在教席制度上的产物。因而,对德国创新型人才培养改革的考察,不能离开这一影响最为深刻的教席

---

① 陈正. 德国博士生创新能力培养模式探析[J]. 高校教育管理,2012,06(1):54-57.

② Mullercamen M, Salzgeber S. Changes in Academic Work and the Chair Regime: The Case of German Business Administration Academics[J]. Organization Studies, 2005, 26(2):271-290.

制度。

一、德国研究生创新型人才培养的传统机制

对德国大学而言,研究生是重要的科研力量。德国大学没有将博士研究生视为学生,而将之视为学校的工作人员,培养研究生创新型人才,即对创新型科研人才的培养。对德国大学研究生创新型人才培养的探究,其最终目的是为了探讨学术制度如何激发研究生的创造性。即如何建立一种机制,能够促使研究生将有限的精力集中于科研创新。在激发德国研究生创新人才的众多机制之中,"教席制度"所发挥的效力最为持久,但是其弊端也常为德国大学的研究者所诟病。

德国教席制度来自中世纪的行会制度,[①]这一制度在现代大学制度兴起之后完善,并成为德国高等教育制度最显著的特征。教授是学术活动的组织者,"同时,教授还控制着讲座或研究所的人员聘用和经费分配权力,当然也包括博士生和博士后的聘用。教授不依附于大学的管理层,也不依附于系主任办公室。某种程度上,德国的大学教授相当于中国大学中掌握着用人权和财政权的研究所所长、系主任甚至院长。甚至可以说,'德国的大学确实是教授的大学'"。[②]

(一) 生源质量

一所学校中只有一位教授,实际上构成了学科领域中的寡头垄断。即几位具有相同或相近权力的资源分配者掌握了学术权力。"这一权力与试图用科层体制和规则控制教席的国家相抗衡。在国家和教席之间,院系和学校通常只具有很小的权力。"有学者将之视为一种"逆向合作"(negativeco-ordination),在决策的过程中,院系通常只拥有很小的权力,这一权力基本上掌握在教授的手中。[③]"因此他们既是独裁者,也是参与者。"[④]

在这样的背景之下,德国大学的专业招生几乎由一人决定,如果教授认为一个学生具有完成博士论文的能力,就可以同意招收。在教授的帮助下,学生可以享受奖学金等学习配套政策。教授与学生之间的特殊关系,使得教授往往将学生视为"个人的创造品"。在学生质量与教授工作直接联系的情况下,教授往往格外重视学生的学术水平。

(二) 培养质量

通常情况下,德国一所大学中某一领域只会设置一个教席。[⑤] 所以他有义务教授这一领域的课程,并承担该领域研究的责任。因此,可以认为,一位教席教授的研究水平和

---

① Clark B R. The Higher Education System: Academic Organizationin Cross-National Perspective. [M]. University of Californiapress,1983:46-47.

② 彭湃. 德国大学教师聘任制改革及其启示——以初级教授职位的引入为例[J]. 外国教育研究,2015(2):32-45.

③ LaskeS., Zauner A.. Architektur und Designuniversitärer Verhandlungssysteme [A]//Laske S., etal. Universität im 21. Jahrhundert: Zur Interdependenz von Begriff und Organisation der Wissenschaft. München: Hampp,2000:455.

④ Clark B R. The Higher Education System: Academic Organizationin Cross-National Perspective. [M]. University of California Press,1983:11.

⑤ Homburg C. Die Rolle der deutschen Betriebswirtschaftslehre im Internationalen Vergleich [J]. Wirtschaftswissenschaftliches Studium,1999(8):386-393.

学术地位，在很大程度上决定了一个院系，甚至一个学校或地区在该领域内的研究水平和学术地位。

教席是终身制的，"在德国的教席制度中，责任和权力集中于一个人身上，那就是教席教授。教授通常具有公务员身份，并拥有终身职位。他们通常领导一个小的院系，拥有助理和秘书"。[①] "与之相反，院系化的组织则将责任和权力分布在了若干位教授身上。"[②] 一定程度上，教授教席成了学术传统延续的保障。

既然一位教授决定了一个专业水平的高低，那么学生的创新能力也与教授的指导紧密相关。在培养过程中，学生学习到的不仅是研究方法，更重要的是研究思维。无论是在人文领域、社会科学领域还是自然科学领域，教授的研究水平基本决定了学生的研究水平。

（三）学术独立

"具有类似身份的独立教授在一起工作，就形成了一个大型的自治团体。"[③] 教学与科研的自由传统，最大限度地保障了德国教席教授在教学事务上的自主权。[④] 德国大学的许多理想与制度，都是通过教席制度体现的。但是世界上没有完美的制度设计，一种制度的安排都存在着自身的局限性，教席制度同样面临着挑战。

由于教授是一个领域的执牛耳者，他们往往承担着维护学科权威性的任务。在这种背景之下，学生难以寻求与其他教授，或者其他学科领域研究者的合作。教席制度在保障德国大学系统强大的创新能力的同时，有时还会制约创新人才培养的更多可能性。

二、德国研究生创新型人才培养的特点

一项学术制度就是一种激励措施，当我们讨论一种学术制度想要培养什么样的人的时候，应该看到，这项学术制度用什么样的方式激励这种人的出现。对于教席制度而言，最重要的制度安排在于如何完成获得教席制度，即什么样的人会获得教席。这一评价标准，决定了这个学术共同体对学术的评价制度，更间接决定了博士研究生的培养制度。因此，如何选拔教席的继任者，是整个教席制度的核心制度。"这种特色是德国的高等教育体系在相当长的历史时期内在世界上独树一帜的重要原因之一。晋升到教授的路径也被称为科研接班人的资格之路（Qualifikationswege）。在德国统一前后，还有约 25% 的学术雇员有终身职位，但目前有终身职位的学术雇员已经下降到 17% 左右。因此，科研接班人的晋升之路基本上为'博士毕业—学术雇员（博士后）—教授资格论文考试—教授'。相

———————————

①　Mullercamen M，Salzgeber S. Changesin Academic Work and the Chair Regime：The Case of German Business Administration Academics[J]. Organization Studies，2005，26（2）：271－290.

②　Clark B R. The Higher Education System：Academic Organizationin Cross-National Perspective.［M］. University of California Press，1983：46.

③　Mullercamen M，Salzgeber S. Changes in Academic Work and the Chair Regime：The Case of German Business Administration Academics[J]. Organization Studies，2005，26（2）：271－290.

④　王世岳. 德国大学"自治"的"法治"实质[J]. 教育学术月刊，2014（12）：16－19.

较于其他国家而言,这一晋升路径存在诸多缺点。"①

(一) 创新的起步:培养学术助手

通常情况下,教席教授会聘请若干位博士研究生作为他的助手,协助他完成教学、科研和日常的事务。同时,还需要完成自己的博士论文。对于大多数的博士研究生而言,他们的目标不是在学术圈寻找工作,因此只需要继续完成博士论文即可。"对于学生而言,他们通常没有特别繁重的发表论文或学术压力"②,其工作压力主要来自日常事务。但是对那些有志于继续完成学术工作的学生而言,其学术工作的压力就会大幅度提升。

在博士毕业之后继续留在导师身边工作,由过去的初级助理成为高级助理。"大多数的初级助理在完成他们博士论文之后会离开大学。通常情况下,一个高级助理不会获得其他教授的资助或其他大学的资助,他们会更换工作岗位……由于缺乏其他的雇佣机会,是否能够获得这一职位,主要取决于与导师之间的合作关系。这一职位的入职年龄一般在三十岁左右。"③

对于德国的博士毕业生而言,选择进入学术道路需要极大的勇气。"没有教授职位的绝大多数科研人员被称为学术雇员(Wissenschaftlicher Mitarbeiter),他们没有终身职位,都依附于教授开展科研工作。从数量上看,教授与学术雇员的比例约为 13∶87,如果不计初级教授,教授占大学教师的比例会更低。与法、英、美等国相比,德国的教授职位所占比例是最少的。'僧多粥少'的问题始终存在,并且现在更加严重。"④

(二) 创新的中坚:大学执教资格

在传统的晋升制度之下,如果研究者想要获得教席,就必须通过所谓的大学执教资格考试(Habilitation)。"通常是单独完成一篇著作,是德国体系中最为重要的一个环节。在 19 世纪被引入德国的教席,但是在 20 世纪 20 年代才以超越博士论文的代表作(opus magnum)。与博士论文写作一样,是一个漫长的学习过程,这一过程展现着社会控制,并能够达到技艺的标准化,看归纳得到想要分享的学术机制。如果考虑到德国教授巨大的自治权,这一紧张的社会化过程和教化过程意欲替代盎格鲁—撒克逊管理学院那种严格的外部控制和学术工作。同时在聘用过程中,也能提供更有用的求职信息。由于德国的教授需要在执教过程中涉及很多领域,特别是低年级的全部课程。在获得大学执教资格的过程中,人们通常希望年轻教授可以完成与博士论文不同领域的研究。"⑤

从年龄上来看,"通过大学执教资格考试通常是在申请者三十岁后期,这与欧洲其他国家相似。德国的学者通常要在一个机构中,在非长期职位上工作很长的一段时间。但是想要完成大学执教资格考试的高级助理,必须找到一个全职教授的职位。没有成功的

① 彭湃. 德国大学教师聘任制改革及其启示——以初级教授职位的引入为例[J]. 外国教育研究,2015(2):32-45.
② Frese E, Engels M. Anmerkungen zum Änderungsmanagement in Universitäten[J]. Die Betriebwirtschaft, 1999(59):496-510.
③ Mullercamen M, Salzgeber S. Changesin Academic Work and the Chair Regime: The Case of German Business Adminitration Academics[J]. Organization Studies, 2005, 26(2):271-290.
④ 彭湃. 德国大学教师聘任制改革及其启示——以初级教授职位的引入为例[J]. 外国教育研究,2015(2):32-45.
⑤ Mullercamen M, Salzgeber S. Changesin Academic Work and the Chair Regime: The Case of German Business Adminitration Academics[J]. Organization Studies, 2005, 26(2):271-290.

人就只能在学术圈之外找工作了。因为没有可授予终身职位的聘雇制度（tenure track system），所以这一阶段的流动容易引起竞赛。有一个不成文的规定，必须在另外一个学校获得教授席位。在过去，全职教授席位的竞争并不激烈"。[①]

大学执教资格考试在一定程度上决定了教授如何培养博士研究生。因为学术体系对博士研究生的一个基本要求是学生拥有在学术领域工作的能力。在培养过程中，导师也通常会依照教授晋升的标准来要求自己的学生，例如论文的写作和发表。这就意味着，最终影响导师培养学生的方式，不是市场或社会的需求，而是导师自身的晋升方式。

（三）新的变化

最近德国大学发生了两个变化，可能会对教席教授产生影响：其一，德国政府可能会取消大学执教资格考试；其二，逐渐增多的考核可能会让国际期刊发表成为更重要的指标。"德国传统的教席制（Lehrstuhl）为青年科学家（Wissenschaftlichen Nachwuchs）的晋升带来了阻力。1998年，德国科学委员会（Wissenschaftsrat）指出，大学之间的国际化竞争以及大学之外的雇主都对杰出青年科学家的需求明显增多，因此，有必要通过适当的人员结构调整来培养青年科学家。为了给青年科学家创造有吸引力和可靠的生涯路径，科学委员会在2001年建议引入初级教授（Junior Professur），通过建立以绩效为导向的甄选与评估程序，完善教师特别是青年教师的生涯发展路径。2002年，德国联邦政府修订《高等教育纲领法》，旨在引进更高效的激励机制来提高教育质量；2004年，整个德国高等教育改革的核心之一就是引进教师绩效薪酬制，改革教师绩效管理体系。"[②]

这一制度的改变也受到了学术体系全球化的影响，"不同于过去获得大学执教资格完成一部专著，一些大学现在开始接受在相关的期刊上发表论文。但研究成就是由院系成员组成的委员会来检查的，高级研究助理仍然要依靠教席教授。教席教授对于候选人具有政治影响，没有他的支持，申请人很难获得成功。但是在这个阶段，其他的院系成员也参与到了考核阶段。高级助理不仅能够得到不同委员会的建议，还需要满足院系在题目、方法论和写作风格上的要求。如果博士后要写一部著作，满足本地群体的需要要比满足国家内或国际研究群体的需要更重要"。[③] 由此可见，教席制度的改革实质上受到了现代学术体系的冲击，对个人学术成就高低的评价不再仅仅依靠个人或学院的团体。以期刊为代表的学术评审体系也在搅动着德国大学体制。

当然，这一变化受到了传统培养体制的质疑，尤其是对德国的研究者而言，具有国际影响力的期刊通常都是英文期刊。遵循这一评价体系意味着，英文发表比德文发表具有更高的学术价值。"系统的教学和研究评估使得教席要开始面对外部评估，其最终目标是将收入和预算与表现直接联系……这些变化使得教授聘用和大学执教资格考试变得更明显。发表的重要性变得更加重要。在德国同样出现了这样的争论，在盎格鲁—撒克逊期

① Mullercamen M，Salzgeber S. Changesin Academic Work and the Chair Regime：The Case of German Business Administration Academics[J]. Organization Studies，2005，26(2)：271-290.

② 王梅，赵亚平，安蓉. 德国大学教师绩效管理体系及其特点——以慕尼黑工业大学为例[J]. 外国教育研究，2016(2)：46-58.

③ Mullercamen M，Salzgeber S. Changesin Academic Work and the Chair Regime：The Case of German Business Administration Academics[J]. Organization Studies，2005，26(2)：271-290.

刊上发表的论文,是否比德国刊物上的论文更有价值。"①

三、德国大学制度改革与德国研究生创新型人才培养

德国博士培养模式的改革,是对博士培养过程的"祛魅"。在传统的培养模式中,博士研究生的培养过程被视为一种难以探明的、具有极强个性的培养过程。这一过程难以被理性、精确地描述和重构。这就使得人们很难对博士的培养经验进行总结,并在此基础上加以推广。因而,德国博士培养的框架式改革,明晰博士培养的相应环节。这就为有计划地提高博士研究生在某些领域的特殊能力提供了可能性。以研究生的创新能力培养为例,主要体现在培养过程的跨学科培养和质量保障之上。

由于学科自身发展的逻辑性,使得学科内部一般具有较为严密的知识体系,知识的创新一般都建立在学科边界之上。在博士培养过程中,德国开始注重对博士研究生的跨学科能力的培养。从制度上,超越专业和学科的限制,建立以问题为导向的研究所和研究院,使来自不同学科的研究者能够共同进行领域研究。学生的培养也在这一跨学科的气氛中完成。在不同学科交叉的学习过程中,学生的创新能力得到提升;在跨学科的研究过程中,博士研究生创新的可能性大幅度提升。

博士的质量控制,奠定了拔尖人才培养的基础。由于博士培养对质量的控制,使得能够完成博士研究生培养环节的学生都能够满足培养质量的需要。作为博士论文写作的一个重要环节,个人的创造性在培养过程中也得以发展。这一结果的得来,也与德国博士研究生培养的特征息息相关。由于博士研究生入学的申请制,使得有能力获得博士培养的学生接受博士培养不再是一个需要通过考试进行的偶然事件。因此,质量控制过程中造成的淘汰现象并非是学生们不可接受的结果,这就为保证选拔的质量提供了可能性。

大学中的教育也是围绕教授展开。大学教授具有招收学生的自主权,这一自主权几乎不会受到挑战。很少有人会质疑教授在招收学生过程中是否存在某些不合理的行为。工商管理领域的教授一生平均辅导 200 名学生,②如果我们考虑到博士研究生将成为各自从事的行业和领域中的领导者,那么无疑这一制度的影响是巨大的。

在个人的培养过程中,具有强制性的培养终止体现在博士论文答辩过程中。在论文完成后,导师一般作为论文的第一评阅人,并进行公开答辩。③ 论文进入评审阶段,"如果所有鉴定者否定论文,那么就得取消博士生进行答辩资格,并至少在半年以后方允许博士生再次提出论文答辩和学位考试申请。如论文第二次被否定,博士生将被取消在本系继续申请论文答辩和学位考试资格"。④ "如果博士生没有通过口试,则参加补考,即使一门不及格,也必须进行补考。补考通常在本次口试举行之日起,至少 2 个月以后和 2 年以内

① Mullercamen M, Salzgeber S. Changesin Academic Work and the Chair Regime: The Case of German Business Administration Academics[J]. Organization Studies,2005,26(2):271 - 290.

② Brockhoff K, Hauschildt J. Plädoyer für eine bedürfnis gerechte Differenzierung der Ausbildung in der Betriebswirtschaftslehre[M]//Die Zukunft der Betriebswirtschaftslehre in Deutschland. Gabler Verlag,1993:27 - 40.

③ 秦琳. 从师徒制到研究生院——德国博士研究生培养的结构化改革[J]. 学位与研究生教育,2012(1):59 - 64.

④ 李其龙. 德国博士研究生制度的特色[J]. 外国教育资料,1999(1):20 - 23.

进行,如果补考不合格,则将被取消论文答辩资格。"①"需要注意的是,导师也是博士论文最重要的第一审稿人。一般情况在同一个院系中,没有另外的第二个评判者。导师通常是这一领域的专家。和导师保持良好的关系显得至关重要。"②

不可否认德国传统的研究生培养存在诸多不足。传统模式被批评缺乏透明度,是非正式的、个人化的,缺乏系统的组织和监督,导师对博士生的指导责任难以保障;高校扩张加重了教师的工作负担,导致教师对博士生指导不足;博士生修业年限过长、毕业生年龄偏大,很多博士生因为要承担论文之外的各种教学科研工作而长期滞留在研究员的职位上;传统的培养模式过于封闭,缺乏研究合作和学术交流。③ 因此,以教授的聘任制度为基础,德国进行了结构化项目的改革。

德国博士培养的变革,为创新型人才培养提供的启示可以概括为以下几个方面:① 跨学科和跨专业的博士培养已经逐渐成为博士培养的趋势,更多的创新成果和创新思维来自学科的边缘领地,为了促进不同学科之间的融合,德国的高校已经开始尝试超越机构的边界,建立跨学科、跨机构的博士研究生培养模式。② 创新型人才的培养需要从博士培养的质量出发。保障课程的质量,提高国际化程度,增强导师与学生间的互动是德国高校保障培养质量的重要方式。③ 人才培养过程是整个学术体系的一个部分。人才的培养制度通常是学术人才选拔制度在教育阶段的映射。因此,学术共同体选择什么样的人成为学术工作的继任者,学术共同体就会以什么样的方式培养继任者。这就意味着,创新型人才的培养不仅体现在培养过程中,更在于学术继任者的选拔过程中。只有学术共同体在选拔过程中注重创新型素质,学术共同体在培养过程中才会注重这一素质。

① 李其龙. 德国博士研究生制度的特色[J]. 外国教育资料,1999(1):20-23.
② Mullercamen M, Salzgeber S. Changesin Academic Work and the Chair Regime: The Case of German Business Administration Academics[J]. Organization Studies, 2005, 26(2): 271-290.
③ 秦琳. 从师徒制到研究生院——德国博士研究生培养的结构化改革[J]. 学位与研究生教育,2012(1):59-64.

第七章 日本研究生创新型人才培养

日本在进入 21 世纪后,17 年间产生了 17 名诺贝尔奖得主,平均每年一位,令人惊叹。这一数据仅次于美国,位列世界第二。这一井喷现象,既得益于日本战后经济、科研和教育的发展为取得诺奖级科技突破所创造的良好环境,也得益于日本的大学持续深化改革,勇于打破常规,积极开展产学合作,为培育诺奖级人才做出的积极贡献,还与日本的科学工作者重视师承,擅长合作,使知识的传递和升华更为有效。[①] "他山之石,可以攻玉",剖析日本的科研和研究生创新教育体制,可以为我们培养创新型人才提供有益的借鉴。

第一节 日本研究生创新型人才培养基本情况

日本的研究生教育产生于 19 世纪 80 年代。1886 年日本颁布了《帝国大学令》,并在东京帝国大学设立了"大学院",拉开了日本研究生教育的序幕。不过,日本传统的研究生教育并不是大学教育的延伸,而是一直倾向于培养研究人才。二战后,日本接受了美国占领军的控制,民间情报教育局和美国教育使节团提出了很多政策性建议与报告,对日本大学带来了很大的影响,美国的"课程制"研究生教育制度也被引入日本,日本的研究生教育制度发生了很大改变。

一、日本研究生创新型人才培养模式的历史发展与政策演变

二战后,日本的国家科技发展战略经历了由"技术引进立国"到"科学技术立国"再到"科学技术创造立国"的思想转变。[②] 相应地,日本研究生教育的发展理念和价值取向也呈现出不同的特征。受国家科技发展战略转型的影响,日本面向 21 世纪的研究生创新型人才教育改革具有变革的性质,由保守地适应经济发展需要转向注重满足 21 世纪社会整体转型的需要,由单一性、封闭性的研究生培养模式向创新性、多元化、开放性的研究生培养模式转变,由重知转向重智、重创新能力的培养,由关注研究生人才培养的规模向关注研究生人才培养的质量转变,由关注研究生的国内发展向为国际做贡献转变。

(一)二战后至 20 世纪 80 年代

1947 年日本颁布新的《学校教育法》,其中第 62 条提出初步设置课程制研究生院,不过当时并没有引起足够的重视。日本的"大学院"教育课程,特别是博士课程的设置,仅仅作为大学的一种身份象征而存在。

---

① 秦皖梅.21世纪初日本诺贝尔奖的井喷现象考察[J].安徽大学学报(哲学社会科学版),2016(4):29-37.

② 王文利,林巍.日本科技发展战略的转型及其对研究生教育的影响[J].外国教育研究,2008(4):50-54.

1974 年文部省制定《研究生院设置基准》,同时修订了《学位规则》,标志着日本的课程制研究生院制度正式确立。硕士、博士的课程培养目的和修业年限随之确定,明确了学位授予原则和要求。同时,研究生院以及研究科脱离学部作为独立组织存在,进行独立的学科课程编制。1976 年文部省再次修订《学校教育法》,确立独立研究生院大学的法律地位。

不过,在人们心中,研究生院仍然还是培养研究人才的场所。这导致日本大学的教师资源和硬件资源主要用于本科教学而不是研究生教育,研究生生源一直严重不足,研究生院学生获得学位的比例也非常低。这种状况一直持续到 20 世纪 90 年代。

(二) 20 世纪 90 年代初至 2004 年

20 世纪 90 年代初,经济全球化和学术研究产业化浪潮席卷整个国际社会,具有先进技术知识的大学生和研究生在其中起到至关重要的作用。但日本社会的少子化问题以及日本教育体制"拿来主义"的弊端,使得日本高等教育特别是研究生教育无论是质,还是量方面都明显落后于世界其他发达国家,同时日本的经济也进入了衰退期。在全球化和国内经济的双重压力下,日本政府决定把"科技立国"的基本国策转变为"科技创造立国",制定了《科学技术基本法》,旨在大力促进研究生教育事业的发展,重点培养具备世界尖端科学技术的高科技人才,并鼓励社会各界人士通过各种途径参与到日本研究生的创新型人才培养中来。[①]

大学审议会作为文部省主要咨询机构,相继推出了《关于修订学位制度及研究生教育的评价问题》(1991 年 2 月)、《关于研究生教育的调整充实》(1991 年 5 月)、《关于研究生教育的数量调整》(1991 年 11 月)等咨询报告,其中《关于研究生教育的数量调整》报告建议在 2000 年年底使研究生数量达到 20 万人,即 1991 年的 2 倍。文部省根据这些咨询报告修订了一系列与研究生教育相关的法规,并制定了相应的政策,由此也揭开了实施国立大学"研究生院重点化"的序幕。"研究生院重点化"旨在以博士课程为教育的最终目标,以最尖端的研究牵引与推动教学和科研的发展。

1995 年,日本制定《科学技术基本法》。日本自 1996 年开始连续制定了 3 个科技发展五年规划(称"科学技术基本计划"),从而形成了"科学技术创造立国"的国家战略,人才战略成为其中的重要组成部分。在 3 个"科学技术基本计划"中,"创造性人才""独创性人才""富于创造性的卓越的领导人才""富于创造性的领袖""引领世界的人才"等,与 20 世纪 80 年代以来所说的人人身上具有的"创造力"产生了不同的指向,这些可以用中文统称为"创新型人才"的概念不包括普通劳动者,甚至也不是指一般的专业技术人员和普通管理者,而是指在各领域和国内外具有卓越创造力和领导力的精英。

1997 年日本中央教育审议会发表题为《展望 21 世纪的我国教育》的报告,报告中指出,为适应时代的要求,培养"个性化的独创性人才"是不可或缺的。

2000 年的教育改革国民会议报告中提出,要使教育体系能够"培养各领域富于创造性的领袖"。

---

①　陈永明. 日本"科学技术创造立国"关注研究生教育[J]. 外国教育研究,2004(5).

2001 年重新组建的中央教育审议会(以下称"中教审")提出,首要任务是"接受文部科学大臣的咨询,对以推进教育振兴及终身学习为核心的培养具有丰富人性的创造性人才的重要事项和振兴体育的重要事项进行调查审议,并向文部科学大臣陈述意见"。

2002 年 8 月,日本中央教育审议会提出《培养具有高级专门职业能力的人员》议案。为适应各种职业类别对高级专门人才需求的日益增强,开始在大学研究生院培养高级专门职业人员,进而设立新型研究生院。设立的专门职业研究生院与以往的研究生院不同,其目的是在质和量两方面充实对国际、社会通用的高级专门职业人员培养,对高级专门职业人员实行特殊的实践教育。

其主要特色是:

1. 学制短而灵活,注重实践,专家指导

第一,采用 2 年标准学制。特殊学科根据需要,在获得认可的情况下,可以为 1—2 年。第二,以学习时间和学分衡量完成学业状况。必须完成规定学习时间及专业要求学分,但是不对论文和特定课题的研究提出具体要求。第三,提供事例研究、讨论、实地调查等形式多样的实践教育。第四,各职业类别配置具有丰富经验的、精通实际业务的专家予以指导。

2. 创设"专门职业学位"

至今为止,研究生院完成学业者授予硕士、博士学位,专门职业研究生院(专门职业学位课程)因其培养高级专门职业人才的特殊性,对完成学业者,考虑社会通用性及国际通用性,作为具有高级专门职业能力证明的学位,授予"专门职业学位"。

2004 年,日本政府修订《学校教育法》,意向培养高端专业职业人才,增设专业学位研究生院。日本政府还构建了"21 世纪 COE 计划"("卓越研究基地")的设想,这是一项基于建设世界一流大学的总体背景,通过对卓越研究基地的重点资助,利用第三者评估制度,引进竞争机制,推进形成具有国际竞争力的世界一流大学的项目。所有领域的博士课程可公开申请,该计划共对 93 所大学 274 个基地进行了为期 5 年的支持,促进了研究生教育质量的提高。

(三) 2005 年至今

2005 年,日本中央教育审议会发表了题为《新时代的研究生院——构筑富有国际魅力的研究生教育》的咨询报告,要求各大学研究生院要明确教育课程的目的,编制和实施有体系的教育课程计划,以实现研究生教育的实质性发展。该报告的出台,促使日本文部科学省陆续颁布各项报告项目来强化研究生院人才的培养和教育课程的实施。从 2006—2010 年的研究生教育振兴施策纲要、2011—2015 年的第 2 次研究生教育振兴施策纲要,最后到 2016—2020 年的第 3 次研究生教育振兴施策纲要,都在不断地强调研究生教育的实质化、博士人才的培养以及官产学协作。

2006 年,日本文部科学省制定了为期五年的《研究生院教育振兴施策纲要》,对经费预算、政策制度等进行持续改革,目标就是希望培养出具有创造性的研发型人才、具备高水平专业知识的专业型职业技术人才、兼备高水平的教育和科研能力的大学教师以及能支持知识型社会的高素质人才。[①] 该纲要从 2006 年实施到 2010 年,制定了非常详细的指导性要求,主要是要求研究生院教育实质化,有组织性地开展教育课程,对学生采取经济上的支援,改善年轻教师的教学科研环境,强化与产业界联合人才培养机制,平衡各专业领域的分布,强化人文社科类专业人才的培养。

2007 年日本政府在听取教育再生会议的审议与咨询后,在《经济财政改革的基本方针 2007》中提出了要重点进行大学、研究生院改革的方针,在保证大学教育质量的同时,通过国际化、多样化的大学改革,建设世界一流的研究生院教育改革,并希望通过顺应时代与社会要求的国立大学的进一步改革,推动日本经济成长。同年,文部科学省又继承了"21 世纪 COE 计划",其目的在于进一步充实强化日本研究生院的教育研究功能,在国际卓越的教育研究基地培养领先世界的创造性人才。该计划也是针对多有领域的博士课程,41 多所大学的 140 个基地取得了 5 年的支持。

2007 年还修正了《研究生院设置基准》,要求学校的培养纲领要明确硕士课程、博士课程的人才培养目标,且信息公开。此外,还要求实施大学教师发展和制定成绩评价基准等。

2011 年 1 月,中央教育审议会形成了咨询报告《全球化社会的研究生教育——培养活跃于世界舞台的创新型高端人才》。该报告分析认为,21 世纪以后,知识在社会发展过程中的基础作用日益显著,培养能够在国际社会发挥领导作用并通过创新为社会创造新价值的高端人才,乃是解决人类社会面临的诸多挑战的重要命题。尤其是博士学位,无论在科学研究领域还是在商业层面,都逐渐成为拥有高度专业性以及相关资质能力的标志和必备条件。因此,报告指出,进一步优化研究生院课程体系,强化博士课程教育,培养大量能够在世界舞台上发挥作用的博士高端人才,是日本研究生教育改革的首要课题。

为了贯彻落实上述咨询报告的精神,文部科学省于 2011 年 8 月 5 日发布了新的五年发展规划《第二次研究生教育发展纲要》(2011—2015 年)。纲要的主要目的在于以教育改革促进社会发展,采取有效手段实现研究生教育质量的保障与提高,明确今后研究生教育改革方向与政策重点。其主要建议有五个部分:

(1) 确立了以学位课程为核心的研究生教育模式;

(2) 创新博士生培养机制,确立硕博连读的博士培养体系,并且注重培养创新型人才;

(3) 加强与社会的沟通和合作,为年轻学者提供良好的教育环境;

(4) 促进研究生教育国际化;

(5) 保障专业学位的质量。

由这些改革措施可见,"主导未来知识经济社会的创新性发展是其最终目标,确立并巩固研究生教育的课程体系是其根本内容,培养在国际社会发挥指导能力的博士研究生是其核心任务,加强与社会、企业沟通合作是其责任导向"。[②]

---

① 张海,李哲,王以宁. 日本研究生教育超域创新人才培养改革动向分析[J]. 外国教育研究,2013(8):120-128.

② 严平. 日本研究生教育改革新动向:以《第二次研究生教育发展纲要》为中心[J]. 学位与研究生教育,2013 (6):68-73.

2016 年 6 月,日本文部科学省颁布《第 3 次研究生教育振兴施策纲要》(2016—2020),其中一项重点建设举措是提出"卓越研究生院"事业,简称"卓越事业",讨论了对今后 10 年研究生教育的改革构想,于 2018 年正式实施。该政策继承了"博士课程制教育引领计划",是为进一步推进一流博士人才培养所采取的新战略实践。该项目可分为全面型、复合领域型和单一领域型三大类型。"全面型"项目是培养能在国内外的产学官各领域引领全球社会发展的领导者,因此要能够整合人文和社会科学、生命科学、理学和工学等各个专业领域。每个"全面型"项目第一年度资助 3 亿日元。"复合领域型"项目主要是培养能够在解决人类社会所面临问题的过程中,统领产学官项目并引领革新的领导者,因此也必须是跨领域的学位教育。但"复合领域型"一般集中在某一主题领域。

从上述政府报告和纲要中可以看出,新一轮的研究生教育改革更多地关注了全球化要素。培养研究生的创造力、知识迁移、知识应用能力和国际化能力以提高日本的国际竞争力,已成了研究生教育改革的重要课题。

二、日本研究生创新型人才培养的现状

创新型人才的培养是一个系统工程,既有培养目标的界定,也有从入学、培养到评价诸环节的实践,当然也有各种相关制度的保障。这里概括介绍了日本研究生创新型人才培养的基本模式。

(一)培养目标

日本研究生教育的培养目标是随着历史的发展和社会的进步而不断丰富的。1949 年制定的《研究生院基准》中规定硕士的培养目标是在学部教育的基础上,开阔视野,研究专门领域,培养丰富的学识和研究能力;博士的培养目标是通过独创性研究,在原有的学术水准上增加新的知识见解。[①]

1955 年,《研究生院基准》进行了第一次修订,硕士的培养目标由培养学识和研究能力改为培养理论与实践的研究能力,硕士课程也可以进行职业教育。1963 年 1 月中央教育审议会的咨询报告"关于大学教育改善"中提出把大学分为研究生院大学与大学,硕士阶段培养职业人员,博士阶段培养研究人员。

1974 年,"关于研究生院及学位制度的改善"的咨询报告提出了强化研究生院制度的弹性化和独立性,这一报告影响了同年颁布的《研究生院设置基准》的制定、《学位规则》的修订以及 1976 年《学校教育法》的修订。这三个法令的主要内容有:关于硕士课程,其培养目标除了培养专业领域的研究能力,还培养高度专业性的职业必需的高水平能力,学制为 2 年,但是如果被认定为教育上有特别需要的话,可以采取夜间或其他特定时间进行授课以及研究指导等适当的方法进行教育。这为在职学生的入学、学习提供了方便。博士课程为 5 年,由前期 2 年和后期 3 年构成。前后期之间可以分开,也可以不分开,如果分开,则前期相当于硕士课程。对于有优秀研究成果的学生,他们在校 3 年以上即可毕业。

---

① 竹内洋. 我が国大学の歴史と大学院［我が国大学院の現状と課題:第 36 回(2008 年度)研究員集会の記録:基調講演］[J]. Reviewsin Higher Education,2009:106.

博士学位有 19 类,硕士学位有 29 类。①《研究生院设置基准》的制定,标志着日本研究生院的政策开始走上规模扩大之路。

进入 21 世纪,多项政策支持重点建设一批大学,形成世界研究教育基地,推进形成具有国际竞争力的世界一流大学。特别是对博士课程的支持更是力度空前,从"21 世纪 COE 计划"到"全球 COE 计划",培养领先世界的创造性人才成为日本研究生教育,特别是博士教育的目标。

(二) 入学标准

1. 招生对象和申请方式

日本硕士、博士研究生招生对象与中国相似。硕士与博士(前期)阶段入学资格,应符合下列一项:大学毕业生被授予学士学位的(《学校教育法》第 155,第 1 款第 1 条);在外国完成了 16 年学校教育(18 岁进入博士班研究医学、牙科、药学或兽医)(《学校教育法》第 155,第 1 款第 3 条);已通过日本通信教育完成 16 年学习(《学校教育法》第 155,第 1 款第 4 条);已完成外国大学(教育科学部长指定的外国大学)(《学校教育法》第 155,第 1 款第 5 条)的学习;已完成在职业学校(教育科学部长指定高职学院)课程列表的专业课程;教育部承认的筛选中的特别入学资格等。

博士阶段入学资格,博士生入学资格适用于下列项之一:专业学位或硕士学位持有人(《学校教育法》第 102 款 1)〔执法条例第 156 条(1)号〕;获得国外专业程度相当的硕士学位〔执法条例第 156 条(1)号 2〕;接受日本学位教育,获得相应专业学位或硕士学位〔执法条例第 156 条(1)号 3〕。② 日本研究生每年春季和秋季各招考一次。日本研究生的入学资格和培养年限、毕业要求虽有规定,但是实际上各校、导师都有不同的要求,具有研究生教育创新型人才培养的"弹性化"特点。

2. 招生要求和程序

报名时除提交必要的学历证明以外,多数学校同时要求提交研究计划书,计划书须写明研究的内容、目的、意义等,有些学校还需提交证明学生研究能力的小论文,从而保证日本研究生创新型人才培养在入口上的质量水平。

入学考试注重能力选拔,强化资质检查。入学考试则一般包括笔试和面试。笔试多为外语及与学业有关的科目,外语笔试题目通常是阅读理解相应专业的外文文献,以测试学生的外语阅读和写作能力为主,偏重于考查外语应用能力,与专业有关的科目测试则以专业基础知识和基本理论为主,文科类专业常以小论文的形式进行。一般来说,笔试的目的在于检查学生入学后的适应能力,是对学生资质的检查,不以选拔为目的。近年来,越来越多的大学正将笔试逐步向综合评定的方向过渡,即主要以学生在大学的学习成绩和 GRE、TOEFL 等英语统一考试成绩来判断学生的学习能力,以本科阶段毕业论文的质量、研究计划书或小论文作为判断其专业知识水平的重要依据,学生只要本科阶段认真学习和训练就可达到要求。面试实际是导师对学生进一步考核的过程,目的在于考查学生

---

① 黑羽亮一. 战后大学政策的展开[M]. 东京:玉川大学出版部,2001:86.

② 文部科学省. 博士课程入学资格. [DB/OL]. 日本学校法 http://www.mext.go.jp/a_menu/koutou/shikaku/07111316.htm,2017 - 05 - 18.

的研究欲望和研究能力，以及创新意识。

通过面试，导师不仅可以了解学生所具有的研究能力和水平，还能了解学生的逻辑思维和语言表达能力，进而直接选出适合自己研究方向的学生。这样的招生方式本身从多方面直接检查了学生本科阶段的学习成果，使学生能够专注于专业的学习。选拔由各大学自行安排，通常包括笔试（外语、数学等基础科目，以及两门专业课）和面试。考核外语的方式近年来有所变化。一些大学规定，考生只要提供 TOEFL、GRE 等成绩，就可以免考外语。由于各大学均向考生提供包括专业课在内的历年试题，所以笔试的难度不大。决定考生能否被录取的关键有两点：一是导师是否愿意接收，如国际基督教大学就要求考生提供老师愿意接收该生的承诺书；二是面试中能否有良好表现，面试方式大同小异，考生需要陈述其硕士论文及博士阶段的研究计划。其中，硕士论文占很重要的地位，考官往往通过硕士论文来考查该学生的研究能力、创新能力和学习自觉程度，从而判断其在三年内获取博士学位的概率。

以往，日本博士生的生源主要来自本校，学生和教师之间的同质性太高，学术的外部刺激性较弱，不利于创新思维的形成。博士生规模的扩张促进了各大学之间的学生流动，在一定程度上改善了这一"老大难"问题。2008 年报考博士课程的非本校生源比例已达41％。不过这也带来一个新问题，即如何完善现有的选拔机制，以加强对外校考生的了解。

（三）培养方式

1. 指导方式

硕士生课程的标准修业年限为两年，但对成绩特别优秀的研究生，可允许其最短一年毕业。为激励人才竞争，通过创新型人才培养的质量，打破原来整齐划一的学习年限，改革后的博士生修业年限规定，只要在研究生院学习 3 年（包括硕士生课程 2 年）就可获得博士学位。这些改革措施为成绩优秀的硕士研究生能够早日进入社会或提前攻读博士学位创造了有利条件，如横滨国立大学研究生院国际经济法学科实行最短一年修完硕士生课程的制度。该校于 1993—1995 年，有 151 人提前修完硕士生课程，有 479 人提前修完博士生课程。[①] 一般硕士课程，学制是 2 年；硕士、博士一贯制的博士后期课程，一般博士课程，学制是 3 年，不同学校差异很大，普通的学生很难在 3 年内完成，最长的要 7—8 年。

日本研究生创新型人才培养方式深受德国的研究生培养模式的影响，带有较强的师徒培养模式的痕迹。现在日本的研究生培养又借鉴了美国等其他西方国家现代化的研究生培养方式，灵活多样，主要目的是培养研究生的创新能力和独立研究的能力。

2. 科研训练

研究生入学进入研究室后，通过每周一到两次的课题研究会，学生交流研究心得，教师进行指导。在研究会上学生轮流发言，介绍自己的研究进展，指导老师和其他学生指出研究中存在的问题并给出合理建议。采用的是一种共同探讨、互相交流的研究模式。每学期研究室内有一次正式的论文研讨会，每个学生要按毕业论文答辩的模式介绍自己研

---

① 李振玉. 日本第三次教育改革的突破口：研究生教育制度创新的过程分析[J]. 中国高教研究，2009(1)：22－26.

究的进展情况,并接受提问。另外,每年还分别有一次校级和系级的答辩。

研究进展快、出成果的学生,由研究室推荐参加国内或国际的学术会议。毕业前没参加过学术会议的学生是不能毕业的。作为评价研究成果的重要手段,日本的学术会议从事先的投稿审查到现场的发言提问有一套严格的程序。出席学术会议的次数和表现是评价一个研究室的重要依据。每年全国各学术协会为研究者们提供了很多这样的机会,学校和研究机构也从经费上提供有力保障。为了提高研究生的学术交流能力,学校不但支持学生参加各种学术会议,学校本身也举办各种学术交流会。有些学术交流会每年定期举办,历史悠久,享有很高的声誉。这样在很大程度上有助于学生了解学术动态,接触学科发展的动向及前沿。

3. 产学研结合

日本大学非常注重产学研的结合,大学与企业间的结合非常紧密。企业不仅直接向大学提供大量经费,还能提供有价值的研究信息和有广阔前景的研究方向以及高成本的研究场所和研究器材,研究成果则双方共享,这样就能加快研究成果的产业化步伐。研究生的研究课题,一般都与企业的需要联系紧密。在完成课题的过程中,学生与企业互动频繁,接触密切。

(四) 考核及淘汰制度

在日本取得硕士研究生入学资格并不困难,但要顺利完成学业则必须付出艰辛的努力。日本研究生的考核主要体现在课程的学习和研究项目的考核上。课程的考核主要是自学并参加讨论会,参加讨论会作中心发言可以敦促研究生课下认真准备,讨论会老师还要点评。东京大学每个学期或者学年末有考试,而且在毕业时还有最终考试,如果考试委员会认为有必要的话,可能还会进行补考。但最重要的是研究考核,研究考核主要体现在不同研究阶段在讨论会作中心发言,在学术年会上作中心发言,在期刊上发表文章,最后由导师决定学生的研究水平和能力能否达到毕业要求。保证研究生创新型人才培养目的达标。

日本研究生教育具有宽进严出的特点,研究生淘汰率很高,最后能够毕业并拿到学位的研究生人数大大少于入学人数,如东京大学每年能够取得学位的只占研究生在校人数的三分之二。因此,在研究生学习过程中不努力就会被淘汰,目的就是通过筛选培养高质量的创新型人才。

三、日本研究生创新型人才培养模式的发展动向

日本研究生院的学术研究、研究生培养与其他国家的学术研究和人才培养一样容易陷入封闭和自我认同的泥潭,脱离社会实际问题,创新乏力。而日本面临着震灾后的复兴与重生,创造新的社会,促进社会的新发展,研究生教育的实质化需要进一步强化,以应对国内外社会的多样化发展,促进与世界的交流与对话。而且为了扩大日本人的发展空间,打开日本人走向世界的大门,需要进一步强化研究生教育,提高日本研究生创新型人才培养的质量。

(一) 确立日本研究生创新型人才培养的评价制度

根据评价主体不同,日本研究生教育评价有研究生院内部评价和外部评价之分。内部评价又分为研究生院的自我评价以及大学团体进行的成员间的相互评价和学生评教等。外部评价则有国会、政府在财政拨款等情况下根据评价进行资助;有企业根据评价录用毕业生或是委托研究;或是考试机构实施的入学难易度排名;还有学会对研究成果进行的评价等。

20世纪80年代之前,日本的研究生院评价总体上"比较暧昧",缺乏对大学或研究生院的整体性、持续性评价。[①] 2004年,日本引入了以自我评价为基础的第三方评价,采用了美国评价制度那样的由大学团体等对大学实施的自我审核、评价进行验证,以保证其客观性。目前被文部科学大臣指定的,可对大学整体进行认证评价的共有三个机构:大学评价学位授予机构、大学基准协会和日本高等教育评价机构。另外,还有一些可对专业学位研究生院进行评价的机构,这些机构在评价结果出来之后都会公开评价结果让社会共同监督。

为了让评估工作更加高效与有质量,日本强调要开发教师教育研究活动评价指标体系,推动教育信息的公布,义务公开大学的信息,研究生创新型人才培养的有关情况一览表向社会公布,供公众查阅。产业界、社区加深对人才培养的认识,推动人才培养的可视化,为学生以后的就业打下基础。此项改革彻底打破了原来大学学术的象牙塔运营模式,强化了日本大学与社会的互动关系,对推动研究生创新型人才培养质量的提高具有助推作用。

(二) 创造新的培养制度,加强对研究生教育的资助

博士应具有较高的视野,具备独创性,与国际社会融合、创造、创新,能引领社会的发展,跨学科修习,打破传统研究室学科的壁垒,推进统合的教育。为此,日本高校面向国内外公开选拔优秀生源,弹性指导,推动导师组指导。博士论文之前应审查学生必要的基础能力,推进硕士论文的导师组指导。日本高校还利用卓越研究基地培养博士国际的视野,推动深厚的博士生长环境的生成,并且重新评估和审核教师组织体系,促进教师研究指导能力的提高。部分大学成立了由校长直接负责的研究生院,增设专门负责研究生指导的教师岗位,为研究生指派专门的教学辅助人员。另外,许多高校还实施经济性支援,增加奖学金授予人数,积极推动研究生助教制度进一步发展,增加研究助理、教学助理岗位的设置,让研究生能走进教学一线,积累教学经验。

为持续推进研究生院的改革,在宏观政策纲要的指导下,日本政府投入大量资金,不断刺激学校积极改革。以日本文部科学省为主导,不断推出面向研究生教育的专门项目,先后设立了"富有魅力的研究生院教育先导项目""21世纪卓越研究中心项目""教育研究质量提升支援体制整顿项目""组织性研究生院教育改革推进项目""国际卓越研究中心项目""卓越研究生院形成支援辅助金""博士课程教育领先项目"等。为更好地监管这些项目,文部科学省专门设置高等教育局大学振兴课大学改革推进室,通过项目的引导,平衡各地区、各专业的资源调配。尤其是在日本国立大学法人化之后,国家的资金投入不再源源不绝,各个大学,甚至包括一流的国立大学也需要竞争上岗,对各项目进行投标,并且项

---

① 研究生教育评估制度研究及体系构建课题组.国外研究生教育评估制度研究[M].上海:华东师范大学出版社,2015:259.

目运行情况将会被纳入下一次投标评估标准之中,而不是"拿钱走人"。[①]

(三)产学官一体化,促进研究生创新体系培养的研究成果转化

构建产学官关于博士培养的全过程机制,培养高级专门人才,利用研究院的研究基地培养社会创造性的、引领社会发展的具有世界视野的高端人才。产学官一体化贯穿了博士创新型人才培养的全过程,把研究生的创新型人才培养拉回到日本的现实,解决学术研究、人才培养的封闭性问题,避免出现学术研究脱离社会现实的现象。

研究成果的转化是研究生的创新型人才培养与现实社会接轨的一个重要方式。研究生院教师和研究生研究成果的转化,一方面促进了社会和生产力的发展,为大学院提供了丰厚的经济回报,另一方面,大学院研究成功的转化,也是让社会证明自己的研究实力和与实践接轨的方向,为以后研究生的就业铺开了道路。日本已经有很好的知识产权保护制度,对研究生院的研究成果转化具有促进和保护作用,日本继续采取搭建成果转化平台,建立多方投入机制,促使研究成果能够尽快转化。

(四)促进国际交流,推进研究生创新型人才培养质量的提高

国际化一直是日本大学追求的目标。日本第一次大学院振兴施策纲要对大学院的国际化有明确的规定。如资助各大学的国际化战略;调查公布外国学生比例、外国教师比例及接受外国人的经验;完善体系化的留学生支持体制,推动毕业生发挥作用领域的扩大;积极参与跨境高等教育质量保障方面的国际性框架;促进大学发布信息,完善高校信息网络。

第二次研究生教育发展纲要继续规定:与国际大学建立协议友好关系,促进与欧美国家的联合、交流,外国人、日本人学生协同教育,增强对异域文化的理解,理解多文化环境的价值,实现国际化的研究生创新型人才培养,培养"世界中的日本人";推动企业、研究机构、非政府组织、协会等有关机构联合推进,科研经费基金化,为教师提供海外交流研修的机会,推动实施研究生院教育的国际化。本次纲要主要规定了培养世界中的日本人,而不只是普通意义国际化的问题,国际化的目标不是为了国际化而国际化,而是具有了国际化的明确目标,即培养世界中的日本人,国际化培养出来的日本人不仅在日本发展要熟悉世界的通例,同时能够走向世界,具备在世界范围内生存和发展的能力,培养真正"国际化的具有创新能力的日本人"。

第二节　日本研究生创新型人才培养案例分析

培养创新型人才是日本"科学技术创造立国"战略的重要目标。20世纪末以来,在全面实施该战略的背景下,日本科技界和教育界愈加认识到创新型人才的重要性。进入21世纪以后,科技界与教育界从创新型人才培养的角度对研究生教育存在的问题进行了反思,形成了新的研究生教育改革方案。方案在满足终身学习社会需要、培养高层次专门职

---

① 文部科学省. 国公私立大学を通じた大学教育改革の支援[EB/OL]. http://www.mext.go.jp/ε_menu/koutou/kaikaku/index.html,2017 - 04 - 19.

业人才等深化改革的同时,特别加强了"创新型人才培养"的措施。"创新型人才培养"已成为 21 世纪日本高校研究生教育改革的重要目标。

一、东京大学

(一) 东京大学及其研究生培养概况

东京大学(The University of Tokyo,とうきょうだいがく),简称东大(とうだい),是一所本部位于日本东京都文京区的世界级著名研究型综合大学。作为日本最高学术殿堂和七所旧帝国大学之首,其在全球都享有极高的声誉。

东京大学诞生于 1877 年,由"东京开成学校"与"东京医学校"在明治维新期间合并改制而成,初设法学、理学、文学、医学四个学部和一所大学预备学校,是日本第一所国立综合性大学,也是亚洲最早的西制大学之一,其部分科系最早可以溯源到灵元天皇时期,作为资本主义文明浪潮冲击下的直接产物,东京大学在日本社会有着举足轻重的历史性地位。学校于 1886 年更名为"帝国大学",这也是日本建立的第一所帝国大学;1897 年,其易名为"东京帝国大学",以区分同年在京都创立的京都帝国大学;二战后的 1947 年 9 月,其正式定名为"东京大学"。①

截至 2014 年,东京大学培养了包括 9 名诺贝尔奖得主、6 名沃尔夫奖得主、1 名菲尔兹奖得主、16 位日本首相、21 位(帝国)国会议长在内的一大批学术名家、工商巨子、政界精英,在日本国内的影响力和知名度都无可比拟。作为一所世界顶尖的综合大学,东京大学在 2016 年 CWUR 世界大学排名中名列世界第 13 位、日本第 1 位;其在 ARWU 世界大学学术排名中位列世界第 20 位、日本第 1 位。目前,东京大学设有 10 个学部,15 个研究生院,11 个附属研究所,13 个大学研究中心,3 个附属图书馆和 2 个高等研究所。除了本乡、驹场、柏三个主校区,东京大学的附属机构遍布全国。

(二) 东京大学研究生创新型人才培养的理念和特点

东京大学的校训是:"以质取胜、以质取量,培养国家领导人和各阶层中坚力量。"②因此,东京大学的一系列教学和科研工作都是以重视质量为根本,在这样的思想指导下,发展出了独特的教育模式和教育特色。

东京大学的各个学院都分别有相对应的研究生院。研究生教育的管理机构分为研究生院、系、研究室三级,教师归属于研究生院,但同时承担研究生与本科生的教学工作和人才培养工作。东京大学主要以各研究生院所属的各个系下设的研究室为基本单位,进行研究生的培养。

重视教养教育是东京大学教育的最大特征。教养教育是作为教养学部前期课程授课的,但是东京大学的所有专业、研究生专业和研究所的老师都参加授课。在文部科学省主办的每个大学只能应征一项的"特色大学支援项目"中,东京大学以"推进教养教育与研究生院尖端研究的创造性合作"项目应征,可以看出东京大学极为重视教养教育。教养教育

---

① 东京大学の歴史[EB/OL]. http://www.u-tokyo.ac.jp/gen03/b03_01_j.html,2017 - 04 - 19.
② 东京大学宪章[EB/OL]. http://www.u-tokyo.ac.jp/en/about/charter.html,2017 - 04 - 19.

分前期课程和后期课程,基本包括了文科和理科的各种专业。前期课程涵盖各国语言、法律和政治、经济学、历史学、文化人类学、物理、化学、生物、数学等,后期课程则在前期课程基础上加以细化。教养课程基本上是一种综合素质教育。

和其他优秀的亚洲高校相比,东京大学在治学理念上有两个显著的特点:

1. 将"教授治校"放在学校管理的核心位置

这可以说是东京大学各院系保持高度专业性和学术性的一项根本保障。除了管理奖学金、支援留学生等服务性部门,东京大学的各个院系几乎都没有专门的行政人员。每个院系的管理者,就是他们自己的教授和老师,甚至连学籍管理、网络维护这些杂事都是由教师们亲力亲为。在这样的管理模式下,每个院系甚至每个老师都享有高度的自治权,他们的每一个行政措施,都是为教学和科研服务的。在这样的管理模式下,东京大学的学术自由得到了充分发挥。和中国大学的研究生院一样,日本高校的硕士、博士教学也普遍采用导师负责制。但在东京大学,每个院系,甚至每个老师都可以决定自己研究室的组织结构。比如,在某文科研究生院中,研究文化史的老师对"师傅带徒弟"的模式非常看重,而研究互联网文化的导师则采用开放式论坛,每一个研究室的气氛都是独一无二的。

2. 课程设置"扁平化"

一方面,得益于东京大学在新世纪中教学思维的改变,相比其他高校,东京大学的必修课是比较少的,另一方面,东京大学的选修课却多得令人眼花缭乱。不仅如此,无论年级、专业,学生可以根据自己的兴趣和需要任意选择课程,只要时间允许,选什么课都可以。物理系的学生可以选修世界史,教育学的学生可以选修计算机……文科生和工科生,大一新生和博士生出现在同一间教室,在东京大学是再正常不过的事情。因为学生们的专业角度和深度五花八门,经常碰撞出思维的火花,所以东京大学的每一场课堂讨论都非常值得期待。

进入 21 世纪以来,有一个词被越来越高频率地在教育界提及:"复合型人才"。在人类社会进入信息时代的今天,各学术领域的互相渗透与交融已经成为每个专业发展的必然趋势。因为提倡"教授治校",①一线教师就是管理者,东京大学在学术发展趋势方面的嗅觉非常敏锐,并立即着手进行教学改革。2000 年,东京大学将一些看似联系不大的专业,如社会学、政治学、文化学、信息工程、统计学、环境学等统合为"信息学环",并设置"学际信息学府"。这一打破常规的举措,在当时引起了日本学界广泛的争论。现在看来,"信息学环"的特殊能力开始充分显现出来:计算机专业出身的理科教授,在进行国际互联网政策等社会学研究时,会以网络构造等技术手段为理论基础,提出"IP 地址即国家资源"的观点。国际政治学出身的教授在研究地域文化交流时,也会从国家利益的角度出发,作出和传统文化专家完全不同的解读。

(三)东京大学创新型人才培养案例介绍

2015 年 11 月 20 日,东京大学校长冈野美(Makoto Gonokami)发布了《东京大学公

---

① 新华国际. 东京大学:不在"大楼"在"大师"[EB/OL]. http://news. xinhuanet. com/overseas/2011 - 11/28/c_122344257. htm,2017 - 04 - 19.

告:愿景 2020》①。在此公告中,校长总结了东京大学在 138 年历史中,对推动日本和世界经济发展的意义,期许大学将在未来 70 年引领人类社会走进一个智慧驱动型社会。并从"研究""教育"和"社会合作"方面提出了具体要求,在研究方面要努力创造出具有新价值的战略型发展,重视教育和研究的卓越与多样性,在进一步了解人类和世界的基础上,战略性地发展力求创造新价值的学习和研究,吸引全世界的人才,为他们创造良好的研究环境,实现卓越与多样性之间的协同效应;在"教育"方面,始终以培养具有未来全球视野的知识分子为教育的基本原则,将学生培养成为独立行事、注重公众利益且力求创造新价值的知识专业人士;其中在实现"教育"方面愿景的行动中,特别提到要通过世界领先的创新研究生教育(Establishment of World-leading Innovative Graduate Study,WINGS),提高研究生的学校教育水平,训练出一批有才干和有学术能力的高度完善的知识专家。在"社会合作"的愿景中提出要建立 21 世纪全球社会中的公众角色,东京大学的目标是通过加强工业、学术界、公共和私营机构之间的密切合作,运用学术发现和成果,回馈人类社会的各个领域。

根据日本文部科学省大学振兴课大学改革推进室 2010 年 8 月发布的《推行至今的研究生院教育改革——从检验来看成果和课题》,东京大学提供了 2008 年经济研究院为推动培养创新型人才的一些资料,现整理评述如下:

东京大学经济研究院 2008 年为推动培养建设具有国际素养的创新型人才,实施了经济学高级国际化项目计划。硕士生以及博士生的学习大致分为两个阶段:第一阶段,在硕士一年级,学生必修的经济学课程用英语学习,通过语言的培训,使学生掌握国际化所需要的最基本的沟通基础,并为学习优秀的研究生提供人数较少的批判性会议;第二阶段,从硕士二年级之后到博士阶段的学习阶段,推出为培养研究、教育与实践这三种能力的纵向辅助方案。

1. 培养高级的研究能力

招聘国内外的研究者,开设特别课程的同时每周开 2 次以上的研究会。以主顾问为中心,实施多导师指导制。通过论文写作、报告研讨会、午餐研讨会、非公开研究会(以研究生为主体的研究会)的成果发表,磨炼学生的表达能力。

2. 培养多方面的教育能力

在学部及研究生院的课程助教制度的基础上,新开设全方位覆盖研究生生活的给予建议的低年级顾问制度,例如:论文写作的咨询等。强化从基础科目到专业科目的广泛的教育实践。

3. 培养指导性的实践能力

教师与实业家共同努力,对学生实施实践能力开发项目。这个计划围绕提高研究生和博士生的国际背景中的创新能力,在研究生一年级的时候,培养出拥有国际交流能力,为之后第二阶段的学习打下坚实的基础。到了第二阶段以后,学生就有了更加丰富的学习和能力的综合提升空间,实行研究、教学和实践相融合的教育模式,不仅对

---

① Makoto Gonokami. Announcement of the University of Tokyo:Vision2020〔EB/OL〕. http://www.u-tokyo. ac. jp/en/about/vision_2020. html,2017 - 04 - 19.

学生现阶段的学习和研究素养的养成予以辅导,更提升了将来走上职场以后的实践能力和领导力。

从东京大学经济学院的案例以及《愿景 2020》中对研究生教育作出的规划可以看出,东京大学作为一所有社会责任感和国际视野的大学,近年来一直在强调通过培养创新型研究人才为首要目标,也提出了切实可行的推行方案,值得我们更深层次地去挖掘其中的内涵。

二、京都大学

(一)京都大学及其研究生培养概况

京都大学创建于 1897 年,最初名为"京都帝国大学",二战后,正式更名为"京都大学",是日本第二所国立综合大学。京都大学分设吉田、桂、宇治三个校区,本科学部及文理研究生院位于吉田校区,工学和情报学研究生院位于桂校区,自然科学研究所位于宇治校区。全校藏书 6 225 669 册,杂志 89 012 种。

作为日本国内的最高学府之一,京都大学在全球享有很高的声望,被誉为"科学家的摇篮"。至 2014 年,京都大学已经诞生了 9 位诺贝尔奖得主、2 名菲尔兹奖得主、1 名沃尔夫奖得主、4 名拉斯克奖得主、4 名芥川奖得主、4 名京都奖得主、2 名日本国际奖得主,还有日本唯一的达尔文—华莱士奖章得主,以及两位日本首相,其世界 500 强企业 CEO 校友数全球第 18 名,可谓巨擘辈出,其毕业生在科研学术界乃至政界商界普遍拥有举足轻重的地位。

京都大学从创校以来就一直注重学术上的高标准,在基础理论研究方面,继承已有的知识财富,发展尖端研究,寻求基础研究与应用研究、文科研究与理科研究、多方位学术研究的综合发展。为提高研究生院的学术研究水平、建设重点学科基地和确立研究型大学的新研究主导发展方向。2000 年文部省对京都大学等 13 所一流大学主导实施了研究生院重点化工作,成为以研究生教育为主的研究型大学,其主要职能被明确规定为研究生教育及培养高级专业研究人员,以适应工作重心的转移和研究生教育规模的扩大。研究生院重点化的目的是以博士课程为教育的最终目标,以最尖端的研究牵引与推动教学和科研的发展。[①]

京都大学的整个教学、研究组织体系均以研究生院为中心构建。全校教师的人事隶属关系、研究经费分配权均在研究生院而不在本科学部,教师的工作重心及业绩考核都在研究生教育层面上。研究生院的专业设置不再受本科学部专业设置的限制,两者之间不再是一一对应的关系,而是根据当代科技的发展和社会的需要进行融合或拓展,有利于学科建设向综合化方向发展,推动了学科交叉和融合,突出了研究型大学的研究功能。

京都大学的组织体系在日本国立大学中最具典范性(见图 7-1)。大学法人化改革优化了学术研究的自由环境,研究生院重点化工作加强了研究型大学的研究功能,改良后的大讲座制更有利于创新型人才的培养。

---

① 汪辉.日本研究生院重点化政策及其对大学组织结构的影响[J].比较教育研究,2004,25(12):62-66.

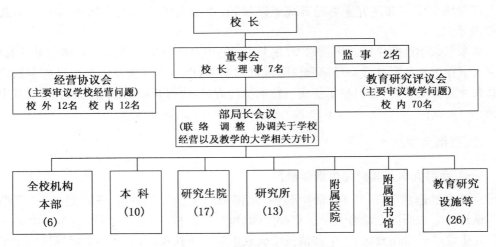

图 7-1　京都大学组织结构图①

现在,京都大学共设有 10 个授予本科学位的学院、14 个授予硕士和博士学位的研究生院、13 个研究所和 7 个科研中心。

(二)京都大学研究生创新型人才培养的理念和特点

京都大学研究生创新型人才培养的教育理念基本贯彻了 2006 年颁布的日本新《教育基本法》的内容,鼓励继承卓越才智,注重培养创造性精神,培养为实现与地球社会和谐共存而不懈努力的具有高水平专业知识的研究人员。②

1. 培养具有独立自主精神的研究生

京都大学自建校以来就有独立自主办学的优良传统,强调京都大学一定要办出自己的特色,要"比东大更尊重学生的独立自主精神"。推崇学术自由、自主研究,以道德规范要求为基础开展科研活动,进行世界领先的知识创新。

京都大学采取弹性的学习系统以及灵活多样的教学体系。京都大学的研究课程包括核心课程、专业课程、辅修课程、演习课程、科研训练、共同研究型实习课程及其他课程。通过必修课程与选修课程相结合的形式,保证学生有丰富的选课范围,让其可以自由组合上课时间,实现基础与应用及多学科研究的发展和融合。

2. 培养具有独立思考和判断能力的研究生

京都大学位于日本历代的古都,远离首都的政治中心和繁华的大城市,为研究生培养创设了潜心治学的理想场所。在研究生教学方面,京都大学实行"讲座制",通过课堂教授与自由讨论相结合的教学形式,以"对话"为主,倡导独立自主的学习过程,提高研究生的科研能力,同时为培养善于思考和敢于批判的创新型研究生提供条件。"讲座制"中的教师根据研究领域进行组合,在促进不同专业领域师生间的交流合作的同时,丰富了研究生的学习经历和多元化知识的学习能力,提升创新意识和实践能力,从而养成创新精神。

①　张昌. 日本研究型大学的架构——以京都大学为例[J]. 清华大学教育研究,2010(6).

②　张德伟. 日本新《教育基本法》[J]. 外国教育研究,2009(3):97-98.

3. 对研究生培养采取宽进严出的政策

京都大学在关注培养研究生数量的同时，更加关注培养研究生的质量。表现在京都大学设有完善的研究生教育监控机制，包括内部监察、中期目标期间评价、认证评估、国立大学法人评估等，并设有"大学评价支援室"来支援各种教育监控、评估活动，如"教师意见听取""毕业生意见征询""同学意见征询"等。对研究生创新型人才培养的内容、方法、成果等方面进行评估与监督，保证了研究生培养的质量。

（三）"博士课程教育卓越领先项目"——实践取向研究生教育的实施

京都大学通过"博士课程教育卓越领先项目"的实施，促进研究生创新型人才培养的根本性变革，推动具有国际水准的卓越研究生院的形成。"博士课程教育卓越领先项目"旨在培养具有广阔的视野和独创力的优秀研究生，并将他们引导成为可以在产业界、学术界和政界（即"产学官"）发挥全球性作用的领导者。

"京都大学研究生院思修馆"属于"全面型"项目，"全面型"项目是培养能在国内外的产学官各领域引领全球社会发展的领导者，因此要能够整合人文和社会科学、生命科学、理学和工学等各个专业领域。该项目提出要通过在国内外丰富的实践性教学，培养具有高度的使命感与伦理观，具有全球领袖应有的责任感，可以忍耐种种压力，既有广博的知识又具艰深的专业性，可以运用灵活的思考聚焦于现有学术与课题领域，具有第一线的精准判断力和扎实行动力的领导性人才。学生毕业后授予"博士（综合学术）"学位，或仍授予所属学科专业的学位但附加思修馆项目认证。所预想的毕业生未来出路是：可就业于跨国公司等多种公司，亦可就业于国际机构、中央部委、地方自治体、研究机构和大学；可以参加国际性的非政府组织（NGO）活动；可以创办新产业为目标，在国内外自主创业。

该项目的学生第 1 学年和第 2 学年需要参加三种形式的学习。第一种形式被称为"专门科目研究"，即学习专业课程的同时进行研究，研究主题要在入学时确定，在第 3 学年末提出学位论文草稿。第二种形式是"服务性学习"，即第 1 学年在地方政府的协助下开展国内志愿者服务，第 2 学年在国际机构的协助下在国外进行服务性学习。第三种形式被称为"熟议"，是指在产业界、政界、财界以及国外机构的一流学者的指导下通过听课与讨论的形式进行的学习，这种一般以课题解决为基础的学习在第 2 学年将实施几个月的时间。到了第 3 学年，学生将参加综合学术基础课（被称为"八思"），即由指导教师针对每个学生进行综合学习指导，学生可在人文、哲学、经济、管理、法律、政治、语言、理工、医药、生命、信息、环境和艺术等 13 个学术领域进行选择。到了第 4 学年，学生将参加"国际实践教育"（也称"海外武者修行"），由学校以向国际机构或海外其他单位派遣"特任研究员"的形式，让学生扎根现场，接受课题发现与解决型的实践教育。到了第 5 学年，学生要进行基于项目的学习，要与校外相关各领域密切合作，通过真实项目的完成深化研究，特别是对研究成果的社会应用性加以完善，最后完成学位论文。由"修思馆"项目可见，它除了跨学科这一特征以外，通过实践性学习培养实践性创新型人才是其最为典型的特征。

京都大学的"安全安心"主题领域（即"建设安全且安心的社会"）属于"复合领域型"项目，"复合领域型"项目主要是培养能够在解决人类社会所面临问题的过程中统领产学官项目并引领革新的领导者，因此也必须是跨领域的学位教育。但"复合领域型"一般集中在某一主题领域，由 9 个领域的研究生院（教育学、经济学、理学、医学、工学、农学、亚非区域研究、信息情报学、地球环境学)和 3 个研究所(生存圈研究所、防灾研究所、东南亚研究所)共同策划的"全球生存学(Global Survivability Studies,GSS)研究生院协作项目",其目标是培养具有克服人类所面临的危机、温暖人类社会、为人类社会之安宁做出贡献的崇高使命感和道德感的人才和在自己专业的基础上,具有能以广阔的视野与知识智慧对人类社会的问题采取精准对策所需的判断力和行动力的人才。该项目所预想的毕业生未来出路是:作为一流的研究人员和教育者,能在社会安全体系科学领域发挥作用的学术领导者;能在国际机构等世界舞台发挥作用的国际性危机管理领导者;能准确处理灾害事故和经济危机,以使企业稳定持续发展的企业领导者;能在粮食、资源、能源等安全保障政策的制定方面,发挥领导力的国家或地区领导人;能传播安心与安全社会构建所需的科学知识和信息的科学沟通者;能在安全安心领域开发新技术与方法的创业性商务领导人。该项目基于特定主题,研究性似比"修思馆"项目更强,但从项目所宣示的培养目标和毕业生出路等方面来看,其实践取向也相当突出。

第三节　日本研究生创新型人才培养机制与特点

日本研究生教育在发展过程中,分别借鉴模仿过德国和美国的研究生教育体制。随着国际竞争越来越激烈,研究生教育逐渐成为振兴国家的重要手段。通过一系列研究生教育改革策略的推行,培养创新型人才的目标正逐步得到落实。

一、日本研究生创新型人才培养机制

人才培养机制,是一种培养人才应遵循的相应规律。即指培养时探索其内部组织和运行变化的规律,所遵循的相应规律和采用的相关手段,以实现特定的目标。日本研究生研究型人才培养机制是:以提高研究生的教育质量为目标,促进研究生培养过程的管理制度建设,加强研究生质量保障机制建设,合理配置研究生教育资源,激发研究生导师和学生的主观能动性,更加有效地培养研究生的创新能力。

(一) 创新型人才培养的基本理念

2005 年,中央教育审议会发表的《高等教育的未来愿景》[①]中提出,日本高等教育的最基本课题是要给任何人在任何时间都有机会进入高等教育领域学习和深造的机会,要把日本研究生教育办成世界最高水平,以吸引包括发达国家在内的世界各国优秀的留学生和研究者。该报告厘清了高等教育职能的多样化,并进一步明确指出,各个大学和研究所机构需要明确各自的独特性,以准确地回应具有不同学习需求的学习者的要求。此外,该报告还提出,在本科教育中审视和重建"文学艺术教育"的形式,在研究生教育阶段加强教育课程的有机发展,要通过一系列的努力实现高等教育发展在社会上的角色定位,将培养属于 21 世纪的国际公民作为高等教育的基本目标。

---

① 中央教育审议会. 我国高等教育的未来愿景[EB/OL]. http://www. mext. go. jp/en/policy/education/highered/title02/detail02/1373887. htm,2017－04－20.

（二）创新型人才培养的目标

在《新时代的研究生教育》中，指出研究生课程的培养目标是围绕四个针对学生不同能力和品质而制定的，第一个是针对学生的"研究"能力，目标是培养一名合格的研究者；第二个是针对学生的职业技能，目标是培养高层次、具有专业知识技能的职业人；第三个是针对学生的国际公民以及未来人类的属性，目标是培养面向国际和未来的"21世纪的国际公民"，推动智慧型社会的发展；第四个是针对青年教师的培养和教师的专业技能发展，目标是培养具有扎实的教育能力和研究能力的大学教员。

（三）培养机制

1. 培养对象选择机制

选择培养对象是培育出有国际竞争力的创新型人才的第一步，是确保研究生教育质量的基本门槛。日本的硕士研究生入学考试一般是由笔试和面试两部分构成。其中笔试分为外语考试和专业课考试，考试内容均由各个学校自行确定。而博士生的选拔除了难度不大的笔试以外，决定考生是否被录取的关键是面试表现与导师的接收意愿。

最初，日本的研究生选拔考试在一定程度上属于"宽进"，入学考试难度一般，并且在录取学生的时候只注重入学考试的成绩，不注重学生的综合素质。随着日本近年来一系列推动研究生教育发展的政策，研究生培养规模稳步增长。因此，日本改革入学选拔制度势在必行。然而，日本并未通过简单提升考试的难度来控制生源，而是通过改革入学考核的内容、方式和方法，综合评定其认为影响研究生培养质量的各个关键要素。在选拔生源的时候，第一，重视学生的学习和科研经历，重视潜力，日本研究生的入学资格审核中，除了提交必要的学历资格证明外，招生单位同时要求学生提交研究计划书，或者提交与研究内容相关的论文发表情况和具体的研究论文。第二，强调考察学生的综合素质。日本没有全国统一的入学考试，多为培养单位各自命题，主要考察学生的综合运用知识的能力，实际解决问题的能力或者科学思辨的思维能力。

2. 培养计划制定机制

日本目前集中精力培养创新型人才，培养具有实用性的人才。因此，培养计划中，除了重视传统的教学环节、论文研究环节以外，还积极搭建学术交流平台，改善研究环境，拓展实践方式，加强学术交流能力的训练，提高解决实际问题的能力，保证研究生始终处在学术研究前沿和社会发展的前端。除此之外，培养计划的制定突出其独特性，要求根据每位学生的研究兴趣和学习习惯，由导师专门为其辅导。学生是自己培养计划制定的参与者，导师作为亦师亦友的角色，为其学习、生活和科研提供尽可能的帮助，研究生院也努力营造可以让学生尽可能展现聪明才智的学习氛围。

3. 教学机制

课程教学与学习是研究生教育的重要环节，也是决定研究生教育质量的关键因素。为了培养出符合国际社会发展的创新型人才。日本文部科学省对研究生的课程学习作了相应的改革。

第一，调整研究生课程结构。日本研究生教育课程设置有三大特点：一是强调基础理论知识的学习，其基础学科学时达到60%以上；二是重视学科的交叉和渗透；三是扩大研究生自由选择的范围。根据日本文部科学省的规定,硕士研究生要修满 30 学分的课程,不过必修课的比重仅占全部课程的 20％,而博士研究生几乎不设置任何必修课。与此一致的是要求学校增设选修课,允许学生跨专业跨学校学习课程,学校可为学生聘请其他学校甚至国外学校的教师担任导师。

第二,实行试听课制度。为了有利于研究生选课,提高选课的针对性,在每门课程的开课前三周,学生可以根据自己的兴趣和研究志向自由试听,之后再决定是否选择这门课程的学习。

第三,不设置专门的英语课程。日本的研究生教育一直致力于培养具有国际素养的创新型人才,但是,在课程设置上一般不会有专门的外语课程,而是结合专业课程教学和学术训练使外语教学贯穿研究生教学的整个过程。日本的理工科研究博士生,在学习期间基本上都有一门完全以外语交流(主要是英语)的专业核心课程,通过研究生独立翻译或者研读本专业学术刊物上的相关高水平外语论文,在课堂公开讨论,来锻炼外语实战水平,而非学习与专业脱节的专门外语课程。

第四,广泛采用讲座和研讨相结合的教学方式。日本研究生教育提倡学生独立自主学习,导师只是以引导为主,并提供宽松的研究环境。例如,在课程教学阶段广泛采用轮流讲座的教学方式;课前教师指定学生需要阅读的文献资料,课上学生分章节进行讲解、讨论、提问,最后再由教授进行深入地讲解与答疑。在课题进行阶段,研究生每周必须参加以学生为中心的研讨会,会上学生轮流提交书面研究报告,汇报课题研究的进展,提出存在的问题和下一步工作设想,一般每位研究生在一学期内要进行三四次这样的报告。

4. 科研机制

日本培养创新型研究人才的一个最主要的目标,是培养具有独立科研能力的研究型人才。在科学研究的选题环节,采取自由选题的方式。导师在日常的指导中十分重视培养研究生的课题发现能力,鼓励研究生根据专业特长和个人的自我兴趣选择不同的研究课题,开展具有创新性的个人研究。日本的研究生导师大多作为学术的引导者和支撑者,导师通常会在研究室设置多个相关专业可持续发展的研究课题,为学生提供可以从不同起点、不同角度、不同方向开展的研究。但是,这并不意味着对论文质量的放松。相反,对学生研究的每一个环节,以及研究生学位论文写作的每个环节,培养机构都有相关的审查机制,以督促学生提高学术水平。包括论文写作的开题审查、中期报告、公开发表、预答辩等方式。

日本不仅重视学生自我研究能力,也越来越注重学术平台的搭建,改善研究环境、拓展实践方式、加强学术交流能力训练,提高解决实际问题的能力。因此,日本研究生培养单位和研究生导师都十分重视专业学会在研究生培养中的作用。鼓励研究生经常性参加各种国内外的学术交流会议,并时常邀请国内外相关高校教师和社会各界的专家学者到校开展专门讲座。

5. 质量保障机制

日本进一步强化课程的体系化和组织化建设,并协调处理好导师制度、学位制度、国际化教育、学生学业自主等校内关系,充分利用好国家政策导向以及产学研合作的外部驱动力。内外相得益彰。为了提高硕士与博士学位的科学管理,日本有很多大学实行的是研究生教育与学位授予相分离的制度。研究生可以是硕士或博士课程毕业,但毕业不等于马上就可以取得学位,还需要在学位论文上下苦功夫,只有获得具有独创性的研究成果才会被授予学位。

二、日本研究生创新型人才的培养特点

日本研究生教育的早期发展主要围绕扩大规模来进行。20 世纪 90 年代后期提出科技创新兴国论后,改革重点转向教育质量的提升。概括而言,日本创新型人才培养方面主要体现出弹性化、通识化转向、多样化、重点化和实践取向等特点。

(一)弹性化

1. 研究生入学资格的弹性化

日本研究生入学资格的弹性化主要分为两个方面。包括:① 本科阶段参加研究生入学考试资格相对于中国较宽松。本科未毕业但学籍超过三年者,如修完研究生院规定的相应学分,即有资格参加研究生入学考试。② 本科毕业后,具有在大学或者相关研究机构两年或者以上研究的工作经历,并取得一定的研究成果者,可以跳过硕士阶段直接攻读博士学位。促使了具有优秀研究潜能的学生尽早进入研究生教育阶段,对培养具有高度研究能力与创造能力的研究人才有着十分重要的意义。

2. 研究生修业年限的弹性化

研究生修业年限的弹性化针对成绩特别优秀的研究生而设置,对于成绩特别优秀的硕士研究生,修业年限可由标准的两年课程缩短至最低一年即可毕业。博士生的修业年限也打破了"五年一贯制"和"后期三年的规定",最低只要在研究生院学习三年即可毕业。研究生修业年限的弹性化为成绩优秀的研究生早日进入社会或攻读博士提供了条件。

3. 培养方式弹性化

如果对研究有益,研究生被允许在攻读学位期间到其他大学从事学习和研究工作,但是时间不得超过一年。

4. 研究生学位授予弹性化

对以专门培养职业性人才为目的的硕士课程(相当于中国的专硕),根据培养目标的特殊性,可以采用实验报告或者已经获得的专利成果代替毕业论文获得学位。

(二)通识化转向

日本传统的研究生教育以"培养科研人才"为核心目标,特别是在博士课程阶段,主要采用以导师指导为中心的"研究室"教育模式。随着时代的发展,传统研究生培养模式愈来愈不能适应社会对多样化人才的需求。为提高研究生教育质量,化解就业矛盾,2005年文部科学省发表了《新时代的研究生院教育——构筑具有国际影响力的研究生教育》的咨询报告,展开了新一轮研究生教育改革的讨论,报告提出新时代研究生教育要培养"支撑知识经济社会发展的具有高度智慧素养的全方位人才"这一培养目标,反对狭窄孤立的专业教育,强调给予学生通识的基础知识教育,广泛视野及各种通用能力的培养,关注体系化的研究生教育课程的构建等。

在文部省政策的指引下,作为具体的应对措施,自 2006 年开始,日本一些重点研究型大学尝试在研究生教育阶段开设全校性的通识教育科目。"研究生通识教育"这一概念在日本大学的改革实践中逐渐产生出来。① 如筑波大学院采取或根据能力培养目标新设一些全校的共同科目,或把研究科内的具有一定普适性的课程科目改为全校性科目,或仍保留为研究科内科目开设,推荐给全校学生进行选修等形式,建立起七大群组的通识教育科目群:生命、环境、研究伦理科目群;研究管理能力养成科目群;信息传输及交流沟通能力科目群;职业生涯管理科目群;大学院生基础智慧技能培养科目群等。每个科目群又包括若干科目,学生根据本研究科或专业内部要求,以单科的形式进行自由选修,学分认定也是委托研究科来完成。

虽然不同的大学开发出的课程科目各具特色,运行模式也不尽相同,但总体来说都具有以注重通用能力的培养来促使专业应用能力的提高,重视不同学科领域的交流与不同思维方式碰撞的特点。同时,日本大学往往也结合本校特色,综合有效利用资源和优势,将最大化共享作为办学的基本原则。

(三) 多样化

1. 日本研究生创新型人才培养制度的多样化

目前,日本的研究生教育可以分为四大类,包括:① 硕士课程与博士课程并存;② 只设置硕士课程;③ 只设置博士课程;④ 设置五年一贯制博士课程。其中五年一贯制又包括两种方式:"一贯制型"与"累积型"。

因此可以看出,日本的硕士课程分为两种:一种是一般的硕士生课程;另一种是为作为博士课程前奏的硕士生课程,涵盖在五年一贯的博士生教育体系之中。博士生课程也分为两种:一种是普通的博士课程,一般学制是 3 年;另一种是与前面五年一贯制硕士课程相连接的博士生课程,尽管在理想状态下,博士生能在 3 年内取得博士学位,但是不同的学校以及不同的专业差异很大,普通学生很难在 3 年内取得博士学位,因此博士学位取得的年限最长为 8 年。专业学位课程相当于我国的专业硕士及专业博士学位研究生的课程。

2. 研究生创新型人才培养机构的多样化

日本的研究生培养机构可分为研究生院大学及独立研究科、联合型及协作型研究生院、业余研究生院及函授研究生院、职业型研究生院四类,不同类型的研究生院都有各自不同的培养侧重点。

研究生院大学及独立研究科,都是指研究生教育与本科教育相对独立开办的大学。其将重心放在研究生教育上,以培养高级人才、进行尖端科学技术研究为发展目标。独立研究生院大学包含 A、B 两种类型:A 型大学拥有完全独立的教师组织,实施完整的包括硕士到博士的教育,不包含本科教育;B 型大学是在已有研究机构的基础上,成立的只提供 3 年博士生教育的大学。设有独立研究科的大学可提供没有对应学部的硕士和博士教育,并配有专职教师队伍。也有是在多个学部的硕士课程基础上设立的,本科教育和硕士课程的学习还是分散在几个学部,但是博士教育却统一在一个独立的研究科。

---

① 郭素英,李祖祥. 日本研究生教育改革的"通识化转向"[J]. 研究生教育研究,2013(6):91-95.

联合型研究生院是指多所大学联合设置的独立型博士课程,主要集中在农业等领域。例如,东京农工大学研究生院联合农学研究科,是东京农工大学、茨城大学和宇都宫大学的三个农学部联合设置的独立型博士课程。目的是实现资源共享,优势互补。协作型研究生院则是指国家或企业设置的研究所与大学合作进行教育研究活动的研究生院,如琦玉大学与理化学研究所合作设立的此类研究生院。

业余研究生院及函授研究生院则是为适应在职人员接受再教育而设立的,此两类研究生院现在只开设了硕士课程,这类机构满足了社会各界在职人士对接受再教育和不断提升专业技能与业务的要求。

职业型研究生院是一种新型高层次应用型职业学校,特点在于重视实践性、前瞻性与学科交叉性。在课程设置方面,除去一般研究生院开设的硕士课程、博士课程之外,还要增设一些职业技术类专业的学位课程。课程目的是"为了担任具有高级专业性的职务而培养高深的学识及卓越的能力"。[①] 其师资除在专业领域内具有教育业绩、研究业绩外,还要求在高级职业技术和技能方面具有特别优秀的知识和经验,此外还要求在所担当的专业领域内具有很强的教育指导能力。其教学方法要求增加案例研究、课堂讨论、现场调查、互动式教学等,还要求教师把年度的教学计划、教学内容、教学方法、成绩评定标准等事先向学生公布。

(四) 重点化

"研究生院重点化"是近年来日本研究型大学重要的改革趋势,也是在培养创新型人才过程中的重要改革。以往日本大学研究生教育组织研究生院、研究科多为虚体组织,而负责本科教育的院系多为实体组织,即大学本科院系是教师与教育资源配置的依据所在。"研究生院重点化"即改变过去教师属于学部的体制,建立以研究科组织教师的新制度。这种新制度虽然仅仅改变了教师的归属,但是给大学教育、管理等带来一系列实质性的变化。它不仅使教师的工作重心转移到研究生教育上来,促进了研究生教育规模的进一步扩大,而且国家对实施研究生院重点化的学校在每年国家预算的基础上,增加 25％预算额的投入,把这些大学逐渐从以本科生教育为中心转变为以研究生教育为中心。[②] 研究生院重点化后,研究生院成为实体组织,而负责本科教育的院系成了虚体组织。

2007 年度启动的"研究生院教育改革推进计划"是重点化的一个历程,也为后来创新型研究生培养的重点化趋势投石问路。该计划提出了设置学校法人的大学,无论公立、私立都可以提出申请,但其教育课程必须是"具有明确的人才培养目标,能够实现研究生院教育实质化的,同时还能为国际教育环境的发展做出贡献的"[③]教育课程,同时,为了在重点化过程中保证公平公正,申报的学校、研究生院以及由不同学校、不同专业联合组成的学习项目,一律需要经过"研究生院教育改革推进计划委员会"的审查。这项计划促进大学研究生教育进行目标定位,大大提升了大学研究生院培养高素质人才的能力,推进各学校、研究生院和专业的协同合作,提高了大学为社会发展服务的功能,同时,也在研究生院

---

①　孙爱东,袁韶莹.职业型研究生院:日本 21 世纪高等教育新的战略选择[J].外国教育研究,2007(6):44-47.
②　刘向虹.20 世纪 90 年代以来日本研究生教育改革与发展探析[J].日本问题研究,2007(2):34-36.
③　日本文部科学省.文部科学白皮书[Z].东京:财务省印刷局,2001:245.

教育改革的重点化进程中,努力实现公平与公正。

2016 年,文部科学省在《面向 2016—2020 年第三次研究生教育振兴政策纲要》中,提出为培养具有国际竞争力和国际视野的创新型人才,提议"卓越研究生院(临时名称)"事业要有序开展。"卓越事业"旨在培养能够主导新知识的创造和活用,创造出牵引下一代的价值,挑战全球社会性课题的解决,给社会带来创新的博士人才,也就是所谓的高层次知识专家。文部科学省在公布申请条件中,对各机构间特定的合作方式和实践,例如"共同专业的设置"等不作具体规定,申请的主题可以是公立,也可以是私立的大学,一所大学里不同的研究生教育项目也可以同时参与申请。各申请主体之间进行公平竞争,文部科学省对通过"卓越事业"审查的申请主体进行重点支援。主要申请的领域包括:① 在国际上显示出日本优势和卓越性的研究领域;② 创造出社会多样价值和系统的文理融合领域、跨学科领域和新领域;③ 能够作为将来产业构造的核心,促进经济发展和衍生新的产业的领域;④ 从确保世界学术的多样性的观点出发,能够贡献国家的领域。但"卓越事业"立足 10—25 年后,现阶段也难以具体预测未知的知识和前沿,因此,文部科学省不对这四个领域下进行具体的设定和举例。"卓越研究生院"(临时名称)事业的期待实践方向可以大致分为三个方面:第一,从提高教育品质的观点出发,努力构筑硕博一贯制的学位项目和课程设计,对有能力的学生实施灵活的早毕业与跳级制度,吸纳社会人和留学生,增加学生构成的多样性;第二,从提高研究能力的观点,让学生作为独当一面的研究者加入共同研究中去,建立具备世界最高水准的卓越研究能力的研究生院;第三,通过"卓越事业"的努力,用充满魅力的研究环境集结全世界优秀的研究生和青年才俊。

日本在研究生的创新型人才培育的过程中没有采取扁平化的策略,而是鼓励研究生院申请"卓越研究生院"的"重点化"战略。国家为这些资质优异、立志于快速发展的研究生院提供了有力的政策和财政上的支持,鼓励有能力、有担当的研究生院先发展起来,在全国范围内形成良好的竞争氛围。

(五)实践取向

日本研究生教育重视实践环节与当今世界现实背景有着紧密的联系。日本大地震使得持续低迷的日本经济雪上加霜,国际竞争的加剧也使得日本在世界的压力与日俱增。实现日本的五大愿景,关键因素是人才,这也决定了日本研究生创新型人才培养的实践取向。

日本在培养创新型人才的过程中越来越重视实践环节,越来越多的研究生培养机构的研究课题倾向于为生产部门实际应用而做准备。课题的研究一旦取得进展,立即就会有生产部门或者政府决策机关的资金投入和支持,推进研究的开展。学校的在研课题往往都有很明确的实际应用背景。不少研究生在修完研究生课程后,可在导师的分配和指导下直接到合作企业进行科学研究工作,最后可以提交工作报告作为毕业论文。

东京大学在开展产学研合作方面不断取得创新,在日本的大学中具有标杆作用。建立了校内外互动的产学合作组织的"金三角"。在学校内部设立"东京大学产学联合本部",是直属于校长管理的全校性综合产学联合管理部门,主要职能是构建全校产学联合活动制度与组织体系,为全校产学联合活动提供基本的管理和服务平台;在学校外设立法人机构"东京大学 TLO",为股份有限公司,为专门的技术转移机构,是东京大学有关知识产权事务的直接窗口；在校外设立"东京大学天使投资基金（UTEC）"，主要向社会机构投资人或企业家招募风险投资资本，支持东京大学创立高科技风险企业，或将有开发前途的科研成果介绍给有关的企业或投资机构。三者都包括东京大学的研究人员，包括教师、学生以及退休人员为主要组织者和参与者。这样的"金三角"结构促进了东京大学与产业界在研发领域的联合，促进了学校科研成果的知识产权化工作，并扶持了一批科技风险企业的成长，不仅保证了创新型人才的努力成果受到法律的保护，并且为有志于创新创业的人才提供了足够的资金支持和广阔的舞台。

实践取向的日本研究生创新型人才培养十分符合人才的发展规律，研究生在学习完成一定的基础知识及专业课程后，积极参与各种有实际应用价值的科研活动，及时将所学知识运用于科研实践，形成学习与实践的良性循环，可以促进自身的创新思维、创新意识和创新能力的不断提高。

日本高等教育实行国学与私学双元结构。在日本教育财政倾斜分配政策的基础上，双元结构有效地保证了研究生教育数量增长的同时教育质量得以提升。全国性国立大学主要承担国家重点教育科研任务，培养尖端人才；地方性国立大学根据本地区及全国社会经济发展需要，推进新领域的教育研究活动；全国及地方性私立大学则根据自己的办学理念和培养目标积极开展教育及研究活动，同时为适应新形势的需要而开创新领域。政府以补贴的形式资助私立大学，私立大学依靠扩大招生规模支撑庞大的教育支出，使研究生数量增长；而全国性国立大学是日本政府投入的重点，保障了教育质量的提升。

第八章　国外研究生创新型人才培养比较分析

通过对美、英、德和日本等国研究型大学之研究生创新型人才培养的理念与实践的探究,可以发现,激发新思想、发现新知识、发展新技术、培养全球化时代领军人才正是这些国家研究型大学的基本使命。

第一节　国外研究生创新型人才培养的基本情况

前文分别梳理了美国、英国、德国和日本四个国家的研究生教育的政策发展脉络,研究生教育的培养目标、个案学校的创新型人才培养实践等内容,这四个国家的研究生教育质量居于世界一流水平,为了更好地把握其异同,寻找可以借鉴的宝贵经验,本节试图从科技创新、一流大学建设、教育发展和人才培养之关系进一步探究。

一、科技创新、知识生产与研究生教育质量

2015 年 10 月 15 日,联合国教科文组织在总部巴黎发布了《联合国教科文组织科学报告:面向 2030 年》。该报告着眼于科学技术创新的长远发展趋势,对全球高等教育、科研创新进行了评述。该数据表明,全球研发投入并没有像表面上看到的那样受到金融危机太大的影响。相反的,金融危机时期,全球研发支出总量的增长超过了全球国内生产总值增长,全球研发强度占国内生产总值从 2007 年的 1.57% 提升到 2013 年的 1.70%。其中研发支出总量占国内生产总值的排名情况为:日本排名第三(3.47%),德国排名第四(2.85%),美国排名第五(2.81%),英国与加拿大并列第八(1.67%)。而各国研发占世界研发支出总量的份额中,美国仍然排名第一(28.1%),中国上升至第二位(19.6%),超过第三名的欧盟(19%)(其中德国 5.7%,英国 2.5%)和第四名的日本(9.6%),占全球人口 67% 的其他国家则瓜分了研发领域投资的 23%。[①]

在全球都在提倡和重视科技创新的时代,寻求基础科学研究与应用科学之间的优化平衡是很重要的。在美国,联邦政府专注于为基础科研提供支持,而让产业部门在应用研究和技术进步方面起领导作用。欧盟尽管陷入了长期的债务危机,但欧盟委员会仍保持了在基础研究投入上的稳定性。作为第一个为基础科学前沿研究融资的泛欧洲机构,欧

---

① 2015 年科学报告:面向 2030 年(综述)[R].巴黎:联合国教科文组织,2015:8-9.

盟研究委员会已经在 2014—2020 年获得 131 亿欧元的资金,相当于"地平线 2020"①计划总预算的 17%。至于日本,在其明确提出"科技创新立国"的基本国策之后,政府持续加大科学技术的研究投入,逐渐提高基础研究投入的比重,改善研究开发的软硬环境,以提升科学技术创新能力,尤其是创造性的基础研究能力。

由上可见,上述四国在科技投入、创新研究与基础研究之平衡等方面始终走在世界的前沿。这种鼓励创新、重视科研的氛围也与这四国研究生创新型人才培养工作相互促进,从各类世界一流大学排行榜的名单中可以清晰得见,这四国的研究生教育质量在各大排行榜上都名列前茅,它们也因此成为国际学生攻读硕士或博士学位的首选目的地。由 OECD 发布的最新统计数据可见,出国攻读研究生的国际学生有 26% 选择了美国大学,15% 选择了英国大学,10% 选择了德国大学和 3% 选择了日本大学(见表 8-1)。国际学生的流向基本体现出,包括他们这些潜在科技工作者在内的科研人员对世界科学中心的向往与追随。

表 8-1 攻读研究生的国际学生分布(2014)

排　序	国　家	占　比(%)
1	美　国	26
2	英　国	15
3	法　国	11
4	德　国	10
5	澳大利亚	8
6	加拿大	3
7	日　本	3
8	意大利	3
9	奥地利	2
10	瑞　士	2
11	比利时	2
12	荷　兰	2
13	韩　国	2

资料来源:Educationata Glance 2016:OECD Indicators [M]. Paris:OECD Publishing,2016:342.

那么,哪些国家曾经或正在成为世界科学中心,在这些国家里,研究生教育的发展状况如何? 其对研究生培养目标又是如何界定的? 对这些问题的追问有助于理解上述四国

① 2013 年 11 月 21 日,欧盟议会通过了新的科研框架计划"地平线 2020"。该计划将在 2014—2020 年投入 700 亿欧元,为欧洲创造能适应未来挑战的工作岗位,提高欧盟的整体科研创新水平和竞争能力。"地平线 2020"设立了"卓越科学""发展产业领导力"以及"应对社会挑战"三大战略目标。"卓越科学"的经费占 32%,用于支持基础研究;用于支持欧洲产业界"发展产业领导力"的经费占 22%,主要投入纳米、生物及空间技术等领域;"应对社会挑战"主要为当前社会面临的七大挑战提供研发资金,其中包括气候变化和食品安全。

研究生创新型人才的培养实践。

这里所谓的创新型人才,是指具有创新意识、创新精神、创新能力并能够取得创新成果的人才,是立足于现实而又面向未来的人才。他们应该具备博、专结合的知识准备,以创新能力为特征的高度发达的智力和能力,以创新精神和创新意识为中心的自由发展的个性,积极的人生价值取向和崇高的献身精神等。① 从研究生教育(特别是博士教育)发展的历史脉络可见,创新型人才培养始终是其培养目标。

追本溯源,博士学位作为一种学术制度起源于中世纪欧洲大学,它随着大学的产生及其内部组织结构的变化而逐渐形成并发展起来。18世纪之前,欧洲大学授予的博士学位只是学者加入教师行会的资格证明。19世纪初,德国柏林大学设立哲学博士学位,开创了现代博士学位教育制度的先河。19世纪德国博士生培养模式的创新主要体现在培养力上引入了"科学研究"的理念,并以"纯科学"取代中世纪古典知识,作为基本培养资料。为了更有效地培养学生,促进知识的生产,博士培养以研讨班(实验室)作为基本的培养单位,研讨班(实验室)虽非德国首创,却因被赋予"教学—科研—学习相统一"的内涵,而实现了价值上的创新。可见,现代研究生教育制度已不满足于既有知识的传承,而将增扩人类的知识和培养科学工作者作为基本目标。

德国大学博士生培养模式的确立,使得博士生培养力显著增强,在创新型人才产出上成就突出,并在1810—1920年,成了世界科学中心。据统计,1901—1920年诺贝尔基金会颁奖总数为55项(含不同国籍科学家分享),其中物理学奖20项,化学奖17项,生理学或医学奖18项。德国自然科学奖金数为19项,占总奖金数的1/3;甚至在1905年独占三项奖金。法国居其次,共8项;英国居第三,共7项。其余21项为其他国家所分享。② 1820—1919年,40%的医学发明是由德国人完成的;1820—1924年,生理学中65%有创见的论文出自德国人;1821—1900年,德国人在物理学方面的发明超过英法两国的总和。③

19世纪德国的研究生培养模式的改革是世界教育史上的一次革命。它创造了一种完全不同于中世纪大学的培养模式,这一模式适应了当时社会发展的需要,并且在创新型人才培养和创新成果的产出上成效斐然,更重要的是德国博士生培养模式自身所产生的强有力的输出效应,使它成为世界其他国家效仿的对象。在德国的影响下,英、美、日等国在19世纪后半叶先后把科学研究和研究型博士生培养模式引入本国的大学。1870年,英国成立皇家发展科技和教学委员会,该委员会主张在大学中设立科学博士学位,并提出"这种博士学位不应按照学习成绩,而应按照学生的创造性能力来授予"。④ 随后伦敦大学率先设立了科学博士学位。美国的博士生教育是德国影响的直接结果,耶鲁大学于1860年率先设立哲学博士学位,次年授予了美国历史上三名首批博士,标志着博士生教育和学位制度在美国的产生。1876年成立的霍普金斯大学是美国第一所按照洪堡理念

---

① 孟洁,史健勇.中国研究生招生制度变革研究[M].北京:中国政法大学出版社,2012:11.

② 宫艳丽.教育国家主义与世界科学格局的变动——以20世纪前20年诺贝尔科学奖金获得者为例的考察[J].清华大学教育研究,2010(1):108-112.

③ 高文兵.学术卓越与一流大学[J].中国高等教育,2006(18):22-25.

④ 转引自陈学飞.西方怎样培养博士:法、英、德、美的模式与经验[M].北京:教育科学出版社,2002:4.

创办的研究型大学,目标是"鼓励研究以及独立学者的进步,使他们可以通过自己精湛的学识推动所追求的科学以及所生活的社会前进",校训为"真理使你成为自由人"。① 日本于 1886 年颁布《帝国大学令》,规定在大学中设研究生院,以"研究高深学术理论及应用,探索其奥秘",②开启了日本研究生教育制度,也是模仿德国大学实行单一博士学位制度,培养方式是讲座制下的"师徒式";在学位与教育的关系上,表现为重视应用研究、忽视课程和教学等特点。

二、一流大学建设与创新型人才培养

一战后,美国成为最强大的资本主义国家,逐渐走上科技全面发展的轨道,并趁希特勒排犹之际大量引进人才。相关科学成果统计表明,20 世纪 20 年代起,美国的科学成果总数超过德国,成为新的世界科学中心。③ 由于美国建立了一套独特的科研体制,并且能够运用系统科学的成果进行科学的组织管理,使得美国在计算机、太空、能源、通讯以及基本粒子、分子生物学等领域的科学研究仍居于世界领先和优势地位。

当然,美国成为世界科学中心也与其研究生教育的飞速发展有关。南北战争结束后,美国扫除了政治、经济发展的体制性障碍,霍普金斯大学、麻省理工学院、芝加哥大学、斯坦福大学等一批私立大学相继出现,且不约而同地选择了研究型大学的办学模式。这批大学虽普遍借鉴了德国研究型大学的办学理念,但并没有简单模仿柏林大学的办学模式,而是从制度上进行了美国本土化创新:④第一,建立了旨在促进研究、教学互动发展的研究生院制度;第二,课程制度推广学分制和选修制,课程体系逐渐宽泛;第三,学制宽松化,采用辅修制和非四年毕业制度;第四,体制私有化、行政管理分权化,私立大学纷纷采用市场化运行机制,校长皆由董事会任免并主管筹资,教授则普遍参与管理;第五,教师指导开放化,大量聘任欧洲留学人员和欧洲学者,师资评估和管理中侧重原创性学术科研成果,采用同行评议制度。

这一系列灵活、开放的大学制度保证了美国大学学术长远发展的自由空间,为 20 世纪美国形成一大批一流大学奠定了坚实的制度基础。其中,以研究生教育为主体,实行科研与教学两个中心,实现教学与研究相结合的现代研究型大学制度,尤其体现了高水平大学学术发展和高层次人才培养的规律:一方面大学教师通过全面参与科研提供了一流的教学方法和内容,提高了大学的整体科研水平,加大了大学科研成果转化的力度;另一方面学生充分参与科研既为大学带来科技创新活力和成果,又培养了学生的创新能力和团队合作精神。一流大学建设反过来也促进了科研的发展和创新型研究人才的培养。

日本在二战结束之后的 20 世纪 40 年代后期,在美国的影响下,推动了研究生院实质化运动。作为后发国家,赶超先进国家始终是其发展的一个重要目标。1995 年,日本学术审议会就向政府提出了建立卓越中心(Center of Excellence,COE)的建议,以"推进富

① 张剑.世界科学中心的转移:漂洋过海到美国[J].科学,2012(4):36-42.
② 李振玉.论东京大学在日本研究生教育改革中的旗舰作用[J].高等教育研究,2009(6):96-103.
③ 李铁林.世界科学中心的转移与一流大学的崛起[D].长沙:湖南师范大学,2009:39.
④ 李菊琪.传承、创新与个性化:美国一流大学跨越式发展道路[J].复旦教育论坛,2006(3):34-37.

有创造性的世界尖端水平的学术研究"。2002 年文部科学省正式启动"21 世纪 COE 计划","重点支持在大学的各学术领域内形成具有世界最高水平的教育与研究基地,以提高研究水平,培养处于世界领先地位的创造性人才,推进具有国际竞争力、凸显个性色彩的大学的建设"。2007 年,日本政府进一步推出了"全球 COE 计划",更强调国际化与国际合作研究。

2014 年,在前期卓越中心建设的基础上推出"全球顶尖大学项目"(Global University Project),以大学整体为单位组织实施,政府对获得立项的大学拨款资助。入选"全球顶尖大学项目"的大学为申报与实施制定了详细的规划。这些规划不仅是项目实施的依据,而且也是政府评价项目实施状况的指标。例如,东京大学制定的项目规划,题目为"东京大学全球校园模本的构建"。规划中提出的东京大学项目建设目标为"全球化时代世界最高水平的研究型综合大学"。这一总目标具体化为:① 在各学术领域推进具有世界最高水平的尖端研究;② 构建适应全球化时代的教育体系和富有流动性与多样性、以培养具有全球视野的知识精英为目的的课程体系;③ 加强英语学位项目和系统的英语教学与课程;④ 在用本国语开展高水平的教育与研究的同时,加强多种语言的教学;⑤ 在师生构成日益多样化的校园实施平等且富有多样性的教育、研究及管理活动;⑥ 构建能有力推进全球校园规划的组织体系。规划中不仅有这些定性的目标,而且还制定了定量目标。

作为历史上曾经的世界科学中心,英国和德国的研究生教育一直维持很高的学术水平。不过,随着美国研究生教育模式的影响越来越大,主流的师徒制博士培养模式也逐渐发生着变化。英国大学常务副校长委员会(The Committee of Vice-Chancellorsand Principals)在《英国博士指南》中提出,作为大学学术的组成要素,博士生培养不仅要重视对知识的原创性贡献,还应当强化对学科取向的研究方法和科研能力的训练。反映出英国博士生教育的两个目标:一是以知识为基础的学术创新;二是以训练为基础的研究过程。前者属于博士生教育的"产品"取向,注重博士学位论文的质量和创新点;后者则属于博士生教育的"过程"取向,强调博士生受教育期间获得的技能、素质和方法。博士生培养目标的"双重概念化",从侧面反映出英国学术型博士的培养正在超越传统学徒制模式,对博士生教育的各环节(入学、课程、论文)和培养过程相关因素(科研训练、师生关系)进行调整,逐渐关注知识的研究过程和技能的"可迁移性"。[①] 在这种新型概念下,英国博士生培养逐渐向更系统化、规范化方向转变。

在德国,教学与科研的统一一直是大学的精髓所在。2005 年开始实施的"精英大学计划"秉承这一传统,把科研和人才培养列为核心内容。精英计划具体包括三个组成部分:研究生院建设、卓越集群建设以及突出大学发展特色的未来构想。研究生院建设旨在资助一些优秀的博士生培养项目,培养年轻的科研后备人员,为博士研究生进行国际化、跨学科的研究提供良好的科研环境,从而提高德国博士生培养的总体水平。从总体看,精英大学计划虽然有三条资助路线,其实每条路线中都包含博士生培养的内容。从经费上看,三条资助路线的总经费中,有 50% 以上的费用用在了博士生身上。所谓研究生院其

① 韩萌.英国一流大学博士生培养机制及其启示——基于牛津大学教育学院的经验[J].高等教育研究,2016 (8):96-104.

实就是博士生培养的一种新模式。这种比较新的模式,目的在于加强导师以及导师组与博士生的联系,基于特定的项目,让博士生获得更多参与科研的机会,让导师的指导更加规范化。① 总之,精英大学计划的一个核心目标是提高博士生培养的水平。

综上可见,美国、英国、德国和日本等国的经验表明,基础科学是新技术、新发明、新产业的先导、源泉和后盾,重视基础学科发展,汇聚世界基础学科杰出人才,逐步形成世界科学研究的中心,是他们成为世界科技强国的关键。而占领世界科学的高峰,就必须在基础学科上有所突破,就必须汇聚起那些有志于攀登世界科学高峰的优秀学生,因材施教,把他们培养成为拔尖人才和领军人才。

第二节　国外研究生创新型人才培养的共性特点

关于美国、英国、德国和日本四国在研究生创新型人才培养方面的共性特点,上一节主要从较为宏观的改革政策背景、知识生产模式、一流大学建设与创新型人才培养之间的关系等方面作了简单梳理。本节将从较为微观的角度,从人才培养的相关环节来探讨这些国家在研究生培养上的共性。

一、坚持"学术自由"的人才培养理念

人才培养理念是高校在育人和造就人才的活动中所持有的思想、看法以及观念体系,在高校人才培养活动中对教师的"教"和学生的"学"产生重要的推动作用和影响。② 从美、英、德、日四国的研究生培养工作来看,秉承"大学自治、学术自由"的理念,形成以大学内部保障为主、内外相融合的研究生教育质量保障体系,是其共性特征之一。

学术自治是大学独享的特权,它源于西欧中世纪大学,历经数百年而不衰,至今仍被认为是处理大学与政府和社会关系应遵循的一个重要准则。1850 年普鲁士宪法描述:"科学和传授科学应该是自由的。"③在德国,学术自由被看作是一种特权——教师教授任何科目的权利,随之而来的是两种相关的概念:一是科学研究的自由;一是学生有权利参加任何讲演,并且可以不上课的自由。

在美国,大学的质量与大学所享受的学术自治程度呈正相关。也就是说一流大学比其他高等教育机构享有更多的自治,这是因为大学是追求真理和传授高深学问的地方,只有学者才能真正理解如何最好地获取和传授这些学问,真正理解这些学问的内容及复杂性。④ 如哈佛大学的人才培养理念体现了"学术自由"的办学宗旨,在 1650 年哈佛学院的特许状中就明确指出,哈佛学院的宗旨是"促进所有有益的文学、艺术和科学的发展,借助所有有益的文学、艺术和科学发展教育青年人,并为教育本国的青年人提供所有其他必要

① 陈洪捷.德国精英大学计划:特点与特色[J].华东师范大学学报(教育科学版),2016(3):4-6.
② 董泽芳,袁川.国外高校成功培养创新型人才的经验与启示——以哈佛大学、牛津大学和东京大学为例[J].现代大学教育,2014(4):26-32.
③ 王菲.谈美国与德国学术自由的异同[J].社会科学论坛,2005(4):100-103.
④ 王英杰.以美国为例谈世界一流大学建设中的几个问题[J].华东师范大学学报(教育科学版)2016(3):1-4.

的东西"。① 在其后 300 多年的发展历程中,"学术自由"的育人理念成为哈佛大学长期固守的办学理念。

英国政府于 20 世纪末对高等教育管理由"政府仲裁者模型"向"国家监控模式"转变。1988 年,英国政府通过了《教育改革法》,强调要将市场机制引入高等教育领域,促进高等教育为经济社会发展服务和与工商企业建立密切的联系,实施招生考试形式多样化,扩大高等教育招生比例。1992 年,英国政府又颁布《继续教育和高等教育法》,决定成立英国高等教育基金委员会,使之成为大学与政府之间的中间机构,不属于政府性质,政府只对大学进行宏观调控和指导,这标志着英国的高等学校仍然保持着较强的自主性,守护着相对独立而自由的学术超然品质。早在 1852 年,毕业于牛津大学并担任牛津大学奥里尔学院院士的纽曼(John Henry Newman)出版了《大学的理想》一书,系统总结了英国几百年来传统的学术自由的教育思想,指出"自由教育就是一种自由、公平、冷静、克制和智慧为特征的终身思维习惯的形成",②自由教育就是对学生的理智进行训练。正是在这些学术自由的教育思想熏陶之下,牛津大学形成了以造就有教养的绅士为目标的自由教育思想传统。

日本在德川幕府时期,西学渐入,早期高等教育机构初现萌芽。明治维新后日本仿效德国高等教育体制,建立了近代大学体制,并逐渐形成了大学自治、学术自由和教授治校的精神传统,与此同时国家主义和军国主义也严重渗透到日本大学中,践踏和破坏了其传统的大学精神,大学知识分子不断用自己的行动维护着大学的精神传统。如东京大学明确提出以"学术自由"作为办学宗旨,《东京大学宪章》规定:"东京大学以基于学术的自由,追求真理的探究和知识的创造,维持、发展世界最高水平的教育、研究为目标。"《东京大学宪章》中指出东京大学的基本使命是:"超越国籍、民族、语言等各种束缚,追求人类普遍的真理与真实,通过教育和研究,为世界和平与人类的福祉,为人类与自然的共存,安全环境的创造,各地区均衡的可持续发展、科学技术的进步,以及文化的批判、继承与创造,做出贡献。"③

二、实施"科教融合"的人才培养模式

从大学发展的历史可知,教学、科研和社会服务逐步成为现代大学的三项基本职能,但是不同类型的大学中这些职能的侧重有所不同。研究型大学强调以教学和科研为中心,并主要通过高层次创新型人才的培养和高水平的科研成果服务于社会。在这里,大学基于知识供应链的逻辑,从培养人才开始,向后整合科学研究功能或向前整合产业发展功能,这从美、英、德、日等发达国家研究生教育的发展态势可见一斑,即积极谋求实现科学研究和人才培养的高度统一,以研究带动培养,以培养促进研究,进而延伸到为产业发展服务。

① 刘宝存. 哈佛大学办学理念探析[J]. 外国教育研究,2003(1):48-53.
② 约翰·亨利·纽曼. 大学的理想[M]. 杭州:浙江教育出版社,2001:22.
③ 李岩松. 东亚大学的国际化发展趋势——以北京大学、东京大学和首尔大学为例[J]. 北京大学教育评论,2009(2):103-109.

19世纪德国大学的研究生培养模式,划时代地引入了一种全新的教育理念,即重视科学研究的理念。改变了中世纪大学以神、医、法三科的高级知识为主要培养资料的做法,强调知识整体性和未完成性,哲学院的地位开始上升,并最终凌驾于专业学院之上。为了有效探究知识,德国的大学采用了激发创新能力的研讨班(实验室)的组织形式,实现教学、研究和学习的统一。值得注意的是,区别于中世纪大学的研讨班组织形式,这里所说的19世纪德国大学中的研讨班(实验室)的性质和用途已发生了根本改变,它不再是单纯的教学组织形式,而是作为教学、科研和学习相统一的载体。研讨班既是一种组织创新,也是一种技术革新。通过人才培养模式的变革,德国大学把科学研究和大学教学很好地融合起来,科研活动的增加,减少了中世纪大学教学的权威性,提高了教学活动的独立性与自由性。与这种培养方式相适应的培养关系中,学生以教师科研助手的身份,独立地参与到科学研究中。目前,教学与科研融为一体也是各国研究型大学研究生培养的基本模式。

随着知识经济时代的到来,科学技术及其带动的高新技术产业成为决定一个国家、一个区域或一个企业的核心能力的关键,未来社会必将需要大量的高端科技人才,一个国家也势必动用所有的科技资源来扩大高端人才培养的规模并持续提高培养质量,因此,科技与教育结合的态势在可预见的将来还将持续下去。但由于不同国家研究型大学历史发展的机遇不同,教学与科研融合培养研究生的具体方式也有所区别,通常包括以下4种不同的模式:[①]

1. 全面整合知识供应链模式。该模式以牛津大学、哈佛大学、MIT、加州大学伯克利分校、法国巴黎大学、日本东京大学等为代表,这些大学以人才培养为主,既后向整合科学研究,又前向整合高技术产业,学科齐全,结构均衡,综合竞争能力超强。

2. 后向整合科学研究模式。该模式以加州理工学院、洛克菲勒大学等为代表,这些大学注重的是人才的科研素养而不是人才培养的规模,在读生中研究生的比例大大高于本科生,甚至不招收本科生,学科建设追求特色,在若干学科领域具有强劲的竞争优势。

3. 前向整合高技术产业模式。该模式主要以美国斯坦福大学和英国剑桥大学为代表,这些大学不满足于提供科学研究成果和高级人才,他们也追求知识价值的实现,通过发展高新技术园区、吸引和支持高新技术产业发展,创建了以产业带动人才培养和科学研究的"产—学—研"模式,形成了独特的竞争优势。

4. 前向整合人才培养模式。该模式以俄罗斯科学院、法国国家科研中心(法国将博士研究生的科学研究实践主要放在国家研究中心来进行)德国马普协会、美国Scripps研究所(The Scripps Research Institute,TSRI)、日本研究生院大学和中国科学院为代表,从科学研究延伸到高端人才培养,实现了科学研究与人才培养的高度统一,形成了独特的"两段式"培养模式,其竞争优势主要体现在科学研究方面。

总之,大学通过实施教学,为研究生的科学训练和创新实践打好坚实的学科基础,尤其是要使研究生具有跨学科的学科基础,以适应日新月异的科技发展趋势。与此同时,大学也利用在研的研究项目,尤其是面向国家目标的大型科研项目,对研究生进行系统的科

①　白春礼.研究生教育创新的战略思考[N].科学时报,2003-10-28.

学训练,使其掌握科学前沿动态,培养他们的知识创新能力。另外,还面向社会和企业,通过引导研究生参加技术、工艺和产品的开发,提高他们的技术创新能力。从而将知识的生产过程、教育教学过程和知识的社会应用过程有机融合在一起,形成完整的培养创新型人才的机制和系统。

三、强调"个别指导+集体指导"的人才培养过程

研究生指导模式的内涵是指在一定的教育思想和教育理论指导下,为实现研究生培养目标而在指导过程中采取的某种标准样式和运行方式,其外延为整个指导过程。研究选题、培养条件、运行机制构成研究生指导模式的组成要素。[①] 长期以来,德国的"师徒制"与美国的"导师组制"是研究生指导之不同模式的典型代表。

所谓师徒制,是指在研究生培养过程中,"研究生作为学徒或助手从于导师,导师通过耳提面命的方式在与其密切而经常的接触中展现自己的优点成就、独特风格、个人魅力和生活方式,广泛而深入地了解学生的愿景诉求、个性特长和学术能力,以'手工生产'的方式教会学生为人、为学的基本准则,坚定而虔诚地追求学术研究的真正旨趣"。[②] 这种一对一的师徒制通过导师的亲身示范,引领着学生跟随学习,在潜移默化中实现研究生培养的基本目标。所谓导师组制,是指研究生培养不仅要求每位研究生要确定一位指导教师,而且要求成立一个由3—4名具有不同专长的教授(其中必须有一些非本校专家)组成的指导小组具体负责研究生的培养工作。如此一来,研究生教育以联合培养的教育模式为切入点,实现了学科的交叉融合,这样做有利于学生开阔眼界,接受不同观点的熏陶,增强学生的创新意识和能力,加强了对适应知识经济的复合型人才的培养。同时,在经验丰富的导师带领下,也为年轻导师的成长创造了条件。

因此,采用单一导师制的国家已经着手进行改革。如德国和日本在传统的"师徒"培养模式中,建立了研究生院,就是作为对传统博士生培养体系的有效补充。近年来,德国在研究生培养和管理中又出现一些新的模式,其教学工作的开展是以项目管理的形式进行,学生除了接受自己导师的指导以外,还有许多与其他学者进行交流的机会。如德国柏林地区经济与管理学博士生项目(BDPEMS)中,有26名全职教授,其中13人来自柏林洪堡大学,5人来自柏林自由大学,3人来自柏林工业大学,还有4人来自欧洲管理与技术学院,其他分别来自柏林社会研究科学中心和德国经济研究所,无论在教授的分配,还是授课场地与时间的分配上都注重资源的互补性,学生可能今天在柏林洪堡大学上课,明天有可能去自由大学听报告,后天可能去德国经济研究所参加学术讨论。学生在此除了接受自己导师的指导以外,还有许多与其他学者进行交流的机会。[③] 与师徒制研究生培养模式相比,结构化的研究生培养模式减少了对单一的"学生—导师"二元关系的依赖,用一整套组织框架和制度设计将研究生培养作为一个完整程序从大学的学术活动中独立出来。

为了进一步推进研究生的团队指导,欧美高校开始构建导师网,将各方面可能产生指

① 施亚玲. 研究生指导模式的多样化演变分析[J]. 高教探索,2014(6):108-111.
② 黄正夫,易连云. 从师徒规训到协同创新:研究生培养范式的转换[J]. 研究生教育研究,2014(2):38-42.
③ 陈正. 德国博士生创新能力培养模式探析[J]. 高校教育管理,2012(1):53-57.

导行为的教师和研究生通过网络连接起来,形成及时畅通的指导机制。例如,英国高等教育质量保障署发布的《高等教育的质量准则》特别提到,导师团队由一位主导师进行负责和统筹,另可纳入专业领域的其他导师或研究人员、学院和系所的研究生教育管理者。同时,导师网中的导师可不局限于校内,也可以来自企业、政府、非营利组织和其他学术机构。学生接受校内导师指导的同时,也接受校外导师8个月的指导。此外,导师网中的导师还可纳入高年级博士生作为同伴导师,为新生分享其学习生活经验、为新生适应博士生生活环境提供建议和答疑解惑,并对新生与其学位点项目是否适合提供建议。当博士生进入学位论文的写作阶段后,由3—7人的论文指导委员会来联合指导,其职责包括监督学生的年度学习进展,组织博士生综合考试和论文开题,指导博士论文写作,为博士论文成稿提出修改意见,对论文是否通过答辩进行投票等。[①]

另外,跨校选课、学分互认、校企合作、跨学科培养等都在一定意义上突出了团体指导研究生的功效。例如在美国,校际的跨校选课、学分互认已成为研究生培养中非常重要的一环。在英国,由考文垂大学、林肯大学等13所大学联合搭建了博士培养联盟(Doctoral Training Alliance)。在欧洲,伴随着博洛尼亚进程的推进,区域层面的学分、学位互认制度逐渐完善,博士生可在签订了协议的各校修读学分并实现互认。最近十余年,在欧洲逐步建立的博士生院,如德国洪堡大学建立的古代研究博士生院、社会科学博士生院等,广泛采用了联合项目和独立项目的形式。另外,校企合作也已成为较普遍的研究生培养模式。

四、践行"能力为本"的研究生课程教学改革

研究生课程教学是系统的教育工程,其质量高低直接影响到研究生创新能力和素质的培养。课程教学是在巩固与加深基础理论和专业知识的基础上,培养研究生主动学习、运用知识的能力,促进科学精神、批判性思维的形成,实现掌握知识、转化能力的使命。

一直以来,美国的研究生教育都非常重视基础理论课程。针对各学科专业的不同情况,在研究生计划中开设了许多基础理论课程,并辅之具体的落实措施,从而为提高研究型大学的研究生质量和科研水平创造了基础性条件。除主干必修课外,还有范围较广的选修课程和辅修专业。[②] 课程进行中有大量的读书报告、实验报告和课程作业。几年的课程结束后参加综合考试,综合考试是获得做博士论文资格的测试。尽管各大学综合考试具体形式不一,但考试范围一般均覆盖本学科内的基本内容,有深度和广度,同时考虑到本人的研究方向。

但在德国和日本,长期存在课程组织的弱化问题。[③] 因此,强化教育课程组织化开展、重构研究生教育课程体系尤为重要。[④] 例如在日本,经过咨询中央教育审议会的意见(《新时代的研究生教育——构筑富有国际魅力的研究生教育》,2005年9月),文部科学

---

①　王传毅,赵世奎.21世纪全球博士教育改革的八大趋势[J].教育研究,2017(2):142-151.

②　刘莉.世界一流大学:人文社会科学博士生培养个案研究[M].上海:上海交通大学出版社,2015:216.

③　谢晓宇."博洛尼亚进程"中德国博士生教育改革的特点与启示[J].外国教育研究,2012(12):89-97.

④　郎永杰,张冠蓉.日本研究生教育改革背景、现状及动向[J].教育理论与实践,2016(30):12-14.

省于 2006 年 3 月颁布了以加强研究生课程体系建设,提升研究生院国际影响力为核心的《研究生教育发展纲要》。根据《纲要》的要求,中央教育审议会于 2009 年 7 月成立调查评估工作小组,对各项政策的贯彻执行情况进行评估。结果表明,《纲要》提出的强化研究生课程教育的政策目标基本实现。尤其在硕士研究生人才培养方面,生源结构多元化、教育内容实用化、课程编制合理化、培养体制多样化等改革措施初见成效。2011 年,《全球化研究生教育》提出进一步优化研究生院课程体系。同年,《第二次纲要》确立以学位课程为核心的研究生教育模式,对硕士研究生、博士研究生、专业学位研究生分别实施不同的培养方案,明确各类课程的人才培养目标、学位授予条件,并全面规定学生需要掌握的知识、能力等具体内容。

在德国,一些博士生项目对博士研究生的培养很重视基础知识结构的掌握和学习,无论将来的研究课题是什么,都要求修完基本的基础核心课程。[①] 在课程中,老师非常强调对理论的理解和推导,要求学生在掌握原理性知识的基础上,能够具备在现实问题中运用知识的能力。在课程形式上,主要分为教学课和讨论课两类:教学课以教师课堂讲学为主,学生参与为辅,如果出现了不懂的知识点会即时提问,与老师、同学进行互动交流,课程结束后一般以考试为主要考核形式;另一种形式为讨论课,以学生发言为主,老师作必要补充,引导学生相互交流与讨论,课堂发言将会作为评价平时成绩的重要依据。该形式的考核原则为学生阐述自己观点时的清晰程度与深刻程度,以及在讨论具体问题时与其他人沟通与互动的能力。

近年来,随着就业市场的不充分和国际竞争的加剧,无论是北美还是欧洲,实施以增设系统的通用型课程为重点的课程改革都成为必不可少的一环。通用型课程旨在培养研究生的可迁移能力(或称软技能),美国研究生院理事会在《从研究生院到职业生涯之路》报告中指出,近年来为满足非学术劳动力市场对博士毕业生的需求,众多高校开设了培养可迁移能力的课程,以期缩小院校培养的质量规格和企业所需的高层次人才质量规格之间的差异。[②] 总体而言,尽管通用型课程的名称会因校而异,但均侧重专业精神和职业道德、口头和书面交际能力、团队精神和协作能力、批判性思维和解决问题能力、道德水平和社会责任心等方面的训练。

另外,研究生教育的国际化在一定程度上决定了国家的国际竞争力,尤其是在建设世界一流大学的背景下,研究生教育质量更是直接关系到各国高等教育在全球市场的竞争地位。因此,英国政府制定了一套国际化的研究生教育质量标准和保障体系。[③] 一方面,英国政府认为区域性教育合作能够提升研究生教育的国际影响力,加大与欧洲各国在研究生教育方面的合作和交流,参与欧洲高等教育质量保障体系的设立;要立足于英国本土,紧绕欧洲教育区域合作团队,放眼全球,以此来提高英国研究生教育的竞争力;另一方面,英国政府将学生需求、企业需求和学生体验纳入研究生教育质量评估体系,确保在课程、学科、教学、科研等方面能达到国际化的标准,以此来吸引更多的国际学生。

---

① 陈正.德国博士生创新能力培养模式探析[J].高校教育管理,2012(1):53 - 57.
② 王传毅,赵世奎.21 世纪全球博士教育改革的八大趋势[J].教育研究,2017(2):142 - 151.
③ 武翠红,赵丹.英国研究生教育改革的理念、策略及启示[J].高校教育管理,2016(4):112 - 117.

可见,围绕创新型人才培养的基本目标,四个国家对建构系统化的课程体系颇为重视,即便从前较为忽视课程教学的德国与日本,也开启了能力为本的课程教学改革。更重要的是,他们秉持发展的理念,根据社会发展对研究生提出要求,灵活推进相关改革。

五、建立"多元分层"的研究生教育质量保障体系

研究生教育质量保障体系是指与研究生教育质量保障有关的基本要素相互联系、相互制约而构成的整体,它是一个复杂的系统工程,涉及国家、政府、社会和学校等诸多方面,是一个多层次多因素共同参与的结果。[①] 虽然由于国情不同,使得各国研究生教育保障体系在实施过程中呈现出不同的特色,但总体来说,基本形成了与本国经济、文化发展相适应、较为完善的研究生教育质量保障体系。

美国研究生教育质量保障体系以高等学校自我管理和评估为基础,以社会评估为主体,联邦政府和州政府积极支持和间接参与。[②] 在政府宏观调控方面,联邦政府通过财政拨款、立法、政策导向和审核民间认证机构资格等方式,间接参与评估。州政府具有较高的州内教育自治调控权利,直接对本地高校的教学、管理及财政等各方面进行管理。可见,高度自治和自我管理成了美国高等教育的传统和特色。由认证组织、学术团体、专业协会、民间机构、新闻媒体、私人团体等形成庞大的社会评估组织,构成美国研究生教育外部质量评估体系的主要组成部分,因此第三方中介机构在美国的研究生教育质量保障体系中发挥了主导作用。同时,美国重视大学的综合排名和学科排名,该排名对学校的研究生质量也起到了重要的保障作用。当然,高校自身扮演着内部评价的重要角色。

英国的研究生质量保障体系也存在着外部和内部两方力量。外部力量主要来自政府和社会的推动和支撑。其中政府通过制定相关政策和拨款委员会来保障和推动研究生质量的监督和评估;社会则通过《泰晤士报》和《金融时报》等一些新闻媒体,对大学实力进行排名,将就业率和知识商业化取得的经济效益反馈给高校,高校以此来改进和完善研究生教育质量保障体系。内部力量主要是高校自身。英国高校依据政府政策和社会的反馈,制定研究生培养方案、管理体系、学位授予标准、质量保障体系。[③] 至此,英国全国上下形成以政府宏观政策为引导,社会主动参与监督,大学高度自治的内外结合的方式实现对研究生教育质量的共同保障。

日本的研究生教育经历了多年的改革,现在已经由过去的政府单一主导方式转向了三元化监督方式,即由政府、社会组织或机构、高等院校自身三者共同保障研究生的教育质量。[④] 首先,从政府的宏观管理来看,政府严格控制研究生的输入质量与输出质量,并以政府主导国家的研究生质量保障和监督工作,政策贯穿力强。日本主要是通过下设的文部科学省来统一负责研究生教育的保障工作,包括审核研究生院的设置和学部设立情

---

①　熊玲,李忠.发达国家研究生教育质量保障体系的分析和借鉴[J].华南理工大学学报(社会科学版),2010(1):74-78.

②　研究生教育评估制度研究及体系构建课题组.国外研究生教育评估制度研究[M].上海:华东师范大学出版社,2015:44.

③　宋平,郭海凤.美、英、日三国研究生教育质量保障体系比较研究[J].研究生教育研究,2017(1):93-95.

④　刘再春.发达国家研究生教育外部质量保障的经验与启示[J].中国高教研究,2010(8):44-48.

况,制定研究生教育质量评价方式与评价标准等。其次,日本现在引入了第三方中间机构参与评价,例如"大学评估与学位授予机构",加强了第三方机构对研究生教育质量保障的监督和评价作用。

根据实施研究生教育评估的不同主体,德国的研究生教育评估系统同样可以分为内部自我评估和外部机构评估两个子系统。前者主要是指高校和其他研究生培养单位所开展的研究生教育内部自我评估活动;后者主要是指在培养单位自我评估基础上,由全国性或区域性的教育质量保障组织对培养单位所进行的质量审核、质量评估和社会评价活动。① 如德国的硕士学位研究生培养机构须接受认证中介组织的认证,认证通过后由国家认证委员会授予在一定时期内开展硕士学位研究生教育的资质,期满后再次接受认证审核以确定接下来一段时期内的教学资质。参与硕士教育项目认证的高等教育机构要提供一份自我评估报告作为外部认证的基础,认证中介机构会形成一个由多人组成的认证专家小组,通过对被评机构所提交的自我评估报告的分析,以及实地调研和访谈来进行外部评估。

综上可见,虽然每个国家在研究生质量保障过程中所采取的措施和方案各有不同,但是,在质量保障方面都与本国的高等教育宏观管理体制相匹配。根据本国的高等教育宏观管理体制制定出相应的、有效的研究生教育质量保障体系是每个国家高等教育管理部门的重要任务。同时,各国的质量保障体系均体现出内部保障和外部监督协同运作的趋势,保证"高校内部自我控制与外部机构监督评估"相互协作、共同发挥作用。

第三节 国外研究生创新型人才培养的差异分析

美国、英国、德国、日本四国的研究生教育因其灵活多元的办学模式和卓尔不群的品质,而处于世界研究生教育之顶峰。2014 年,英格兰高等教育基金管理委员会(HEFCE)发表了《研究生教育的国际比较:质量、渠道与就业结果》报告(以下简称《研究生国际比较报告》)。该报告通过对比分析英国、美国、德国等 8 个国家研究生教育的现状,分析其在国际竞争中的优势与挑战。② 这种比较在一定意义上凸显了这些国家在研究生培养方面的差异性。

一、美国研究生创新型人才培养的原始创新模式

虽然很多国家在研究生教育上增加了投入,进行了制度性改革,以提高研究生的培养质量,但毋庸置疑,至少到目前为止,美国高校的研究生培养从世界范围来看仍然是最好的,其培养出的研究生整体上在创新实践能力方面的确要优于其他国家。根据《研究生国际比较报告》的归纳,研究生教育的优势与创新实践应该包括:

① 研究生教育的研究和定位的国际认可度,包括与国际学位标准保持一致;② 研究型学位的入学测试;③ 一个已建立起经费渠道的大型且受尊重的研究生培养项目分类系

① 刘晶.研究生教育自我评估制度探析——德国和法国的经验[J].学位与研究生教育,2014(11):57-62.
② 徐星.读研究生吗?——全球研究生教育面临的挑战[J].上海教育,2015(11):24-27.

统显然是一大优势,该系统能识别好的做法,大加提倡,并提供高质量的数据信息和学术文章,为该领域的研究做出贡献;④ 社区学院在两个方面扮演了重要角色,为高等教育提供公平渠道,向未被充分代表的群体打开研究生教育的大门;⑤ 助教岗位的设立帮助研究生在完成学业的同时获得更多支持。另外,还提及对 STEM 项目的支持力度保持高水平;博士学位是最具组织性的,使得候选人能发展专业技能等。

其中研究生教育的国际认可度、与国际学位标准一致、支持 STEM 项目、博士教育的组织性、入学测试等优势,不仅表明美国研究生注重创新性能力培养的事实,而且也清楚地指出美国研究生培养质量就是国际标准。此优势的形成是与长期以来美国研究生教育高度重视原始创新研究,注重产学研联合密切相关的。

重视原始创新研究,强调国际领先水平,是美国科技界、教育界和企业共同的追求,这可从二战后至今美国在科学研究方面的做法得到印证:着眼于不断构建和始终保持在全球科技创新中的全面领先优势,在政府财政民用预算和国防预算中以专项资金的方式资助前沿性、原创性基础科学研究和重大技术应用研究,以政府采购和国防订货的方式为创新技术产品培育市场并引导军民两用技术双向转移,以实力雄厚的大企业尤其是大跨国公司通过大力度的研发投入和并购创新型中小企业主导产业技术发展,众多富有活力的中小企业在风险投资支持下成为持续推动产业技术发展的源泉。① 可见,在美国政府的大力支持下,企业加大了研发的投入,也加强了与高校、科研机构合作攻关的力度。

就高校来说,其研究生创新型人才的培养也因为在与科技生产实践的紧密结合而产生了实质性效果。一般来说,美国的研究生学位论文题目大多不大,但论文的内容从解决某个科技难题或企业生产所要解决的问题着手,论文成果具有很强的原创性。而且美国研究生教育的培养目标非常注重与生产和科技发展的实际相结合,如斯坦福大学硅谷的中心地,利用学校的土地及科技力量吸引高科技企业,推动了与产业及科技的结合;霍普金斯大学工程学院,其学科专业涉及土木工程、机械工程、生物工程、化学工程,该学院有大量从企业聘用的兼职导师,企业作为研究生培养的基地,研究生作为企业科技创新的生力军,研究生培养直接与企业的需求相结合。在这里,研究生的课程学习、科学研究与社会服务形成了一个完整的知识生产链条,各环节相互促进也相互激发,学生的创新能力得到切实提高。

美国在英国学院制与德国研究所制的基础上,形成了专业式研究生培养模式。该模式的显著特点,即注重研究生培养过程中系统课程的学习和科研能力的培养。在研究生教育发展与变革中,美国衍生出协作式和教学式研究生培养模式。当然,美国的研究生创新型人才培养模式是一个系统,除了上述注重科教融合和校企合作外,还有其他一些重要特征:如研究生培养目标多元,有学术性、职业性之分;多部门协作培养,校企共同培养;政府主动削弱影响,市场调节引导大学参与竞争,社会力量对研究生培养工作进行监督;导师个体和指导委员会集体指导相结合模式,学生入学较长时间确定真正研究兴趣后,再确定导师;重视基础学科教育;重视学生实践能力的培养,关注跨学科教育;质量评估以社会

---

① 王昌林,姜江,盛朝讯,韩祺. 大国崛起与科技创新——英国、德国、美国和日本的经验与启示[J]. 全球化,2015(9):39-49.

评估为主,采用高校评分办法。

二、英国研究生创新型人才培养的多元化发展模式

国际领先的研究生培养体系及科研能力、丰硕的研究成果是英国研究生教育的巨大优势。数据显示,英国人口占全世界的1‰,科研经费占全世界的3%,论文发表数量占全世界的7.9%,论文的世界引用率为11.8%,而世界最频繁引用论文率为14.4%。[①] 取得上述骄人成就与近20年来英国政府明确将科学和创新列为英国长期经济计划的核心,加大投入、锐意改革,紧锣密鼓地集中和整合科技资源的政策导向相关。

经济与社会的多重需求、国力竞争的紧迫感以及科学自身的新特点都促使这个以科学传统为荣的国家投入一场世界科技竞赛当中。2007年,布朗政府改组教育与技能部,成立了一个新的创新、大学与技能部。该部门提出要最大限度地利用研究基础来支持所有部门的创新,整合了原贸易与工业部和大学的科学研究资源,建立起一个开放活跃的知识经济体系。两年后,创新、大学与技能部与商务、企业与改革部合并,成立了新的商务、创新与技能部。2014年年底,商务、创新和技能部制定国家科技战略,计划未来5年投资59亿英镑用于科学发明和技术创新。

在此背景下,英国政府注重发展以大学为基地的创业型环境。这样一来,大学除了研究和教育的传统职能,还发挥了发展地方经济的作用。剑桥大学、帝国理工学院和牛津大学都属于这一类地方经济与研究机构、教育与创新结合的典范。《研究生国际比较报告》关于英国研究生教育的优势与创新实践主要归纳了3个方面:① 研究产出方面占据较高的国际地位;② 强有力的博士培养和发展体系;③ 研究和研究生教育定位方面的国际认可度,包括与国际学位标准保持一致。另外,与美国一样,英国也对STEM项目的支持力度保持高水平。可见,英国的研究生教育质量,特别是博士培养方面,同样在世界上首屈一指。

近年来,随着博士生教育内外部环境的变化,英国的博士生教育已经开始转向,从没有系统的正规培养到形成系统化的培养方式,更加关注博士生的就业能力和社会对博士毕业生的需求,并在传统的研究型博士生的基础上产生了新类型的博士生培养模式。1992年,英国历史上第一个专业博士学位——教育博士在布里斯托大学(Bristol)诞生后,不仅专业博士学位的种类迅速拓展,而且博士学位的类型日趋多元:课程博士(Taught Doctorate)、论著哲学博士(PhD by Publishedwork)、实践博士(Practice-Based Doctorate)等如雨后春笋,博士生培养目标从单一的以学术为业走向职业分化。2001年,在英国政府、英格兰高等教育基金管理委员会(HEFCE)和英国文化协会(British Council)的全力支持下,英国10所著名研究型大学发起了一种名为新制博士(New Route PhD)的新型研究生教育。

实际上,新制博士与专业博士、ESRC1+3模式、传统的哲学博士密切相关。其中,专业博士由强调高深学问的传统哲学博士与强调职业技能相结合,其核心特征是强调专业性,重视职业技能知识的培养,它的出现是对传统哲学博士忽视专业知识技能培养的纠

---

① 李文靖. 英国科技创新:从自由探索到国家战略[N]. 文汇报,2015 - 05 - 13.

正。"1＋3"博士培养模式是由强调高深学问的传统哲学博士与强调研究方法的教学成分相结合，其明确了传统博士培养另一个被忽视的问题，即仅仅强调博士生培养等同于项目研究过程本身，忽略了博士生也是一名学习者，仍需要不断地学习和训练。可见，新制博士学位是在传统哲学博士、专业博士、"1＋3"博士培养模式基础上产生的一种名副其实的"综合博士学位"，融合了专业技能、高深学问、研究方法等核心要素。因此，新制博士学位的培养教育理念可以概括为"高深学问与专业技能结合""学术研究与课程教学交织"。就发展态势而言，新制博士学位成为英国一项越来越重要的博士学位类型。

三、德国研究生创新型人才培养的工程取向模式

科学技术作为第一生产力，蕴藏着巨大潜能，是国家兴旺发达的不竭动力。德国作为世界领先的制造业强国，正是由于政府和企业重视创新，强调研发，才使制造业水平长期处于领先地位，并转化为经济效益。2014 年 10 月，德国联邦内阁通过了新的联邦政府高科技战略。该战略的目标是加快推动"创新设想"到"具体创新成果"的实现，提升德国经济增长和居民富裕水平。按照此战略计划，德国联邦政府在 2014 年内共支出 110 亿欧元的科研经费。并承诺本届政府在任期内还将新增 30 亿欧元的投入，重点资助领域包括数字化、健康、能源、可持续发展、交通、公共安全等。

为进一步提高德国高校作为经济和社会领域创新伙伴的吸引力，德国联邦政府还将支持高校所在地区探索新的合作策略和创新合作模式，特别是支持应用科技大学与本地区企业共同开展应用型研究和解决方案型研究。2015 年 10 月，德国巴符州科教部批准 10 所综合性大学与应用科技大学（HAW）合作培养博士的项目。在巴伐利亚州，综合性大学和应用科技大学也签署了将应用科技大学的毕业生作为博士生联合培养的协议。此举旨在推动新产品、新服务的开发，更好适应竞争的需要。作为世界领先的创新型国家之一，德国在世界各类创新指数中的排名始终处于 5—10 位，每年研发经费的投入比例高于美国、英国、法国等国家。欧盟国家制定的"到 2020 年研发经费投入达到国内生产总值 3％"的目标，德国早已实现。2014 年，德国教育科研经费达到 2 655 亿欧元，占其国民生产总值的 9.1％。

为了进一步加强科研后备人才的培养，德国科学基金会（DFG）负责联合博士研究生院项目的资助委员会在波恩举行的 2014 年度秋季会议上宣布，批准建立 14 个联合博士研究生院。在从 2015 年起的 4 年半时间内，DFG 将为其提供约 6 000 万欧元（约 4.2 亿元人民币）的经费资助。14 个新联合博士研究生院项目分别由柏林工业大学、柏林自由大学、慕尼黑工业大学、弗赖堡大学（2 个）、格赖夫斯瓦尔德大学、海德堡大学、达姆施达特工业大学、耶拿大学、卡尔斯鲁厄理工学院（2 个）、慕尼黑大学、汉堡大学、萨尔大学等高校牵头实施。专业重点既包括如"大型强子对撞机（LHC）发现西格斯波色子后的质量与对称性研究"等前沿科学、"皮肤癌的特点研究：采取新的靶向治疗法初步阻止癌细胞传播"等应用医学，也涵盖如"现代早期的跨宗教性研究"等人文社科领域。目前，DFG 共资助了 207 个联合博士研究生院，其中 45 个为国际联合博士研究生院。在联合博士研究生院项目框架内，博士生可以通过系统的研究和培养项目，高水平地完成其博士研究和论文

撰写。①

尽管结构化的培养模式被视为德国博士培养的重要转型之路,但是从签订培养合同的情况而言,传统的培养方式依然为众多的社会和人文学科所重视。"在根本上,传统的师徒制模式虽然被认为存在问题,但有其深厚的组织和文化基础。一方面,在以教席制为基本单位的大学组织结构中,由教授领导、组织隶属于教席的研究员进行教学和科研工作是德国大学学术活动的基本模式,那些'在职读博'的研究员对教授个人的高度依赖是制度性的;在人员比例上,研究员大约占德国大学全部教研工作人员的70%,他们对大学的科研和教学工作而言至关重要,在现有体制中其岗位难以减少或取消。另一方面,在以科学研究为核心任务的德国大学学术文化影响下,博士生培养过程中的'教育'或'训练'的因素被忽略,而独立和'寂寞'也被认为是博士研究生科研的'应然'状态。可以说,师徒制的培养模式内嵌于德国大学的组织结构和学术文化之中,代表了德国大学基本的学术生态。而新的结构化改革目前还只是在这样一种基本模式之外进行的有限尝试,并未涉及大学组织制度的根本改变。"②这也形成了德国研究生创新型人才培养的多元化模式。

四、日本研究生创新型人才培养的工业实验室模式

日本不仅是经济强国,更是科技强国、教育强国。"科学技术是第一生产力"在日本得到了很好的诠释。日本经济的跨越式发展,首先要归功于近年来日本科技所创造出来的"神话",而科技神话的创造又得益于科技人才的培养,但归根到底得益于日本先进的隐性文化理念。特别是教育,对日本经济发展、科技创新起到了决定性的推动作用。③

第二次世界大战后,日本主要实施"吸收性"发展战略,即先引进,消化吸收,模仿制造,实现国产化以替代进口;在技术积累到一定水平后,进行改良创新,开发新产品,实现出口,占领国际市场。然后,日本政府开始重视基础研究,科技政策也从依赖型走向自主型,并于1986年和1992年两次通过(修订)了"科学技术政策大纲",1994年,日本政府提出"科技技术创造立国",1995年,又通过了"科学技术基本法",并于1996年、2001年和2006年制定了三期科技基本计划,并在第二期计划中确定了生命科学、环境、信息通信、能源、制造技术、纳米技术、社会基础、前沿技术等8个国家重点领域。而且,在第三期计划中确定了"科学技术重点化战略"。2010年,日本公布了第四期计划草案(2011—2015),关注环境问题和公共健康问题。

2015国际权威研究机构《汤森路透》发表了新的一年全球企业创新排名TOP100。全球创新企业100强中,日本40家,美国35家,法国10家,德国4家。在2014年之前美国一直是第一名,2014年之后被日本超越。从这几年的报告中可以看出,日本的创新已经发生巨大变化。日本其实早就抛弃已经沦为低端制造业的家电之类产业,转变为全力投入BtoB、新材料、人工智能、医疗、生物、新能源、物联网、机器人、高科技硬件、环境保

① 殷文.德国科学基金会批准新建14个联合博士研究生院[J].世界教育信息,2015(4):73-74.
② 秦琳.从师徒制到研究生院——德国博士研究生培养的结构化改革[J].学位与研究生教育,2012(1):59-64.
③ 龙梦晴.日本隐性文化理念对科技创新战略的影响评析[J].华中师范大学学报(人文社会科学版),2011(S2):59-62.

护、资源再利用等新兴领域。

在研究生培养上,日本做法的特点主要是:既培养学术性人才,也培养专业性职业人才;校企合作、产学研结合,重实践能力培养;入学考试注重能力选拔,笔试检查资质,面试考察研究生动手能力;强调基础理论知识的学习;重视学科的交叉和渗透;讲授与研讨结合。日本是在引进德国讲座制和美国研究生院制的基础上,形成了"附庸式"和"工业实验室"两种不同类型的研究生培养模式。

前者是指学部是大学教学和管理的基本单位,学部内分设若干研究科,作为培养研究生的组织机构。研究生院虽设有负责研究生教育的研究科委员会,但是有关研究生教育的预算、人事等制度仍由学部决定。以培养研究生为目的研究科相对虚化,使得研究生教育成为本科教育的附庸。后者是指二战后工业已经替代大学成为主要的科研中心和研究生教育训练基地,日本公司吸收第一级学位的获得者,辅之以用人单位内部的高级训练,职员可以在公司里完成科研工作并能够写成文章,同时提交给大学作为授予博士学位的一篇论文,取得博士学位。大学主要通过象征性的高级课程学习,特别是授予具有国际意义的高级学位,提供一些认可。日本工业已经成为应用研究和有关科研训练的大本营,并且日益成为基础研究的动力站。

需要说明的是,创新型人才的培养具有内在规律,更多表现出的是彼此之间的共性,本节有意识地区分美国、英国、德国和日本的研究生培养模式,只是相对意义上的,是历史发展阶段上表现出来的不同特点而已。

第四节　国外研究生创新型人才培养的启示

上述几国研究生创新型人才培养的介绍,可以给我们提供如下启示:

一、要明确研究生教育在国家创新体系中的地位

当今世界知识经济迅猛发展,科学技术日新月异,世界各国纷纷把建立国家创新体系作为重大战略目标,而培养大批创新型人才乃是重要的战略举措和有力保障。近代以来,美、英、德、日四国研究生教育对实现国家战略、促进现代化强国建设的历史贡献,清楚表明大部分重大科学发现和知识创新都是由研究型大学推动的,研究生教育在世界重大变革和科技创新中发挥了重要作用。1810年,德国开创了现代研究生教育的先河,把人才培养与科学研究紧密结合,很快取代法国成为世界科技中心。美国借鉴德国经验,建立现代研究生院制度,加强应用科学研究,到20世纪中叶超越欧洲成为世界科技和经济的中心。日本二战后提出"科技立国"战略,把研究生教育作为发展重点,使大学成为日本高科技产业的策源地。

当今时代,全球范围内科技创新呈现出前所未有的发展态势,新一轮科技革命和产业变革呈现出历史性交汇。越来越多的国家认识到人才的极端重要性,高端人才已成为争夺的焦点。无论是发达国家还是发展中国家,都把研究生教育作为培养和吸引优秀人才的重要途径。美国近年来发布了一系列提升研究生教育创新力和竞争力的法案和报告,一个重要目的就是保持研究生教育的领先地位,吸引大量海外优秀学生和顶尖学者。欧

盟自 1999 年启动博洛尼亚进程以来,千方百计增强欧洲研究生教育的竞争力,吸引各国优秀学生攻读其博士学位。

总的来看,研究生教育是国家人才竞争和科技竞争的集中体现,是建设创新型国家的核心要素之一。可以说,没有强大的研究生教育,就没有强大的创新体系。在我国新一轮研究生教育改革中,我们必须充分认识研究生教育的重要性,增强危机意识和忧患意识,切实提高研究生教育的质量,增强我国研究生教育的竞争力、吸引力和培养能力,在激烈的国际竞争中赢得主动,形成优势。具体而言,就是要重点推进体制改革,明确研究生教育在知识创新、技术创新、知识传播和知识运用中的职责定位。研究生教育应成为知识创新的起点和源头,在传承传统的过程中创新知识,支撑和推动知识的创新。同时,研究生教育是技术改革的引导者和推动者,是技术研发和创新的主要途径;并成为知识传承和传播的主要通道,进而推动知识运用和转化,成为知识运用系统中的主要力量。在四个子系统中,研究生教育职责的定位均是以国家目标、产业需求和国家需求为发展导向,以推动我国经济持续稳定发展为目标。

二、要进一步明确研究生教育的培养定位

在德国古典大学观的影响下,过往的博士教育一直矢志不渝地培养下一代的科学家,"高等学术机构其立身之根本在于探究深邃博大之学术"的"洪堡精神"为各国博士教育发展打下了深深的烙印。然而在当前博士教育变革的时代,各国对博士毕业生就业"社会弥散性"的应对却并没有恪守"洪堡精神",而是普遍通过积极主动地追踪博士生的职业发展,改革博士培养理念,努力把博士们打造成各行业的精英。博士教育的目标已不再是单一地培养学者,而是强调通过学习与研究使博士生养成良好的问题意识、批判性思考能力、科学分析问题的能力等,为进入各行各业成为职场精英和行业领袖做好准备。

正如 2015 年在牛津大学所召开的第二届博士教育进展国际会议发布的《牛津宣言》中,"作为新知识、新观点及新方法的创造者,博士学位获得者们卓有智慧、能力非凡且多才多艺,他们能够成功进入宽广的职业生涯,为技能型劳动力形成做出重要贡献,这对 21 世纪的知识经济时代尤为关键,必须受到充分认识和广泛宣扬"。美国的研究生培养也是多层次的:既有面向科技前沿的基础研究博士学位,也有培养合格的经济社会发展建设者的专业学位。2012 年,美国研究生院理事会发布报告《从研究生院到职业生涯之路》指出,不仅是博士教育利益相关者要透过职业生涯信息更全面地了解博士学位的价值,教师也要立足于培养学生全面职业技能和职业发展来开发课程。2015 年,该理事会的报告《博士职业路径对学位点改进的意义》进一步显示,美国有 83% 的研究生院每年都会追踪博士生的职业发展情况,并且其中 27% 的研究生院都搭建了正式的追踪渠道。

而我国大多数高校还在追求办学规模的扩大,追求学科专业的涵盖面,追求博士学位点、硕士学位点的数量。其结果是研究生培养部门专管培养,一方面企业用人部门缺乏创业和实用人才,社会缺高端人才、创新型人才、工程人才、基础人才,另一方面培养出的很多研究生找不到合适的岗位。因此,我国在学校层面要明确研究生的教育定位。首先,研究生教育规模要与学校的师资情况与科研能力相匹配,这是研究生教育可持续发展和质量保证的前提。其次,学校要为研究生提供多样化培养模式,引导其积极进行科学探索,

鼓励其创造精神,并在教学方式、课程设置等方面保证创新能力的培养。

三、要加强研究生课程体系建设

合理有效的研究生课程体系是激发研究生学习兴趣和提高研究生教学效果的重要前提。美国的研究生教育在经历了长时间的发展和积淀之后,形成了独具特色又较为稳定的研究生课程体系,如强调基础理论课程教学,提倡学科交叉,增设跨学科课程,灵活学生选课和教师授课形式,注重知识更新和对课题进展的合理考评等,[①]其研究生的教育水平和培养质量一直以来都处于世界领先地位。

近年来,德国、英国和日本的研究生教育也在大力借鉴美国的课程模式,如日本在二战之后就确立了美国式课程制研究生教育制度,并在 20 世纪 80 年代末进一步开启了贯彻课程制研究生教育制度的宗旨,启动了日本战后最全面、最深刻的一次研究生教育改革。2005 年以来,更是把改革重心放在了提高质量上,以研究生教育实质化作为提高质量的切入点,大力强化研究生教育的人才培养功能,成效明显。[②] 德国在新增加的博士生项目中,已不单纯以分数取人,注重全面考察,尤其注重学习者的学习动机;选修课程非常多样化,学生可以根据自己专业方向的需要进行选择;对博士研究生的培养很重视基础知识结构的掌握和学习,学生除了接受自己导师的指导以外,还有许多与其他学者进行交流的机会。[③] 而新制博士学位强调"高深学问与专业技能结合""学术研究与课程教学交织",融合了专业技能、高深学问、研究方法等核心要素。它以培养政府、企业等领域从事管理和应用研究的人才为主,在课程设置上增加研究方法论、通用性知识方面的课程,在培养方式上引入了教学模块,在质量监控上通过招生准入、过程监控、毕业考核三个阶段建立了严格的监控体系。[④]

对我国研究生创新型人才培养的启示在于,要加强研究生课程教学模式的研究、课程体系的研究,让课堂教与学产生互动,相互交流,相互启发,使学术研究和探讨精神贯穿于研究生培养全过程。而且要根据学科发展规律以及学科在经济建设和科技发展中的作用,构建学科专业人才的知识和能力体系;紧跟学科前沿,适应学科发展需要,更新教学内容,增加新知识、新技术和新方法,使研究生的课程体系有足够的宽广度和纵深度,并具有前沿性和前瞻性,突出学科自身的优势和特色。通过努力改进教学手段,增强教学效果,不断提高研究生课程教学质量。在课程设置上,硕士生课程开设应注重基础性和技术应用性,加强基础理论学习和实践能力培养。博士生课程开设应注重前瞻性和科学研究性,加强科技创新精神和能力的培养。博士生课程设置的改革应本着加强基础理论、交叉学科课程的比重,适当降低英语、政治课在课程设置中的比重。此外,应鼓励各校博士生在课程学习中打破学科间的限制,实行学分互认。

---

① 张欢欢. 美国研究生课程体系建设的经验及启示[J]. 上海教育评估研究,2015(1):23-26.
② 饶从满. 强化研究生院的人才培养功能——世纪之交以来日本研究生教育改革的走向[J]. 学位与研究生教育,2010(2):71-77.
③ 陈正. 德国博士生创新能力培养模式探析[J]. 高校教育管理,2012(1):53-57.
④ 李晶. 英国新制博士学位人才培养模式初探[J]. 研究生教育研究,2014(2):91-95.

四、实施贯通式研究生培养模式

现代大学博士研究生教育"源于德国,盛于美国"。德、美两国博士研究生培养采取的是"本—博"贯通或"本—硕—博"贯通培养模式。其主要特征:一是贯通;二是开放。贯通培养模式有利于统筹安排硕士和博士阶段课程学习、科研以及学位论文的写作,夯实了专业基础,同时为出高水平的博士学位论文及研究成果提供了较充裕的时间,有利于促进培养质量和效益的提高。

近年来,美、英、德、日等教育发达国家根据社会需要和人才成长的内在规律,也在不断进行改革,但其重点主要表现在改进和完善博士生教育的运行环境,包括培养目标、过程、保障机制及教育方式、方法等方面。目前,世界上绝大多数国家的博士研究生培养模式基本都是在借鉴和学习德、美博士研究生培养模式的基础上形成的,与美、德模式大同小异,只是在运行机制上,不同国家结合自身实际,有所差异。因此,贯通培养是目前绝大多数国家博士研究生的通行的培养模式,并形成了较为完善的运行保障机制。[①]

长期以来,我国高等教育被分成本科生、硕士生和博士生三个教育阶段,经过20多年的高等教育实践,随着现行整齐划一的人才培养模式不再适应高等教育日益多元化的发展,特别是在一些对基础理论和系统专门知识的学习及掌握有很强的连续性要求的基础学科,这种阶段划分在实际运用中得到不同程度的弹性化处理。于是,理科和医科开始采用"本硕博"贯通的培养模式。对此类学科的学生择优进行"本硕博"贯通的改革,通过整合优势资源,优化培养过程,加大指导力度,开展科学持续的培养,有利于造就一大批拔尖创新型人才,使之成为相关学科领域的领军人物,以满足社会发展的需要,学科建设的需要,大学自身发展的需要。

因此,课程贯通首先要形成纵向兼容性的课题体系,形成本硕博统一的选课系统,向不同学习能力、学习需求的学生开放所有课程,而不是向不同身份的学生开放(如本科生、硕士生、博士生)。[②] 如学习能力强的本科生,可以修习直达博士水平的课程,也可以同时修习多个学科专业的课程,为高年级时(本科生)参与高水平科学研究、跨领域科学研究提供支持。"本硕博"课程贯通的实行,可以从选课环节等某几个点逐步突破,但要在培养拔尖创新型人才方面发挥更大作用,还需要相应理念的支持。如"教育是发现和成全"——拔尖创新型人才是某领域小部分天赋异禀的学习能力强的人,杰出人才的出现是小概率事件。培养拔尖创新型人才的重要措施之一:及时发现各领域天赋异禀之才,并提供其所需的课程、培养资源与成长环境。又如以学生为中心的理念,培养过程是按照学生的学习(研究)进展来开展,而不是按照既定的培养方案(或科研成果要求)来开展等。

五、要拓展研究生教育国际合作渠道

研究生教育是教育链的最高端,只有把最高层次的教育做好了,才能成为教育强国。研究生教育国际合作与交流的目的是要提高研究生培养质量,尤其是要培养能够适应全

---

① 刘劲松,徐明生. 贯通式博士研究生培养模式困境与重构[J]. 研究生教育研究,2017(2):47-51.
② 陈昷明. "本硕博"课程贯通的核心是什么[N]. 中国教育报,2016-03-14.

球化的趋势,具有国际化视野与行动能力的高层次、高素质人才。① 同时,研究生教育国际化将促使大学办学更加开放,大学间的联系交流更加紧密,促使研究生教育与人才培养能够充分利用国际的学术环境和条件,在国际交流的学术氛围中得到发展。另外,世界一流大学只有以一流的生源、优秀的师资、先进水平的学科、高水平的科研、广泛的国际联系、一流的管理水平等才能吸引国外的优秀学者。

美国研究生教育国际合作具有合作模式灵活多样、培养目标明确、师资和生源多元化、质量保障体系完备等特点。② 英国政府一方面认为区域性教育合作能够提升研究生教育的国际影响力,加大与欧洲各国在研究生教育方面的合作和交流,参与欧洲高等教育质量保障体系的设立;另一方面将学生需求、企业需求和学生体验纳入研究生教育质量评估体系,确保在课程、学科、教学、科研等方面能达到国际化的标准,以此来吸引更多的国际学生。③

德国近年来采取多样化的海外招生宣传,引入与国际接轨的学制,开设英文授课专业和合作办学项目,在不收学费的同时提供多元资助,为留学生提供全方位的生活融入服务,放宽留学生就业与居留限制等政策,使得德国成为仅次于美国和英国的世界第三大留学目的地国。④ 2014 年日本政府推出了"顶级全球性大学计划"(Top Global University Project),旨在通过大学的全面改革,加速高等教育国际化的进程,提高日本高等教育的国际竞争力。

应当说,具有国际化视野和国际竞争力是我国研究生教育与国际接轨的必然要求。为此,各高校应确立国际化的研究生培养目标,加大与国外一流大学联合培养研究生的力度。要建设国际化的研究生课程与教学体系,在课程设置、课程大纲、教学内容、教学方法、教学手段、教材建设等方面与研究生教育国际化的要求相适应。同时要努力营造研究生教育国际化培养环境,通过联合培养、互认学分、研究生互访和短期交流、研究生参加国际学术会议等方式建立实质性的国际合作。最后,国际合作要从目前的"走出去",逐步发展到"引进来",吸引国际优秀生源到我国领先优势学科学习,加强优秀国际生源的引进力度。⑤

---

① 查远莉.研究生教育的国际合作与交流研究[D].武汉:华中科技大学,2012:Ⅰ.

② 穆伟山,乔静雅.美国研究生教育国际合作的特点及启示[J].学位与研究生教育,2013(4):73-77.

③ 武翠红,赵丹.英国研究生教育改革的理念、策略及启示[J].高校教育管理,2016(4):112-117.

④ 孙进,宁海芹.德国作为留学目的地国之魅力溯源——兼析德国吸引留学生的国际化政策[J].比较教育研究,2015(12):1-8.

⑤ 武晓维,朱中超,季燕.美国研究生培养质量保证举措及启示[J].江苏高教,2011(5):61-64.

实践探索篇

SHI JIAN TAN SUO PIAN

（以江苏部分高校为例）

第九章　南京大学研究生创新型人才培养研究

南京大学研究生教育围绕创建世界一流大学的总体目标,明确了以创新能力培养为基础,全面提高培养质量的指导思想,重点突出培养机制的系统性和前瞻性、培养平台的开放性和互动性,以自主科研项目为牵引,构建跨学科研究平台,提升研究生科研创新能力;以国际交流项目为纽带,打造国际学术交流平台,提升研究生学术起点;构建优秀人才培育平台,提高研究生培养质量。长期以来,南京大学培养的研究生因较高的学术水平、创新能力和良好的专业特色,受到用人单位的普遍赞誉,在全国高校、科研、企业等各条战线上发挥着骨干作用,为国家的繁荣和科学技术的发展做出了重要贡献,涌现出了一大批优秀的科学家、科技工作者、工程技术人员和经济管理人才。当前,南京大学研究生教育处于系统性改革的关键时期,学校紧紧围绕"中国特色、世界一流"的建设和发展模式,以建成完整的具有南大特色的拔尖创新型人才培养新体系为目标,为民族复兴与社会发展提供源源不断的人才支撑。

第一节　南京大学研究生教育总体情况

作为我国最早进行研究生教育的大学之一,南京大学于 1954 年恢复研究生招生,到 1965 年,共招收 276 名研究生。1978 年,南京大学成为全国首批恢复招收研究生的高校之一,1984 年,南京大学被列为首批试办研究生院的单位,并在 1995 年由国务院学位委员会办公室和国家教育委员会对全国 33 所研究生院的综合评估中名列前茅,被批准正式成立研究生院。南京大学研究生院的建立,标志着南京大学的研究生教育进入了一个新的阶段。此后,随着南京大学首批进入"211 工程"和"985 工程"建设以及国家重点建设的高水平大学的行列,南京大学研究生教育进入了一个崭新的发展时期。

南京大学拥有一批实力雄厚的基础优势学科,国际影响力显著。2012 年,在教育部学位中心组织的学科评估中,南京大学 3 个一级学科排名第一,9 个一级学科排名前 3,16 个一级学科排名前 5。据有关统计,截至 2015 年年底,南京大学有 15 个学科进入 ESI 世界排名前 1%,其中化学学科进入 ESI 世界排名前 1‰。在 QS 公布的 2014 年学科排名中,南京大学有 20 个学科进入世界前 200 位,在全国高校中位列第 5。

目前学校研究生在校数共 16 200 人,其中博士生 5 335 人(学术型学位博士生 4 978 人;专业学位博士生 35 人),硕士生 10 865 人(学术型学位硕士生 6 179 人;专业学位硕士生 4 475 人)。全校共有 40 个博士学位授权的一级学科、专业博士学位授权点 1 个,专业硕士学位授权点 23 个。学校现有一级学科国家重点学科 8 个,二级学科国家重点学科 13 个,国家重点(培育)学科 6 个,江苏高校优势学科建设工程二期项目立项学科与重点序列学科 22 个,江苏省一级学科重点学科 18 个,国家实验室(筹)1 个,国家重点实验室 7

个,教育部重点实验室 8 个,江苏省重点实验室 8 个,国家工程技术研究中心 1 个,省部级工程中心 14 个,国家基础学科人才培养基地 13 个,国家生命科学与技术人才培养基地 1 个,教育部人文社会科学重点研究基地 4 个,近百个跨学科研究中心,这些学科和科研平台为南京大学研究生教育提供了坚实基础。

南京大学拥有一批在国内外具有重要学术影响的学者,共有博士生导师 727 名,其中中国科学院院士 28 名、中国工程院院士 3 名、第三世界科学院院士 4 名、加拿大皇家科学学院院士 1 名、教育部"长江学者奖励计划"特聘教授 90 名、讲座教授 25 名、国家杰出青年基金获得者 101 名、973 计划和重大科学研究计划项目首席科学家 36 名、国务院学科评议组成员 19 名、国家级教学名师 10 名。

近年来,南京大学研究生教育质量稳步提高,并取得了可喜成绩。南京大学研究生院在 2000 年、2004 年、2007 年、2011 年连续四届获得江苏省高等教育教学成果一等奖;在《中华人民共和国学位条例》颁布十周年之际,由南京大学培养的 20 名毕业生被国务院、教育部授予"在工作中做出突出贡献的中国博士、硕士学位获得者"的光荣称号;南京大学有 44 位博士的学位论文入选"全国优秀博士学位论文"、56 位博士的学位论文入选"全国优秀博士学位论文提名论文";南京大学有 25 部教材由教育部及国务院学位委员会办公室推荐为"全国研究生教学用书"。

第二节　南京大学研究生创新型人才培养的重要举措

近年来,南京大学在研究生培养上坚持"适度规模,优化结构,分类指导,提高质量"的指导思想,围绕"重潜能、重能力、重质量"的培养目标,充分发挥学科综合优势与特色,依托高水平科学研究与科研基地建设,创新各类高层次人才培养模式,完善研究生培养质量的保障机制与体制。

一、深化研究生选拔制度改革,建立以潜能考察为核心的多元化人才选拔机制,吸引优质生源,提高生源质量

南京大学改革人才选拔制度与机制,坚持科学的选拔标准,突出科学素养、综合素质和创新潜能的考核。学校以社会需求和国家中长期发展规划为导向,实施研究生教育战略性结构调整,按照学术型和专业型研究生培养目标,紧密围绕学校研究生培养机制改革工作,分类选拔人才,满足国家与社会对人才的多元需求。

南京大学以全过程质量指标体系、培养条件质量指标体系以及培养模式改革质量指标体系为中心,建立以绩效评价为核心的招生计划动态分配机制。学校进一步落实人才选拔过程的科学性、严肃性和可追溯性,建立以往招生状况对今后招生计划分配的负反馈系统。学校重新调整各院系学术型硕士和专业型硕士招生计划的结构性安排,结合各院系的学科特点,对现有院系实施评估,并根据评估结果实行计划增减。

南京大学实施优质生源质量工程推进计划,一方面继续加强优秀本科生推荐免试和优秀硕士生提前攻博工作。学校鼓励院系探索适应新时期发展需求与特色化的人才选拔模式,稳步推进博士研究生入学"申请—考核"制,打通学术型硕士和博士的培养通道,逐

步改变学校博士生的生源结构,提高博士生的生源质量,实现博士研究生培养的入口优化。同时,学校积极探索跨学科招收博士生的新途径;另一方面学校进一步提高奖学金,尤其是面向国外留学生奖学金的竞争力,面向国际,扩大研究生招生选择范围,加大面试力度,招收最有潜力的优秀学生。

南京大学博士研究生来自"985"高校的学生比例已由 2010 年的 44.38％上升至 2015 年的 61.88％。2015 年接受的推荐免试学生总接收人数达到硕士生招生计划的 53％,纯硕士生接收人数(扣除直博人数)达到硕士生招生计划数的 48％,"985""211"以上生源率达到 95％以上。

二、深化研究生培养机制改革,构建以能力培养为核心的互动性培养机制,拓展研究生国际视野,提升创新能力

南京大学探索有利于创新型人才成长的培养机制,加强高水平研究生课程建设,建立导师与学生、学校与社会、国内与国外以及跨学科的交流互动平台,形成良性互动,全方位营造研究生教育创新环境,激发研究生创新思维,提升研究生创新能力,培养一批具有国际视野和创新能力的高层次人才。

南京大学全面实施英才计划,每年从一年级优秀硕士研究生(免试推荐生)中遴选 200 人,适应个性化人才培养要求,在直博或硕博连读等形式上创新拔尖人才培养方式。南京大学为入选该计划的研究生创造良好的科研氛围和条件,在江苏省或南京大学研究生创新计划项目资助和国家公派到国外攻读博士学位及联合培养博士研究生等方面给予优先考虑。

南京大学实施研究生创新工程推进计划,设立研究生跨学科科研创新基金,建立健全研究生激励创新机制,鼓励在校研究生积极参加对科学发展有重要影响的原创性学术研究或具有应用前景的技术创新研究,鼓励自由探索,重点支持不同专业研究生跨学科联合申请的研究课题。南京大学实施优秀导师建设计划,加大引进高水平外籍学者担任研究生指导教师的力度,修订适合学校各学科发展的博士生导师遴选条件,严格导师考核,建立完善"能进能出,能上能下"的流动机制,加强师德和学风建设。

南京大学实施"精品课程"建设计划,以"985 工程"二期重点建设的 240 门核心课程为基础,遴选 100 门精品课程进行重点建设。南京大学借鉴国际先进的教学理念、教学方式、教学内容和考核方式,同时加强课程内涵建设,推行研究讨论式、专题讲座式、启发式、案例式等体现研究生教学特点的教学方法,构建体现学科前沿、有利于提升研究生研究能力和创新能力的高水平课程体系。

三、深入推进研究生培养的国际化进程,建立以提升质量为核心的国际化评价机制

以学科发展为导向是南京大学推进研究生培养国际化的基本思路。在具体实施过程中,南京大学将学校重点发展学科与国外高校优势学科统筹考虑,将学科发展与国家发展战略及社会需求相结合,优先在学校重点发展学科和交叉学科领域与世界一流大学和科研机构加强交流与合作,以提升学校研究生的国际竞争力和学术影响力。南京大学通过公派研究生出国攻读学位或进修访学、合作科研、支持研究生,特别是博士研究生参加相

关国际学术会议、聘请国外著名专家学者参与培养研究生、实施博士研究生短期国外访学项目等方式,大幅增加优秀研究生联合培养和出国交流的比例,大力提高学校研究生教育的国际化程度,努力缩小研究生教育与国际先进水平的差距。目前,学校 50％以上的博士研究生在读期间具有国际学术交流经历。

此外,南京大学在研究生学位论文评审上推进国际化评价机制,在物理学、化学等优势学科实行学位论文国际化评审制度,逐步缩小与世界一流大学在创新型人才培养上的差距,着力提升研究生教育的国际化水平。

第三节　南京大学研究生创新型人才培养成效

一、跨学科人才培养探出新路

南京大学研究生院在国内最早设立博士生联合申报跨学科研究项目并给予很高的经费资助,项目实施宗旨:搭建平台、营造氛围、择优资助、着眼未来,为国家中长期科技发展提供创新型人才。该项目重点资助由两人及以上不同一级学科的博士生联合申报的跨学科研究项目,鼓励博士生充分利用已有的专业知识,在双方共同感兴趣的领域开展合作研究,调动博士生在新领域内自主研究、自由探索的积极性。学校资助以文科为主的跨学科项目 2 万元/项、以理工科为主的跨学科项目 12 万元/项。自 2005 年启动该项目以来,学校 2 400 多位博士研究生参与项目的申报,经专家评审,231 项跨学科项目获得学校资助,入选项目涉及物理与化学、声学与医学、材料与电子、材料与化学、材料与医学、生物与化学、生物与物理、地质与环境、地理与历史、环境与化学、天文与物理、中文与历史、社会与管理、经济与环境、情报与英文、计算机与外语、数学与生物等交叉学科,极大调动了博士研究生在跨学科领域主动探索开拓的积极性和主动性。该项目以自主性的跨学科研究项目为立足点,营造出一种氛围,不仅激发博士生开展有挑战性、有风险的跨学科项目的研究动力,在博士生之间形成一个有效的、广泛的、没有学科限制的科研交流平台,为博士生长期的多方位的科研合作奠定基础,而且也进一步促进了导师之间的跨学科研究活动。同时,该项目以跨学科研究为牵引,将跨学科人才培养从以往注重跨学科招生、跨学科选课进一步拓展到科研合作层面,激发了博士生跨学科研究意识,提升博士生多视角发现问题、多学科方法解决问题的跨学科研究能力,探索出研究型大学跨学科人才培养的新模式。跨学科项目着眼于未来交叉研究领域领军人才的培养,目前,该项目对提升博士生科研创新能力的影响已初现端倪。

二、在国际化氛围中全面提升博士生的学术起点

南京大学借助国际学术会议、国家留学基金委项目、"985 工程"平台和基地项目、校际交流项目、院系交流项目、导师科研合作项目等交流渠道,鼓励并资助研究生走出实验室,走出学校,走出国门。研究生学术视野不断得以开拓,迅速步入国际学术前沿。研究生参加国际学术交流人次逐年上升,已由 2006 年 147 人次上升至 2013 年 507 人次。通过参加国际学术会议,研究生不仅拓宽了学术视野,也为以后的合作研究创造了潜在的

机会。

鼓励研究生积极参加国际学术会议、到国外一流大学访学是南京大学推进学术国际化的有力举措。学校正是通过这样的会议交流以及科研合作，让人们在国际学术舞台上听到来自南京大学的声音，领略了南京大学所培养的研究生的风采，南京大学也更加被世界所了解、熟悉和关注。同时，国际交流也促使研究生更快地了解国际学术的最新进展以及主流方向，立足国际学术前沿，逐步缩短与国际先进水平的差距。

广泛的国际学术交流培养和造就了一批具有创新能力、活跃在国际学术最前沿的优秀人才。2008—2011 年南京大学入选全国百篇优秀博士学位论文数 11 篇，73% 的入选作者参加了各种形式的国际学术交流。

三、促进高端人才培养与尖端科学研究良性互动

南京大学设立"南京大学优秀博士生创新能力提升计划"，鼓励和引导优秀博士生在学期间接受更严格的科学训练，从事高水平、创新性的科学研究工作，完成具有挑战性的研究成果。该计划经导师、院系选拔推荐，每年评审两次，对批准获得提升计划项目的博士研究生，学校在其学制延长期间给予生活费资助，A 计划资助额度为每年 8 万元，B 计划资助额度为每年 4.2 万元，项目实施周期为一年。该项目自 2012 年 7 月起开始实行，每年评审两次，到目前为止已经遴选了 5 批，25 位博士入选 A 计划，38 位博士入选 B 计划，涉及 19 个一级学科，哲学、理论经济学、中国语言文学、中国史、管理科学与工程、数学、物理、化学、天文学、地理学、大气科学、生物学、电子科学与技术、计算机科学与技术、环境科学与工程、临床医学、管理科学与工程、工商管理、图书情报与档案管理等。该项目已取得初步成效。2014 年提升计划 A 项目获得者、模式动物研究所 2010 级博士研究生沈彬同学，连续以共同第一作者身份在高影响力期刊 *Cell*、*Neturem.ethods* 发表研究成果。其所在课题组参与南京医科大学、云南省灵长类生物医药研究重点实验室联合项目，获得世界首只基因敲除猴。该成果以主题为《制作基因敲除食蟹猕猴：在单细胞胚胎中应用 Cas9/RNA 基因打靶技术》的论文形式于 2014 年 1 月 30 日在线发表于 *Cell* 杂志，沈彬为共同第一作者。2014 年提升计划 A 项目获得者、天文与空间科学学院 2010 级博士研究生周平同学，发现一颗周期为 11.56 秒的磁星，是已知的 9 颗暂现磁星中旋转最慢的。此星也是目前已知的第 3 颗低磁场磁星，具有十分重要的研究价值。这是中国学者发现的第一颗脉冲星，是我国脉冲星研究领域一项零的突破。另外，周平同学还获得了三个国际一流望远镜观测项目。

第四节　南京大学研究生创新型人才培养的问题与挑战

一、具有南大特色的创新型人才培养体系还有待进一步健全

南京大学将创新型人才培养体系作为创建"双一流"的基础性工程。当前，学校"三三制"本科教育改革成效显著，"四三三"博士研究生培养机制改革取得阶段性成果，拔尖人才培养理念日益清晰。但以培养创新拔尖人才为目标的总体性教育改革任务还十分艰

巨,具有南大特色的创新型人才培养体系及运行机制还有待进一步健全。

二、硕士研究生培养模式及其运行机制面临严峻的挑战

南京大学如何在新形势下回答硕士研究生培养中重大问题并加以改革实践,创新硕士研究生培养模式及其运行机制,形成一体化、特色化、内涵型的本硕博创新型人才培养体系还面临严峻的挑战。硕士研究生培养处于本科生培养与博士研究生培养的承上启下阶段,是人才培养在做人、知识和能力等方面的关键转型期。在创新硕士研究生教育改革方面,需要从理论与实践角度进行思考。

第五节 南京大学研究生创新型人才培养的改革策略

一、推进并完善"二三三"硕士研究生培养模式

南京大学将实现学术学位和专业学位两类学生的互动培养,构建和加强转型期基础教育、专业教育与训练和实际能力培养与实践三个培养阶段,建立导师指导和学生自主选择相结合的分流培养机制,为学生提供专业学术类、选择性交叉复合类和就创业导向类三条能力实践路径。

学术学位硕士研究生以特色化课程建设为着力点,专业学位硕士研究生以实践基地为支撑,构建和加强转型期基础教育、专业教育与训练和实际能力培养与实践三个培养阶段;建立导师指导和学生自主选择相结合的分流培养机制,为学生提供专业学术类、交叉复合类和职业导向类三条能力实践路径,构建"培养类别对接、课程内涵提升、交叉复合选择"的硕士研究生课程体系。

二、构建"四三三"博士研究生培养体系

南京大学将以博士研究生培养全过程质量管理为主线,在预锁定、硕士生、博士生和弹性延长等四个培养阶段,建立全过程质量指标体系、培养条件质量指标体系和模式改革质量指标体系,实行分阶段、分类型、分层次的激励机制,构建以弹性资源分配为导向的学校与院系良性互动机制。

南京大学将博士研究生培养过程分为知识阶段、能力阶段、论文阶段、贯通阶段等若干递进阶段,建立和完善博士研究生的择优选拔、特色培养、分流管理、分层激励机制,形成学校的宏观指导与院系的具体实施两个层面的良性互动,改革招生方式,构建博士研究生招生计划分配新机制。学校将强化过程管理,严格实行博士资格考核,建立择优分流机制;健全论文质量保证体系,实行博士学位论文校级层面抽检盲审;建立以激励为目的弹性学制,实施优秀博士生创新能力提升计划;健全奖助体系,建立分阶段、分类型、分层次激励机制,建设具有南京大学特色的"四三三"博士研究生培养体系。

三、建立教学激励机制和质量保障体系

南京大学将设立南京大学研究生课程教学成果奖,同时,实施南京大学研究生名牌课

程和教学名师与团队专项奖励计划,并列为院系及教师年终考评评价指标。学校将开展研究生课程教学评价工作,完善评价反馈机制,鼓励引入社会专业机构对研究生课程教学质量进行诊断式评估。通过规划引导、资源配置和质量监管等手段,学校鼓励和支持研究生培养单位不断加强课程建设、教学改革和课程教学管理。

通过以上改革,学校希望实现研究生教育发展方式的转变,切实从注重规模发展转变为注重质量提升;实现培养模式的转变,切实从注重知识学习转变为知识学习和能力培养并重;实现人才质量评价方式的转变,切实从注重培养质量转变为培养质量与发展质量并重。学校希望通过以分类推进培养模式改革、统筹构建质量保障体系为着力点,更加突出创新和实践能力培养,最终实现从本科"三三"制、硕士"二三三"到博士"四三三"的相互衔接、互动的全过程的南京大学创新型人才培养体系。

第十章　东南大学研究生创新型人才培养研究

在新的历史机遇期,东南大学确立了创建世界一流大学新"三步走"的发展目标,制定了坚定不移地走以创新为主导的研究型大学发展道路,坚定不移地走与国家和区域经济建设和社会发展相结合的建设道路,坚定不移地走国际化办学的强校道路的发展战略,为了适应学科建设和研究生教育发展的新环境,东南大学研究生教育正不断深化改革,努力为探索创建世界一流大学积累新的经验,力争为我国学位与研究生教育做出新的更大的贡献。

第一节　东南大学研究生教育总体情况

东南大学是首批获学士、硕士、博士学位授予的单位;是首批建有博士后流动站的单位;是首批通过国家"985 工程""211 工程"资助的大学之一;是自行审批硕士点、自行审定博士生指导教师的试点单位之一;是首批获准招收和培养工程硕士生的单位之一;也是首批获准招收和培养工程博士的单位之一。1986 年 4 月经国务院批准试办研究生院,1996年 3 月经国家教委批准,正式建立研究生院。学校现有两院院士 11 人,国务院学位委员会委员 2 人,国务院学科评议组成员 13 人,国家"万人计划"专家 8 人,国家"千人计划"专家 27 人,"长江学者奖励计划"特聘教授、讲座教授 40 人,国家级教学名师 5 人,国家杰出青年科学基金获得者 35 人。博士生指导教师 786 人,硕士生指导教师 1 700 多人。全日制在校研究生 14 000 余人,另有在职硕士研究生 3 300 余人。

目前,学校有 30 个博士学位一级学科授权点,49 个硕士学位一级学科授权点,5 个国家一级重点学科(涵盖 15 个二级学科),5 个国家二级重点学科,1 个国家重点(培育)学科,13 个江苏高校优势学科建设工程二期项目立项学科(群),1 个江苏省重点序列学科,14 个江苏省一级学科重点学科,30 个博士后科研流动站。学校有 3 个国家重点实验室,3个国家工程研究中心,2 个国家工程技术研究中心,1 个国家专业实验室,11 个教育部重点实验室,5 个教育部工程研究中心,并以此为依托形成了一批重点科研基地。近年来,学校大力加强学科建设,取得丰硕成果。在 2012 年第三轮全国学科评估中,15 个学科进入前 20%,有 12 个学科进入全国前七位,有 10 个学科位列全国前五位,其中生物医学工程、交通运输工程、艺术学理论等 3 个学科位列全国第一位,建筑学、电子科学与技术、风景园林学等 3 个学科位列全国第二位,土木工程、城乡规划学等 2 个学科位列全国第三位,信息与通信工程位列第四位,仪器科学与技术位列第五位,动力工程及工程热物理位列第六位,公共卫生与预防医学位列第七位,排名第一的学科数并列全国高校第七位。工程学、材料科学、数学、物理学、化学、临床医学、计算机科学、生物学和生物化学等 8 个学科进入 ESI 世界前 1%。2013 年获得全国百篇优秀博士学位论文 4 篇,获全国百篇优秀博士学位论文提名奖 3 篇。目前,学校共获得全国百篇优秀博士学位论文 20 篇,全国百篇优秀博士学位论文提名奖 31 篇。2007 年起,学校连续开展了"国家建设高水平大学公派出国留学项目"的选拔和推荐工作,同时积极开展广泛的国内外学术交流,大力推进联合办学,与澳大利亚蒙纳士大学合作的东南大学—蒙纳士大学苏州联合研究生院是教育部批准的第一个中外联合研究生院;与法国雷恩一大的合作,开辟了研究生培养和科研合作的新渠道。

第二节 东南大学研究生创新型人才培养的重要举措

一、搭建高水平学科平台,奠定研究生培养基石

重点学科所具有的人才优势和科研优势为培养高质量的人才创造了良好的条件。东南大学抓住省部共建之契机,将国家重点学科、省级重点学科及省优势学科建设,与原"211 工程"建设、原"985 工程"建设结合起来。学校遴选出 9 个"211 工程"重点学科建设项目、11 个"985 工程"科技创新平台和哲学社会科学创新基地。东南大学以国际一流学科为参照,进行广泛调研和情况摸底,制定了东南大学的世界一流大学和一流学科建设方案,通过加强学科的顶层设计,确定学科发展目标和评估体系,推动各学科都围绕建设世界一流学科制定发展规划,并根据"扶优扶特扶强"的原则进行支持,做好学科优化布局和动态调整,以及人事、招生、经费等指标的调控,提升学科建设水平。

二、多种措施并举,吸引优秀生源

东南大学改革研究生入学考试的内容、方式和方法,采取新的举措,积极开拓,使创新型人才脱颖而出。学校创造条件,实行"两段式"考试方式,推行按一级学科招收硕士生;进一步扩大硕博连读、直博生比例;博士生招生在总量适度的前提下,推行院士、名博导按需自主招生。对在实际工作中取得杰出成绩或在专业领域取得突出成果的考生,不拘一格,同等情况下优先录取或破格录取。学校采取加大面试成绩的权重,保证科研素质高、创新能力强的高质量生源。学校积极推行"硕—博连读""提前攻博"和"申请考核制"举措,吸引成绩优秀,有科研潜质、创新意识和创新能力强的生源。

三、建设高水平导师队伍,提高研究生培养质量

东南大学改革研究生导师遴选制度,明确具有博士学位的优秀副教授也可以担任博士生指导教师;实行导师责任制,积极发挥导师在研究生招生、培养、教育质量控制中的主导地位;实行评聘分开,建立动态的上岗制度,在每年招生开始之前,根据在岗博士生导师的科研项目和科研经费的实际情况决定是否允许其当年度招生,打破了博士生导师的"终身制";对新上岗导师进行培训,强调研究生培养的导师全面负责制。

四、优化研究生培养方案,创新建设相关资源

东南大学继续深化政治、外语和数学等公共课教学组织形式、教学内容、教学方法、考

试等方面的改革。学校配合"宽口径、厚基础"的要求,鼓励有条件的院系按一级学科制定培养方案,打破专业之间的界限;鼓励教师开设创新性课程和实验,适当增加人文社科类课程,以突出对研究生创新能力、实践能力和创业精神的培养,提高研究生的人文素质和科学道德修养;正确处理培养方案与个性化教育的关系,在强调整体培养质量的同时,贯彻因材施教的方针,开辟特殊性人才的培养途径;正确处理学科特色与学科交叉的关系,在培养方案中既要充分体现本学科的特色和优势,又要在研究方向上体现与相关学科的交叉融合。

五、加强国际交流,加快研究生教育国际化进程

东南大学积极引进国外高水平研究生导师、知名人士来校执教或讲学,定期选派研究生导师或担任研究生教学任务的教师出国研修,鼓励和支持研究生导师和研究生参加国际学术交流活动。学校实施博士生国际访学计划,每年资助 30 名左右博士生积极利用国外先进的仪器设备、著名学者等教育资源,直接从事科学前沿研究。学校设立资助博士生参加国际学术会议基金,计划每年资助 50 名博士生参加本学科领域重要的、有影响的国际学术会议并宣读论文,以促进博士生与国际同行学者直接交流沟通,拓宽国际视野,了解所在学科领域的研究进展和动态,提高学术水平,同时不断提高学校的国际知名度。学校广泛建立、开展与国外大学和研究机构等长期而稳定的学术交流、师生互访、合作研究与联合培养机制。

为了加强博士生的国际交流能力,促进博士生与国际同行学者直接交流沟通,拓宽国际视野,提高学术水平,东南大学积极做好国家留学基金委公派出国项目工作,严格选拔一流学生到一流学校及学科深造。2007 年起,学校已选派学校连续五年开展了"国家建设高水平大学公派出国留学项目"的选拔和推荐工作,共派出研究生 702 名,其中联合培养博士学位有 410 人,多位博士生在联合培养期间发表了高质量的论文。

六、合理安排培养环节,严格考核与筛选机制

东南大学严格把关博士研究生的整个培养过程中有几个重要的环节,如入学教育、制定培养计划、开题查新、选题开题、中期考核、论文撰写、毕业答辩、学位授予等。东南大学始终注重博士研究生的学风建设,帮助他们克服急功近利、浮皮潦草的不良情绪。为了杜绝学术虚假现象,学校专门制定了《东南大学考试管理办法》《东南大学学生学术道德规范条例》等规章及《东南大学对抽检评议有不合格意见的研究生学位论文的处理办法》,对在省级抽审中发现的已经授予博士学位的不合格学位论文制定了严肃、严格的处理办法。

七、严把学位授予关,提高学位授予质量

东南大学严把学位授予关,重视盲审和抽检,博士学位论文全部进行盲审。学校对抽检优秀率高的院系和导师在招生指标上予以奖励,对抽检结果差的院系和导师予以惩戒(包括分管校长约谈、减少招生指标乃至停招、盲审费用自理等)。

八、营造良好的学术氛围,建立创新型人才培养的保障机制

东南大学在《博士研究生培养方案》中明确要求:博士研究生在学期间应在本学科范围内积极参加学术研讨活动至少 8 次,并作至少 4 个学术报告(其中至少一次使用外语汇报);应参加本学科领域重要的学术会议并宣读学术报告至少 2 次。到"十二五"规划后期,博士生出国交流比例达 80%。此外,学校还积极承办博士生论坛,博士生数模竞赛等博士生参与为主的学术活动,积极鼓励博士生外出参与所在学科的博士生论坛。

东南大学举办各类研究生学术文化活动,在理工科研究生中开设学科进展系列讲座,定期邀请国内外著名专家就基础学科前沿课题进行演讲,平均每周一次。在基础和医学学科研究生中,开设人文公共类讲座,每学期 3—6 次。

东南大学举办国家级或省级研究生学术会议/学术论坛每年 1 次,组织研究生参加国家级或省级研究生学术会议/学术论坛每年 1—2 次,举办校际研究生学术会议/学术论坛每年 5 次,每年举办校庆研究生学术年会,积极推进各类学术、学科竞赛,如数模、英语演讲等。

东南大学大力开展研究生社会实践活动,实施博士生挂职锻炼计划,建设一批研究生社会实践基地,开展暑期研究生"扎根基层,服务大众"的"三下乡"活动。

九、建立激励机制,稳步提升博士学位论文质量

东南大学为鼓励研究生在校期间刻苦学习,潜心研究,多出高水平的论文和成果,学校设立了优秀博士论文基金及培育对象基金,每项给予 2 万元的科研经费资助,还给获优博基金资助项目的博士生每月 1 000 元、培育对象 3 000—5 000 元的生活费补贴。

第三节　东南大学研究生创新型人才培养成效

一、积极推进研究生培养机制改革

(一) 积极推进研究生招生制度改革

1. 完善考试体系,合理设置考试科目。东南大学分别针对偏向理论研究和偏向应用研究的学科,构建并完善科学的考试体系。学校合理设置初试和复试自命题科目及考核内容,同时加大复试成绩权重,着重考查考生的综合素质、科研能力和创新意识。各院系严格按照一级学科设置初试科目,对近三年无人选考或选考为 3 人以下的科目予以取消,以保证考试成绩的可比性和公平性。

2. 改革推荐免试研究生工作。一方面,学校配合教务处做好本校推免生指标分配及选拔接收工作;另一方面,学校组织院系做好接收外校推荐免试生工作。东南大学与哈工大等九校建立卓越联盟研究生招生合作平台,互换推免生。2011 年,东南大学接收其他"985"院校推免生数较上一年度增加近 30%,接收推免生总数较上一年度增加近 40%。

3. 积极推进博士生招生制度改革,建立科学的考核选拔机制,扩大导师招生自主权。东南大学择优选拔本科直博生,在理工医类学科校内外推荐免试生中,经过严格考核,择

优选拔直接攻读博士学位研究生。加大本校硕博连读的选拔力度,学校在全校范围内组织优秀的硕士在校生申请硕博连读,经导师推荐和研究生院审核后,参加院系组织的综合考核,通过者直接转为博士研究生。试行博士生"申请—考核制"。在理工医类重点学科范围内,学校对于培养质量好且目前主持国家重点项目的优秀博导,扩大其招生自主权,择优选拔来自国内设研究生院的高校或其他高校国家重点学科的应届硕士毕业生来学校攻读博士学位研究生。经过考生申请,学校审核通过后参加院系组织的综合考核,通过者将被正式录取。

4. 优化博士生招生指标分配机制。东南大学在对各院系基本招生计划指标数测算的基础上,对于重点(培育)学科、重点实验室和工程研究中心以及院士、千人计划特聘专家等给予重点支持;对于评估名列前茅的学科、获全国优博论文的指导教师和获国家三大奖的指导教师,以及发表高水平论文成绩显著的院系分别给予增加招生指标的奖励;对于有学位论文抽检评估不合格的导师暂停招生;对于培养质量存在明显问题的院系给予减少招生指标;对于积极鼓励在读博士生出国攻读博士学位的导师,给予相应招生指标的补偿。

(二)完善优秀博士学位论文资助模式

进一步完善了"东南大学优秀博士学位论文基金条例",东南大学适当加大了对优秀博士学位论文的培育力度。在优秀博士论文资助培育中,学校鼓励紧密结合国际研究前沿开展研究,产生创新成果;鼓励围绕国家目标,结合国家专项开展研究,取得重要进展;鼓励发展实用理论与方法,解决重大工程问题;鼓励理论与实际相结合,做出原创性工作。通过对优秀博士学位论文的资助和培育,学校优秀论文比例稳步提高,共获全国优秀博士论文 16 篇,全国优秀博士论文提名 28 篇。

(三)加强导师队伍建设

东南大学打破导师资格终身制,变身份管理为岗位管理,建立健全研究生导师的资格准入和聘任制度,一批研究能力强、学术水平高的副教授职称教师遴选为博士研究生导师。学校严格导师考评奖惩办法,对为研究生教育做出突出成绩的,给予表彰奖励,对不称职的进行及时调整。学校加强导师学术道德和学风建设,加强岗前、岗中培训,明确导师职责,落实导师责任,充分发挥导师在研究生培养各个环节中的主导作用。

二、创新研究生教学资源建设

(一)研究生精品课程建设

学校结合新一轮博士、硕士生培养方案的修订与实施,全面推进精品课程建设,针对公共基础课、学科基础课和主干课以及一些具有特色的专业课程的教学内容、方法、手段、设施等进行综合建设,从而形成鲜明的教改特色和课程优势,使得课程教学质量明显提高。建设期间,学校对"东南大学研究生精品课程建设实施办法"进行了修订,每年设立专项经费,重点针对研究生公共基础课、专业基础课和新兴交叉学科的前沿性课程。4 年内已建设 8 门省级研究生精品课程,立项建设了 108 门校级研究生精品课程,为研究生教育提供了高水平的课程教学平台。

学校通过精品课程建设全面带动研究生课程建设,逐步构建起合理完善并富有特色的研究生课程体系,同时充分发挥学校学科优势和特色,紧紧围绕研究生精品课程建设,整合各类教学资源,进行不同形式的研究生教学用书建设,为提高学校研究生培养质量奠定了坚实的基础。

（二）研究生网络辅助教学平台建设

为了加强网络教学资源建设,实现资源共享,将教师从重复制作课件中解放出来,给学生提供丰富的学习资源,切实发挥教育信息化的作用,提高教育教学质量,学校与南京易学信息技术有限公司联合开发了"东南大学研究生网络辅助教学平台"。研究生公共课程和专业主干课程的网络化建设,包括网络课程、多媒体课件、精品电子教案、仿真实验(实习)软件等,实现了交互教学、答疑、讨论和测验等功能。

自 2008 年下半年平台投入使用以来,任课老师已在平台上建设网络课程 1 565 门次。研究生公共英语课程任课教师已把辅助教学平台作为与学生交流的重要窗口。

（三）研究生双语教学课程建设

研究生双语课程建设以国际化、现代化教育理念为指导,以培养高素质创新型人才为目标,通过整合优质教学资源,构建研究生自主型、创造性的学习模式,力争建成一批反映学科发展前沿和教学改革成果的系列研究生双语课程,以加快学校向国际知名的高水平研究型大学的迈进步伐。东南大学通过聘请国外或中国香港地区一流大学助理教授及以上人员担任课程主讲人,同时每门课程设一名校内课程负责人并担任助教,全程跟踪上课,保存教学资料。另外,由学校有全英文教学能力的博士、副教授及以上人员担任教学工作。任课教师具有在英语国家(地区)一年以上的学习、工作经历,教学经验丰富,教学成果显著。

学校同时引进一批优秀的国外原版教材,提高研究生课程的双语教学水平,要求教师在教学过程中对国内外同类教材进行比较研究,对双语教学的授课方式和手段及考试方法等进行研究和改革,以提高教学效果。4 年内学校共建设双语教学课程 60 门,其中校内教师承担 22 门,校外专家承担 38 门,每门课程 4 万—5 万元资助经费。

（四）研究生教材建设

为了改革教学内容,及时将本学科前沿知识和最新发展成果引入课程教学,促进学校研究生教育整体水平的提高,扩大研究生教育影响声望,积极鼓励广大教师编写高水平的研究生教材。4 年内已立项资助建设 51 本研究生优秀教学用书。

（五）研究生创新工程资助

4 年来,东南大学获江苏省研究生科技创新计划项目 215 项,省研究生教育教学改革研究与实践课题 16 项(其中重点课题 2 项),省优秀研究生课程 8 门,省博士研究生学术论坛 2 项,省学术型、应用型、复合型研究生培养模式改革试点 1 项,省研究生培养优秀基地 2 个,省研究生创新与交流中心 4 个,省双语教学改革试点 3 个,省企业研究生工作站 240 个。

三、大力推进国际化培养进程

(一)全英文授课专业建设

东南大学与澳大利亚蒙纳士大学共建苏州联合研究生院,建设计算机技术等12个联合培养硕士生专业和交通运输工程等11个联合培养博士生专业,其中计算机技术硕士生专业已于2011年开始招生,工业设计、交通运输专业从2012年开始招生。学校与法国雷恩一大共建微电子、信息处理、应用经济学等3个硕士生专业,并从2009年开始招生。

东南大学在加快建设全英文授课专业的同时,努力扩大留学生规模,营造国际合作培养环境与氛围,提高研究生培养质量。2007年以来,学校共招收学历博士217人,学历硕士503人。

(二)博士生参加高水平国际学术会议

东南大学为支持博士生出国参加所在学科领域的重要学术会议,促进博士生与国际同行学者直接交流沟通,了解所在学科领域的研究进展和动态,提高学术水平,东南大学对论文被接收为国际学术会议口头报告的251名博士生提供路费和会议注册费资助。

(三)博士生国际访学计划

4年来,学校在选派504名博士研究生利用国际合作研究攻读博士学位或联合培养的基础上,运用"211"资金资助30名成绩优秀、科研能力较强的研究生到国外相应学科专业实力和特色优势较强的院校进行实验、合作研究等短期学术访问活动。

四、营造研究生创新环境和学术氛围

(一)研究生公共实验创新平台建设

东南大学"研究生教育创新工程"的实施与"985工程"公共服务体系项目的建设相互协调和补充,实现资源优化配置,研究生公共实验平台不仅为教学实验服务,还为科研活动服务,面向全校研究生和本科生开放,通过采用先进创新的管理模式,使之成为真正的开放性的实验室。东南大学共建设了18个研究生公共实验创新平台。

(二)研究生公共讲座体系建设

学校为扩大研究生的知识面和学术思维空间,提升研究生学术素养和学术水平,东南大学研究生院紧紧围绕"提高研究生培养质量"这一主题,营造学术氛围,扩大研究生的知识面,开拓学术思维空间,对研究生培养的各个环节进一步加强过程管理、改革和质量监控,在研究生的培养方案中增设学科进展类讲座,以加强研究生基础理论的学习和拓展,引导学科交叉研究,提升研究生学术素养,进一步改善和提高我校的学术氛围和创新环境。

研究生学科进展以系列讲座的形式开设,共分力学、数学、物理、化学、医学、人文进展六类,每一类系列讲座由相关院系定期邀请国内外著名专家就基础学科前沿课题进行演讲。

为了保证讲座的开设质量并收到良好的效果,东南大学研究生院除了给予经费支持

外,还要求负责开设此类讲座的六个院系各委派一位教授作为课程建设负责人,总体负责课程的教学安排,制定教学计划和大纲,并配备专人(秘书)对研究生的听课情况进行考查,采集每次讲座的声像资料,进行整理和总结。

为了加大讲座的宣传力度,东南大学研究生院在每次讲座开设前一周就在网上发布信息,并且将讲座的开设时间、地点、题目、主讲人简介等相关信息制作成海报,悬挂在校园内的醒目位置,并配合院系印刷与讲座相关的材料,预先发放给研究生,使大家对讲座人以及讲座内容有所了解,以便更好地理解讲座内容。

近四年,东南大学共邀请国内外知名教授开设学科进展类讲座177场,听讲师生接近32 000人次。开设讲座主讲人有著名的院士、教授,也有在某一领域有深入研究的资深专家和学者,他们结合自己丰富的科研经历和研究领域的最前沿动态与研究生分享、交流,研究生也能在听取精彩报告的同时,充分感受到他们的个人魅力,从中学习到更多的科学知识和优秀的科学品德。

(三) 研究生学术论坛

自2008年以来,东南大学已组织并支持了近100名博士研究生参加各类全国博士生学术论坛或学术年会。每年校庆期间,学校举办"校庆研究生学术报告会"3场。2008年组织并成功举办了由国务院学位办、教育部学位管理与研究生教育司主办,东南大学承办的"第二届全国博士生学术会议"。2009年成功举办了由江苏省学位办、江苏省教育厅主办,东南大学承办的江苏省分子影像学科博士研究生学术论坛。2009年,东南大学举办了以生命科学领域、医学领域和电子科学为主体的第二届在宁高校"生命与电子"研究生学术论坛。全年组织、支持了学校受邀博士生40人次参加了由清华大学、中国科技大学、天津大学等高校承办的全国博士生学术论坛或学术年会。2010年,东南大学成功举办了由江苏省学位办、江苏省教育厅主办,学校承办的江苏省材料学科博士研究生学术论坛。2010年开展了首届"学术之星""学术新秀"评选活动,经过初评、复核、终评等共评出10名"学术之星"、9名"学术新秀"。2011年,东南大学开展了第二届研究生学术科技节。科技节分为学术报告类、学术交流类、竞赛评比类、科技展示类等活动,邀请包括部分院士在内的专家学者围绕热点问题作报告,由研究生对同学们感兴趣的问题展开研讨,组织研究生开展编程竞赛等。此外,学校党委研究生工作部与研究生院共同组织"校庆研究生学术报告会",由各院系具体承办分会场报告,全部入选论文要求作者宣读论文,并邀请专家点评,最后计入研究生的学分。

(四) 研究生文体活动

2009年学校联合体育系、团委主办第七届研究生篮球联赛、首届环九龙湖自行车赛、第八届研究生排球联赛等体育活动。学校在四牌楼校区、九龙湖校区常规举办周末舞会;面向全校师生举办"万象瞬息"2009东南大学摄影展;与校学生会联合举办"至善杯"第二届魅力东南主持人大赛,举办了民间蜡染展、"色彩新主张"校园涂鸦活动,面向九龙湖校区举办"第二届研究生辩论赛";举办了"第八届高校研究生歌手邀请赛"。2010年12月,学校组队参加了由中国学位与研究生教育学会体育工作委员会主办,山东大学承办的2010年全国研究生羽毛球比赛。经过激烈角逐,学校运动员分别在女子双打、女子团体、男子团体等项目中击败北京大学、中国科学技术大学等高校代表队取得女双第五、女团第五、男团第八的好成绩。2011年,学校党委研究生工作部联合其他部门成功举办了研究生轻运动会、师生羽毛球比赛、"一二·九"诗歌朗诵会等形式多样、内容丰富的文体活动。

(五)研究生社会实践活动

东南大学顺利实施博士生挂职锻炼计划。2008年以来共有三批次,11名博士生赴南通地区挂职锻炼;组织并完成了近100名博士、硕士研究生暑期"扎根基层,服务大众"的"三下乡"活动。另外,2008年,学校组织了13名博士研究生代表东南大学参加由仪征市政府主办的"百名博士仪征行"活动。2009年,学校组织招募了82名博士研究生代表赴十余家企事业单位进行考察和实践锻炼。

第四节　东南大学研究生创新型人才培养的问题与挑战

一、生源质量有待提高

东南大学博士生待遇不高、存在学术"近亲繁殖"现象,目前的考试选拔机制不利于发现创新型人才。因此,如何吸引社会上潜在的优秀生源,如何解决博士研究生的后顾之忧是学校所面临的严峻课题。

二、博士生导师队伍建设有待加强

随着博士研究生招生规模的不断扩大,导师队伍的人数也在不断扩大。博士研究生导师的年龄结构、学历层次和知识水平发生了较大的变化。目前导师队伍普遍存在的问题主要有以下几种:个别博导缺乏重大科研项目,研究设备和科研条件急需改善;部分博导重横向课题,轻基础理论研究;个别博导忙于跑项目,对博士生指导不够。

三、淘汰机制不健全

虽然对影响培养质量的关键环节学校已制定了相应的制度进行控制,但实际情况并没有十分理想。博士研究生因为课程学习不合格、学术成果达不到要求等原因而被淘汰的人数较少,其中大部分的博士研究生淘汰也仅仅是因为学制的限制或本身学不下去了而产生的自然淘汰。

第五节　东南大学研究生创新型人才培养的改革策略

一、吸引优秀生源,积极推进培养机制改革

吸引优秀生源是博士生培养单位最重要的工作之一。学校吸引优秀生源首先要做的是打造学校、学科的品牌特色,激发导师的积极性;其次是大力提高高等学校、科研院所等高科技研究机构的待遇,改善博士研究生的生活质量,吸引社会潜在的优秀生源报考博士。

二、引入竞争机制,加强导师队伍建设

虽然我国研究生培养实行的是导师负责制,但是目前尚缺乏有效的绩效考评制度和竞争机制来规范和完善导师的指导行为。培养机制改革虽然明确博士生导师要有科研项目、科研经费才能招收研究生,但是尚未把研究生的培养质量与导师聘任挂起钩来。同时,教书育人也是导师工作的重要内容之一。高水平的导师如果没有把足够的精力和时间投入研究生培养之中,严格意义上来说,并不是一个合格的导师。除了引入优胜劣汰的竞争机制,东南大学将对博士生导师指导工作进行考核,包括工作量、培养环节的指导及培养质量的考核。

三、加快研究生教育国际化进程

东南大学确立了"推进研究生教育国际化进程,培养拔尖创新型人才"的战略目标,加快研究生教育的国际化进程,吸收其教育系统中的精华。同时,学校将邀请更多的国外高水平科研团队参与到学校博士生教育队伍中来,与本土的博士生导师进行切磋,通过交流产生更新更有效的培养手段。

第十一章 江苏部分高校研究生创新型人才培养改革与实践

　　近几年来,江苏省研究生教育发展较快,研究生创新型人才培养质量得到了社会的高度认可。江苏省研究生创新型人才培养呈现重视生源质量的提升、强调课程的重要性、凸显制度的价值、拓宽研究生的国际视野以及加强导师队伍建设等方面的特点。同时,江苏省研究生创新型人才培养成效显著:生源质量大幅度提高、研究生课程体系不断优化、研究生培养质量显著提高、研究生奖助体系进一步完善以及研究生国际交流机会不断增加。未来,江苏省研究生创新型人才培养需要进一步凝练培养特色、完善分流淘汰机制以及加强导师队伍建设。

第一节 江苏研究生创新型人才培养的主要特点

一、重视生源质量的提升

　　生源质量是研究生创新型人才培养的前提。目前,江苏省各高校都非常重视生源质量,并采取了大量的措施来提升生源质量。比如,南京大学实施优质生源质量工程推进计划,一方面继续加强优秀本科生推荐免试和优秀硕士生提前攻博工作。学校鼓励院系探索适应新时期发展需求与特色化的人才选拔模式,稳步推进博士研究生入学"申请—考核"制,打通学术型硕士和博士的培养通道,逐步改变我校博士生的生源结构,提高博士生的生源质量,实现博士研究生培养的入口优化。另一方面学校进一步提高奖学金,尤其是面向国外留学生奖学金的竞争力,面向国际,扩大研究生招生选择范围,加大面试力度,招收最有潜力的优秀学生。东南大学实行"两段式"考试方式,推行按一级学科招收硕士生;进一步扩大硕博连读、直博生比例;博士生招生在总量适度的前提下,推行院士、名博导按需自主招生。对在实际工作中取得杰出成绩或在专业领域取得突出成果的考生,不拘一格,同等情况下优先录取或破格录取。

二、强调课程的重要性

　　目前,部分高校在研究生创新型人才培养中不重视课程的作用,认为研究生创新型人才的培养主要靠科研参与。但江苏省各高校基于大量的实践探索发现课程对研究生创新型人才培养有着不可忽视的作用,并大力实施研究生课程体系改革。比如,南京农业大学为强化研究生课程的基础性、适应性、专业性,在专业知识的基础上扩充基础理论,加强创新思维的训练,按照植物生产类、动物生产类、经济管理类、基础生物类、工程技术类等5大类构建研究生基础课系列课程,打造研究生精品核心课程。南京农业大学按照一级学科设置通开课,完成本硕博分级体系建设,夯实课程基础,严格质量把控,体现学科特色,精简原有课程,避免重复课程。《南京农业大学农林学科学术型研究生课程体系改革与实践》在中国学位与研究生教育学会 2014 年研究生教育成果奖评选中脱颖而出,成功获得2014 中国研究生教育成果二等奖。南京师范大学大力开展研究生核心课程和精品学位课程建设。从博士学位授权一级学科和在培养方面具有鲜明特色的硕士学位授权一级学科开始试点,以一级学科课程体系建设为目标,以本学科研究生必须掌握的知识为内容,注重课程内容的更新、讲授方式和考核方式的改革、博硕士课程的衔接、一级学科层面课程和学科方向层面课程之间的内在联系,在不断总结与积累的基础上,获得一定建设经验后,进一步拓宽到更多的学科。

三、凸显制度的价值

制度建设是研究生创新型人才培养的保障。学校只有建立起规范的制度,才能使得研究生创新型人才的培养有章可循。比如,南京师范大学从招生、培养以及教育管理,全方位制定出台了一系列文件。南京师范大学颁布了《南京师范大学硕士研究生招生专业结构调整办法》《南京师范大学博士研究生招生改革方案(试行)》《南京师范大学研究生导师岗位条例》《南京师范大学关于学术型研究生培养方案修订工作的指导意见》《南京师范大学关于攻读硕士学位研究生培养工作的规定(修订)》《南京师范大学关于攻读博士学位研究生培养工作的规定(修订)》《南京师范大学硕士学位论文盲审办法》《南京师范大学博士学位论文预答辩与盲审办法》《南京师范大学关于研究生授予学位科研成果要求的规定》《南京师范大学博士硕士学位授予细则(修订)》《南京师范大学研究生存在问题学位论文处理办法》《南京师范大学研究生国家奖学金评审办法(修订)》《南京师范大学研究生国家助学金管理暂行办法》《南京师范大学研究生学业奖学金管理暂行办法》《南京师范大学研究生奖助体系实施意见》《南京师范大学研究生"三助"工作暂行办法》等文件,使得研究生教育全过程均有章可依,有法可循,真正实现了依法治教。

四、拓宽研究生的国际视野

21 世纪创新型人才需要具备国际视野,需要有处理国际事务的能力。江苏省各高校在研究生创新型人才的培养中非常重视研究生的国际交流经历,采取各种措施来拓宽研究生的国际视野。比如,南京医科大学出台《南京医科大学国内外联合培养研究生项目管理办法》,学校设立专项经费,以国家及江苏省重点建设的学科为重点,选拔优秀的研究生,特别是学术型博士研究生参加国际会议、学术交流、短期研修和联合培养,搭建拔尖创新型研究生培养平台,优化人才培养模式,促进国际教学和科研合作与交流。南京农业大学启动全英文课程体系建设。学校调研了美国康奈尔大学、荷兰瓦赫宁根大学、美国加州大学戴维斯分校、美国普渡大学、日本京都大学、新西兰梅西大学、丹麦哥本哈根大学、加拿大圭尔夫大学、韩国首尔大学、德国霍恩海姆大学、意大利博洛尼亚大学、瑞典农大等12 所国际一流涉农大学相同或相近学科的课程体系。参照这些著名大学开设的主要课程,各相关学院对全英文课程建设的意见,考虑课程在学部内学科间的通用性,进行总体规划设计,提出全英文课程建设初步方案。

五、加强导师队伍建设

研究生创新型人才的培养质量与高质量的导师队伍息息相关,导师队伍是研究生创新型人才培养的关键要素。江苏省各高校狠抓导师队伍建设,大力提升导师指导水平。比如,东南大学改革研究生导师遴选制度,明确具有博士学位的优秀副教授也可以担任博士生指导教师;实行导师责任制,积极发挥导师在研究生招生、培养、教育质量控制中的主导地位;实行评聘分开,建立动态的上岗制度,在每年招生开始之前,根据在岗博士生导师的科研项目和科研经费的实际情况决定是否允许其当年度招生,打破了博士生导师的"终身制";对新上岗导师进行培训,强调研究生培养的导师全面负责制。南京师范大学出台了《南京师范大学研究生导师岗位条例》。该条例明确了责任,强调了研究生导师是研究生培养的第一责任人,负有对研究生进行学科前沿引导、科研方法指导、学术规范教导和高尚品格训导的责任。该条例实现了管理重心下移,将硕士研究生导师遴选工作下放到培养学院,由各培养学院依据《南京师范大学研究生导师岗位条例》确定硕士生导师遴选条件。

第二节　江苏研究生创新型人才培养的主要成效

一、生源质量大幅度提高

江苏省各高校大力推行研究生招生制度改革,通过优秀大学生夏令营,进一步扩大硕博连读、直博生比例,试行博士研究生入学"申请—考核"制,打通学术型硕士和博士的培养通道等措施,使得研究生生源质量大幅度提高。比如,南京大学博士研究生来自985高校的学生比例已由2010年的44.38%上升至2015年的61.88%。2015年接受的推荐免试学生总接收人数达到硕士生招生计划的53%,纯硕士生接收人数(扣除直博人数)达到硕士生招生计划数的48%,985、211以上生源率达到95%以上。东南大学接收其他985院校推免生数较上一年度增加近30%,接收推免生总数较上一年度增加近40%。南京农业大学录取的硕士研究生中,第一志愿考生比例逐年提高。2013年为88%,2014年为92%,2015年为93%。调剂录取考生的比例有所下降,2013年为12%,2014年降为7%,2015年保持为7%。南京师范大学2014年共接收推免生408人,比上年增加16.8%;2015年接收推免生716人,接收推免生增量308人,其中"211工程"及以上高校推免生接收人数占53%,接收推免生增幅75.49%,增幅比例居江苏高校首位。2016年接收推免生780人,其中"211工程"及以上高校人数占44%,接收推免生总数相比于2015增长9%,总数仅位于南京大学和东南大学之后,居江苏高校第三。南京医科大学扩大本校优秀硕士生硕博连读的选拔比例,全面实施"申请—考核"制招生博士研究生,报名人数逐年提高,生源质量得到较为明显的提升。

二、研究生课程体系不断优化

目前,江苏省各高校非常重视研究生课程建设,投入大量的人力、物力来对研究生课程体系进行改进和优化。比如,东南大学4年内已建设8门省级研究生精品课程,立项建设了108门校级研究生精品课程,为研究生教育提供高水平的课程教学平台。学校与南京易学信息技术有限公司联合开发了"东南大学研究生网络辅助教学平台"。自2008年下半年平台投入使用以来,任课老师已在平台上建设网络课程1 565门次。南京农业大学"高级植物营养学"课程成为教育部"2013年度来华留学英语授课品牌课程"。"有机肥与土壤微生物""高级生态学""农业遥感原理与技术""高级微观经济学"4门课程入选2014年江苏省高校省级英文授课精品课程,南京农业大学入学课程数列全省第2位。南京师范大学制定了《南京师范大学研究生课程建设试点工作方案》,在全校范围内遴选了21门精品学位课程建设。近年来,南京师范大学共有14门课程入选江苏省优秀研究生课程、4门课程入选江苏省研究生双语教学改革试点课程。

三、研究生培养质量显著提高

经过江苏省各高校的不断努力,江苏省研究生培养质量不断提高。研究生培养质量得到了社会的广泛认可,研究生的研究成果产生了较大的社会效益和学术影响。比如,2008—2011年南京大学入选全国百篇优秀博士学位论文数11篇。南京大学模式动物研究所2010级博士研究生沈彬同学,连续以共同第一作者身份在高影响力期刊 *Cell* 和 *Neture Methods* 发表研究成果。东南大学共获全国优秀博士论文16篇,全国优秀博士论文提名28篇。南京农业大学2010年以来获全国优秀博士学位论文6篇,全国优秀博士学位论文提名论文7篇,位列全国农科类高校前列。南京农业大学获江苏省优秀博士学位论文39篇,江苏省优秀硕士学位论文64篇,在江苏省农林类院校中,名列前茅。南京师范大学获全国百篇优秀博士学位论文4篇,全国百篇优秀博士学位论文提名7篇,第三届学位与研究生教育优秀博士学位论文1篇,江苏省优秀博士学位论文48篇,江苏省优秀硕士学位论文120篇。南京医科大学博士研究生发表SCI论文数逐年增长。在江苏省博士学位论文抽检中,南京医科大学不合格率均低于全省不合格率。

四、研究生奖助体系进一步完善

江苏省各高校采取各种措施来完善研究生奖助体系,使研究生能够潜心于学术,静心于科研活动。比如,南京大学设立"南京大学优秀博士生创新能力提升计划",对批准获得提升计划项目的博士研究生,学校在其学制延长期间给予生活费资助,A计划资助额度为每年8万元,B计划资助额度为每年4.2万元,项目实施周期为一年。东南大学为鼓励研究生在校期间刻苦学习,潜心研究,多出高水平的论文和成果,学校设立了优秀博士论文基金及培育对象基金,每项给予2万元的科研经费资助,还给获优博基金资助项目的博士生每月1 000元、培育对象3 000—5 000元的生活费补贴。南京农业大学出台《南京农业大学研究生奖助体系改革实施方案(试行)》,规定了研究生学费缴纳标准和奖助办法;为激励研究生早出成果、出大成果,学校设立了校长奖学金,对特别优秀的研究生分别给予10万元、5万元和3万元奖励。南京师范大学设立博士学位论文培育计划资助,入选者获得科研经费和生活补贴资助。在正常学制内,文科类给予7 000元/年科研经费资助,理工科类给予10 000元/年科研经费资助,生活费资助额度为10 000元/年;入选者在延长攻读博士学位期间,给予 4 000 元/月的生活补贴。

五、研究生国际交流机会不断增加

国际化是研究生教育的发展趋势。江苏省各高校非常重视研究生的国际交流与合作,采取各种各样的措施来增加研究生国际交流与合作机会。比如,南京大学研究生参加国际学术交流人次逐年上升,已由 2006 年 147 人次上升至 2013 年 507 人次。通过参加国际学术会议,研究生不仅拓展了学术视野,也为以后的合作研究创造了潜在的机会。东南大学努力扩大留学生规模,营造国际合作培养环境与氛围,提高研究生培养质量。2007年以来,学校共招收学历博士 217 人,学历硕士 503 人。南京农业大学通过举办全英文农业与生命科学五年制直博生学术论坛,遴选优秀直博生组团赴境外高水平大学进行短期学术交流访问活动。自实施该项目以来,南京农业大学共组织 10 批共 96 名直博生赴境外交流,访问的学校包括悉尼大学、墨尔本大学、拉筹伯大学、加州大学戴维斯分校、加州大学伯克利分校、斯坦福大学、加州大学洛杉矶分校、加州大学圣地亚哥分校等。近几年来,南京师范大学有 32 名研究生入选国家建设高水平大学公派研究生项目,330 人次研究生获资助参加国内外高水平学术会议,167 名研究生进入国内外高水平大学研究生暑期学校学习,20 余名博士研究生前往美国、日本、新加坡等国家进行为期 6 个月以上的访学,4 000 余名研究生进入创新实践基地开展学术研究与科技创新活动。目前,南京医科大学已与近 10 所境外高校签订联合培养协议,研究生导师与境外、国外专家的学术交流增加,正在加紧建设全英文课程,全国医科院校联盟共建 MOOC 也正在建设之中,积极推动研究生教育,特别是博士生教育国际化。

第三节 江苏研究生创新型人才培养的问题与挑战

一、研究生创新型人才培养特色有待进一步凝练

目前,江苏省在研究生创新型人才培养方面取得了较大的成就,各高校形成了各具特色的培养模式。但总的来看,江苏省研究生创新型人才培养特色还不够明显,有待进一步凝练。可喜的是,部分高校已开始在这方面下功夫,对自身创新型人才培养特色进行总结。比如,南京大学将实现学术学位和专业学位两类学生的互动培养,构建和加强转型期基础教育、专业教育与训练和实际能力培养与实践三个培养阶段,建立导师指导和学生自主选择相结合的分流培养机制,为学生提供专业学术类、选择性交叉复合类和就创业导向类三条能力实践路径,形成"二三三"硕士研究生培养模式。同时,南京大学将强化过程管理,严格实行博士资格考核,建立择优分流机制;健全论文质量保证体系,实行博士学位论文校级层面抽检盲审;建立以激励为目的弹性学制,实施优秀博士生创新能力提升计划;健全奖助体系,建立分阶段、分类型、分层次激励机制,建设具有南京大学特色的"四三三"博士研究生培养体系。

二、研究生创新型人才培养分流淘汰机制有待进一步完善

目前，研究生创新型人才培养分流淘汰机制不够健全。博士研究生因为课程学习不合格、学术成果达不到要求等原因而被淘汰的人数较少，其中的大部分博士研究生淘汰也仅仅是因为学制的限制或其本身学不下去而产生的自然淘汰。可喜的是，部分高校已开始着手完善研究生创新型人才培养分流淘汰机制。比如，南京农业大学以学科为单位成立直博生考核委员会，制定直博生资格认定管理章程，严格规范直博生培养各个环节，重点考核学位课程、学科综合考试、博士论文选题报告，综合评估，全面考核，考核不合格者淘汰分流。

三、研究生创新型人才培养导师队伍建设有待进一步加强

导师是研究生创新型人才培养的第一责任人，导师队伍的质量对研究生创新型人才培养质量起着非常重要的作用。目前，江苏省各高校采取了大量的措施来提升导师队伍质量、提高导师指导水平，但从调研情况来看，导师队伍建设仍然是各高校面临的重要议题。可喜的是，各高校已意识到导师队伍建设的重要性，并通过各种手段来提升导师队伍的整体水平。比如，南京医科大学采取了一些措施来加强导师队伍建设：加强导师培训，尤其是新上岗的导师，一方面让导师对学校研究生培养有关政策和流程有一个全面的了解，包括如何做好一个导师及学术规范等，对于老导师，也会把研究生教育的重要事项、政策通过电子邮件等及时告知有关导师；实行导师责任制，积极发挥导师在研究生招生、培养、教育质量控制中的主导地位；博士生导师实行评聘分开，在每年招生开始之前，根据在岗博士生导师近几年来科研项目、产出和经费的实际情况决定是否允许其当年度招生及招生名额；通过基础和临床导师联合培养研究生来推动前后期导师的合作和交流；牵线国外专家与本校研究方向相近的导师间的交流，提高导师的国际化水平。

对策建议篇

DUI CE JIAN YI PIAN

第十二章　研究生创新型人才培养的对策建议

2017 年 1 月,由教育部、国务院学位委员会印发的《学位与研究生教育发展"十三五"规划》正式发布。规划明确指出,研究生教育是国家人才竞争和科技竞争的重要支柱,是实施创新驱动发展战略和建设创新型国家的核心要素。实施创新驱动发展战略,制造强国战略和人才优先发展战略,统筹推进世界一流大学和一流学科建设,必须以高素质人才构建新的竞争优势,以创新激发新的发展动力。我国研究生教育面临前所未有的发展机遇和挑战,必须树立科学的发展质量观,大力提升高层次创新人才培养水平。[①] 面对国家创新体系建设和社会经济发展创新驱动的需求,研究生人才培养需要遵循高等教育的外部规律,为国家和社会经济转型发展服务。当前,最重要的是培养大批具有开拓精神和创新能力的研究生创新型人才。

但研究生创新型人才的培养是一个系统工程,需要"全攻略",即以系统的观点统筹政府管理部门、研究生培养单位管理者、研究生导师、研究生自身等各个方面,着眼于整个培养系统的建设和创新,通过各方共同努力,采取一系列的措施,形成培养创新型人才的有效机制。只有这样,"想创新、敢创新、能创新"的创新文化和社会氛围才能形成,培养研究生创新型人才和建设国家创新体系的战略目标才能实现。

第一节　对政府管理部门的建议

创新的核心是变革,它与市场需求的变化、政府管理体制的改革息息相关。培养研究生创新型人才既是加强国家自主创新能力的必由之路,也是我国研究生人才培养模式改革的当务之急。这是国家高端人才战略和政府管理系统工程的一次创新。

一、建设创新型政府,深化研究生教育管理体制和机制的改革

党中央和国务院加快转变职能、简政放权作为开门第一件大事,以政府的自我革命撬动中国改革大局,此举极大地释放了改革红利和社会活力,成为当前中国改革的一个新特点、鲜亮点。从统治型政府、管理型政府、服务型政府到现在着力打造的创新型政府,这不仅是一种政府理念的转变,更是政府本质职能的一种还原和归真。

培养研究生创新型人才首先需要通过创新型政府的建设,转变管理观念,重塑管理角色,强化供养职能,释放研究生教育管理体制机制活力。关于政府、大学和社会三者的关系,美国教育家伯顿·克拉克(Burton Clark)提出了著名的三者相互作用的"三角协调模

---

① 教育部国务院学位委员会. 学位与研究生教育发展"十三五"规划[EB/OL]. http://yz.chsi.com.cn/kyzx/kydt/201701/20170122/1580023975.html,2017-05-20.

式",有的国家高等教育发展可能是市场主导性强,有的是学术力量主导性强,有的是政府主导作用大。我国研究生教育发展一直采用的就是政府主导模式,即主要由政府通过法律、政策、拨款等形式管理和引导研究生教育的发展。这种统治和管理型的履职方式有力地促进了研究生教育的快速扩张,并在一定程度上促进了区域间、高校间研究生教育的平衡发展。但毋庸讳言,管治式的全面监管和具体干预也终将导致研究生教育发展模式的僵化,研究生人才培养活力的遏制,难以满足社会日益增长的培养创新型研究生的需求。

作为服务型政府的升级版,创新型政府更强调通过治理模式和手段的创新,转变管理职能、改进管理方式、优化管理体制和机制、增强服务能力,从而提高政府管理工作的效率、效益和效果。建设创新型政府,深化研究生教育管理体制和机制的改革,必须实现四大转变。

1. 转变由上而下的管理模式,建立健全多元主体间的网络互联和协商对话机制

中央、地方和培养单位都是研究生教育质量保障的主体,多元主体间应形成网状的结构系统,这是一种共同面向培养研究生创新型人才的网络互联系统,各主体肩负共同的使命和目标,但所处的地位层次和相应的职责功能各不相同,多元主体需在协商和对话的基础上,明确各自的职责,充分发挥系统主体的协同效能,实现管理的最优化和管理效能的增值。从而克服传统的由上而下的管理模式存在的因中央、地方和培养单位在研究生教育管理方面上下信息不对称、管理权力不均衡、管理中沟通不顺畅,出现的各地方和培养单位盲目式发展、同质式发展和增量式发展的现象。

2. 转变被动和滞后的服务方式,更好地发挥政府在为创新型研究生培养打造良好发展环境方面的职能

政府需在服务上下功夫,既要转变各级研究生管理人员的教育理念,真正重视拔尖创新人才的培养,提高各级管理者的创新素养和服务能力;又要建立以服务为中心的行政管理制度,把政府的研究生教育管理职能限定在服务、协调、评估与监督等范畴之内;还要寓协调、评估、监督于服务之中,努力变被动服务为主动服务,变滞后服务为超前服务,变单一服务为全程服务,在服务中提高管理质量,提升管理成效。

3. 转变责任泛化的评估和监督方式,建立、健全研究生教育问责机制

问责即利益相关方有权利要求研究生教育质量得到保证,中央可以就研究生教育发展的质量问责地方,政府、社会组织和相关利益方可以就研究生培养的规范、研究生管理的培养过程、研究生教育资源的使用等方面的质量问责研究生培养单位。

4. 转变利益相关者和社会力量参与缺位或参与不足的状况,构建完善的研究生教育发展和质量监督的多方参与机制

首先,需要提高政府研究生教育质量信息公开和检查监督的透明度,引导社会各方合规合理参与决策与监督。其次,调动培养单位内部各利益相关方的积极性,特别是要充分发挥研究生的主体作用,通过制度保障使之能广泛参与教育发展的决策和教育质量的评判与监督。第三,充分发挥社会行业部门的监督反馈作用,进一步理顺关系,明确和完善参与的方式与路径,全面实现社会第三方对研究生教育质量的有效评估。

二、建立创新政策体系，激励和引导研究生创新能力的培养

强化研究生创新能力的培养需有社会环境这个坚强的后盾支撑，提升研究生的创新能力既涉及培养单位内部的质量保障体系建设，也要在外部建立相应的政策保障体系。社会环境是影响研究生创新能力的重要因素之一。"影响研究生创新能力的社会环境包括：国家政策、社会文化和家庭环境。""国家政策对创新能力的影响比社会文化和家庭环境因素更为重要。"①不确定的研究生教育政策会对整个研究生创新型人才的培养造成很大的影响，具有促进作用的国家和各级政府的宏观教育政策应该保持一致性和针对性，通过政策的影响，在全社会营造出有利于创新和鼓励创新的社会风气、舆论导向和支持系统，并对研究生创新能力的培养发挥激励和引导作用。研究生创新能力培养的提升需要有坚强的后盾支撑，要提升我国研究生的创新能力，需从各个方面进行综合系统的运作，要建立相应的保障体系。

1. 完善学位制度和相关法律法规体系，为研究生创新能力的培养提供制度保障

《中华人民共和国学位条例》实施了 30 多年，其所规定的学位制度已不适应当前高等教育"大众化"的深刻变革和研究生创新型人才的培养，学位体系缺乏多样性、灵活性，对推动研究生教育发展的法制支持不足，存在管理体制改革的法律保障不到位，导致形成教育实践中的重管制、轻保障状况，难以激励和支持研究生教育的创新。

当前，"《学位条例》立法类型虽然没有改变，但是我国学位制度实施逻辑却在悄然改革。如学位授予权审核制度的改革，研究生培养制度的一系列改革，都使我国立法之初设立的较为单一的国家学位制度发生了明显的变化"②。可见，我国学位制度法律条文的"应然"状态与实施过程的"实然"状态已出现逻辑上的矛盾，迫切需要厘清逻辑关系，完善我国的学位制度和相关法律法规。新的学位制度应把学位的授予权下放到培养单位，加强对学位申请者权益的保护，"高校在已有的法律框架下自主设置学科专业与颁发学位，高校也可以根据情况确定高于国家标准的培养目标和要求。国家权力在法律中的主要体现应该是在对大学颁发学位最低标准的控制上，设立'门槛'，鼓励和规范高校间以学位为品牌进行竞争"③。通过竞争机制，提高研究生教育质量，创新人才培养模式。

2. 提高研究生教育创新计划实施质量，支持研究生做出重大创新成果

研究生教育创新计划实施以来，内容不断丰富，项目类型逐渐增加，取得了明显成效，创新计划的推动已在全国初步形成激励和支持研究生创新的良好氛围。《国家中长期教育改革和发展规划纲要（2010—2020）》进一步把实施"研究生教育创新计划"作为大力推进研究生教育机制改革，提高人才培养质量，培育高层次拔尖创新人才的重要举措，这不仅是对"研究生教育创新计划"实施 15 年来所取得成效的充分肯定，也是对未来继续推进此计划的政策支持和方向指引。

---

① 何青. 务实与求真：研究生创新能力培养与评价研究[M]. 武汉：华中师范大学出版社，2013：176.

② 赵强，朱平. 中国学位制度完善的逻辑转向——基于法律视角的思考[J]. 青岛科技大学学报（社会科学版），2017(1)：114 - 116.

③ 赵强，朱平. 中国学位制度完善的逻辑转向——基于法律视角的思考[J]. 青岛科技大学学报（社会科学版），2017(1)：114 - 116.

当前,"我国研究生教育质量存在的首要问题是创新能力,尤其是原创能力较差,表现在创新意识差、参与创新研究机会少、有影响的创新性成果少"①。研究生教育创新计划实施中迫切需要关注的一个问题是如何提高质量,如何取得创新成果。如研究生教育创新项目实施中,申请者在申请时往往热情高涨,但是在项目研究过程中却心不在焉甚至敷衍了事,不能完全按协议履行责任。最后取得的成果不免缺乏创新。有的项目虽然如期完成研究工作,但其成果仅是在技术应用层面有一定的新意。创新应该既包括理论上的,也包括应用上的。从目前计划实施的情况看,理论上的突破和创新仍较为缺乏。所以,如何进一步调动研究生的创新积极性、主动性和创造性,以提高创新的质量是研究生教育创新计划实施中需要改进之处。

总结前期实施中的经验和问题,深化研究生教育创新计划的改革。一方面需要确立"创新"的中心地位,更加明确"创新"的标准和要求,创新项目也好,创新基地也罢,都应该建立更加明确的指导思想、基本原则和核心标准;另一方面,研究生教育创新计划应更加突出特色,注重实效,鼓励原创,并拓展内涵,构建全方位、宽领域、多维度的"研究生教育创新计划"实施体系,加强对研究生培养工作的全覆盖;再一方面,改进对计划的管理工作,设计合理的制度、完善相关的规范,强化过程控制、成果展示、创新评估、成果利用等工作,为更好地发挥"研究生教育创新计划"在高层次创新人才培养中的作用,探索更加有效的路径。

3. 加大对研究生创新能力培养的资金投入,增强对科研项目的支持力度

通过加大资金投入和增强对科研项目的支持力度,旨在激励和诱导研究生的创新动力和积极性。"行为科学认为,满足人的需要,并采用激励和诱导的方式来调动人的主动性和创新性,可以把人的潜力充分发挥出来。激励是通过激发人的动机,诱发人的行为,以期高效达成目标的过程。需求是激励的起点和基础,是个体行为的内在动力,是驱使人从事工作和进行创造性活动的启动器。"②我国研究生教育中长期存在的一个问题是经费短缺,虽然 21 世纪以来,各级政府十分重视研究生创新能力培养,实施了一系列研究生教育质量提升计划,但在研究生教育相关的经费投入方面,特别是对研究生创新能力培养的资金投入和科研项目的支持力度方面,与发达国家相比仍有较大差距。"近年来,全国高等教育经费投入没有随高等教育规模扩张同步增加,生均事业费和生均公用经费反而呈现逐步降低的趋势;全国科研经费虽然总量呈现逐步增长的趋势,但是高等学位使用科研经费占全国科研经费的比重却呈徘徊减低的倾向,特别是支撑研究生培养的人均科研经费在不断下降。"③在研究生科研项目的奖金支持方面,近年来在部分地区,甚至出现政府逐步减少投入的情况,研究生申请的创新项目虽然可以获得省级立项,但政府并不资助,而是建议由培养单位资助,培养单位本身在研究生培养资金短缺的情况下,所谓资助基本就是一张空头支票。

发达国家为加快培养研究生创新人才,21 世纪以来都纷纷加大资金投入,更加重视

① 朱红,李文利,左祖晶. 我国研究生创新能力的现状及其影响机制[J]. 高等教育研究,2011(2):74-82.

② 何晓聪,李焕荣. 基于实证的研究生创新行为激励因素研究[J]. 研究生教育研究,2013(5):40-43.

③ 何青. 务实与求真:研究生创新能力培养与评价研究[M]. 武汉:华中师范大学出版社,2013:181.

对研究生创新项目的支持,不仅通过国家拨款,还运用政策杠杆激励更多企业、社会团体、民间机构以及个人投资教育的积极性,扩大社会公益基金的支持。我国要加快创新型国家的建设,培养大批高层次的研究生创新型人才是当务之急。国家应继续加大对研究生教育的支持,增加研究生教育经费投入力度,扩大研究生教育经费来源,积极制定优惠税收政策,主动搭建科研成果共享平台,引导和激发地方政府、企业、社会团体、民间机构以及个人投资教育的积极性,保证培养单位有足够的研究经费来培养研究生,有更多的专项经费支持研究生的创新项目,并通过健全的奖学金制度,较大幅度地提高研究生的待遇。

4. 制定与国际接轨的研究生教育质量评价政策,支持和培育研究生教育领域的中介组织

数量和质量的矛盾是我国研究生教育中需要关注的焦点之一。知识经济时代,随着研究生规模的扩展,社会对研究生的需求越来越多元化,研究生就业的趋向更加广泛,人们对研究生教育质量的评价也越来越多样,开始出现不同的质量评价标准问题。21世纪以来,关于质量的认识,已实现从"产品合格"到"用户满意"的转变。质量观的转型必然推动研究生质量保障体系的建设和研究生教育质量评价主体与评价方式的完善。

研究生教育质量评价主体的重建旨在从管理走向治理,依据治理的逻辑,政府不再是研究生教育质量评价的唯一主体,利益相关者都有权评估研究生教育质量,有权对培养单位提出问责,从而形成社会广泛参与对研究生教育质量的监督。英国就形成了社会广泛参与的研究生教育质量外部监督与评价体系,如除了政府依据相关法律参与质量评价,还有政府或高校发起的中介机构、科学研究委员会以及社会各种专业团体的鉴定以及民间组织排行。可见社会参与监督研究生教育质量主要是通过社会中介组织来进行的,这就需要政府转变职能,支持和培育研究生教育领域的中介组织,并给研究生教育评估机构更多的自主权,使其具有独立性、公正性和学术上的权威性,充分发挥其办调政府、社会和研究生培养单位关系的纽带和桥梁作用,保证各中介组织能客观、独立地实施评估活动。

政府还需要通过制定与国际接轨的研究生教育质量评价政策,鼓励社会中介组织加强对研究生教育的评估模式与评估方法的理论研究,探索适合我国研究生教育评估机构的评估模式与方法;支持社会中介组织借鉴国际标准、评估方法科学评估研究生教育质量,国外对研究生教育质量的评估不仅有各具针对性的评估标准,也有面向特定环境、特定评估对象和特定评估目标的多样化的评估方法,用得比较多的是定量定性相结合的评估方法。

三、完善研究生创新能力评价机制,激发研究生的创新活力

研究生教育的根本任务是培养高素质的创新人才,培养研究生的创新能力是国家竞争力提升的当务之急,也是知识经济社会赋予的时代责任。研究生创新能力的提高一方面是培养的问题,另一方面则是评价的问题,人才评价机制对研究生创新能力的培养具有不可估量的作用,研究生创新能力的提升迫切需要研究生创新能力评价的科学化。

目前,我国研究生创新能力评价中还存在不少问题,如只是让研究生培养单位承担研究生创新能力评价的工作,评价主体过于单一;评价中主要关注论文发表的数量及所发表论文刊物的级别,并将论文发表与升博、出国甚至奖学金等挂钩,评价内容过于功利;评价

时重数量轻质量、有定量无定性。现行的评价机制在一定程度上扰乱了知识积累的自然进程，无异于揠苗助长。论文发表如同一道无形枷锁，令研究生心态浮躁，不甘心坐冷板凳，将厚积薄发的成果生产方式置于脑后，忽略学术基本功的训练，急于出成果，通过捷径生产各类学术产品，阻滞了提出真正创见的学术通路。这种评价机制的功利驱动，虽能在短时间内产生一些可视性成果，但没有充分考虑研究生创新能力的延续性和成长性。①培养研究生创新型人才须弱化单一的结果评价内容和量化评价方式，构建激发研究生创新活力的能力评价机制，全方位地评价研究生的创新能力。

1. 建立研究生创新能力评价标准，增强评价的全面性和有效性

研究生的创新能力已经成为衡量研究生人才培养质量的重要指标之一，建立科学有效的研究生创新能力评价标准尤为重要。对研究生而言，相对明确的评价标准使研究生对自己的创新能力有更客观、全面认识，从而有意识地巩固自己的优势，同时有针对性地加强自己的薄弱环节，实现全面发展；对培养单位而言，基于科学的评价标准，使研究生人才培养工作有章可循、有的放矢，推动研究生教育模式的变革，更加重视人格特征、思维品质、实践能力的培养，提高研究生创新能力的社会认可度；对社会用人单位而言，有科学的评价标准这个抓手，便于比较和甄别聘用研究生的质量，对他们选择录用高质量的人才具有参考价值。

研究生创新能力评价标准的构建，应遵循全面性和有效性的原则。

全面性即研究生创新能力评价标准要全面覆盖知识、人格、思维、实践以及成果等各个维度。知识维度需关注知识结构，特别是研究生所具有的各种创新知识的搭配与排列，侧重的不是知识的"总量"，而是知识的"构成"，既需要基础知识、专业知识，也需要工具知识、方法知识；创新人格是有利于创新活动顺利开展的个性品质，它具有良好的自觉性和高度的独立性，创新人格的维度需特别关注创新意识、创新精神、科学献身精神和好奇心，侧重的是创新的动机、品质和个性；思维的维度需关注新观念的提出、新问题的解决，侧重的是批判精神与质疑能力，而不是循规蹈矩或人言亦言，创新思维既是延伸式、扩展式、联想式思维，也是运用式、逆向式、综合式思维，旨在打破常规、突破传统；实践的维度方面需关注新产品的创造，侧重的是主体与外部环境之间知识的转化与交换，创新实践既包括基于信息整合解决现实问题，也包括基于现实问题，整合各方面的知识，创造性地解决问题；创新的成果维度方面需关注成果的多样性，侧重的是目的性、变革性、新颖性、超前性和价值性，创新成果既包括理论创新，也包括模式创新、管理创新、技术创新、服务创新等。

有效性即研究生创新能力评价标准要有利于通过评价发现研究生创新能力的不足之处，改进研究生培养的方式方法，促进研究生的自我认知，明确研究生自我完善和发展的方向，推动研究生创新能力整体水平的发展。一是要对评价标准进行广泛的宣传，获得社会的响应和研究生的认同，并需要通过严格的管理制度、严密的组织程序和实事求是的态度体现研究生管理部门、研究生培养单位和社会用人单位对研究生创新能力评价的重视，以此引起研究生、指导教师以及社会雇主等各方面的关注，进而按评价标准引导的方向加强人才培养和人才引进。二是关注研究生创新能力评价标准的国内外衔接，推动评价标

---

① 王焱. 人文学科研究生创新能力的培养与人才评价机制改革[J]. 广东外语外贸大学学报，2013(5)：40-43.

准的国际化,在全球经济一体化、高等教育国际化的背景下,研究生教育旨在培养国际化的高素质、高层次创新型人才,研究生创新能力评价标准必须具有国际视野、国际思维和国际水平。三是评价标准应该具有可操作性,这是保证研究生创新能力评价达到预期效果的关键,所以,评价标准需有可观测性,标准的描述能清晰准确,并要综合考虑研究生评价主体、评价对象和研究生教育管理部门各方面的因素,以确保评价工作能够真正落实。

2. 实施多主体评价,充分发挥不同评价主体的功能

目前,我国研究生创新能力评价的工作主要是由培养单位承担,各培养单位评价的标准也不一致。而研究生培养单位特别是高校,具体评价的主体则是学校教育管理部门,如研究生院。而且,即使在现有关于研究生创新能力评价的研究中,学者们也都是以培养单位为评价主体,主要从高校层面设计研究生创新能力评价体系,评价往往只是围绕研究生的课程成绩、发表论文情况、学位论文水平、科研工作能力等方面进行。"但是,如同企业产品由生产单位来评价会遭到顾客不满一样,研究生创新能力由培养单位——高等学校来评价也受到社会的普遍怀疑。有人认为,研究生创新能力的高低不能由培养单位自己说了算,而应该在研究生毕业步入社会后由社会来评判。然而,高校毕竟不同于企业,研究生也不同于企业产品。……研究生创新能力评价是一项系统工程,评价主体并非单一对象所能承担,而应由一系列对象来完成,具有系统性。"①

培养单位当然是研究生创新能力评价的主体,但应该是主体之一,而不应是唯一的主体。作为培养单位,其对研究生创新能力的评价不仅要关注其论文发表情况和学位论文水平,更要高度重视评价研究生在学习、研究和实践中的创新意识、创新智力、创新思维、创新技术、创新方法等。不是以单一的成果,而是以综合的方式全面评价研究生的各方面的情况,突出对其创新素质、成效和潜能的评价。

研究生创新能力评价不仅在于选拔与甄别优秀人才,随着大众创新、万众创业时代的来临,评价不应单纯地为选拔与甄别服务,还需要发挥评价的激励导向功能和自我教育功能,引导研究生的培养,关注研究生成长与进步的状况,促进研究整体教育质量的提升。所以,研究生自身也是创新能力评价的主体,研究生创新能力的发展离不开研究生的自我认识和超越,研究生创新能力的评价也同样需要研究生的自我认识、自我总结和反省。相对于外界的评价而言,研究生对自己的基础和能力、优势和不足、投入与产出、完善与突破,通常都有一个比较清醒的自我认识和评价,也有更加明确的标准和方式。

另外一个更需要重视的研究生创新能力评价主体是社会,包括社会用人单位、社会的第三方评估机构或社会的专业性组织。这是一个在国际上得到普遍重视并始终发挥着重要作用的研究生创新能力评价主体,英美等国都已形成比较成熟的社会评价环境,包括评价机构本身的权威性、评价的公正性、评价数据的准确性,特别是诚实守信的社会大环境。离开这些前提而希望达成对创新能力的准确评价,既不可能,也不现实。目前,我国研究生创新能力评价主体中最薄弱的就是社会主体。真正实现研究生创新能力评价主体的多元化,迫切需要建立更加中立的社会评价体系,充分发挥用人单位评价、第三方评价的作用,引导支持各种社会评价机构建立独立、科学、公正的研究生创新能力评价机制,充分调

① 陈新忠,李忠云,胡瑞. 研究生创新能力评价的三个基本问题[J]. 学位与研究生教育,2010(1):10-13.

动用人单位、第三方机构开展研究生创新能力水平检测、现状调查和需求预测。

3. 超越量化模式,建立综合化的评价方法体系

对于研究生创新能力的评价,培养单位常常通过具体成果指标的设定,对研究生的创新表现进行评分。关于研究生的创新能力,其评价标准不仅包括知识创新、成果创新,还包括人格创新、思维创新和实践创新等方面,而在培养单位的评价实践中则将其仅仅落实到学术文章的发表、学位论文的撰写、科研成果的获奖这些具体的标准中,达到则是具有创新能力,达到的程度则成为衡量创新能力的水平。这种量化指标评价的方式使研究生的创新能力变成了形式化的学术发表能力,研究生仅仅是为了追求发表的数量而进行创新活动,难以呈现和发展研究生的人格、思维和实践等方面的创新。在研究生创新能力的评价中,很多方面恰恰是不能简单地用数量的多少来判断。

所以,研究生创新能力评价的方法必须实现从量化模式向综合化体系的超越。综合化评价意味着评价方法和途径的多样性、互补性。

一是定量方法和定性方法相结合,定量评价主要是根据统计数据、检测数据、同类和类似系统的数据资料,依据相关标准,应用科学的方法进行定量化评价的一类方法,旨在对评价对象的特性用数值进行描述和判断,由于特别强调数量计算,所以具有客观化、标准化、精确化和简便化的特点。定性评价则主要是依据评价者对评价对象平时的表现、现状或文献资料的观察和分析,对评价对象的性质、特点进行文字性的描述和判断,定性评价具有尝试性和细腻性的特点,更有利于评价人格创新、思维创新等难以数量化和精确化的方面。研究生创新能力的评价既需要面向可以进行数量统计和数值描述的因素,又需要面向无法统计和难以量化,只能用文字描述或通过现象观察与判断的内容,因此必须将定量方法与定性方法结合起来,才能保证评价结果的客观和有效。

二是同行评价和自我评价相结合。美国著名教育评价学家斯塔弗尔比姆(D. L. Stufflebeam)认为,"评价最重要的意图不是为了证明(prove),而是为了改进(improve)"[1]。自我评价是研究生自己依据一定的标准,对自身的创新活动、创新过程和创新成果进行自我监控和调节,以促进创新能力的发展。同行评价则是由同行专家或研究生同伴,从专家、专业的角度对创新活动、创新过程和创新成果进行评价。相比自我评价,同行评价是从他人的视角对研究生创新能力进行评判,这样的评价使研究生评价对象能更客观地认识自己的创新能力,更有力地激发研究生的创新热情和促进他们的创新水平。

三是过程性评价和结果性评价相结合。结果性评价即终结性评价,一般是以预先设定的评价目标为基准,对评价对象达成目标的程度,即最后的结果作出评价。研究生创新能力的结果性评价显然是在创新行为或活动告一段落后,为了解其最终效果而进行的评价,但这种评价往往易于忽视创新行为或活动中人格、思维等方面的变化。过程性评价则更重视非预期的结果,更加关注创新活动过程中的各种变化和各方面的发展。研究生创

---

① Stufflebeam, D. L. (1983). The CIPP Model for Program Evaluation. In G. F. Madaus, M. S. Scriven & D. L. Stufflebeam(eds.), Evaluation Models: Viewpoints on Educational and Human Services Evaluation, 1983: 117 - 141, Boston: Kluwer-Nijhoff.

新的过程是复杂多样的,也是丰富多彩的,不同的个体、情境、活动中研究生都会有不同的创造经历,从而产生不同的创新成果。因此,过程性评价将评价的视野投向研究生的整个创造活动中,这样的评价有利于及时发现和激励研究生的创新潜能,强化研究生创新的积极性,增强研究生创新经历的丰富性。不管是社会第三方机构,还是研究生培养单位或研究生自己,对创新能力的评价既要关注对创新结果的评价,也要更加重视对创新过程的评价,在全社会形成兼顾创新结果与创新过程评价的社会导向与社会环境意义重大,将更加有利于研究生创新能力的促进,研究生创新型人才的培养和创新型国家的建设。

四、强化制度建设,畅通企业参与研究生培养的渠道

《中共中央国务院关于深化体制机制改革加快实施创新驱动发展战略的若干意见》指出,要坚持走中国特色自主创新道路、实施创新驱动发展战略,到 2020 年,基本形成适应创新驱动发展要求的制度环境和政策法律体系。研究生教育中,"实现国家的创新驱动战略首先取决于教育者的培养目标;其次是研究生的成长目标;再次是教育管理者的目标。如果三者的目标能够统一到创新驱动的价值观之下,那么 21 世纪中国的创新驱动就不难实现了"。① 国际上研究生教育模式经历了德国学徒式、美国专业式及以美国为代表的协作式等多种培养模式,目前协作式研究生教育模式渐成主流趋势,协作式即校企合作模式,通过教学、科研、生产的融合,在研究生培养过程中实现了教学、科研与生产的统一,这种模式即培养研究生创新人才最有效的模式。

但该模式作用的发挥仍需政府搭建推动平台和强化相关支持制度,打通人、财、物市场,建立调动企业参与研究生培养的激励制度。亚当·斯密的经济人假设告诉我们,理性人的行为动机来源于所采取的行动是否能给自己带来利益。不管从企业来说还是从高校来说,企业愿意与高校合作或是高校积极谋求与企业的合作,主要动机都是希望合作能给双方,特别是自己带来各种各样的利益。所以,促进产学研合作或成功的校企合作培养研究生,须建立在双赢的基础上,实现人才培育与企业赢利双丰收。21 世纪以来,国家和地方政府已先后出台优化研究生培养模式、推行产学研培养的相关政策,建立了一些激励制度,但一方面,部分政策在执行过程中变形,出现政策执行的表面化、形式化,造成政策的应然价值与实然价值的内在统一性被割裂,导致各种推进以校企合作方式培养研究生政策的实施效果严重弱化。另一方面,虽然各级政府已建立不少推动校企合作培养研究生的制度,但在实际的协作培养中仍面临着各种各样的问题,需要政府进一步细化各种措施,完善激励制度。再一方面,计划没有变化快,目前情况看政策制定的速度不如研究生教育发展的速度快,特别是近几年专业学位研究生教育发展过快,如何调动企业参与的积极性,加强专业学位研究生创新能力的培养,社会、政府及高校方面都缺乏与之相适应的配套政策和适用性的制度。所以,当前特别关键的是需要政府加强制度建设,全面打通校企协作培养研究生的人、财、物市场。

1. 共建研究生工作站,促进企业深度参与研究生人才培养

企业研究生工作站是促进产学研合作校企业协作式培养研究生的一种形式,通过政

---

① 周渝慧.研究生自主创新能力教育论[M].北京:清华大学出版社,2013:48.

府驱动和科技、教育、企业三方联动来推动企业研究生工作站的建设工作,能在一定程度上促进企业和高校的双赢发展,企业以此促进成果转化、技术创新,提升竞争优势,高校以此强化对研究生综合素质和创新能力的培养,推动研究生教育模式的改革。企业研究生工作站是由企业申请设立、出资建设并引入高校研究生导师指导下的研究生团队开展技术研发、促进成果转化的机构,是规模企业与高校产学研合作的重要平台,也是高校研究生培养的重要创新实践基地。企业研究生工作站融合了科研、人才培养以及市场等要素,以合力的方式实现研究生的培养。① 显然,工作站建设与管理的主体是企业,需要企业为研究生培养创造条件,促进了企业较深入地参与研究生的人才培养工作。从高校来说,工作站的建设要有效益,研究生的科研必须具实效,这种科研实效导向或应用型导向的研究生教育模式,有利于提高研究生的实践能力和创新能力。

为保障研究生企业工作站有序、有效地开展,既促进人才培养质量的提升,又提高企业技术研发和企业技术创新的水平,还需进一步完善研究生工作站的运行机制:① 研究生工作站的建设需要有顶层设计和长期的规划。明确建设的目标和任务,建设过程中还要有持续和稳定的经费投入、人员支持,避免出现只是把参与建设工作站作为企业的金字招牌,甚至不投入必须的研究经费,导致企业研究生工作站出现"空壳化"现象。② 寻求企业和高校共同的合作基础,完善合作选题机制。合作选题是工作站设置的关键,但合作选题时需兼顾企业和高校的研究兴趣,既重视选题的市场需求,又重视学术研究、人才培养,双方找到共同点开展合作研究,避免合作选题中出现"剃头挑子一头热"的状况。③ 建立良好的沟通机制,加强双导师队伍的建设,促进高校导师与企业导师的互动沟通与交流。工作站的建设需要高校导师主动承担和积极参与入站研究生的教育和指导工作,明确自己作为研究生培养第一责任人的主体职责,避免出现对入站研究生放任自流,或者将培养责任推卸给企业导师的情况。企业导师在研究生培养中也具有重要的作用,是研究生培养的第二责任人,特别是当研究生入站后主要置身于企业环境中时,企业导师应该是其研究、学习、工作和生活的直接指导者,在站研究生的培养质量与企业导师的指导质量直接相关。为提高在站研究生的实践能力、应用能力和创新能力,高校导师与企业导师还需加强密切的联系,围绕研究生培养方案,进行及时、广泛和深入的沟通与交流。④ 建立进站研究生培养质量评价体系,提高工作站管理水平。企业研究生工作站的有效运行需建立在完善的管理制度之上,高校应会同设站企业联合成立企业研究生工作站管理委员会,针对在站研究生的学习与工作,制定规范的研究生工作站管理办法,明确双方合作的目标与计划,包括在站研究的条件、研究经费、相应的生活补助等。同时,建立进站研究生培养质量评价体系,在重点考察研究生进站后在实践过程中解决实际问题的能力以及参与企业技术创新,或为企业创造新技术、新产品的能力,具体的评价可以参考企业对科研人才业绩的评价指标体系。

2. 高校提供配套政策和资金支持,保证企业在校企合作中有利可言

企业和高校合作,参与研究生的培养,不免要投入大量的资金进行相关场地、研究条件及实验室的建设,合作中企业如果不盈利,合作就难以持续,即使一开始合作的热情很

---

① 敖永胜.企业研究生工作站培养全日制专业学位研究生探索[J].学位与研究生教育,2011(3):68-72.

高,但若不盈利,形成的合作联盟很快就会破裂。校企合作必须是有利于学生、学校和企业三方利益的共赢机制,共赢性是校企合作培养模式的基本原则。因此,在高校和企业的合作中,高校不仅要出人、出力,利用自己的人才和技术方面的优势,帮助企业解决发展中的实际问题、技术转型升级中的难题,促进企业技术的革新及产品的研发。还要出资金,高校需要提供配套政策和资金支持,包括配套相应的资金支持实验室、孵化基地等软件建设,也包括通过积极申请国家、省、市等纵向科研项目筹措资金,加强合作研究中的硬件建设,还包括学校充分利用社会捐资、校友捐赠等社会资源,设立研究生创新教育专项基金,对来自高校和企业、参与校企合作的双方导师、研究生进行支持,调动他们参与的积极性,鼓励高校师生深入企业,主动了解企业需求,协助进行技术攻关,避免指导工作中出现责任不清晰现象,帮助企业解决生产和技术难题,为企业提供全方位的服务。

3. 改革企业导师遴选标准,优化企业导师制度,实施合理的激励措施

为保证研究生培养质量,切实落实双导师制度,建立高质量的企业导师队伍,有效发挥企业导师的作用,首先,需要改革企业导师遴选标准,不能完全参照校内导师评聘的要求,更不能简单地以职称和职务作为遴选标准,而应将理论水平和实践经验作为遴选企业导师的基本条件,并加大其权重。同时,还要充分听取企业内部专业人员的意见,对职称和职务的要求可以适当降低,但需增加对企业导师的理论水平考核,并在学术规范、科学素养、指导方法、了解企业发展前沿和科技前沿等方面加强对企业导师的要求。坚持选择与研究生实际工作方向相一致的企业导师。

其次,要明确企业导师和高校导师在研究生培养各个阶段的工作分工与指导办作,建立规范的指导责任制,避免出现指导工作中出现责任不清晰、分工不明确和重点不突出的情况。企业导师应更多地承担研究生在实践工作方面的指导和加强对研究生实践能力方面的培养。

第三,建立科学合理的业绩考核体系,保障企业导师队伍的质量。虽然企业导师的人事关系隶属于企业,高校仅是聘任其作为企业导师,本身无法对企业导师行使管理权,但高校可以和企业在互利合作的基础上,共同制定企业导师的基本管理规范和业绩考核体系,并据此强化对企业导师实际指导工作的管理和考核,考核体系可以采用企业导师自评、研究生评价、高校评价等主观性的评价,也可以考核其所指导研究生的学术成果、实践成果等方面的成绩,进行量化评价。

第四,实施合理的激励措施,调动企业导师工作的积极性。企业导师参与高校的研究生培养,很大程度上是实现对社会的回馈,是一种奉献及付出。加之优秀的企业导师一般是企业的骨干或在企业担任一定职务,工作繁忙,精力有限。如果合作中没有合理的激励措施和相关保障制度,很难使其全身心投入研究生的培养中,而且随着时间的推移,企业导师参与的热情会逐渐消退,通过实施合理的激励措施,有利于调动企业导师的积极性和主动性。马斯洛的需要层次理论认为,人的需要分为生理的需要、安全的需要、交往的需要、尊重的需要和自我实现的需要。因此,对企业导师的激励既要加强外在激励,也要重视内在激励。外在激励即合理开启薪酬模式,对企业导师的付出按照工作量的多少和质量的高低给予适当的岗位补助,高校也可以通过改革业绩考核标准,督促校内导师将部分指导"利益"向企业导师让渡。内在激励旨在最大限度地满足人的高层次需要,政府和高

校应着力营造激励性的校园文化和工作环境,让企业导师充分感受到参与校企合作、担任研究生导师获得的事业感、成就感、尊重感和工作的乐趣。

第二节　对培养单位管理者的建议

高校是培养创新型人才的摇篮,高校的研究生教育则是拔尖创新人才培养的前沿阵地和重要平台,研究生的创新能力对未来的产业发展和经济发展、对国际领先的原创性成果的产生、对我国综合国力的提升都起着至关重要的作用,拔尖创新人才的培养既是当前"双一流"建设的核心问题,也是知识经济时代高校面临的重大挑战。多年来,我国研究生教育模式多是自主式的,或者说是自发性和师徒相传式的,在学校层面不仅缺乏明确的质量标准,也缺少完善的、成体系的自我质量管理体系和支持服务机制。从招生到培养,研究生的人才选择标准和学业要求标准较低,在培养过程中,课程体系不完善、培养环节不健全,激励机制、竞争机制不到位,部分导师的教育观念陈旧、培养方式封闭。

这样的培养模式显然不能满足高水平创新能力和实践能力人才培养的要求,制约着研究生创新型人才的培养和研究生教育质量的提升。正如《学位与研究生教育发展"十三五"规划》指出的,我国已进入全面建成小康社会的决胜阶段,实施创新驱动发展战略、制造强国战略和人才优先发展战略,推进"一带一路"建设,统筹推进世界一流大学和一流学科建设,必须以高素质人才构建新的竞争优势,以创新激发新的发展动力。我国研究生教育面临前所未有的发展机遇和挑战,必须树立科学的发展质量观,大力提升高层次创新人才培养水平。[①] 发展创新能力、培养创新人才呼唤创新性教育,高校作为面向国家战略和经济社会发展需求培养和造就创新型人才的主要场所,如何确立"服务需求、提高质量"的发展主线,健全质量监督体系,优化结构布局,创新研究生培养模式,提高国际化水平,是当前研究生培养单位管理者所面临的时代使命和严峻挑战。

一、加快推进以提高质量为核心的研究生招生改革,加大力度选拔具有创新思维与潜质的优秀生源

研究生招生是研究生教育的第一环节,生源质量是研究生培养质量的前提,研究生招生不仅关系到研究生教育的规模和结构,也深刻影响着后续培养环节,直接影响拔尖创新人才的培养。所以,招生问题在研究生教育中处于牵一发而动全身的重要位置,是考生和社会密切关注和热议的焦点。做好研究生的招生录取工作,建立与培养目标相适应的招生选拔制度是深化研究生教育改革,真正提高研究生培养质量的关键。

为探索更科学、合理和符合研究生培养要求的招生选拔模式,近年来各研究生培养单位纷纷推进研究生招生改革,完善多元化招生选拔机制,部分高校借鉴国际经验开始实施博士研究生"申请—考核"选拔机制,硕士研究生招生方面则推进分类考试,优化初试科目和内容。同时,不管是硕士研究生招生还是博士研究生招生,都强化了复试考核,重视能

---

① 国务院学位委员会. 学位与研究生教育发展"十三五"规划[EB/OL]. http://yz. chsi. com. cn/kyzx/kydt/201701/20170122/1580023975. html,2017 - 05 - 26.

力考查和综合评价。

但毋庸讳言,"当前研究生招生制度的改革,与中央的要求和人民群众的期盼相比,与肩负的使命相比,仍然存在明显差距。刘延东副总理也曾指出:'当前各方面反应比较强烈的问题,主要是现行制度不能有效考察学生的专业素养、学术潜质和职业能力'"。[①] 另外,研究生招生中培养单位的招考自主权、博士研究生"申请—考核"制的科学性和规范性、培养质量与招生质量的联动性、招生考试中的公正与透明等方面的问题也被人们广泛诟病。我国研究生招生考试制度改革还要大力推进,应该紧紧围绕"质量"和"创新"两个关键点,在科学、公正和规范上下功夫,为研究生教育选拔和输送更多优质生源。

1. 扩大研究生培养单位的招考自主权

《国家中长期教育改革和发展规划纲要》明确提出要建设中国特色现代大学制度。现代大学制度建设的核心问题就是要正确处理政府和大学的关系,减少政府对大学的过多干预,赋予大学办学自主权。对研究生培养单位,特别是大学的研究生教育来说,研究生招生自主权是大学办学自主权的一个重要方面。计划经济时期,我国实行的是中央集权的高等教育管理体制,大学缺乏研究生招生自主权。自市场经济时代以后,中央政府开始向地方政府和大学分权,在大学办学自主权上取得共识,并逐步得到落实,招生方面大学开始具有一定的研究生招生自主权。但长期计划经济下形成的"大一统"的管理模式并未完全转变,培养单位在研究生招生考试方面的自主权还需进一步扩大,特别是研究生的招生计划。

现行的研究生招生计划是由国家统一制定后下达到省级主管部门,再由省级主管部门下达到各高校,高校再按照本校的基本情况综合权衡后具体分配给下面的二级学院,由各学院根据学校的标准和要求进一步下达到各学位点和导师。层层下达式的管理模式既与社会需求脱节,也未能反映学校和学科的发展规划。进一步解放思想,在研究生招生计划的制定上赋予大学更多的自主权,将更有利于激发招生单位在人才选拔过程中的积极作用,有利于生源质量的提升。

一是改革研究生招生计划编制政策,既要避免传统上强指令式的计划,培养单位完全被指令性的招生计划牵着鼻子走,又要避免总是把招生计划作为增量资源,而忽视培养单位的特点与诉求。招生计划的编制宜精不宜细,要更具弹性和灵活性,且招生计划的编制应实行重心逐步下移。二是增强招生计划分配的科学性,以大数据为基础,构建招生计划模型,通过生源率、优质率、就业率等的追踪,明确影响招生计划安排的相关因素,在计划基数的基础上实行科学的调整,保证招生计划分配有据可循。

2. 完善博士生招生的"申请—考核"制

博士生招生施行"申请—考核"制是深化我国博士生招生制度改革,完善拔尖创新人才选拔机制的一项重大举措。该制度明确了人才的选拔目标和标准,优化了选拔方式和方法,实现了向"以学生为主体、以导师为主导"的转变,有利于培养单位在招生中发挥自身的优势和特色,促进人才选择效率和质量的提高。但目前该制度在实施中也存在重形

① 马超培,宋东霞. 研究生招生制度改革与变迁［EB/OL］. http://www.jyb.cn/Theory/jysd/201610/t20161017_677279.html,2017－05－27.

式、轻内涵的问题,需要进一步完善制度建设、优化"申请—考核"制运行机制,提升"申请—考核"制运行效果。

首先,要真正理解"申请—考核"制的内涵。由"初试—复试"制发展为"申请—考核"制并非就是有些导师和考生认为的不要考试了,或把考试难度降低,其实质在于通过对招考制度的调整和改革,要充分考虑学科发展目标和新的社会需求,构建清晰透明、公平有效的选拔机制,形成特色鲜明、客观公正的考核办法,更加有利于优质生源的筛选,能使拔尖创新人才脱颖而出。

其次,要规范化和细化制度设计。强化制度设计旨在"提高研究生中期考核或博士生资格考试的科学性和有效性,切实发挥其在研究生培养过程中的筛选作用"①。例如,要进一步规范材料申请制度,丰富申请材料的内容,可以增加本科和硕士学习阶段的成绩综合排序情况、毕业设计或毕业论文的评议结果情况、发表文章的影响因子情况、毕业学科的全国排名情况等;要进一步规范材料审核细则和面试考核的评分机制,材料审核中需设立学习经历、科研发表、成果获奖等多个指标,按照一定的权重和标准进行评分。面试考核则应全面考核申请者的外语水平、专业知识、科研能力、学术水平、综合素质等方面。

3. 建立研究生培养质量与导师招生权限的联动奖惩制度

可通过将研究生招生与研究生的优秀率、淘汰率挂钩,促进权责的协调一致。目前,博士生招生改革中的"申请—考核"制确实赋予了导师在招生过程中更大的权力,也扩大了导师选择心仪人才的范围。导师既可以通过对申请者材料的初审,了解学生的基本情况、专业基础,也可以在面试中对申请者的综合能力进行复核,全面把握学生的实际研究能力与已达到的专业基础、科研水平。但尊重导师招生权不等于导师个人的随心所欲,想录取谁就录取谁,主要以个人的好恶取代基本的招生程序和招考的公平性要求。所以,招生中导师的权力也需有边界和加以制约,除了上面的细化制度设计,还需要将招考工作与培养过程的质量相结合,将招生与研究生培养中的优秀率、淘汰率挂钩,即实施研究生招生指标动态分配,将研究生的招生指标与导师培养研究生的质量联动。对全身心投入研究生培养,认真负责地指导研究生,激发研究生的学习和研究积极性,所指导的研究生不仅能高质量地通过中期考核或资格考核,还能在科研上取得优异成绩的导师,招生指标可适当放宽,反之,则减少甚至限制其招生。通过动态式的联动奖惩制度,让招生的质量与导师的切身利益相关,才能促使导师更加谨慎地选择培养对象,减少导师招收关系考生的问题。

4. 强化研究生招生过程的公开、公平与公正性和监控的全程性

要建立严格的过程监督机制,促进选拔的科学性与公平性。如何兼顾选拔的科学性与公平性是研究生招生,特别是博士生"申请—考核"制中的一大难题。研究表明,"博士研究生招生实行'申请—审核'制在现有的环境下存在着明显的人为不公平因素。大多数专业在复试环节存在打分异常现象,……这种异常也在一定程度上导致了录取结果的逆转"②。所以,急需把"申请—考核"制放到阳光下,要加大对全过程的监督,把每一个步骤

---

① 国务院学位委员会.关于加强学位与研究生教育质量保证和监督体系建设的意见[Z].学位〔2014〕3号.
② 吴根洲,韩田田.博士研究生招生"申请—审核"制公平性评析[J].教育与考试,2017(2):58-62.

和流程都公开化,包括申请者的学术状况资料、审核结果、录取标准等都需在网上公开,接受公众监督。

公平、公正性方面则要强化制度设计和集体决策,如美国高校博士生的招生都成立专门的招生委员会和导师小组,在考核环节强调导师意见与集体决策相结合,考核过程中实行考核成员随机、考核对象随机的"双盲策略",强化导师相互之间和导师与学生之间的及时互动与多方监督。此外,研究生招生中还要"建立更为科学的复试评价标准。目前对研究生的选拔主要从两个方面进行:一是评估影响研究生成功的认知因素;二是评估影响研究生绩效的非认知因素。在国外,对申请人的认知因素进行考察的主要方式是本科阶段的成绩和标准化入学考试,对申请人非认知因素进行评价的主要方式是面试、推荐信和个人陈述"[①]。而且,国外大量的研究表明,"本科成绩是研究生 GPA、学业成绩年级排名、获得学位所需时间以及职业资格考试成绩等多种研究生绩效效标的有效预测变量,而且其预测效度往往大于标准化研究生入学考试成绩"[②]。所以,研究生招生中应高度重视申请者的本科成绩。

监控的全程性方面,为消除考生对招生公平性的担忧,增强研究生招生的社会公信力,特别需要建立健全研究生招生的监督、复议、申诉制度,保证招生过程自始至终都处于社会的监督之中,防止权力滥用。一方面,研究生招生的各种信息,如招生办法、招生过程和招生结果,都要及时在官网上发布,使申请者充分享有知情权、参与权和监督权;另一方面,招生过程中在面试笔试等各环节都需增强监督意识,采取人工现场记录、录音、录像等多种形式,严格记录招生的全过程;再一方面,成立由非利益相关者组成的监督和申诉委员会,及时关注和处理招生中的问题。各级纪检组织也应该全面负责对整个招生过程和结果的监督与审查。只有保证整个研究生招生过程信息公开、程序透明、方法科学、维权有道,才能使考生对研究生招生制度保持信任和信心。

二、主动适应国家和区域经济社会发展需求,动态调整和优化学科结构

我国的研究生教育经过不断的改革创新,学位与研究生教育制度体系已经建立起来,"全国研究生在读人数稳步增长,截至 2014 年,在读研究生 184.77 万人,比上年增加 5.37 万人,增长 3.00%,其中,在读博士生 31.27 万人,在读硕士生 153.50 万人。近五年在读硕士研究生增长率为 20%;在读博士研究生增长率为 20.78%"[③]。这标志着我国研究生教育的整体规模已经稳居世界前列,成为真正的研究生教育大国。但研究生教育规模的快速扩张也带来了一系列问题,其中之一是如何动态调整优化结构、主动服务需求。当前,我国学位与研究生教育和发达国家相比,与经济社会发展阶段性需求相比,还存在各类学位标准、学科类型结构不能很好地满足经济社会发展的需求,特别是研究生教育学科、层次和类型结构与转变经济发展方式的国家总体战略相脱节,适应经济社会发展需

①　肖文英,孙秋红,孙乐平,薛伟.硕士研究生入学考试复试中科学性与公平性问题研究[J].教育与考试,2015 (2):56-60.
②　薛刚,孙晓敏.如何有效选拔研究生——国外研究生选拔实践的证据[J].教育科学,2011(4):58-62.
③　中国教育在线.2016 年全国研究生招生数据调查报告[EB/OL].http://www.eol.cn/html/ky/report2016/a2.shtml,2017-06-02.

要,是"十三五"期间我国研究生教育必须面对,也必须解决好的重大问题。

1. 面向国家战略和重大需求,提升主动服务意识

当前,新一轮科技革命和产业变革蓄势待发,我国进入了大有作为的重要战略机遇期,代表新一轮科技革命和产业变革方的是战略性新兴产业,它们是发展新动能,获取未来竞争新优势的关键领域。所以,"十三五"时期,战略性新兴产业已摆在国家经济社会发展更加突出的位置,需深入实施创新驱动发展战略,大力构建现代产业新体系,推动科技与经济深度融合,创新要素配置更加高效,全面增强自主创新能力。研究生教育必须面向挑战、紧抓机遇、乘势而上,"经济发展、产业升级和社会进步,对高端人才的需求呈现出新的变化。研究生教育必须在国家大局中定好位,在创新发展中服好务"①。今后一段时期,我国的研究生教育工作重点需转移到提高质量、优化结构上来。

一要重点突出,坚持以服务国家需求为导向,优先发展国家重大战略需求相关学科和新兴交叉学科。通过抢占学科发展的制高点,立足未来产业核心技术和关键共性技术,为国家的创新发展提供科技成果、智力支撑,并加快培养实施国家重大战略所需科技文化的创新型人才。二要瞻前顾后,兼顾当前社会发展急需的人才和长远发展需储备的人才,避免研究生人才培养中的短期行为。充分尊重人才成长规律,避免急功近利和目光短浅,既要大力培养各行各业高端紧缺人才,又要支持基础研究,保持基础研究人才的供给,为提升自主创新能力做好人才储备。所以,学科设置在面向当前急需,加快世界一流学科建设的同时,重视发展的后劲,适当稳定和支持基础学科及必不可少的"冷门"学科的发展。三要"扛枪打猎",主动对接地方社会需求,服务区域发展。应根据各地区经济发展现状与趋势及资源与水平的特点,加强人才培养和学科发展的宏观规划,力求精准定位、科学发展、特色办学。

2. 基于"双一流"建设,大力调整研究生教育学科结构

调整研究生教育学科结构是各培养单位当前面临的一大挑战,也是研究生教育的一场深刻变革。近半个多世纪以来,发达国家的研究生教育强化大学与业界更紧密的联系,不论是在类型还是在层次结构上都发生了显著变化,研究生教育中更加重视技能型、应用型、复合型人才的培养,在美、英、澳、德、法等国,以培养应用型人才为目标的专业学位教育,在整个研究生教育中已超过了半壁江山,如英国和澳大利亚,其非学术学位的研究生数量已是学术学位在校研究生的4倍左右,德国的学术学位在校生是非学术学位在校研究生的3倍左右②。如何面向世界科技发展和产业更新换代的新趋势、适应区域经济社会发展的新需求,合理调整学科结构是当前我国深化研究生教育改革的关键抓手。

一是改造现有学科结构,坚持存量调整。改变学科建设追求大而全的所谓"综合性""全科式"发展传统,更新理念、转换思路,学科设置不在多和全,而在特和强,"学科专业建设不只是'人无我有',更重要的是'人有我优'或'人优我新'。事实上,世界一流大学中没有一所能覆盖所有学科专业,按美国教育部学科专业目录统计,麻省理工学院、普林斯顿

① 刘延东副总理在全国研究生教育工作会议暨国务院学位委员会第三十次会议上的讲话(2013-07-10)[EB/OL]. http://yjs.hebut.edu.cn/xwgz/glwj/gfwj/27324.htm, 2017-06-04.
② 王传毅,严会芬,王时雨.十国研究生教育发展核心指标的比较研究[J].研究生教育研究,2015(2):58-62.

大学、斯坦福大学的学科覆盖率分别为 54.2％、62.5％、70.8％"①。所以，要聚焦"新"和"特"改造现有学科结构，对基础薄弱、建设绩效欠佳和难以对接国家战略需求的学科，必须下决心"关、停、并、转"，以壮士断腕的决心大力压缩学科建设的规模，才有可能实现一流学科的跨越式发展。二是精准设置新的学科，坚持增量优化。新学科的建设需要有所为有所不为，既要结合培养单位的办学定位、学科基础和办学特色，也要瞄准战略性新兴产业的发展、传统产业的改造升级、社会建设和公共服务领域对新型人才的需求等，基于世界一流学科的标准，着力构筑优势学科、特色学科，强化"高峰"学科建设。三是动态调整学科体系，坚持与时俱进。全球化时代，科学的发展日新月异，学科建设再也不能以不变应万变，研究生人才的培养需要不断对接服务经济社会发展需求，学科建设应更加追求适切和匹配，学科调整应成为培养单位常态化的工作。

3. 扩大博士研究生教育规模，提高国家的整体人才培养水平

博士生是国家科技创新能力竞争的重要保障，21 世纪以来，博士研究生教育作为沟通学术研究与产业的桥梁，作为一种重要的战略资源，日益成为创新型国家建设的重要驱动力。"截至 2014 年，我国累计授予硕士学位 540 余万人，博士学位 60 万人，初步满足了经济社会发展对高层次人才的需求，基本形成了学科门类齐全、结构合理的研究生教育体系，基本实现了立足国内自主培养高层次人才的战略目标。"②但我国进入实施第十三个五年计划时期，是实现中华民族伟大复兴中国梦的关键时期，全球化科技竞争愈演愈烈，高端人才的竞争也与日俱增，我国实施创新驱动、"一带一路"等重大发展倡议，对高层次创新人才的规模和质量提出了更加紧迫的需求。"为此，我们要充分认识研究生教育肩负的历史使命，加大研究生教育特别是博士生教育发展的力度，不仅把研究生教育作为培养高层次创新人才的根本途径，也把研究生教育作为吸引海内外优秀人才的重要渠道。"③美国始终保持着科学和技术领先的国际地位，很大程度上得益于其拥有全世界最强大的高质量博士生队伍。所以，除了满足博士生教育质量的要求，如何合理规划和适当扩大博士生教育的规模，已成为关涉"双一流"建设和有效地满足经济与社会发展对高层次人才需求的重要问题。

扩大博士研究生教育规模，一是要坚持质量优先。质量是研究生教育的生命线，直接关系到研究生教育的核心竞争力和可持续发展，坚持培养质量的高标准应成为研究生教育常抓不懈的永恒主题，任何时候都必须持之以恒地探索和完善。从 20 世纪 60 年代至今，美国博士生教育虽然规模庞大、体系复杂，但其始终维持着很高的质量，经验就是坚持把规模建立在照实的质量基础之上。二是要稳打稳扎。扩大博士生教育规模需要循序渐进、谨慎而行，国家和社会的需求与重视可以人为地加速博士生教育的发展，但规模扩大的比例和速度应建立在科学的发展模型基础上，即通过建立合理的可操作的博士生教育发展规模模型，采取有计划、按比例的规模扩大模式，如果一窝蜂地扩大规模，无视经济发

①　杜玉波. 适应经济社会发展需要高等教育亟待转变发展方式［N］. 光明日报，2014 - 08 - 05，(13).

②　唐玉光. 研究生教育要有"质"有"量"［EB/OL］. http：//news. gmw. cn/2016 - 01/09/content_18425623. htm，2017 - 06 - 05.

③　唐玉光. 研究生教育要有"质"有"量"［EB/OL］. http：//news. gmw. cn/2016 - 01/09/content_18425623. htm，2017 - 06 - 05.

展所能提供的物质保证和高质量人力资本的存量,则可能引起一系列的问题。三是要以标准为本。扩大博士生教育规模应该建立在质量标准之上,通过质量评估,明确博士生培养质量,达到不同的质量标准可以获得相应的发展规模指标,只有质量达标才有可能提出数量的诉求,达到的质量标准越高,则获取的发展规模指标越多。四是要能上能下。博士生教育规模的扩大并非一劳永逸,或能上不能下、能增不能减,为调动培养单位的积极性,并鼓励他们在博士生教育质量提升上的持之以恒,博士生规模的扩大应是一个动态的过程,随资源、需求、质量等的变化而调整。

4. 加强专业学位建设,加快培养高层次应用型专门人才

专业学位研究生教育担任着培养高层次应用型专门人才的重要使命。我国专业学位的设置不仅改变了学位类型、规格单一的状况,推动了复合型、应用型高层次专门人才的培养,而且极大地适应了经济社会发展的需要。"十三五"期间和今后的发展时期,研究生教育的重要任务之一,即要进一步调整和优化类型结构,从经济建设及产业结构调整对新型人才的需求出发,在加强学术性高层次人才培养的同时,大力加强专业学位建设。

21 世纪以来,众多培养单位主动适应经济社会发展的需要,不断调整和优化学位与研究生教育结构,专业学位研究生教育得到越来越多的重视。2009 年高校扩招前,学术学位占绝对主导地位,专业学位的规模相对较小。但随着社会对高层次专业性人才需求的加剧,2010 年以后,各培养单位开始调减 5%—10% 的名额用于招收专业学位研究生,专业学位研究生教育规模开始扩大。但与发达国家相比,目前的规模仍偏小。"2014 年,录取的硕士研究生中,学术学位约占 57.6%,专业学位占 42.4%。"[1]而且,"直至 2015 年我国专业学位授予规模仅占全部硕士的 39.9%。从适应经济发展水平来看,中国 2014 年人均 GDP(国内生产总值)接近 7 000 美元,每千人在校研究生仅为 1.47 人;而美国早在 1970 年人均 GDP 已达到 5 000 美元,每千人注册研究生数近 6 人"[2]。在英美发达国家,专业学位在研究生教育体系,特别是硕士研究生教育体系中基本都占据主导地位,如"美国 2 000—2012 年专业硕士学位授予规模由 38.2 万增长到 63.0 万,专业硕士占当年所有硕士的比重由 82.47% 增长到 83.51%"。[3] 可见,我国专业学位研究生教育基础仍较为薄弱。还比较突出地存在以下问题:专业学位研究生教育规模小、培养单位少、培养结构不够合理和培养机制不健全等,因此必须采取措施加以解决。

加强专业学位建设,一是要进一步提高教育规模,努力为我国的跨越式发展提供人才支持,以此保证新常态下创新驱动战略的顺利实施。二是要平衡层次结构,在我国学硕博三级专业学位体系中,以专业硕士一级为主,其他层次在学科范围及招生人数等方面还有很大差距,与发达国家相比,层次结构存在明显的不平衡。三是要丰富科类结构,目前我国设置了 5 种博士、40 种硕士和 1 种学士专业学位,博士专业学位类别较少,硕士专业学位覆盖面也不够广,工商管理、医学、法学及其他社科类等专业所占比例较大,理工类则相

① 刘英,倪晓宇,缑斌丽,许蕾,陈宁.学术型学位与专业学位研究生教育的协调发展[J].科技创新导报,2017(15):6-7.

② 张淑林,崔育宝,裴旭,万明.我国专业学位研究生教育供给与需求的分析[J].中国高等教育,2017(2):29-32.

③ 张淑林,崔育宝,裴旭,万明.我国专业学位研究生教育供给与需求的分析[J].中国高等教育,2017(2):29-32.

对占比较少,还有部分与新兴产业、先进制造业相关领域的专业学位类型尚未设置,覆盖范围还没有达到产业相关行业的不同层次,与国际上专业学位学科发展的现状相比仍然存在差距。四是要完善布局结构,与整个学位与研究生教育的状况一样,我国专业学位研究生学位点的设置也主要集中在发达的东部地区,越往西部,专业学位点的设置越薄弱,今后迫切需要加强区域布局发展的平衡性。

三、改革培养模式,提升创新和实践能力

2013 年的全国研究生教育工作会议明确提出要坚持以提高质量为核心,改革培养模式。研究生培养模式简言之就是"培养研究生的形式、结构和途径,它探讨的是研究生培养过程中诸因素的最佳结合与构成"[①],其核心的问题有二——"培养什么样的研究生"和"怎样培养研究生"。就培养的层次,研究生培养模式分为硕士生培养模式和博士生培养模式。国外典型的硕士生培养模式,先后有四种代表性的培养模式,即学徒式、专业式、协作式和教学式。博士生培养模式方面,则可以将法、英、德、美四国博士生培养模式概括为教学型、研究型、专家型、综合型四种。就研究生培养类型,可将研究生培养模式分为研究型和职业型两种。就参与研究生培养主体,通常有政府主导型、高校主导型、学科专业单位主导型、导师主导型、研究生主导型和社会主导型六种模式。

2015 年颁发的《中共中央国务院关于深化体制机制改革加快实施创新驱动发展战略的若干意见》提出构建创新型人才培养模式,分类改革研究生培养模式,探索科教结合的学术学位研究生培养新模式,扩大专业学位研究生招生比例,增进教学与实践的融合。我国早期的研究生教育主要侧重于培养学术型人才,由于国家重大战略需求的转变和社会人才需求供给的变化,专业学位即应用型人才培养 21 世纪以来才得到迅速的发展。目前,我国研究生培养模式主要体现为分类培养,即按照学术学位和专业学位两种类型培养研究生,前者侧重于学术性培养,以博士研究生为主;后者突出职业性培养,以硕士研究生为主。分类培养是研究生培养模式改革的必由之路,但一方面仅分为两类培养已越来越不能满足 21 世纪更广泛、多样及个性化的高层次人才需求;另一方面,两类培养模式的建构本身还有待健全和完善,尤其是分类培养如何更具鲜明的特色问题。当前,我国的研究生教育已进入转型期,我们需要面向全球化的背景,站在更高层面认识各类型人才培养模式的价值,更全面地构建不同类型的人才培养模式。

1. 完善贯通式研究生培养模式

我国深化研究生培养模式改革,进一步健全和完善创新人才培养体系,形成真正有利于创新人才成长的个性化培养机制,从而提高创新人才培养质量,其核心的抓手就是要完善硕博贯通式研究生培养模式,建立"本—硕—博"贯通式的研究生培养模式。"本—硕—博"贯通式培养模式,即以培养拔尖创新人才为目标,全面贯通本科生、硕士生、博士生培养过程,通过聚焦培养目标和整合优质教育资源,优化人才培养体系,实现本科教育与研究生教育、硕士生与博士生教育有效衔接的一体化式人才培养。

"本—硕—博"贯通式培养模式不仅可以通过资源整合提高人才培养效率,并加快人

---

① 周叶中,程斯辉,等.研究生培养模式改革研究[M].北京:人民教育出版社,2013:27.

才成长的速度,也在一定程度上加强了科研训练,从本科生到硕士生和博士生,促进科研活动的持续性和专一性。但在具体实施中,"本—硕—博"贯通式培养模式也可能出现一些体制机制上的障碍,导致出现开放不足、贯通不够、管理不力等方面的问题。完善贯通式研究生培养模式还需强化以下各项工作。

(1)建立科学的进入机制,完善"本—硕—博"贯通培养的选拔条件。很多培养单位是把学生的综合成绩和英语四级考试成绩作为主要的门槛,但这些成绩是否能全面反映学生的研究潜力和科研的潜在素质,还需更为慎重的思考。要通过追踪调查和建立在大数据之上的研究,完善进入标准,改进选拔条件。比如加强对研究兴趣、科研潜能、研究经历和科研成果创新性的考察。

(2)扩大渠道、开放环境,促进"本—硕—博"更广泛的交流。即要改变封闭式的培养环境,避免形成"学术近亲繁殖",8年的"本—硕—博"贯通不能形成师爷、师父、师兄/师姐或同科、同门等的一脉相传。一方面,加大跨学科人才培养的力度,经项目的形式组建创新型的学术组织,打造跨学科的导师团队;另一方面,强化学生的国内外交流和跨学科学习,如扩大国内外访学、跨学科选修、实验室轮转等方面的机会和条件。

(3)打破课程设置上的障碍,促进课程的真正贯通。即要改变目前"本—硕—博"贯通模式在课程设置上名不符实,只是拼凑式的"1+1+1"的状况,而是要在明确目标定位的基础上,通过课程重组、融合、渗透与一体化,建立课程之间的有机衔接,从而加强基础、拓宽专业、建立创新性综合培养方案和课程体系。

(4)完善规章制度,提供管理保障。在管理层面上,本科生、研究生的各项工作分别属于教务处、学生处、研究生院等职能部门和各院系,要实现"本—硕—博"人才培养的贯通,首先需要上述各部分在管理上的贯通或无缝对接,围绕贯通模式中的进入、培养、退出等形成共识,进行顶层设计,制定实施方案。在人才培养规范要求、资源整合、学籍管理、质量监督等方面完善配套制度。职能部门还要在生源分配、项目安排、经费使用等方面为院系提供政策倾斜,院系则需在师资和课程整合、优化和细化培养环节等方面,制定规章制度,建立规范的培养机制,特别是要建立培养过程质量检查和评估制度,"必须从培养过程上严格把关,既要看结果,更要抓过程",应"建立一整套规章和制度,使过程评估有章可循,保证其严肃性、连续性和规范性"①。

2. 加强跨学科研究生培养模式

进入21世纪,学科间的交叉与融合已经成为科学发展最显著的特征,与之相适应,跨学科教育的发展也突飞猛进,世界各一流大学纷纷设立跨学科研究项目或组织,如哈佛大学、麻省理工学院、斯坦福大学等都设立了大量的跨学科研究机构,成为跨学科研究生培养的重要基地。跨学科研究生培养旨在利用学科之间的相互交叉渗透和学科交叉协同,跨越学科壁垒,培养具有跨学科专业知识和较强综合能力,能分析并解决复杂问题的复合型人才。

加强跨学科研究生培养,既可以极大改善研究生的知识结构,在跨学科体系中广泛和充分地汲取不同学科的知识,构建宽广的知识体系,又可以通过多学科情境和氛围的熏

① 张国栋.贯通式博士生培养模式的研究[M].上海:上海交通大学出版社,2016:168.

陶、激发，培养运用多学科知识解决复杂的现实问题的能力，还可以基于跨学科的训练，锻炼交叉思维能力和创造性思维，为创新提供动力和源头活水。当前，跨学科研究生培养模式尚未得到培养单位的高度重视和研究生导师们的广泛认同，促进跨学科研究生培养任重而道远。

（1）明确对"跨学科"的认知，转变人才培养中的以"多"代"跨"。跨学科的核心是融合和渗透，很多高校习惯以单一学科为基础，再依托于其所在的学科群，这样纟成所谓的跨学科。此模式充其量只能是"多学科"，"多学科"未必就是"跨学科"，作为"跨学科"，一是要形成有效的知识整合与互惠互通，二是必须具有跨学科思维方式和方法的培养和训练。

（2）加大对基于跨学科组织和项目培养研究生的支持。在组织管理层面，高校要积极鼓励和高度重视跨学科专业，引导、帮助和支持学科院系进行跨学科合作或研究，构建新型的跨学科组织或打造多样化的跨学科项目。在政策和制度层面，制定优惠、宽松的跨学科合作培养人才政策，支持更多的院系和研究生导师参与跨学科合作，在平台共建、资源共享制度上，优先支持跨学科的研究生培养，在科研经费拨款制度方面，更多地引导和鼓励基于跨学科研究的人才培养。

（3）基于跨学科思维和问题导向，构建跨学科研究生课程体系。跨学科研究生课程体系主要具有两大特点：第一，重视共通性，打造共通的知识基础。如根据加拿大研究生教育联合会 2014 年发布的《加拿大跨学科研究生教育调查报告》，[①]为促进不同学科的知识融合，推动具有不同领域学习经历的学生共同达到一个可接受的"跨学科"学术水平，加拿大高校通常会在跨学科课程体系中建立"共通语言"（common language），发展"共通语言"的方式之一是设计在 5 天内完成一个学期学习内容的"周块课程"（block-week courses），即在一周有限的时间内，集中和强化地向学生介绍常规教学课程将要涉及的学科领域。第二，坚持问题导向，强化核心课程。哈佛大学教育哲学博士（Ph. D.）课程就提供了一个基于社会学、艺术学、人类学、数据分析、教育实践和政策等领域的丰富的课程体系，每个研究方向都设置基础的核心课程，课程体系完全是跨学科的。这就意味着Ph. D.学生无论选择何种专业，在学习、解决教育领域中的核心问题时，都有很多机会从社会学、人类学、经济学、政治学等广泛的学科视野入手，从多学科的广度与教育学方向的深度相结合的层面更深刻地理解相关知识与问题，从而对教育问题作出系统的研究和全面的诊断。这样，既加深了学生对本学科领域问题的认识，又掌握了其他学科的研究方法与专业知识，极大地促进了多学科研究，这无疑是提高博士生培养质量的有力手段。[②]

（4）建设复合导师团队和指导委员会。导师对跨学科研究生培养起到非常重要的作用，没有跨学科背景的导师不可能培养出跨学科研究生。我国研究生培养中主要实行的是单一导师制，传统的单一导师制使导师具有明确的权力和责任，为培养大批专业的研究

---

①　Canadian Association for Graduate Studies. Interdisciplinary Graduate Programs in Canada：Practice and Potential，2014［EB/OL］. http://www. cags. ca/documents/publications/working/IDGPs％20FINAL％20report％20revised. APPROUVED. pdf，2017 - 06 - 21.

②　魏玉梅. 我国专业学位研究生教育供给与需求的分析［J］. 外国教育研究，2016(3)：43 - 57.

人才做出了贡献。但在实施跨学科研究生培养模式的背景下,传统的单一导师制已难以满足复合型人才培养的要求,不利于跨学科研究生的培养。"复合导师制度本质上是跨学科、多领域、产学结合的研究生培养制度,其表现为同一研究生由一个以上不同学科(研究)领域的导师联合指导,在培养过程中,研究生能够参与多个导师的科研项目和研究团队"。"复合导师团队既包括校内各个学科领域的导师,也包括校外导师,甚至包括海外导师等"。① 英美一流大学的跨学科研究生培养中都组建了复合导师团队和指导委员会,人员组成通常包括名师名人,且专职导师与兼职导师相结合、校内导师与校外导师相互补。

(5)搭建平台,扩大机会,促进跨学科学术交流。既是跨学科研究生培养,就要让研究生真正跨出来,前瞻性、综合性的学术交流活动正是促进研究生跨越的有效途径和良好平台。一方面,高校需要搭建高端、前沿、跨学科的学术交流活动平台,如各种跨学科论坛,为研究生提供具有吸引力的途径,加强学术交流和进一步提升学术交流质量,通过交流启迪创新思维、激发创新灵感、培育创新人才;另一方面,提供更多交流的机会,调动研究生参与学术交流的积极性,扩大跨学科交流的参与面,如定期或不定期组织形式多样的跨学科学术交流沙龙,午餐、专题沙龙、院士沙龙、名师沙龙等。通过跨学科的学术交流有效促进各学科间的交叉与融合,帮助研究生快速掌握相关学科的知识与方法,引导他们善于在各学科交叉地带发现问题,促进创新。

3. 实施研究生分类式培养模式

高校实施研究生分类式培养模式既是国家和社会发展的迫切需要,是提升创新人才培养质量的必要手段,也是研究生教育自我更新的重要机遇。目前,我国研究生教育分为学术型和专业型,需根据不同的学位分类、社会需求,从招生选拔、课程设计、实践基地建设、培养过程管理等方面构建科学合理的研究生分类培养模式。三部委2013年颁发的《关于深化研究生教育改革的意见》更加明确地提出"以服务需求、提高质量为主线,以分类推进培养模式改革、统筹构建质量保障体系为着力点,更加突出服务经济社会发展,更加突出创新精神和实践能力培养,更加突出科教结合和产学结合",进一步强化了实施研究生分类培养的工作要求。

该要求的提出也是针对当下各高校在研究生分类培养中存在的问题,如根据吴蔚等人的研究,发现主要存在四方面的问题:科学学位硕士培养目标模糊化、工科科学学位博士培养工程化、部分专业学位培养方式学术化、部分专业学位培养措施低端化②。根据赵心恬的研究,研究生分类培养中急需解决以下问题:学术型与专业型研究生分类培养特色不明显;培养方案与培养模式过于保守与陈旧,缺乏改革与创新;专业型研究生在培养中应用实践落实不到位,影响学位论文及培养质量;师资队伍结构不合理,以单一导师制为主③。针对现实中的问题,有必要进一步深化研究生教育改革,完善分类培养模式。

(1)满足研究生个性化发展的要求,更加细化人才培养类型。目前,我国研究生教育分为学术型和专业型,这种两分法只是完成了分类的第一步,也可以说是基础型分类,根

① 吕旭峰,范惠明,吴伟. 跨学科研究生培养复合导师制度的构想[J]. 教育发展研究,2015(11):33-39.
② 吴蔚,何昌清,古继宝. 我国研究生分类培养的理念、实践与困惑[J]. 研究生教育研究,2015(1):48-52.
③ 赵心恬. 研究生分类培养模式的实践与探索[J]. 当代教育理论与实践,2016(6):92-94.

据研究生日益多元的个体需求,还应在该分类之下继续进行深化型分类,即学术型和专业型之下仍可继续分类,如学术型下面有学术型硕士和学术型博士,学术型硕士可进一步区分为研究型、复合型、应用型,学术型博士可以再分为学术研究型和学术应用型,专业型下面也有专业型硕士和专业型博士,专业型硕士和专业型博士也可进一步分成专业应用型和专业实践型。

(2) 因类而异,设计更具针对性的招生选拔方式和标准。目前学术型和专业型研究生的入学都通过入学考试和综合面试的方式,主要以考核分数为主(除针对优秀学术型硕士的免试推荐方式)。招生录取在研究生培养中被放在首位,是第一关,高校只有录取到优秀学生才能培养出拔尖创新人才。对不同类型的研究生采取基本相同的以入学考试分数为主导的招生选拔方式,恐难以保证公平公正和适才选拔。为能得天下英才而教育之,研究生招生选拔方式和标准需因类而异。对学术型研究生应加强对其学术兴趣、专业知识结构、思维方式、研究基础、学术能力、科研成果的考察。对专业型研究生的选拔则需要更多地侧重于其实践背景、实践经历、工作经验、专业实践能力、工作绩效等方面。因为对专业学位研究生来说,实践背景、实践经历等不仅是专业实践能力发展的基础,也是专业知识形成的源泉,同时,只有具备一定的工作经验,具有良好的工作绩效,才能更全面和深刻地理解专业工作的内在价值、特性和意义。

(3) 深化导师制改革,通过具有操作性的制度明晰各类导师的责、权、利。目前,尽管两种培养模式都实行"导师负责制",有的高校已开始实施导师小组制、双导师制等模式,但仍然存在导师小组制、双导师制推广不足,实施中过于形式化、表面化,以及由于责、权、利不明晰带来的导师指导中的推诿、缺位等方面的问题。特别是专业型研究生的培养,关键在导师队伍。基于对全国 14 所重点高校全日制专业学位研究生培养模式运行状况的调查发现,指导方式上被调研者所在学校主要采取"单一导师制"的比例高达 61.1%,而采取"一个校内导师,一个校外导师的双导师制"及"研究生指导小组制"的比例很低,分别为 29.1% 和 6.1%,其他占 3.7%[①]。可见,专业型研究生的指导目前主要还是依靠学术型研究生导师队伍。

深化导师制改革,首先,要明确导师准入标准,迫切需要制定专业型研究生导师的国家标准,各高校可以在此基础上因校制宜,进一步制定高于国家标准的导师准入标准,但不应低于国家标准;其次,建立导师指导规章制度、编制导师指导手册,明确各类导师的责、权、利,全面规范和评价导师的指导工作,真正落实双导师制和导师指导小组制,要明确以实践导师为主、理论导师为辅,实践导师主要来自高新技术产业机构和专业实践一线;第三,须有计划地选拔校内导师到实践一线学习和交流,了解实践一线的改革发展与实际需求,或到企业挂职锻炼,参与企业产品开发、技术改造及企业管理等工作,以便找到可以进行联合研究和培养研究生的选题;第四,制定倾斜性的政策,通过工作量、报酬、职称等杠杆,引导和鼓励部分具有一定实践经验、擅长或有志于培养专业型研究生的学术型导师转化为专业型导师;第五,扩大选择渠道,增加经费投入,通过与企业更广泛的合作,

---

① 耿有权,彭维娜,彭志越,曹蕾.全日制专业学位研究生培养模式运行状况的调查研究——基于全国 14 所重点高校问卷数据[J].现代教育管理,2012(1):103-108.

以及与各类专业协会的稳定沟通联系,着力建设一支实践经验丰富、指导能力强的校外导师队伍;第六,强化实践基地建设,打造一支稳定的常驻实践基地的实践指导教师队伍。可以通过与职称评审要求挂钩,引导年轻导师定期进驻实践基地。还可以通过对外招聘,有针对性地招收一批常驻实践基地导师。这样内外结合,全面充实实践导师队伍。

(4) 围绕不同类型人才培养标准,分别加强研究实践、应用实践和工作实践。不同类型的人才有不同的培养目标,其培养内容和重心亦应各有不同。但根据对硕士研究生分类培养模式现状的研究,发现不少专业学位研究生培养方式趋于学术化,比如在课程、学位论文的选题与写作等环节中基本采用学术型研究生的培养模式,很少有"职业能力"的训练和基于实践的研究与应用,导致人才培养"专业性"的弱化,使我国专业学位研究生教育出现"专业性危机"。消解这种"专业性危机"的路径之一,在于更加明晰不同类型人才的培养标准,"厘清专业学位的内涵,凸显专业学位研究生培养过程中的实践性与职业性","要从职业需求、技能应用、实践能力、就业岗位等多视角综合考虑,构建'实用导向与职业特性'明显的课程体系;在培养方式上要通过产学研协作或学徒制加强专业实务训练,并将获取专业技术职业任职资格作为培养目标之一;要在'行动学习'中产生现实性与应用性强的论文选题,以训练学生在工作岗位上运用知识分析和解决问题的能力"①。

(5) 针对培养目标,分类完善研究生学位论文的选题和论文评审标准。好的选题是论文成功的一半,前面有了好的选题,后面才有可能形成高水平的论文成果。学术学位研究生的选题应来源于科研,其研究成果要有理论创新,拟解决的问题要有一定的学理性并具有一定的原创性。专业学位研究生的选题应来源于实践,其研究成果要有实践性或实际的应用价值,拟解决的问题应有一定的技术难度并具有一定的实践创新性。同样,学术型研究生和专业型研究生的学位论文评审标准也应该各有不同、各有千秋。学术型研究生学位论文评审的核心标准是理论的丰富性和研究的创新性;专业型研究生学位论文评审的核心标准则是实践指导性和实际应用性。

4. 探索研究生协同式培养模式

探索研究生协同式培养模式旨在解决当前研究生教育中存在的诸多培养与指导方面的问题,如培养模式单一使人才培养与社会需求脱节,单一导师指导使研究生科研创新不足,导师队伍结构单一使研究生实践成果薄弱,高校与企业和院所等的合作匮乏使研究生实践能力的培养机制不健全。研究生协同式培养就是要促进与校外的协同,强化"政产学研用"的协同。

(1) 政府引领创新,强化资金支持和营造政策环境。"政产学研用"协同模式的形成首先需发挥政府的主导作用。国外实践经验证明,政府的资金支持和政策配套对建立完善"政产学研用"合作教育机制具有十分重要的作用。德国的"双元制"、日本的"官产学研合作"、美国的"合作教育"、英国的"三明治教育"等模式之所以能成功,与政府在强化资金支持和营造政策环境方面有密切关系。"政产学研用"合作教育模式建立的初期,需要政府制定和实施具备推动力的政策法规调动和引领学校、企业、科研院所和用人单位参与研究生协同培养。在"政产学研用"合作教育模式发展的过程中,随着协同的不断深入,合作

---

① 王海峰. 我国专业学位研究生教育的"专业性危机"与纾解策略[J]. 江苏高教,2017(4):74-77.

中的困难、矛盾、问题也纷纷暴露,此时需要政府部门转变观念,积极应对,化解矛盾,解决问题。特别是要据此研究制定长远的协合培养的战略规划、重大政策,为学校、企业、科研院所和用人单位提供长线的保障,深化引领作用的发挥,为"政产学研用"合作建立风险基金,提供补贴,分担风险等。通过营造有利于协同合作的环境,调动产学研用各主体的积极性,主动参与到研究生协同培养中。

（2）高校开门办学,与企业建立深度合作。高校要结合区域社会和经济发展,更新观念,扬长避短,凝练自身优势,通过与企业建立多样化的深度合作,探索具有特色的研究生"政产学研用"培养模式。首先,要与产业企业建立广泛的沟通协调和社会服务机制,紧紧面向地方经济社会发展和科技创新的需求,科学地确立人才培养目标、合理地制定人才培养方案,合作共建区域内的重要项目、重点学科,形成校企协同培养研究生的良好运行机制。其次,高校要主动"走出去",走向社会、走向企业,为经济转型升级服务。包括教师的服务社会工作,激励教师到企业挂职,开展行业调研,面向经济建设主战场,帮助企业攻克技术难关,在实践中寻找科研课题。

（3）各方通力合作,搭建各类研究生培养创新中心、创新基地和实践平台。高校要充分发挥多方的优势,弥补自身存在的硬件和师资不足问题,积极搭建创新基地类服务载体和研究生培养实践平台,全面推进各类研究生培养基地建设,借助于服务载体和基地平台,帮助研究生学习和掌握从项目研发、生产管理和行业应用等方面的技术、方法和理论。同时,通过多方参与共建研究生创新中心、创新基地和实践平台,丰富研究生进行研究和实践的设备、实验材料、场所等条件,激发研究生自己提出课题设计进行创新实践。研究生培养创新中心、创新基地和实践平台可为研究生提高科研能力、创新能力等提供重要支撑。以此为依托,以创新活动为基础带动研究生创新能力培养,激发研究生的创新热情,扩大研究生创新实践的参与,发挥研究生参与科学研究和实践应用的自主性,促进创新成果的及时转化,真正在实践中提升研究生的创新能力。

（4）建立协调机制,实现培养方案和课程设置的耦合。"政产学研用"的研究生协同培养意味着学校人才培养和专业建设须紧贴地方经济动脉,但问题之一是如何在协同的环境下具体实施"政产学研用"的研究生联合培养活动。首先需要解决的难题是如何将多元组织不同性质的知识和技术有效地融入培养活动,使之在培养过程中实现对接和兼容。这就需要建立多方协调机制,实现培养方案和课程设置的耦合。一方面,需要多元组织在充分考虑协同模式的人才培养目标、研究生培养质量标准与企业的客观需求等基础上进行多次有效沟通,以制定出适合研究生成才需要、符合"政产学研用"等主体要求的培养方案,并根据高端人才培养的实际需求进行适时修改。另一方面,研究生课程是"政产学研用"多元组织固有的知识基础相互联结、相互兼容并实现知识进化与创造的纽带,也是协同培养研究生使之顺利从事科学研究、知识应用和专利发明等工作的基础条件。研究生协同培养模式中,其课程设置需以应用实践为基础、以问题解决为导向、由不同领域的知识团队联合开设,所探究的问题不仅来源于科学研究领域,还广泛来源于社会生产等领域。①

四、加强研究生课程的衔接性、层次性和连贯性设计②

从系统论的角度分析,课程体系应具有逻辑性、整体性和结构性。逻辑性意味着课程设计必须遵循基本的逻辑结构,从顶层到基层,从输入到输出,彼此呼应、相互衔接,研究生人才需求决定研究生培养目标、研究生培养目标决定学位基本要求、学位基本要求决定研究生课程内容、研究生人才输入和课程内容决定研究生人才输出,需求、目标、内容、输入、输出相衔接,才可使课程系统功能得到最佳发挥;整体性说明课程设计必须兼顾研究生教育的各阶段和各类型,硕士生课程和博士生课程、学术学位课程和专业学位课程,需要分层、分类,将培养目标和课程内容逐层和逐类分解,从而使各阶段和各类型的研究生课程相互吻合、有机组合形成"整体";结构性需要系统内部各要素之间具有连贯的联系、循序的组织,包括研究生课程目标、内容等的循序性组织,课程内和课程间、学科内和学科间的贯通式设计,以及研究生课程修习的连贯性要求。所以,基于课程体系逻辑、整体和结构的特点,规范和科学的研究生课程体系要求其设计既应重视衔接性、层次性,也应体现连贯性。研究生课程设计的衔接性、层次性和连贯性对提高课程质量、优化研究生知识结构、实现研究生创新能力培养具有重要作用。

1. 研究生课程的衔接性设计

研究生课程体系设计要完整贯彻研究生培养目标和学位基本要求,保证课程体系与培养目标、学位基本要求相一致。坚持以能力培养为核心、以创新能力培养为重点,注重不同培养阶段课程设计的整合、衔接;处理好本科生、硕士生和博士生在培养目标、课程设置上的相互关系,推动本科生与研究生课程体系的整合与衔接,打破本硕博课程壁垒,建立一体化课程体系。

(1)与培养目标衔接

我国研究生培养中出现的缺个性、欠特色,缺理念、欠规格,缺需求、欠质量,根子就在培养目标上,当前迫切需要加强对人才培养的顶层设计和高端引领,课程设计中以整体的理念,对课程体系的各个层次和要素进行统筹考虑。

研究生课程与培养目标衔接性设计的基本策略:

① 坚守高校的办学使命与人才培养定位。任何一所大学都有其自身的办学使命与人才培养定位,只有坚守使命、精致办学,才能打造办学特色和增强竞争力。前面案例中的哈佛大学作为世界上最勇于变革和在知识的探求、传播与应用方面最具影响力的精英大学,其使命和定位就是要培养对世界有影响力的领导者,对该使命的维护和强化成为哈佛大学经久不衰的法宝。威斯康辛大学的使命陈述中提到最多的是为地方服务,③专业设置、人才培养、科技服务都从所在地区的实际情况和现实需要出发,服务当地的经济、文

---

① 张淑林,李金龙,裴旭. 协同创新环境下的研究生联合培养机制改革研究[M]. 北京:高等教育出版社,2016:107 – 109.

② 汪霞. 如何加强研究生课程的衔接性、层次性和连贯性设计[R]. 中国教育科学研究院,2015.

③ University of Wisconsin System Mission Statement [EB/OL]. https://www. wisconsin. edu/regents/download/policy_attachment/All-Mission-Statements. pdf, 2016 – 07 – 02.

化和社会发展,为地方培养应用型人才,塑造出威斯康辛大学的独特气质。

② 明确人才培养目标。要强化课程体系与培养目标的关联,首先目标不能缺位,培养目标的制定不是可有可无或做摆设;其次,目标的制定不能轻而易举,培养目标的确立需要遵循科学和规范的原则,基于调查研究、基于专家认证,并广泛听取利益相关者的声音;再者,目标的表述不能过于笼统、模糊或宏大,应具体、明确并具有可操作性。

③ 培养目标应适应发展需求。人才培养目标要与满足我国社会发展、经济建设和研究生教育需求相结合,并要按照市场化的要求及时调整和完善研究生培养目标,大力培养能适应和推动市场经济发展的高层次创新型人才。不同类型的高校还应根据社会经济发展对研究生人才的不同需求,结合学校办学定位和人才培养定位,优化培养目标。

④ 分化和分层确定人才培养目标。培养层次分化已成为当前国际研究生培养方式的主要潮流,英国的研究生教育中不仅有哲学硕士和专业硕士,还有传统哲学类博士、论著类哲学博士、新路线博士、专业博士、基于实践的博士、课程博士;美国硕士层次也有哲学硕士和专业硕士,博士层次则有哲学博士、专业博士等。随着社会对高层次人才需求的多样化和分化,研究生的培养目标也应该分化和分层,各个层次的研究生培养目标不能大同小异、如出一辙,每一种学位都要根据社会需求灵活制定更具针对性的人才培养目标。横向上,学术学位和专业学位研究生的培养目标要一目了然;纵向上,本科生、硕士生和博士生的培养目标也要层次分明。

(2) 与学位基本要求衔接

研究生课程设计与学位基本要求相衔接才能保证研究生培养有的放矢。研究生课程设计:一是要基于人才培养目标;二是要遵循学位基本要求。学位基本要求主要分为三部分:学科概况和发展趋势、博士学位的基本要求、硕士学位的基本要求。后两者都包括基本知识及结构、基本素质、基本学术能力和学位论文基本要求,尽管不同学科对学位获得者在素质、能力等方面的具体要求各有不同,但其要求基本都围绕社会需求、学科前沿和知识结构、综合素养与能力,以及基本规范等方面,基于各学科人才培养的特点,提出博士或硕士学位获取必须达到的要求,对研究生课程设计具有较强的指导性。2010 年以来,北京理工大学学位与研究生教育中心[①]、中国研究生院院长联席会[②]、南京大学"学术学位研究生课程体系建设课题组"[③]等都组织过包括课程现状、课程教学满意度在内的研究生教育质量调查,结果表明研究生对课程体系的满意度较低,课程的结构和内容以及课程在研究生学术能力培养、综合素质提升方面的作用普遍受到诟病。原因之一就是 2013 年以前博士、硕士学位基本要求缺位,我国在研究生教育质量方面一直没有"国家标准"。

研究生课程设计与学位基本要求相衔接,才能提高研究生学位的含金量。在当今创新型国家建设的新形势下,研究生课程体系已不能完全适应培养高水平人才的要求,近几年研究生课程质量问题引起各培养单位的广泛重视,纷纷修订培养方案,深化课程改革。

---

① 研究生教育质量报告编研组. 中国研究生教育质量年度报告(2012)[M]. 北京:中国科学技术出版社,2013.
② 中国研究生院院长联席会. 中国研究生教育年度报告(2011)[M]. 北京:中国科学技术出版社,2012.
③ 南京大学"学术学位研究生课程体系建设课题组". 在校学术学位研究生课程学习调查报告[R]. 南京大学,2013.

但研究生课程究竟如何改革,不同学位类型、不同学科的研究生课程如何科学设计,怎样才能使培养的研究生得到社会的认可和欢迎?虽然坊间对"博士一礼堂、硕士一走廊"的学位"批量生产"颇有微词,但我国高等教育的主要矛盾和症结不在于高学历人才的数量,而在于硕士和博士研究生的培养质量。2013年学位基本要求的颁发使我国在研究生教育质量方面有了"国家标准"。有了统一的国标,研究生课程设计就可避免模糊性、随意性和主观性,各学科的研究生必须达到一定的质量标准才能获取学位,只要坚持并逐步提高质量标准,我国博士、硕士学位的含金量就将逐步提高。

研究生课程设计与学位基本要求相衔接才能促进研究生培养与社会需求的对接。社会需求是研究生培养的内在驱动力,当前我国研究生教育存在市场需求、研究生自身需求与培养之间的脱节,由于各学科的课程设计对所培养研究生的基本知识和结构、基本素质没有统一和权威的标准,对研究生的学术能力和实践能力缺少规范,研究生课程,尤其是学术学位研究生课程存在学科中心主义现象,研究生课程学习从理论到理论,"闭门造车"。导致毕业生缺少工作环境中必要的专业技能,以及实际的动手能力。学位基本要求正是根据我国经济、社会和科技发展对人才的需求,结合相关学科的发展,科学地建构知识体系,并对研究生的基本素质、学术能力和实践能力都作了规范,从而有力地促进了研究生之所"研"与社会之所"需"的有效对接。

研究生课程与学位基本要求衔接性设计的基本策略:

① 严肃对待政策文件,严格坚持学位标准。国家的学位基本要求是研究生培养的基础性和纲领性文件,是一级学科研究生培养的基本标准,是研究生授予学位和人才培养质量评估所依据的标准和准则,其核心是学位获得者应具有的知识及结构、基本素质和能力方面的质量要求,对规范硕士和博士研究生培养,保障培养质量具有重要的价值,对研究生教育具有很强的规范性和严肃性。因此,各培养单位必须依据学位基本要求制定学位标准和设计研究生课程,不能偏离"国家标准"而使研究生课程变成空中楼阁或因人之作。

② 削枝强干、突出重点,完善课程结构。硕士学位基本要求中的关键词包括:基础知识、工具性知识、基本素质、实践能力,硕士研究生的教育旨在培养基础、强化实践,所以课程的设计需要做减法而不是相反,课程的针对性要强,目标要明确。博士学位基本要求中的关键词是:核心概念、专业知识、学术视野、理论思维、研究方法、创新精神和解决问题能力等,所以博士生的培养需强化课程,通过系统的课程学习和训练,掌握明确的核心概念、扎实的专业知识和培养批判性思维。不管是硕士课程还是博士课程,都特别需要加强核心课程的开发和设计,课程贵在精不在泛,一门课程就应该像建筑上的一个桩,桩不在多而在牢,桩打牢了,一座建筑就能经历世纪风雨而岿然不动。课程于研究生也一样,高质量的课程将为学生的发展奠定坚实的基础。

③ 丰富课程类型,加强研究方法课程和研讨式课程。研究生教育作为高等教育的最高层次,已"成为向国家目标前进的基础","研究生的学识和探索为满足国家在技术、经济和教育上的宏伟目标做出了关键性的贡献",研究生教育的特点之一在于"保持优异的研

究"，①研究生需要一个深入的高质量的研究训练过程。学位基本要求中也对研究能力、交流能力等提出了明确的期望。研究生课程设计中，应以能力培养为核心、以创新能力培养为重点，系统开设研究方法类课程和研讨式课程。培养单位可面向全体博硕士研究生，分为"社会科学研究方法"和"自然科学研究方法"两类，以系列讲座形式开设，通过学科合作，实现研究方法的交叉与创新。根据不同的学位要求开设问题导向的多时段、多层次、多类型研讨课，如短学时研讨课、长学时研讨课；专题研讨课、阅读研讨课、项目研讨课等，使提高研究生独立科研能力、创新能力、交流与合作能力的培养通过课程落到实处。

④ 促进知识的运用和复杂问题的解决，强化实践能力的培养。专业学位基本要求中高度重视对研究生获取知识能力、应用知识能力、组织协调能力的培养和多样化的实践训练，研究生特别是专业学位研究生的课程设计需要及时反应人才培养新的变化和要求，体现专业学位的实践性特点。课程的开发与设计应加大校企合作力度，建立行业、企业、雇主有效参与课程设计的机制，面向社会和经济需求；加强对实践课程的整体设计，制定硬指标，如课时、学分、内容、评价等；建设紧密型的课程实践基地，完善实践设施，保证实践课程教学和实践活动的正常开展；进一步推动课程教学的改革，积极开展案例教学，通过呈现案例情境，将理论与实践紧密结合，引导学生发现问题、分析问题、解决问题，创新课程教学模式。

（3）与本科课程衔接

研究生课程设计加强与本科课程的衔接意味着博士课程应以硕士课程为基础，硕士课程应以本科课程为基础，研究生课程与本科课程彼此需相互开放、协调和关联。

研究生教育是在本科教育基础上进一步培养高级专门人才，是高等教育系统中的最高层次。我国本科教育规模庞大，但考研并不是本科生唯一的出路，高等教育大众化以后，本科教育更加普及，学生的毕业选择也日益多元，所以本科教育并不是单为研究生教育服务；在教育管理上，各高校的本科和研究生教育分别由教务处和研究生院负责，形成两套相对独立的管理体系。由于这些客观因素的影响，多年来各高校在制定研究生培养方案时，并未过多地去考虑研究生教育与本科教育的衔接问题，研究生课程与本科课程基本是楚河汉界，各行其道。所导致的问题，即本科教育和研究生教育边界模糊化，研究生课程本科化，严重影响了研究生创新人才的培养。

针对我国研究生课程本科化的问题，借鉴世界一流大学研究生课程设计的经验，加强研究生课程与本科课程衔接性设计的基本策略：

① 运用整体思维，加强顶层设计，促进本科教育与研究生教育的沟通与交流。中国古代经典的思维模式有三种：整体思维、类比思维和辩证思维。整体思维最经典，它从整体和全局，以及要素之间的相互依存、相互制约关系去认识事物及其发展规律。只有站在更高的起点上，用整体的思维去认识各种现象、发展、关系，才能突破改革的瓶颈。研究生课程若要真正实现与本科课程的衔接，非一个专业或院系或研究生院所能为。首先，需要包括教务处在内高校的相关各方全面参与、积极投入，这是一个系统工程；其次，需要制定

① 科学、工程与公共政策委员会.重塑科学家与工程师的研究生教育[M].北京：科学技术文献出版社，1999：23,123.

本科教育与研究生教育的"一揽子"计划,在人才培养上加强彼此的关照;第三,需要打通本科课程和研究生课程,围绕培养目标科学认证课程的结构与内容。

②提高研究生教育的学术标准,明确研究生课程的质量要求,加强研究生培养的专业意义。社会上流传的"硕士不硕""博士不博"说法虽夸张,但确实从一个侧面抨击了目前学位的贬值和研究生教育学术标准的下降。提高标准,改善研究生课程的质量是个抓手。当务之急,一是进一步重视研究生培养工作,本科教育、研究生教育,两手抓、两手都要硬,本科教育有硬指标支持,研究生教育同样应该制定更多的硬指标作为保障。二是以"双一流"建设为契机,将质量作为研究生教育改革与发展的第一要素,强化学术标准,大力培养研究生拔尖创新人才。三是建立研究生课程准入机制,基于明确的学位要求和专业标准,研讨、设计和认证必修与选修课程,真正提高每一门课程的含金量。

③扩大衔接的内涵,丰富衔接的方式,实现与本科课程的多方位衔接。英国利物浦大学教授德里克(Ray Derricott)在讨论课程衔接时总结了四个关键词:过渡(transition)、联络(liaison)、连续(continuity)以及结构(structure)。过渡即从一个阶段转移、变迁到另一个阶段;联络则是伴随着过渡的历程,建立有助于过渡过程更顺畅的机制;连续则指的是状态不被干扰或打断;结构方面,分为流程结构(logistical structure)、逻辑结构(logical structure)和心理结构(psychological structure)三种。[1] 据此分析,与本科课程的衔接,从方式来说,可以形式多样,既可以是过渡式的,如设计一些过渡性的课程;也可以是连续性的,如以课程内容为抓手,循序渐进。从内容来说,也可以丰富多彩,如从心理层面、流程层面加强衔接,或从逻辑层面促进衔接。

2. 研究生课程的层次性设计

研究生课程体系设计要规范课程秩序,加强课程的层次性和目标指向性,高层次教育是以低层次教育为基础的,博士课程要以硕士课程为基础,硕士课程要以本科课程为基础,分段建设,分类打造,层层把关,也层层递进。在分段建设中,首要工作是分段确定硕士生和博士生培养目标,培养目标是课程设计的方向和指导的原则,是教育结果的预见,也是研究生经历培养方案要求的各种教育活动后应该达成的表现。在分类打造中,要根据不同的学位类型,分类完善学术学位和专业学位课程,形成不同类型学位课程的竞争力和特色。层层把关、层层递进意味着分层构建硕士生和博士生课程体系,既统筹考虑,又拉开层次。

(1) 分性确定硕士生和博士生培养目标

培养目标是人才培养的规格和要求,关乎教育质量,关乎百年大计。培养目标的准确定位和素质要求的制定为研究生教育发展提供明确的规格要求,确保所培养的人才能够满足社会及学科发展需求。研究生课程设计的层次性首先就是培养目标的层次性,当下许多培养单位出现的硕士课程与博士课程"撞车",一个很重要的原因就是硕士与博士定性不准,目标模糊,课程难免大同小异。分性确定硕士生和博士生培养目标就是要依据不同的教育性质厘清各自的功能、社会和人才需求,明确发展方向,找准发展路径,有的放

---

① Ray Derricott. Curriculum Continuity: Some Key Concepts (C). In Ray Derricott (Ed.), Curriculum Continuity: Primary to Secondary[A]. Oxford: NFER-NELSON, 1985: 12 - 22.

矢,统筹制定不同的硕士和博士培养目标。

分性确定硕士生和博士生培养目标,有助于从源头上治理研究生教育缺乏区分度的问题。硕士研究生教育与博士研究生教育是不同性质的教育,它们的人才培养目标差异较大,具有不同的知识和能力素质特征。

分性确定硕士生和博士生培养目标有助于多渠道解决研究生的学习之困。不少研究生抱怨读研没收获。目前,硕士生和博士生在课程学习中都存在学非所需、需非所学的问题,硕士、博士课程都应该是学术导向的吗?硕士教育既然是实务性教育,是否需要加强实践研究和技能培养?博士教育属于学术性教育,知识是学术的基础,博士课程怎能可有可无或翻版硕士课程?现在有的培养单位硕士课程量大质低,而博士课程却是蜻蜓点水;有的培养单位博士课程几乎是对硕士课程内容在横向层面上做扩展,并没有凸显博士研究生教育在课程内容上的要求和特色,导致硕士生和博士生皆形成学习之困。

分性确定硕士生和博士生培养目标,有助于解决研究生质量下降之困。研究生质量下降已成国家创新瓶颈。刘延东在全国研究生教育质量工作会议暨国务院学位委员会第三十一次会议上的讲话中指出,要从全局和战略的高度,牢牢扭住质量核心不动摇,进一步深化改革。[①] 科学的研究生教育质量观,首先需要解决好培养什么人的问题。研究生教育作为教育、科技的最佳结合,是拔尖创新人才培养的主要途径。硕士生加强实践能力和应用能力训练,培养能促进社会发展的复合型、应用型高级人才。博士生加强学科基础理论和知识学习,提升学术水平,强化独立思维与评判能力训练,培养能引领社会进步的尖端型、创新型高级人才。

我国的研究生教育改革中分性确定硕士生和博士生培养目标,需加强以下几方面的工作:

① 硕士和博士培养目标的制定应该体现差异性和独特性。本科是素质教育,重在培养做人的品格和修养,以便完成文明教育的过程。研究生教育是专业教育,其学习具有较强的研究性。虽都是专业教育,但硕士教育属于实务性教育,也是同化性教育,为学生以后主要从事事务性工作做准备,硕士教育需要培养工作技能和普适性的研究技能;博士教育属于学术性教育,也是异化性教育,学习、研究或者说学术不再仅是手段而进一步成为目的,博士教育需要培养博士生具有较强的批判精神,以及致力于寻求真理、发现规律、探索未知的勇气、激情和能力,有效的博士教育能极大地改变人的思想观念,使之破茧而出,化蛹成蝶。

② 让硕士教育回归大众,为硕士培养目标减负。曾几何时,硕士教育确实是精英教育的主力军,但高等教育大众化的发展,特别是研究生招生规模急剧扩大以后,硕士研究生已越来越多地开始发挥大众化教育职能。这符合高等教育发展的规律,因为当高等教育资源丰富到一定程度时,其对受教育者的选择标准必然降低,培养人才的目标开始覆盖社会需求的不同层次,高等教育便进入大众化。精英化教育的特点是数量少、标准高,重在培养领军型、尖端型人才。而大众化教育的特点是数量多、标准宽,重在培养应用型和

① 刘延东在全国研究生教育质量工作会议上的讲话[EB/OL]. http://edu.ifeng.com/a/20150105/40930982_2.shtml, 2016-07-11.

研发型人才。硕士教育既已大众化，就需要以大众化教育的标准，而不是精英化教育的标准来设计和评价其培养目标和课程，这样才能从根本上遏制硕士教育的异化，去除硕士教育不能承受之重，回归大众化，为硕士培养目标减负，更加聚焦于应用型和研发型人才的培养。

③ 促进博士培养目标提档升级，大力培养高水平的学科带头人和拔尖创新人才。博士教育位于高等教育的金字塔尖，其培养的人才亦应成为社会人力资源的塔尖，成为创造知识与技术、推动社会发展的最尖端力量。博士教育是大众化高等教育中精英教育的存在形态，顶层化的博士教育突出强化了精英教育，促进培养目标升级，提高人才培养质量。卡内基教学促进会主席舒尔曼(Lee S. Shulman)提出："我们把博士学位视作一个集智力与道德力量于一身的学位，并期望博士学位获得者能够担当起学科或专业管家的责任，为知识的产生、评判、转换、传播和应用等这一整套工作奉献终身。"[①]按照精英教育的规定性认识博士教育，对于明晰博士培养目标、制定博士学位标准、构建博士课程体系具有极大的促进作用。

（2）分层构建硕士生和博士生课程体系

我国研究生教育的学位结构从纵向上分为硕士和博士两个层级，与国际惯例一致。但与一些国家不同的是，我国的硕士学位是学位等级中一个完整、独立的学位层级，属于终结性学位。而在有些国家，如美国、英国、加拿大等，硕士学位却具有双重职能，或者作为过渡性的学位连接本科教育和博士教育，或者作为终结性学位连接本科教育与职业生涯。既然是两个层级的教育，其课程体系则因层级的不同而各有特色。

分层构建硕士生和博士生课程体系是衔接不同层级培养目标的关键。在培养方案中，培养目标与课程设置前呼后应、相辅相成，二者是否相关、协调成为实施过程中具体的课程教学活动能否取得成效的关键。课程体系是实现人才培养目标的主渠道，要使所培养的硕士生具有自觉的学术意识、严谨的分析方法、实用的目标、适应社会需求的技术能力以及知识的实践应用能力，使所培养的博士生具有坚实宽广的理论、系统深入的专门知识、创新能力、批判性思维、独立和自主研究能力，就要设置符合不同专业知识技能和创造性培养目标的课程体系。

分层构建硕士生和博士生课程体系，旨在适应社会对多种类型高层次人才发展的需要。国家处于不同经济发展阶段时对不同层次、不同学科人才的需求不尽相同。随着21世纪科学技术的发展，社会分工日益复杂与分化，社会对人才的需求也越来越专业化和多样化。既需要能从事原创性研究的高层次专门人才，也需要具有专业理论运用能力和专门技能的高级应用型人才。研究生课程影响着大学适应社会需求的水平，有力地制约着人才培养质量。分层次建构硕士生和博士生课程，不仅体现了课程层次的独立性，而且还从人才规格、类型与课程标准、课程教学内容、方法及途径上实现了两种学位的独立性和特殊培养要求，从而真正因材施教，有的放矢，通过课程分别强化对不同类型高层次人才的培养。

分层构建硕士生和博士生课程体系是研究生教育不断提升培养质量的保障。课程体

---

① 克里斯·戈尔德,乔治·沃克.重塑博士生教育的未来[M].上海:上海交通大学出版社.2015:001.

系决定着研究生的知识结构,目前研究生的知识、能力、素养不令人满意,研究生培养与就业市场不匹配是最值得关注的问题,这也是提升研究生培养质量的关键。其中,一个重要的原因是课程水平低下,而其表现形式之一就是硕士生课程和博士生课程的趋同。只有基于硕士生和博士生不同的人才培养定位,确立不同层次的更具丰富性的课程目标、更具逻辑性的课程内容、更具科学性的课程组织形式,加强研究生教育在知识学习和思维训练上的针对性和区分度,才能提高社会满意度,促进研究生分层就业。

我国的研究生教育在分层构建硕士生和博士生课程体系方面,可以有如下几方面的考虑。

① 扩大硕士学位的职能,针对不同的职能调整硕士课程的结构,丰富硕士课程的内涵。硕士学位应具有双重职能,要么作为过渡性的学位连接本科教育和博士教育,要么作为终结性学位连接本科教育与职业生涯,硕士学位一方面应成为本科与博士教育阶段的过渡性学位,另一方面可以成为从事应用型工作的终结性学位。在不同的职能下,培养目标大相径庭、培养方式各具特色,过渡性教育注重打牢专业基础,终结性教育注重传授职业技能。因此,作为过渡性学位的硕士生课程,应成为通向博士学习的阶梯,必须夯实基础,拓宽视野,重视基础理论和跨学科学习,突出方法论课程,特别需要重视前沿知识的学习。作为终结性学位的硕士生课程,则应该是实践取向的,需要为学生将来的就业做好准备,所以课程中应强化专业实践所需的高级知识与技能,培养对实践领域的理解能力,重视知识和技能的运用,突出通过独立研究、实践训练进行结构化的学习。

② 转换硕士教育范式,转移硕士课程重心。我国硕士教育的传统范式是学术型、学者型和文化型的,一方面培养目标是定位于准学术人,课程是教科书式的,突出对学术性学科的不断钻研和系统化学习,另一方面评价标准学术化,强化对外语等学术技能的掌握,统一要求以学位论文的形式生产新知识,学生每天"独孤求拜"的不是读书,就是写作,整天谈论的都是怎么准备考试。硕士教育范式转换旨在实现多样化、专业化和个性化,新的硕士教育范式应该是跨学科型、应用型和学徒型的。所以,硕士课程不仅是为了增进学生的知识,获得专攻领域的基本理论,或是为学术做准备,其目标还在培养研究与解决问题的能力,提高沟通能力和团队合作能力。课程的重心是前沿、问题、实践和体验,课程是经验式和应变式的,课程成为实验场,学生通过各种实验场的经历和训练,理解基本原理,培养独立性、创造力,找到兴趣点,更重要的是树立专业精神,形成专业认同。

③ 强化博士课程意识,完善博士课程体系。康奈尔大学校长罗德斯(Frank H. T. Rhodes)认为:"博士学位代表了大学中最高的学问与最人格化的指导的结合,发挥着重要的作用。如果大学没有对建立最好的博士生课程给予关注、监督和组织,那么将是大学的悲剧。""博士生课程影响着研究型大学的每一个方面,其影响力已经远远超出了校园的范围。"[①]当前,发达国家博士生培养的共同趋势是广泛加强课程学习,将博士生的课程训练提到与科研训练同等重要的地位。21世纪复杂的环境变迁给博士生课程带来极大的挑战,博士生不仅要提高研究能力,更要具备学术能力和水平,以进行知识的创造、整合、应用和传播。还要具备教学技能和就业能力,为学生准备进行多样化就业的技能学习和

---

① 弗兰克·H. T. 罗德斯. 创造未来:美国大学的作用[M]. 北京:清华大学出版社,2007:164,153.

训练,使博士生日后在就业市场上有竞争力,能适应不同的就业岗位。所以,博士生的课程体系不能过窄过偏,必须通过课程为博士生提供多种职业准备。当前,迫切需要加强博士课程体系创新,构建以科研和就业双重取向的菜单式、模块化课程体系,为博士生提供多样化课程,满足他们的多样化发展与需求。

④ 加强博士课程的跨学科训练,培养高端复合型人才。荣尼克尔(C. Jungnickel)和麦考马克(R. McCormmach)认为,"一门大学学科目前需要三样东西:公认的科学家进行的科研、通过卷入科研对学生进行科研训练和一套综合的学习课程"。但在很多大学,"'一套综合的学习课程'这个因素供应不足,对所有学生,特别是博士生,长时期来传统的模式不关心有组织的学习课程"。导致形成"单薄的"课程结构,大学普遍面临"高深的研究,贫乏的课程"问题。① 无论是贫乏的课程,还是"单薄的"课程结构,其表现形式之一就是局限于单一学科下的某一专业设计课程,导致博士生在解决复杂性问题时其知识面过于狭窄,出现被社会诟病的"博士不博"。科学技术的发展和重大社会问题的解决越来越依赖于多学科方法的综合运用和多学科知识、技术的交叉融合。扩大课程的综合性,需要高度重视跨学科课程的开设,以培养博士生的宽广知识视阈。突破传统的单学科体系,建立由核心课程、知识广度课程与知识深度课程三个维度组成的课程体系,每一维度课程都对理论基础和技术手段进行有效整合,并采用以问题为基础的课程组教学模式。

(3) 分类完善学术学位和专业学位课程

研究生教育的学位结构在横向上分为学术型和专业型两类。2013年教育部、国家发展改革委、财政部颁发的《关于深化研究生教育改革的意见》,强调研究生培养类型结构应以学术学位为主转变为学术学位与专业学位协调发展。为贯彻落实党的十八大和十八届五中全会精神,全面推进专业学位研究生教育综合改革,教育部于2015年11月专门召开深化专业学位研究生教育综合改革推进会,要求高等学校把专业学位研究生教育综合改革作为"十三五"期间的重要任务,着力探索符合专业学位研究生教育规律的培养模式,办出特色、办出水平。② 中国的专业学位教育迎来了发展的新契机。学术学位以学科为基础、以知识创新为核心,培养学术型人才,他们通过系统和深入的理论学习,发展认知、提升才能、转换思维,承担传递高深学问、强化科学研究、开拓知识领域、创新理论体系、促进学科发展的重任。专业学位以专业实践为基础、以知识应用和职业与专业能力为核心,培养专业型或应用型人才,国务院学位委员会第二十七次会议审议通过的《硕士、博士专业学位设置与授权审核办法》指出,"专业学位是针对社会特定职业领域的需要,培养具有较强的专业能力和职业素养,能够创造性地从事实际工作的高层次应用型专门人才而设置的一种学位类型"③。

作为现代高等教育学位体系的两大组成部分,专业学位和学术学位处于人才培养的同一层次,但因培养目标各有不同,培养规格各有侧重,课程应各有特色。在当前的研究

① 伯顿·克拉克. 探究的场所——现代大学的科研和研究生教育[M]. 杭州:浙江教育出版社,2001:60-61.

② 深化专业学位研究生教育综合改革推进会在京召开[EB/OL]. http://www.moe.edu.cn/s78/A22/moe_847/201511/t20151127_221410.html, 2016-08-11.

③ 国务院学位委员会. 硕士、博士专业学位设置与授权审核办法[EB/OL]. http://www.cdgdc.edu.cn/xwyyjsjyx x/zxkb/hyxx/yyxz/267719.shtml, 2016-08-15.

生培养实践中,学术学位和专业学位课程存在趋同现象,专业学位课程常常成为学术学位课程的翻版,极大地影响了人才培养质量的提高,特别是高层次实践型人才的培养。分类完善学术学位和专业学位课程就是要正视研究生课程系统中这两个并行的课程子系统,明确各自的目标和标准,发挥各自的特色和优势,在共生状态下寻求各展所长、共同提升,最终促进研究生课程的整体优化和特色发展。分类完善学术学位和专业学位课程的基本策略如下:

① 面向特定层次的人才类型,设定各具特色的课程目标。学位类型不同的一个标志,在于培养目标的不同;另一个标志,在于课程体系的不同。课程体系的龙头是课程目标。课程目标确立了课程的具体价值和任务要求,是构建课程结构、选择课程内容、组织课程教学、实施课程评价的依据和准则,也是实现专业培养目标的手段。

我国实施创新驱动发展战略,不仅需要大批拔尖创新人才,也需要大批高水平应用人才。学术学位研究生教育主要承担培养拔尖创新人才的重任。专业学位研究生教育则主要致力于培养高水平应用人才。分类完善学术学位和专业学位课程,关键是在强化课程目标定位的清晰性,课程目标定位不明确就会使课程体系建设和课程质量评价无的放矢,导致课程的同质、重复和低效。基于学术学位研究生教育培养拔尖创新人才的本质特点,学术学位课程要从学术性、创新性、前沿性三个方面重新定位课程目标,突出课程目标的高层次学术型人才培养特色。基于专业学位研究生教育培养高水平应用人才的本质特点,专业学位课程要从职业性、实践性与复合性三个方面重新定位课程目标,突出课程目标的高层次实践型人才培养特色。

② 基于不同层次人才的素质要求,构建各有侧重的课程体系。课程目标通过课程体系来实现,课程体系是实现课程目标的具体途径和举措,是培养拔尖创新人才和高水平应用人才以及开展教育教学工作最主要的依据。课程体系的水平和质量,将直接影响到人才培养的水平和质量。研究生课程体系是研究生培养单位为达到研究生培养目标而设计的融目标、结构、实施、评价诸多要素于一体的课程综合结构及其动态运行系统。研究生课程体系是研究生教育创新的关键。

学术学位研究生教育旨在培养拔尖创新人才,赫勒(K. A. Heller)认为"拔尖创新人才就是那些在某一学科领域有突出的表现,可以综合使用有创意的和创新的方式来解决复杂的问题,他们所取得的成绩能够被公认,且具有一定的国际竞争力的人才"。[①] 针对该类人才的培养,学术学位研究生课程的侧重点在于:第一,削枝强干,打造高质量的研究生核心课程。高质量的核心课程反映了学科专业的特色,体现了学科专业的灵魂,对研究生创新能力的培养发挥着重要支撑和促进作用,是构成研究生课程体系的基础性、关键性和特色性的课程。第二,夯实基础,强化基础理论和研究方法课程。前者需要加宽加厚基础理论类课程,强调深广扎实的基础理论知识,强化基础训练;后者需要加强研究方法类课程,训练研究生熟练掌握基本科研方法,提高分析问题、解决问题的能力。第三,高屋建瓴,坚持课程内容的动态性、前沿性和学术性。最新的前沿知识是研究生创新的基础,学术学位研究生课程需要引领研究生把握前沿性热点问题,激发他们的创新思维;课程内容

① 张倩,张睿涵. 我国高校拔尖创新人才培养模式与实践[J]. 继续教育研究,2015(10):91-95.

需要体现遵循独立思考、批判反思和创新建构的学术研究理念,强化知识的互动和生成,克服课程内容中存在的学术性弱化问题。第四,博采众长,提高课程的国际化水平。注重与国际一流学科的接轨,借鉴国际先进课程理念和教学经验,跟踪国际一流学科的课程体系及相关课程的教学内容,作为高水平课程建设和评价的基准。第五,相得益彰,广泛促进课程与科研的融合。纵观世界一流大学,研究生科研训练与课程教学相结合已成为衡量国际研究生教育水平的标志,在课程教学中师生基于科研成果、运用研究过程与方法探讨科学原理、研究科学问题,创新知识和方法,使研究生获得融课程学习和科学研究于一体的高峰体验。

专业学位研究生教育旨在培养高层次应用人才,即为特定职业岗位提供高层次的应用型和实践型人才,这类人才更需要的不是科学研究能力,而是知识的实际应用能力和技术创新能力。针对该类人才的培养,专业学位研究生课程的侧重点在于:第一,更新课程理念,回归专业学位研究生教育的本质。即针对社会特定职业领域,培养较强的专业能力和职业素养,能创造性地从事实际工作和解决实践问题。第二,明晰应用型人才所需知识基础的类型,突出加强技术基础类知识。根据学科的特点,系统梳理技术基础知识的体系,为提高学术学位研究生的科技创新能力和实际应用能力奠定坚实和有用的知识基础。第三,进一步加强实习实践类课程,提高此类课程的课时比例和学习要求。一方面,设立课程准入机制,规范此类课程的管理,提高课程开设的标准,明确课程的目标与内容;另一方面,加强课程评价,建立此类课程的质量保障机制。第四,改善专业学位研究生课程教学支持条件,建设高水平课程共享资源和课程基地。一是建设优秀的课程师资队伍,高度重视教师的背景和实践能力;二是提供坚实的课程教学支持条件,如图书资料、仪器设备、实验条件等;三是通过校企联合,共同打造丰富的课程学习实践资源,或与企业合作共建课程实践基地,或建立企业参与机制,充分利用企业的设施设备丰富学生的课程实践,培养学生的实践动手能力和创造性解决实际问题的能力。

③ 针对培养目标和学习者的特点,优化课程教学方式。学术学位和专业学位具有不同的培养目标和培养对象。前者通常招收脱产攻读学位人员,主要面向学科专业需求,培养具有创新精神和从事科学研究、教学、管理等工作能力的高层次研究型人才,其目的重在学术创新;后者主要招收在职攻读学位人员,主要面向经济社会产业部门专业需求,培养各行各业特定职业的专业人才,其目的重在知识、理论和技术的应用能力。高等教育的发展越成熟,两个体系的划分越明晰。

课程教学是帮助学生掌握扎实的理论基础,培养学生社会责任感、创新能力和实践能力的重要环节。优化课程教学方式,即要针对两类学位培养目标和学习者的特点有所为,有所不为。

一方面,要高度重视学术学位研究生课程的教学,全面提高课程教学质量。第一,提高课程学习强度,加强科研方法训练和学术素养培养。第二,全面推进科研活动与教学活动的融合,强化思维训练和可迁移能力的培养。第三,优化讲座环节,增强教学的前沿性、挑战性。第四,进一步推动课程教学方法和手段改革,促进研究生自主、合作和研究性学习。第五,更新教学内容,采用国际先进的教学资料,反映学科最新发展成果。

另一方面,进一步深化专业学位研究生课程教学改革,大力转变课程教学方式。第一,应用型人才的培养不能闭门造车,从理论到理论、从课堂到课堂,而是应该以问题为基础、以实际应用为导向,特别需要重视案例教学、团队学习、模拟训练、调查研究、现场教学等方式。美国卡内基教育博士项目(The Carnegie Project on the Education Doctorate,CPED)明确倡导专业学位课程教学方式的改革,积极探索"特色教学法"(Signature Pedagogy),教学的基本原则概括为"三性":不确定性、参与性和形成性。由此,达成教学的三维目标:思考、执行和遵守。[①] 第二,应用型人才的培养不能闭关自守,让学生单打独斗、自娱自乐,而是应该加强团队合作学习、小组作业学习,今天的社会科技更新、企业的技术发明和创新更多地要依靠集团作战、团队的合作,通过知识、技术和经验的分享,实现协同发展。如英国专业博士教育的特点之一,即"大多数专业博士学位以群组为基础开展教学"。[②] 第三,应用型人才的培养不能坐井观天,一旦画地为牢,课程教学就失去了源头活水,外面的世界很精彩,应该在课程教学中加强经济社会产业部门背景、人员、经验、材料、问题、工具、手段等输入,促进教学人员、内容、教材、工具、手段等与经济社会产业部门的链接,构建大学、专业、工作场所三者交叉的课程教学综合体。

④ 坚守课程设置的质量内涵,建立分类的课程质量标准。21世纪是质量的世纪。我国研究生教育也从外延式发展转向内涵式发展,其核心是质量保障,实现质量的途径之一是提高研究生课程设置的质量。如何理解研究生课程设置的质量?美国著名质量管理专家朱兰(J. M. Juran)认为,"'质量'意味着能够满足顾客的需要,从而使顾客满意的那些产品特性"。[③] 这一定义有两层内涵:一是产品或服务必须具有"适用性",能满足顾客个体和群体、发展和变化的需要;二是产品或服务必须具有"符合性",能符合"需要"转化成的指标特征和特性。课程设置的质量内涵亦应包括两个方面,即需要和标准。学术学位课程和专业学位课程根据学习者不同的需要建立不同的标准,体现不同的特征和特性。

学术学位课程的质量标准,其核心是精深性、学术性和探索性。首先,知识方面的精深性,包括新知识的创造、解释和分析,以及知识体系的系统获取、比较和理解;其次,学科方面的学术性,包括学科的视野、跨学科的能力、对学科前沿的了解和观点;最后,研究方面的探索性,包括探索的意识、探索的兴趣、探索的能力,以及探索中的质疑能力、发现问题的能力、独立思考的能力和科学批判精神。

专业学位课程的质量标准,其核心是综合性、应用性和实践性。首先,综合性,不同于学术学位要求的精深知识,专业学位课程在知识学习上的要求应该是综合化的基础理论、专业知识和技术知识及其掌握、生产和转化;其次,应用性,即作为学者型的专业人员如何将专业知识、技能与实践智慧相结合,并以实践型研究和应用型理论为工具,妥善运用理论、知识与技术分析和解决实际问题;最后,实践性,实践性意味着职业指向性,其表征是行动研究、实践项目、模拟训练、现场操作,课程教学成效建立在专业理论、实践问题和操作行动三位一体之上。

3. 研究生课程的连贯性设计

长期以来,我国的高等教育划分为本科生、硕士生和博士生三个培养阶段,实施分段

① Signature Pedagogy[EB/OL]. http://www.cpedinitiative.org/signature-pedagogy,2016-08-17.
② 陈洪捷,等.博士质量:概念、评价与趋势[M].北京:北京大学出版社,2010:197.
③ 约瑟夫·M.,朱兰,等.朱兰质量手册(第五版)[M].北京:中国人民大学出版社,2003:8.

式人才培养模式。随着研究生教育的发展,社会对高层次人才特别是拔尖创新人才培养的需求与日俱增,培养拔尖创新人才,必须要能满足不同人才的个性化需要,如为学习能力强的学生提供高效的课程方案。传统的本硕博分段分层的课程学习模式,虽然在一定程度上保障了不同知识基础的学生在学习上的适应性,但也发挥着削足适履的功能,显性或隐性地起到了"拉平"的效果。从拔尖创新人才培养的角度说,对学习需求强烈、学习能力强大的学生,在本科阶段就应该为他们提供更多选择的机会,使之可以选择能贯通硕士、博士的高效课程计划,以满足其学习潜力和快速学习的特点,为其创新发展提供渠道和空间。研究生课程的连贯性设计旨在加强课程的顶层设计,打通本科课程、硕士课程、博士课程之间的封闭与隔阂,建设贯通式的硕博课程或本硕博课程体系,加强研究生课程教学过程的连续性、系统性和完整性,全面提高研究生课程质量。

(1) 按一级学科制订课程计划,实施本硕博课程一体化

随着我国研究生教育事业的快速发展和研究生教育改革的深化,按一级学科培养研究生已经成为高校培养复合型、高层次创新人才的重要方式。该方式以培养拔尖创新人才为目标,贯通硕士生、博士生,甚至本科生、硕士生、博士生培养过程,整合教师队伍,共享优质资源,优化培养体系,使本科教育、硕士教育、博士教育有效衔接。但如何才能做到真正的衔接或一体化? 按一级学科培养研究生的根本工作在于按一级学科制订课程计划,实施本硕博课程一体化。

① 开放课程对象,升级课程代码,构建贯通的本硕博信息系统和选课系统。目前,不少高校的本科课程和研究生课程犹如楚河汉界,是两个选课系统,彼此相对独立,没有沟通和联系,两个选课系统各自向不同身份的学生开放,如本科生、硕士生或博士生。这样的系统导致无法对全校学生开放,更难以支持学生按兴趣和学习能力选课、学课,结果必然阻碍了本科课程与研究生课程彼此之间的相关性、共通性和开放性。英美等发达国家的大学,基本都实行了全校统一的注册中心、选课中心,全部操作都在网上进行,选课系统向所有课程对象开放,系统中选课的具体时间、所有课程设置的详细介绍,如课程代码、课程主要内容、每位授课教师对这门课的要求等信息,事无巨细,统一开放给所有学生。课程不区分学生的身份,是本科生还是硕士生或博士生,而只是通过编码区分水平(level),通常入门课程是 100 level 的,不设门槛,到 200 或 300 level 甚至以上的,就会有先修课程的要求,即需要修过一些低 level 的课程才可以选择。

构建贯通的本硕博信息系统和选课系统,一方面,需要整合和打通目前各自为政的本科生选课系统和研究生选课系统,整合全校性的优质课程教学资源,建立统一的选课平台,全部课程向所有课程对象开放,满足不同学习能力、学习目标学生的多样化需求,打破选课中的身份障碍,支持学生能根据学习兴趣和按学习能力选课、学课。基于统一的选课平台,本科生可以选择硕士生课程作为其个性化发展课程;研究生也可跨院系、跨学科选修本科专业核心课和专业选修课作为其专业必修或选修课。

另一方面,需要编制本硕博课程体系贯通代码。课程编码为功能性编码体系,主要反映课程开设的学科专业信息、课程相对难度等基本信息,体现本科课程与研究生课程以及本科与研究生学科之间的对应关系。制定本硕博课程的统一编码标准,形成一体化的全校课程体系,利于有效地确定课程在全校课程体系中的层级,方便进行课程设置的纵向和

横向比较。建立相对应的本硕博课程代码，才能明确地呈现各课程之间的对应关系和体现本硕博课程一体化设置的思想。同时，科学编制的课程代码也给学生提供了一幅明晰的知识结构图，有利于学生对知识体系形成宏观和系统的认识。根据国际经验，编制的课程代码需有足够的"可读性"，通常由"代码前缀"+"课程代码"两部分组成。前者由3—4个或更多的字母组成，表示开设课程的学科专业信息，一般为一级学科的英文缩写。后者为表示课程难易程度的一位数字，如0—4对应本科生课程，5—8（或更大）对应研究生课程，数字表示课程的难易程度，数字越大难度越高，国外大学一般5以上的编码基本都是对应研究生课程。也可由"代码前缀"+"课程代码"+"自主编制"的数字三部分组成，最后一部分是由代码编制机构根据自身课程教学的需求自主编制的内容。

② 重构课程模块，提升课程效率，改革研究生专业方向课程。按一级学科制订课程计划，需要对原有课程体系进行较为系统的梳理、整合和归并。通过梳理，减少数量，提高质量，统筹设计本科生和研究生课程，删减内容重复的课程，在总学分不变的前提下，精减课程数量，甚至适当降低研究生课程学习的总学分要求。通过整合，加强开设不同层次的系列课程，如以"数学系列"课程为例，"数学（Ⅰ）"为本科水平，"数学（Ⅱ）"为硕士水平，"数学（Ⅲ）"为博士水平。在大致相同的教学时间内，学生根据自己的学业基础或选择"数学（Ⅰ）"，或选择"数学（Ⅲ）"，由此可促进课程效率的提升，快速地使跨学科学习的学生达到新学科的知识能力要求，满足跨学科交叉培养研究生的需要。通过归并，破除传统的局部利益，打破以往封闭的专业方向课程，按学部大类宽口径建设课程体系模式，以建设的课程基础性强、适用面广和影响力大为原则，重构本硕博专业模块系列课程，加强新型学科交叉课程和学科前沿课程。

③ 梳通课程组织，理顺内外关系，共谋本硕博课程体系贯通大计。实现本硕博课程贯通设计迫切需要打破部门本位主义，梳通课程组织，理顺校、院、系之间的关系，本科生管理与研究生管理之间的关系，解决学部间或学院间、院系间本硕博课程体系贯通设计的问题。一方面，理顺学部或学院内的关系，跨越专业的界域，更多地着眼于不同专业、学科，或不同学科的优质课程资源，构建综合化、高层次的"课程共建"和"好课共享"课程开发和计划机制。另一方面，理顺学部或学院间的关系，运用世界一流大学研究生课程改革的先进理念，整合全校的优质课程资源，强化对课程顶层设计的规划与论证，积极按学科大类宽口径构建本硕博贯通的课程体系，既增强研究生基础理论课程的宽度和广度，又实现多学科交叉贯通。通过完善的课程体系为宽口径复合型、创新型人才的"冒尖"和培养提供有力保障。

（2）改革培养方式，实施深层次、贯通式课程培养博士

21世纪以来，我国正式实施包括"硕博连读""提前攻博""直接攻博"等形式在内的硕博贯通式博士生培养模式（简称"贯通式博士生培养模式"），迄今贯通式博士生培养模式已取得重大的成绩，但回顾和反思十多年的改革历程，发现也存在一些弊端，特别是该培养模式仍存在贯通性不够、开放性不足方面的问题，而课程则是问题的核心，例如：总体上课程体系相对封闭，缺少开放性；硕士生课程与博士生课程基本是"两张皮"，不管是形式上还是实质上都没有贯通，或者有的还处于贯通的初级阶段和浅层水平；课程学习与科学研究也是各不相干，相互间的贯通性远未实现。提高贯通式博士生教育的质量，大力培养

拔尖创新人才,需要进一步深化体制机制建设,整合优质教育资源,优化课程体系,改革一味是终结性的硕士培养方式,探索终结性与过渡性相结合的硕士培养方式,实施深层次、贯通式课程培养博士。

我国深化贯通式博士培养改革的核心工作是真正实现课程的贯通,实施贯通式课程首先需要改革培养方式,建立硕博发展双向通道;实施贯通式课程其次需要明确课程质量标准;实施贯通式课程还需要加强跨学科课程和交叉学科课程。

① 改革培养方式,建立硕博发展双向通道。目前硕博贯通培养中的瓶颈是周期和通道,打破瓶颈就是要缩短硕士生学习年限,准确定位硕士生培养目标,将硕士学位主要作为过渡性而不是终结性学位。而在学生取得硕士资格后也可以有多条通道,不同的发展选择,既可以选择继续从事学术研究工作,也可以直接就业。对于有志于攻读博士学位且学业成绩优秀的学生,可以直接进入博士培养阶段。否则,就可以在完成课程学习要求和其他硕士学位授予的基本条件后,获得硕士学位。

② 建立课程质量标准,提高硕博学位的含金量。博士生的课程学习对科研能力的提升和学科视野的拓宽非常重要,所设置的每门课程都应该有明确的课程目标和质量标准,不仅让学生了解学科最新的研究成果,而且还应该掌握最新的研究方法,以及强化知识的批判和运用。研究发现,"现行课程训练在课程设置、结构和内容上的缺陷是导致博士生科研能力不足的关键原因"。[①] 博士生认为,目前的课程学习对培养质量无显著的正向影响。说明课程学习对博士生培养质量的提高并不起促进作用,目前博士生课程缺乏前沿性和创新性,考核流于形式,课程与科研脱节等。[②] 提高博士生培养质量,必须建立课程质量标准,包括课程准入标准、课程退出标准、课程评价标准,彻底变革目前的课程体系,促进课程学习对培养质量的正向影响,使硕博学位都有更高的含金量。

③ 加强跨学科课程和交叉学科课程,拓展贯通式课程的口径。研究生教育的重要理念是培养符合市场需求的高层次人才。当前社会对跨学科人才、创新人才的需求持续增长,研究生教育为适应时代的变革必须加强跨学科和交叉学科课程的学习,培养新型的跨学科人才,设置跨学科课程和交叉学科课程有助于推动学生思想的创新和提高解决重大复杂问题的能力。跨学科课程和交叉学科课程的设置需要打破学科界限,拓展贯通式课程的口径,由个别课程扩展到整体课程的跨学科设置,提升研究生课程开发理念,全面沟通科学、技术、人文、社会等之间的联系。根据一定标准和原则设置跨学科课程,如一门课程面对的研究领域必须跨越两门学科以上,或者设立现有专业、学科无法替代的综合课程,或者针对某些社会难题,设置新型综合课程,针对性地将横断学科适用知识汇集起来集成一门新课程。

(3) 拓展课程功能,促进课程学习与科学研究的全面贯通

课程功能简单地说就是课程在实施过程中对于目标实现所发挥的作用。课程功能发

---

① 刘文,沈沛文,廖文武.试探课程训练与科研能力培养——基于 F 大学博士生的研究[J].新课程研究(中旬刊),2016(6):98-101.

② 张国栋.博士生培养模式各要素与培养质量的关系的实证研究——以上海交通大学为例[J].研究生教育研究,2011(2):22-24.

挥作用的大小直接决定课程目标的实现和人才培养的质量。研究生课程改革的核心目标之一即拓展课程功能,通过促进课程学习与科学研究的融合,不仅使研究生掌握知识,更重要的是还要善于运用知识、学会学习、学会研究、学会批判、学会交流。

　　研究生教育是一项系统工程,课程教学是其中非常关键的一个环节,课程教学不仅要传授知识,还应发挥更丰富的职能,通过课程教学既应为学生奠定坚实的知识基础,还需培养学生分析问题、解决问题的能力和创新、创业能力,通过将研究生课程体系和研究项目结合起来,促进课程学习与科学研究全面贯通,从而建设开放化、互动式课程体系,以教学与科研的协同制度保障研究生教育质量。

　　① 构建以科学研究为取向的课程体系。知识是创新的基础,研究生创新人才的培养迫切需要创新课程体系,应构建以科学研究为取向的菜单式弹性课程体系,即大学为研究生提供足够多的课程,满足学生各类研究工作的需要,学生根据研究工作的需要,自主选择课程内容、学习时间和方式。弹性课程体现为学习的时间、空间、内容、方式等具有灵活性,一切基于需要,满足研究生的个性需求。[①]

　　如学习的时间方面,研究生教育不能像目前这样截然地分为课程学习阶段和学位论文研究阶段,而且很多高校 3 年的硕士生教育,课程却都压缩在第一学年,3—8 年的博士生教育,课程基本都压缩在第一学期。美国高水平大学的研究生培养,包括博士生培养,课程是贯穿培养的全过程的,目的就是为博士生的科研提供全程的知识支持。学习空间上,研究生的课程学习不仅在本校的教室,经常还在校内外的实验室、研讨室、会议室,在企业车间、设计室,在社会事业单位,甚至在海外的教室、实验室等。学习的内容方面,需及时将科学研究的最新成果引入课程,增强课程内容的前沿性和国际化,使研究生通过课程学习了解学科前沿,更新知识结构。国外一流大学要求每年都必须修改研究生培养项目,更新课程内容,目的就是要及时反映科学技术的新发展和研究的新需求。

　　② 强化以学科为中心的研究方法训练。美国研究生教育制度始终强调将课程教学作为研究生训练的方式,21 世纪以来英国也效仿美国,把课程纳入研究生培养,近年来,欧盟亦开始加强研究生教育的结构化,对课程的学习提出更高的要求。课程设置既是为了拓宽研究生的学科视野,也是为了培养研究生的科学研究能力,训练研究生掌握科学研究的方法。所以,在其课程设置中高度重视研究方法课程,特别是博士生培养中研究方法课程往往是核心。例如,本章前面提到的牛津大学水科学硕士研究生课程,其研究方法训练课程不仅包括定量方法,还包括定性方法和研究设计。而牛津大学信息交流和社会科学专业的博士生课程中,亦开设了 2 学期的研究方法课程,还另外结合学科特点开设高级定量分析和高级定性分析。

　　研究生教育以培养学科专家为旨趣,不同的学科对研究生的学科知识和学科研究方法的要求是不一样的。拓展研究生课程的功能,不仅要更加重视研究方法课程,提高研究生掌握研究方法和运用研究工具的能力,方法类课程对研究生科研能力培养发挥着重要作用,只有掌握了研究方法和相关研究工具,才能具备一定的研究基础和能力。拓展研究生课程的功能更需要强化以学科为中心的研究方法训练,研究方法的训练也需要针对学

① 刘贞华.博士生培养内在制度研究[M].北京:对外经济贸易大学出版社,2014:189.

科的特点,面向本学科领域的知识、研究和发展。一是加强方法论的学习,研究生想要站在科学的最高峰,就一刻也不能缺少理论思维。没有理论洞察力和分析力,科学研究就难以发现表象背后的本质和规律,研究也就会失去科学价值和社会意义。二是加强方法领域的学习,掌握基础的和高级的定量研究方法和定性研究方法。三是加强研究方向所需方法的学习,结合项目研究和学位论文的撰写,进一步加强学科方向、专业领域从事科学研究所需的专门或特定的研究方法,掌握相关的方法、技术和工具。

③ 开展以问题为抓手的研究性教学。研究生教育是高层次专门人才教育,研究生最本质的特征就是要研究问题,即独立地去探索新问题,以此培养实践能力、研究与创新能力。这些能力的培养一方面取决于导师的指导,但主要是取决于研究生的课程教学模式。传统的教学模式是以教室为环境、以教师为中心、以教材为载体,存在重知识轻能力、重理论轻应用、重课堂轻实践的弊端,很大程度上抑制了研究生思维能力、创新能力、研究能力的发展。面向当前研究生实践能力与创新能力培养的迫切要求,必须加快改革传统的不适应发展和新挑战的研究生教学模式,面向拔尖创新人才培养的教学模式应以问题为导向,广泛运用研究、反思、批判、探索的方式,激发学生自主学习、合作学习和问题解决学习,这样的方式不再鼓励学生把注意力集中在国内外学者们过去研究的结果上,而是要求学生去思考和研究那些观点、方法、技术是如何生成的,学生要在研究性学习中培养自己,及早锻炼独立做研究的能力。

以问题为抓手的研究性教学,一是需要以学生为主体,充分发挥学生的自主学习能力,"要努力将学生送上讲台,从而促使他们对问题进行敏捷而彻底的思考,并对问题背后的假设提出自己的质疑"[①]。二是需要将科研训练嵌入课程教学,教师通过为学生设计参与性的研究项目,引导学生分析和思考解决方案,并在此过程中进一步提升科研意识,强化科研规范教育,结合项目特点和课程教学内容,加强发现问题、解决问题和批判性思维的培养。三是需要引导研究生促进所学知识与理论的转化,将知识与理论运用于科学研究和实践问题的解决,也就是说,要让研究生能够在课堂上开展真正的研究工作,而不是只输入不输出。应该为他们提供运用知识的实践机会,通过独立的设计、实施,听取别人的意见,获得及时的反馈,再改进和调整,得到完善,自己不断努力的过程实质也是不断转化和生成的过程,反复经历的这些过程终将使学生能够对课程内容达到真正的理解,同时也历练了研究能力,培养了高水平的思考并激发出创新的活力,从而有效引领学生成长为专业的研究者。

五、扩大研究生教育的国际合作,提升研究生的国际竞争力

国际化是培养研究生原创能力的途径。教育部、国务院学位委员会印发了《学位与研究生教育发展"十三五"规划》中提出六大发展改革任务,其中之一就是扩大国际合作,提升国际影响力。21 世纪以来,研究生教育的时代背景加剧变迁,经济全球化迅猛发展,随之而来的教育全球化势不可挡,欧美国家率先加快推进研究生教育国际化的进程,开放性和国际性成为其研究生教育的显著特征。一方面,通过制定研究生教育国际化政策,加强

---

① 克里斯·戈尔德,乔治·沃克.重塑博士生教育的未来[M].上海:上海交通大学出版社,2015:174.

对国际化的顶层设计;另一方面,广泛推动研究生教育的国际合作、支持研究生的跨国交流;还大力进行研究生课程国际化改革,强化国际课程,国际课程融合了国际视野和跨文化理念的课程内容和教学方法,能够通过构建有效的学术环境来为满足世界范围内不同文化的学习需要提供支持。奈特(Jane Knight)将国际课程描述为"国际化进程的中枢",国际化课程为所有学生提供了以学生为中心的学习经验,为他们融入日益全球化的社会做好准备。[①]

从世界范围来看,研究生教育的国际化正逐步成为有计划、有策略的"国家行为",研究生教育国际化开始向"大规模、常态化、有组织、交互式、多类型、多层次"发展。"在英国,研究生中海外留学生比例为36%左右,其中欧盟留学生占海外留学生的比例约为23%。伦敦政治经济学院(LSE)研究生的海外留学生比例是英国高校中最高的学校之一,其海外留学生比例超过80%,其中欧盟留学生占海外留学生的比例约为36%。"[②]世界范围的"两个全球化"促使我国把研究生教育国际化提升到国家战略层面,加快改革和调整研究生教育模式,研究生人才培养必须面向国际化标准,研究生教育应该成为培养具有全球视野的创新人才,促进高等教育质量提升的重要支撑。

21世纪以来,虽然在实践层面,我国很多高校已将"创新型人才""国际化人才"的培养作为研究生教育的主要目标,但在具体的培养过程和实施环节中还未能行之有效地落实该项目标,与发达国家相比,国际化问题仍然是我国研究生教育中相当薄弱的环节,当前无论是在合作培养还是研究生国内外的交流方面,我国研究生教育国际化都面临着严峻挑战,需要国家战略和"双一流"建设层面进一步加大研究生教育国际化改革的力度,全面提升高层次国际化人才培养质量。

1. 扩大校际师生交流与合作培养研究生项目

以国际合作培养、师生国际交流等项目的形式实现开放式的国际化办学,是经济全球化背景下建设世界一流大学,培养具有国际竞争力研究生的必由之路。但不管是合作培养研究生还是师生的国际交流,都需要多管齐下。

(1)国家层面强化措施,扩大公派研究生项目的覆盖面和提升质量

国家建设高水平大学公派研究生项目于2007年设立,旨在选拔国内一流学生赴国外一流高校,师从一流导师,目的是推进高水平大学建设,培养一批具有国际视野、通晓国际规则,能够参与国际事务和竞争的拔尖创新人才,以服务人才强国战略,满足国家基础研究计划和亟待发展学科的需要。项目实施以来,成效显著,不仅借此建立了国内外稳定持久的学术交流和沟通服务渠道,而且作为高层次国际化人才培养的重要模式,国内优秀研究生有计划、有组织、成建制、具针对性地被派往国外一流大学或科研机构攻读博士学位或中外联合培养博士生,加快了国内高校教学、科研与人才培养水平与国际接轨,填补了我国一些亟待弥补的前沿科学领域、交叉学科领域人才的缺口。

但经过近十年的实践,目前该项目还需在以下几方面深化改革。

① 扩大公派研究生项目的覆盖面,避免实施中的杯水车薪。第一期2007—2011年,

① 汪霞.大学课程国际化中教师的参与[J].高等教育研究,2010(11):57-64.
② 陈怡,孙文远.全球化背景下研究生教育国际化问题研究[J].研究生教育研究,2016(3):25-30.

该项目每年选派约 5 000 名学生出国联合培养。第二期以后每年人数稍有增加,如 2014 年约选派 7 000 名研究生,2015 年则增加到 8 000 人。但从人数的覆盖面来说,参加该计划的研究生总体而言也是凤毛麟角。签约高校主要是"211 工程"院校和"985 工程"院校,2011 年新增 74 所"特色重点学科项目"建设高校,高校的覆盖面也存在量少面窄的问题。

② 提升公派研究生选拔的质量。公派研究生项目的宗旨之一是要满足国家基础研究计划和亟待发展学科的需要。高校需进一步提高留学选派人员的针对性、目的性,应站在学科发展的高度,有计划地选择公派留学生,真正做到保证重点学科、照顾优势学科、扶植新建学科、建设急需学科。使公派研究生项目能充分发挥对学科建设的导向作用。

③ 国家更积极地协调和配置国际教育资源,实现研究生联合培养国家和地区的均衡发展。多年来,研究生联合培养中联合的国家、地区和高校、学科,主要是通过"学生自行联系""导师帮助联系""通过合作项目联系"几种方式,由于种种原因,最后绝大多数是由导师帮助联系,这种主要依靠导师人脉的申请方式,不免带有较大的随意性和局限性。有的导师在国外高校的人脉资源有限,难以帮助学生联系国外导师;有的导师虽人脉资源丰富,但可能主要局限于自己早年求学或曾经访问的大学,如日本的某大学或英国的某大学,这所大学可能在某学科上有一定的国际影响力,也可能缺少特色和竞争力;有的院系因项目合作与国外特定高校建立了密切的联系,结果几乎所有的研究生联合培养都落户在该所学校。所以,国家应加强宏观调控,发挥主导作用,积极协调和合理配置国际教育资源,实现派出国家、地区、高校和学科分布的适当平衡。

(2) 学校层面扩大合作渠道,结合学科发展开发更多联合培养项目

国家公派研究生项目毕竟机会有限,研究生教育国际化的主战场在高校本身,所以,高校需要在研究生国际化教育方面加强投入,实现创新。

① 制定全面的国际化教育战略,对研究生国际化人才的培养进行顶层设计。学校的发展定位要更加突出研究生教育的战略地位,更加彰显学科群的发展特色,更加突出区域高层次人才需求的背景。② 扩大研究生联合培养项目,满足研究生日益增长的发展需求。根据学校的特色、发展目标和学科需求,有组织、有计划地选择合作国家和高校,建立更广泛的校际合作,组织多样化的研究生联合培养项目。③ 联合培养项目需要有的放矢,应更加重视对本校学科建设的导向作用。联合培养学生的选派一是综合考虑学校重点学科、优势学科的分布情况,制定具针对性的派出计划;二是适当兼顾有发展潜力的"弱势学科",满足相关学科的特殊要求。使学校的联合培养项目从总体上获得效益的最大化。④ 严格选拔的标准和程序,确保选派质量。虽然各高校基本都能采取"个人申请,导师和单位推荐,专家评审,择优录取"的方式进行选拔,在形式上中规中矩,但在实际的选择过程中,特别需要各院系根据自身的人才队伍建设和学科发展规划进行筛选,专家的评审则要严格遵循"公正、公平、公开"的原则。

(3) 激励导师开展国际合作研究,加强基于导师合作研究的联合培养

导师是提高研究生培养水平的重要因素。与国家层面公派研究生项目和学校层面联合培养项目相比,基于导师合作研究的联合培养是一种更为常见的国际化培养模式。这样的联合培养主要以导师合作为基础,以导师为主导。在研究生申请的过程中,需要充分发挥导师的作用,由导师负责联系和确定联合培养的境外大学和导师,导师负责与外方导

师共同研究制定联合培养方案。这样的联合培养方式,既扩大了研究生国际化的渠道,丰富了联合培养方式,也锻炼了导师队伍,一定程度上促进了导师的国际化,这样的方式必须由导师唱主角,要求我们的导师主动寻求和扩大国际交流,形成积极的国际合作,拥有优秀的合作伙伴。

(4) 组织多种形式的短期访问活动,推动校际师生交流与合作

扩大研究生教育的国际合作,提升研究生的国际竞争力,联合培养是一条必由之路。但除了长期的成建制的联合培养方式,还需要采取更多短期的灵活性的国外访问和交流活动,包括:① 教师的短期互访,在此期间,教师在外方学校研修、修课和进行相关领域的合作研究;② 研究生的短期互访,让在读硕士生、博士生都有机会到国外进行科学研究、考察学习,互派研究生到国外学校开展学习和研究工作,是与国外名校互通有无、拓展研究生视野的一种重要方式;③ 与世界一流大学合作,定期组织研究生暑期学校,暑期学校根据双方学科建设的特点,每期确定不同的主题,时间灵活掌握,暑期学校的内容采取多模块组合的方式,如学术前沿论坛、课程学习体验、实验室参观学习、实践基地参观考察、专题交流研讨、主题实习实践、热点问题工作坊等多种形式;④ 与合作学校相关学科每年轮流召开学术研讨会,为师生学术交流和科研合作提供机会和平台,增进彼此间互动和了解。

2. 引进国际课程与教材,创新研究生课程体系

研究生课程是否具有国际视野、国际维度已成为衡量其质量和水平的一个基本条件,当前研究生教育国际化的抓手之一是构建合理的国际化课程体系,培养具有广阔的国际视野和全面知识与能力结构的国际化人才。研究生课程的国际化除了要借鉴国外一流大学各学科专业的人才培养方案,完善课程体系,还要与时俱进,紧跟国际学科前沿的发展动向,重视开设相关国际主题的新课程,开设专门的国际教育课程、全英文课程、双语教学课程等,还要以多种形式广泛引进国外的优质课程资源和优秀教材。

(1) 设立海外学者短期课程。比如可以通过实施"优秀留美学者回国讲学计划""优秀留英学者回国讲学计划""海外学者短期讲学计划"等,设立各种海外学者短期课程,引进国外的课程资源,全部采用英语讲授,并纳入学校的研究生课程体系,吸引海外知名专家学者回国授课,指导学校的学科建设,参与研究生课程建设,也让更多的学生有机会体验国外先进的教学理念、教学模式和教学内容。

(2) 通过远程网络授课方式,共享世界一流大学的优质课程。大规模在线开放课程(MOOC)的兴起和发展为研究生课程的国际化带来了巨大的机遇,名校名课触手可及,研究生甚至导师都能够与美国哈佛大学和麻省理工学院、英国牛津和剑桥大学等的学生同时聆听知名专家的授课。可以充分利用这些开放的、国际互动性强的世界一流大学的优质 MOOC 课程资源,扩展学生对专业前沿理论和应用方面的知识,了解国外大学研究生课程学习的要求和特点,培养研究生的国际竞争力。

(3) 设立"海外教授讲席""特聘教授团讲席"等,为研究生开堂讲课。结合学校发展战略和学科发展布局,通过组织化的"海外教授讲席""特聘教授团讲席"制,有计划地聘请不同学科领域的国际著名学者和重要领头人定期回国为研究生授课,使更多的研究生能有机会与国际大师进行面对面交流和探讨,并在他们的带领下更好更快地融入学科国际

发展领域。

（4）实现优势互补，有效引进国外优秀教材。研究生教材建设是事关研究生教育未来的战略工程、基础工程，是进行研究生教学的重要工具，也是提高研究生人才培养质量的基本保证。研究生教育的国际化应注重高水平教材建设，积极引进国外优秀教材。但在教材引进方面，首先，要牢固树立质量意识，坚持一流和精品的标准，采取精选策略，国外原版教材的引进出版要坚持权威性和先进性的精选策略。即所引进的国外原版教材能体现新方法、新技术、新观念，最好能选择那些能够填补空白的精品教材。其次，要坚持有效性和系列性，采取规模系列化引进的策略。即所引进的国外原版教材能最有效地服务于学科的发展，不仅突出学科的独特性，而且兼顾到学科群中主干和核心的课程。最后，要反复筛选和动态调整国外原版教材的引进工作。反复筛选，即要全面衡量不同版本的教材与学校专业特色、学科优势方向的适应性，动态调整意味着国外教材的引进非一劳永逸，需坚持与时俱进、优胜劣汰，确立动态的进入和退出机制。

3. 举办高端论坛，邀请国际著名学者，丰富研究生国际化培养形式

开展国际化的学术交流特别是高层次的学术活动，对推进研究生教育国际化必不可少。学术交流不仅需要走出去，还应该请进来。根据学科发展的需要，充分利用国际交流与合作的机会，积极争取资源，邀请国外高水平专家、国际组织的知名人士、诺贝尔奖获得者、著名大学校长、跨国企业总裁或卓越的企业家来学校访问，为研究生开设各种形式的前沿讲座和报告，或组织以战略性、前沿性、交叉性和创新性为特色的高端论坛，展示研究领域的前沿问题和先进科研成果，使研究生得以现场领略国际名家的风采，启迪智慧，体会理念，收获新知，激发创新。

4. 组织国际博士生学术论坛、联盟和支持博士生参加国际会议，营造良好的国际学术交流氛围

培养环境与研究生的学术成长具有正相关，美国马里兰大学盖索（Charles J. Gelso）教授提出的培养环境理论（Research Tmining Environment，RTE）表明，研究生的培养环境正向促进其研究兴趣。[①] 博士生学术交流是培养高层次拔尖创新人才不可或缺的重要环节，是提升博士生培养质量的有效方式。组织国际博士生学术论坛、联盟，积极支持博士生出国参加各种学术会议，有利于构建开放的培养环境，营造浓厚的学术氛围，共享优质教育资源和拓展宽广的学术视野，形成培养研究生创新能力和学术交流能力的第二课堂。

国际博士生学术论坛可以定期举办，每次由不同的学科负责承办。借助论坛搭建平台，使来自世界各地的博士生有机会在一起学习和交流、切磋和讨论，既活跃思维、开阔视野，甚至获得灵感，也促进了跨学科交流，便于大家在综合专业背景下思考问题，有助于通过学科交叉推动更高水平的研究工作。

组织国际博士生学术联盟则是要建立长期的更稳定的合作和交流平台，联盟可以实施联盟高校轮值制，除日常的不定期、非项目式交流和合作，每年可定期组织学科间的研

---

① Charles J. Gelso. On the Making of a Scientist-Practitioner: A Theory of Research Training in Professional Psychology[J]. Training and Education in Professional Psychology, 2006(1): 3-17.

讨、专题论坛,促进学术交流的恒常化。

让博士生在国际学术平台上看世界最直接的方式是鼓励和资助博士生更多地参加国际学术会议,他们传回会议并宣读,面对来自世界各国专家学者的提问,参与会上会下的各种重量级的讨论,这对博士生既是一种挑战,更是一种锻炼。参加国际会议特别是高级别的专业学术会议,博士生一下子就站到了学科发展前沿,与世界著名学者面对面,能极大地提高博士生的学术水平和国际交流能力。

六、激发内生动力,完善研究生教育质量内部保障体系

2014 年,国务院学位委员会、教育部下发《关于加强学位与研究生教育质量保证和监督体系建设的意见》,明确指出"加强质量保证和监督体系建设,在学位与研究生教育事业发展中具有重要作用。面对高层次人才培养的新形势,提高质量是研究生教育改革和发展最核心最紧迫的任务","构建以学位授予单位质量保证为基础,教育行政部门监管为引导,学术组织、行业部门和社会机构积极参与的内部质量保证和外部质量监督体系。内部质量保证体系要明确学位授予单位第一主体的职责,增强质量自律,培育质量文化"[①]。构建符合研究生教育需求和高校自身特点的研究生教育内部质量保障体系,是促进人才培养质量提高的核心与关键。完善研究生教育内部质量保障体系归根结底就是要加强研究生培养过程的管理,形成自我发展和自我约束机制。

1. 研究生质量管理体系的完善

研究生质量管理体系是构建内部质量保障体系、完善制约机制的核心,主要包括招生、培养、论文答辩、学位授予、就业创业指导、师资队伍建设、教学条件和环境建设等方面。其中,特别需要完善以下几方面的工作:

(1) 深化研究生招生制度改革,不拘一格降人才。招生是研究生教育的首要环节,招生机制的变革对合理选拔人才,提升研究生培养质量有不可忽视的作用。深化研究生招生制度改革,关键是要运用多元化的考核方式,更加关注考生的学术志趣、实践能力、创新能力和科研潜力。不能唯分数是从,初试的笔试未必能说明考生的全部情况,需加大复试面试的比重,并以多种形式全面考查考生的综合素质。英、法等国在研究生招生方面均没有统一的入学考试,通常由学生本人申请、学校通过资料审查和面试来录取,每所高校可自行决定每一个研究生的录取条件,其较为共性的条件是实践能力、创新能力和科研潜力等。美国的研究生招生一方面重视以市场调节手段来控制招生规模与专业方向;一方面各高校在选拔研究生时都特别关注学生的智力潜力和实践能力,不以考试成绩作为录取的唯一标准。近年来,美国教育考试服务中心(Education Testing Service)组织专家研发了一套新的测评手段——个人潜能指标测评(Personal Potential Index,简称 PPI),用于研究生招生中评价学生学习成绩以外的个人综合品质,PPI 系统包括 6 个一级指标:知识与创新能力、交流技能、团队工作能力、毅力、策划与组织能力、道德与诚信。每个一级指标又各包含 4 个二级指标,共 24 个评价项目。评价者根据学生的实际情况,按照 5 分制

---

① 国务院学位委员会.教育部关于加强学位与研究生教育质量保证和监督体系建设的意见[EB/OL]. http:// old. moe. gov. cn//publicfiles/business/htmlfiles/moe/s7065/201403/165554. html, 2017 – 06 – 27.

的标准打分,分别代表"平均以下""平均""平均以上""优秀"(前 5%)和"特别优秀"(前 1%)。① 若需要,评价者还可以在此基础上对申请者的实际情况进行书面描述,最后给出录取与否的建议。

(2) 规范研究生培养的过程管理,严格实施"淘汰制"。高质量研究生教育不仅需要严把入口关,更要守住漫长的培养过程关,应建立研究生全程综合考核和淘汰机制。该机制的关键,一是全程持续,即从研究生入学后开始直到毕业,其间的考核是持续进行的,并非目前的硕士生只有一个走过场的中期考核,博士生只有一个形式化的资格考核,一考定终身,这样一团和气的考核最终导致的是管理上的形式主义和质量上的粗制滥造。全程持续意味着通过课程、年度报告、中期考核、综合考试、实践报告等多种形式不断进行学业的检查和评价。美国高校研究生入学后,不仅要参加各种考试考核和参与众多学术报告,还要进行资格考试和综合考试两次大的评价。英国研究生教育同样非常重视对研究生培养过程的考核,如剑桥大学还强化对研究生的"进度考核",这种考核通常于入学后的第 2 个学期进行,进度考核的目的是考查学生是否能够继续研究生学位的修读,但进度考核并不是唯一标准,如果进度考核获得了"通过",并不足以保证学生能够继续学业,因为能够继续完成学业的学术标准总是高于"通过"进度考核的标准,还有一些其他学术标准,如考核研究生的研究计划等。② 法国、日本、澳大利亚等国高校的研究生培养中,也高度重视以各种形式对研究生进行持续的过程考核。二是严格实施。近几年,我国高校在制度建设上确实在逐步完善,基本都建立了硕士生的中期考核和博士生的资格考核制度,但问题在于制度如何执行,往往是高举轻放,各种考核听上去很唬人,但最后的结果是人人过关、皆大欢喜。长此以往,制度形同虚设,研究生教育的过程、人才培养的质量必然产生不可逆转的偏差,导致宽进宽出、量多质差。严格实施意味着一旦形成制度则严格执行,制度面前人人平等。必须辅之以实施细致,明确评价的标准,并使评价标准可操作化。

(3) 戒除学术浮躁,提高学位论文质量,严把出口关。学位论文是研究生科研能力和培养质量的综合体现,抓住了学位论文就是守住了研究生培养的出口关,可对整个培养过程起到重要的督促作用。总体而言,当前我国研究生学位论文的质量还有待提高,一方面,学位论文中反映新成果、新技术,真正有创新的优秀论文所占比例不大,另一方面,学位论文中研究方法上面有突破的也不多。论文评审和答辩过程也有待改进,一些高校在评审和答辩过程中要求不严格、过程不规范,使评审和答辩流于形式,影响研究生教育质量的提高。严把出口关需从论文选题开始,首先,要严抓论文开题工作,学术学位的论文选题要具有学术性、创新性,专业学位的论文选题要来源于应用课题或现实问题,要有明确的职业背景和行业应用价值。其次,要严格实施论文的全盲审制度,通过完全的盲审减少人为因素的影响,促使导师和研究生对论文工作的各个环节均高度重视,进而有利于论文质量的提高。博士论文的全盲审制度可以逐步扩大盲审专家的范围,有条件时,可适当邀请中国港、澳、台地区甚至国外相关研究领域的专家参与论文的盲审评阅。通过对学位

---

① 陈瑶,邵福球,高进军.美国研究生招生的新评价手段——"个人潜能指标测评"(PPI)评介[J].学位与研究生教育,2010(3):74-77.

② 汪霞,等.世界一流大学研究生培养模式和课程体系研究[M].南京:南京大学出版社,2015:150.

论文客观、公正的审查和评阅,能具威慑力地把好出口关。

（4）完善制度,规范管理,加强研究生导师队伍建设。梅贻琦先生曾说,"我们的智识,固有赖于教授的教导指点,就是我们的精神修养,亦全赖有教授的 inspiration（点拨）"①。影响研究生培养质量的因素众多,其中导师对研究生的影响是比较大的,可以说导师对研究生的培养起着关键作用。导师对研究生的影响是全方位的,导师是与研究生关系最密切的人,导师的言行举止、学术规范、专业素养、治学精神时时、处处都影响着研究生,包括其学术培养和人格培育。导师对研究生的影响还是全过程的,渗透于整个研究生的教育阶段,发挥着潜移默化的作用,学生往往就是导师的影子。导师对研究生的影响是长效性,这种影响具有很强的内化力和长效性,有时并不因为学业的完成而中止,有时甚至可以影响研究生的一生。所以,提高研究生培养质量不能不首先提高研究生导师的质量。

第一,要创新导师遴选机制,完善准入条件,严格聘用标准。导师遴选不应论资排辈,而是要优先选拔有课题、有成果、有经费、有能力的教师充实导师队伍,不应把正高职称作为聘任的前提资格要求。相反,对于虽有正高职称但无课题、无成果、无经费的"三无"导师,应暂停其招生资格。

第二,扩大导师来源渠道,实现导师选聘多元化。近十多年研究生教育的大发展导致许多高校存在导师力量不足的问题,特别是在专业学位研究生的培养中。因此,在确保研究生培养质量的前提下可以通过多种途径扩大导师来源,充实研究生导师队伍。学术学位研究生的培养中,可以补充有课题、有成果的优秀中青年教师进入导师队伍,以及从海内外招收、引进学科或专业领域内的顶尖专家学者、研究团队充实研究生导师队伍;在专业学位研究生的培养中,可进一步扩大与行业企业的联系,从与学科或专业领域联系紧密的企事业单位、行业协会、科研机构等渠道遴选和聘用更多既有丰富实践经验,又具有良好理论知识和学术水平的专家学者进入研究生导师队伍。

第三,完善导师考核机制,动态调整导师队伍。要制定明确、具体的导师岗位职责要求,避免当前导师队伍建设中存在的重入职遴选、轻聘后管理的问题。只有明确了导师岗位职责,才能有利于岗位的管理。要构建导师绩效评价指标,实施动态考核评价机制,形成导师能"上岗"也能"下岗",打造良性竞争环境。对任期考核不合格的,取消其导师资格,并在一定期限内不得重新申请导师资格。

第四,加强导师能力培养,实施导师定期培训制度。导师的指导能力决定了对研究生指导的质量,好学者未必是好导师,导师的指导能力可以通过一定的培训提高。一方面,加强对新遴选上岗导师的培训,这种培训需要改进目前存在的以形势政策教育、校史校风教育、经验介绍教育为主的形式大于实质的做法,促进培训的学术化、专业化、个性化;另一方面,扩大高校教师教学发展中心的功能,定期对在岗的导师进行专业发展的培训,建立导师专业发展的常态机制。目前,各高校比较重视导师上岗培训,对导师职后的专业发展方面的培训重视不多,也缺乏有效手段和机制。即使少数高校进行了这方面的尝试,也存在形式单一、内容空泛、与导师需求脱节等问题,不足以吸引导师们真正有兴趣参与。

---

① 历史的回声［EB/OL］. http://www.gmw.cn/01gmrb/2010-07/15/content_1179843_4.htm,2017-06-28.

这一问题的解决需发挥各高校教学发展中心的作用,通过顶层设计,制定具针对性的导师专业发展项目,直面导师在研究生培养中的困惑,激发导师参与的积极性。

2. 研究生质量监督体系的完善

高校内部的研究生质量监督体系旨在通过建立完善的组织机构和运行机制,加强对研究生教育质量的自我检查、自我监督、自我评估,是研究生质量保障体系的一个重要组成部分。国外高校内部都有着一套完善的研究生教育质量监督体系。"法国内部质量监督主要由大学内部设立的评估委员会负责实施,这些评估委员会对外配合国家评估委员会工作,对内开展校内自评,包括院系评估、教育教学质量评估、学校发展政策评估、学生成绩评价、教师评价、学科发展评价、毕业生情况分析等。美国各大学内部都要定期进行研究生学习项目的评价,其过程包括自我评价、校内外共同评价、提交评价报告、评价结果处理,它要求全校师生共同参与,将学校具体情况充分结合校外大环境的需要,使得各高校的研究生教育既保持了自己的特色,又不与社会需求脱节。"①英国各大学的内部质量监督体系也较为专业、全面,"通常会设立各级学术委员会和研究生院来专门负责研究生教育质量,通过制定学校的政策方针,规定各级学位的标准,考察教与学的过程和各个环节以及质量管理的措施,组成决策系统,由各系、院和大学内部的各个委员会负责执行。同时也制定评估指标,通过评估以确保各大学的研究生教育质量"②,虽然每所大学设立的组织机构名称不一、运行机制不一,但殊途同归,都是要强化学校内部的质量监控,形成一套自我质量监督和评估的体系。

我国高校中研究生质量监督体系的完善任重而道远。目前的做法主要还是局限于建立由各院系临近退休,同时有一定工作经验的导师和部分校级管理人员组成的督导系统,该系统负责对研究生培养过程进行调查、监控和督导,对研究生课程教学质量进行督导和评价,对相关教学条件进行督察落实,通过其工作为研究生教育的管理决策提供参考和依据。显然,这样的质量监督体系尚不完善,质量监督的专业性、权威性也需提高。

一方面,要建立组织架构完整、功能衔接一致的质量监督体系。高校内部的质量监督体系要真正能发挥作用,需进行顶层设计,要具有专业性和权威性,"如剑桥大学在校一级设立了学术部(Academic Division)专门负责大学学术事务管理,其下设有研究生委员会(Graduate Committee)负责研究生的教育质量,学术部通过评估来监控教育质量,负责评价的人员包括大学里校级、院级、系级的各类委员会和其他高校相关专业领域熟悉高校考试程序、经验丰富的教师,通过评估,以维护所有学位的标准及保证在评价整个系统的学生成绩时尽可能采用相同的标准"③。

另一方面,建立完善的、形式多样的自评体系。自我评估是高校内部质量监督的有效手段。目前,我国高校研究生教育质量自我评估的目标、标准、组织、方式等还不完善,当务之急是需要成立专业化的评估组织,结合学校的人才培养规划,建立近期、中期和长期

---

① 熊玲,李忠. 发达国家研究生教育质量保障体系的分析和借鉴[J]. 华南理工大学学报(社会科学版),2010(1):74-78.

② 汪霞,等. 世界一流大学研究生培养模式和课程体系研究[M]. 南京:南京大学出版社,2015:137.

③ 汪霞,等. 世界一流大学研究生培养模式和课程体系研究[M]. 南京:南京大学出版社,2015:137.

评估战略，制定科学的评价目标、评价标准、评价方法、评价周期和实施方案，并根据不同学科的特点进行针对性的方案定制。研究生教育的自我评估不仅包括院系评估，借此了解院系的情况，发现存在的问题并谋划今后的发展方向，还应该进一步加强研究生专业评估、课程评估、教学评估和导师绩效评估，全面促进研究生教育的自我改进、自我提高。

　　3. 研究生质量反馈制度的构建

　　2014年教育部印发的《关于加强学位与研究生教育质量保证和监督体系建设的意见》明确指出要建立研究生毕业前质量反馈和毕业后质量跟踪调查制度，并根据调查结果，提高培养质量。可见，构建研究生质量反馈体系是进一步完善质量保证体系的必然要求。质量反馈制度主要包括对研究生毕业前的调查研究和质量反馈，对毕业后研究生的跟踪调查和质量反馈，以及对用人单位的调查和获取对毕业生的质量反馈。目前，欧美等国的高校都有专门的机构负责研究生教育质量的调查和反馈，这些机构不仅在高校内部有计划地进行在读研究生学业的调查、科研的调查、教学的调查，如英国诸多高校进行的"研究生科研经历调查"(Postgraduate Research Experience Survey，PRES)，和"研究生教学体验调查"(Postgraduate Taught Experience Survey，PTES)，澳大利亚和新西兰诸多高校组织的"研究生学习投入调查"(Postgraduate Survey of Student Engagement，POSSE)，甚至还进行在读研究生的幸福、研究生的生活等方面的调查，如美国加州大学伯克利分校的"研究生的幸福与福利"(Graduate Student Happiness & Well-Being)的调查，南佛罗里达大学的"研究生生活调查"(Graduate Student Life Survey)，还进行研究生出口调查、研究生就业调查、研究生雇主调查等，广泛收集在读研究生、毕业研究生和用人单位的意见，对症下药，调整人才培养方案，不断提高研究生教育质量。同时，各高校都会及时在其网上主页发布所有的调查报告，方便研究生和社会及时了解情况，加强监督。

　　我国教育部虽然于2014年提出了建立研究生质量反馈制度的要求，但高校真正达成这一要求尚需时日。首先，要落实负责的机构，目前，研究生院可以承担部分调查工作，如在读研究生的学业调查，但从长远来看，还是应该借鉴发达国家的经验，建立专门的机构负责此项专业化程度极高的工作。其次，调查反馈工作需要有计划、有步骤地分类推进，从在读研究生的调查到毕业生的调查、用人单位的调查，达到校内外全覆盖。从学习经历到校园满意度、幸福与福利、就业状况、职业发展，形成学业与就业全覆盖。最后，所有的调查研究、意见反馈都应该向研究生、研究生导师和社会开放，并要对调查反馈的问题进行分析和提出改进的策略。英、美等国高校的网上主页都能非常便捷地查询到各种历次研究生调查的报告和详细的数据。

第三节　对研究生导师的建议

　　导师制是研究生教育的基本制度，研究生培养归根结底就是研究生在导师的指导下学习、研究和成长的过程。建设一支德才兼备且愿意投身于研究生培养的导师队伍，是提升研究生教育质量的先决条件。所以，提高研究生教育质量要把导师队伍的建设作为重中之重。《学位与研究生教育发展"十三五"规划》明确要求"强化和完善导师负责制"，提出"导师是研究生培养质量第一责任人"，要"进一步强化导师的思想政治教育责任，充分发挥导师对研究生思想品德、科学伦理、学术研究的示范和教育作用"①。提高指导能力，认真教书育人。

近年来，导师与研究生的关系问题、导师如何指导研究生的问题引发了较多关注，导师成"老板"、导师"背着走"、导师"放羊"、导师"神龙见首不见尾"等现象，一定程度上反映出当前导师指导和师生关系的状况。导师是研究生培养的主体，导师对研究生的指导和影响贯穿研究培养的全过程。改善师生关系，提高人才培养质量，迫切需要研究生导师明确导师职责，当好第一责任人；建立平等、合作的师生关系，激发学生的研究热情；投入时间和精力，与研究生共成长；创新指导方式，提高指导质量；加强与导师小组的合作，发挥导师团队的专业互补作用；积极开展科研和参与培训，提高专业水平和指导能力。

一、明确导师职责，当好第一责任人

导师的职责究竟是什么？当好第一责任人究竟意味着什么？

导师作为高校教师的一员，除了要履行教师的基本职责外，还有作为导师的专门职责。斯坦福大学对导师职责的描述是这样的，"一个朋友：倾听关注点与想法；一个顾问：鼓励与提供信息；一个咨询师：分享经验与专门知识（技术）；一个典范：作为榜样；一个资源发现者：指引在你能力之外的信息；一个聆听的监督者：倾听新的想法、成就和关注点"②。斯坦福大学用最简单的语言对导师的职责作了最好的诠释：关注学生的兴趣、关心学生的思想，通过及时和专业的反馈促进学生发展，帮助学生设定目标，携手合作，共同成长。可见，导师的职责不是做"老板"而是要做人师。将"治学必先做人"贯穿于培养全过程，思想引导与行为示范相结合，道德培育与专业培养相结合，才能培养出高素质、高水平的创新人才。

1. 立德树人，重视道德规范教育

子曰："师者，传道授业解惑也"，这句话既高度概括了一个教师的基本责任，也是对导师最基本的要求。因此，对研究生导师而言，不只需要重视科学研究、论文指导，更需要加强对研究生的道德规范教育，人生观、价值观教育，培养健康"三观"，使研究生具备高尚的道德情操，形成健康的个性和健全的人格。

党的十八大把立德树人确立为教育的根本任务，研究生教育中实施导师负责制，导师立德树人教育作用的发挥甚为关键、责任重大。立德树人教育，一是要加强对研究生理想信念的引导，理想信念是对未来的向往和追求，是人的世界观、人生观和价值观的集中体现。研究生一旦形成明确和坚定的理想信念，就有了支配行动持久的精神动力。崇高的理想信念不仅是研究生的目标导向，也是他们的精神动力和行动保障。二是要加强对研究生的心理引导，良好的心理素质是研究生健康成长的必要条件。作为研究生导师，既要及时了解学生的心理变化、心理健康状况，更要在日常生活中多关心他们，理解他们的困难和困惑，帮助研究生排忧解难，引导他们积极向上，培养研究生形成自信、乐观、抗挫等

① 教育部国务院学位委员会. 学位与研究生教育发展"十三五"规划[EB/OL]. http://yz.chsi.com.cn/kyzx/kydt/201701/20170122/1580023975.html，2017 - 06 - 20.

② 汪霞，等. 世界一流大学研究生培养模式和课程体系研究[M]. 南京：南京大学出版社，2015：75.

良性心理特征。三是要加强对研究生学术道德与学风的教育。导师要将学术道德与学风教育融入教学和培养的全过程中,既帮助研究生了解有关学术规范的知识、学术诚信的常识,正确区分引用与抄袭,掌握如何在撰写论文过程中规避知识产权侵犯和学术失范。又在研究生的课程学习、科学研究中严格学术规范的要求,并引导和督促研究生坚持学术规范、树立良好的学风,追求真理,戒除学术浮躁和学术不端行为。

2. 以身作则,发挥榜样示范作用

子曰:"见贤思齐焉,见不贤而内自省也。"榜样即楷模,其"贤"足以产生心灵的震撼,激励人们追随和效仿。所以,发挥好导师的榜样作用、示范带动作用,是推动研究生教育"立德树人"的重要途径。一方面,先要立师德。导师自身首先要加强师德修养,严守职业道德规范,自觉培养良好的个人道德、意识、行为和品质,所谓"其身正,不令而行;其身不正,虽令不从"。另一方面,发挥导师在日常学习、科研过程中遵守德育准则和学术规范的示范与引导作用。时时处处为学生做出榜样,凡是要求研究生遵守的,导师自己首先遵守;凡是要求研究生避免的,导师也要坚决避免。严于律己,以身作则,才是当好第一责任人的铁则。

3. 授业解惑,帮助研究生成长成才

导师是研究生成长成才的引路人,是研究生科研的"领航人"。研究生导师最具专业性的工件就是要拿出自己的"看家本领",高质量、高水平地对研究生进行学术指导和技能指导。研究生教育进入了专业教育阶段,这是不同于本科生教育之处,所以,研究生导师需要根据研究生的特点和兴趣进行个性化的专业指导,把研究生引入专业领域,引向专业成长之路,培养学生成为专业型人才。为此,首先,导师具有较高的专业水平、丰富的教育资源、良好的教育条件和较强的指导能力,高屋建瓴才可能指导有方、卓有成效。其次,导师要加强对研究生学习方法、研究方法、思维方式的教育,得法者事半功倍。要把学生培养成名副其实的"研究"生,导师必须指导研究生养成研究思维、掌握研究方法,学会学习,学会研究。最后,导师还要指导研究生践履所学,知行合一,强化实践训练,提高实践能力。自古以来"尊德性"和"道问学"就被视为治学之根本。实践出真知,研究生只有通过广泛的实践锻炼才能真正学会学习和研究,掌握研究问题和解决问题的本领。

二、建立平等、合作、多元的师生关系,激发学生的研究热情

我国当前的研究生培养制度,"是单位制度下的'导师制',这种制度实质上是一种学徒式的欧式制度"。"这种关系有点像中世纪的收门徒,一对一指导,以心传心。师徒如父子,……这种师生关系带有浓厚的道德色彩。另一方面,单位制度下的导师制,师生关系具有行政管理的色彩。大学接受国家委托行使教育权力,导师接受大学的委托行使管理研究生的权力,师生关系实质上又表现为行政关系。导师与研究生的地位不对等,导师处于支配地位,研究生处于被支配地位。"①这样的师生关系在一定程度上会限制研究生在科研工作中自主作用的发挥和创新能力的培养,易于导致学生的被动、盲从甚至退缩,影响研究的兴趣、激情和创新,也不利于形成和谐的师生关系。激发学生的研究热情,培养

---

① 刘献君. 发达国家博士生教育中的创新人才培养[M]. 武汉:华中科技大学出版社,2010:191.

拔尖创新人才先要从改变师生关系开始。

1. 树立契约精神,建立平等的师生关系

国外高校基本都有详尽的教师行为守则,其中不乏一些非常细致的规定,如"不得以任何形式歧视学生""不得无故否定学生的独到见解""不得有意为难或贬低学生""不得故意压制或歪曲学生进步的事实""处理学生问题时不得采用强制或暴力"等。这些规定看起来很烦琐,但高校正是用这些含有法规效力的规章让教师成为符合职业规范的公职人员。教师包括研究生导师正是接受了这些工作契约,才能做到比较一致、民主和平等地对待学生,处理学生事务,并在契约的作用下构建起稳定、良好和平等的师生关系。

基于这种契约精神建立平等的师生关系所反映的,一是尊重,"尊重"是处理人际关系的一个重要伦理学概念,建立平等师生关系的前提是"尊重",尊重学生也是融洽师生关系的桥梁。导师充分尊重研究生,就是要把研究生当作独立的主体,特别是当作独立的科研个体,把研究生的学习看作是一段生命历程,一个完成学者使命的过程,从而鼓励他们的好奇心和探究心,赏识他们的成绩和进步。二是理解,理解研究生具有独立人格,理解研究生的研究能力是逐步提高的,理解研究生也有犯错误的权利,从而能宽容地对待每一位研究生,真诚地与之交流和沟通,认可他们的兴趣和特长。三是爱护,爱护研究生的学习热情,爱护研究生的思想火花,爱护研究生的点滴进步,从而能重视他们的学习过程和研究过程,及时、得当地回应他们的所思所想、所作所为,并给予所需的指导和帮助。四是给学生足够的自由,赋予研究生更多的选择权。课程选修也好,项目分组也罢,还是科研的参与或论文的选题,都要给学生足够的自由,允许学生自行决策,并认真和慎重地考虑学生的建议和意见。还要给研究生提供更多沟通、交流和建言的机会,真诚、平等、公开地和学生讨论问题或商量对策。

2. 以研究生成长为本,建立合作的师生关系

良好的师生关系是提高研究生培养质量的重要保证。作为导师和研究生之间建立的良好师生关系,应该是以研究生学习为本,以研究生成长为本。这样的师生关系不是传统的"师徒式关系",而是以科研为纽带,以科研项目为载体和抓手,建立合作的师生关系——"科研伙伴关系"。通过师生合作开展项目研究,让研究生全面深入地参与科学研究或改革实践,把研究生放在教学、科研、实践中培养,既为研究生提供施展才华的机会,又可以增进师生之间的相互了解和交流,培养研究生的科研意识、自我管理意识和团队意识,锻炼研究生的研究能力和问题解决能力。而且,导师也可以在此过程中有针对性地指导研究生掌握研究方法,传授显性和隐性知识,积累科研的经验和技能。

但建立合作的师生关系需要坚持三有原则:一是有意愿,即研究生本人要有参与科研、合作研究的意愿,是自愿的行为,而不是导师要求下的勉强行为;二是有发展,即师生的合作是真合作,通过合作的过程研究生确实可以获得锻炼、成长和发展;三是有报酬,课题研究非一日可成,需要较多时间和精力的投入,既然研究生参与导师的课题研究,肯定会对课题研究付出自己的劳动,就应该获得相应的报酬,这既是对研究生劳动付出的回报,也是维持良好科研伙伴关系的有效策略。

3. 坚持因材施教,建立多元的师生关系

"师傅领进门,修行靠个人。"研究生导师有责任,也有义务把学生领进科学之门,并懂得如何针对个性特点、综合素质、专业基础、发展旨趣不同的学生，对症下药、因材施教，与研究生建立多元的师生关系，并用不同的方法调动学生的主观能动性，激发学生的潜能，促进学生的发展和成功。

这种多元关系既平等又丰富。比如，"从人才培养的角度看，导师是学生的学术领路人。导师不但有为研究生确定研究方向与传授研究方法的职责，而且有做研究生学术伦理典范的责任。从教学相长的角度看，导师是学生的学术合作伙伴。这要求导师必须尊重学生的学术兴趣，学生不是导师的变相'劳动力'。从经费提供的角度看，导师是学生的老板，导师具有为研究生提供经费和生活补助的义务"①。但不管是如何多样的师生关系，都需要研究生和导师共同经营，需要导师像《论语》里"孔颜乐处"那样，不仅在课堂上、实验室中，即使在日常生活之中，也要与研究生一起营造氛围，沐浴闻道的喜悦，悟得研究之道、人生真义。

三、投入时间和精力，与研究生共成长

导师是研究生培养全过程的主要实施者和组织者，其指导质量在研究生的成长中起着关键作用，而导师在研究生指导工作上的投入则在很大程度上影响其指导质量，并进一步影响研究生的损耗度和满意度。研究表明，导师与学生之间的接触频率越高和时间越多，学生就越容易取得学术上的成功。德国经常得到导师指导的博士生，完成论文的平均时间为 3.4 年，而 3 个月接受一次指导的博士生完成论文则需要 4.4 年，而一年也难得接受一次指导的学生完成论文的时间为 5.8 年。导师"每周 1 次"指导比"每学期 1 次或更少"指导提高了约两倍的指导效果。导师指导低效困境的形成主要是由于导师与研究生的交流时间缺乏、交流频率低。② 可见，在研究生的指导工作中，导师投入时间和精力越多，指导频率越高、指导强度越大，则指导的效果越好，研究生的发展和收获越大。

当前研究生培养中存在的学生反映强烈的问题之一，即导师对研究生培养投入的时间和精力不足。有学者调查发现，78%的导师和 58%的博士生认为每一名导师适合指导 1—2 名学生，但实际上，目前我国每名博士生导师平均要带 5.77 名学生。而 77%的导师和 63%的博士生认为导师指导投入时间和精力"一般"甚至"不足"③。所以，20 世纪 90 年代以来，虽然我国博士生导师的数量在逐年增加，但远赶不上研究生大规模扩大招生的速度，导致导师所带的研究生数量普遍超员，在部分高校有相当一批导师所指导研究生的数量已经严重超过了自己的指导能力，而不少导师还身兼多职，既是硕导又是博导，既在校内担任行政职务还在校外兼职，常常忙得只能对研究生实行"放羊式管理"。结果，不仅学生不满意，导师自身也对自己指导过少感到担心和忧虑。

既然导师是研究生的第一责任人，就要明确使命，强化导师的岗位职责，多管齐下，保证导师的时间和精力投入，通过导师与研究生之间高频率地接触和充分时间的交流，提高指导成效，促进与研究生的共成长。

---

① 刘献君. 发达国家博士生教育中的创新人才培养[M]. 武汉：华中科技大学出版社，2010：197.
② 侯志军，曾相莲，朱誉雅，王正元. 基于知识共享的导师有效指导研究[J]. 复旦教育论坛，2017(1)：47 - 53.
③ 刘贞华. 博士生培养内在制度研究[M]. 北京：对外经济贸易大学出版社，2014：144.

1. 明确职业道德规范,增强责任心和使命感

国家对加强研究生导师的职业道德教育高度重视,教育部早在 2000 年就下发过《关于加强和改进研究生德育工作的若干意见》,强调"研究生导师对研究生为学、为人都产生着重要影响,是研究生德育工作的重要力量。研究生导师应在政治思想上、道德品质上、学识学风上,以身作则,率先垂范,为人师表。要大力倡导并加强研究生导师教书育人工作"[①]。2013 年,教育部则在《关于深化研究生教育改革的意见》中首次明确提出,"导师是研究生培养的第一责任人,负有对研究生进行学科前沿引导、科研方法指导和学术规范教导的责任","全面落实教师职业道德规范,提高师德水平,加强师风建设,发挥导师对研究生思想品德、科学伦理的示范和教育作用"。[②] 导师的道德素质对研究生的学业发展具有直接的影响,甚至对研究生日后的职业生涯和人生产生持续的影响作用。

因此,在研究生培养机制改革的背景下,导师有义务也有责任通过学习和培训,修身养性,加强师德修养,强化职业道德,明确岗位职责,提升指导的责任意识和育人的使命感。将师德要求内化为自身的理念和自觉行动,切实关心研究生的学习和生活,主动并积极履行对研究生课程学习和科学研究指导的责任。发挥模范和引领作用,在政治思想、道德品质、专业态度、学术作风、创新精神等方面为研究生做出表率。牢记"我是老师,我愿意与我的同学共同承担责任,共同成长"[③]。导师必须与学生休戚与共,才能真正把教书育人、以身立教融入研究生培养的全过程。

2. 严格控制研究生招生数,保证导师指导的质量

导师与研究生之间的学术交流是影响研究生培养质量的关键因素。若导师指导研究生过多,必然影响指导的频率、方式、内容和效果。当前,虽然已有许多高校规定了导师指导研究生的数量要求,如每年不得超过 2 名。但由于部分导师既是硕士生导师又是博士生导师,这样所指导的研究生数量就翻番了,加之西部计划、少数民族计划、专业学位、破格录取等种种情况,以及一些博士生的延期毕业,每个导师特别是博士生导师所指导的研究生数量基本都在 15 名以上,一些有各种头衔的导师则更多,可达 30 名以上。有学者研究了文科硕士研究生学术论文质量与导师指导学生数的关系,发现"文科类学术型硕士研究生学术论文质量与导师指导人数间存在高度相关,并且可以用线性方程表示为 $y=2.259-0.367x$,从方程中可得出导师指导学生人数为 6 人时,是合适的。文科类学术型硕士研究生的年限为 3 年,那表示每一位导师所带领的每一年级的学生人数最好为 2 人,有利于导师对学生学术论文的指导,提高学术论文的质量"。[④]

对全国 27 所高校进行的问卷调查显示,硕士生导师平均每人指导硕士生 6.5 名,指导在读硕士最多的达 30 人;博士生导师平均每人指导博士 1.7 名,指导在读博士最多的

① 教育部关于加强和改进研究生德育工作的若干意见[EB/OL]. http://www. moe. edu. cn/s78/A12/szs_lef/moe _1407/moe_1414/s6876/201210/t20121009_142977. html,2017 - 07 - 11.

② 教育部国家发展改革委. 财政部关于深化研究生教育改革的意见[EB/OL]. http://old. moe. gov. cn//publicfiles/business/htmlfiles/moe/A22_zcwj/201307/154118. html,2017 - 07 - 19.

③ 姚娟. 导师在教书育人中的关键作用[EB/OL]. http://www. 360doc. com/content/15/1130/23/22081874_517054760. shtml,2017 - 07 - 19.

④ 苏娟. 文科硕士研究生学术论文质量与导师指导学生数的关系研究[J]. 科学与财富,2015(19):155 - 156.

达 20 人。^① 研究也再次证明,研究生数量对导师指导学生的精力和时间分配都有直接的影响。

加强导师与研究生的交流,进一步提高研究生培养质量,抓手之一是要严格控制导师的招生人数,限制研究生导师每年招生人数的上限和指导在读研究生的总数,让导师集中精力带好学生。

3. 建立考评与问责机制,更好地发挥研究生对导师的评价作用

制度抑制着工作过程中可能出现的不规范行为、任意行为和机会主义行为,完善的研究生导师考评与问责制度对引导和约束导师的行为具有重要作用。建立考评与问责机制可以提高对导师的监督与管理力度,一方面督促导师认真履行自身职责,另一方面促进师生双方更广泛的交流,也激励研究生更加积极地与导师互动,更多地了解导师的态度与能力。

建立考评与问责机制,一是要构建导师绩效评价指标,建立常态绩效评估机制。当然,绩效评价指标的建立需客观公正,并建立在对导师需求充分调研的基础上,既全面关注导师的内在需要,又合理利用外部激励。二是要有组织、有计划地开展绩效评价,保证目的明确、程序规范、过程公开、方法科学,并及时反馈评价结果。三是在导师考核评价中,要加大导师在研究生指导工作上时间和精力的投入、指导水平与指导质量等方面所占的权重。四是给予研究生充分的发言权,更好地发挥研究生对导师的评价作用,将研究生的评价纳入导师评价体系。五是在考核评价方法上,实行定量分析与定性描述相结合,可采用谈话、问卷调查、意见信箱、网络监督等方式,广泛获取导师指导工作情况的数据,全面分析导师工作成效。六是建立问责机制,考评的结果与导师的后续聘任、次年的研究生招生直接挂钩,通过不同的形式给予相应的奖惩。

四、创新指导方式,提高指导质量

导师具体的指导方式、指导行为的特点及其类型等往往会影响指导效果和研究生对指导的满意度。导师有效的指导能鼓励挑战与探索,激发研究生的学术志趣,帮助研究生顺利融入学术共同体。但目前,研究生对导师指导的方式满意度普遍不高。研究表明,在"导师激发了我的学术志趣""导师为我引荐相关领域的专家同行""导师为我提供在学术同行面前表现的机会"等方面,满意度都偏低,均在 70% 以下。^② 说明导师在对研究生进行指导时,其指导方式较为传统和局限,更多地停留于专业知识和技能、学位论文研究的指导和帮助,而通过指导方式的创新激发研究生学术志趣、研究的激情和融入学术共同体方面还未能达到学生的期望。构建良好的师生关系,提升研究生对导师指导工作的满意度,需要导师转变观念,打破传统的指导方式,进一步发展合作式指导、研究式指导和发展式指导。

1. 促进以问题讨论为主的合作式指导

传统上,师生之间的关系是一种指导与被指导的关系,所以有些导师就习惯于以控制

---

① 周文辉,吴晓兵,李明磊. 文科硕士研究生学术论文质量与导师指导学生数的关系研究[J]. 科学与财富,2015(19):155 – 156.

② 袁本涛,李莞荷. 博士生培养与世界一流学科建设[J]. 江苏高教,2017(2):1 – 6.

型的方式,指令式地给研究生布置各种学业任务和研究工作。其实,导师与研究生不仅是一般意义上的师生关系,研究生不仅有明确的专业领域,也具备了一定的专业基础和研究能力,研究生与导师都是专业上的同道人,彼此的关系更应该是一种合作关系。基于这种关系,导师对研究生的指导既不是放任自流,也不是尽在掌握,而是围绕研究生学习和研究中的问题,以讨论的形式,给予合作式指导。

在普林斯顿大学,导师负责帮助指导研究生的专业课程安排和独立研究工作,在研究工作中,导师与研究生的关系比课堂上教与学的关系要密切得多。研究生每天都要参加下午茶,与导师一起讨论问题,这种讨论非常自由、平等,师生之间、不同的人员之间可以相互争论,甚至争吵。在普林斯顿大学研究生培养中普遍存在的这种自由争论,不仅催促、激发了研究生的思考,而且师生之间、生生之间不同见地的摩擦也成了新发现的温床,[①]师生之间的合作和互动也因此愈加紧密。

2. 促进以课题探索为契机的研究式指导

在研究生教育中,科研具有重要地位。所以,导师有效指导的核心依然是培养和提升研究生的科研技能,并通过提供课题研究机会、设置研究目标和实施课题计划来指导和训练研究生学会分析和解决问题、掌握研究方法、提高科研能力。研究表明,[②]研究机会与研究生创新能力培养呈正相关,研究生获得的研究机会越多,则深程度地参与课题研究的机会越多,其创新能力越强,其中,深程度地参与课题研究机会是最重要的影响因素。而且,参与课题的频率与方式、参与的课题类型与研究生创新能力特征各维度均呈显著正相关。这说明,高层次创新型人才的培养,需要改进导师的指导方式,强化对研究生以课题探索为契机的研究式指导,为研究生提供更多的课题研究机会,引导研究生更深程度地参与课题研究,通过研究式指导把研究生引向学科前沿领域。

促进以课题探索为契机的研究式指导,要求导师一方面大胆地把研究生推到科研实践一线,让他们独当一面,完整地负责整个课题的设计和独立负责子课题的设计与实施工作,鼓励他们积极主动地申报各级科研项目,激发其研究的兴趣想象力和工作的能动性;另一方面导师也要积极申报课题,要争取拥有高层次、有价值的研究课题,以便给研究生创造更多参与和实践的机会;再一方面,整合校内外的资源,建设科研创新平台,聚集研究课题和研究力量,鼓励研究生广泛参与跨学科、跨团队的科研课题,调动研究参与的积极性。

3. 促进以职业实践为取向的发展式指导

研究生教育中,导师与研究生之间的融洽关系、和谐关系是研究生学习期间最重要的关系之一,不仅对研究生教育质量,也对研究生的培养、成长起着重要的作用。导师与研究生之间关系的特殊性之一,在于研究生的专业指向性;特殊性之二,在于职业导向性,研究生教育往往奠定了研究生毕业后的职业生涯基础,特别是博士生,作为入职前的终结性教育,其博士生教育和训练将直接成为学生职业发展的跳板。所以,导师对研究生的指导不仅应是合作式、研究式的,通过指导培养研究生的科研能力;还是发展式的,需要通过导

① 刘献君.发达国家博士生教育中的创新人才培养[M].武汉:华中科技大学出版社,2010:97.
② 郑路鸿,陈成文.研究机会对研究生创新能力培养的影响研究[J].学位与研究生教育,2008(2):20-27.

师发展式的指导,加强职业规划教育,提高职业实践能力,促进研究生的职业能力发展,特别是应用型学位、复合型学位、专业学位的研究生,加强这种形式的指导更加必要和迫切。

首先,导师要重视对研究生生活、职业生涯发展以及就业方面的指导。随着近几年我国高等教育的发展和研究生招生数量的扩大,加之就业市场变化的冲击,研究生就业问题越来越突出。所以,导师在指导研究生完成学习和研究任务,增强研究生知识储备的同时,还要重视对研究生进行就业观教育,培养研究生的心理调适能力。其次,导师要指导研究生妥善制定职业发展规划,使之根据自身条件,形成正确的自我认识和合理的期望,认真规划自己的职业生涯,科学地进行职业定位,奠定坚实的职业素质基础。最后,导师还要指导研究生加强社会实践,通过建立社会实践基地和帮助联系实习实践单位,对研究生的实践活动给予实质性的支持。同时,导师要加强对研究生社会实践的监督,及时为研究生解决社会实践中的困惑、困难,指导研究生提高社会实践的成效,并通过社会实践,了解社会、服务社会,提高能力,增强就业的主动性。

五、加强与导师小组的合作,发挥导师团队专业互补和默会知识影响作用

比彻(Tony Becher)在《学术部落及其领地——知识探索与学科文化》一书中把研究生进入某一学术领域接触到的默会知识分为两种:[①]一种是从这一学术领域的长期经验中产生的默会知识,这是一种实际的、几乎是下意识的知识,是该领域的精英完全掌握的知识或能力;另一种默会知识是研究生自己在研究生期间的科研实践中获得的,是学生在其研究生学习过程中自己所领悟的知识。克拉克(Burton R. Clark)在《探究的场所——现代大学的科研和研究生教育》一书中分析了有形知识和缄默知识的关系与传播。他认为,有形的知识是歌词、剧本,缄默的知识是音乐,缄默的知识有时被归入"秘密的知识",[②]在实际的科学研究中有大量的缄默知识。朱克曼(Harriet Zuckerman)在《科学界的精英——美国的诺贝尔奖金获得者》一书中调查了那些未来的诺贝尔奖获得者在作为"徒弟"(在前辈诺贝尔奖金获得者手下当过学生、博士后研究员或低级合作者)的时候,从"师傅"们那里学到的究竟是什么?根据朱克曼的调查,他们主要学到的不是实际知识,而是"看看他们怎样活动,怎样思考,怎样对待事物","这是学习一种思考方式,肯定不是学习具体的知识","不是为了学习具体知识,而是为了学习那种真正能够解决问题的工作方法"。[③]可见,缄默认识所固有的创新性对教育和研究无疑是非常重要的。

科学中缄默知识的载体是科学共同体、课题研究团队和科研人员。所以,加强导师小组的建设,构建导师培养组或导师团队,促进研究生与导师们的密切接触和合作,才有助于研究生获得或传播科研中的缄默知识,从而能全面掌握相关知识和创造性地解决实际问题。所以,导师小组制的推行不但可以使研究生在研究过程中获得必要的学术支持和帮助,夯实专业基础,更重要的是可以使研究生能够接触到更多的老师,在与他们进行共同的课题研究及接受他们的指导时,汲取缄默知识,并将其纳入个人的知识体系中,重新

① 托尼·比彻.学术部落及其领地——知识探索与学科文化[M].北京:北京大学出版社,2008:53.
② 伯顿·克拉克.探究的场所——现代大学的科研和研究生教育[M].杭州:浙江教育出版社,2001:268.
③ 哈里特·朱克曼.科学界的精英——美国的诺贝尔奖金获得者[M].杭州:浙江教育出版社,1979:170.

转变成个人新的缄默知识,作为创新和知识再生的源泉。[①]

发达国家高校在研究生培养中基本都采用导师与导师小组相结合的制度,美国高校的导师小组通常由5—7位教授或副教授组成,其中至少有一位来自其他相邻学科。在法国高校,"博士生培养工作由一个博士生培养组负责实施,培养组包括一个教学小组和一个或几个研究小组,是一种综合性学科组合。采取组合方式的目的是通过培养组内部的相互交流、合作与协作,保持博士生培养在某个学科领域能够具有比较宽广的研究范围"[②]。近年来,德国大学的博士生培养中也开始实行导师小组制,由导师小组为每位博士生制定培养计划,导师小组中至少要有两位来自相邻学科。

教育部深化研究生教育改革的意见发布后,我国不少高校开始尝试实施导师小组制度,但导师小组制在实施中普遍存在形式化的问题,有"导师组指导之名",而无"导师组指导之实"。即虽组建了导师小组,但导师间却少有交流和沟通,除了在一些重要的培养环节中,如年度报告、中期考核、博士生资格考核、学位论文开题等,导师们集体亮相,平时的研究生培养基本都闭门造车,"各人自扫门前雪",交流甚少。有的导师小组,部分导师或居高临下,或论资排辈,年轻的导师基本没有话语权,难以进行平等的学术交流。还有的导师小组,因导师之间职责不清、分工不明,甚至出现"三个和尚没水喝"的状况,导致研究生的指导上出现真空。上述情况的出现并非导师小组这种培养模式本身的问题,而是导师们如何加强与导师小组的合作,真正发挥导师团队专业互补和默会知识影响作用的问题。

1. 导师需解放思想,真正确立合作理念

多年来,我国研究生教育的传统就是实施单一导师制,即由一位导师负责研究生在学习期间的学术成长,在学的几年中研究生也是从一而终,始终在一位导师的指导下从事学习和研究工作。导师也习惯了在研究生的培养上自己一个人说了算,不需要就学生的培养问题与其他导师进行交流。因此,导师组培养模式的顺利运行首先需要导师解放思想,打破这种闭门培养学生的传统,确立合作理念,构建导师组成员之间浓厚的合作氛围。在研究生培养中,不同学术思想的交流、融汇能够让导师们更全面和清晰地了解学生的状况,及时面向学术发展前沿,同时导师们也可以通过学术交流碰撞思想的火花。所以,导师率先垂范,明确合作理念,打造合作文化,创设导师组成员之间浓厚的合作氛围,有利于推动导师组建立合作共同体,实现合作共赢。

2. 导师需主动沟通,促进导师间的有效合作

建立导师组,实现导师的团队合作,是研究生指导模式的一种创新,对提高人才培养质量具有重要作用。但既然是团队合作,不可避免会涉及合作的方式、机制和成效。通过合作需要形成合力而不是造成僵化。合作开始,导师需要负起引导责任,主动进行沟通,与导师组共同协商制定导师组的交流机制和导师组对研究生的指导机制,方便导师组和研究生在日后的培养工作中共同遵守。一是导师组要建立共享的交流平台,包括研究生学业进展平台、课程与教学网络平台、信息发布平台、资料共享平台等,以平台为基础的交

---

① 刘献君. 发达国家博士生教育中的创新人才培养[M]. 武汉:华中科技大学出版社,2010:28.
② 刘贞华. 博士生培养内在制度研究[M]. 北京:对外经济贸易大学出版社,2014:99-100.

流,既有利于更好地发挥集体指导作用,也有利于提高导师间、师生间交流与合作的成效。二是导师组要建立长期的学习和交流制度,保证导师定期对研究生进行指导,包括组织读书报告会、研究论坛、学术研讨班、学术报告会、学术沙龙等。

3. 导师需确立规则,保证各导师权责的明晰

导师组是通过自由组合,为了一个共同的目标组建而成的团队,作为一个团队,不管人员多少,明晰各成员的权责是关键,在团队建设过程中,团队内部各导师具体的权责划分和明确是导师组正常运行的关键。要保证各导师权责的明晰,需要确立一些基本的规则和要求。第一,要明确具体负责人。既是导师组,就需要有组长,应选择具有一定学术威望与人格魅力的导师担任导师组组长,领导和监督整个导师团队的发展。第二,要实行一主多辅制。为避免在研究生指导中出现导师组的虚化现象,对每一个研究生都采取一个主导师、多个辅导师的方式,即由一个主导师负责主要的指导工作,包括指导制定学业整体规划、安排科研工作和对学业进度全程把握等,其余导师起辅助作用,利用各自的专业优势、研究方向辅助主导师对研究生进行学术研究工作、学科前沿指导、课程教学指导和扩大学生的知识视野。第三,对研究生的整个培养过程具体如何指导,导师组成员要进行具体分工,明确分工,互相配合,取长补短,各负其责。真正形成凝心聚力、互帮互助的团队合作精神和氛围,保证研究生在各个培养环节都始终能获得及时和高水平的指导。

六、积极开展科研和参与培训,提高专业水平和指导能力

研究生导师的指导能力和指导水平在很大程度上决定着研究生培养的质量。研究生培养是一个复杂而长期的过程,常言道,要让学生拥有一杯水,导师不能仅有一桶水,导师要成为源头活水,这就要求导师要不断学习、与时俱进,始终站在学科和学术发展的前沿,更好地服务学生、服务社会。费希特在《论学者的使命》一书中指出:"学者的使命是为社会服务,因为他是学者,所以他比任何一个阶层都更能真正通过社会而存在,为社会而存在。因此,学者特别担负着这样一个职责:优先地、充分地发展他本身的社会才能、敏感性和传授技能。""他应当不断研究新东西,从而保持这种敏感性,并且要尽力防止那种对别人的意见和叙述方法完全闭塞的倾向,……传授技能总是学者所必须具备的,因为他掌握知识不是为了自己,而是为了社会。"①所以,作为导师,一方面需要全身心地服务于教育事业,培养德才兼备的优秀研究生;另一方面,提高专业水平和指导能力以培养合格人才,自己也需要积极开展科研工作,主动参与学习交流和培训,不断学习,不断进取。

1. 积极开展课题研究工作,为高水平地指导研究生奠定科研基础

从柏林大学建校伊始,教学与科研并重就成为各国高等教育的共识。研究生教育科研更是灵魂。所以,在研究生培养过程中,最关键的是导师不能放松自己的科学研究,需要持续地进行科学研究和学术创新活动。通过不断研究和更新知识,是导师完善学识和追求学问,使自己在学术上站在学科发展最前沿的主要途径,也是培养和启迪学生,将其带至学术前沿的重要方式和载体。导师只有自身对科研有兴趣、有积极性,始终咬定青山不放松,并具备较强的科研能力,才能在培养和提高研究生科研能力方面给予更多的帮助

---

① 费希特. 论学者的使命[M]. 北京:商务印书馆,1984:42.

和指导。

首先，导师要积极申报课题。获得科研课题是导师研究水平的体现，课题也是培养研究生的载体。欧美国家的高校中，有课题、有经费的导师才具有招生资格。"导师是课题和经费的申请者，博士生协助其完成科研工作。导师在申请课题过程中已经将博士生的论文工作内容融入课题中，……由于发达国家大学科研经费充足，就可以开展各种需要特殊科研设施、充足财力支持的探索性科学研究，所以往往处于科学研究的前沿，博士生的论文选题也比较前沿。"①由于导师承担科研课题，导师研究的积极性和研究的能力必然增强，指导研究生的主动性和针对性也会随之增强。而且，导师承担的课题水平或级别越高，其培养研究生的质量越高。有学者对安徽省优秀硕士论文导师素质特征进行了研究，发现"69 位导师中，有 66 人承担过国家科技计划、国家自然基金、国家社科基金等科研项目，另外 3 人承担过教育部或其他部委的科研项目。通过高级别的课题研究产生高水平的学术成果，是丰富和提升研究生教学质量的普遍规律"②。

其次，导师要调动研究生的积极性，激励和引导研究生参与课题研究。研究生特别是博士生入学后导师就要及早引导学生进入课题组，结合专业基础和未来发展方向，积极参与课题研究，选择合适的切入点，确定学位论文的选题。发达国家的大学中，"博士生从一入学就知道要研究什么课题，研究目标是什么，自己原有的基础是什么样。所以，对自己的理论基础、专业知识和科研技能的要求也十分清楚，论文工作的主动性也会增强。如此，师生除了师生间的教育指导关系，还有利益共享的关系，所以合作会更加紧密，便可教学相长"③。

第三，导师要在课题研究中训练研究生的科研能力。研究生的科研能力包括科研创新能力、搜集和处理资料能力、发现和解决问题能力、人际交往能力、口头和书面表达能力、动手操作能力和团队合作能力等。提高研究生的科研能力特别是科研创新能力，是研究生培养目标的核心要求，国家创新发展的战略需求，也是衡量研究生教育质量的重要指标。结合课题研究，导师要培养研究生提出问题和解决问题的能力，特别是要学会透过现象看本质，善于提出问题。爱因斯坦曾说，"提出一个问题往往比解决一个问题更重要，因为解决问题也许仅仅是一个数学上或实验上、方法上的技能而已。而得出新的问题，新的可能性，从新的角度去看旧的问题，却需要有创造性的想象力，而且标志着科学的真正进步"④。在课题研究中导师还要培养研究生的动手能力，引导研究生大胆实践、勇于创新。同时，在课题研究中激发研究生的科研兴趣、研究激情，培养创新精神、团队合作精神和沟通与交流能力。

2. 坚持参加导师上岗和在岗培训，逐步提升指导能力

研究生导师是一个岗位，其岗位职责和岗位能力需要适应人才培养环境和目标的改变，并要满足研究生生源情况和发展需求的变化。作为新上岗导师，如何做一名合格导

① 刘贞华. 博士生培养内在制度研究[M]. 北京：对外经济贸易大学出版社，2014：105.
② 王务均. 安徽省优秀硕士论文导师素质特征研究[J]. 研究生教育研究，2016(2)：68-74.
③ 刘贞华. 博士生培养内在制度研究[M]. 北京：对外经济贸易大学出版社，2014：106.
④ 阿尔伯特·爱因斯坦，利·英费尔德. 物理学的进化[M]. 长沙：湖南教育出版社，2007：66.

师,作为在岗导师,如何成长为一名优秀的导师,是摆在所有导师面前的重要课题和任务。我国当前的研究生导师培训仍存在重视人员参与、忽视培训效果,重视新任博士生导师培训、忽视在岗博士生导师培训等问题。不少导师本身对培训工作并不重视,虽然所有的导师上岗前高校都会组织专门的上岗培训,但这种培训常常被新导师看作是一种形式,完成任务而已。这一方面涉及培训内容和形式的有效性问题,另一方面也涉及导师对此项工作的认识和重视。而导师上岗以后,基本就没有了在岗培训,是否会指导研究生,如何才能指导好研究生,大家都是"摸着石头过河",最后是"八仙过海,各显神通"。研究生培养质量不高,与导师缺少培训、专业发展能力不足恐怕不无相关。

从学校来说,导师培训应成为一项长期的工作,需要将导师培训与导师的专业发展、学科建设以及学校发展规划联系起来。进一步改进导师培训的内容和方式,精心设计培训方案,明确培训目标,加强培训的针对性和有效性,不管是上岗培训还是在岗培训,都要贴心入耳、接地气、聚人气,培训方案还要因人而异。在美国,一些高校针对博士生导师的具体情况实施"镜子计划","该计划针对他们有可能用到的不同风格的指导方式,提供广泛的信息与指导,指出适合各种指导方式的策略"[①]。培训还可以针对指导伦理、自我管理、指导的多样性等不同的方面分别进行。

从导师来说,一是要高度重视培训工作,特别是新导师,要通过培训,尽快熟悉指导规范,了解研究生培养和指导的相关政策、规章制度,熟悉研究生培养的过程,包括从培养计划的制定、填写,到论文题目的选择,到指导、把关、答辩等,掌握基本规则,做到指导中有的放矢。二是要积极参与各种导师培训活动。包括导师指导经验交流会、研究方法工作坊、研究生课堂教学方法、实验室轮转管理、现代教育技术运用等,利于多种学习和交流,更新人才培养理念,掌握科学道德规范和科学研究方法,学习教育心理学、学生发展、大数据、教育信息化等方面的知识,了解创新人才培养的方法与模式。三是及时将培训的成果转化到研究生的培养工作中。比如通过培训中学习的研究生发展特点、了解的学术发展前沿,加强对研究生的因材施教,进一步改进指导方法,引导研究生掌握研究领域的前沿,加强对研究生发现科学问题能力、论文写作的能力以及科研实践能力的训练。

3. 广泛参与校内外的学术交流和社会实践活动,不断提高专业水平

研究生导师的指导能力不是自然形成,一劳永逸的,而是在其职业发展过程中逐渐培养和习得的。需要通过博学之、慎思之、审问之、笃行之而明晰自己的工作职责、研究方向,与时俱进提高自己的专业水平和指导能力。广泛参与校内外的学术交流和社会实践活动,有利于导师拓展专业发展途径,形成专业发展常态机制,使专业发展活动成为一个持续进行的长期过程,在此过程中导师建立与国内外专家学者、高水平学术团队的深度交流,建立与校外产业界或社会各类机构的互动机制,以此接触新思想、新实践,接纳新思维、新方法,从而为导师职业发展提供不断的支持、动力和资源,促进导师在研究生指导和培养上的改革与创新。

---

① 刘献君. 发达国家博士生教育中的创新人才培养[M]. 武汉:华中科技大学出版社,2010:93.

第四节　对研究生的建议

《2016 年全国教育事业发展统计公报》显示，"全国研究生招生 66.71 万人，比上年增加 2.20 万人，其中，博士生招生 7.73 万人，硕士生招生 58.98 万人。在学研究生 198.11 万人，比上年增加 6.96 万人，其中，在学博士生 34.2 万人，在学硕士生 163.90 万人"①。近日，教育部、国务院学位委员会印发的《学位与研究生教育发展"十三五"规划》进一步提出，"保持研究生培养规模适度增长，千人注册研究生数达到 2 人，在学研究生总规模达290 万人（包括全日制和非全日制研究生）。不同层次、不同类型的研究生比例更加协调，服务经济社会发展的能力持续增强"②。可见，面对激烈的国际竞争和挑战，国家更加重视研究生人才培养，研究生已经成为国家人才竞争和科技竞争的战略资源，是实施创新驱动发展战略和建设创新型国家的核心要素，没有一支高质量的研究生队伍，就没有强大的国家创新人才体系。

研究生队伍规模的扩大意义非凡，我国的研究生人才数量实现了由少到多的历史性跨越，但数量并非就是质量。质量才是研究生教育的生命线，研究生教育的中心任务是要培养高素质的创新人才，如何培养一流的创新型研究生是当前我国研究生教育转型中面临的挑战。研究生不研究、博士不博、博士生不如硕士生、硕士生不如本科生，近年来类似的议论在社会上甚嚣尘上，研究生的水平、能力广受社会的诟病。用人单位调查的结果，也在一定程度上反映了研究生综合素质方面的问题，"一些用人单位认为研究生的'稀缺性'正在下降，硕士与学士没有完全体现出层次上的差异性，研究生可塑性不如本科生，在许多方面没有本科生富有干劲，缺乏相应的吃苦精神和创造精神"。"部分用人单位反映，研究生的理论水平和实践能力发展不均衡，很难学以致用，甚至有的研究生动手能力与本专科生相差甚远"。"当前，用人单位对人才的选择更趋理性。……企业的用人观不再'唯学历是用'，而更强调一种'能力导向'，看重的是岗位的胜任力。所以，招聘'性价比'高的毕业研究生已成为共识"③。此外，当代研究生的学风问题也不容乐观。"一些研究生没有明确的学习目标，缺乏学习的动力，作风懒散、迟到旷课、课堂纪律差等问题突出。""平时疏于学习，临考试时'突击'复习，推崇所谓'考前一周效应'，缺考、考试作弊、抄袭论文作业现象十分严重。""调查显示，有近 40％的研究生每天学习投入时间不足 4 小时，有些人常常科研成绩不及格，学位论文无法按期完成。"④良好的学风建设是提高研究生教育质量的重要前提和基本保障，培养研究生良好的学风不仅能激发学生的学习动力，使之奋发进取，学有所成，而且将直接影响研究生的就业能力与水平，影响其未来的成长和发展。

---

① 2016 年全国教育事业发展统计公报[EB/OL]. http://www.gov.cn/shuju/2017 - 07/10/content_5209370. htm, 2017 - 07 - 13.

② 学位与研究生教育发展"十三五"规划[EB/OL]. http://yz.chsi.com.cn/kyzx/kydt/201701/20170122/ 1580023975.html, 2017 - 06 - 25.

③ 李海波，彭万秋."人职匹配"视域下研究生就业竞争力研究——基于对用人单位的调查信息[J].学术论坛，2015(6):162 - 166.

④ 卢婧，张艳萍.研究生学风建设的影响因素及其对策研究[J].当代教育科学，2016(1):64 - 67.

学风是研究生素养的重要表现,当前,迫切需要加强研究生的学风建设,进一步改善研究生的学习质量,提高科研能力,增强就业竞争力,以全面提升研究生教育质量。

提高研究生的质量,培养大批拔尖创新人才,除了政府管理部门、研究生培养单位、研究生导师形成合力,齐抓共管,还需要研究生自身具有远大志向,能求知若渴,具备坚忍不拔的远大志向,需要他们具有良好的思想品德、科学精神、研究能力和就业竞争力。

1. 坚持以学术为志业,加强学习投入,强化学业基础

研究生教育是一项复杂的系统工程,其培养质量与学术水平受多种因素的影响,其中,研究生自身的创新意愿和主动参与过程发挥着尤为关键的作用。所谓"师傅领进门,修行在个人",如果研究生自己没有高远的志向和学术兴趣,缺少严谨的治学态度,没有顽强的意志和吃苦耐劳的精神,缺少时间和精力上的高投入,即使有再好的导师、再完备的科研条件、再强有力的学习支持,恐怕都无济于事。

(1) 超越功利,以学术为业

1919年,德国著名社会学家马克斯·韦伯在慕尼黑大学为青年学生们作了《以学术为志业》的著名讲演,他提出,"学术作为精神上的志业",志业不同于职业,后者呈现的是专业化技能,而前者呈现的是宗教般的虔诚。他认为,"任何人,如果他不能给自己戴上眼罩,认定他的灵魂的命运就取决于他能否在这篇草稿的这一段里作出正确的推测,那么他还是离学术远点好些。他对学问将永远不会有所谓的'个人体验'"。这里的"个人体验"说到底就是对学术的热情与陶醉,而且"没有这种圈钱外人嗤之以鼻的奇特的'陶醉感',没有这份热情,没有这种'你来之前数千年悠悠岁月已逝,未来数千年在静默中等待'的壮举——全看你是否能够成功地做此臆测——你将永远没有从事学术工作的召唤;那么你应该去做别的事。因为凡是不能让人怀着热情去从事的事,就人作为人来说,都是不值得的事"[①]。所以,以学术为志业,就要有宗教般的虔诚,听从内心的召唤,具有不懈的意志、责任感和献身精神,灵感唯有通过辛勤工作之后才会涌现。

近年来研究生的培养质量为什么受到社会的诟病,原因之一就是有心向学的不多,混日子、混文凭的不少;对学术有献身精神的不多,三天打鱼,两天晒网,得过且过的不少;耐得住寂寞、甘坐几年冷板凳的不多,不甘寂寞、人浮于事、虚张声势的不少。曾担任哈佛大学文理学院院长的罗索夫斯基提出,作为研究生一定要设法战胜孤独,他说"科学研究是一种单独的活动,特别是进行研究的场所是图书馆而不是实验室时,就更是如此。在我们的工作生涯中,几乎没有什么活动比深入某大型图书馆内部为写论文收集资料时更为孤独的了。没有人帮忙,也听不到人们说话的声音,唯一永存的是从古旧书刊里发出来的那种特别的味道。……所有的研究活动都有其孤独的方面,因为基本概念都是从个别人的头脑里产生出来的"[②]。基于全国优秀博士学位论文获得者的统计学分析表明,获奖论文作者都性格内敛,"这里所说的性格内敛主要是相对于浮躁而言的,所调查的获奖论文作者中无不出现这一特征,他们甘于寂寞,但是他们的内心世界却很丰富。他们对于学术成就保持一种低调的谦虚,认为他们只是认真完成了自己所应当和能够做到的,谈到研究,

---

① 韦伯. 学术与政治[M]. 南宁:广西师范大学出版社,2004:161 - 162.
② 亨利·罗索夫斯基. 美国校园文化[M]. 济南:山东人民出版社,1996:134.

就应该甘于寂寞,不受外界干扰,有静心从事科学研究的态度"。[1]

研究生是国家的栋梁之材,博士生更是未来的学者,作为学术之人,正如韦伯和罗索夫斯基所说,最为关键的是能耐得住寂寞,具有无私的奉献精神,通过真挚的孜孜以求,不断超越自己,获得灵感,实现卓越,这才是从事学术工作的真正意义。

(2) 加大学业投入,加强学习的自主性

中国博士质量调查显示,"关于学生的基础知识和专业水平,55.1%的博士生导师表示认可,对其他方面则表示一般,其中对学生学习的程度是导师感到最不满意的"[2]。全面提高研究生教育质量的调查表明,只有28.0%的研究生能够将"很多"或者"较多"的精力投入学习与科研活动中,而51.6%的研究生表示投入学习和科研活动中的精力"一般"[3]。

对学习投入(Student Engagement)的研究始于20世纪中叶,迄今已有70多年的历史,主要针对的是本科生学习投入的研究。21世纪以后,随着研究生教育呈精英化,研究生的学习问题逐步呈现,研究生的学习投入问题随即开始引起研究者和管理者的重视,欧美的高校纷纷开始进行研究生学习投入的调查。近年来,研究生的学习投入及其影响因素的问题,也成为我国学界和研究生培养单位关注的热点问题。学习投入简而言之就是指,学生投入学习和科研活动中的时间、精力以及他们在其间的努力程度。有效的学习投入既应该是积极主动的、有活力的,也应该是有激情的、全身心奉献的,还应该是全力以赴、全神贯注的。学习投入的对象是全方位、全过程的,包括研究生的课程学习、课题研究、学术交流、专业实践、社会实践、学术活动等。学习投入能够反映出研究生对自身角色和行为的认知程度,如果其学习投入少,那么收获的学习经验、自我认同、学术成果就会减少,从而影响研究生的学术信心和学业进步。相反,学业上投入更多的研究生,他们的学习和研究热情更高,学术研究的态度和求知欲更强烈,与导师的交流会积极和主动,最后取得的学术成果则更优异。

首先,研究生要加强学习的自主性,强化目标驱动。目标驱动学习,即研究生在学习的过程中,"如果能受到一定的目标指引,那么学习将成为一种自主学习,学习效率也会因此更高。并且,目标越具体、明确,学生对课程学习的投入就会越大,学习效果也会因此更明显"[4]。目标驱动学习归根结底就是一种主体性投入的学习,"在人们精神劳动的复杂过程中,个人的主动性是最具有学术生命活力的因素,是创新的基点。目标驱动的学习对研究生取得创新性成果具有重要意义"[5]。可见,具有学习自主性是研究生发展成为高层次创新型人才的关键,研究生自身需要培养自主意识,提高自主学习能力,更多地自主决定学习和研究什么、如何学习和研究,不断形成自己的个性、思想和创造性。

---

① 肖胜军.个人素质对科技创新能力的影响——基于全国优秀博士学位论文获得者的统计学分析[J].经济师,2012(7):8-11.

② 周光礼,等.中国博士质量调查[M].北京:社会科学文献出版社,2010:297.

③ 周海涛.全面提高研究生教育质量:现状与认识[M]//杨颉,陈学飞.研究生教育质量:内涵与探索.上海:上海交通大学出版社,2007:115-116.

④ 罗尧成.研究生教育课程体系研究[M].广州:广东高等教育出版社,2010:221.

⑤ 罗尧成.研究生教育课程体系研究[M].广州:广东高等教育出版社,2010:221.

其次，研究生要更加重视课程学习，加大在课程学习上的投入。知识是创新的基础，研究生只有通过丰富和系统课程的学习，深入掌握基础理论、专业知识、相关学科知识，了解前沿发展动态，才能为日后的研究打下宽厚的知识基础。2014 年 12 月，教育部专门发布了《关于改进和加强研究生课程建设的意见》，也明确提出，"课程学习是我国学位和研究生教育制度的重要特征，是保障研究生培养质量的必备环节，在研究生成长成才中具有全面、综合和基础性作用。重视课程学习，加强课程建设，提高课程质量，是当前深化研究生教育改革的重要和紧迫任务"①。研究生加大在课程学习上的投入，一方面需要积极参与到课程学习的各项活动中，高质量地完成课程学习任务，另一方面，需要加强在课程教学过程中与教师和同学的互动，提高互动的质量。

（3）加强文献阅读，掌握前沿知识

当前，研究生在文献阅读方面的状况堪忧，一是阅读的功利化，即所阅读的文献基本局限于自身专业的相关文献，而且大部分都是为了完成课程或导师布置的作业或任务；二是阅读的碎片化和网络化，阅读的文献很多都是手机 App，网上的一些零碎的、即时性的文献；三是阅读的数量有限化甚至递减化，不仅英文文献的阅读较少，中文文献的阅读量也非常有限，与国外研究生的阅读量比相差甚远。许多研究生每学期阅读数量可能都达不到 800 页，而英美等国研究生每周的阅读量基本都有 500—800 页。

对于研究生来说，了解知识创新的过程比被动接受知识更重要。通过大量的阅读文献，不仅丰富了研究生的知识储备，拓宽其学术视野，获取前沿的知识，也有助于他们掌握阅读文献的技巧，学习前人研究问题、解决问题的思路和有经验的作者构思和组织其文章的方法，更重要的是可以在阅读的过程中，通过汲取原汁原味的营养，可以养成研究生的批判性思维能力和勇于挑战权威的学术精神。这对他们今后的学习、研究甚至工作都大有裨益。

加强文献阅读，首先，需要研究生加强自身的学习投入，理解文献阅读的功能，养成文献阅读的兴趣和习惯；其次，需要研究生掌握文献检索和阅读的方法，了解文献资源库的信息，知道如何高效地找到正确文献，如何独立判断。自信地确定核心文献，阅读经典文献；第三，注重深度阅读，做好文献阅读笔记，系统总结和归纳阅读后的文献资料，这是培养阅读能力和阅读习惯的基础；第四，加强与导师的交流，就文献的检索、文献的阅读以及文献的整理经常向导师汇报或获取导师的指导、听取导师的建议。

（4）改进学习方式，迎接互联网时代的挑战

在学习方式上，研究生与本科生存在着本质区别。本科生以维持性学习为主，维持性学习的特点是将书本知识或确定性知识作为主要内容，学习基本就是接受、理解和掌握确定性知识的过程。研究生不再是接受式的学习者，而是以探索为己任的研究者，研究生的学习是基于问题和为了研究而展开的研究式学习，学习的价值旨在为了研究，不是为学习而学习，学习是研究的手段和载体。这样的学习是一种创新性学习，其特点是以问题为中心、开放式和联系性、跨学科和综合性的，将不确定的知识作为主要学习内容，学习过程始

① 教育部关于改进和加强研究生课程建设的意见［EB/OL］. http://old. moe. gov. cn//publicfiles/business/htmlfiles/moe/s7065/201501/182992. html，2017－06－22.

终是探究的、实践的、反思的、主动积极的。所以,研究生的学习应从问题开始,研究生学习的本质就在于主动学习、积极探索,努力发现问题、分析问题和解决问题。

随着"互联网＋"的深度发展,研究生的学习环境发生了前所未有的变化,为研究生的学习创造了新的机遇和条件,研究生的学习方式进一步转向基于互联网的创新性学习。对研究生来说,互联网既是学习和一种资源,也是一个平台和一种功能强大的学习工具。调查显示,互联网已是博士生查找文献资料最主要的途径,对互联网的依赖程度非常高,近80％的博士生认为互联网提供了丰富的资料和信息,所有信息都可以找到。[①] 学生从互联网上获取学习资源既便捷又成本低廉,甚至无须成本。虚拟实验室、慕课,各种工作平台和学习平台也成为研究生进行科学试验、拓宽知识视野、追踪学术前沿的渠道,丰富多彩的社交媒体则成为研究生进行科学研究和社会互动的工具。互联网的发展推动了研究生创新性学习,借助于信息技术的飞速发展,研究生的学习可以更加开放、交互和自主。

迎接互联网时代的挑战,促进研究生学习方式的变革,对于研究生来说需要从三个方面着手。第一,需要培养问题意识,使问题真正成为研究之源、学习之源。胡适先生1932年告诫北大的学子们,"问题是知识学问的老祖宗;古今来一切知识的产生与积聚,都是因为要解答问题,——要解答实用上的困难或理论上的疑难"[②]。卡尔·波普尔(Karl R. Popper)也认为,"科学只能从问题开始","只有通过问题我们才会有意识地坚持一种理论。正是问题才激励我们去学习,去发展我们的知识,去实验,去观察"。"知识的增长永远始于问题,终于问题——愈来愈深化的问题,愈来愈能启发新问题的问题"。[③] 所以,研究生要认识问题的价值,养成从问题开始学习的习惯,善于发现问题和分析问题,锻炼解决问题的能力。

第二,需加强自主学习与自主思考,培养坚定的学习意志。衡量研究生学习质量有很多指标,其中之一是自主学习的能力和成效。自主学习是研究生学习的主要特点及方式,就我国目前研究生培养模式总体而言,研究生在学期间必须做到课程与论文并重,学习与研究合二为一,完成这两项任务的能力很大程度上取决于研究生的自主学习能力,即对自己学习负责的能力。[④] 但当前研究生特别是硕士研究生在自主学习与自主思考方面仍较为薄弱。调查表明,"硕士研究生自主学习存在以下问题:学习有计划性,但缺乏学习意志力;忽视学术研究,随意性较强;专业学习依赖性较强,独立性较弱"[⑤]。自主学习能力具有能动性和独立性,是研究生适应专业提升与社会发展所应具备的重要能力。加强自主学习与自主思考,研究生需要具有自觉意识、独立精神,养成主动获取更多知识的习惯;掌握自学手段,善于通过多种途径进行资料查阅、文献检索、小组讨论,充分发挥学习的主观能动性;主动与导师多见面和交流,一方面可以通过学习和研究进展的汇报使导师及时了

① 王福胜.互联网时代博士生的学习变革[M].上海:上海交通大学出版社,2013:62.
② 胡适先生于1932年6月给北京大学毕业生的讲话[EB/OL]. http://www.360doc.com/content/13/0603/18/332330_290212012.shtml,2017-07-18.
③ 卡尔·波普尔.猜想与反驳:科学知识的增长[M].上海:上海译文出版社,1986:318.
④ 吴红云,袁加丽.研究生的自我认同与自主学习能力关系的实证研究[J].学位与研究生教育,2012(11):63-66.
⑤ 冯敬一,朱宁波,李丹.全日制硕士研究生自主学习状况探析[J].辽宁师范大学学报(社会科学版),2013(5):684-689.

解自己目前的学习状况、研究结果及学习中所遇到的问题,进行阶段性自学成果评价和答疑解惑;另一方面,借助于汇报和交流,让导师指导并协助制定下一阶段的学习和研究目标,讨论问题,把握进度,督促自己更合理和高效地自主安排学习时间、内容、方法和进程。

第三,提升信息素养,充分利用互联网资源促进自身学习水平和学习能力的发展。信息素养其实就是利用信息工具、平台、资源等使问题得到有效解答的技能。在"互联网+"的时代背景下,信息技能成为信息素养中最为重要的因素。2003年的《布拉格宣言:走向具有信息素质的社会》阐明信息素养包括一个人对信息的关注和需要,对信息进行鉴别、获取、评价、组织以及有效创造、使用并传播,利用信息解决身边的问题或困难;它是人有效参与信息社会的先决条件,同时也是作为终身学习的人最基本权力的组成部分。2006年美国信息素养峰会上进一步提出,信息素养是利用一系列媒介评价信息的能力;能感知到信息的需要,有检索、综合信息的能力,并通过打印和电子媒介有效使用信息。① 可见,"互联网+"的时代研究生只有具备良好的信息素养,才能有效掌握信息技能,从而在海量的信息中找到自己所需的信息,或利用互联网的工具性促进自己的学习和研究。

2. 主动改善与导师的关系,增强与导师的互动交流

人际关系是人与人交往的纽带,反映了人与人之间相互影响和作用的状态及人与人之间心理上的吸引和排斥关系。不同的人际关系往往引起不同的情绪体验,好的人际关系不仅能带来认知上的改变,也会带来很多情感上的收获,包括满意度、愉悦的心情等。研究生与导师的关系是研究生所有人际关系中最重要的关系之一,在研究生培养过程中,研究生与导师的关系是最重要、最基本、最经常,也是最活跃的关系,研究生与导师的关系不仅直接影响到研究生在读期间的学习质量、科研成果和最终研究生培养质量的好坏,而且直接影响着研究生创新个性和创新能力的形成,甚至对研究生的职业生涯与未来发展也有着决定性的影响。

与其他方面的关系相比,唐纳德·肯尼迪(Donald Kennedy)认为研究生教育中的师生关系是"更单独更私人性",其"交互作用关系是复杂的"②,既可能是导学关系、合作关系、交往关系,也可能是雇佣关系、师徒关系等。但研究生与导师之间的关系无论如何多样,贯穿于研究生教育始终的是以研究生为主体、导师为主导的"导学关系",导学关系作为师生关系的核心是研究生培养过程中师生关系的基本定位。这里的"导"与"学"包括学术的、道德的、情感的等诸多方面。

目前,受到社会变革、经济转型发展和研究生教育规模扩大的影响,研究生与导师的关系更加复杂,问题日益凸显。全球化时代价值观念的变化、错综复杂的后现代文化浪潮的冲击、现实社会的急剧转型,不可避免地影响着象牙塔中的研究生,并具体地反映在研究生与导师的关系上。研究生与导师双方在交往过程中都似乎过多地带有目的性、功利性的色彩,导致研究生与导师的关系出现冷漠化、紧张化等异化现象,本应和谐、合作的师生关系结果变成了利益化、简单化的功利关系。

作为导学关系的主体,研究生应主动改善与导师的关系,增强与导师的互动交流。

---

① 信息素养研究综述[EB/OL]. http://www.xzbu.com/9/view-5079390.htm,2017-07-22.
② 唐纳德·肯尼迪.学术责任[M].北京:新华出版社,2002:121.

(1) 研究生应主动和积极与导师交流,尊重导师、理解导师

"维持一种关系就像建立一种关系一样,也需要主动精神。这意味着保持一种日常的基本联系、表达赏识,同样别人也会这样对你。这些必需的工作一样可以应用到指导关系网和工作关系网上。它们帮助这些关系成长和兴旺。"①导师不是神,本身也是一个普普通通的教育工作者,也有自己的酸甜苦辣、艰难困苦,很多导师身兼多职,确实也非常忙,研究生要增加主动性,不是能躲则躲、能逃则逃,而应该积极主动地与导师联系和交流,让导师更多、更深入地了解自己的专业基础、兴趣爱好和性格特点。"主动是影响师生关系的一个关键因素。导师希望自己的学生主动地去表现,以及与导师和同学进行交流。""如果学生不是太主动的话,导师就不知道学生的所思所想,长期下去,这样的学生就会慢慢地被边缘化,从而影响了师生关系的极端化。"②此外,研究生要学会尊重导师及其时间,"在你所有的人际关系中,你应表现出对导师的尊重。遵守诸如一定要回电话、尽量出席会议、守时和做事有准备等礼貌规范。尤其要考虑到导师的时间。你的导师是在花他的时间帮助你。想到这一点,你的时间有多少价值呢?既然你的导师一般处于较高的位置,毫无疑问他的时间更有价值。最初,你的导师在师生关系上的投入比你要多,直到后来你的导师才能看到收益"③。研究生要理解导师的工作,善于换位思考,有矛盾、有困难不是采取逃避或极端的方式,而是主动和坦诚地与导师沟通,反馈意见、表达心声、达成共识。

(2) 研究生要有求知欲,需不断提高自己的学习能力和科研素养

研究生的求知欲是多方面的,他们在学术问题上的求知欲越强,导师指导的方法越恰当,双方关系就会越好。而且,研究生的未知欲对导师也是一个反向激励,推动导师的科研向纵深发展。学习是研究生的主要任务,研究生除了求知欲,还应该有自觉学习的能力,在学习过程中,要做到勇于质疑,学会思考分析、解决疑难问题。研究生的自觉学习能力是影响师生间交流与合作的首要因素。如果研究生对导师布置的任务漠然处之或胡乱应付,必然难以形成和谐、优质的师生关系。④

(3) 研究生要明确鼓励和诚恳接受导师的反馈意见与建议

不知道自己究竟做得怎么样,就谈不上如何改进。了解学习的成效,提高科研的质量,最好的方式之一就是反馈。"积极的学生把从导师那里得到反馈视为一件礼物。反馈意见也许有时会使你感到不舒服,但它可能是很有用的。国家实验室的执行副主任劳伦斯·利沃莫尔说:'我的导师给我客观的反馈意见和建设性批评,我们的相互交往常常是痛苦的但却是建设性的。我对自己十分了解。因此,我知道反馈的价值并把建设性的反馈意见给所有为我工作的人'。"⑤所以,研究生要积极鼓励和欢迎导师给你反馈意见,以各种形式让他/她知道你非常期待和重视其意见、建议,并很想听到他/她对你学习与研究的具体评价。对导师反馈的意见甚至导师的批评以一种诚恳和开放的态度接受。"要乐于接受新事物。当你能按建议做时就尽量按建议做,和你的导师共享努力的结果。了解

---

① 凯瑟琳·巴顿. 怎样保持与导师的关系[J]. 人力资源,2004(4):49-51.
② 周光礼,等. 中国博士质量调查[M]. 北京:社会科学文献出版社,2010:310.
③ 凯瑟琳·巴顿. 怎样保持与导师的关系[J]. 人力资源,2004(4):49-51.
④ 刘贞华. 博士生培养内在制度研究[M]. 北京:对外经济贸易大学出版社,2014:187.
⑤ 凯瑟琳·巴顿. 怎样保持与导师的关系[J]. 人力资源,2004(4):49-51.

事情的进展情况将使他/她能更好地提供连续的帮助。如果你没有接受他/她的建议或你忘记了和他/她一起分享努力的结果,你的导师就会感到受挫并觉得他/她正在浪费他/她的时间。"①

（4）研究生也要及时给予导师反馈和回报

从导师的角度说,给予研究生意见、建议后也特别希望能了解研究生的反应及理解情况,所以及时给予导师反馈对保持良好的师生关系来说同样必不可少。反馈包括,你对导师意见、建议的理解,你还想导师给你提供哪些方面的信息,或你希望导师进一步指出学习和研究中存在什么具体的问题。反馈也包括,你是如何根据导师的意见改进自己的工作的,或自己是如何在研究中消化并应用专业知识的。反馈还包括,坦诚地向你的导师的指导表示感谢,"称赞或者表扬你的导师。明确给予表扬和肯定的反馈。尤其是你的导师做得好的事,特别是对你有帮助的事。让你的导师知道你是多么感激他,并重复你的表扬。告诉他,他的主意是多么有帮助并且你怎么使它们具体化"②。从心理学的角度说,人际交往中,彼此的认同、积极的反馈,会使交往中的主体产生心理愉悦,形成更愿意继续交流和提供帮助的动力和倾向,并在此过程中不断获得成就感。

3. 掌握研究方法,参与课题研究,提升科研能力

培根在《论读书》一文中特别强调,"书并不以用处告人,用书之智不在书中,而在书外"③。说明学习的目的是要应用,需要"实践",旨在解决问题。研究生更是以研究为己任,不仅要学习书本知识,还要在科学研究中有所发现、有所创造。所以,参与课题研究、加强科研实践是研究生教育中一项不可或缺的工作。国外高校在研究生培养中致力于教学、科研、学习的统一,研究生广泛和积极参与课题研究,科研已成为一种学习的模式。在德国,博士生是导师的科研助手,承担导师的部分科研任务,独立地进行科学研究,博士生是学术或者说创新成果的生产者。博士生作为研究者,除了在知识掌握方面达到一定的要求,更重要的是要具备较强的科研能力和创新能力。德国对博士生的要求是,在所学领域内具有系统的智力能力,掌握该领域内的研究技能和方法,能基于学者的完善性构思、设计、采用和进行一个可持续的研究过程,通过原创性研究做出贡献。④ 美国高校在研究生教育中尤其强调科学研究与实践能力的培养。"许多博士生往常以后就参与到指导教师的科研工作中,成为课题组的成员,将课程学习和课题研究有机地结合起来。由于参与科研,博士生接触了学术前沿,参与解决实际问题,在解决问题的过程中检验自己所学到的理论知识;同时可在科学研究的探索中找到自己的研究方向,发现新的学科生长点,进行原创性研究。"⑤英国、法国、日本等国的研究生教育中也都要求研究生积极参与科研工作,博士生教育均实施以科研为中心的培养方式。

在实践和应用中,掌握研究方法是任何科研活动的基础,掌握科学的研究方法,也是对研究生作为科技创新人才的基本要求。强化研究方法的学习和训练,提高对研究方法

① 凯瑟琳·巴顿. 怎样保持与导师的关系[J]. 人力资源,2004(4):49-51.
② 凯瑟琳·巴顿. 怎样保持与导师的关系[J]. 人力资源,2004(4):49-51.
③ 培根. 论读书[EB/OL]. https://www.douban.com/group/topic/52567234/,2017-07-22.
④ 刘献君. 发达国家博士生教育中的创新人才培养[M]. 武汉:华中科技大学出版社,2010:24.
⑤ 刘献君. 发达国家博士生教育中的创新人才培养[M]. 武汉:华中科技大学出版社,2010:69.

课程学习的要求,已成为世界一流大学研究生教育的共识和普遍做法。关于研究生的研究方法训练,哈佛大学前校长德里克·博克(Derek Bok)认为,"在大学,最明显的需要是停止对传授固定知识的强调,转而强调培养学生不断获取知识和理解知识的能力。这个转变意味着更加强调学术研究的基本方法,强调论述和演讲以及掌握基本语言(可能包括外国语、计算机语言和定量分析)的方法,掌握这些方法是获得大量知识的途径"[①]。英国在研究生教育中,特别是对博士生的培养,研究方法的学习要求非常严格,博士生必须把定性与定量研究方法课程作为必修课,并要求博士一年级新生把60%以上的学业时间用于接受研究训练[②]。可见,发达国家高校的研究生教育中都加强了研究生掌握研究方法、参与课题研究、提升科研能力的要求。

目前,面向"双一流"建设,培养拔尖创新人才,我国的研究生也需要进一步重视和加强研究方法的学习和科研活动的参与。

(1)掌握并熟练运用基本的研究方法,为取得高水平的学术成果奠定了坚实的研究基础

研究方法是研究生进行科学研究和学术创新必备的工具和手段。我国研究生目前普遍存在研究方法教育上的缺失问题。有的研究生在学术文章的内容、写作水平和学术行为规范等方面存在问题;有的研究生在文献综述研究方面存在问题,不懂得如何撰写文献综述;有的研究生在研究方法的具体应用上存在问题,不会表述研究问题,不会解释显著性、相关系数等;有的研究生对研究方法的基本概念混淆不清,不清楚什么是方法论、什么是研究方法、什么是研究工具。这些问题的普遍存在反映出研究生在研究方法训练和掌握方面的不足。

首先,研究生要高度重视研究方法的学习,牢固树立研究方法意识。明确研究方法作为研究的必备工具和条件,不管在发现问题、分析问题和解决问题中,还是在具体的课题研究中,或在学位论文研究的收集资料、设计研究方案、实施研究方案和解释研究结果中都发挥着重要作用,具有扎实的研究方法基础对研究生取得科研的成功具有举足轻重的意义。其次,要加强研究方法知识、理论和技术的学习,了解研究方法的原理,理解研究方法的运用基础,掌握科学运用研究方法的手段和方式,明晰研究方法使用的程序与步骤,这样在实际的研究工作中,才能根据不同研究情境灵活运用不同的研究方法。第三,以案例为抓手,深入钻研各种研究方法案例,通过优秀研究成果案例的学习,了解前人是如何运用研究方法的,体会和领悟相关研究方法及其运用的经验与策略。第四,进行大量的实践,以问题或课题为基础,通过实际操练,掌握研究方法。研究方法的学习不能仅是纸上谈兵,而需要在实战中锻炼,做中学尤其重要,尽管在实践的过程中会有一个从模仿到独立研究,再从不熟练到娴熟的过程,但只要多做多练,就会熟能生巧,借助于具体的研究过程,最终熟练掌握和灵活运用各种研究方法。

(2)端正科研态度,加盟学术团队,积极参与课题研究

研究生从事科研竟是为什么? 有不少研究生都是被动地做科研,谓之"替老板打工",

① 德里克·博克.美国高等教育[M].北京:北京师范学院出版社,1991:137.
② 王顶明.规范、行动与质量:博士生培养过程管理研究[M].广州:广东高等教育出版社,2017:20.

导师让做就做，完全是应差式的或完成任务式的。若导师不要求或不布置科研任务，则基本就游离于科研之外。所以对研究生来说，首先要端正科研态度，这是提高科研能力和提升科研质量的前提，也是评价研究生教育质量的标准之一。美国密西根州立大学的研究生评价目标中就明确提出了科研参与的要求，"掌握本学科前沿知识；培养整合已有的和尚未出现的知识的能力；通过科研和向他人传播知识来创新自己的知识，通过这样的'创新驱动式'的学习过程，培养学生根据自己的研究能够批判性地使用本学科的已有文献资料形成自己的独特见解，产生创新性思维和学术成果并能进行成果运用"[①]。21世纪以来，国外的研究生教育要求研究生不仅要积极参与科研，还要进一步加强学术团队建设，鼓励加盟学术团队广泛和深入地参与课题研究。如欧盟总结的欧洲博士教育和培养的发展趋势，"从好奇心驱使到结果导向（即相关性主影响力重要性的增加）。从个人到团队。从小实验室到大的研究机构、大项目（即重要团队）。从项目的一部分到整个项目"[②]。俗话说"众人拾柴火焰高"，无论中外，科技的创新和成果的涌现都不是靠孤军奋战，而是需要团队作战，众人共同努力。

研究生首先要主动请战，从参与导师的课题研究开始着手，借助于导师的课题研究，获得导师更具针对性的指导，同时在实际的课题研究中学会分析问题和解决问题，实践所掌握的研究方法，锻炼研究能力。其次，研究生要善于栖身于学术团队或大课题组，借助于团队的平台，扩大交流，增加与师生的互动，通过做大课题也进一步提升自己的学术自信、综合素质。最后，研究生还要青出于蓝而胜于蓝，不能一味地由导师"包办"，应该找到自己感兴趣的研究选题，逐步形成自己的研究旨趣与方向，最后能独立地从事科学研究工作。

（3）加强科学道德，严守学术规范，提高科研能力

科学道德是科学研究的"公"德，是社会道德在科研活动中的表现，主要包括求真务实、实事求是、责任担当、协同合作，自觉抵制弄虚作假、浮躁浮夸等学术不端行为等。当前，研究生在科研中存在较严重的科学道德和学术规范问题。有的抄袭他人的学术成果，尤其是文科类的研究生，通过"剪刀加糨糊"和"揉面团"两种方式，把别人的论文改造成自己的成果；有的伪造事实、篡改调研或实验数据，投机取巧，以不正当手段获取一时之名利；有的为图一己之利不择手段，甚至不惜雇佣或充当"枪手"代写论文，彻底丧失了学术底线；有的怀着侥幸心理一稿多投或彼此间"达成默契"，相互署名，"互搭便车"。此种种现象，反映出研究生科学道德的失范。科学道德是科学事业发展的基础，是取得高质量科研成果的前提，也是培养研究生拔尖创新人才的重要保证。

德国哲学家康德曾说，世界上有两个最崇高的东西——夜间的星空和人心里的道德律。他提出道德的自律和他律概念。自律就是排除外在影响因素，运用理性分析，自主地为自己的意志设定道德法则；相反，他律则是指受外在的影响和控制，根据外在制定和要求的规律，规则行事。显然，前者是自觉的、自主的和内控的，后者则是规训的、约束的和外控的。研究生的学术道德建设，一方面需要加强他律，如制定科研道德政策与规范，依

---

①　周渝慧.研究生自主创新能力教育论［M］.北京：清华大学出版社，2013：139.

②　内拉德，赫格兰德.博士教育全球化：动力与模式［M］.上海：上海交通大学出版社，2010：12.

法治学；教育研究生的学术诚信和科研道德教育，树立良好的学风；加强对科研道德的评价与考核，加大力度惩罚学术不端行为；充分发挥导师的示范和引导作用，严格督促研究生自觉遵守科研道德和学术规范。另一方面，更需要研究生自身发挥自律的作用，能够牢固地树立科研道德观，自觉遵守学术规范。

首先，研究生要加强对科研道德、学术规范等方面政策、规章制度等的系统学习，提高对科研道德的认识，明确科研道德在学术研究甚至学术生涯中的至关重要性，了解学术失范的后果和危害，坚定不移地做一个有道德的研究者。其次，广泛阅读中外有关科研道德和学术规范的经典读本，扩大知识，掌握方法，获取策略。如由美国科学院、美国工程科学院等联合编撰的《怎样当一名科学家——科学研究中的负责行为》，北京大学出版社引进的学术道德与学术规范系列读本，包括《学术道德学生读本》《给研究生的学术建议》《学位论文写作与学术规范》《如何撰写和发表科技论文》《如何撰写与发表社会科学论文》《如何为学术刊物撰稿：写作技能与规范》等。第三，用严谨的科学态度从事科研工作，严守科研道德底线。比如应非常诚实，要实事求是地进行科学研究和呈现自己的科研成果；要高度重视引文的规范，坚决杜绝任何形式的剽窃和抄袭；绝不能出现实验造假、数据造假，也不能随意删改数据。第四，要努力提高科研素养，保持对科学的敬畏之心，比如对科学工作的认真。世界上怕就怕"认真"二字，认真就是严格按规则和要求办事、做人，体现出的是高度的责任感和敬业精神，以及一丝不苟的专业素养。对研究生来说，科研实践中认真不仅是一种态度，它更是一种能力，认真投入就绝不会投机取巧或粗制滥造。科学研究是探求真理的工作，必须认真和坚守。保持对科学的敬畏之心，还需要研究生恪守"四严"精神：严肃，严密，严格，严谨。必须大胆假设，小心求证。言之有理，言之有据。坚持真理，修正错误。通过科研探寻更多科学问题，为科学的发展、社会的进步做出原创性贡献。

4. 扩大学术交流，强化社会实践，提高综合素质

学术交流与专业实践是研究生教学和科研活动的重要组成部分，是研究生培养过程中不可或缺的重要环节，也是激励研究生创新的主要途径。学术交流有助于研究生了解专业发展的前沿和改革的实践，展现自己的研究方向、科研能力、学术思想和研究成果，锻炼研究生的学术成果总结、书写与表达能力，有助于研究生在学术思想、研究方法、科研课题等方面拓宽视野、相互借鉴和启迪创新思维，通过交流充分了解本学科、相关学科、跨学科的学术成果和研究进展，使之可以在科研过程中少走弯路，提高综合素质和进一步推动学术创新。

社会实践有助于研究生的课程学习与社会实践相结合、理论知识与专业改革紧密结合，增强他们的社会责任感和服务意识，在实践中提高自己的专业知识和技能，锻炼他们运用专业知识解决实际问题的能力，促进他们注重知识运用和创新，通过走进社会、走进实践基地，进行成果转化。社会实践有助于研究生培养团队合作意识和组织协调能力，在实践中锻炼人际交往能力、分析和解决问题的能力，学会进行技术改造、危机处理。社会实践有助于研究生掌握创新技能、增强创新动力，只有在实践中研究生才能真正了解当前社会发展所需的科技现状和国际前沿，明晰与世界先进水平之间的差距，才能激发创新的动力和斗志，推动在社会实践中形成创新成果。通过交流与实践，研究生不断增添新的活力，也把自己的学术信息和研究成果推广到校内外和学科内外。

近年来,我国高校在研究生培养中逐步开始重视学术交流和社会实践工作,有的高校将校内外的学术交流要求纳入培养方案,甚至明确了学分的要求;有的高校与政府和企业合作建立研究生工作站、专业实践基地等专业实践平台,支持和帮助学生加强专业实践工作。但纳入培养方案或建立平台并不意味着学术交流和社会实践工作就一定能够成功,或行之有效,提高学术交流和专业实践的质量还需要研究生更加积极和主动的参与,以及严谨认真、脚踏实地、凝神静气地投身其中。

（1）珍惜并积极参加学术交流活动,建立学术网络

学术交流活动是研究生进行学术研究的催化剂、助推器,也是提升研究生科学研究能力的重要手段。为促进研究生创新人才的培养,各高校、学科甚至导师组都全力以赴为研究生组织不同层次和类型的学术交流活动,努力打造丰富的校园学术文化。但很多学术交流活动常常出现"剃头挑子一头热"状况,不少研究生并不珍惜这些学术交流活动,即使要求签到也未必能参加。所以,在组织者进一步提高学术活动质量并细化考评机制的基础上,迫切需要规范研究生的学术认知,提高研究生的参与度。

一是研究生需转变学习观,从被动学习转向主动学习、从浅层学习转向深层学习、从学习客体转向学习主体,增强学习的主动性,并积极参加校内的学术活动,包括研究生学术节、研究生论坛、专家报告、学术沙龙、科研汇报、导师团队研讨等。在活动中争取话语权,发扬批判性思维,分析新问题,学习新方法,了解新成果。

二是研究生需积极参加国内的校际交流与合作、专业的学术会议、研究生创新大赛等。校际交流与合作通常是兄弟院校间定期联合举办的一些学术交流活动,旨在促进学科交流,拓展研究生的学术视野。专业的学术会议一般由专业学会主办,以年会或专题研讨会的形式出现,参加学术会议是研究生接触专业同行、了解专业领域研究成果、建立学术网络的良机,也是研究生展现自我,宣传自己研究成果的舞台,特别是可获得同行专家评价和认可的难得契机。研究生创新大赛是近几年国内研究生教育管理部分发起和组织的学术交流和创新实践展示活动,培养单位、企业、行业、政府架起密切合作的桥梁,以培养研究生创新精神与创新意识为目的,以提高研究生实践能力和综合素质为重点。在营造研究生创新实践氛围、培养研究生实践创新型人才、促进政产学研用合作等方面作用积极。研究生通过创新大赛展现自己的创意、探索,利用专业知识和专业技能发明的创新性成果。是研究生提升综合素质、促进就业的良好路径之一。

三是国际学术交流活动,如参加专业性的国际会议,特别是博士生,参加国际学术交流不应该是备选而应该是必选,博士生从事的科学研究工作本就是前沿性的,应该在国际视野中实现交流、合作、开放与创新。戈登·鲁格（Gordon Rugg）等在《给研究生的学术建议》一书中专门论述了研究生参加国际会议的重要价值,"对于大多数博士生而言,跟上潮流的一个更为可行的方式就是阅读期刊。不幸的是,期刊文章要在研究结束后两年左右才能刊出,因此,你的图书馆里新上架的期刊的文章大概都是三年前完成的研究内容。在学术会议上获得最新的研究进展则相对容易得多。每年,大多数研究领域都会开一些年会,来自世界各地的研究者们聚在一起,展示他们的工作并且聆听别人阐述工作。更重要的是,他们也开展社交建立他们的实效网络,……因此,学术会议给你一个机会发现不

超过一年甚至更近一段时间的研究,并且也给你机会结识世界各地的同领域研究者"①。所以,研究生积极参加国际会议,特别是能借此展示自己的研究成果,传达学术研究的最新信息,可能成为迈入学术殿堂的敲门砖,甚至成为整个学术生涯的启动站。

(2)加强跨学科交流,促进超学科研究。

21世纪以来,不同学科之间的交叉与融合日益成为推动科技发展和社会进步的重要动力。随着知识生产方式从模式1向模式2和当前模式3的转变,跨学科的研究、教学与人才培养已经成为世界大学教育的新潮流。正如密歇根大学校长施莱赛尔(Mark Schlissel)所说,"世界上几乎没有什么重大问题是仅用一个学科的知识就可以解决的,探索真理需要我们的集体智慧,需要我们彼此信赖、携手共进,超越大学现有的组织形式"②。知识生产模式的转变推动大学组织形式的创新,也对研究生的培养模式、研究生的学习提出改革的要求。基于知识生产模式1的研究生教育模式1阶段,研究生的培养、研究生的课程与教学主要是由其导师负责,研究生的研究选题要么是自行选择,要么是由导师来确定。基于知识生产模式2的研究生教育模式2阶段,研究生的培养、研究生的课程与教学则已超越单个的导师,由跨学科教授们组成的导师小组和跨学科团队共同负责,其典型特征是一组学生与一群来自不同学科的教授和研究者组成跨学科研究团队,共同进行课程教学与项目研究。基于知识生产模式3的研究生教育模式3阶段,研究生的培养、研究生的课程与教学则已超越单个培养单位,形成"大学—产业—政府—公民社会"四螺旋动力机制,模式3"以实现社会公共利益为目标,应对当下全球化和本土化的冲突情境,以知识集群、创新网络、分形创新生态系统为核心组织模式"③。所以,在研究生教育新的历史阶段,研究生的学习与研究必须以知识的创新(生产)为根本,面向社会共同利益,坚持问题中心、应用主导,实施跨学科、超学科研究。

首先,研究生需明确认知,突破传统。研究生学习不能再是一门课、一本书、一个导师,接受式地学习现有知识已难以应对新时代的新挑战,对已有知识的突破、对单一学科的跨越,是研究生提高学习质量的新表征。当前,知识的生产者呈现多元性和多极性,知识本身呈现出社会弥散性和问题导向性,所以,研究生的学习和研究应大胆跨越"学术壁垒",加强跨学科思维方式和方法的训练,培养有效的知识整合与互惠互通能力。其次,积极参与多样化的跨学科交流活动。比如跨学科研究生培养项目,跨学科系列课外活动,包括跨学科暑期学校,依托这样的平台,往往可以有机会与不同学科的专家学者,甚至是全球知名的专家探讨学术领域的热点问题、分享最新的科研成果,借此也可以获得实践操作技能和科学研究方法的训练。再比如,应积极参与一些跨学科的项目团队,跨地区、跨学校、跨学科领域的学术年会。第三,要转变学术研究的取向,打破学科隔阂,促进跨学科、超学科研究。即在科研上要突破以知识为载体的学科边界,实现知识搭配和科研组织的突破,更加重视在应用语境下的学术研究。知识生产模式3中,知识生产情境实质上就是应用语境下的知识。所以,不管是人文社科的研究生,还是理工科的研究生,其研究都需

① 戈登·鲁格,玛丽安·彼得.给研究生的学术建议[M].北京:北京大学出版社,2009:193.
② 申超.如何推动跨学科的研究、教学与学习——以密歇根大学为例[J].外国教育研究,2017(4):54-65.
③ 黄瑶,马永红,王铭.知识生产模式Ⅲ促进超学科快速发展的特征研究[J].清华大学教育研究,2016(6):37-45.

要密切与人类发展、社会生产的联系,加强在应用的过程中不断再创造。

(3)广泛参与社会实践,形成与社会的深度互动

情境学习理论揭示,学习本质上是学习者与所依存的物理和社会文化历史情境相互作用的过程,学习者通过参与实践活动,与环境相互作用是学习真正得以发生的根本机制。因为,认知心理学的研究已经证明:"认识的进步主要地与其说是由于特殊知识的精确化、形象化和抽象化,不如说是由于愈益能够把这些知识整合到它们的背景中和它们的总体中。因此,发展把知识背景化和整体化的能力变成对教育的绝对要求。"①促进与环境的相互作用,发展背景化能力,其体现出的是一种学习的生态化思想,"这个思想把任何事件、信息或知识放置于它们与其人环境的不可分离的联系之中,这个环境是文化的、社会的、经济的、政治的,当然还是自然的"②。由此可见,研究生应将学习置于知识生产的特定情境中,要广泛参与文化的、社会的、经济的等实践活动,在实践中检验理论、锻炼能力、解决问题和深化研究。高质量的社会实践也是研究生提升科研水平,激发创新能力的重要途径。随着我国研究生教育体制改革的深化,培养应用型人才的诉求更加强烈。应用型人才必须具备将所学所长用于服务社会的自觉意识和专业能力,必须具备全面的、高水平的综合素质。

研究生参与社会实践一是沉下去,不是走马观花,不是做表面文章,而是要突破传统,联系实际,理论与实践相结合,深入社会各行各业的第一线,面向经济建设的主战场,身临其境,真刀真枪地施展拳脚。二要动起来,积极开展创新型的社会实践。传统的研究生社会实践有多种形式,有的是由教育管理部门利用寒暑假、周末组织研究生进行的参观考察、接触社会的实践;有的是研究生自发组织实施的以调查研究为主要方式的社会实践;有的是研究生通过承担社会研究课题,在导师的指导下完成某个研究项目的社会实践;有的是研究生在校内参加"三助"活动的社会实践;也有的是以勤工俭学为目的,从事兼职、培训或家教等活动的社会实践。开展创新型的社会实践,就是要通过多种形式把握时代脉搏、面向国家和地方改革与发展战略、寻找社会热点与研究生课题的切入点,以便能最大限度地深入社会、了解社会、研究社会和服务社会。三要见实效,社会实践需要问题导向、目标驱动,活动的结果不能仅仅是有了一种经历或获得了一种体验,虽然这样的经历和体验很重要,但更重要的是能关注到当前科技发展、经济发展的热点和难点问题,追求属于自己的独特并符合科学规律的创新性思考和实践活动,从中获取新思想、新方法、新技术,最终达成了目标、解决了问题,甚至还能在此基础上发现新的问题或实践难题,这样的社会实践才真正有实效。

5.发展批判性思维,弘扬科学精神,培养创新能力

研究生在遇到一些实际问题时,为什么常常会缺乏分析问题、解决问题的能力?其中很关键的一点,恐怕与批判性思维能力的薄弱有关。虽说批判性思维本身不是创新,但创新绝对离不开批判性思维。2015年世界教育论坛报告《2030年教育:迈向全纳、公平、有质量的教育和全民终身学习》已明确将"批判性思维"与"创造性""协作能力""好奇心""勇

① 埃德加·莫兰.复杂性理论与教育问题[M].北京:北京大学出版社,2004:112.
② 埃德加·莫兰.复杂性理论与教育问题[M].北京:北京大学出版社,2004:113.

气及毅力"视为所有人的知识基础。美国学者理查德·保罗和琳达·埃尔德在《思考的力量:批判性思考成就卓越人生》一书中指出,"健全的思考比任何事物都要实用","批判性思考是你的思想利器,你需要用它来思考生活中和工作中一切需要思考的事情","只有将批判性思考运用于各种人类问题,人们才开始重视思考的力量及价值"。具有批判性思维能力者,"能提出重要的问题,并清晰而准确地进行描述;收集并评估相关信息,并有效地加以解释;得出推理完好的结论和解决方案,并对照相关标准进行检验;根据需要,在思考、认知和评估的可替代系统中,对其假设、内涵和实际结果进行开放式思考;与他人进行有效沟,解决复杂的问题"①。显然,批判性思维既是一种能力也是一种品格,批判性思维不是否定,而是合理的怀疑、谨慎反思和创造。知识经济时代,随着信息技术的快速发展,人类面临的也是一个大数据时代,研究生在学习和研究中几乎每天都会接触海量的信息,若没有一种怀疑的态度、反思的习惯和批判的精神,就将无所适从,要么难以自拔,要么人言亦言。当前,培养研究生的批判性思维能力是提升研究生创新思维和科研能力的关键。

(1) 强化质疑、辨析和推理等技能,发展批判性思维

总而言之,批判性思维就是运用理智的标准对思维的再思考,它有 3 个关键词:不懈质疑、多维辨析和逻辑推理。从思维发展的路径来看,无非是"质疑"和"解疑",其中,质疑是起始,也是关键,它是一种较高层次的思考技巧。古人云:"学贵有疑。小疑则小进,大疑则大进。"研究生在学习和研究中不应望文生义,把问题简单化,而要培养思维的缜密性,勇于大胆质疑。不论是对自己的观点,还是对别人的观点,都要有质疑的意识和胆量。质疑的最普遍形式就是提问,对知识的、观念的理由、原因或者根据进行提问。要认识和承认知识本身的局限性,"波普尔认为,科学史表明,久经证实的科学理论也可能有错,更好的理论只能是通过改正它的错误而产生。所以,通过严格检验和批判来挑错的探索方式,正是把发展放在第一位的做法,是促进认识发展的更有效的方法。阻碍认识发展的不是发现错误,而是不去发现错误;没有什么比发现错误能更快促进新理论的产生"②。波普尔的同事,批判理性主义者阿加西(Joseph Agassi)甚至提出,"对已接受的观点,或最好的科学观点、观念和提议等进行反驳的要旨,不过是这一点:反驳打开了革新的道路。什么都不比反驳更有强烈的启发性。什么都不比批判现状对进步更有促进作用,什么都比不上对旧事物的不满更可能预示新事物的来临。批判就是解放"③。研究生还要承认自己认识上的局限性,理查德·保罗认为,"虽然每个人都有能力掌握知识,但也毫无例外地可能被偏见、个人利益、恐惧感、不安全感和社会意识形态所占据。因此有了这样的矛盾:只要有知识的地方,也会相应地存在无知。只要有知识的果实,就有误用它的危险性。人类的知识储存于充满缺陷的头脑中,你拥有这样的头脑,我拥有这样的头脑,爱因斯坦也一样"。"如果要首先地使用知识,就必须首先认识到自身知识的片面性,以及会影响知识正确使用的可能性因素,哪怕这种认识很肤浅。……如果能使人类头脑具备批判性思维,

---

① 查德·保罗,琳达·埃尔德. 思考的力量:批判性思考成就卓越人生[M]. 上海:上海人民出版社,2006:7,12,16.
② 董毓. 批判性思维三大误解辨析[J]. 高等教育研究,2012(11):64-70.
③ 董毓. 批判性思维三大误解辨析[J]. 高等教育研究,2012(11):64-70.

它就会意识到自身的局限性,找出自身的非理性倾向,减少它们的危险性和破坏性"①。所以,在学习和研究中,研究生需要不懈提问,要善于反思,时刻警惕对知识、信息、观点的误信和误用。

批判性思维就是具有把知识的表象和本质区分开来的能力,即要善于辨析,辨析"真"与"假"、"事实"与"观点"。如果连"真"与"假"、"事实"和"观点"都分辨不清,又如何能进行正确的质疑呢? 辨析需要超越二元思维模式,很多时候面临的问题、面对的观点并非就是"非真即假"或"非黑即白",知识生产模式3时代,知识、问题的复杂性远超从前,常常会涉及"灰色地带"或背景、界限的问题,还有认知偏差,研究生需要学会辩证思维,勇于进行"证实"和"证伪",善于运用归纳法进行总结获取结论,运用演绎法,通过逻辑推理获得推论。

有逻辑地进行推理是批判性思维的又一个关键表征,具备逻辑推理的人可以通过分析、演绎、推理、解释、评价和自我调节来形成自己的判断。研究生要具有批判性思维,高层次的逻辑推理能力无疑属看家本领,不管是学习和研究中,还是社会服务和实践中,推理无处不在。"理解事物的过程随时随地伴随着结论的推演,任何时候,当我们的头脑试图根据一些原因得出结论时,这实际上就是一个推理的过程。也就是说,思考即推理。每当我们试图对外界事物或其任意部分进行概念化的理解时,我们都在推理。"②研究生作为高层次的专业人员,其逻辑推理能力更需具有深度、复杂性和诚实性。在课程教学过程和科学研究过程中,面对理论、观点、现象、问题,不仅要善于思考,还要通过证据和寻找证实自己观点的证据,学会深思熟虑有逻辑地进行推理,在此基础上作出理智的判断,以及在理智判断的基础上作出决策,解决问题,采取行动。

(2) 激发好奇心和兴趣,务真求实,弘扬科学精神

从心理学上来说,好奇心是一种人们对新鲜事物积极探求的心理倾向;从社会学角度而言,好奇心是人类发展的最大推动力。古希腊哲学家亚里士多德在《形而上学》中的第一句话就是:"求知是所有人的本性"③,人出于本性的求知是为知而知、为智慧而求智慧的思辨活动,不服从任何物质利益和外在目的,"在各门科学中,那为自身,为知识而求取的科学比那为后果而求取的科学,更加是智慧"④。古今中外的历史上,所有的科学研究、发现发明均源于好奇,所有具有较强创新能力的人总是对感兴趣的现象、知识、问题怀有极大的好奇心。

中国博士质量调查中发现,"没有好奇,就不能发现问题,就谈不上创新。做科学研究只有是发自内心的,只有对自己所研究的领域很感兴趣才能全身心投入",被调查的博士生还以学位论文的选题为例说明个人兴趣的重要性,"论文的选题要根据自己的兴趣来,你不感兴趣是不能调动其积极性的。国外很多杰出的人,就是因为感兴趣才去做。他感

---

①　理查德·保罗,琳达·埃尔德. 批判性思维:思维、写作、沟通、应变、解决问题的根本技巧[M]. 北京:新星出版社,2006:247-249.

②　理查德·保罗,琳达·埃尔德. 批判性思维工具[M]. 北京:机械工业出版社,2013:49.

③　亚里士多德. 形而上学[M]. 北京:中国人民大学出版社,2003:1.

④　亚里士多德. 形而上学[M]. 北京:中国人民大学出版社,2003:4.

兴趣、好奇,所以考虑的问题都会比较多,比较深"。① 所以,对于研究生来说,科学研究的道路崎岖、漫长又艰辛,若要坚持不懈、安贫乐道,就必须做到好奇驱动而非功利驱动。

好奇心是激发探索兴趣的基础,是形成创造性的基础。有了好奇心才会有投入研究与思考的兴趣。兴趣对事物喜好或关切的情绪,可以说是一种发自内心的热爱。子曰"知之者不如好之者,好之者不如乐之者"。兴趣在人的实践活动中具有重要的意义,很多时候兴趣就像是一种无形的动力,当一个人对某件事情或某项活动感兴趣时,就会倍加投入,并给予优先注意和进行积极探索,而且印象深刻。基于全国优秀博士学位论文获得者的统计学分析发现,"这些获奖的作者中从小学、中学就痴迷于某一科学领域,接受新知识和新思想的能力强,从而影响了自己的一生,34%的获奖者对自己的研究有很强的兴趣和信心"②。所以,研究生在课程学习和科学研究中首先要培养自己的学习兴趣和科研兴趣,要更多地听从自己的内心,基于自己的兴趣勇往直前,而不是被利益牵着鼻子走。

(3)增强问题意识,坚持专注态度,培养创新能力

研究西方哲学史的人可能都听说过这样一个故事,"维特根斯坦在英国剑桥大学哲学系师从大哲学家穆尔。有一天,罗素问穆尔:'谁是你最好的学生?'穆尔毫不犹豫地说:'维特根斯坦'。'为什么?''因为在我的所有学生中,只有他一个人在听我的课时老是露出迷茫的神色,老是有一大堆问题。'维特根斯坦的名气后来超过了他的老师罗素。有人问他:'罗素为什么落伍了?'维特根斯坦答道:'因为没有问题了。'"③可见,问题意识是创造力的前提和基础,问题意识是人们进行科学研究的目标和动力,一个人问题意识的强弱直接关系到其科研水平的高低和科研成果的创新性。通俗地讲,问题意识就是指对现象、事物好奇和敏感,以及善于发现问题、提出问题的能力,问题意识表现出的是一种叛逆思维习惯。对于研究生来说,问题意识的养成一是要实现研究方式的转型,从"学科导向"的传统研究方式走向"问题导向"的研究方式,从观点转向问题。二是不管在课程学习中、经典阅读中,还是在课题研究中,要加强反思,学会从中发现问题,因为任何问题只有被意识到并被提出来,才可能引起关注、思考和研究并得到最终的解决。而问题的解决,才可能意味着思想上的创新。三是要学会在发现问题后,以恰当的、准确的方式提出问题。虽然有了问题意识,也发现了问题,但若不会提问,或提出的问题相去甚远,学习和研究则必事倍功半。因为只有准确地提出问题,才能使问题得到合理解决。

培养研究生的创新能力不仅需要增强问题意识,还需要有对待学习和研究的专注态度。有一次,盖茨的父亲问大家一个问题,人一生中最重要的是什么?"股神"沃伦·巴菲特和"微软之父"比尔·盖茨不约而同地给出了一模一样的答案——专注。他们都认为人一生中最重要的是专注。专注究竟是什么? 是对完美的追求,而且这种秉性是特有的,不是谁说模仿就能模仿得了的。专注不但是做事情成功的关键,也是健康心灵的一个特质。专注"就是注意力全力集中到某事物上面,与你所关注的事物融为一体,不被其他外物所

---

① 周光礼,等.中国博士质量调查[M].北京:社会科学文献出版社,2010:203.

② 肖胜军.个人素质对科技创新能力的影响——基于全国优秀博士学位论文获得者的统计学分析[J].经济师,2012(7):8-9.

③ 张掌然.问题的哲学研究[M].北京:人民出版社,2005:1.

吸引,不会萦绕于焦虑之中",专注从一定程度上来说是对完美的追求,"专注也是幸福人生的一个关键特质。一个人对一件事只有专注投入,才会带来乐趣。对一件事,无论你过去对它有什么成见,觉得它多么枯燥,一旦你专注投入,它立刻就变得活生生起来! 而一个人最美的状态,就是进入那个活生生的状态"。专注也是"对专业精益求精的追求","专注还是完成伟大事业的决心"。研究生的学习通常只有有限的几年时间,特别需要专心学业、聚焦研究,坚持"咬定青山不放松,立根原在破岩中。千磨万击还坚劲,任尔东西南北风",才能把自己的时间、精力和智慧凝聚到所要干的事情上,从而最大限度地发挥自己的才能和潜力,有的放矢,达成目标,并从中不断超越自己,实现理论的创造和研究的创新。

6. 积极参加职业生涯规划教育和创业教育,增强就业竞争力

2010 年以后,研究生就业出现了前所未有的"严峻"形势,有地区甚至连续几年出现研究生就业率低于本科生的情况,这也许是市场给研究生人才培养发出的一种信号,也是给高校的研究生教育带来的新挑战——高校的研究生人才培养必须与时俱进,主动适应社会发展的需求。"近年来,我国经济结构的调整带来产业结构、技术结构和人才需求结构的调整。研究生的就业市场由'卖方市场'转向'买方市场',社会对研究生的需求也经历着由高层次专家型人才向普通科技研发者的转变。""社会的用人理念也逐渐趋向理性,学历不再成为单一的水平信号,能力成为用人单位的首要选择。"[1]劳动力市场需求的转变呼唤研究生培养模式的改革,若传统的研究生教育是单一学术导向的精英型教育,则当前进入高等教育大众化时代以后,现代的研究生教育需更新观念、转变认识,走出"象牙塔",确立新的人才培养目标,大力加强研究生就业创业能力的培养,构建兼顾学术导向与求职导向的多样型教育模式。

21 世纪以来,欧美发达国家高校的研究生教育已开始转型,"除重视学术素养的提升以外,也开始注重与职业的联系,强化职业训练已经成为共同趋势"[2]。各大学或面向新的社会需求,打造新的研究生专业,培养市场所需人才;或者更新研究生培养方案,调整硕士生和博士生的培养目标,改革课程体系,将创新创业教育以不同的形式嵌入课程与教学,强化创业和就业技能训练。

研究生教育的利益相关方有三个——用人单位、高校和研究生自身,提高人才培养质量需三方齐上阵,形成共识,齐心协力。"人的行为是人的内在需要和周围环境相互作用的函数,只有让研究生成为自学的有效的学习者,才能使综合素质教育取得实效。"[3]所以,对于研究生来说,首先必须端正人才观和职业观,需要清楚地认识到,随着"买方市场"的确立,高学历的研究生在社会的就业大军中已不再具有绝对优势,"天之骄子"的时代将一去不复返,用人单位越来越强调的是毕业生与就业市场的匹配,越来越重视的是求职者的能力而不是学历。具备较强的创业能力、职业胜任力和就业竞争力,既是完善研究生培养质量的需要,也是实现高质量就业的基础,还是促进研究生未来职业生涯发展的保障。

(1)加强自我认知,科学制定职业生涯规划

① 屈晓婷. 研究生就业能力研究[M]. 北京:北京交通大学出版社,2012:5.
② 刘献君. 发达国家博士生教育中的创新人才培养[M]. 武汉:华中科技大学出版社,2010:7.
③ 屈晓婷. 研究生就业能力研究[M]. 北京:北京交通大学出版社,2012:10.

多年来，作为身居高等教育塔尖的研究生常常被称为"天之骄子"，有着天然的优越感，虽然21世纪以来就业市场的需求悄然变化，但不少研究生尤其是重点高校的研究生，却始终未能跟上时代发展的步伐，依然故我，自恃清高，认为只要学好专业知识，有一个研究生学历，就能够满足求职要求，他们完全忽视了在求职中自我认知及职业定位的重要性。加强自我认知，科学制定职业生涯规划，就是要研究生认清形势，重视职业能力、职业素养的打造，有的放矢进行职业生涯规划，并在职业生涯规划中作出正确的职业分析，以便在求职时能真正知己知彼，避免盲目乐观以及缺乏准备带来的职场上的屡战屡败。

第一，要认清自我，明确自己的优势、劣势和发展目标。"认识你自己"是希腊德尔斐神庙门楣上的铭言，苏格拉底将其作为自己基本的哲学原则，认识自己其实就是要认识自己的本性，即特性、品格、特长、功能。人应该有自知之明，需要认识最内在的自我，那个最内在的自我恰恰是使你之所以成为你的核心和根源。只有认识了这个最内在的自我，你才真正知道怎样的生活才是合乎你的本性的、是你需要的，你究竟应该要什么和到底可以要什么。这一点对研究生尤其重要，不少研究生压根儿不知道自己未来想要的是什么，也不确定自己的性格、能力适合从事什么工作。由于缺乏对自己的正确定位，一旦面临就业，就会再现职业目标模糊，最后为了就业而就业，导致职场生活的挫败。如果研究生能及早通过SWOT分析了解自己、认清自己，能根据自己的兴趣爱好及特性选择适合的职业方向，未来就业时就一定能更具有竞争力。

第二，建立职业规划意识，及早明确职业方向。大学生缺乏职业规划意识是导致其毕业后难就业、就业难的主要障碍。当前，研究生普遍缺乏生涯规划意识，对就业去向不知所措，常常跟着感觉走。一些硕士生在本科毕业时面对就业压力才选择考研，对考上后究竟要做些什么、三年的硕士生阶段如何渡过、自己的兴趣在哪儿、发展的目标是什么等都缺乏思考。因缺少明确的意识，就知道埋头忙于专业学习而疏于就业能力锻炼，不去接触社会和了解职业信息，求职时就业力严重不足，而且求职意向非常单一，从就业单位性质来看，大部分研究生都想进高校、科研单位、国家机关和三资企业，导致不仅就业难，而且就业结构和区域流向的不尽合理。研究生职业意识的养成不是一朝一夕的事情，但需要尽早明确职业方向，在此基础上逐步探索，最终找到最适合自己的职业路径。

第三，掌握职业规划知识，制定科学的职业生涯规划。掌握职业生涯规划的基本知识和方法，不仅可以促进研究生更好地就业，更重要的是可以帮助研究生在未来更好地管理自己的生涯。美国的帕森斯曾提出，人们不要只是"找工作"，而是要"选择职业"。我国著名教育家黄炎培先生早在20世纪30年代就提出，不仅要"使无业者有业"，还要"使有业者乐业"。"乐业"意味着不仅要找到一份工作，还要具有幸福感。所以，研究生就业不应成为简单地"找工作"，而是需要进行职业选择。选择的基础是知彼知己，掌握职业生涯规划的理论知识，清楚为什么研究生要进行职业生涯规划，职业生涯规划对自己的未来具有怎样的作用。还要了解行业、职业发展现状，清楚新的行业变革和职场需求。研究生需根据自己学习和研究不同阶段的特点有目的地进行职业生涯规划，将职业发展的目标按阶段分解，在各发展阶段因时制宜，有策略地调整目标，完善生涯规划，并根据自己的专业特点加强职业测评，扬长避短，使自己的职业理想和经济结构变化相结合、职业能力与社会需求相结合，促进就业时的人职匹配。

（2）提升创业意愿，培养创业思维，积极投入创业活动

2015 年《国务院关于大力推进大众创业万众创新若干政策措施的意见》发布后，"大众创业万众创新"成为时代的强音，我国开始以大众创业万众创新带动新经济增长，推动从经济大国迈向经济强国。研究生是国家创新人才培养的战略高地，是实施创业活动的重要力量，研究生的创业精神和能力已成为研究生培养质量的一个重要评价指标。然而，当前研究生的创业意愿、创业精神和创业能力的发展却不甚理想。"根据智联招聘最近发布的《2016 年应届毕业生就业力调研报告》显示，2014 年 3.2％的应届大学毕业生选择创业；2015 年应届大学生创业比例猛增到 6.3％，2016 年则回落至 3.1％。报告分析指出，高校学生中学历越高，选择创业的比重越小，研究生创业比例不到 2％。"[①]与发达国家相比，我国研究生的创业意愿、创业活动等都明显不足，研究生本应成为国家大众创业的主力军，但现状却是研究生对创业主动性不高，缺少创业的热情和行动。提高研究生的创业素质，促进研究生的创业工作，需要从提升研究生的创业意愿入手，多管齐下，强化创业思维，推动创业行为。

第一，激发内在动机，提升创业意愿。内在动机，即研究生的创业目的是指向创业活动本身，此种活动本身能使其得到情绪上的满足，从而产生成功感。内在动机给研究生提供了一种促进其创业和发展的自然力量，在没有外在鞭策、压力和奖赏的情况下，可以激发和维持其行为。我们可以通过研究生是否能积极主动、自主选择进行或坚持某一创业活动，或通过研究生个体评价自己在一项创业活动或一个创业项目中的兴趣、意愿或投入，来衡量一个研究生进行创业活动的内在动机。内在动机对研究生在所进行的创业活动中能否具有意愿性、持续性和成效性，起着至关重要的作用。强烈的创业意愿往往以强烈的内在动机为基础。大多数有意愿创业的研究生，都有在创业中接受新知识和掌握新技能的强烈愿望，渴望在创业过程中总结成功与失败的经验与教训，并通过创业活动锻炼自己的创新创业意识与能力。所以，研究生需要明晰，内在动机才是产生创业意愿的主要原因，必须了解和坚持自己的内心，按照自己的内心行事，着力追求自身的独立、成就和观点，积极感受成就所带来的积极效应。

第二，掌握创业本质，强化创业思维。

创业究竟意味着什么？"有人认为创业就是经商，也有人认为创业就是以全新的、刺激的方式经商。大多数学生在学习创业之初都认为创业学习的核心就是经商。如果学生有丰富的创业背景，这种理解可能不会产生很多问题。不过，如果学生创业经验不足的话，这样的假设会影响他们对创业者这一身份的理解，和（或）阻碍他们将自己看作是真正的创业者。"[②]显然，创业不等于创办企业，创业的本质就是找到独特性，开发新事业，即"个体或者团队在不确定的环境下，识别和把握机会，获取和组织资源，领导并执行方案，从而创造社会和经济价值的能力与过程。毫无疑问，创业，可以是创办自己的企业，但更可以是开创性的任何行为——开创新的事业和业绩"[③]。其中，创业的核心是创业的思

①　饶红亮,胡晶晶.研究生创业意愿提升对策研究[J].科技创业月刊,2017(5):61-63.
②　科林·琼斯.研究生创业教育[M].北京:商务印书馆,2016:19.
③　创业思维比创业行为更重要[EB/OL].http://www.sohu.com/a/81154595_355090,2017-06-22.

维,表现为解决问题的观念和方法,而不仅仅是狭义的新创企业行为。"创业思维"是一个创业者必备的素养,甚至可以说创业思维比创业行为更重要,因为只有用创造性的思维来开展工作才可能找到独特性,开发新事业。

研究生的创业需要建立在正确认识创业本质的基础上,走出创业就是经商的误区,"将创业看作是社会变革的一部分。事实上,社会变革与他们所生活的世界息息相关,所以他们都有能力成为促进社会发展的变革者"①。在创业活动中,用创业的思维和准则开展工作。创业思维是痛点思维,或谓之问题思维。痛点解决之前,它是问题;痛点解决之后,则是机遇。研究生不宜盲目创业,需面向真市场,发现真问题,找到真痛点,一旦问题解决必开发出新的事业。面对问题。创业思维其实就是"一种精神、一种态度、一种技能——用最少的资源,达到最优的结果,成为最具价值的人"②。创业是艰难的,创业过程中当研究生面对有限的条件和资源约束,若具有创业思维,就不是选择放弃或怨天尤人,而是凝神静气、勇往直前、转变观点、反思机遇、剖析风险、解决问题。

第三,投身创业实践,培养企业家精神,推动改革创新。

爱默生(Ralph W. Emerson)说,"对金子的欲望并不是为了得到金子本身,而是为了让自己掌握获得自由和利益的方法"③。研究生创业教育的目的不应该还是低层次的素质教育,而应该将创业活动与自己的学习、研究和职业旨趣结合起来,促成转化性学习,使自己成为挑战性环境的构建者。通过创业教育真正实现转变,基于痛点或问题,通过富有想象力的重组、创造性的思考、战略性的选择来解决新问题、创造新事物,塑造企业家精神,培养未来新一代的企业家。企业家精神教育是研究生创业教育的核心所在。

纸上得来终觉浅,绝知此事要躬行。无论是创业精神的培养还是创业能力的锻炼,都需要研究生行动起来,积极投身创业实践活动,在创业实践中激发创业的激情和活力,培养创新创业的思维模式与综合素质,体验创新创业魅力,塑造企业家精神。通过创业将潜在的知识、技术和市场机会转变为现实生产力、社会贡献力,实现社会财富的增长。

从词源来看,"企业家"(entrepreneur)的本意为"敢于承担一切奉献和责任而开创并领导一项事业的人"。根据"管理学之父"彼得·德鲁克的理解,企业家是"勇于改革现状的人",其作用在于创新,他们利用创新改变现实,或者其所从事的工作是"创造性的破坏"。④ 真正的企业家是以企业为本位,创造财富,完善自我。"企业家精神"(entrepreneurship)至少应该包括创新精神、敬业精神、合作精神、冒险精神、诚信精神、宽容精神等核心要素。中国的市场不缺企业家,所缺的恰恰是企业家精神。中国的企业要走到世界前列,必须把"企业家精神"作为芯动力。

研究生投身创业实践活动,最关键需要考虑的问题是"意欲何为?"研究生创业不应该是要"赢一把""赌一把",而应使其成为体验、转化和创新的过程。他们需要清楚地知道自身掌握的学术专长具有的巨大价值,需要大胆但切合实际地将这种价值转化成现实,需要

---

① 科林·琼斯. 研究生创业教育[M]. 北京:商务印书馆,2016:19.
② 创业思维比创业行为更重要[EB/OL]. http://www.sohu.com/a/81154595_355090,2017-06-22.
③ 科林·琼斯. 研究生创业教育[M]. 北京:商务印书馆,2016:133.
④ 彼得·德鲁克. 创新与企业家精神[M]. 上海:上海人民出版社,2002:31.

敢于冒险和敏于抓住任何机会,需要善于整合各种可得的校内外资源,将学术专长变为现实成果,需要明晰政产学研合作与科研团队的重要性,需要社会情怀和创造激情,运用知识与技能使自己的专长在创业实践中得到运用和完善。李克强总理曾寄语创业大学生:大众创业、万众创新,核心在于激发人的创造力,尤其是青年学子们的创造力。研究生只要以创新为本,坚持企业家精神,实现由创造思维向真正的生产力转化,就一定可以激发活力、释放潜能,为增强中国经济社会发展新动力,走创新驱动发展道路做出贡献。

（3）加强合理定位,培养就业竞争力,实现高质量就业

党的十八大报告指出,"就业是民生之本",要"推动实现更高质量的就业"。从就业到高质量就业,从关注就业率到更关注就业质量,这是时代的需求,是社会进步的表征,是对就业工作的新的更高要求,也给高校毕业生带来了更多、更美好的期待与憧憬。更高质量的就业并非简单地增加就业人数,所谓更高质量的就业,"从就业者本人讲,是他们能在就业岗位上发挥所长,挖掘潜能;对社会来说,是他们能够创造更多价值,能创造比在别的地方更高的劳动生产率"。① 这就要求毕业生就业不仅应注重就业规模,更要注重就业质量的不断提升,增强就业的稳定性。

随着我国高等教育大众化发展和研究生招生数量的扩大,近几年研究生就业问题也越来越突出。一方面是就业市场的变化,就业矛盾的焦点已从就业规模能否扩张向就业结构能否调整、就业质量能否提升转变,用人单位不再盲目追求高学历,对研究生的刚性需求逐步减少;另一方面是研究生培养单位对社会经济发展的新要求反应不敏锐,所培养的毕业生不能满足用人单位对研究生综合素质的要求;再一方面是研究生自身存在的问题,包括对自身定位不准、就业心态不正、职业能力不强、创新能力不足、协作能力不够等问题。因此,促进研究生实现更高质量的就业,不仅需要政府部门、社会企业、培养单位通过政策、制度、资金等给予更多的支持,针对问题,对症下药,提高就业竞争力,缓解就业压力,带动研究生就业。还需要研究生自身认清就业形势,深入思考所面临的问题,培养能力、完善素质,全面提升自己的就业竞争力。

第一,转变就业观念,加强合理定位,强化发展意识。研究生就业难,一个重要原因是就业观念和自身定位的问题。不少研究生在求职时过分强化自己的研究生身份,对市场的要求麻木不仁,对自身价值的对称需求不成比例,误把研究生的学历当作就业的核心竞争力,把优厚的薪酬、优美的工作环境、优惠的住房等作为研究生学历的价值体现,求职当中出现不对称,或发现自己的要求不被市场接受,甚至被完全忽视时,就感觉很难接受,变得心灰意冷或无所适从。对职业的选择常常好高骛远、拈轻怕重,眼睛只盯着铁饭碗、大城市、好待遇,未能与时俱进。

研究生选择初次就业岗位,不能过于盲目自大,需要根据自身条件、能力和市场用工需求情况,量力而行。目前,我国就业市场已进入买方市场,虽然希望自己能找到一份满意的工作,但最终自己能得到什么样的工作,要受到自身条件和客观因素等多方面的制约。此外,研究生迫切需要转变就业观念。就工作而言,本无高低贵贱之分,三百六十行,行行出状元,东方不亮西方亮,不应只盯住东部、大城市,不要千军万马都去挤一个独木

---

① 更高质量的就业来自哪里? [EB/OL]. http://business.sohu.com/20150416/n411364017.shtml,2017-06-15.

桥。适合自己的才是最好的,能发挥自己的最大价值为社会发展做出最大贡献才是最好的。研究生都是国家的栋梁之材,应该要有社会责任感、社会的使命和担当,自觉到城乡基层、中西部地区、艰苦边远地区和中小企业就业,那里有广阔的天地,可以大有作为,把自己学识、理想置于祖国建设最需要的地方,这才是当代研究生应有的精神风貌。况且,再多美好的梦想都需要靠个人奋斗才能实现,生命里的辉煌也只有通过每个人的不懈努力和奋斗才能铸就。

第二,丰富实践经验,提升就业竞争力。虽然每年有近60万研究生毕业生,但不少用人单位仍抱怨招聘不到合适的人才,认为现在的研究生实践经验薄弱、动手能力不强、团队合作意识差等。从用人单位的意见反馈不难看出,研究生就业的竞争正在从拼学历、拼成绩向凭能力、凭素质转变。职业能力不足、缺乏实践经历、与市场要求脱节、缺少面试经验等是研究生就业中所面临的最主要问题,个人能力与市场需求匹配程度较低必然导致研究生就业难。大力提升研究生的就业竞争力是实现研究生高质量就业的基础和关键,这就要求研究生必须培养更高的综合素质和职业技能。研究生只有自身具备了良好的素质和更强的职业能力,才可能适应经济社会发展的需要,强大的职业能力就是研究生面对劳动市场的人力资本。

对研究生来说,丰富实践经验,提升就业竞争力,一是要利用在学的时间加强知识和技能的储备。机遇只偏爱有准备的头脑。业精于勤,勤而能立;行成于思,思则必学。研究生需要倍加珍惜自己的求学机会,加大学业投入,加强深度学习和研究,构建系统的专业知识体系,提高自己的道德素质和修养,利用各种机会锻炼自己的沟通能力。还要加强跨学科学习和研究,掌握其他相关专业的知识与技能。二是要广泛参与专业实践活动和社会实践活动,加强实践锻炼,一切理论都是灰色的,但实践之树常青。要把书本知识、专业理论、别人的经验和成功做法转化为自己掌握的东西或变成自己知识结构的一部分,必须通过实践这个"熔炉"进行再加工、再总结和再创造。研究生不仅可以通过专业实践和社会实践活动见世面、经风雨、出真知、长才干,也可以在此过程中着力培养管理才能和领导力,提高做事的能力,掌握沟通交流的技术,学会进行团队建设,锻炼协同合作能力。三是广泛掌握各方面的信息,建立丰富的人际网络、人脉关系,提高就业竞争力。当今社会,人际关系也是竞争力。良好的人际关系资源可以让研究生快速地获取有效信息,进而转换成工作或发展的机会。有人说,"专业与人际关系竞争力是一个杠杆相乘的关系,假如只有专业,没有人际关系,个人竞争力就是一分耕耘,一分收获,但若加上人际关系,个人竞争力将是'一分耕耘,数分收获'"[1]。哈佛大学的研究发现,"被大家认同的杰出人才,专业能力往往不是重点,关键在于'顶尖人才会采用不同的人际策略,多花时间与那些关键时刻可能对自己有帮助的人物结交良好的关系,在面临问题或危机时便容易化险为夷'"[2]。因此,研究生应重视人际关系的建设,让好的人际关系转化为自己强大的就业竞

① 好的人际关系是强大竞争力[EB/OL]. http://www.360doc.com/content/16/0702/13/11498314_572408544.shtml,2017-06-21.

② 好的人际关系是强大竞争力[EB/OL]. http://www.360doc.com/content/16/0702/13/11498314_572408544.shtml,2017-06-21.

争力。

第三，把握就业机遇，实现积极就业。虽然与 10 年前的研究生就业形势相比，21 世纪以来由于我国经济改革进入攻坚阶段、宏观经济结构处于调整时期以及就业观念落后等，导致了社会上出现研究生就业难的局面，也给即将步出校门的研究生带来了一定的压力，但困难之处往往也是突破之处，困难本身也酝酿着契机，意味着机遇。研究生需要把握机遇，主动出击，了解政策，研究社会，面向市场，实现积极就业。

机遇之一，是党和政府积极化"危"为"机"，促进毕业生顺利就业。李克强总理把"保障就业"称为政府"最要紧的责任"，明确指出："就业是民生之本，怎么强调都不过分！"党的十八大提出实施就业优先战略和更加积极的就业政策，并把实现就业更加充分地作为全面建成小康社会的重要目标。党中央对就业问题的高度重视，使研究生面临着前所未有的就业良机，获得更多的就业保障。机遇之二，从国家到地方都开始实施一系列扩内需、保增长的措施。国务院提出实行积极的财政政策和适度宽松的货币政策，出台了 10 项更加有力地扩大国内需求的措施，将既有利于促进经济增长，又有利于推动结构调整；既能有效扩大投资，又能积极拉动消费。这些必将有力地拉动经济发展，从而创造更多的就业岗位，吸引更多毕业生就业。机遇之三，随着各级政府就业政策的进一步完善，研究生就业的环境更加优化。为促进研究生就业，各级政府不仅对就业市场进行总体性的调整，健全就业市场，加强就业政策的指导，缓解就业压力。还大力发展经济，建立并发展高新技术产业，更多地吸纳研究生人才。机遇之四，"互联网＋"催生就业新思维。当前，互联网潮流势不可挡，作为一种新的经济发展形态，"互联网＋"有助于促进劳动力市场的健全完善，能更有效地发挥劳动力市场配置劳动力资源的决定性作用。李克强总理强调，要充分发挥"互联网＋"对就业与创新的支撑作用。事实上"互联网＋"已经开始引发产业结构升级、商业模式创新、就业机会和创业机会增多，当然，"互联网＋"的发展也对研究生的就业素质和就业竞争力提出了更高要求。

面对新的机遇，研究生急需认清形势，更新观念，转变传统的就业观。21 世纪的研究生，其就业观念不能停留在 20 世纪，停留在计划经济时代，不要理所当然地认为读完研究生就一定能找到一份有地位、有体面或高收入的工作。择业时，也不要横挑鼻子竖挑眼，更不能存在靠升学逃避就业的消极思想。要主动就业、积极就业，树立"先就业后择业再立业，先谋业后创业再事业"的就业观念，积极到基层就业、到中小微企业就业、到国家最需要的地方建功立业。

后 记

　　本书是《研究生培养研究丛书》之一,也是江苏省学位与研究生教育学会 2014 年正式立项的一项重大课题。南京大学吕建教授、汪霞教授领衔研究团队承担了这一课题,研究工作于 2014 年 9 月开始启动。

　　创新型人才培养不足一直是我国高等教育的突出问题,尤其在我国建设创新型国家的关键时期,经济社会发展对创新型人才的需求越来越迫切。《国家中长期教育改革和发展规划纲要(2010—2020)》提出,要"加快创建世界一流大学和高水平大学的步伐,培养一批拔尖创新人才",这也是中国大学共同面临的核心任务和重要挑战,本书在整个撰写过程中,一直试图思考和回答这个艰巨而尚待解决的问题,力图分析创新型人才的主要特点和成长规律,探索江苏省研究生教育的改革之路。

　　全书的编撰工作分工如下:理论探讨篇由吕林海、王邦权、杨颓萍负责。各章执笔:第一章,杨颓萍;第二章,吕林海;第三章,王邦权。国际比较篇由操太圣、王世岳负责。各章执笔:第四章,王赫、吴洁、操太圣;第五章,王嘉敏、胡怡媛;第六章,王世岳;第七章,李金津、杜静宇、操太圣;第八章,操太圣。实践探索篇由汪雅霜负责,第九、十章由汪雅霜、南京大学、东南大学研究生院负责,第十一章由汪雅霜负责。对策建议篇由吕建、汪霞负责,第十五章执笔:吕建、汪霞。前言、后记执笔:吕建、汪霞、杨颓萍。全书由吕建、汪霞、操太圣、吕林海、汪雅霜、王世岳、杨颓萍、王邦权等课题组成员共同设计思路、构思总体框架,吕建、汪霞最后审定写作框架、提供写作建议、提出修改意见、协调写作风格,最后统审全稿。初稿完成后,操太圣、吕林海、王世岳等交叉审阅部分章节的内容并提出修改意见。汪雅霜、杨颓萍初审全稿,进行了部分修改与编辑工作。最后,由杨颓萍完成全书的格式编辑和调整工作。

　　该书稿的编撰得到了多方的鼎力支持与协作,书稿框架、体例的反复揣摩、推敲,得到了江苏省学位与研究生教育学会会长殷翔文的关心指导,江苏省学位与研究生教育学会秘书长储宪国对书稿的编撰给予了大力帮助和支持,书稿基本结构的调整还浸润着来自江苏省学位与研究生教育学会和省内各高校数十位专家学者的经验、思考和智慧。南京大学、东南大学、南京农业大学、南京师范大学、南京医科大学为书稿撰写提供了丰富翔实的案例资料。

　　本书有选择地研究了国内外部分大学在研究生教育方面的创新理念和培养实践,力图在理论研究和实践探索的审视和反思中,为研究生创新型人才的培养打开新思路、拓展新路径。

　　本课题研究涉及范围广、内容多,加之研究时间的限制,诸多问题尚未能进行更多分析和讨论,甚至在国外部分情况介绍或国内案例研究中,可能还存在疏漏和不当之处,恳请各位专家、同行和读者批评指正。

研究生创新型人才培养研究课题组
2017 年 8 月